宿豫年鉴

2016

总第15卷

中共宿迁市宿豫区委员会
宿迁市宿豫区人民政府 主办

宿迁市宿豫区地方志编纂委员会办公室 编

方志出版社
Publishing House of Local Records

图书在版编目（CIP）数据

宿豫年鉴. 2016 / 宿迁市宿豫区地方志编纂委员会办公室编. --北京 : 方志出版社, 2016.10
ISBN 978-7-5144-2168-2

Ⅰ. ①宿… Ⅱ. ①宿… Ⅲ. ①宿豫区－2016－年鉴
Ⅳ. ①Z525.34

中国版本图书馆CIP数据核字(2016)第259655号

宿豫年鉴（2016）

编　　者：宿迁市宿豫区地方志编纂委员会办公室
责任编辑：顾　洁
出 版 人：冀祥德
出 版 者：方志出版社
地址　北京市朝阳区潘家园东里 9 号（国家方志馆4层）
邮编　100021
网址　http://www.fzph.org
发　　行：方志出版社发行中心
电话（010）67110500
经　　销：各地新华书店
印　　刷：南京凯德印刷有限公司
开　　本：787×1092　1/16
印　　张：27.75
字　　数：710千字
版　　次：2016年11月第1版　2016年11月第1次印刷
印　　数：001～800册
ISBN 978-7-5144-2168-2　定价：230.00元

宿豫年鉴编纂委员会

《宿豫年鉴》编辑部

编辑部地址 江苏省宿迁市宿豫区政府 3 号院 A 楼

电　　话 0527-84465430

邮　　编 223801

邮　　箱 syzb260@126.com

2015年荣誉

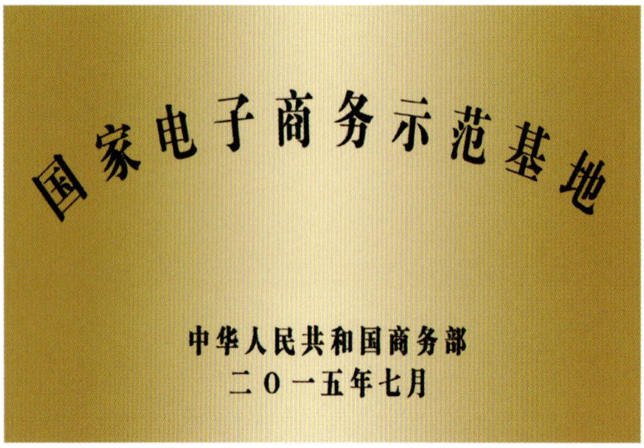

2015年6月3日，中国宿迁电子商务产业园区被商务部评选为第二批“国家电子商务示范基地”

2015年12月，六塘河水利风景区被水利部评为国家水利风景区

2015年12月，丁嘴金菜获国家级农产品地理标志认证

序

宿豫区人民政府区长　刘士武

今年是《宿豫年鉴》创刊15周年。

15年来,《宿豫年鉴》在数次改版中不断成长,以其丰富的史实资料、特色的栏目设置、精炼的语言文字、精美的印刷装帧,成为全区文化建设的一个靓丽品牌。它全面客观地反映了宿豫经济蒸蒸日上、社会文明进步的历史成就,准确翔实地记述了全区广大干部群众攻坚克难、自强不息的奋进历程,不仅为全区各级领导干部鉴往知来、推动工作提供了有益帮助,也为国内外全方位了解宿豫、促进对外交流合作发挥了重要作用。

2015年,面对国内外复杂严峻的经济形势,全区上下坚持以"三抓三促"为工作主线,团结一心,务实苦干,经济发展稳中趋优,社会事业不断进步,人民生活持续改善,为"十二五"画上了圆满的句号。当前,我区已进入"十三五"建设全面小康社会的新时期,区委、区政府立足区情,着眼未来,确立了"三个高于、一个率先"奋斗目标,致力建设"工业强区、电商名城、幸福家园"。

面对新的形势和任务,需要我们总结成功经验,不断开拓创新,大胆探索前进。《宿豫年鉴》2016卷全方位、多视角、立体化展示了2015年我区各方面取得的辉煌成就和宝贵经验,为区委、区政府科学决策提供了重要依据。全区上下要以《宿豫年鉴》为镜,汲取经验,检阅得失,指导当前,开创未来。希望广大史志工作者再接再厉,不断提高年鉴编纂水平,努力办出更具特色、能够更好地发挥存史资政作用的《宿豫年鉴》!

是为序。

2016年7月30日，中共宿豫区委第十二届二次全体会议召开。与会人员在区委书记、宿迁高新区党工委书记刘海红（前右二），区委副书记、区长刘士武（前左二）带领下，观摩全区经济社会发展亮点工程。区人大常委会主任袁昌华（前右一）、区政协主席王占军（前左一）参加观摩　　（李新羊　摄）

2016年4月28日，全市重大项目建设和产业集聚第四次观摩推进会在宿豫区召开　　（韩　琦　摄）

2016年4月29日，区委、区政府在区公安分局会议室举行庆五一暨劳动模范表彰大会　　（韩　琦　摄）

2016年5月4—5日，省委、省政府在宿迁召开加快苏北发展、推进全面建成小康社会工作会议。图为省委书记罗志军（前右二）、省长石泰峰（前右三）率与会人员到宿豫区参观考察。市委书记魏国强（前右四）、区委书记张晓伟（前右一）等陪同

（柏志勇　摄）

2016年7月18日，中国共产党宿迁市宿豫区第十二次代表大会在枫华丽致酒店环球会议室开幕

（李新羊　摄）

2016年9月24日，中共宿豫区委在区文化公园剧场举办首届乡镇党委书记工作论坛。豫新街道、大兴镇、来龙镇、新庄镇四位党委（党工委）书记分别上台演讲，区委书记、宿迁高新区党工委书记刘海红出席活动并讲话

（李新羊　摄）

2016年4月7日，科技部高新司副司长曹国英（前右三）带领科技部专家组，就宿迁高新区“以升促建”创建国家高新区进行考察。市长王天琦（前右四），副市长冯岩（左二），区委书记、宿迁高新区党工委书记张晓伟（左一），区委常委、宿迁高新区管委会主任江小军（前右一）陪同考察　（韩琦　摄）

2016年7月30日，区委书记、宿迁高新区党工委书记刘海红（右一），区委副书记、区长刘士武（左二）带领出席中共宿豫区委第十二届二次全体会议人员观摩全区经济社会发展亮点工程　（李新羊　摄）

2016年1月28日，区委副书记、区长刘士武（前右二）深入部分企业详细检查全区春节前安全生产工作。副区长张成龙陪同检查　　（韩琦　摄）

2016年8月26日，宿豫区举行豪斯哈恩智能电梯项目签约仪式，区领导刘海红、刘士武、陈磊、江小军，豪斯哈恩智能电梯江苏有限公司董事长倪麒麟及公司高管等参加签约仪式　　（李新羊　摄）

2015年12月31日，宿迁中玻电子玻璃产业园项目举行开工仪式　　（李新羊　摄）

2016年1月7日，宿豫区第十一次代表大会暨区委十一届七次会议召开，与会人员对全区经济社会发展亮点工程进行观摩　　（韩琦　摄）

2015年12月5日，代省长石泰峰（前右三）在市委书记魏国强（前右二）、市长王天琦（左三）陪同下到宿豫区调研电子商务产业发展情况，区委书记张晓伟（左一）介绍情况　　（李新羊　摄）

2016年1月25日，宿豫区人民政府与南京途牛科技有限公司战略合作协议签约仪式在南京举行。宿迁市委书记魏国强、南京途牛科技有限公司董事长于敦德出席签约仪式并致辞。市长王天琦，市委常委、市委组织部部长李健出席签约仪式，市委常委、秘书长沈海斌主持签约仪式

2016年2月2日，当当全国客服中心落成启用暨际馆上线运营仪式在宿豫区举行　　（韩　琦

2016年4月18日，省政协主席张连珍（前中）率驻苏全国政协委员到宿豫区视察电商发展情况。市委书记魏国强（前右一）、市长王天琦（前右三）陪同，区委书记、宿迁高新区党工委书记张晓伟（左一）介绍情况　　（韩　琦　摄）

2016年7月21日，2016年“网聚宿豫　豫见精彩”宿豫区首届网民节正式启动。市委常委、宣传部部长赵正兰（左），区委书记、宿迁高新区党工委书记刘海红（右）启动仪式水晶球　　（李新羊　摄）

2016年5月24日，全省“抓党建促脱贫攻坚座谈会”学习贯彻会暨“支部+电商”工作现场会在宿迁市召开，与会人员实地观摩了宿豫区“支部+电商”现场，总结其经验做法　　（李新羊　摄）

2016年7月5日，市委书记魏国强（前右三），市长王天琦（前右二）带领参加全市特色农业观摩会与会人员到宿豫区观摩特色农业发展情况，区委书记刘海红（左二）、区长刘士武（左一）陪同观摩 （李新羊 摄）

2015年7月21日，宿豫区新文化馆开馆暨书法展 （朱 瑞 摄）

2016年8月27日，邗建杯2016首
中国宿迁荧光半程马拉松比赛在宿迁
子商务产业园区举行 （朱 瑞 摄

2016年10月16日，区委书记、宿高新区党工委书记刘海红（右一）到钩帮扶村——关庙镇水汉村走访慰贫困户　（韩琦　摄）

2016年9月23日，区委书记、宿迁高新区党工委书记刘海红（右三），区委副书记、区长刘士武（左二）带领参加区党政联席会议与会人员，开展“幸福家园”建设季度观摩。区委副书记胡赣江（左三）参加观摩　（韩琦　摄）

2016年6月3日，省、市领导观摩宿豫区文明创建成果　（朱瑞　摄）

2016年6月8日，京东无人机配送首单在曹集双河站顺利完成
（朱瑞　摄）

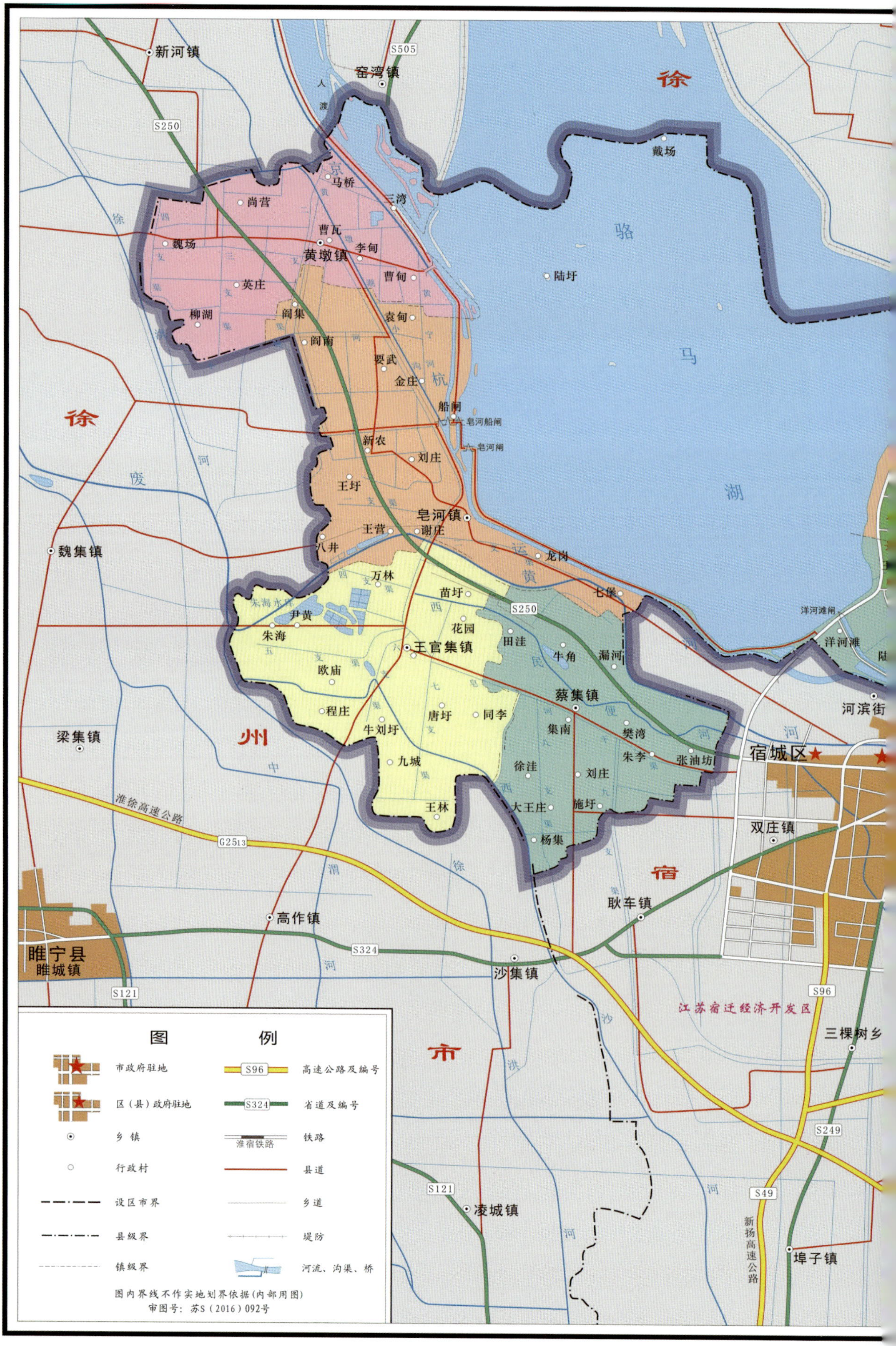
新河镇
S505
窑湾镇
人
渡
徐
S250
戴场
京
马桥
尚营
三湾
曹瓦
骆
魏场
李甸
黄墩镇
曹甸
陆圩
英庄
柳湖
阎集
袁甸
阎南
马
要武
金庄
杭
船闸
皂河船闸
皂河闸
徐
新农
刘庄
废
河
王圩
湖
皂河镇
王营
谢庄
魏集镇
八井
龙岗
运
黄
万林
朱海水库
苗圩
七堡
尹黄
S250
洋河滩闸
朱海
花园
田洼
洋河滩
王官集镇
牛角
漏河
欧庄
蔡集镇
河滨街
程庄
同李
集南
唐圩
樊湾
牛刘圩
梁集镇
州
朱李
张油坊
宿城区
九城
徐洼
刘庄
淮徐高速公路
大王庄
施圩
王林
双庄镇
G2513
杨集
宿
滑
耿车镇
高作镇
睢宁县
睢城镇
S324
沙集镇
S121
S96
江苏宿迁经济开发区
沙
三棵树乡
市
洪
S249
S121
S49
凌城镇
河
新扬高速公路
埠子镇
图 例
市政府驻地
区（县）政府驻地
乡镇
行政村
设区市界
县级界
镇级界
S96 高速公路及编号
S324 省道及编号
淮宿铁路 铁路
县道
乡道
堤防
河流、沟渠、桥
图内界线不作实地划界依据（内部用图）
审图号：苏S（2016）092号

宿豫区政区图

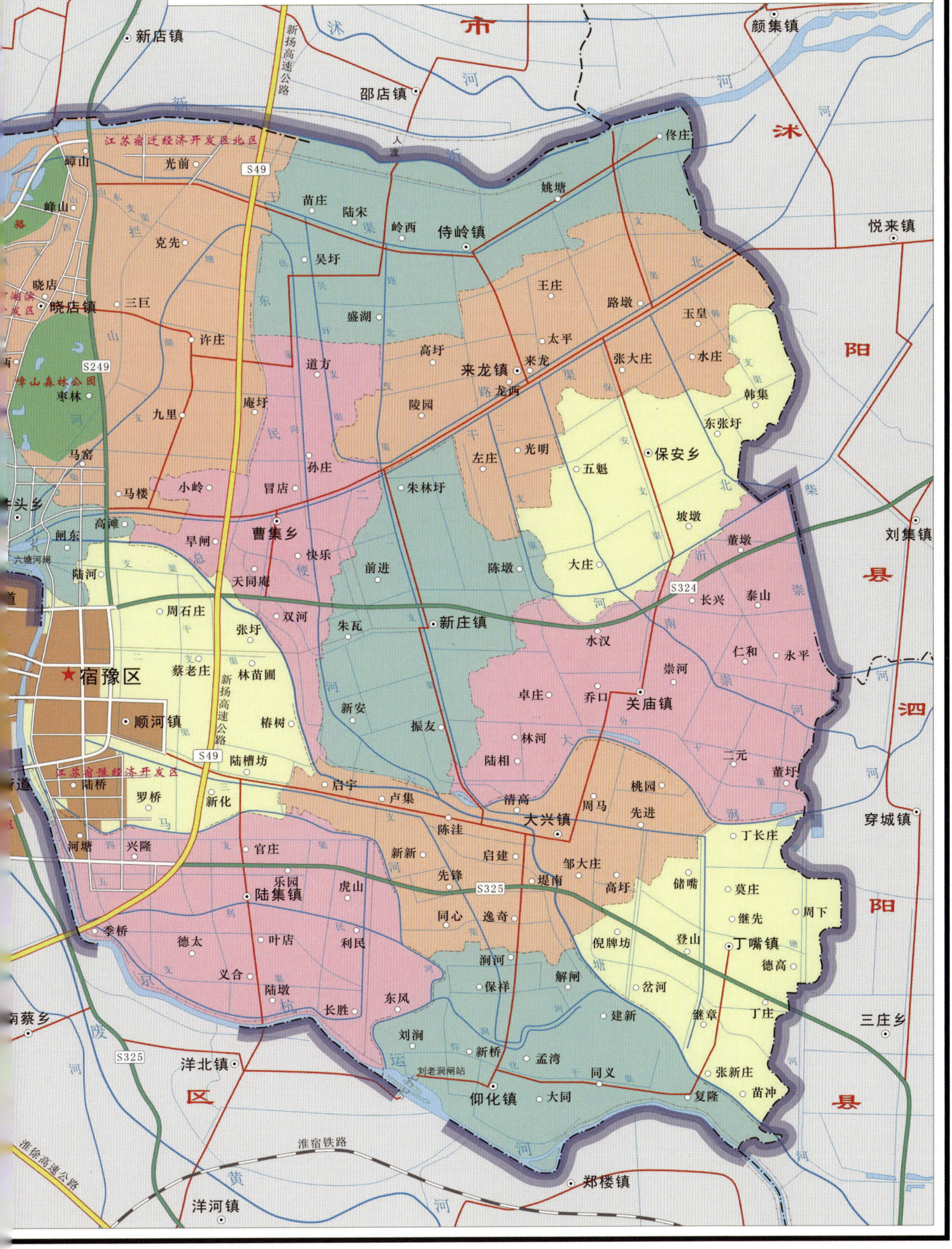

州
新店镇
新扬高速公路
沭
市
河
邵店镇
颜集镇
沭
河
江苏宿迁经济开发区北区
嶂山
光前
S49
人渡
佟庄
峰山
苗庄
陆宋
姚塘
岭西
侍岭镇
悦来镇
克先
吴圩
晓店
晓店镇
三巨
王庄
路墩
玉皇
盛湖
许庄
太平
阳
S249
嶂山森林公园
道方
高圩
来龙镇
来龙
张大庄
水庄
枣林
龙西
韩集
庵圩
陵园
九里
东张圩
光明
五魁
保安乡
孙庄
左庄
马窑
小岭
冒店
朱林圩
马楼
头乡
高滩
坡墩
曹集乡
旱闸
刘集镇
闸东
快乐
董墩
六塘河闸
陆河
前进
陈墩
大庄
县
天同庵
S324
长兴
泰山
周石庄
双河
朱瓦
新庄镇
张圩
水汉
仁和
永平
宿豫区
蔡老庄
林苗圃
崇河
顺河镇
卓庄
乔口
关庙镇
泗
新安
振友
椿树
林河
二元
S49
陆槽坊
陆相
董圩
江苏宿豫经济开发区
陆桥
启宇
桃园
罗桥
卢集
新化
清高
周马
先进
穿城镇
大兴镇
陈洼
丁长庄
河塘
兴隆
官庄
新新
启建
邹大庄
乐园
储嘴
莫庄
先锋
虎山
堤南
陆集镇
S325
高圩
阳
继先
周下
同心
逸奇
季桥
登山
德太
叶店
利民
倪牌坊
丁嘴镇
涧河
德高
义合
解闸
保祥
岔河
陆墩
长胜
东风
建新
继章
丁庄
三庄乡
南蔡乡
刘涧
新桥
孟湾
同义
张新庄
S325
洋北镇
刘老涧闸站
区
仰化镇
大同
复隆
苗冲
县
淮宿铁路
淮徐高速公路
黄
河
郑楼镇
洋河镇

编辑说明

一、《宿豫年鉴》是由中共宿迁市宿豫区委员会、宿迁市宿豫区人民政府主办，宿迁市宿豫区地方志编纂委员会办公室负责编纂的年度资料性文献。

二、《宿豫年鉴》(2016)为第15卷，系统、全面、真实地记录了2015年度宿豫区域政治、经济、文化和社会生活等方面的基本情况。

三、《宿豫年鉴》(2016)采用条目式记事体，基本结构分为栏目、分目、条目三级结构层次，不同层次的标题用不同的颜色、字号、字体和辅助标志区别。

四、《宿豫年鉴》(2016)采用双重检索系统。书前有中英文总目和详细目录、彩页目录，书后有索引，索引采用主题分析索引方法。

五、为叙述方便，书中记述各种机构大多采用习惯性简称。卷首附“全区组织机构、重点企业名录及简称、全称对照表”。

六、《宿豫年鉴》(2016)收录的信息资料，主要由各园区、区直机关各部门、各乡镇(街道)及驻宿豫各单位提供，专人撰写，并经供稿单位领导审核。撰稿人姓名均加括号紧随该条目之后，书中有些分目中所有条目均由一人撰写的，撰稿人姓名则放在分目中最后一个条目之后。彩页图片资料由各相关单位提供。

七、《宿豫年鉴》(2016)使用的阿拉伯数字，凡不具有统计意义且超过四位数的，一律以万为单位，有小数的一般保留两位小数，百分数一般保留两位小数。

八、凡涉及宿豫国民经济和社会发展的全局性数据，原则以区统计局提供的统计公报为准；区统计局未提供或不便公开的，由各业务部门提供。由于资料来源和统计口径不尽一致，数值也不尽相同，同一数据往往因要求不同而各异。

九、《宿豫年鉴》(2016)的编辑出版工作，得到全区有关单位的大力支持，在此一并致谢。由于编辑水平有限，不足之处恳请广大读者批评指正。

宿豫区组织机构名录及全称、简称对照表

简　称	全　　称
区委	中国共产党宿迁市宿豫区委员会
区人大	宿迁市宿豫区人民代表大会常务委员会
区政府	宿迁市宿豫区人民政府
区政协	中国人民政治协商会议宿迁市宿豫区委员会
区委办	中共宿迁市宿豫区委办公室
区委研究室	中共宿豫区委政策研究室
区委保密办(区委机要局)	中共宿迁市宿豫区委保密委员会办公室(中共宿迁市宿豫区委机要局)
区人大办	宿迁市宿豫区人大常委会办公室
区人大人代联委	宿迁市宿豫区人大常委会人事代表联络委员会
区人大教科文卫委	宿迁市宿豫区人大常委会教育科技文化卫生委员会
区人大财经委	宿迁市宿豫区人大常委会财政经济工作委员会
区人大环资城建委	宿迁市宿豫区人大常委会环境资源保护城乡建设委员会
区人大内司委	宿迁市宿豫区人大常委会内务司法工作委员会
区人大农经委	宿迁市宿宿豫区人大常委会农村经济工作委员会
区政府办	宿迁市宿豫区人民政府办公室
区法制办	宿迁市宿豫区人民政府法制办公室
区人防办	宿迁市宿豫区人民防空办公室
区外事侨务办	宿迁市宿豫区人民政府外事侨务办公室
区政协办	政协宿迁市宿豫区委员会办公室
区政协提案法制委	宿迁市宿豫区政协常委会提案法制委员会
区政协经科委	宿迁市宿豫区政协常委会经济科学技术委员会
区政协教文医体委	宿迁市宿豫区政协常委会教育文化医卫体育委员会
区政协学习文史委	宿迁市宿豫区政协常委会学习文史委员会
区政协外事委	宿迁市宿豫区政协常委会港澳台侨外事委员会
区纪委	中国共产党宿迁市宿豫区纪律检查委员会
区委组织部	中共宿迁市宿豫区委组织部
区委宣传部	中共宿迁市宿豫区委宣传部
区文化产业办	宿迁市宿豫区文化产业办公室
区新闻办	宿迁市宿豫区新闻工作领导小组办公室
区社科联	宿豫区哲学社会科学界联合会
区委党校	中共宿迁市宿豫区委党校
区委政法委	中共宿迁市宿豫区委政法委员会
区综治办	宿迁市宿豫区社会治安综合治理委员会办公室
区委统战部	中共宿迁市宿豫区委统一战线工作部
区民宗局	宿迁市宿豫区民族宗教事务局

区委老干部局	中共宿迁市宿豫区委老干部局
区农工办	中共宿迁市宿豫区委农村工作办公室
区委党史工委	中共宿迁市宿豫区委党史工作委员会
区台办	中共宿迁市宿豫区委台湾工作办公室
区信访局	宿迁市宿豫区信访局
区级机关工委	中共宿迁市宿豫区区级机关委员会
区编办	宿迁市宿豫区机构编制委员会办公室
区发改局	宿迁市宿豫区发展和改革局
区物价局	宿迁市宿豫区物价局
区经信局	宿迁市宿豫区经济和信息化局
区中小企业局	宿迁市宿豫区中小企业局
区教育局	宿迁市宿豫区教育局
区体育局	宿迁市宿豫区体育局
区科技局	宿迁市宿豫区科学技术局
区知识产权局	宿迁市宿豫区知识产权局
区地震局	宿迁市宿豫区地震局
区监察局	宿迁市宿豫区监察局
区民政局	宿迁市宿豫区民政局
区司法局	宿迁市宿豫区司法局
区财政局	宿迁市宿豫区财政局
区人社局	宿迁市宿豫区人力资源和社会保障局
区环保局	宿迁市宿豫区环境保护局
区住建局	宿迁市宿豫区住房和城乡建设局
区征收办	宿迁市宿豫区房屋征收和补偿办公室
区交通运输局	宿迁市宿豫区交通运输局
区农委	宿迁市宿豫区农业委员会
区水产局	宿迁市宿豫区水产局
区农开局	宿迁市宿豫区农业资源开发局
区农机局	宿迁市宿豫区农业机械管理局
区商务局	宿迁市宿豫区商务局
区粮食局	宿迁市宿豫区粮食局
区水利局	宿迁市宿豫区水利局
区文广新局	宿迁市宿豫区文化广播电视新闻出版局
区版权局	宿迁市宿豫区版权局
区文物局	宿迁市宿豫区文物局
区广播电视台	宿迁市宿豫区广播电视台
区卫计委	宿迁市宿豫区卫生和计划生育委员会
区红十字会	宿迁市宿豫区红十字会

区爱卫办	宿迁市宿豫区爱国卫生运动委员会办公室
区市场监督管理局	宿迁市宿豫区市场监督管理局
区审计局	宿迁市宿豫区审计局
区统计局	宿迁市宿豫区统计局
区安监局	宿迁市宿豫区安全生产监督管理局
区档案局	宿迁市宿豫区档案局
区供销总社	宿迁市宿豫区供销合作总社
区旅游局	宿迁市宿豫区旅游局
区金融办	宿迁市宿豫区人民政府金融工作办公室
区政管办	宿迁市宿豫区政务服务管理办公室
区招商服务局	宿迁市宿豫区招商服务局
区车管中心	宿迁市宿豫区公务用车管理中心
区数字化城管中心	宿迁市宿豫区数字化城市管理指挥中心
区人武部	中国人民解放军江苏省宿豫区人民武装部
区公安分局	宿迁市公安局宿豫分局
区检察院	宿迁市宿豫区人民检察院
区法院	宿迁市宿豫区人民法院
区武警宿豫消防大队	中国人民武装警察部队宿豫区公安消防大队
区国税局	宿迁市宿豫区国家税务局
区地税局	宿迁市宿豫地方税务局
区烟草局	宿迁市宿豫区烟草专卖局
区盐务直属分局	宿迁市盐务管理局直属分局
区气象局	宿迁市宿豫区气象局
区国土分局	宿迁市国土资源局宿豫分局
区规划分局	宿迁市规划局宿豫分局
区城管分局	宿迁市城市管理行政执法局宿豫分局
区总工会	宿迁市宿豫区总工会
团区委	中国共产主义青年团宿迁市宿豫区委员会
区妇联	宿迁市宿豫区妇女联合会
区科协	宿迁市宿豫区科学技术协会
区文联	宿迁市宿豫区文学艺术界联合会
区工商联	宿迁市宿豫区工商业联合会
区残联	宿迁市宿豫区残疾人联合会
区关工委	宿迁市宿豫区关心下一代工作委员会
省高新区	江苏省宿迁高新技术产业开发区
张家港园区	张家港宿豫工业园区
宿迁化工园区	江苏宿迁生态化工科技产业园
区农园	江苏省宿豫现代农业产业园
电子产业园	宿迁电子商务产业园

宿豫区重点企业全称、简称对照表

简　称	全　　称
秀强玻璃	江苏秀强玻璃工艺股份有限公司
和友化工	江苏和友化工集团
绿陵化工	江苏绿陵化工集团
金鑫轧钢	宿迁南钢金鑫轧钢有限公司
三元轮胎	江苏三元轮胎有限公司
强维橡塑	江苏强维橡塑科技有限公司
罐头食品	宿迁市罐头食品有限公司
博迁新材料	江苏博迁新材料有限公司
中粮肉食	中粮肉食(宿迁)有限公司
山亿新能源	山亿新能源股份有限公司
益客食品	江苏益客食品有限公司
银祥晟华	江苏银祥晟华实业有限公司
北斗星通	江苏北斗星通电子科技有限公司
景宏彩印	宿迁市景宏彩印包装有限公司
健谷化工	宿迁市健谷化工有限公司
龙嫂食品	江苏龙嫂绿色食品有限公司
春绿粮油	宿迁市春绿粮油有限公司
宇光电源	宿迁市宇光电源科技有限公司
福达塑胶	宿迁市福达塑胶有限公司
鸿大化工	宿迁市鸿大化工有限公司
中节能	中节能宿迁生物质能发电有限公司
方圆机械	宿迁市方圆机械有限公司
楚霸体育	宿迁市楚霸体育器械有限公司
长江润发	长江润发集团(宿迁)有限公司
益明水泥	宿迁市益明水泥有限公司
烨泰玻璃	江苏烨泰玻璃有限公司
太平洋玻璃	江苏太平洋玻璃有限公司
玖久丝绸	江苏玖久丝绸股份有限公司
宏达制衣	宿迁宏达制衣有限公司
福马木业	江苏福马木业有限公司
翔盛粘胶	江苏翔盛粘胶纤维股份有限公司

简　称	全　　称
阿尔法药业	江苏阿尔法药业有限公司
科思化学	宿迁科思化学有限公司
致富皮业	宿迁致富皮业有限公司
新亚强硅化学	新亚强硅化学江苏有限公司
苏钢中亚	苏钢中亚特种钢业宿迁有限公司
一诺装饰	宿迁市一诺装饰有限公司
格林手套	宿迁市格林手套有限公司
龙净环保	宿迁龙净环保科技有限公司
德威玻纤	宿迁德威玻璃纤维有限公司
华茂纺织	江苏华茂纺织有限公司
文武包装	江苏文武包装有限公司
绿源照明	宿迁市绿源照明有限公司
嘉禾塑料	宿迁市嘉禾塑料金属制品公司
金狮钢球	宿迁市金狮钢球有限公司
苏华达新材料	江苏苏华达新材料有限公司
百威啤酒	百威英博(宿迁)啤酒有限公司
格林橡塑	宿迁市格林橡塑有限公司
玉环正宇	江苏玉环正宇制动器有限公司
鑫宏铝业	宿迁市鑫宏铝业开发有限公司
鼎盛化工	宿迁市鼎盛化工科技有限公司
境美化工	宿迁市境美精细化工有限公司
万尚新材料	宿迁市万尚新材料科技有限公司
豫兴面业	宿迁市豫兴面业有限公司
恒丰米业	宿迁市恒丰米业有限公司
国际机遇农村小贷	宿迁市宿豫区国际机遇农村小额贷款有限公司
兴邦建工	江苏兴邦建工集团有限公司
大坤房地产	江苏省大坤房地产开发有限公司
冠领建设	江苏冠领建设工程有限公司
恒华建设	宿迁市恒华建设工程有限公司
瑞腾道路	宿迁瑞腾道路工程有限公司

总　目

目录 Contents

年度聚焦
Annual Focus

大　事　记
Major Events

组织机构及其负责人名录
Organization and Person in Charge

地情概览
General Situation of Suyu

中共宿豫区委
Suyu District CPC Committee

宿豫区人民代表大会
Suyu District People's Congress

宿豫区人民政府
Suyu District People's Government

政协宿豫区委员会
Suyu District Committee of the CPPCC

中共宿豫区纪委
Suyu District Commission for Discipline Inspection of the CPC

民主党派·工商联
Democratic parties & Federation of Industry and Commerce

武装·法治
Armed Forces & Law

社会团体
Social Groups

工业经济
Industrial Economy

招商引资·园区建设
Investment & Construction of the Park

农 业
Agriculture

水 利
Water Conservancy

商贸·服务业
Trade & Services

金融·保险
Finance & Insurance

交通 · 通信 · 能源
Transportation & Communications & Energy

财政 · 税务
Finance & Taxation

经济事务管理
Economic affairs management

科技·卫生
Science and Technology & Hygiene

教育·体育
Education & Physical Education

文化事业
Cultural Undertakings

广电·传媒
Radio & Television media

城建·环保
Urban Construction & Environmental Protection

建筑业·房地产业
Construction & Real Estate

就业与社会保障
Employment and Social Security

社会民生
Social People's Livelihood

乡镇街道
Township Streets

人物 · 荣誉
People & Honor

文件辑录
File Collection

统计资料
Statistical Data

索　引
Index

彩页目录

·公务用车制度改革·

根据省、市统一部署安排，全区于 2015 年 11 月正式启动公务用车制度改革工作。区委、区政府高度重视此项工作，专题召开会议研究部署，成立了由常务副区长陈磊任组长，区政府办、财政局、人社局、公安分局、车管中心等部门负责人为成员的公务用车制度改革领导小组和办公室，严格贯彻落实省、市公务用车制度改革工作有关规定，结合实际科学制订车改工作方案，严格按照序时进度扎实有序推进。2015 年年底，全区已基本完成公务用车制度改革工作。

加强领导、周密部署，为公车制度改革工作打下坚实基础

（一）健全改革领导机构（略）

（二）周密部署改革推进

区委常委、常务副区长陈磊先后多次召开公务用车制度改革座谈会、汇报会及会办会，对宿豫区车改工作进行安排部署。

区车改办对参改单位涉及的人员、车辆和费用情况进行了 2 次摸底调查、统计核实工作，同时多次与市车改办对接沟通，形成《宿豫区公务用车制度改革总体方案》及 8 个配套方案（草案）。2015 年 12 月 28 日区政府常务会议、12 月 30 日区委常委会分别听取全区公务用车制度改革工作情况汇报，并审议全区公务用车制度改革总体方案。

全区公务用车制度改革调查统计工作经多次调查、核实、统计、汇总，基本情况如下：（1）参改单位：全区列入公务用车制度改革的参改单位共 73 家，其中区级 55 家，乡（镇、街道、园区）18 家。（2）参改人员：据区人社局统计，截至 2015 年 11 月 18 日，全区党政机关及参公事业单位参加车改人数总计为 1673 人，其中区级 1368 人，乡（镇、街道、园区）305 人。按职级分，正处级 6 人，副处级 24 人，正科级 273 人（含乡、镇党政主要负责人 19 人），副科级 366 人，科员及以下 986 人，在册正式工勤人员 18 人。（3）参改车辆：根据区车管中心和区财政局分别对一般公务用车和执法执勤用车的统计，截至 2015 年 11 月 18 日，全区参改单位列入改革的各类公务用车 419 辆。其中一般公务用车 207 辆，机要通信用车 1 辆，接待用车 7 辆，特种专业技术用车 1 辆（参与车改不保留），执法执勤用车 203 辆。执法执勤用车中，中央核定的 8 个执法部门为 196 辆，8 部门外为 7 辆。按层级分，一般公务用车，区级 160 辆，乡镇（街道、园区）47 辆；执法执勤用车，区纪委（监察局）6 辆，区公安分局 111 辆，区人民检察院 14 辆，区人民法院 32 辆，区司法局 5 辆，区市场局 28 辆，其他部门共 7 辆。（4）其他：根据中央和省有关文件精神，离退休干部管理机构用车暂不列入改革范围，此部分车辆的数量、购置和运行经费、相关司勤人员及费用未列入本次调查统计。

严格标准、科学核定，为公车制度改革工作提供有力保障

（一）严格按规定确定参改范围

（1）机构范围：区委，区人大，区政府，区政协机关，区法院、区检察院，各民主党派，工商联机关，参照公务员法管理的团体机关及参照公务员法管理的事业单位。

(2) 人员范围:参改机构在编在岗的处级及以下工作人员。区党政主要负责人和宿迁高新区主任,提供工作用车实物保障,不领取公务交通补贴。

(3) 车辆范围:取消一般公务用车,保留必要的机要通信和应急用车、调研和接待用车、特种专业技术用车,以及符合规定的一线执法执勤岗位车辆和其他车辆。

(二) 合理确定公务交通补贴保障范围和标准

(1) 公务交通补贴保障范围。列入公务用车制度改革范围内的人员,在公务交通补贴保障区域内的普通公务出行,由其自行选择出行方式,适度发放公务交通补贴,不再报销公务交通费用。区级机关公务交通补贴保障区域范围为:宿豫区(限于顺河、豫新、下相3个街道),宿城区(限于幸福、项里、古城、河滨4个街道和双庄镇、宿城经济开发区)、宿迁经济技术开发区、湖滨新区(皂河、黄墩2个镇除外)、苏宿工业园区。乡(镇)公务交通补贴保障区域范围为:本乡(镇)辖区。

(2) 公务交通补贴标准确定办法。公务交通补贴标准按照节约成本、保障公务、便于操作的要求,综合考虑公务出行成本、经济发展水平、社会承受力、辖区面积、自然地理环境、公务出行次数和距离、行政级别及实际承担的工作职责等因素确定。

(3) 全区不同职级公务交通补贴标准。处级1040元/月,科级650元/月,科员及以下人员500元/月。乡(镇)党政主要负责人按高靠到1000元/月的标准给予公务交通补贴。允许参改单位根据实际情况,从公务交通补贴中统筹不超过10%的部分,用于增加高出行岗位的补贴。

(三) 科学确定并使用定向化保障公务用车编制

全区核定保留工作用车3辆;保留机要通信用车1辆;保留应急用车97辆;保留接待调研用车15辆,用于保障重要接待任务和领导干部下基层调研。

(四) 积极稳妥推进执法执勤用车改革

执法执勤部门统一参加公务用车制度改革,其一般公务用车全部纳入改革范围。中央车改办确定的12个部门,按车辆现有编制数的70%保留车辆。省车改办确定的27个部门,按车辆实有数的60%保留车辆。全区保留执法执勤用车编制数为124辆(中央确定的12个部门保留119辆,省确定的27个部门保留5辆),保留的执法执勤用车严格配备在一线执法执勤岗位,机关内部管理和后勤岗位以及机关所属事业单位一律不配备执法执勤用车。

突出重点、统筹推进,确保公车制度改革工作稳步实施

认真做好涉改车辆的停驶封存工作。2015年12月31日,根据市车改办统一工作部署,全区参改车辆除经区车改办核定保留的应急用车、机要通信用车和接待调研用车等车辆外,其余车辆全部按要求在指定时间和地点停驶封存,有关移交车辆和手续全部移交到位。

注重实效、精密测算,切实巩固公车制度改革工作成果

全区严格按照中央、省、市关于厉行节约、反对浪费的要求,注重车改实效,科学测算有关数据,合理保留车辆和司勤人员,确保车改节支率达到7.7%以上。

(一) 车辆改革情况

全区公务用车制度改革后,保留的各类车辆数共计240辆,比改革前减少179辆,总体保留比例为57.28%。具体情况如下:

(1) 一般公务用车改革情况。全区一般公务用车改革后,保留的实物保障车辆、机要通信用车、应急和接待用车等车辆共计116辆,其中工作用车3辆、机要通信用车1辆、应急用车97辆、接待调研用车15辆,比改革前的一般公务用车减少99辆,保留比例为53.95%。全区党政主要负责人和宿迁高新区主任,提供工作用车实物保障,不领取公务交通补贴。

(2) 执法执勤用车改革情况。①中央车改办确定的12个执法执勤部门中全区实有数8个,车辆实有数196辆,按车辆现有编制数的

70%保留车辆，此比例为执法执勤保留车辆的上限。改革后，车辆保留数共计 119 辆，较改革前减少 76 辆，总体保留比例为 61.22%。②省车改办确定的 27 个执法执勤部门中全区车辆实有数十辆。改革后，车辆保留数共计 5 辆，较改革前减少 76 辆，总体保留比例为 50%。

（二）司勤人员改革情况

改革前，全区司勤人员实有数共计 258 人，司机与车辆比为 61.58%；改革后，全区实际需要司勤人员数共计 148 人，司机与车辆比为 61.66%（车改后保留车辆需要的司勤人员根据改革前司勤人员与实有车辆的比例乘以改革后保留车辆数量得出）。

（三）车改前有关费用支出情况

(1) 测算口径。测算公式为：改革前年公务交通总支出＝涉改公务用车更新和新增购置费＋涉改公务用车运行费＋涉改司勤人员支出＋已实行车改部门交通补贴。相关支出费用全部按 2011—2013 年三年平均数（统计摸底数）计算。

(2) 费用支出。根据统计及 2011—2013 年相关支出平均费用计算，改革前全区参改单位年平均公务交通支出为 3279.58 万元。具体情况为：①车辆更新和新增购置费。全区车辆年均购置总费用 664 万元。②车辆运行费。全区车辆年均运行总费用为 1936 万元。③司勤人员费用。全区司勤人员年均总费用为 591.64 万元。④已车改地区交通补贴费用。交通补贴费用 87.94 万元。

（四）车改后有关费用支出情况。据测算，全区车改后公务交通年均总支出 3026.05 万元，具体情况如下：

(1) 车辆更新购置费用。全区车改后车辆更新购置费用统一按更新年限 10 年、单车 18 万元的标准测算，测算公式为：保留车辆平均年更新购置费＝改革后保留车辆数×18 万元/辆÷10 年。经测算，全区车改后车辆年均更新购置总费用为 432 万元。

(2) 车辆年运行费用。全区车改后车辆年均运行费用测算公式为：保留车辆年均运行费用＝改革前的单车年均运行费×改革后保留车辆数。经测算，全区车改后的车辆年均运行总费用为 1108.92 万元。

(3) 司勤人员费用。全区车改后司勤人员费用测算公式为：司勤人员年均总费用＝改革前的司勤人员年人均费用×改革后保留车辆需要的司勤人员人数。经测算，全区车改后的司勤人员年均总费用为 338.89 万元。

(4) 公务交通补贴费用。经测算，全区车改后公务交通补贴年均总费用为 1146.24 万元。

（五）改革节支情况。根据统计和测算，全区公车改革后公务交通年均总支出为 3026.05 万元，较改革前年均总支出 3279.58 万元减少 253.53 万元，节支率为 7.73%。

（六）公车改革堵塞腐败漏洞，回应民众诉求。改革前公车私用、靠车“吃”车、特权用车现象普遍，群众对此深恶痛绝。不仅影响党的形象、干群关系，而且影响社会公平正义、社会风气。改革后，群众“气”顺了，机关公务人员交通补贴人人有份，差别缩小了。（王　岩）

·三服务三促进·

【概况】 2015 年，为加快实现“1231”总量目标和“五率领先”质量目标，在全区机关组织开展以“服务企业、服务项目、服务园区，促进深化改革、促进作风转变、促进转型发展”为主要内容的“三服务三促进”活动。区三服务三促进活动办公室积极组织推动全区开展“两访两帮”“百名干部帮百企”“我为企业办实事”等重点工作，着力帮助企业解难事、办实事。

【统筹推进】 印发《关于在区级机关开展“三服务三促进”活动的实施意见》（宿豫发〔2015〕12 号）《关于印发〈2015 年区领导及乡镇（街道）、部门挂钩帮扶“511”工程重点企业和工业再造项目计划表〉的通知》（宿豫办发〔2015〕65 号）等各类文件 11 份，筹备召开全区“三服务三促进”活动工作布置会，精心排定2015年区领导及相关部门挂钩帮扶“511”工程重点企业和工业再造项目。从全区各部门抽调人员成立5个工作检查组，深入活动单位、企业指导活动开展。建立全区三服务三促进微信群、三服务三促进QQ群，适时发布各单位开展活动情况，先后发布挂钩帮办活动图片900张，各类信息500条；指导各单位建立健全活动“三本台账”60台套，保证活动持续有效开展。

【帮办活动】 推动各活动单位加强对62家全市销售500强企业、55个千万元技改项目、60家目标培育规模企业、10家兼并重组意向企业做好挂钩帮扶工作，做好企业急、难、愁问题的摸排，督促各单位制定帮办方案，抓好问题帮办。协调召开重点企业座谈会、区长会办会40次，帮助企业解决用水、用电、手续证件办理等问题100项；组织开展企业业务培训活动6期，参培人员450人次。每半月对全区各相关单位“三服务三促进”活动情况进行检查、督促，制发督查通报13期；每月审查各单位上报活动总结130份，台账60份，对没有及时上报活动材料的单位电话催报达110通；做好重点工程帮办，编发电子玻璃产业园项目周报36期。

【“我为企业办实事”活动】 组织各单位结合自身职能开展“我为企业办实事”活动，要求各活动单位开展办实事项目不少于3项，对各单位开展的实事项目及时宣传，各单位开展办实事项目达200项，活动取得满意效果。区委组织部主要领导亲自带队赴银祥晟华、煦和新材料、金和源新材料等企业开展“夏送清凉”活动，为坚守在高温一线的劳动者送去矿泉水、香皂、毛巾、药品等防暑降温用品，送去组织的“清凉”和关怀，主动邀请江苏高投集团核心企业毅达股权投资基金管理有限公司负责人等到煦和新材料调研，帮助企业牵线搭桥，解决融资困难；区委宣传部结合全区文化建设工作大调研和抗战胜利70周年、全国文明城市创建等多项活动，指导企业如何丰富职工文化生活，向企业赠送文明宣传画、抗战主题宣传画册等200册(幅)，帮助企业营造积极向上的文化氛围。组织会办企业问题1次，协调上级部门将亚兴塑业有限公司纳入市、区文化产业企业名录库，优先享受政策扶持，积极帮助企业申报江苏省第二批文化科技企业；区经信局将近年来国家、省、市、区出台的扶持工业企业发展相关优惠政策，编制成册，向企业免费发放。协调区广播电视台在《宿豫新闻》栏目中开设“我为企业办实事”专栏，持续关注各单位“三服务三促进”工作进展情况。

【挂钩帮办】 紧盯挂钩帮办人员，督促各单位主要领导每月至少到企业开展帮办活动1～2次，各单位每半月上交一次挂钩帮办领导到企业开展帮办活动的现场图片3～4张，每半月报送一次活动情况小结，拧紧帮办活动的螺丝帽，杜绝各单位帮办活动走过场、流于形式问题，推动各单位真抓真帮。对各挂钩帮办单位上报的问题，及时通过电话、交办单等方式将问题反馈到相关职能部门，推进问题解决。金融办为企业提供贷款230笔，过桥资金40亿元；区纪委监察室主要领导到惠然实业、嘉禾塑料金属制品、东方制衣、鼎盛印务了解企业生产情况，帮助江苏惠然实业协调贷款2000万元。帮助招商引资项目“江苏国邦石油化工有限公司”办理涉及国家发改委等相关部门的手续，开展该项目市级竣工验收申报工作，为企业协调市建行贷款3000万元；区经信局帮助54家技改企业做好2015年度市级产业发展引导资金和秀强玻璃、阿尔法药业做好新产品申报工作，协调解决澳中玻璃有限公司新项目入驻厂房改造、供水、供电等前置性事宜，帮助惠然实业协调倍信贸易投资供水注册登记、税收开票等前置手续办理；区政协针对佳鑫布业流动资金周转困难问题，积极协调区农民资金互助合作联社，为佳鑫布业办理了200万元一年期贷款。

（陆裕军　赵桂贤）

1月

6日，中国电子商务产业园区揭牌。

11—13日　政协宿迁市宿豫区第十三届委员会第四次会议召开。

12—14日　宿豫区第十六届人民代表大会第四次会议召开。

24日　区委书记、宿迁高新区党工委书记张晓伟主持召开区委常委班子民主生活会。以中央巡视组对江苏巡视反馈意见整改落实工作为重点，以严守党的政治纪律、严格执行民主集中制为主要内容，以整风精神开展批评和自我批评。

2月

5日　宿豫区举行“京东农村电商全国首个示范县(区)”揭牌仪式。

6日　宿豫区举行卫生和计划生育委员会、市场监督管理局、政务管理办公室揭牌仪式。

28日　宿豫区原顺河镇被评为第四届“全国文明村镇”。

3月

4日　全市“基层党建责任落实年”活动部署推进会在宿豫区召开。

21日　2015年江苏省职业学校导游项目技能大赛在宿豫区开幕。

28日　宿豫区举行首份“三证合一”营业执照发放仪式。“三证”是指企业在注册登记时依次分别申请的三个证书，即由工商行政管理部门核发的工商营业执照、组织机构代码管理部门核发的组织机构代码证、税务部门核发的税务登记证。

4月

7日　第六批全国民主法治示范村(社区)评选揭晓，豫新街道雨露社区名列其中。

22日　德国北威州比格湖学院和阿滕多恩市奥尔珀区职业预科大学青年考察团到宿豫区考察。

25日　2015年全国玻璃科学技术年会暨宿迁玻璃产业创新发展研讨会在宿豫区召开。

27日　德国诺伊维德市市长尼古拉斯·罗特带领代表团到宿豫区进行友好访问。

5月

4日　宿豫区举行纪念五四运动96周年暨“创业路上，青春绽放——奋斗的青春最美丽”主题团日活动，表彰“宿豫区十优青年创业之星”和“宿豫区十大青年创业之星”。

7日　省委党史工办主任崔广怀一行调研宿豫党史工作。

8日　宿豫区召开“吃空饷”问题集中治理工作推进会。

15日　宿豫区“中亚·翰林华府”杯2015年校园足球联赛闭幕式在宿豫区第一初级中学举行。宿豫区校园足球赛于1月29日在大兴中心小学启动，5月进行决赛，共有29所学校近400名小球员进行了9轮110场比赛。最终,宿豫实小获小学组冠军,大兴中心小学获特殊贡献奖。

21日　区委书记、宿迁高新区党工委书记张晓伟为宿豫区各级党员领导干部上专题党课,并代表区委对全区开展"三严三实"专题教育进行动员部署。

22日　宿豫区被省教育厅、体育局确定为"江苏省首批青少年校园足球试点县(市、区)"。

6月

3日　宿迁电子商务产业园区被商务部评选为第二批"国家电子商务示范基地"。

8日　宿豫区被评为"全国义务教育发展基本均衡区"。

13日　市委书记、市人大常委会主任魏国强到宿豫区就宿迁市海内外高层次人才创新创业园和宿迁电子商务产业园区建设情况进行专题调研。

15日　宿豫区被中华全国供销合作总社评选为2015年度电子商务示范县。

23日　宿豫区被省教育厅评为全省首批13个青少年校园足球试点县区。

26日　张家港市委书记姚林荣,市委副书记、市长朱立凡带领党政代表团到宿豫区考察。

7月

16日　参加全省推广宿迁"一村一品一店"经验促进农民创业增收工作会议人员到宿豫区,观摩京东商城·宿迁馆、曹集乡天同庵网络创业一条街、丁嘴镇金针菜产业基地、中粮(肉食)宿迁有限公司等地。宿豫区围绕"工业品下乡,农产品进城"主线,结合乡镇"1+X"特色产业发展,推进"互联网+农业",实施"一村一品一店"项目,每个村居网销一个特色地方产品,开设一个京城商城合作点。

17日　宿豫区召开城区三轮车百日整治行动推进会。

20日　市委副书记、市长王天琦带领《宿迁文明20条》推行工作会议的与会人员到宿豫区观摩。

30日　宿豫区举办"豫见精彩"首届文化艺术节闭幕式暨颁奖典礼文艺汇演。本届艺术节以"豫见精彩"为活动主题,从3月5日在华东汽车城举行首届文化艺术节开幕式暨民俗文化艺术展演为起点,先后举办了民俗文化艺术展演、"梨园情"戏曲票友大赛、器乐演奏大赛、"楚霸杯"文化创意设计大赛、宿豫区第五届政府文学艺术评选等系列文化艺术活动。

是月　京东"中国特产·宿迁馆"在北京上线运营,入驻企业107家,上线销售产品3360个,全年线上交易额超过5000万元。年末,宿迁电商产业园已集聚京东商城、当当网、百度、360速购等108家知名电商企业,全年完成一般公共预算收入3.4亿元。

8月

1日　杉荷园首届趣味乡村游在新庄镇启动。

3日　宿豫区召开企业培育"511"工程推进会。"511"工程中的"5",是指支持开票销售500强企业发展,2017年开票销售突破2000亿元;两个"1"分别是指每年300户以上企业实施投资超千万元技改项目、3年累计超过1000户,每年新增300户以上规模以上企业,3年累计新增1000户。

20日　民政部副部长宫蒲光率队到宿豫区调研农村低保与扶贫开发两项制度衔接工作。

21日　宿豫区举行《宿迁·宿豫志》发行暨乡镇街道园区部门志编修启动仪式。区长刘士武出席会议并讲话,市政协副主席李志宏应邀致辞。

25日　宿豫区城东污水处理厂项目被省财政厅列入2015年省PPP项目库。PPP是"公私合伙制"的英文缩写,是指政府与私营商签订长期协议,授权私营商代替政府建设、运营或管理公共基础设施并向公众提供公共服务。

26日　宿豫区政协召开纪念抗日战争胜利70周年暨民族英雄杨泗洪抗倭卫台殉国120周年活动座谈会。

9月

6日　宿豫区被民政部办公厅、财政部办公厅确定为全国“救急难”综合试点单位。江苏省4市、8县(市、区)入选，宿豫区是宿迁市唯一试点单位。

△　宿迁高新区召开干部大会，宣布市委对高新区领导班子主要负责人调整的决定。江小军任宿迁高新区管委会主任，冷庆丰任宿迁高新区管委会副主任；王峰不再担任宿迁高新区管委会主任。

△　宿迁技师学院召开全体干部职工大会，宣布市委对学院主要领导调整的决定。李瑞华任宿迁技师学院院长，不再担任宿豫区副区长。

29日　宿豫区发放首份“一照一码”营业执照。“一照一码”是“三证合一”登记制度的改革模式，是指将工商、质检、税务三个部门分别核发不同证照，改为通过“一窗受理、互联互通、信息共享”，由工商部门直接核发加载法人和其他组织统一社会信用代码的营业执照，并将办理时限由8天缩短至3天。

10月

19日　宿迁市在英国伯明翰市政厅举行中国宿迁(英国)人才集聚和投资环境推介会。

28日　省委第七巡视组向宿豫区反馈巡视情况。29日，宿豫区召开区委常委会，专题研究省委巡视反馈意见整改落实工作。

11月

17日　宿豫区梨园湾景区被农业部、国家旅游局评为全国农业与乡村旅游三星级示范园区。

26日　宿豫区被省商务厅认定为“江苏省玻璃制品出口基地”，这是宿迁市获批的第一个省级出口基地。秀强股份、苏华达新材料、德威玻璃纤维等6家企业被认定为骨干企业。

12月

5日　省委副书记、代省长石泰峰到宿豫区调研电子商务产业发展情况。

9日　区委书记、宿迁高新区党工委书记张晓伟主持召开“十三五”《规划建议》老干部征求意见座谈会。

11日　省国土资源厅副巡视员田学明到宿豫区督察2015年度节约集约用地等重点工作任务完成情况。

12日　农业部农产品质量安全中心批准“丁嘴金菜”获国家级农产品地理标志，为农业部2015年第五批农产品地理标志登记产品。

24日　六塘河水利风景区被水利部批准为国家级水利风景区。

31日，宿迁中玻电子玻璃产业园项目举行开工仪式，市、区领导以及投资方代表、中国玻璃控股有限公司总裁崔向东等出席了开工仪式。

年末　宿豫区共设立京东农村电商村级合作点298个，建成乡镇网络创业一条街15个，“一村一品一店”实现村级全覆盖，320余种地产品上网销售，“一村一品一店”农产品线下体验馆进驻南京国际博览中心，创成省农业电子商务示范乡镇1个、省级电子商务示范村2个、省“一村一品一店”示范村2个。

(区政府办　区档案局　区地方志办)

组织机构及其负责人名录

·中共宿豫区委·

书　　记　张晓伟(2013.8—2016.5)
　　　　　刘海红(女)(2016.5任)
副书记　刘士武(2013.8任)
　　　　　姜　华(2011.5—2016.4)
　　　　　孙济刚(2013.7—2016.7)(挂职)
　　　　　李春华(2015.8—2016.5)(挂职)
　　　　　郜学东(2016.2任)(挂职)
　　　　　胡赣江(2016.4任)
　　　　　陈亚光(2016.7任)(挂职)
常　　委　仲启双(2009.12—2015.1)
　　　　　王　峰(2011.5—2015.8)
　　　　　陈　磊(2012.4任)
　　　　　史学仁(2013.5—2015.4)
　　　　　张剑桥(2013.10—2015.6)
　　　　　江小军(2014.1任)
　　　　　郜学东(2014.2任)(挂职)
　　　　　李春华(2014.5—2016.5)(挂职)
　　　　　刘后举(2015.1任)
　　　　　张星仲(2015.3任)
　　　　　徐海涛(女)(2015.8任)
　　　　　吴　昊(2015.12任)
　　　　　赵　杉(2016.4任)
　　　　　温士才(2016.4任)

·区人大常委会·

主　　任　袁昌华(2012.12任)
副主任　卜启芳(2012.4任)(不驻会)
　　　　　张为民(2011.3任)
　　　　　袁　彩(2014.1任)

·区人民政府·

区　　长　刘士武(2013.8任)
副区长　李瑞华(女)(2009.12—2015.8)
　　　　　吴　昊(2011.5—2015.12)
　　　　　张剑桥(2013.10—2015.6)
　　　　　郜学东(2014.2—2016.2)(挂职)
　　　　　李春华(2014.5—2016.5)(挂职)
　　　　　赵　杉(2012.2—2016.4)
　　　　　陈　磊(2015.8任)
　　　　　袁凤彬(2015.8任)
　　　　　仲崇东(2015.8任)(挂职)
　　　　　赵江涛(2013.8—2015.8)(挂职)
　　　　　冷庆丰(2013.8—2015.8)(挂职)
　　　　　孙国防(2015.11任)(挂职)
　　　　　张成龙(2015.12任)
　　　　　刘志凌(2015.12任)(挂职)
　　　　　朱静波(女)(2016.4任)
　　　　　赵其良(2016.4任)

·政协宿豫区委员会·

主　　席　王占军(2012.4任)
副主席　朱义和(2003.2任)(不驻会)
　　　　　卢秀强(2003.2任)(不驻会)
　　　　　王立新(2007.7—2016.4)(不驻会)
　　　　　(2016.4任)(驻会)
　　　　　丁必江(2016.4提名人选)
党组副书记　彭德平(2011.6任)

·中共宿豫区纪检委·

书　　记　仲启双(2009.12—2015.1)
　　　　　刘后举(2015.1 任)
副书记　项文军(2008.9—2015.6)
　　　　　钱　刚(2010.5—2015.12)
　　　　　殷　亮(2015.6 任)
　　　　　张志刚(2015.12 任)
常　　委　陈　军(2008.9—2015.7)
　　　　　王　辉(2011.6—2015.11)
　　　　　周永科(2015.6 任)
　　　　　于成艳(2016.5 任)

·区人民法院·

院　　长　吴跃华(女)(2012.2 任)
副院长　袁　震(2008.12 任)
　　　　　王东林(2005.3 任)
　　　　　张言伟(2014.11 任)
　　　　　陈加宽(2015.9 任)(挂职)

·区人民检察院·

检察长　许兴军(2015.1 任)
副检察长　朱建华(2006.9 任)
　　　　　苏　伟(2012.2 任)
　　　　　张丛飞(2016.5 任)

·区人大常委会办事机构·

办公室(研究室)

主　　任　崔学洲(2014.8 任)

人事代表联络工作委员会

主　　任　林　松(2014.1 任)
副主任　颜士奎(2009.5—2015.11)
　　　　　王先巍(2015.11 任)

教科文卫工作委员会

主　　任　王　蓓(女)(2012.1 任)
副主任　杨邦中(2014.5 任)

财政经济工作委员会(预算工作委员会)

主　　任　穆　东(2014.8 任)

农业经济工作委员会

主　　任　丁先堂(2014.1 任)
副主任　张卫东(2011.3 任)

环境资源城乡建设委员会

主　　任　陈卫东(2014.1 任)
副主任　方立珍(女)(2009.5 任)

内务司法工作委员会(法制工作委员会)

主　　任　臧公才(2010.10 任)
副主任　籍新元(2011.8 任)

·区政协办事机构·

秘书长　宣士忠(2015.6 任)

办公室

办公室主任　宣士忠(2015.6 任)
副主任　徐新玲(女)(2011.10—2015.6)
　　　　　闫景柏(2015.11 任)

提案法制委员会

主　　任　胡文成(2014.1 任)
副主任　杨秋梅(女)(2014.1—2015.11)
　　　　　伍秀娟(女)(2015.11 任)

学习文史委员会

主　　任　鲍建农(2014.5 任)

经济科技委员会

主　　任　陈绕林(2010.5—2015.11)
副主任　庞新婷(女)(2012.7 任)

港澳台侨外事委员会

主　　任　王保斌(2012.1 任)
副主任　王宁军(2014.1—2015.11)

教育文化医卫体育委员会

主　　任　姚秀全(2015.6 任)
副主任　曹方东(2014.8 任)
　　　　　盛佑山(2014.5—2015.1)

·区人大党组·

书　　记　袁昌华(2012.2 任)
副书记　杨化龙(2012.2—2015.4)(退休)

·区政府党组·

书　　记　刘士武(2013.8 任)
副 书 记　张剑桥(2013.10—2015.6)
　　　　　陈　磊(2015.8 任)

·区政协党组·

书　　记　王占军(2012.2 任)
副 书 记　彭德平(2011.6 任)

·区法院党组·

书　　记　吴跃华(女)(2012.2 任)
副 书 记　袁　震(2013.11 任)
　　　　　陈加宽(2015.9 任)(挂职)

·区检察院党组·

书　　记　王昌翔(2007.11—2015.1)
　　　　　许兴军(2015.1 任)
副 书 记　朱建华(2011.3 任)

·区委部门及直属机关党组织·

区委办公室

主　　任　王云峰(2014.1 任)
副 主 任　张　勇(2011.12—2015.1)
　　　　　池华祥(2015.11 任)
　　　　　孙巧娟(女)(2015.12 任)

区委研究室

主　　任　张　勇(2015.1 任)
副 主 任　郭明利(2012.1—2015.6)
　　　　　池华祥(2013.11—2015.11)
　　　　　王宏贵(2015.11 任)

组织部

部　　长　胡赣江(2011.5—2016.4)
　　　　　温士才(2016.4 任)
副 部 长　林　松(2014.1 任)
　　　　　王新军(2015.1 任)
部务委员　王青松(2012.7—2015.1)
　　　　　连　媛(女)(2013.11 任)

“两新”工委(2015 年 12 月,中共宿豫区委新经济社会组织社区工作委员会更名为中共宿豫区委企业和社会组织工作委员会,简称“两新”工委)

书　　记　林　松(2016.2 任)
副 书 记　李冬冬(2016.2 任)
　　　　　王　辉(2016.2 兼任)
　　　　　蔡佩全(2016.2 兼任)
　　　　　王灵芝(女)(2016.2 兼任)
　　　　　李　群(2016.2 兼任)
纪工委书记　高文博(2015.11 任)

党建办

主　　任　林　松(2015.2 任)

人才办

主　　任　王新军(2014.11 任)

宣传部

部　　长　陈　磊(2012.4—2015.8)
　　　　　徐海涛(女)(2015.8 任)
副 部 长　何　可(2012.2 任)
　　　　　殷朝霞(女)(2014.5 任)
部务委员　史运扬(2007.9—2016.5)
　　　　　张　永(2012.2—2015.1)
　　　　　邓爱银(女)(2012.7 任)

文产办

主　　任　张　永(2014.5—2015.1)
　　　　　史运扬(2015.1—2016.5)

统战部

部　　长　王立新(2007.5—2016.5)
　　　　　赵　杉(2016.5 任)
副 部 长　王　勇(2006.6 任)
　　　　　王　辉(2015.11 任)(挂职)
　　　　　高美红(女)(2012.2 任)

政法委员会

书　　记　江小军(2014.1—2015.8)
　　　　　吴　昊(2015.12 任)

副　书　记　尤　波(2012.2—2015.9)
管守南(2008.9任)
张　武(2012.12任)

综治办公室

主　　　任　管守南(2008.12任)
副　主　任　徐　勇(2011.8—2016.4)
张　瑞(2016.4任)

国安办公室

副　主　任　韩　虎(2014.1任)

依法治区办公室

主　　　任　管守南(2008.12任)
副　主　任　蒋家奎(2012.2—2015.1)
王秋波(女)(2015.1任)

农村工作办公室

主　　　任　陆松波(2014.1—2015.12)
曹冬民(2015.12任)
副　主　任　卓　亮(2011.3任)
朱晓杰(2014.8任)
曾　鹏(2015.1任)

扶贫办公室

主　　　任　陆松波(2014.1—2015.12)
曹冬民(2015.12任)

编制委员会办公室

主　　　任　尤东亚(2011.8任)
副　主　任　乔　伟(2009.5任)
王亚莉(女)(2014.5任)

老干部局

局　　　长　叶　琴(女)(2012.12任)
副　局　长　陈　谚(女)(2013.11—2015.1)
张玉林(2015.1任)

台湾工作办公室

主　　　任　孙汝龙(2014.1—2015.11)
张小村(2015.11任)
副　主　任　宋克实(2013.11任)

信访局

局　　　长　殷　亮(2013.11—2015.6)
李　桥(2015.12任)
副　局　长　郑尊武(2011.10任)
孙宗亚(2012.7任)

区委机要局

局　　　长　皇甫启山(2011.6—2015.12)
副　局　长　孙巧娟(女)(2012.7—2015.12)
章厚成(2016.4任)

区级机关工委

书　　　记　张小村(2014.5—2015.11)
陈绕林(2015.11任)
副　书　记　陈　侠(女)(2014.5—2015.11)
纪委书记　吕翠玲(女)(2015.11任)

党　校

校　　　长　胡赣江(2011.5—2016.5)
温士才(2016.5任)
常务副校长　马　军(2014.5—2016.5)
副　校　长　李永权(2012.1任)
朱　军(2012.7任)
孙登科(2014.5任)

党史工作委员会(地方志办公室)

主　　　任　蔡兆银(2001.12任)
副　主　任　韩朝晖(女)(2002.11任)
章厚成(2014.5—2016.4)
蔡绍武(2016.5任)

政府办公室党组

书　　　记　王　坤(2011.6—2015.12)
胡德斌(2016.4任)

发展和改革局党组

副　书　记　郝康永(2014.7任)(挂职)

物价局党组(2012年4月成立)

书　　　记　李　杰(2012.4任)

经济和信息化局党委(2010年5月组建)

书　　　记　钱黎明(2015.1任)
副　书　记　朱　江(2014.1—2015.11)
张　辉(2015.1任)
张鹏程(2015.11任)
纪委书记　张鹏程(2015.11任)

区委教育工委(2015年11月，撤销区教育局党委，成立区委教育工委)

书　　　记　曹庆颜(2015.11任)
副　书　记　杨培良(2015.11任)
纪工委书记　陈以学(2015.11任)

科学技术局党组

副 书 记 赵 彦(2011.6 任)

民政局党组

书 记 苏斯洲(2014.8 任)

司法局党组

书 记 朱秀庭(2008.9 任)
副 书 记 李 彦(2013.11 任)

财政局党组

书 记 张先军(2009.8—2015.5)
赵城勇(2015.5 任)
副 书 记 赵城勇(2014.11—2015.5)(挂职)
仲 熠(2015.11 任)

人力资源和社会保障局党组

书 记 高华华(2010.5 任)

环境保护局党组

书 记 朱晓慧(女)(2015.6 任)
副 书 记 邓 全(2015.12 任)

住房和城乡建设局党委

书 记 温冠军(2015.1 任)
副 书 记 力芝玲(女)(2015.11 任)
纪委书记 力芝玲(女)(2015.11 任)

交通运输局党委

书 记 周维生(2016.2 任)
副 书 记 周维生(2014.8—2016.2)
力芝玲(女)(2011.6—2015.11)
朱 江(2015.11 任)
纪委书记 力芝玲(女)(2011.6—2015.11)

农业委员会党委

书 记 胡 瑞(2016.2 任)
副 书 记 胡 瑞(2014.1—2016.2)
纪委书记 刘红瑞(2015.11 任)

商务局党组

书 记 李金驰(2013.5—2016.5)
李 群(2016.5 任)

水利局党委

书 记 宋成武(2015.6 任)
副 书 记 宣士忠(2012.10—2015.6)
谭以峰(2012.2 任)
纪委书记 唐永胜(2014.1 任)

文化广电新闻出版局党组

书 记 蒋淮义(2015.6 任)
副 书 记 胡德斌(2012.7—2015.6)

卫生和计划生育委员会党委(2015 年 1 月,机构改革,撤销卫生局党委、人口和计生局党组,成立卫生和计划生育委员会党委)

书 记 陈 军(2015.6 任)
副 书 记 孙由伟(2015.1—2015.6)
叶润卿(2015.1—2015.6)
肖玉敏(女)(2015.6 任)
纪委书记 刘广平(2015.11—2016.4)
陈 辉(2016.4 任)

市场监督管理局党委(2015 年 1 月,成立市场监督管理局党委,撤销食品药品监督管理局党组)

书 记 杜利强(2015.1 任)
副 书 记 蒋淮义(2015.1—2015.6)
朱晓慧(女)(2015.1—2015.6)
李 群(2015.1—2016.5)
纪委书记 朱晓宁(2015.6 任)

审计局党组

书 记 张中华(2015.1 任)
副 书 记 张鹏程(2013.5—2015.11)

安全生产监督管理局党组

书 记 张 越(2012.12 任)

统计局党组

书 记 张中华(2012.12—2015.1)
徐 超(2016.2 任)
副 书 记 徐 超(2014.5—2016.2)

公安分局党委

书 记 尤 波(2012.2—2015.9)
袁凤彬(2015.9 任)
副 书 记 顾爱川(2014.2—2016.2)
侍继满(2016.2 任)
纪委书记 戚海阳(2012.12 任)

农机局党组

书 记 杨 宁(2014.8 任)

农业资源开发局党组

书 记 张少建(2014.5 任)

供销总社党委

书 记 姚秀全(2005.11—2015.6)

董丰国(2015.6 任)

总工会党组

书　　记　高维杰(2012.2—2015.3)
　　　　　徐　旭(2015.6 任)

工商联党组

书　　记　王　勇(2006.12—2015.11)
　　　　　王　辉(2015.11 任)

政务服务管理办公室党组(2015 年 1 月成立)

副 书 记　于成匀(2015.6 任)

江苏省宿迁高新技术产业开发区党工委

书　　记　张晓伟(2014.11—2016.5)
　　　　　刘海红(女)(2016.5 任)
副 书 记　王　峰(2014.11—2015.8)
　　　　　江小军(2015.8 任)
纪工委书记　项文军(2015.3 任)
党工委委员　孟　凯(2014.11 任)
　　　　　唐善林(2014.11 任)
　　　　　项文军(2015.3 任)
　　　　　冷庆丰(2015.8 任)
　　　　　王　坤(2015.12 任)
　　　　　吴英梅(女)(2016.5 任)

张家港宿豫工业园区党工委

副 书 记　杨立清(2011.6 任)

宿迁中医院党委

书　　记　闫苏洲(2012.2 任)
副 书 记　王建彬(2012.2 任)
　　　　　丁厚银(2012.12 任)
　　　　　陆召宝(2012.2—2015.4)
纪 委 书 记　刘根顺(2016.4 任)
　　　　　陆召宝(2012.2—2015.4)

江苏宿豫现代农业产业园区党工委

书　　记　宣士忠(2014.1—2016.4)
　　　　　王保君(2016.4 任)
副 书 记　王保君(2014.2—2016.4)
　　　　　陈思军(2016.4 任)

江苏宿迁生态化工科技产业园党工委

书　　记　姜　华(2011.8—2016.5)
　　　　　吴英梅(女)(2016.5 任)
副 书 记　吴英梅(女)(2013.11—2016.5)
　　　　　朱安军(2016.4 任)
　　　　　李金驰(2016.5 任)
纪工委书记　朱安军(2011.10—2013.11)
　　　　　杜　辉(2013.11—2016.4)
纪工委副书记　刘庆华(2012.2 任)

中国宿迁电子商务产业园党工委(2015 年 1 月成立)

书　　记　张先军(2015.1—2016.5)
　　　　　陈　磊(2016.5 任)
副 书 记　胡德斌(2015.1—2016.4)
纪工委书记　盛怀志(2015.9 任)

来龙新城党工委

书　　记　丁必江(2013.11—2016.5)
　　　　　马　军(2016.5 任)
副 书 记　张志刚(2013.11—2015.11)
　　　　　田　强(2015.11 任)
　　　　　潘红海(2014.1 任)
　　　　　王新新(2015.1 任)
　　　　　臧　涛(2013.11—2015.1)
　　　　　戚艳红(女)(2013.11—2015.1)
　　　　　朱　颖(2014.5—2015.5)(挂职)
纪工委书记　王永鹏(2013.11—2015.11)
　　　　　陈文传(2015.11 任)

区纪委派驻纪检组组长(2015 年 11 月 25 日，区委常委会研究决定，原有纪检组撤销，成立区纪委派驻纪检组，对派驻管理范围进行调整)

区委办公室纪检组组长　张文峰(2015.11 任)
区人大机关纪检组组长　王宁军(2015.11 任)
区人民政府办公室纪检组组长　祝兴伟(2015.11 任)
区政协机关纪检组组长　朱　辉(2015.11 任)
区委组织部纪检组组长　高文博(2015.11 任)
区委宣传部纪检组组长　王　严(2015.11 任)
区委政法委纪检组组长　管守玉(2015.11—2016.5)
区委统战部纪检组组长　张金文(2015.11 任)
区政管办纪检组组长　张士宏(女)(2015.11 任)
区委区级机关工委纪检组组长　吕翠玲(女)(2015.11 任)
区水利局纪检组组长　唐永胜(2015.11 任)

区文广新局纪检组组长　张处红(2015.11 任)
区科技局纪检组组长
张新兰(女)(2015.11 任)
区审计局纪检组组长　李庆国(2015.11 任)
区安监局纪检组组长　程新录(2015.11 任)
区农委纪检组组长　刘红瑞(2015.11 任)
区住建局纪检组组长　力芝玲(女)(2015.11 任)
区财政局纪检组组长　唐晓虎(2015.11 任)
区卫计委纪检组组长
刘广平(2015.11—2016.4)
陈　辉(2016.4 任)
区民政局纪检组组长　李大愈(2015.11 任)
区商务局纪检组组长　王一兵(2015.11 任)
区教育局纪检组组长　陈以学(2015.11 任)
区交通运输局纪检组组长
朱　江(2015.11 任)
区环保局纪检组组长
陈　辉(2013.5—2016.4)
刘广平(2016.4 任)
区人社局纪检组组长　张玉辉(2015.11 任)
区市场局纪检组组长　朱晓宁(2015.11 任)
区经信局纪检组组长　张鹏程(2015.11 任)
区发改局纪检组组长
张　晴(女)(2015.11 任)
区公安分局纪检组组长　戚海阳(2015.11 任)
区人民检察院纪检组组长
王　鹏(2015.11—2016.5)
王庆鹏(2016.5 任)
区人民法院纪检组组长　唐瑞典(2015.11 任)
区司法局纪检组组长　王　岭(2015.11 任)
宿迁市中医院纪检组组长
陆召宝(2015.11—2016.4)
刘根顺(2016.4 任)
区广播电视台纪检组组长
马　健(2015.11—2016.4)
徐　勇(2016.4 任)
区委党校纪检组组长　靳余良(2015.11 任)
区供销总社纪检组组长
方素文(女)(2015.11 任)
宿迁砂矿纪检组组长　赵　军(2015.11 任)

·区人民政府工作部门及直属单位·

政府办公室

主　　任　王　坤(2011.6—2015.12)
胡德斌(2016.4 任)
副 主 任　曹　兵(2010.5—2016.5)
唐德明(2010.5 任)
蔡莉莉(女)(2013.11 任)
罗　旋(2014.8—2016.5)
沈振勇(2014.11 任)

区委区政府督查室

主　　任　陈　军(2014.1—2015.6)
叶润卿(2015.6 任)
副 主 任　王　震(2014.11—2016.5)
韩宇波(2015.6 任)
王　皓(2016.4 任)

接待办公室

主　　任　蔡莉莉(女)(2013.11 任)

政务服务管理办公室

主　　任　张秀梅(女)(2015.1 任)
副 主 任　于成匀(2015.1 任)

挂钩办公室

主　　任　陈　敏(女)(2009.5 任)

旅游局

局　　长　程莉莉(女)(2012.2 任)
副 局 长　王　军(2008.5—2015.6)
南三山(2014.11 任)
李　昂(2016.2 任)

车管中心

副 主 任　王　岩(2013.7 任)(主持工作)

发展和改革局

局　　长　郝康永(2014.8 任)(挂职)
副 局 长　蔡绍武(2010.10—2016.5)
陈斯泽(2016.5 任)
钱　程(2014.8 任)

物价局

局　　长　李　杰(2012.4 任)
副 局 长　吴体明(2014.1 任)
纪东海(2014.11 任)

经济和信息化局(中小企业局)

局　　长　钱黎明(2010.5任)
副 局 长　张　莉(女)(2012.1任)
　　　　　张　辉(2015.1任)
　　　　　马　彦(2014.11任)

教育局(体育局)

局　　长　曹庆颜(2013.5任)
副 局 长　徐遵喜(2011.6任)
　　　　　马　勇(2013.5—2016.4)
　　　　　李海霞(女)(2012.1任)
　　　　　仲江林(2016.4任)

科学技术局(地震局、知识产权局)

局　　长　赵　彦(2011.6任)
副 局 长　袁冬梅(女)(2012.1任)
　　　　　卜启元(2013.11任)
　　　　　孙晓霞(女)(2015.11任)(挂职)

监察局

局　　长　钱　刚(2014.11—2015.12)
　　　　　殷　亮(2016.4任)
副 局 长　康建平(2012.7任)
　　　　　姜　潮(2015.7任)
　　　　　蔡　坡(2015.11任)

民政局

局　　长　苏斯洲(2014.8任)
副 局 长　高　斌(2010.5—2016.2)
　　　　　苏　瑞(2010.5任)
　　　　　侍行运(2016.2任)
　　　　　蔡佩全(2010.5任)

司法局

局　　长　朱秀庭(2008.9任)
副 局 长　徐　勇(2013.5任)
　　　　　李　彦(2013.11任)
　　　　　汪　鹏(女)(2013.11任)

财政局

局　　长　张先军(2009.8—2015.6)
　　　　　赵城勇(2015.6任)
副 局 长　周业齐(2012.7任)
　　　　　吴建民(2014.8任)
　　　　　张春雷(2016.5任)

人力资源和社会保障局

局　　长　高华华(2010.5任)
副 局 长　周永泉(2010.5任)
　　　　　王群昌(2014.11任)
　　　　　高念亚(2014.11任)

人才中心

主　　任　戴竞峰(2007.2任)

环境保护局

局　　长　徐　旭(2011.3—2015.6)
　　　　　朱晓慧(女)(2015.6任)
副 局 长　邓　全(2007.9—2015.12)
　　　　　李先锋(2000.8—2015.6)
　　　　　叶　青(女)(2009.5任)
　　　　　陈梅生(2013.11任)
总工程师　张韦华(2012.2任)

住房和城乡建设局

局　　长　温冠军(2014.1任)
副 局 长　李　喆(2010.5—2015.11)
　　　　　葛淑梅(女)(2010.5任)
　　　　　徐三华(2014.11任)
　　　　　徐　辉(2015.11任)
总工程师　池　永(2012.2任)

交通运输局

局　　长　周维生(2014.8任)
副 局 长　陆宏利(2010.5—2015.11)
　　　　　马昌壮(2014.11任)
　　　　　马　勇(2016.4任)
总工程师　仲　霞(女)(2014.11任)

农业委员会

主　　任　胡　瑞(2014.1任)
副 主 任　刘益召(2010.5任)
　　　　　叶敬礼(2010.5任)
　　　　　何光余(女)(2014.5任)

商务局

局　　长　李金驰(2014.5—2016.5)
　　　　　李　群(2016.5任)
副 局 长　张　鑫(2014.11任)
　　　　　朱海平(女)(2010.5任)
　　　　　何加利(2014.8任)

水利局

局　　长　宣士忠(2009.8—2015.6)
　　　　　宋成武(2015.6任)
副局长　伍士松(2012.12任)
　　　　　查　伟(2013.5任)
　　　　　高翠平(女)(2015.6任)
总工程师　力　辉(2012.2任)

文化广电新闻出版局

局　　长　胡德斌(2012.7—2015.6)
　　　　　蒋淮义(2015.6任)
副局长　吴亚明(2012.9任)
　　　　　张明敏(女)(2014.1任)
　　　　　韩向东(2015.10任)

卫生和计划生育委员会(2015年1月成立)

主　　任　陈　军(2015.6任)
副主任　晁先红(女)(2015.6任)
　　　　　张丽娇(女)(2015.6任)
　　　　　丁义军(2015.6任)

爱国卫生运动委员会办公室

主　　任　陈少清(2009.5任)

审计局

局　　长　张秀梅(女)(2013.11—2015.1)
　　　　　张中华(2015.1任)
副局长　郭同林(2012.7任)
　　　　　徐　良(2014.8任)
　　　　　周　瑞(2014.8任)
总审计师　蔡敦甫(2011.6任)

市场监督管理局(2015年1月，撤销食品药品监督管理局、工商行政管理局和技术质量监督管理局，成立市场监督管理局)

局　　长　杜利强(2015.1任)
副局长　蒋淮义(2015.1—2015.6)
　　　　　李　群(2015.1—2016.5)
　　　　　朱晓慧(女)(2015.1—2015.6)
　　　　　王灵芝(女)(2015.6任)
　　　　　张玉春(2015.6任)
　　　　　王　勇(2015.6任)
　　　　　张　宝(2015.6任)
　　　　　童万书(2015.6任)
　　　　　王　池(2015.6任)
　　　　　胡茂学(2015.6任)
　　　　　刘志华(2015.6任)

安全生产监督管理局

局　　长　张　越(2012.12任)
副局长　张梅枝(女)(2014.11任)
　　　　　梁科峰(2011.10任)

统计局

局　　长　徐　超(2015.1任)
副局长　张恩辉(2015.3任)
　　　　　晏　慧(2015.1任)
总统计师　罗　斌(女)(2012.1—2016.2)

公安分局

局　　长　尤　波(2012.2—2015.9)
　　　　　袁凤彬(2015.9任)
副局长　周硕俊(2008.12任)
　　　　　谷孝庭(2009.5任)
　　　　　陈海清(2012.9—2016.2)
　　　　　李　强(2014.11任)
　　　　　王　飚(2016.5任)
政　　委　顾爱川(2014.5—2016.2)
　　　　　侍继满(2016.2任)

农业资源开发局

局　　长　张少建(2014.5任)
副局长　侍行运(2011.10—2016.2)
　　　　　高　斌(2016.2任)
　　　　　吴　东(2014.5任)

农业机械管理局

局　　长　杨　宁(2014.8任)
副局长　任崇坡(2006.6任)
　　　　　张　丽(女)(2009.8—2015.1)
　　　　　刘瑞强(2013.5任)

档案局(档案馆)

局(馆)长　曹冬民(2012.7—2015.12)
　　　　　史运扬(2016.5任)
副局(馆)长　吴慧玲(女)(2011.10任)
　　　　　晁成亚(2014.8任)

招商服务局

局　　长　蒋广辉(2014.11任)
副局长　蔡莉莉(女)(2014.1任)
　　　　　邹海洋(2014.11—2016.4)

王　皓(2014.11—2016.4)
池永超(2016.4 任)
李明山(2016.4 任)

残疾人联合会

理　事　长　石志勇(2014.5 任)
副理事长　陈　谚(女)(2015.1 任)

供销总社

主　　任　姚秀全(2015.11—2015.6)
董聿国(2015.6 任)
副　主　任　姚遵喜(2007.2 任)
陈斯泽(2011.10—2016.5)
李爱珺(女)(2014.11 任)

宿豫广播电视台

台　　长　王　刚(2014.5—2015.11)
孙汝龙(2015.11 任)
总　编　辑　张海明(2014.5 任)
副　台　长　程新文(2010.10 任)
刘　佳(女)(2011.8 任)
杨安民(2012.9 任)

金融办主任

主　　任　陈谨慎(2010.5 任)
副　主　任　陆敬良(2011.10—2015.1)
唐宏伟(2015.1—2016.5)
陶梦瑶(女)(2015.12 任)(挂职)
朱慧娟(女)(2016.5 任)

数字化城市管理指挥中心

主　　任　陈思军(2014.1—2016.4)
张　瑜(女)(2016.4 任)
副　主　任　张用东(2014.11 任)

江苏省宿迁高新技术产业开发区管委会

主　　任　王　峰(2014.11—2015.8)
江小军(2015.8 任)
副　主　任　孟　凯(2014.11 任)
唐善林(2014.11 任)
冷庆丰(2015.8 任)
王　坤(2015.12 任)
吴英梅(女)(2016.5 任)

宿迁技师学院

院　　长　李瑞华(女)(2015.8 任)
副　院　长　高维杰(2015.6 任)

张家港宿豫工业园区管委会

副　主　任　杜利强(2012.2—2015.1)
杨立清(2011.6 任)

江苏宿豫现代农业产业园管委会

主　　任　王保君(2014.2—2016.4)
陈思军(2016.4 任)
副　主　任　方立斌(2012.12 任)
闫长新(2010.5 任)
毕喜书(2016.2 任)

江苏宿迁生态化工科技产业园管委会

主　　任　吴英梅(女)(2013.11—2016.5)
李金驰(2016.5 任)
副　主　任　朱义和(2011.08 任)
张　瑜(女)(2014.11—2016.5)
杜　辉(2016.4 任)
陈立芳(女)(2015.9 任)(挂职)
史金炜(2015.9 任)(挂职)

中国宿迁电子商务产业园区管委会(2015 年 1 月成立)

主　　任　胡德斌(2015.1—2016.4)
副　主　任　刘宏军(2015.1 任)
伏广宇(2015.1—2016.5)
王　杨(2015.9 任)(挂职)
罗　斌(女)(2016.2 任)

来龙新城管委会

主　　任　田　强(2015.11 任)
副　主　任　田　强(2013.11—2015.11)
周硕俊(2013.11 任)
王义百(2013.11—2015.6)
王化文(2015.11 任)

·社会团体·

总工会

主　　席　高维杰(2012.7—2015.6)
徐　旭(2015.6 任)
副　主　席　李　强(2012.7 任)
李　群(2012.12 任)
张利华(女)(2013.9 任)(不驻会)
张　莉(女)(2014.5 任)(不驻会)

科学技术协会

主　　席　罗晖乾(2007.7 任)
副 主 席　滕　敏(女)(2013.11 任)
　　　　　伏广宇(2014.5—2016.4)(不驻会)
　　　　　董玉红(女)(2014.5 任)(不驻会)

工商业联合会

主　　席　杨　鹏(2008.5 任)
副 主 席　王　勇(2006.5—2016.2)
　　　　　王　辉(2016.2 任)

文学艺术界联合会

主　　席　陈　刚(2008.9 任)
副 主 席　孙　曙(2014.1—2016.5)
　　　　　(2016.5 任)(挂职)

共青团宿豫区委员会

书　　记　陈　博(女)(2012.9 任)
副 书 记　郭万君(2012.7—2016.2)
　　　　　李　岩(女)(2015.12 任)(挂职)
　　　　　王春明(2016.2 任)

妇女联合会

主　　席　刘书戎(女)(2010.5 任)
副 主 席　王　莉(女)(2011.10 任)
　　　　　张红梅(女)(2012.7—2015.1)
　　　　　韩金珍(女)(2012.12 任)(不驻会)

哲学社会科学界联合会

主　　席　殷朝霞(女)(2014.5 任)
副 主 席　史运扬(2008.9—2015.1)
　　　　　张　镭(2012.2 任)(不驻会)
　　　　　陈　曙(2015.1—2016.2)

·驻宿豫单位·

人民武装部

部　　长　陈志群(2013.3—2016.3)
副 部 长　潘华培(2012.3 任)
政　　委　史学仁(2011.3—2015.4)
　　　　　张星仲(2015.4 任)

宿迁市国土资源局宿豫分局

局　　长　王慧珠(女)(2013.1 任)
副 局 长　葛伟光(2007.8—2015.6)
　　　　　端志辉(2009.7—2015.6)
　　　　　倪亚军(2011.11 任)
　　　　　王玉强(2015.6 任)
　　　　　王新生(2015.6 任)

宿迁市宿豫区国家税务局

局　　长　姜建明(2013.5 任)
副 局 长　郑领先(2002.10—2015.6)
　　　　　李艳艳(女)(2008.5 任)
　　　　　王　武(2015.6 任)
　　　　　冯立新(2015.6 任)
纪检组长　花成文(2010.8—2015.6)
　　　　　郑领先(2015.6 任)

宿迁市宿豫地方税务局

局　　长　周生学(2009.8—2016.1)
　　　　　孙家胜(2016.1 任)
副 局 长　蔡爱东(2006.2 任)
　　　　　张祝安(2007.5 任)
　　　　　石爱国(2008.9—2016.2)
纪检组长　李　鹏(2013.9 任)

宿迁市规划局宿豫分局

局　　长　何家乐(2014.8 任)
副 局 长　林云久(2014.8 任)

宿迁市城市管理行政执法局宿豫分局

局　　长　朱北平(女)(2010.9 任)
副 局 长　陈金忠(2013.2 任)
　　　　　张　宁(2014.7 任)
　　　　　倪成龙(2014.7 任)

宿豫区烟草专卖局(江苏省烟草公司宿迁市公司宿豫分公司)

局　　长　韩亚军(2014.2—2015.6)
　　　　　严海军(2015.6 任)
副 局 长　黄春生(2008.9—2016.7)
　　　　　邵海燕(女)(2016.7 任)
副 经 理　邵海燕(女)(2014.4—2016.7)
　　　　　王　伟(2016.7 任)

宿迁市盐务局直属分局

局　　长　施　凯(2013.2—2015.11)
副 局 长　伍玉柱(2011.1 任)
　　　　　万宏玲(女)(2011.1 任)
　　　　　毛广宁(2013.2 任)
　　　　　李云山(2013.2 任)

宿豫区气象局

局　　长　徐春阳(2012.9 任)

·乡镇(街道)党(工)委·

顺河街道党工委

书　　记　杜利强(2014.11—2015.1)
　　　　　周　斌(2015.1 任)
副 书 记　周　勇(2014.11—2016.2)
　　　　　章延敬(2014.11—2016.4)
　　　　　李劲柏(2015.12 任)(挂职)
　　　　　罗　旋(2016.5 任)
　　　　　康　凯(女)(2016.4 任)
纪工委书记　周　勇(2014.11—2016.2)
　　　　　陈　曙(2016.2 任)
党工委委员　李广东(2014.11 任)
　　　　　高行科(2014.11 任)
人武部部长　李广东(2014.11 任)

豫新街道党工委

书　　记　杜利强(2014.11—2015.1)
　　　　　陆　振(2015.6 任)
副 书 记　陆　振(2014.11—2015.6)
　　　　　陆敬伟(2014.11—2016.2)
　　　　　李先锋(2015.6 任)
　　　　　张红梅(女)(2016.2 任)
纪工委书记　陆敬伟(2014.11—2016.2)
　　　　　郭万君(2016.2 任)
党工委委员　常　松(2014.11 任)
　　　　　时先明(2015.6 任)
人 武 部 长　常　松(2014.11 任)

下相街道党工委

书　　记　郑家宝(2014.11 任)
副 书 记　张　锦(2014.11 任)
　　　　　朱栋凯(2014.11—2016.2)
　　　　　邹海洋(2016.4 任)
纪工委书记　朱栋凯(2014.11—2016.2)
　　　　　胡　进(2016.2 任)
党工委委员　郭训超(2014.11 任)
　　　　　董爱华(女)(2014.11—2016.4)
人 武 部 长　郭训超(2014.11 任)

中共大兴镇委员会

书　　记　周　斌(2012.2—2015.1)
　　　　　戚艳红(女)(2015.1—2016.5)
　　　　　王　进(2016.5 任)
副 书 记　王　进(2013.10—2016.5)
　　　　　张　斌(2012.9—2016.2)
　　　　　侍一名(2014.11—2016.4)
　　　　　王爱华(2016.5 任)
　　　　　刘　洁(2016.2 任)
纪 委 书 记　张　龙(2014.1 任)
政法委书记　张　斌(2012.9—2016.2)
　　　　　刘　洁(2016.2 任)
政 法 委 员　毕强书(2013.5—2016.4)(股级)
　　　　　吴　勇(2016.5 任)(挂职)
组 织 委 员　王　春(2015.1—2016.4)(股级)
　　　　　(2016.4 任)(副科职)
宣 统 委 员　王　艳(女)(2014.8—2016.4)
　　　　　(股级)
　　　　　(2016.4 任)(副科职)
人 武 部 长　张明艳(2013.5 任)
总工会主席　费宗光(2013.7—2015.1)
　　　　　刘　洁(2016.2 任)
党 委 委 员　肖日考(2014.1—2016.2)
　　　　　张　龙(2014.1 任)
　　　　　张明艳(2013.5 任)
　　　　　王　春(2014.1—2015.1)(挂职)
　　　　　(2015.1 任)
　　　　　王　艳(女)(2014.8 任)
　　　　　吴　勇(2016.5 任)(挂职)

中共来龙镇委员会

书　　记　丁必江(2013.11—2016.5)
　　　　　马　军(2016.5 任)
副 书 记　张志刚(2013.11—2015.12)
　　　　　王化文(2013.5—2015.11)
　　　　　朱　颖(2014.5—2015.5)(挂职)
　　　　　田　强(2015.11 任)
　　　　　朱春相(2016.4 任)
纪 委 书 记　王永鹏(2013.11—2015.11)
　　　　　陈文传(2015.11 任)
政法委书记　王化文(2013.5—2015.11)

朱春相(2016.4任)
政法委员 潘家宏(2011.9—2016.4)(股级)
孙　岳(2016.5任)(挂职)
人武部长 刘　海(2012.9—2016.5)
张俊春(2016.5任)
组织委员 许红亮(2013.2—2016.4)(股级)
李　莉(女)(2016.4任)(副科职)
宣统委员 朱立胜(2014.8—2016.4)(股级)
王　磊(女)(2016.4任)(副科职)
党委委员 王永鹏(2013.11—2015.11)
潘家宏(2011.9—2016.4)
刘　海(2012.9—2016.5)
许红亮(2013.2—2016.4)
朱立胜(2014.8—2016.4)
陈文传(2015.11任)
张俊春(2016.5任)
王　磊(女)(2016.4任)
李　莉(女)(2016.4任)
孙　岳(2016.5任)(挂职)

中共陆集镇委员会

书　记 郭　磊(2012.2任)
副书记 仲　熠(2012.7—2015.11)
戚　磊(女)(2014.1—2016.4)
孙　莹(2015.11任)
侍　茹(女)(2014.1任)
纪委书记 张永鹏(2012.2—2015.11)
刘根顺(2015.11—2016.4)
韩瑞才(2016.4任)
政法委书记 戚　磊(女)(2014.1—2016.4)
侍　茹(女)(2016.4任)
组织委员 孙化全(2014.8—2016.4)(股级)(2016.4任)(副科职)
宣统委员 王余娟(女)(2014.8—2016.2)(股级)
曹冬梅(女)(2016.4任)(副科职)
政法委员 曹冬梅(女)(2012.12—2016.4)(股级)
人武部长 刘跃斌(2016.1任)
党委委员 张永鹏(2012.2—2015.11)
刘根顺(2015.11—2016.4)
曹冬梅(女)(2012.12任)
王余娟(女)(2014.8—2016.2)
孙化全(2014.8任)
刘跃斌(2016.4任)
韩瑞才(2016.4任)

中共关庙镇委员会

书　记 臧　涛(2014.1—2016.5)
刘　义(2016.5任)
副书记 张玉军(2014.1—2015.11)
刘　义(2015.11—2016.5)
周玲玲(女)(2014.1任)
纪委书记 沈永孝(2013.5—2016.4)
王红军(2016.4任)
政法委书记 周玲玲(女)(2014.1任)
组织委员 张　倩(女)(2013.5—2015.1)(股级)
张小雷(2015.1—2016.4)(股级)(2016.4任)(副科职)
宣统委员 唐小兵(2015.1—2016.4)(股级)(2016.4任)(副科职)
人武部长 刘　凯(2016.4任)
党委委员 沈永孝(2013.5—2016.4)
张　倩(女)(2013.5—2015.1)
王红军(2016.4任)
张小雷(2015.1任)
唐小兵(2015.1任)
刘　凯(2016.4任)

中共仰化镇委员会

书　记 董聿国(2012.7—2015.6)
孙由伟(2015.6任)
副书记 张　辉(2011.3—2015.1)
王青松(2015.1任)
蔡　猛(2013.5—2016.2)
卢开坤(2016.2任)
纪委书记 刘红瑞(2013.5—2015.11)
刘　辉(2016.2任)
政法委书记 蔡　猛(2013.5—2016.2)
卢开坤(2016.2任)
政法委员 施　部(2011.9—2016.2)(股级)
常新春(2016.5任)(挂职)

组织委员　刘怀宁(2013.5—2016.4)(股级)
　　(2016.4任)(副科职)
宣传委员　王　鹏(2014.1—2016.2)(股级)
　　陶化林(2016.4任)(副科职)
人武部长　邹　丹(2012.9任)
党委委员　施　部(2011.9—2016.2)
　　王　鹏(2014.1—2016.2)
　　望　国(2014.1—2015.1)(挂职)
　　邹　丹(女)(2012.9任)
　　刘怀宁(2013.5任)
　　刘　辉(2016.2任)
　　陶化林(2016.2任)

中共丁嘴镇委员会

书　　记　仲凤武(2015.1任)
副书记　仲凤武(2012.12—2015.1)
　　毕喜书(2013.11—2015.1)
　　侍　茹(女)(2015.1—2016.4)
　　孙　光(2015.1任)
　　张胜杰(2016.4任)
纪委书记　孙　光(2014.8—2015.1)
　　吴　超(2015.6任)
政法委书记　毕喜书(2013.11—2015.1)
　　侍　茹(女)(2015.1—2016.4)
　　张胜杰(2016.4任)
组织委员　张胜杰(2011.6—2016.4)(股级)
　　曹　虎(2016.4任)(副科职)
宣统委员　曹　虎(2013.5—2016.4)(股级)
　　杨　宇(2016.5任)(副科职)
人武部长　刘　军(2013.5任)
党委委员　刘　军(2013.5任)
　　吴　超(2015.6任)
　　曹　虎(2013.5任)
　　杨　宇(2016.5任)
　　张大庆(2014.1—2015.1)
　　张艳兵(2014.1—2015.1)(挂职)

中共侍岭镇委员会

书　　记　潘红海(2014.1任)
副书记　王华东(2014.1—2015.1)
　　单海军(2014.5任)
　　毕喜书(2015.1—2016.2)
　　唐献甫(2016.2任)
纪委书记　程新录(2012.1—2015.11)
　　陈安东(2015.11任)
政法委书记　王华东(2014.1—2015.1)
　　唐献甫(2016.2任)
组织委员　马　耿(2011.3—2015.1)(股级)
　　孙　全(2015.1—2016.2)(股级)
　　高维林(2016.4任)(副科职)
宣统委员　孙玲艳(女)(2013.5—2015.10)
　　(股级)
　　孙　全(2016.4任)(副科职)
人武部长　王　勇(2011.8—2015.11)
　　葛建国(2015.11任)
党委委员　马　耿(2011.3—2015.1)
　　王　勇(2011.8—2015.11)
　　程新录(2012.1—2015.11)
　　孙玲艳(女)(2013.5—2015.10)
　　姚　军(2014.1—2015.1)(挂职)
　　陈安东(2015.11任)
　　葛建国(2015.11任)
　　孙　全(2015.1任)
　　高维林(2016.4任)

中共曹集乡委员会

书　　记　张成龙(2014.1—2015.12)
　　姜成文(2016.5任)
副书记　姜成文(2014.1—2016.5)
　　卓成军(2014.1—2015.1)
　　曹　兵(2016.5任)
纪委书记　袁　雪(女)(2013.5—2016.4)
　　张晓明(2016.4任)
政法委书记　卓成军(2014.1—2015.1)
　　袁　雪(女)(2016.4任)
政法委员　唐小兵(2011.9—2015.1)(股级)
　　丁卫东(2016.5任)(挂职)
组织委员　李先军(2010.5—2015.6)(股级)
　　高维林(2015.6—2016.4)(股级)
　　张　平(女)(2016.4任)(副科职)
宣统委员　王　彬(2014.8—2015.6)(股级)
　　井旭东(2015.6—2016.4)(股级)
　　(2016.4任)(副科职)

人武部长　彭　跃(2013.5—2016.5)
党委委员　卓成军(2014.1—2015.1)
袁　雪(女)(2013.5—2016.4)
李先军(2010.5—2015.6)
高维林(2015.6—2016.4)
彭　跃(2013.5—2016.5)
张晓明(2016.4任)
张　平(女)(2016.4任)
井旭东(2015.6任)
丁卫东(2016.5任)(挂职)
袁珍宝(2014.5—2015.5)(挂职)

中共新庄镇委员会

书　　记　臧其永(2013.5任)
副书记　朱　军(2013.11—2015.1)
孙　莹(2014.11—2015.9)(挂职)
(2015.9—2015.11)
张玉军(2015.11任)
杨永泉(2016.2任)
纪委书记　刘根顺(2013.5—2015.11)
张永鹏(2015.11任)
政法委书记　朱　军(2013.11—2015.1)
杨永泉(2016.2任)
政法委员　丁春龙(2012.11—2015.7)(股级)
组织委员　张　平(女)(2012.9—2016.4)
(股级)
何　丽(女)(2016.4任)
(副科职)
宣统委员　杨安成(2014.1—2016.4)(股级)
郑国强(2016.4任)(副科职)
人武部长　李前进(2012.9任)
党委委员　李前进(2012.9任)
张　平(女)(2012.9—2016.4)
刘根顺(2013.5—2015.11)
杨安成(2014.1—2016.4)
高海翔(2014.1—2015.1)(挂职)
韩帅帅(2014.5—2015.5)(挂职)
张永鹏(2015.11任)
张大敏(2016.4任)
何　丽(女)(2016.4任)
郑国强(2016.4任)

中共保安乡委员会

书　　记　戚艳红(女)(2011.3—2015.1)
王新新(2015.1任)
副书记　王新新(2011.3—2015.1)
张克扬(2014.1—2016.2)
彭　敏(女)(2015.1任)
倪陆军(2016.2任)
纪委书记　王　严(2014.1—2015.11)
张晓东(2015.11任)
政法委书记　张克扬(2014.1—2016.2)
倪陆军(2016.2任)
政法委员　李先锋(2011.9—2016.4)(股级)
组织委员　张高喜(2011.3—2015.1)(股级)
姚　亮(2015.1—2016.4)(股级)
(2016.4任)(副科职)
宣统委员　沈德芳(女)(2012.12—2016.4)
(股级)
李先锋(2016.4任)(副科职)
人武部长　邹志举(2011.8任)
党委委员　邹志举(2011.8任)
王　严(2014.1—2015.11)
李先锋(2011.9任)
张高喜(2011.3—2015.1)
沈德芳(女)(2012.12—2016.4)
张晓东(2015.11任)
姚　亮(2015.1任)

·乡镇(街道)人民政府(办事处)、人大(人大工委)·

顺河街道办事处

主　　任　张智勇(2013.11—2016.5)
罗　旋(2016.5任)
副主任　康　凯(女)(2014.11—2016.4)
唐维民(2014.11任)
刘艳芳(女)(2014.11任)
施友梅(女)(2016.4任)
吴昊雨(2014.4—2015.12)(挂职)
王春明(2014.11—2015.11)(挂职)
人大工委主任　彭　敏(女)(2014.11—2015.1)

李　桥(2015.1—2015.6)
李劲柏(2015.12任)

豫新街道办事处

主　　任　陆　振(2014.11—2015.6)
李先锋(2015.6任)
副 主 任　张红梅(女)(2014.11—2016.2)
陈先扬(2014.11—2016.4)(聘任)
王华东(2014.11任)
张　巍(2016.4任)
仲　亚(2015.9任)(挂职)
董佳锋(2014.11任)(挂职)
袁酩惠(女)(2015.1任)(挂职)
人大工委主任　刘晓燕(女)(2014.11任)

下相街道办事处

主　　任　张　锦(2014.11任)
副 主 任　袁振鹏(2014.11—2016.2)
杨宏宇(2014.11任)
朱　琳(女)(2016.4任)
董爱华(女)(2015.9任)
人大工委主任　仲江林(2014.11—2016.4)

大兴镇人民政府

镇　　长　王　进(2013.10—2016.5)
王爱华(2016.5任)
副 镇 长　刘　洁(2012.2—2016.2)
卢开坤(2012.2—2016.2)
高慎明(2012.1—2016.4)
朱　琳(女)(2013.5—2015.1)
费宗光(2015.1任)
肖日考(2016.2任)
人大主席　祝兴伟(2010.10—2015.11)
戚　磊(女)(2016.4任)

来龙镇人民政府

镇　　长　张志刚(2013.11—2015.11)
田　强(2015.11任)
副 镇 长　陈文传(2014.1—2015.11)
张　巍(2014.11—2016.4)
吴昊雨(2015.11任)
潜　义(2016.4任)
李　莉(女)(2014.8—2016.4)
伏广宇(2016.4任)
许红亮(2016.4任)(挂职)
人大主席　王义百(2013.5—2015.6)
王化文(2016.4任)

陆集镇人民政府

镇　　长　仲　熠(2012.7—2015.11)
孙　莹(2015.11任)
副 镇 长　韩瑞才(2012.2—2016.4)
王红军(2011.10—2016.4)
褚　凯(2012.7任)(挂职)
蔡效峰(2014.8—2016.2)
王余娟(女)(2014.11—2015.11)(挂职)(2016.2任)
魏东博(2014.8—2015.8)(挂职)
彭伟平(2015.9任)(挂职)
王　斌(2016.3任)(挂职)
毕强书(2016.4任)
人大主席　刘建军(2014.11任)

关庙镇人民政府

镇　　长　张玉军(2014.1—2015.11)
刘　义(2015.11—2016.5)
张智勇(2016.5任)
副 镇 长　倪陆军(2014.1—2016.2)
鲍兴洲(2014.1任)
张　倩(女)(2014.11—2015.11)(挂职)
刘　洋(2015.6任)(挂职)
李晓静(女)(2016.2任)
蔡同伍(2016.3任)(挂职)
陈先扬(2016.4任)
人大主席　施小军(2015.11任)

仰化镇人民政府

镇　　长　张　辉(2011.3—2015.1)
王青松(2015.1任)
副 镇 长　郭　浩(2013.11任)
刘　辉(2012.12—2016.2)
刘艳芳(女)(2014.1—2015.1)
朱　琳(女)(2015.1—2016.4)
牛　健(2014.5—2015.5)(挂职)
马小晓(2015.1—2016.4)(挂职)
张　丽(女)(2016.4任)

邢印环(女)(2016.4任)

人大主席 周成勇(2015.1任)

丁嘴镇人民政府

镇　　长 仲凤武(2012.12—2015.1)

孙　光(2015.1任)

副 镇 长 侍　茹(女)(2011.3—2015.1)

张大敏(2011.10—2016.4)

杨　宇(2014.8—2016.5)

张艳兵(2015.1—2016.1)(挂职)

陈文伟(2014.8—2015.8)(挂职)

沈德芳(女)(2016.4任)

张大庆(2016.4任)

陈艳丽(女)(2016.5任)

人大主席 王爱华(2014.1—2016.5)

王　震(2016.5任)

侍岭镇人民政府

镇　　长 单海军(2014.5任)

副 镇 长 唐献甫(2012.2—2016.2)

杨宏宇(2012.12—2015.1)

张高喜(2014.11任)(挂职)

李启明(2015.6任)

周　斌(2015.11任)

朱凤莲(女)(2016.4任)

袁珍宝(2016.3任)(挂职)

王　勇(2012.7—2015.7)(挂职)

江　凯(2014.8—2015.8)(挂职)

人大主席 朱　辉(2014.1—2015.11)

侍一名(2016.4任)

曹集乡人民政府

乡　　长 姜成文(2014.1任)

副 乡 长 王　磊(女)(2014.8—2016.4)

张晓明(2013.5—2016.4)

解云祥(2014.1任)

董　森(女)(2014.5—2015.5)(挂职)

丁　慧(女)(2014.11—2015.11)(挂职)

艾阿芬(女)(2016.3任)(挂职)

卢　锋(2016.4任)

人大主席 张文峰(2012.1—2015.11)

朱　江(2015.11任)

新庄镇人民政府

镇　　长 孙　莹(2014.11—2015.9)(挂职)(2015.9—2015.11)

张玉军(2015.11任)

副 镇 长 杨永泉(2014.8—2016.2)

刘宏娟(女)(2011.10任)

郑国强(2013.11—2016.4)

单海涛(2016.3任)(挂职)

张大敏(2016.4任)

何井瑞(2014.8—2015.8)(挂职)

刘军军(2014.8—2015.8)(挂职)

罗羽洧(2015.9任)(挂职)

张　雪(女)(2014.11—2015.11)(挂职)

人大主席 李　桥(2012.1—2015.1)

闵　艳(女)(2015.11任)

保安乡人民政府

乡　　长 王新新(2011.3—2015.1)

彭　敏(女)(2015.1任)

副 乡 长 刘长江(2013.5—2015.6)

翟　建(2014.8任)

马　耿(2014.11任)(挂职)

金　浩(2016.2任)

闫　鸣(2016.3任)(挂职)

高慎明(2016.4任)

人大主席 张　锦(2013.5—2015.1)

郭明利(2015.6任)

(人员任职时间截至2016年7月底)

(连　媛　王　路)

·建置区划·

【建置沿革】 宿豫区历史积淀深厚。据考古发掘，早在新石器时代（距今10000年到4000年），境内即有先民聚居，为传说中的远古东夷族首领少昊的活动地域之一。春秋时曾为锺吾国的一部分，自周敬王八年（公元前512年）至秦始皇二十四年（公元前223年）间，相继为吴、楚国的属地。

秦置下相县，城址在今宿迁市宿城区西南古城村。东晋安帝义熙元年（405年）置宿预县，城址在今泗阳县郑楼乡，宿预县与下相县并置。至北齐，废下相县，其境由宿预县统辖。唐代宗宝应元年（762年），为避皇帝李豫名讳改称宿迁县，一直沿袭至1987年撤县建市（县级）。1996年7月经国务院批准，设立地级宿迁市，原县级宿迁市更名为宿豫县，隶属于宿迁市。2004年3月，宿豫撤县设区。境域历代多有变动，北宋时宿迁县境域最大，包括今宿城区、宿豫区、新沂市的大部和睢宁县、泗阳县及淮安市淮阴区的渔沟镇等。元代划出睢宁县、桃园（今泗阳）县。至新中国成立前，析出县北境（今新沂市）部分地区，宿迁县辖境缩小近半。至设立宿豫区，辖境仅为县级宿迁市的2/3。

【行政区划】 1996年7月，根据国务院国函〔1996〕58号批复，批准撤销县级宿迁市，设立地级宿迁市，新设宿豫县和宿城区。宿豫县辖原县级宿迁市的顺河、耿车、皂河、埠子、大兴、来龙、蔡集、王官集8个镇和骆马湖、龙河、关庙、黄墩、陆集、罗圩、丁嘴、保安、曹集、晓店、塘湖、仰化、三棵树、侍岭、新庄、洋北、卓圩、赵埝、南蔡19个乡，县人民政府驻顺河镇黄运东路，新建县城。宿城区辖原县级宿迁市的宿城镇、井头乡、支口乡、双庄乡、果园乡和原种场。2004年3月，根据国务院2004年1月15日国函〔2004〕6号批复和省政府2004年2月25日苏政发〔2004〕2号文件，撤销宿豫县，设立宿迁市宿豫区。原宿豫县的耿车镇、埠子镇、洋北镇、龙河镇、罗圩乡、南蔡乡和三棵树乡划归宿城区管辖，原宿城区的井头乡划归宿豫区管辖。调整后，宿豫区辖顺河、皂河、大兴、来龙、蔡集、王官集、仰化、丁嘴、黄墩、陆集、关庙、侍岭、新庄、晓店14个镇，曹集、保安、井头3个乡和嶂山林场。2005年11月下旬，市委决定成立宿迁市湖滨新城开发区，把晓店镇、嶂山林场、井头乡的部分村居划归湖滨新城开发区托管。2011年7月，市委决定将井头乡整建制托管到市湖滨新城开发区；10月，按照宿迁市人民政府市长办公会议纪要第84号精神要求，将宿豫区皂河镇整体建制托管到市湖滨新城开发区。2013年6月，市委决定将宿豫区蔡集镇、王官集镇整建制托管给宿城区；将宿豫区黄墩镇整建制托管给市湖滨新区。 （区地方志办）

·位置与交通·

【位置】 宿豫区位于江苏省北部，东接沭阳县，南靠泗阳县、宿城区，西邻徐州市睢宁县，北隔沂河与徐州市的新沂、邳州两市接壤。地跨北纬33°48′34″～34°09′40″，东经117°56′15″～

118°35′40″。宿豫地处鲁南丘陵与苏北平原过渡带,地势呈西北高、东南低,最高点位于晓店镇东南的嶂山林场附近,高程为71.2米,最低处位于关庙镇东南袁王荡,高程为8.8米。全区除北部一带为低山丘陵岗外,其余皆为平原。

【区位交通】 宿豫区是宿迁中心城市“一体两翼”的东翼,主城区位于京杭大运河东岸,宿城区隔河相望。宿豫区位优势明显,处于沿海经济带、沿江经济带和陇海经济带的交叉辐射区,位于苏鲁豫皖淮海经济区的中心。京沪高速、宁宿徐高速、徐宿淮盐高速、宿新高速所组成的高速公路主干网把宿豫区带入全国高速路网,综合京杭运河和铁路、航空的优势,拉近了宿豫与渤海经济区和长江三角洲的距离。辖区内贯穿全境的道路为“四横两纵”,东西横向道路4条,分别是省道S324、S325,老宿沭路、宿泗路;南北纵向道路2条,分别是省道S249、宿新高速。境内省道S324长26.07千米,沿线有曹集、新庄、关庙、保安4个乡镇;省道S325长26.4千米,沿线有顺河、陆集、大兴、仰化、丁嘴5个乡镇;来龙、侍岭2个乡镇在区域东北部,无省道经过。境内省道S249长24.36千米,宿新高速长29.8千米,分别在高新区、曹集乡、侍岭镇各有一个出口。辖区内主要河流3条,运河境内长41.13千米,陆塘河长38千米,新沂河长17.3千米。 (区地方志办)

·人　口·

2015年年末,全区户籍总户数12.5万户,比上年增加0.03万户,户籍总人口49.53万人,比上年增加0.3万人。常住人口44.5万人,比上年增加0.3万人。人口出生率17.85‰,男女性别比106.78(女=100)。全区城镇化率达58.91%,比上年提高1.51个百分点。2015年,0—14岁少儿人口91124人,15—64岁劳动年龄人口342877人,65岁及以上老年人口63386万人。流动人口11815人,城镇人口340843人。 (区统计局　区公安分局)

·气　候·

【气候要素】 2015年气候特点:年降水量较常年偏少;年平均气温正常略偏高;日照较常年正常略偏少。

气温　2015年平均气温15.3℃,较常年正常偏高0.8℃。其中4月、7月平均气温较常年正常略偏低,其它各月均较常年偏高。全年高温日9天,8月持续4天高温。年极端最高气温为36.3℃,出现在8月3日。大于等于35℃的高温日数为6天;年极端最低气温为-6.8℃,出现在11月27日。

降水　2015年总降水量为688.2毫米,较常年偏少210.5毫米,时空分布不均。6月、9月和11月偏多;其他月份均偏少。进入汛期阵性降水增多,日最大降水量为85.3毫米,出现在6月24日。

2015年大于等于0.1毫米的降水日数92天,大于等于50毫米的暴雨日数1天。降雪日数4天,积雪日数2天。

日照　2015年全区日照时数2009.0小时,较常年偏少210.5小时。其中3月、7月、8月、9月和10月较常年正常略偏多,其余各月均较常年偏少。

湿度　2015年平均相对湿度71%,较常年偏小1%,年最小相对湿度16%,出现在1月19日、2月23日。

【农业气象灾害】 汛期强降水　2015年6月24—25日全市出现大暴雨天气,全市过程雨量均达100毫米以上。这次大暴雨过程造成全市农业成灾面积25.656万亩,其中水稻12.577万亩、玉米9.596万亩、大豆0.683万亩、其他旱作物2.8万亩。29—30日全市普降大到暴雨,全市农业成灾面积18.6万亩,其中水稻7.0万亩、玉米11.6万亩。

秋季连阴雨 11月多连阴雨天气，降水量比常年偏多2倍，日照较常年偏少5成。其中24—25日全市出现大到暴雪，造成大面积雪压稻灾情，部分田块出现倒伏现象。连续阴雨天气导致田间普遍积水，秋收秋种工作比常年推迟10天以上。

低温雨雪 2015年11月24—25日，全市受强冷空气影响，出现了暴雪天气过程，其中24日发布暴雪蓝色预警信号。降雪过程造成宿豫区1.3万人遭受雪灾，农作物受灾面积991公顷，成灾991公顷，农业损失1141万元。

（徐春阳）

·自然资源·

【土地资源】 宿豫区地形平展，土地成方连片，水田利用系数、复种指数较高，基本实现运河以东“自流灌溉”、运河以西“机电灌溉”和境内农田林网化。丘陵山地主要分布在区境北延的晓店、井头、嶂山林场一带，既有水平组合分布上的差异，又有垂直组合的差度。地面遭受抬升与切割，显得高低不平、坡度大。全区土地面积为11.49万公顷，农用地7.45万公顷，其中耕地5.13万公顷、林地1239.88公顷、果园和桑园7870.88公顷。耕地中水田占76.99%，旱地占18.98%。建设用地中交通、水利用地分别占土地总面积的0.47%和2.15%。居民及工矿用地占土地总面积的12.1%。河流、湖泊、苇地、滩涂等占地2.34万公顷占全区总面积的20.37%。未利用土地244.98公顷。

【水资源】 境内水资源比较丰富。骆马湖、大运河、六塘河是宿豫区主要的地表水资源，中运河是境内主要洪水出路之一，也是境内主要灌溉水源及城区工业、生活用水水源，同时也是国家南水北调东线向北输水的河道。境内地表水资源量丰水年为1.86亿立方米，中等干旱年0.85亿立方米。2015年全区沿河各闸共引水1.8亿立方米。全区地下水资源较丰富，一般埋藏深度为1.5～2.5米，为浅层地下水，储量约2.4亿立方米；深层承压水埋藏在地下水，储量约10亿3。晓店镇地下水中含硬沙层矿泉水，各项指标均达到饮用矿泉水标准，为优质含锶偏硅酸矿泉水。境内每年10月至次年5月降水量低，12月份最少，容易造成干旱。

2015年，全区年降雨量688.2毫米，折合降水量为9.98亿立方米，比上年减少8%，比多年平均减少30%。全区入境水资源量21.2亿立方米，比上年增加0.8%。全区地下水资源量1.629亿立方米，水资源总量3.90亿立方米。年内，宿豫创成省级节水型社会示范区。

【矿产资源】 全区已探明的矿产资源均为非金属矿产，主要有建筑用黄沙、玻璃原料石英砂、陶瓷器原料陶瓷土、烧制砖瓦原料黏土及矿泉水、红石等。骆马湖东岸白马涧出产的优质石英砂总储量在5亿吨以上，石英砂矿的二氧化硅含量在80%左右，品位稳定，埋藏浅，易于开采，是玻璃工业的优质原料。从晓店至井头的60平方千米内，蕴藏着质优量丰的陶瓷土，它是生产高品位陶瓷墙、地板砖、琉璃瓦、陶瓷器具、陶瓷工艺品的理想原料，储量约6亿吨，属特大储量矿床。分布在骆马湖、晓店、侍岭一带的建筑用黄沙总储量在10亿吨以上，年开采量约400万吨左右。晓店镇的矿泉水水质清澈透明，无臭无味，含多种对人体有益的矿物质，为优质含锶偏硅酸矿泉水。2009年3月，晓店温泉出水，其水质优良，其中锶、氟含量达到国家医疗热矿泉命名水质标准。

【生物资源】 宿豫区地处暖温带落叶阔叶林植被区南端，毗邻亚热带常绿阔叶林植被区，植物资源丰富。境内植物资源有136科388属614种，其中木本植物有84科176属261种。植物资源中属国家保护的有9种，被列入江苏省稀濒植物的有2种，被列入宿迁市级濒危植物的有3种。境内古树名木合计201株，隶属26科35属36种2变种。药用植物资源合计106科276属417种。地方品种资源为铁球山楂和小黑葡萄两种,特有物种资源是宿半夏和芒苞车前。宿豫区地处鲁南丘陵与苏北平原过渡地带,全境地形复杂,植物资源丰富,适宜动物栖息繁衍。明末清初,尚有鹿、虎、狼、野猪等,后绝迹。近年生态环境改善,野生动物特别是羽禽类明显增多,人工饲养和野生动物在150科500种以上,鱼类有16科93种,野生羽禽有20科35种以上。畜禽饲养业是宿豫区优势产业,养蚕是全区农民收入增长的支柱产业。境内药用类动物有蚂蟥、蜈蚣、蝎子、土地鳖、南方大斑蝥等29科32种。 (区地方志办)

·民风民俗·

【概况】 全区汉民族的人口,占总人口的99%以上,域内的民风民俗主要表现为汉民族的民风民俗,和全国各地汉民族通行的大同小异。这“小异”就是长期以来形成的特有的鲜明地域色彩。随着时代的发展变化,在传承中,有的已成为历史,有的有所更新。

【节日习俗】 春节农家吃素馅饺。初一早饭要吃元宝(饺子),农家的饺馅只能是素馅。据说如果吃了荤馅,家里养的畜禽会不兴旺。这天不仅饺馅不能是荤的,菜也不能含荤的。人们还会把饺子给牛、驴吃,说“打一千,骂一万,大年初一给顿饭”。

初五商店开门营业。从前,所有商店从初一早晨开始打烊,直到初五才恢复营业。初五是财神日,早晨起来出门迎财神。当天要在饺子锅里下面条,叫吃“钱串子”。现在春节期间,各类商家不休业,相反还会抓住商机多搞促销活动。初五沿袭清早放鞭炮迎财神的习俗。

正月十五赶会。旧时,正月十五为宿城城隍庙会。宿城的城隍庙建在城外,财神庙北街上建有行宫,叫显佑伯行宫。大清早,人们抬出城隍神像,沿街巡行,商家燃放鞭炮迎接,后有旱船,高跷、舞狮、舞龙演出队伍,直把财神迎进行宫接受人们膜拜。据说举行这样的隆重迎财神习俗,在全国唯宿城独有。除宿城表演队以外,县城周边的乡镇也有队伍进城表演。互相你能我胜地开展比赛。尤其是1920年代,宿城老猪市排演的抬阁、架阁。表演《西厢记》《空城计》等戏剧内容,其精彩逼真的场景设计,演员的艳丽服饰、俊俏的扮相、扣人心弦的杂技动作,引得观众一片喝彩。不仅附近居民,邻县群众也不远百里到宿城赶会,有的提前一两天进城,心甘情愿在商店厦沿底下露宿,为的是一睹抬阁、架阁风采。域内还有正月十五为孩子认石干爷的习俗,意为石头坚硬,孩子有依靠。“项王故里”碑下的,财神庙门前的石狮子,被认的最多。乡民带着孩子,未认过石干爷,要前往拜认;已拜过的要给石干爷上香,这也是乡民赶会的一项重要工作。

正月十六走北边,吃马蹄糕、巧饭。每年正月十六晚饭后,宿城人要出门向北走,边走边唱:“正月十六走北边,腰不疼腿不酸。”宿迁县城在马陵山南,地势较洼,常被黄河泛滥水淹。洪水来时,要向马陵山顶逃,所以是向北走,逐渐成为习俗。宿城的走北边习俗,扩大到乡村,那里虽然北边没有马陵山,也有人出门向北走。走北边,成了域内特有的传统习俗。这一天家家要吃一种用米粉蒸成的筒糕,形似马蹄,称为马蹄糕。小孩子要饾巧饭,一群孩子到邻家讨米、豆、山芋干等,到田野捡拾柴草,自炊自食,不要大人插手。据说吃饾巧饭,会心灵手巧。

二月二做摺子、炸虫眼、撂刷把。大清早,农家即在院子里、谷场上用草木灰画出许多大大小小圆圈,叫做摺子。摺子是盛粮的囤子,摺子做到院子里、谷场上,表明屋里已经装不下了。是日家家要炸玉米花(家有属龙、蛇之人不能炸),说是炸瞎害虫的眼;吃豆芽,是吃掉蝎子的钩,不被蝎子蜇。天黑以后,孩子们聚集到空旷地方,点起火堆,各自将带来的废弃刷把点燃抛向天空,边抛边唱:“刷把子,溜溜灯,一棵小秫(高粱)打二升,吃半升,留半升,还有一升送给和尚补窟窿。”撂刷把,可算是域内孩子们狂欢节。

三月三荠菜花扫锅台。农村孩子们到田野

拔出开花的荠菜苔，在锅台上扫，唱："荠菜花抓（宿豫方言说扫为"抓"）锅台，抓你蚂蚁上不来。"

清明戴柳。清明节这天人们不仅在屋檐上插柳条，还把细柳条拧成圈套在头上，说是清明不戴柳，死后变黄狗。现在住楼房，无法在檐下插柳枝，但戴柳的习俗还在沿袭。

六月初一过小年。农历六月初一，半年还差一个月，所以叫小半年，一般就简称半年。是日家家吃饺子，饺子馅要用韭菜。

七月七炙树杈。七月七日织女要到天河鹊桥上与牛郎相会。年轻姑娘三五成群向织女乞巧。乞巧的仪式是将干艾叶揉搓成圆锥状，点燃放在树杈上，叫炙树杈，拍着树干或拍手反复唱："七月七，炙树杈，会裁会剪会做花。"近年，七月七成了中国情人节，男子向伴侣送花。

大冬吃番瓜。大冬即冬至日，域内东部比西部隆重，称冬大如年。是日，不管东部西部，无论农村城市，都有吃番瓜的习俗，番与翻同音，说是吃了番瓜来年就可以翻身，翻过坏时运，转来好时运。

年三十回家过年。除夕日，不但在外地的人要赶回家过年，自家所有物品也要回家过年。如互相借用的农具、家具等，借用的人家，一定要在日落前送还，如果还需要再用，也只能在节后再借。

【婚嫁习俗】 导门帖。旧时迎娶，只由男方家派"行首"（相当于婚礼主持人）带领花轿鼓乐到女方家抬人，为避免抬错，"行首"必须持由男方家长署名的帖子，女方家长查核无误才能同意新娘上轿，故称这帖子叫"导门帖"，性质相当于今日的介绍信。近年来域内时兴用车队迎亲，新郎随车到女方家迎娶，本不会出现差错，但凭导门帖迎娶已经成为一种程式，如果新郎没带帖子，只要女方家坚持，仍要回去拿来方能迎人。

穿红色棉嫁衣。新娘上头（化妆）时，要换上嫁衣。嫁衣为大红色，包括鞋子。而且嫁衣不能是单衣，即使是大热天，也要穿上棉袄、棉裤。

换鸡腿。男方家迎亲时带一只公鸡，女方家准备一只母鸡。鸡叫长命鸡。在新娘上头（化妆）时，由女方弟弟或侄子先将系在公鸡上的红绳子调换到另一只鸡腿上，再将母鸡腿上的红绳子并扣在公鸡腿上。换鸡腿时，男方家要给喜钱。

闭门、拉车。从前花轿抬到男方家门前时，男方家把大门闭上，把花轿关在门外一段时间，再开门由搀轿姑娘搀进家，意为先关在门外捺捺新娘性子。近年来，在迎亲车队到来之前，人们就把喜公公、喜婆婆带到路上等候。婚车停下，喜公公、喜婆婆套上红绳拉套，把新媳妇象征性地拉回家。

打红纸捻说吉利话。正日子，亲邻来看新娘子，要说吉利话。内容是夸新娘漂亮，祝新娘子孙满堂。说吉利话时，新郎的父亲或伯、叔、兄弟要手拿红纸捻蘸上油点燃照着。夸新娘一般从头夸起，一直夸到脚，说到哪里，红纸捻要照到哪里。每说一句，都有众人齐声道好。

吃了开口糕再说话。新娘从上轿开始，直至拜完天地，进入洞房坐帐，所有仪式都进行完毕，此期间不能开口说话。待夜阑客散，吃了从娘家带来的开口糕（桂花糕），才可开口说话。

百日里办喜事。无论男方还是女方，父（或母）去世，结婚喜事可在百日以内举办。过了百日，婚礼须待三年守孝期满才能举行。

女方年龄大于男方。从前，域内讲究夫妻双方女方年龄要大于男方。有"女大一好夫妻，女大两黄金档，女大三抱金砖，女大四如意子"的说法。但不能太大，女大五就"赛老母"了。

【过生日、做寿习俗】 60岁以前叫过生日，60岁以后叫做寿。域内风俗"过九不过十"，逢59岁、69岁……叫整生日，要做大寿。

从前，不是整生日，家人一般当天吃面条（长寿）、炒豆芽（扎根）。老人过整生日，出嫁的女儿以及亲友会前往祝贺，贺礼一般为糕、桃、面条。老人66岁的生日，出嫁女儿一定要送肉，俗语：六十六，要吃闺女肉。

2000年以后，只要逢九，如9岁、19岁、29岁……以及本命年即12岁、24岁、36岁……都算是大生日，要吃蛋糕、点蜡烛、唱生日歌、放鞭炮，有的还到酒店设宴，宾客除亲戚外，还会有同事、朋友，寿礼也演变为礼金。

【丧葬习俗】 挪铺。如死者此前住在房间里，必须在咽气前移到厅堂中，叫“挪铺”。一旦死在房间里，要从梁上（现从房门上方）将一只公鸡从里间扔出，以便死者灵魂随鸡飞出房间。

换送老衣。为死者换送老衣要在死者咽气之前进行。送老衣忌用黑色，黑色衣服为铁衣。衣料忌用缎子（断子），忌用毛料、蚕丝之类。

破孝。丧家发孝布，旧时一律为白色粗布。男的缝成帽；女的不缝，顶在头上，叫孝首巾。孝子的要直缝，且在耳朵上缀棉花球，父死缀在左耳，母死缀在右耳，父母双亡，左右耳都缀。其余亲友皆斜缝。孝帽、孝首巾用的布有长有短，按血缘关系远近区分。1960年代多用黑色袖章（俗称黑膀箍）。1990年代后，又恢复戴孝帽、顶孝首巾，直接亲属且在背上加披一块孝布，子侄辈为白色，孙辈为红色，曾孙辈为绿色。孝帽、孝首巾的颜色与披布相同。

设灵棚、迎祭桌。灵棚门上方悬：当大事匾。棚内设灵位，用红纸白字写上逝者名讳（白字是用毛笔蘸醋先在红纸上写字，再敷上白色面粉即成）。灵位前摆放祭桌。正吊日上午，由已出嫁女儿、孙儿、近房侄女送，如死者为女性，娘家也要送。祭品有猪头、公鸡、鲤鱼（称三牲）及糕点、时鲜水果等。祭品不能直接送到丧家，要在离家300米开外处停在路边等候，由孝子、孝媳领着家人，带上抬祭桌人员，鼓乐引路前往迎祭。每次只能迎一家，如有多家送祭品，即使同时在一地等候，也须分多次迎。迎回后由摆祭人按血缘关系的顺序摆放在祭桌上。

祭七、祭百日。从去世之日起，每逢第七日，都要上坟祭拜，直至第七个七日结束。再后就是一百天。祭七里以第五、第六个七日最为隆重。第五个七日清早，先在自家门前烧纸、焚香、摆供品，全家人都必须到场，据说死者灵魂在这天会随着太阳升起来上望乡台，看家人最后一眼。除在门前祭拜外，还要上坟祭拜。第六个七日和一百天，除家人外，至亲也要上坟祭拜。第六个七日的酒食供品，由出嫁的女儿和亲戚置备，俗说六七不吃家里饭。

周年祭。逝者去世后的第一、第三、第十个周年（头周、三周、十周），家人和至亲要上坟祭祀。

合葬。夫妻死亡相互间隔百日之内或超过三年的要合葬。如超过百日而又不满三年，则暂不能合葬。从前埋土坟，后死者需单独埋，且坟头为平顶，不留坟头，待满三年后再移棺合葬。现在多将骨灰暂存在陵园里，待三年后取出葬入墓穴合葬。

【饮食习惯】 宿迁历史上为旱作物产区，居民以小麦、玉米（俗称大秫秫）、高粱（俗称小秫秫）、甘薯（俗称山芋、红芋或白芋）等为主食，多磨为面粉，或磨成稀糊状物烙煎饼。甘薯除蒸煮食外，可切片晒干（俗称山芋干），可煮稀粥食用，或将山芋干磨成糊状物烙煎饼，还可将山芋干磨成面粉做馒头。新收获的山芋洗净磨碎后，加水漏浆沉淀成淀粉（俗称粉面），粉面经加工为粉丝、粉皮等。境内居民早晚以稀饭和煎饼为主，旱作物改种水稻后，中午以米饭为主。境内居民多喜食葱、蒜、辣椒。冬季到来之前，多习惯腌制大白菜、酱豆、腊菜、萝卜干、大头菜等以备冬天食用。旧时，城乡居民养成一天吃两顿饭的习俗。农民夏季大忙时，增一顿午饭，即食用随身携带的煎饼。此习俗农村仍在沿袭，城市居民逐渐养成一天吃三顿饭习惯，但早餐仍很简单。

【见面打招呼习俗】 域内熟人见面打招呼，说问候语、客气话，与外地人大不相同。不过，这些只是在农村一些年龄较大的人中还有保留。如大清早见面说“起来啦”，晚上见面说“没睡呐”，特别是白天见到人要说“吃（饭）没”，“上哪的（到哪里去）”。如果手里拿着东西正在吃，要把手里的东西举向人面前说“吃吧”。（张家桐）

2015 年宿豫区行政区划基本情况

表 1

乡镇(场)(驻地)	面积(平方千米)	人口(万人)	村居(个数)	村居名称
顺河街道办	39.53	4.11	居委会(8)	卓圩、文昌、周石庄、张圩、蔡老庄、陆槽坊、椿树、陆河
豫新街道办	36	5.26	居委会(10)	锦华、中通、江山、天一、庐山、豫苑、雨露、顺河、闸东、高滩
下相街道办	37.78	3.33	村委会(3)	陆墩、季桥、德太
			居委会(7)	油坊、陆桥、河塘、兴隆、罗桥、新化、三合
大兴镇(大兴)	59	5.12	村委会(14)	清高、周马、桃园、新新、先进、前高圩、邹大庄、堤南、逸奇、同心、先锋、陈洼、卢集、启宇
			居委会(3)	大兴、集东、启建
来龙镇(来龙)	75	4.3	村委会(9)	张大庄、水庄、玉皇、路墩、王庄、高圩、陵园、左庄、光明
			居委会(3)	来龙、太平、龙西
仰化镇(仰化)	56	4.3	村委会(7)	同义、复隆、建新、解闸、涧河、保祥、刘涧
			居委会(2)	仰化、新桥
丁嘴镇(丁嘴)	53	3.6	村委会(12)	继章、张新庄、德高、周下、丁长庄、莫庄、储嘴、倪牌坊、登山、岔河、苗冲、丁庄
			居委会(2)	丁嘴、继先
陆集镇(陆集)	42	2.85	村委会(7)	义合、长胜、东风、利民、虎山、乐园、官庄
			居委会(1)	陆集
关庙镇(关庙)	78	3.92	村委会(11)	二元、董圩、永平、仁和、泰山、董墩、长兴、水汉、卓庄、林河、陆相
			居委会(3)	关庙、乔口、崇河
侍岭镇(侍岭)	58.06	3.36	村委会(7)	岭西、陆宋、吴圩、佟庄、盛湖、朱岭、姚塘
			居委会(2)	侍岭、大墩
新庄镇(新庄)	56.8	2.3	村委会(7)	陈墩、袁庄、前进、朱瓦、新庵圩、振友、朱林圩
			居委会(1)	新庄
曹集乡(快乐)	49	3.5	村委会(5)	道方、孙庄、小岭、旱闸、双河
			居委会(3)	快乐、天同庵、冒店
保安乡(保安)	44.6	2.3	村委会(6)	黄泥、大庄、坡墩、韩集、东张圩、五魁
			居委会(2)	保安、永胜
化工科技产业园	25.8	1.14	居委会(3)	光前、苗庄、刘圩
现代农业示范园	1	2	居委会(3)	高滩、闸东、陆河
合计	711.57	51.39	—	—

说明：全区总计 3 个街道，8 个镇，2 个乡，2 个园区，53 个居民委员会，88 个村民委员会，面积 711.57 平方千米，人口 51.39 万人

(朱勤磊)

·文化遗产·

【概况】 宿豫区具有3000多年的文明史，至今境内仍有早期人类活动遗址。闻名中外的京杭大运河横贯其境，使南北文化与本土文化在这里交融，境内的皂河乾隆行宫为清代文化遗存，乾隆皇帝曾称赞此地为“第一江山春好处”。2014年6月22日，龙王庙行宫和大运河中河(宿迁段)被列入世界文化遗产名录。悠久的历史创造了独具特色的地域文化，柳琴戏、淮红戏、舞狮、跑驴等具有浓郁地方特色的文艺形式在这片大地上经久不衰。

【文物保护】 2015年开展域内首次可移动文物普查，成立宿豫区文物普查小组2个，投入经费10万元，对全区企事业单位开展可移动文物普查，普查的内容包括古代史类、民俗类、革命史类、当代史类和古生物化石类。全区共普查出可移动文物9件，对普查出的不可移动文物进行登记造册。不可移动文物保护点总数达51处，市级文物保护单位12处，区级文物保护单位39家。 (陆敬伟　徐春雷)

2015年宿豫区可移动文物普查情况

表2

序号	收藏单位	名称	年代	类别	数量(件/套)	完残程度	来源
1	宿豫区档案局	张忭私志	1700	纸	1	完好	馆藏
2	宿豫区档案局	同治县志	1874	纸	1	完好	馆藏
3	宿豫区档案局	耀徐玻璃股份公司章程	1904	纸	1	完好	馆藏
4	宿豫区档案局	宿迁县立师范学校	民国	纸	1	完好	馆藏
5	宿豫区档案局	新中国成立前四十年史	1911—1949	纸	1	完好	馆藏
6	宿豫区档案局	国务院奖状	—	纸	1	完好	馆藏
7	宿豫区档案局	高南阜砚史拓片	—	纸	1	完好	馆藏
8	宿豫区档案局	民国县志	1935	纸	1	完好	馆藏
9	宿豫区档案局	淮海战役苏北支前方案	1938	纸	1	完好	馆藏

【非物质文化遗产保护传承】 截至2015年年底，全区有省级非物质文化遗产名录项目3个，保护单位1个，市级非物质文化遗产名录项目13个，保护单位10个，县区级非物质文化遗产名录项目16个，保护单位8个。全年举办各类宣传展示活动计6次，参与人次达4000人次。全区有各类非物质文化遗产健在代表3性传承人99人，学徒1850人。陆裕富等6人被命名为全市第三批非物质文化遗产代表性传承人，丁嘴跑驴传承人丁厚才、剪纸传承人张红荣获“全市十大优秀非遗传承人”称号。依托宿豫区第一实验小学建立郝氏泥塑传承基地，授课140学时，培养学员80多人。

2015年宿豫区非物质文化遗产各级名录项目情况

表3

序号	项目类别	项目名称	级别	公布文件	公布时间
1	传统舞蹈	大兴旱船	省级	苏政发〔2009〕94号	2009.6.20
2	传统舞蹈	丁嘴跑驴	省级	苏政发〔2011〕124号	2011.9.2

续表 3

序号	项目类别	项目名称	级别	公布文件	公布时间
3	民间文学	项羽传说	省级	苏政发〔2011〕124 号	2011.9.2
4	传统技艺	丁庄大菜制作技艺	市级	宿政发〔2007〕143 号	2007.12.27
5	民间文学	来龙庵燃灯大师传奇故事	市级	宿政发〔2007〕143 号	2007.12.27
6	传统戏剧	淮红戏	市级	宿政发〔2007〕143 号	2007.12.27
7	民间文学	伍家沟传说	市级	宿政发〔2010〕155 号	2010.11.25
8	民间文学	宿豫区民间谚语	市级	宿政发〔2010〕155 号	2010.11.25
9	传统音乐	大兴吹打乐	市级	宿政发〔2010〕155 号	2010.11.25
10	传统舞蹈	顺河舞龙	市级	宿政发〔2010〕155 号	2010.11.25
11	传统舞蹈	侍岭舞狮	市级	宿政发〔2010〕155 号	2010.11.25
12	传统美术	宿豫剪纸	市级	宿政发〔2010〕155 号	2010.11.25
13	传统美术	宿豫烙书	市级	宿政发〔2010〕155 号	2010.11.25
14	游艺、传统体育与竞技	六六周	市级	宿政发〔2010〕155 号	2010.11.25
15	游艺、传统体育与竞技	徐家杂技	市级	宿政发〔2010〕155 号	2010.11.25
16	民俗	宿豫婚俗	市级	宿政发〔2010〕155 号	2010.11.25
17	传统音乐	埙演奏	区级	宿豫政发〔2009〕33 号	2009.5.7
18	传统音乐	打夯调	区级	宿豫政发〔2009〕33 号	2009.5.7
19	传统舞蹈	龙潭舞狮	区级	宿豫政发〔2009〕33 号	2009.5.7
20	曲艺	宿迁琴书	区级	宿豫政发〔2009〕33 号	2009.5.7
21	游艺、传统体育与竞技	打梭	区级	宿豫政发〔2009〕33 号	2009.5.7
22	传统美术	宿迁绒绣	区级	宿豫政发〔2009〕33 号	2009.5.7
23	传统技艺	陆氏粉皮制作技艺	区级	宿豫政发〔2009〕33 号	2009.5.7
24	民俗	宿迁葬俗	区级	宿豫政发〔2009〕33 号	2009.5.7
25	民俗	正月十六走北边	区级	宿豫政发〔2009〕33 号	2009.5.7
26	传统音乐	泰康锣鼓	区级	宿豫政发〔2013〕21 号	2013.2.27
27	传统舞蹈	丁嘴跑马灯	区级	宿豫政发〔2013〕21 号	2013.2.27
28	传统舞蹈	大兴花车舞	区级	宿豫政发〔2013〕21 号	2013.2.27
29	传统美术	郝氏泥塑	区级	宿豫政发〔2013〕21 号	2013.2.27
30	传统技艺	山楂糕(霸王糕)制作技艺	区级	宿豫政发〔2013〕21 号	2013.2.27
31	传统技艺	宿迁大头菜制作技艺	区级	宿豫政发〔2013〕21 号	2013.2.27
32	民俗	来龙庵三月十五庙会	区级	宿豫政发〔2013〕21 号	2013.2.27

【重点文化遗产项目简介】 龙王庙—乾隆行宫原名为“敕建安澜龙王庙”,坐落于宿迁市区西北 20 千米处的古镇皂河。该建筑群始建于清代顺治年间,改建于康熙二十三年(1684 年)。后经雍正、乾隆、嘉庆各代皇帝的复修和扩建,形成了现在占地 36 亩,周围红墙,三院九进封闭式合院的北方宫式建筑群。乾隆皇帝 6 次下江南,5 次宿顿于此,并建亭立碑,帑金修缮,故又俗称为“乾隆行宫”。1983 年,江苏省人民政府为了保护这一珍贵的文化遗产,公布其为省级文物保护单位。2001 年 6 月又被国务院公布为全国重点文物保护单位。

财神庙　位于宿迁市皂河镇北首,建于清康熙年间。该建筑为廊院式建筑格局、砖木结构、小平瓦屋面、正堂为明三暗五、前屋四间,建筑面积 350 平方米,总占地约为 550 平方米。

财神庙原为民间祭祀财神的庙宇，周边百姓每逢吉日进庙上香、敬奉财神，祀求降福、赐财。财神庙整体建筑风格清晰，文化内涵丰富，是皂河镇区内保存较好的清代庙宇之一，1991 年被原县级宿迁市公布为文物保护单位。2004 年被宿迁市公布为市级文物保护单位。

陈家大院　该建筑群始建于清朝嘉庆年间，是宿迁目前最大的清代古民居。2004 年宿迁市人民政府将其公布为市级文物保护单位。陈家大院总占地约 0.4 公顷，北方回廊式建筑结构，共有房屋 66 间，建筑面积约 1500 平方米。原为宿迁骆马湖马老太爷私人住宅，后转卖给山东商人陈永茂，一直延续到新中国成立前夕，故曰陈家大院。抗日战争时期，陈家大院沦为驻皂日军总部。新中国成立后，该建筑群收为国有，成为地方粮食仓库。1950 年代，先后成为皂河轮船站、杂品站、针织厂、福利厂。

1980 年代，陈家大院部分房屋被卖给个人。2011 年，陈家大院被列入江苏省大运河沿线重点文物抢救保护工程，政府拨专款进行修缮，基本恢复了陈家大院六进院落的历史原貌。2013 年 5 月正式对外开放。

合善堂　位于皂河镇内全国重点文物保护单位龙王庙行宫以北 100 米处，建于清光绪二十年(1894 年)，属市级文物保护单位。该建筑布局规范，房屋结构完好，前后两进院，正门朝南。后院的正堂及东西配房皆为硬山清水脊，置有跪兽和龙吻。正堂进深五架加前廊，面阔三开间，两旁设耳房，前庭院有山门及东西房，整个建筑群南向，占地约 1500 平方米。正堂中敬奉普度众生的观世音菩萨，后堂供奉释迦牟尼。2013 年 5 月正式对外开放。　(姜　训　张大勇)

·历史名人·

古往今来，宿豫文化璀璨，文化名人辈出。民族英雄有西楚霸王项羽；南宋的魏胜，明朝的刘荣与晚清的杨泗洪，号称抗御外侮的“宿迁三杰”；清朝为民请命而蒙冤入狱的宿迁诗人、老秀才张忭；多才多艺、忧国忧民的现实主义女诗人倪瑞璇和曾当选江苏省第二届众议院议员的举人卢瀚荫等。灿若繁星，放射出熠熠光华。中共宿迁县首任县委书记马仑为革命英勇献身，给宿豫历史增添光荣篇章；刘少奇、陈毅、邓子恢、粟裕、张爱萍、张震、李一氓等老一辈无产阶级革命家曾在这里运筹帷幄，浴血奋战。县委书记的榜样焦裕禄曾在宿豫流寓。当代舍己救人小英雄韩余娟出生于这一方热土，原国家主席李先念题词“向少年英雄韩余娟学习”。

(区地方志办)

·宿豫名胜·

【中运河风光带】　京杭大运河，滔滔千余载，绵延几千里，福泽亿万人。中运河风光带综合整治工程是一项集防洪、排涝、调水、景观建设于一体的两级政府实施的重点综合整治工程，由北京土人景观与规划设计研究院设计，工程于 2003 年 4 月启动，2007 年年底全面建成。中运河风光带全长 5.5 千米，绿植环抱，景色迷人。船行碧波上，如在画卷中，仿佛看到了梦幻般的“烟波水世界”。中运河风光带以自然景观要素——运河为主，以人工景观要素——雕塑、广场为辅，塑造各具特色的景观段。通过景观点和标志点转换，构筑风光带的整体景观，形成步移景异、流动感极强的滨河景观带，是一个开放式没有屋顶的运河博物馆。2007 年，中运河水利风景区被省水利厅评为省级水利风景区，2008 年 8 月，被水利部评为国家水利风景区。

【千鸟园广场】　广场位于宿豫区江山大道西侧、韶山路南侧，西临湘江路，南临泰山路，占地 12.67 公顷，总投资 500 多万元。该广场兴建于 2000 年 6 月，为进一步完善美化园区环境，2004 年 9 月，区委、区政府聘请南京明宇环境艺术设计有限公司对千鸟园维修改建。广场南首矗立 9 根图腾柱，以示宿豫人民誓当淮北领头雁之意。四周 8 根石柱上雕刻的鸟图案象征着：春夏秋冬、东南西北、世界各地的鸟融合在一起。图腾柱由 8 根直径 1.28 米、高 10.8 米的汉白玉石柱，环绕一根高 20.04 米、直径 2 米的中国第一高汉白玉石柱组成，每根石柱上雕刻着千只各种鸟类图案。广场以绿色为基调，小草依依，绿柳翠柏，内饰木桥亭台、喷泉石径，是宿豫新区居民娱乐、休闲、健身、消费于一体的综合性广场。

【来龙古寺】 来龙古寺建在白鹭湖畔，来龙古寺因恢复重建明代来龙庵故名。有"干木老祖"的神话故事。传说燃灯 60 余岁圆寂时，仍闭目端坐，尸体风干，完好如生，称为"干木老祖"。燃灯法师本姓王，俗名月轮，法名燃灯，来龙镇西王庄人士。至今燃灯法师那一支的王姓家族大部分仍居住本镇，"文化大革命"初期，干木老祖真身被拉至县城，焚为灰烬。据当地老者回忆，燃灯法师的真身被弟子们置于来龙古寺的东配殿供养，法师真身披金，盘曲正坐于龛内，两臂交于胸前正中一个 T 形支架上，身披黑面红里的披风，头戴黑面红里的大风帽。颧骨略凸，双目平视，深邃、慈祥。殿内中央为站立柜式佛龛，高约 2 米，宽约 1.2 米，紫檀木质。龛前敞开，两边设联，联底红色，正楷金字，上联："祖身宛在德庇来龙传百世"，下联："佛晔绵存慈荫广宇照千秋"，横批："祭如在"。

【宿北大战遗址】 宿北大战，是华中野战军和山东野战军集中后，遵照毛泽东关于"集中优势兵力，各个歼灭敌人"的军事原则，在陈毅、粟裕、谭震林等指挥下，在当时江苏省宿迁县城以北、沭阳县以西、新安镇（现属新沂市）以南地区，进行的一次进攻战役。战役从 1946 年 12 月 13 日打响，至 19 日结束，共歼国民党军三个半旅，国民党军第六十九师师长戴之奇自毙。宿北战役，开创了解放战争初期全歼国民党整编师的范例，对整个华东战场，乃至全国战局都产生深远的影响。在宿豫区东北乡镇留有一些战争遗址。

峰山　位于宿迁城北 12 千米处，东面是广阔平原，西边靠大运河、骆马湖，是马陵山余脉在这个地区的制高点。海拔 72 米，地势陡峭，易守难攻。为宿北大战攻坚战的主战场。旧战场以峰山为中心，约 5000 平方米，今在晓店镇峰山村域内。当年山顶松树、山坡构筑的堑壕偶有遗存。

来龙庵　位于宿迁城东北 20 千米处，今来龙镇政府所在地。当年约有百来户人家，宿北大战阻击战从这里打响

晓店子　位于宿迁城北 10 千米处，是峰山南 2 千米山岭上一个小镇，四周有围寨，寨内筑有地堡及单人掩体，寨外有壕沟、鹿砦、铁丝网。当年晓店战斗战场旧地，今为晓店镇所在地。

曹家集　宿城东北 10 千米，宿沭公路南侧的一个小集市。宿北大战时，国民党整编十一师师部曾前进到此地驻扎。现为曹集乡政府所在地。

三台山　为晓店镇东南 3 千米处的一个小山包，是晓店以南的制高点，宿北大战中华东野战军一个连在此阻击国民党军一个团的轮番进攻。现为国家 AA 级嶂山森林公园内的一个景点。

人和圩　位于宿迁东北 15 千米处（现吴圩村），圩墙高约 4 米，厚 1～2 米，圩墙外有水壕，壕外有鹿砦，地形开阔。为宿北大战中国民党六十九师师部所在地，也是围歼战的主战场，六十九师师长戴之奇自杀之地。今为侍岭镇吴圩村村部所在地。当年土筑围墙早已拆除，曾作过戴之奇指挥所的吴家客厅，现为民居。1950 年，宿迁县人民政府在此建立了吴圩烈士陵园。陵园占地 1.47 公顷，四周有圩沟、防护林带。后来又在陵园内、墓区间修筑水泥道路，栽植四季常青的松柏，建立了纪念碑亭、陈列室。2001 年，全镇党员干部捐款重修了陵园，成为爱国主义教育基地。

宿北大战烈士陵园　位于宿沭公路北侧，来龙镇政府西约 7 千米处陵园村（村原名小蔡集），占地 5.2 公顷，为宿迁市、宿豫区爱国主义教育基地。宿北大战胜利后，参战部队 2700 余名战士遗体葬于此，最多的一座墓中掩埋了 600 多位烈士忠骨。1950 年，宿迁县人民政府在这里建陵园。1962—1964 年，政府扩建陵园，建纪念碑亭，围绕烈士墓周围栽植 800 多棵

松柏,为小蔡集烈士陵园。2006 年,宿豫区政府对陵园进行修建,后面建有 76 个精致的大理石墓穴。2011 年,宿豫区投资 420 多万元,再次对陵园进行提升改造,建有主纪念碑、史料陈列馆、余娟纪念广场等,并将小蔡集烈士陵园更名为宿北大战烈士陵园。

【红十五军三师纪念园】 纪念园坐落于江苏省民防训练基地院内,2013 年 11 月建成。主要分为纪念碑和纪念馆两个区域。纪念馆分党组织建立、红色起义、抗日烽火、根据地建设、解放支前、缅怀先烈六大部分。内含电子解说、幻影成像、电子虚拟翻书、人物触摸查询等多媒体技术,并配有硅胶塑像、绘画、图表、照片、实物等表现形式。详细展现红十五军三师在组建过程中所举行历次起义、抗战时期的日军暴行及宿迁大地的抗日战争,生动再现当年革命历史画卷。纪念碑高 15.3 米,底座是 5 字简型,底座上面 3 字造型的火炬,既象征红三师点燃的宿迁革命火种,熊熊燃烧;又象征一张笑脸,微笑着注视着后来人。 (区地方志办)

·土特产·

【丁嘴金菜】 早在清末民初,上海、镇江等地的客商便与宿迁境内丁嘴集丁姓、大兴集陆姓、仰化集朱姓等行商联合坐庄收购金针菜,运销浙江、广东、上海及苏南一带。金针菜的品种有大乌嘴、大枚椒、小黄壳等,其中尤以宿豫区丁嘴镇产的大乌嘴最为出名。丁嘴金针菜花大肉厚,粗壮整齐,长短均匀,色泽淡黄,干而光泽,紧实柔软,久煮不烂,微带脆感,风味独到。金针菜又名黄花菜,是一种多年生草本植物的花蕾,味鲜质嫩,含有丰富的糖、蛋白质、维生素 C、钙、脂肪、胡萝卜素、氨基酸等人体所必需的成分。其性味甘凉,有清热解毒、生津去火和安眠功效。

【乾隆贡酥】 乾隆贡酥是皂河叶家烧饼的别称,得名于清乾隆二十二年(1757 年)乾隆二下江南之时。其实叶家烧饼早在唐代就很有名气。那时叶家炉内功夫已达顶级,可以制作出 60 多个品种的名点小吃,如"一指饼""水磨镜"等,享誉一时。叶家烧饼传人曾被选入唐御膳房。后因战乱叠起,朝代更迭,叶家烧饼虽又返民间,但有许多炉内绝活已相继失传,唯"乾隆贡酥"流传至今。"乾隆贡酥"有四绝:香、脆、酥、透。所谓香,即饼香、油香、芝麻香三香合一。特别是芝麻香,据说芝麻皮苦且涩,芝麻仁才是真香,叶家用的全是上等的去皮芝麻仁。所谓脆,即沾唇即碎,该饼需轻拿轻放,夏天放置 3～5 天香脆依旧。若是用塑料袋包装,脆皮可保持两三个月。所谓酥,就是松软,不但皮酥,且内外如一。所谓透,就是玲珑剔透,外形美观。刚出炉的烧饼白生生、黄澄澄一颗颗晶莹闪亮的芝麻仁镶嵌其间,如精美的艺术品,诱人食欲,却又不忍下口。

【五香大头菜】 中国名菜。商业部和江苏优质食品。宿迁市政府重点保护产品。起源于明朝初期,又叫正德香菜或乾隆香菜。民国 16 年(1927 年)获巴拿马国际博览会金奖。制作工序主要包括选料、清洗、削净、盐渍、晾晒、原卤浸泡。将晒干的大头菜与炒熟的精盐、五香(花椒、胡椒、八角、桂皮、茴香)粉、醋等掺拌均匀,装入坛内,封存 7 天即可食用。其色泽酱赭、香味纯正、脆嫩爽口、口嚼无渣、辛辣味浓,有助增进食欲。

【水晶山楂糕】 宿豫糕点茶食从清末就驰名。其中,山楂糕和桂花糕销往苏南等地甚至远销国外。民国 16 年(1927 年),水晶山楂糕获巴拿马国际博览会金奖。水晶山楂糕色泽赭黄透明如水晶状,呈玫瑰色,晶莹透亮,放在报纸上能透过糕体看清文字,酷似一枚红色的水晶,放于手上,似有弹性,入口细腻,酸甜适口,百吃不厌。水晶山楂糕能开胃消食、生津养颜、活血化淤,对心血管系统的疾病有一定疗效。

【骆马湖银鱼】 宿迁骆马湖水多来自沂蒙山洪和天然雨水,沿湖无工业污染,常年水体清澈透明，湖滩浅水中生长密密扎扎的芦苇和众多浮游生物，为鱼类生产提供了良好的生存环境。湖中鱼类多达56种，尤以银鱼最佳。骆马湖银鱼通体洁白透明如美玉，形状如根根银条，肉质细嫩鲜美，有“水中白银”“水中人参”之称。“金梅”牌冷冻保鲜银鱼为江苏省优质产品，远销日本、东南亚等国家。

【“黄狗”猪头肉】 由民间名师黄德（诨名叫黄小狗）始创，人称“黄狗”猪头肉，已有200多年历史。其肉色泽酱赭，香味浓郁，肥肉酥烂，精肉鲜香，味纯而正。乾隆皇帝下江南曾品尝此肉，大为赞赏。自乾隆皇帝品尝后，黄德将其锅中剩下肉汤倒入新烹制的猪头肉汤中，如此每天将肉汤留下一碗掺进新汤，世代相袭，故又有“乾隆老汤”之称。

【宿豫凤鸡】 宿豫是西楚霸王项羽的故乡，古楚文化沉淀深厚。楚人崇尚鸟，以鸟为图腾。

“百鸟朝凤”，凤为百鸟之王。鸡以其形态似凤，很受宿豫人喜爱。自古以来，宿豫人几乎家家户户养鸡，不仅是一项传统的家庭副业，而且是吉（鸡）祥富贵的象征。在宿豫地方土鸡品种中，有一种脚高长尾、头顶戴一簇长羽，酷似凤头，俗称“姑姑头”的更被视为珍品。故称为“宿豫凤鸡”。主要出产在宿豫区的来龙、保安、关庙、大兴、蔡集、王官集等乡镇。生长在酒都花乡、河清湖秀的大自然环境中的“宿豫凤鸡”，肉质鲜嫩，营养丰富，风味独特。一直是高档宾馆、酒店、食品店的抢手货。2008年之后，“宿豫凤鸡”产业已形成规模，集苗鸡孵化、成品鸡养殖、屠宰加工为一体，2011年出栏肉鸡突破6000万羽，年加工能力达到8000万羽，成为全国闻名、江苏第一的百亿级农业产业化支柱产业。

（张家桐）

·2015年宿豫区国民经济和社会发展统计公报·

2015年全区上下紧紧围绕“1231”“五率领先”阶段性目标和2020年实现全面小康总体目标，主动适应新常态，积极引领新常态，统筹做好稳增长、促改革、调结构、惠民生、防风险各项工作，全区经济发展表现出增速换挡、结构优化、创新加快、民生改善的主要特点，总体呈现稳中有进、进中见好的运行态势，较好地实现了年度预期目标，为“十二五”规划画上了圆满的句号。

一、综合

经济总量保持增长。初步核算，2015年全区实现地区生产总值230.06亿元，按可比价计算比上年增长10.0%。其中一产实现24.36亿元，增长3.7%；二产实现137.21亿元，增长10.3%；三产实现68.49亿元，增长12.0%。三次产业结构由2010年的15.4∶59.1∶25.5调整为10.6∶59.6∶29.8，其中一产和二产比重较上年分别下降0.5个和1.9个百分点，三产比重较上年提高2.4个百分点。按常住人口计算，人均GDP突破5万元，初步核算为51699元，比上年增长6.3%，高出全市平均水平近8000元，位居全市县区首位。

经济结构逐步优化。工业继续保持主导地位。全部工业增加值为121.2亿元，增长10.1%，比GDP增速快0.1个百分点，占GDP比重达52.7%。服务业快速发展。第三产业增加值实现68.49亿元，增长12.0%，比GDP增速快2.0个百分点，对GDP增长的贡献率达61.7%，拉动GDP增速4.6个百分点，占全区GDP比重29.8%，同比提升2.4个百分点，（2011—2014年间同比年均仅增长0.2个百分点）；产业转型成效显著。“511”工程深入推进，实施千万元以上技改项目54个，技改投入达22.5亿元，培育上市后备企业15家，完成股份制改造企业4家。

经济运行质量不断提升。2015年，全区实现一般公共预算收入23.55亿元，同比增长13.1%；其中税收收入20.7亿元，占比达87.8%，高于全市平均水平4.2个百分点；万元GDP能耗下降7.0%，“十二五”期间首次完成年度目标任务。

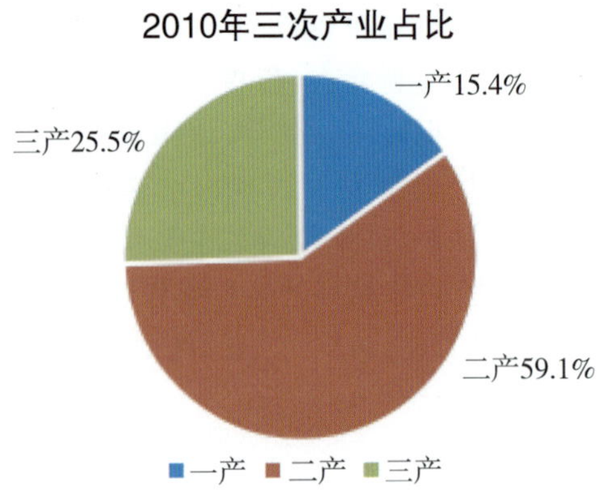

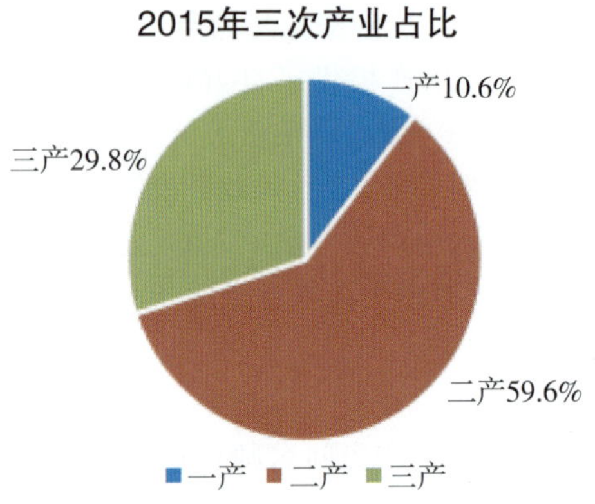

二、农业

农业生产保持稳定。2015 年，全区实现农林牧渔业总产值 47.31 亿元，同比增长 4.1%。

种植业保持平稳。全年粮食作物播种面积 73.59 万亩，比上年增加 0.33 万亩，增长 0.45%；全年粮食总产 36.30 万吨，比上年增产 0.02 万吨，增长 0.06%。其中夏粮 12.14 万吨，比上年减产 0.25 万吨；秋粮 24.16 万吨，比上年增产 0.27 万吨。粮食单产 493 千克/亩，比上年减少 0.39%。

畜禽饲养略有增长。生猪年末存栏 23.96 万头，同比减少 3.0%；家禽年末存栏 1726 万只，同比减少 10.8%；生猪出栏 31.67 万头，家禽出栏 2912 万只，分别比上年下降 1.1% 和 15.6%；肉类总产量 7.5 万吨，禽蛋总产量 2.2 万吨。水产生产稳定增长。全区水产养殖面积稳定在 5.6 万亩，总产量达 1.44 万吨。

现代农业发展加快。完成全区农业产业发展规划和空间布局规划，现代农业“1+X”产业体系建设有力推进，初步形成丁嘴金针菜、来龙有机大米、陆集芦蒿、新庄莲藕等一批特色产业；新发展家庭农场 177 个、农业特色基地 6 个，新增设施蔬菜 8600 亩、设施渔业 1300 亩；在全市率先建立农产品质量安全可追溯体系，通过“三品”认证 45 个，“丁嘴金菜”创成国家地理标志产品，农业基本现代化建设进入全省第二区间。

三、工业

工业经济发展平稳。2015 年，全区规模工业企业共 234 家。累计实现工业总产值 477.80 亿元，同比增长 15.2%；完成工业增加值 110.08 亿元，同比增长 10.8%；实现产品销售收入 433.49 亿元，同比增长 11.8%；实现利税总额 35.85 亿元，同比增长 8.3%。

主导产业增量集聚。2015 年，全区新型材料、机械制造、食品饮料三大主导产业累计实现工业总产值 179.96 亿元，占全区规模工业总产值的 37.7%，同比增长 18.1%，增速高于全区产值增速 2.9 个百分点。其中新型材料、机械制造、食品饮料分别实现 112.97 亿元、6.73 亿元，60.26 亿元。

园区工业经济运行平稳。2015 年，省高新区、生态化工园、共建园区等三个工业园区 126 家规模企业累计实现工业总产值 369.45 亿元，占全区规模工业总产值的 77.3%，同比增长 10.3%，拉动全区工业增长 8.3 个百分点，有力支撑全区工业经济平稳运行。

大中型企业增速加快。2015 年，全区拥有大中型工业企业 35 家，占全区规模企业总数的 15.0%；累计实现工业总产值 299.2 亿元，占全区规模工业总产值的 62.6%，同比增长 20.3%，增速高于全区产值增速 5.1 个百分点，高于去年同期 12.9 个百分点，拉动全区工业产值增长 12.2 个百分点，带动全区工业经济稳步发展。2015 年有 5 家企业进入全市销售 20 强。

高新技术产业占比加快。2015 年，全区 47 家规模以上高新技术企业累计实现工业总产值 108.8 亿元，同比增长 6.7%，高新技术产业产值占全区规模工业总产值比重达 22.8%，占比较去年提高了 0.5 个百分点。

工业产品产量增减不一。列入统计的 36 种主要产品中，有 24 个产品产量实现增长。主要工业产品产量如下表：

2015 年宿豫区主要工业产品产量情况

表 4

指标名称	计量单位	产　量	增长(±%)
化学药品原药	吨	1434	133.99
平板玻璃	重量箱	4283452	94.17
小麦粉	吨	103614	74.96
水泥	吨	367727	51.66
砖	万块	421	46.14
电子元件	万只	2167	39.45
布	万米	2294	35.57
蚕丝及交织机织物(含蚕丝≥50%)	万米	1687	35.41
涂料	吨	902	31.49
家具	件	54580	27.08
发酵酒精(折 96 度，商品量)	千升	28359	26.62
鞋	万双	185	26.31
大米	吨	689926	21.32
蚕丝	吨	1435	19.74
化学农药原药(折有效成分 100%)	吨	22835	18.05
纱	吨	2157	17.72
钢化玻璃	平方米	15905332	15.45
合成橡胶	吨	50080	12.27
蚕丝被	万条	31	10.75
服装	万件	398	5.98
商品混凝土	立方米	148600	3.96
塑料制品	吨	4087	3.36
农用氮、磷、钾化学肥料(折纯)	吨	142339	2.02
合成氨(无水氨)	吨	187169	1.46
发电量	万千瓦小时	26412	−0.06
化学试剂	吨	2230	−0.49
橡胶轮胎外胎	条	2610000	−4.29
化学纤维	吨	152622	−4.75
磷酸二铵(实物量)	吨	12815	−6.51

续表 4

指标名称	计量单位	产 量	增长(±%)
精制食用植物油	吨	81001	−6.74
方便面	吨	38241	−9.26
磷酸一铵(实物量)	吨	313765	−10.73
硫酸(折100%)	吨	365392	−15.61
罐头	吨	17303	−34.28
人造板	立方米	23530	−42.69
电工仪器仪表	台	105254	−84.57

建筑工程略有回落。2015年,全区建筑企业完成建筑总产值125.5亿元,增长3.3%。其中,完成建筑工程产值12.5亿元,下降0.3%,占全部建筑产值的99.4%;完成安装工程产值0.15亿元,增长40%。建筑业增加值为17.22亿元,同比增长13.1%。

四、固定资产投资

投资保持稳定增长。2015年全区累计完成固定资产投资230.69亿元,同比增长18.6%,整体平稳增长,但与去年同期相比,增速呈现逐步放缓态势。其中,第一产业投资2.54亿元,比上年同期增长11.4%,所占比重为1.1%;第二产业投资146.02亿元,增长23.1%,所占比重为63.3%,比上年同期提高3.1个百分点;第三产业投资82.13亿元,增长11.6%,所占比重为35.6%,比上年同期提高3.1个百分点。

基础设施投资高速增长。全区基础设施投资29.01亿元,同比增长66.8%,增速高于全区投资增速48.2个百分点;占全区投资比重12.6%,同比提高3.7个百分点;对全区投资增长的贡献率达到32.1%,拉动全区投资增长6.0个百分点。其中,电力、热力、燃气及水生产和供应业完成6.83亿元,同比增长210.7%,交通运输、仓储和邮政业完成3.61亿元,同比增长293.7%。

民间投资贡献率大幅提升。民间投资185.68亿元,同比增长22.5%,高于全区投资增速3.9个百分点,民间投资占全区投资比重80.5%,对固定资产投资增长的贡献率达到94.3%,拉动全区投资增长17.5个百分点。

高新技术产业投资力度加大。全区高新技术产业投资共计完成36.68亿元,同比增长47.9%。这些投资完成后,全区的产业结构将得到进一步提升,产业竞争力也将进一步得到增强。

五、贸易

消费市场平稳增长。2015年,全区社会消费品零售总额47.64亿元,同比增长10.8%。其中,批发零售企业实现零售额37.06亿元,同比增长11.0%;住宿餐饮业实现零售额10.58亿元,增长10.1%,批发零售业增速高于住宿餐饮业。

限额以上单位社会消费品零售额实现28.92亿元,同比增长21.7%,高于全市平均水平13.6个百分点,继续稳居全市第一位。其中,批发零售业实现零售额27.94亿元,增长22.5%;住宿餐饮业实现零售额0.98亿元,增长2.6%。

电子商务蓬勃发展。网络销售额持续快速增长。2015年全区限额以上批零业互联网零售额实现19.5亿元,同比增长41.7%,高于全部限上批零业零售额增速18.3个百分点,拉动限上批零业零售额增长25.8个百分点,已成为拉动全区消费增长的重要动力。

2015年宿豫区限额以上批发零售业主要商品销售情况

表5

商品分类	销售额(万元)	增速(%)
粮油、食品类、饮料类、烟酒类	142117	0.2
服装、鞋帽、针纺织品类	2788	－1.4
化妆品类	2518.9	－14.6
日用品类	4835.7	－8.7
书报杂志类	203326.7	38.6
中西药品类	29283.6	5.8
文化办公用品类	1365.4	34.2
家具类	2130.8	－19.0
煤炭及制品类	937.3	－66.5
石油及制品类	60133.9	15.6
化工材料及制品类	34308.6	38.4
机电产品及设备类	6246.7	－36.9
汽车类	16588.5	1.6
其他类	19529.5	－75.4

对外贸易降幅明显。2015年，全区实现进出口总额3.31亿美元，同比下降25.6%。其中，出口总额2.97亿美元，同比下降7.7%。实际利用外资总额0.02亿美元，同比下降97.0%。

六、交通运输和旅游业

重点交通道路工程有序推进。2015年续建重点交通道路项目2个，新建项目7个，总投资5700万元；实施农村公路提档升级和“最后一公里”通达工程，其中农村公路提档升级40千米，总投资2000万元，年末已完成总体进度70%；农村公路“最后一公里”通达工程计划实施25千米，总投资1230万元。

交通运输保障能力不断提升。全区共有物流企业101家，其中道路运输企业90家(危险品运输企业6家)，水路运输企业11家。物流企业总投资规模达2.6亿元，从业人员1.75万人。全区物流企业共有营运车辆8965辆，总吨位13.6万吨；营运船舶777艘，总吨位40.5吨；危运车辆122辆，总吨位1405吨。

七、财政和金融

财政收支规模不断扩大。2015年，全区实现财政总收入34.34亿元，增长10.4%；完成一般公共财政预算收入23.55亿元，同比增长13.1%，增速位居全市首位，一般公共预算收入中税收收入20.68亿元，增长12.8%，税收占比达87.8%；非税收入2.87亿元，增长15.1%。

2015年宿豫区金融机构存贷款情况

表6 单位：亿元

指　标	2015年	2014年	比年初增减(%)
年末各项存款余额	142.43	131.18	11.25
1. 企业存款	47.34	44.55	2.8
2. 储蓄存款	91.77	82.41	9.37
3. 农业存款	3.32	4.23	－0.91
年末各项贷款余额	234.5	224.8	9.7
1. 工业贷款	94.81	88.41	6.4
其中：中长期贷款	11.33	9.07	2.26
2. 农业贷款	55.28	56.18	－0.89
其中：中长期贷款	16.28	14.16	2.12
3. 商业贷款	6.52	7.29	－0.77
其中：中长期贷款	0.73	0.74	－0.01
4. 房地产贷款	16.03	11.9	4.13
其中：中长期贷款	11.89	11.23	0.65
5. 基础设施贷款	2.79	2.53	0.26
其中：中长期贷款	1.89	1.63	0.26
6. 个人消费贷款	38.21	30.64	7.57
其中：中长期贷款	1.8	0.63	1.17

民生支出不断提高。全区一般公共预算支出39.72亿元，同比增长18.02%。其中，用于医疗卫生、社会保障和就业、教育、住房保障等民生支出23.3亿元，增长24%，占一般公共预算支出的58.7%。

八、社会事业

科技创新有效增添转型发展动力。全社会研发投入3.68亿元，占地区生产总值的1.6%。新增省级研究生工作站5个、省级企业技术中心2个、省级重点研发机构1个，开发省级高新技术产品5项；自主申报入选国家“千人计划”1

人，填补宿迁市空白；获批省“333”工程经费资助项目5人、省“苏北创业领军人才”1人、市“领军人才”9人；依托科技镇长团深化校(院)地合作，签订各类合作协议6个，转化科研成果1项，转让专利1项。

教育发展水平明显提升。完成城区教育规划布点，文昌小学、浦东幼儿园、伟才幼儿园建成投入使用，新建农村校舍8.3万平方米，创成省优质园2所，职业学校对口高考本科上线人数连续16年居全市之首，7所中小学被评为“国家级青少年足球特色学校”，宿豫区被确定为江苏省首批“青少年校园足球试点县(市、区)”，创成“全国义务教育发展基本均衡区”。

文化惠民工程深入实施。区文化馆新馆达到国家一级馆标准，全面对社会开放；区图书馆与农家书屋、社区书屋资源共享试点工作有序推进；农村文化广场建设全面启动；举办首届文化艺术节暨民俗文化艺术展演等活动，促进了文化传承、丰富了群众生活；全市首部县区通志《宿迁·宿豫志》出版发行；苏北首家地方水利专业展示馆宿迁市水利遗址公园展示馆建成开放。

医疗卫生服务进一步优化。区第三医院病房楼建成投入使用，珠江医院新院区综合服务楼基本竣工；新建标准化村卫生室、社区卫生服务站33个；实施国家基本公共卫生服务12大类45项、妇幼重大卫生服务项目4项，在乡镇医院试点国家基本药物制度，所有基本药物实行零差率销售。

九、人口、人民生活和社会保障

2015年年末，全区户籍总户数12.5万户，比上年增加0.03万户，户籍总人口49.53万人，比上年增加0.3万人。常住人口44.5万人，比上年增加0.3万人。人口出生率17.85‰，男女性别比106.78(女＝100)。全区城镇化率达58.91%，比上年提高1.51个百分点。

居民收入稳步增长。2015年，宿豫区全体居民人均可支配收入17365.8元，同比增长9.1%。分城乡看，城镇常住居民人均可支配收入21740.7元，首破2万元大关，增长9.0%；农村常住居民人均可支配收入12917.4元，增长9.3%。工资性收入是成为居民增收的主要渠道。2015年全区居民人均工资性收入9978元，增长9.0%，占可支配收入的比重为57.5%，对可支配收入增长贡献率56.8%。其中，城镇常住居民人均工资性收入14004.7元，增长8.6%；农村常住居民人均工资性收入5780元，增长9.9%。经营性收入成为居民增收的重要支撑。2015年全区居民人均经营净收入4730元，增长8.3%，占可支配收入的比重为27.2%，对可支配收入增长贡献率24.9%。其中，城镇常住居民人均经营净收入4410元，增长8.8%；农村常住居民人均经营净收入5139元，增长7.1%。财产性收入成为居民增收的重要补充。2015年全区居民人均财产性净收入747.8元，增长11.9%，占可支配收入的比重为4.3%，对可支配收入增长贡献率5.5%。其中，城镇常住居民人均财产性净收入1150元，增长11.7%；农村常住居民人均财产性净收入330元，增长13.8%。转移净收入成为居民增收的有力保障。2015年全区居民转移性净收入1910元，增长10.8%，占可支配收入的比重为11.0%，对可支配收入的增长的贡献率12.8%。其中，城镇常住居民人均转移净收入2176元，增长10.5%；农村常住居民人均转移性净收入1668.4元，增长13.6%。

社会保障更加有力。完成“十二五”扶贫开发任务，省定建档立卡低收入农户7.2万人全部脱贫。社会保险扩面提标，企业职工基本养老保险、城镇职工基本医疗保险、城镇失业保险和城乡基本养老保险覆盖率均超过96%；新农合参合率达99.95%，财政承担部分由每人320元提高到每人380元。养老服务体系进一步完善，改造提升乡镇敬老院12个，建成居家养老服务中心126个，每千名老人拥有床位48张，是全国平均水平(24.4张)近2倍。

说明：

1. 各项指标数据均为初步统计数；

2. 地区生产总值、规模以上工业增加值及其分类项目增长速度按可比价计算，为实际增长速度；其他指标除特殊说明外，按现价计算，为名义增长速度。

(区统计局)

中共宿豫区委

·综　述·

2015年，面对复杂的宏观经济形势和艰巨繁重的发展任务，在市委、市政府的坚强领导下，全区上下紧紧围绕“1231”总量目标和“五率领先”质量目标，坚持“集约集聚特色”发展，团结带领全区干群，凝神聚力谋发展，攻坚克难抓推进，圆满完成了既定的各项目标任务。

经济运行稳中有进。2015年，地区生产总值增长9.9%，固定资产投资增长20.5%，全社会消费品零售总额增长10.3%，一般公共预算收入增长13.1%，地区生产总值、一般公共预算收入、全社会消费品零售总额等指标增幅和税收占比位居全市前列。结构调整稳中向好，第二、三产业占比达到89.1%，比2014年年底提高了0.2个百分点；“2+1”（新型材料、机械制造、食品饮料）产业销售增长14.7%，占规模以上工业的38.2%。连续5年实现民生投入增幅高于一般公共预算支出增幅，民生占比达75.5%；年初排定的20项为民办实事项目全部完成，城乡居民人均收入增长10%以上。

全面深化改革，在全省率先探索建立了工业项目产权登记“并联+串联”审批制度，在全市发放了第一张“三证合一”营业执照，农业水价综合改革试点工作在全国80个试点县区中排名前列，中央电视台《经济半小时》节目进行了专题报道。针对少数企业出现的市场萎缩、互联互保等问题，深入开展“三服务三促进”（服务企业、服务项目、服务园区，促进深化改革、促进作风转变、促进转型发展）活动，推动各级领导到一线帮助企业解决实际困难。组建注册资本为3亿元的江苏邦丰融资担保有限公司，增强为企业融资服务能力；在国家提出“互联网+”行动计划之前，敏锐地预测到互联网未来的发展趋势，按照市委提出的要求，迅速启动电商产业园区规划建设，电商产业园区仅用一年多时间，先后创成省级电子商务示范园区、国家级电子商务示范基地，引进电商企业108家，完成一般公共预算收入3.4亿元。京东“中国特产·宿迁馆”上线运营，已入驻企业107家，上线销售产品3360个，目前线上交易额超过5000万元，推动了互联网经济与实体经济的融合发展。增强依法办事能力，坚持把干部树立法治思维，增强法治能力作为促进发展的重要方面，以开展“三严三实”专题教育、做好省委巡视组反馈意见整改落实、举办宿豫大讲堂等为抓手，通过问题整改、教育培训等方式，强化干部法治自觉，提高依法办事能力。

工业经济方面，“511”工程硕果累累，实施千万元以上技改项目54个，累计完成投资21.6亿元，全市技术改造现场会在宿豫区召开。新增销售超10亿元企业5家，广博集团首次突破20亿元；完成股份制改造4家，上市报会2家，成功挂牌1家；新增省重点企业研发机构1个、省研究生工作站5个、省级企业技术中心2个，魏云峰入选国家“千人计划”，实现了宿迁“千人计划”自主申报零的突破，其团队被表彰为国家重点华人华侨创业团队；宿豫区被认定为省玻璃制品出口基地，是全市唯一省级出口基地，秀强股份、苏华达新材料、德威玻璃纤维等6家企业被认定为基地的骨干企业。在城市建设方面，大力实施“城区绿化提升三年行动计划”，全力推进“两场一街一中心”(菜市场、停车场、餐饮特色街和社区服务中心)建设，千鸟园广场改造提升工程顺利完成，新珠江路农贸市场投入使用，宿豫现代农业产业园创成“江苏省四星级乡村旅游点”，六塘河风景区被评为国家水利风景区，顺利通过中国人居环境奖城市、省级文明城市验收考核等。

农业农村方面，在全市率先启动“一村一品一店”建设，相关做法被中央电视台、《人民日报》等多家主流媒体宣传报道，宿豫区被京东集团确定为京东农村电商全国首个示范县区，被评为苏北地区唯一的“全国电子商务示范县区”，全省总结推广宿迁“一村一品一店”经验促进农民创业增收工作会议的与会人员到宿豫区观摩；乡镇共建工业集中区建设扎实推进，投资强度、容积率分别超过了300万元和1.0，相关做法被省委研究室撰文推广；“丁嘴金菜”获国家级农产品地理标志认证。

围绕“医教水住行娱”方面的群众诉求，采取有针对性的措施，加大投入，切实为群众办实事办好事，让全区居民共享改革发展成果。针对农村饮水安全问题，实施区域供水“通村达户”工程，区域供水一体化主管网实现全覆盖，城东水厂完成总投资的45%。针对群众就医不便问题，加快推进宿迁第三医院住院大楼、珠江医院综合服务楼建设，新建标准化村卫生室25个、社区卫生服务站8个，实现了以村、社区为单位的基本药物制度城乡全覆盖。针对教育资源不均衡问题，不断优化城区教育布局，促进城乡师资队伍交流，均衡配置教育资源，创成全国“义务教育发展基本均衡区”；针对弱势群体帮扶问题，率先在全省建立“一门受理、协同办理”社会救助机制，被确定为全国“救急难”综合试点单位。着力推进农村低保与扶贫开发两项制度有效衔接，实现应保尽保、应扶尽扶，4000元以下低收入人口如期脱贫，省定经济薄弱村全部实现新“八有”。

扎实推进“基层党建责任落实年”活动，深入实施“书记项目”，市区“书记项目”全面完成，有效解决了基层党建中的一批突出问题。建立村级专职党务干部制度，创新实施“支部＋电商”党建富民新模式，增强了基层党组织的带富能力，全市“支部＋电商”党建富民工作现场会在宿豫区召开。完成15个软弱涣散党组织整顿，建成19个村级党群服务中心，村级阵地全面达标，服务功能不断完善。建立每月20日基层党组织“统一活动日”制度，组织开展现场质询活动，全面推行“四务公开”。党群干群关系更加密切。制定出台区委“6＋1＋6”干部工作系列文件，进一步提高干部工作的科学化、规范化水平。深入开展“机关作风建设提升年”活动，促进党员干部作风明显转变。贯彻新修订的《中国共产党廉洁自律准则》《中国共产党纪律处分条例》，制定出台“两个责任”(落实党风廉政建设党委主体责任和纪委监督责任)检查考核办法、责任追究办法、“一案双查”(纪检监察机关在查处案件时，既要查清当事人的违纪问题，又要查清主管领导或分管领导的责任范围及责任。)办法，加强廉政巡查，实现了“两个责任”落实的常态化和制度化；坚持有案必查、有腐必反，共办理信访举报268件，新立案158件，查处科级以上干部11人，移送司法机关11人。

(蔡海涛)

·重要会议·

【中共宿豫区第十一次代表大会第五次会议暨区委十一届六次全体(扩大)会议】 2014年12月31日下午，中共宿豫区第十一次代表大会第五次会议暨区委十一届六次全体(扩大)会议在区体育馆召开。主要任务是：认真贯彻落实中共十八届三中、四中全会、中央经济工作会议和省、市相关会议精神，回顾总结2014年工作，分析研判当前形势，科学谋划明年的发展思路和主要举措，动员全区上下咬定目标，创新实践，奋力实现新常态下新发展。区委书记、宿迁高新区党工委书记张晓伟在会上作了题为《咬定目标 创新实践 奋力实现新常态下新发展》的工作报告。报告提出，2016 年要重点做好五方面工作：一是认真领会中央和省市相关会议精神，增强适应发展新常态的思想自觉和行动自觉；二是准确把握发展面临的新形势、新问题，用新思维推动新发展新实践；三是坚持用"集约集聚特色"发展理念引领发展实践，全面开创经济社会发展新局面；四是坚持不懈地抓好基层、打牢基础、建强队伍，全面激发党建工作新活力；五是持之以恒地抓好干部作风建设，动真格、求实效，以风清气正新环境凝聚工作合力。区委副书记、区长刘士武主持会议，并就贯彻会议精神和重点工作的落实强调五点意见：一是科学研判形势，坚定信心抓落实。二是紧盯大事要事，突出重点抓落实。三是深化改革创新，破解瓶颈抓落实。四是完善推进机制，强化责任抓落实。五是咬定总体目标，立足当前抓落实。会上，区委副书记、宿迁生态化工科技产业园党工委书记姜华传达了市委四届五次全体扩大会议精神；区委常委、纪委书记刘后举作了纪委工作报告；区委常委、组织部部长胡赣江通报了区委领导班子人事调整情况。会议还审议通过了《中国共产党宿迁市宿豫区第十一届委员会第六次全体会议决议》。

【区卫计委、市场监督管理局、政务管理办公室干部职工大会】 1 月 9 日下午，宿豫召开区卫计委、市场监督管理局、政务管理办公室干部职工大会，宣布调整组建区卫计委、市场监督管理局、政务管理办公室。区委书记、宿迁高新区党工委书记张晓伟出席会议并讲话。区委副书记、区长刘士武主持会议。区领导胡赣江、张剑桥、李瑞华、徐海涛及相关部门全体干部职工参加会议。会议宣布区委决定：整合区卫生局、区人口计生局职能，组建区卫生和计划生育委员会，为区政府组成部门；整合区食药监管、工商和质监三个部门职能，组建区市场监督管理局，为区政府组成部门；成立区政务管理办公室，为区政府工作部门。会上，区委常委、组织部部长胡赣江宣布了区委关于区卫计委、区市场监督管理局、区政务管理办公室机构设置、调整及人员任职决定；副区长李瑞华及部分新调整任职人员作表态发言。

【全区宣传文化工作会议】 2 月 3 日下午，宿豫召开全区宣传文化工作会议，区委书记、宿迁高新区党工委书记张晓伟出席会议并作重要讲话，区委常委、宣传部部长陈磊参加会议。张晓伟在会上作了题为《把握新机遇 谋求新作为 全力推动宣传思想文化工作再上新台阶》的重要讲话，张晓伟说，宿豫区在全市宣传思想文化工作目标考核中喜获一等奖，工作成效十分显著。具体可概括为"五个突出"即：文明创建成绩突出，文艺创作成绩突出，舆论引导成绩突出，对外宣传成绩突出，工作创新成绩突出。就做好 2015 年全区宣传思想文化工作，张晓伟提出四点要求：一要在加强舆论引导上谋求新作为，二要在推动文化建设上谋求新作为，三要在文明城市创建上谋求新作为，四要在推进改革创新上谋求新作为。陈磊回顾总结了 2014 年全区宣传思想文化工作情况，部署了 2015 年宣传思想文化工作。

【第十一届纪律检查委员会举行第五次全体会议】 2 月 4 日上午，中共宿豫区第十一届纪律检查委员会举行第五次全体会议。区委书记、宿迁高新区党工委书记张晓伟出席会议并作重要讲话。区级领导班子全体成员，区纪委委员，各乡镇党委书记、乡镇长，区各直属单位主要负责人等参加了会议。会议学习贯彻了中央和省市纪委五次全会精神，回顾总结了 2014 年全区党风廉政建设和反腐败工作，研究部署了 2015 年任务。会上，张晓伟围绕加强作风建设和反腐倡廉工作提四点意见。即：正风肃纪、从严治党，以铁的决心抓好党风廉政建设和反腐败工作；正风肃纪、从严治党，以铁的手腕预防和惩治违纪违法行为；正风肃纪、从严治党，以铁的纪律持续推动党员干部作风转变；正风肃纪、从严治党，以铁的举措加强纪检干部队伍建设。

【全区领导干部大会】 2月5日下午，宿豫召开领导干部大会。区委书记、宿迁高新区党工委书记张晓伟出席会议并讲话，区委副书记、区长刘士武主持会议。张晓伟在会上作了题为《脚踏实地 主动作为 以一流干劲争创一流业绩》的讲话。张晓伟说，2014年，在全市目标考评中，宿豫区被评为“县(区)目标管理一等奖”、招商引资工作先进单位，宿迁高新区也被评为“开发区目标管理一等奖”。就如何落实好2015年的各项目标任务，张晓伟强调四点要求。一要立足干事担当，全力以赴争作为。二要找准自身优势，全力以赴创特色。三要突出主题主线，全力以赴攻项目。四要瞄准目标任务，全力以赴抓落实。刘士武就贯彻落实会议精神强调五点意见，即：主动适应新常态，顺势而为谋求新发展；冷静审视新起点，扬长补短谋求新发展；建立管理新机制，强化责任谋求新发展；牢牢抓住新项目，立足当前谋求新发展；推动改革新突破，破除瓶颈谋求新发展。会上，一批先进单位和个人受到表彰和奖励，各乡镇、街道、园区主要负责人向区委、区政府递交了2015年度目标责任状，相关乡镇、部门主要负责人分别作先进典型发言和表态发言。区级领导班子全体成员，各乡镇、街道三套班子成员，大学生村官代表，各园区、来龙新城、区委各部委办、区各委办局、区各直属单位副科级以上干部，金融、电信机构主要负责人，重点企业代表，获得表彰的先进单位和先进个人参加会议。

【京东集团农村电商推广员座谈会在宿豫召开】 2月17日，宿豫举行京东集团农村电商推广员座谈会。市委书记、市人大常委会主任魏国强，京东集团董事局主席兼首席执行官刘强东，区领导张晓伟、刘士武、陈磊及各乡镇京东电商推广员等参加了座谈会。座谈会由区委书记、宿迁高新区党工委书记张晓伟主持。座谈会前，魏国强、刘强东、张晓伟、刘士武、陈磊等观摩了中国宿迁电子商务产业园，关庙镇镇区、保安乡黄泥村和来龙镇光明村京东农村电商合作点。

【全区新型工业化暨项目推进大会】 为贯彻落实市“三抓三促”暨工业经济转型发展大会精神，对新型工业化、项目建设等重点工作进行再强调、再明确、再部署。2月27日下午，区委书记、宿迁高新区党工委书记张晓伟主持召开全区新型工业化暨项目推进大会。区委副书记、区长刘士武就推进新型工业化和项目建设进行安排部署。区四套班子全体成员出席会议。张晓伟强调三点意见：一是在新型工业化上，要在产业集聚上动真格，在企业培育上出实招，在招商引资上求实效，在创新驱动上争突破，在载体建设上下真功夫；二是在项目建设上，前期准备要立足于“实”，项目推进要立足于“快”，要素保障要立足于“创”，责任落实要立足于“严”；三是在保障工作落实上，要做到领导干部率先示范，相关部门全力帮办，督促检查严查实考。就推进新型工业化和项目建设，刘士武提出四点要求：一是充分认识推进新型工业化和项目建设的重要意义。二是准确把握宿豫区推进新型工业化和项目建设的现状与形势。三是抓好推进新型工业化和项目建设的重点任务。四是切实强化推进新型工业化和项目建设的保障措施。

【“机关作风建设提升年”活动推进会】 3月21日上午，宿豫召开“机关作风建设提升年”活动推进会。区级领导班子全体成员，各乡镇、街道、园区、来龙新城，区委各部委办、区直各单位副科级以上干部参加了会议。区委书记、宿迁高新区党工委书记张晓伟到会讲话。会议由区委副书记、区长刘士武主持。张晓伟在讲话中要求，要切实把作风建设作为永不竣工的“工程”抓紧抓好，以此次活动为抓手推动机关作风建设水平全面提升，全力保证活动取得实实在在的效果。刘士武就进一步贯彻落实会议精神强调三点意见，即抓认识提升，增强行动自觉性；抓任务落实，增强活动实效性；抓工作保障，增强推进统筹性。

【全区农业农村工作会议】 3月28日上午，宿豫召开农业农村工作会议，区委副书记、区长刘士武出席会议并讲话。区领导江小军、赵杉、赵江涛参加会议。会上，副区长赵杉总结了2014年全区农业农村工作总体情况，安排部署了2015年农业农村工作；各乡镇、街道、递交了目标责任状；区农委、农工办、供销总社、新庄镇等等单位及乡镇负责人作了交流发言。

【宿豫“五方挂钩”帮扶协调汇报会在南京召开】 4月20日，宿豫区“五方挂钩”帮扶协调汇报会在南京召开。省水利厅巡视员、宿豫区“五方挂钩”帮扶协调小组组长张小马，省扶贫办副主任朱子华，省“五方挂钩”帮扶协调小组成员单位及省、市有关部门分管负责人，区领导刘士武、袁昌华、王占军、孙济刚、郃学东、赵杉、叶兴成等参加会议。会上，区委副书记、区长刘士武介绍了宿豫2014年全区经济社会发展及扶贫工作开展情况。会上，市委驻宿豫帮扶工作队队长、区委常委、副区长郃学东汇报了省“五方挂钩”单位及帮扶工作队工作开展情况，省“五方挂钩”帮扶协调小组成员单位负责人分别作交流发言，朱子华、市扶贫办副主任朱卫东分别在会上讲话。

【全国玻璃科学技术年会暨宿迁玻璃产业创新发展研讨会在宿豫召开】 4月25日，2015年全国玻璃科学技术年会暨宿迁玻璃产业创新发展研讨会在宿豫区召开。市委副书记、市长王天琦在大会开幕式上致辞。会上，中国科学院院士、上海光学精密机械研究所教授干福熹介绍了中国玻璃发展史；区委副书记，区长刘士武介绍了宿豫投资环境；中国硅酸盐学会副理事长兼秘书长晋占平与区委常委、宿迁高新区党工委副书记、管委会主任王峰签订合作框架协议。中国硅酸盐学会理事长徐永模，副理事长、国际玻璃协会主席彭寿，副市长冯岩，以及来自全国各地的大专院校、科研院所、科技专家及企业负责人300余人参加了大会开幕式。

【全区创建全国文明城市推进会召开】 为贯彻落实好全市创建全国文明城市动员大会精神，动员全区上下进一步提高认识，强化举措，迅速掀起创建全国文明城市的工作热潮。5月18日下午，宿豫召开创建全国文明城市推进会。区委书记、宿迁高新区党工委书记张晓伟，区委副书记、区长刘士武等区级领导班子全体成员参加会议。会议由区委常委、宣传部部长陈磊主持。就做好当前及今后一段时间的创建工作，张晓伟提出三点要求：立足更高层面深化对文明城市创建的认识；聚焦重点难点切实增强创建工作实效；进一步强化文明城市创建工作的组织保障。会上，刘士武回顾总结了“五城同创”工作，安排部署了全国文明城市创建工作。

【全市技术改造现场推进会在宿豫召开】 为深入贯彻落实全市工业企业转型发展现场推进会精神，大力推进“511”工程，加快企业技术改造步伐，5月26日上午，全市技术改造现场推进会在宿豫召开。市委副书记、市长王天琦出席会议并讲话。副市长冯岩介绍今年以来全市技术改造工作进展情况，并安排部署了下一阶段技术改造任务。区委书记、宿迁高新区党工委书记张晓伟作为县区代表在会议上作交流发言。会前，王天琦带领与会人员共同观摩了北斗GPS双模车载导航全自动生产线、秀强AR玻璃、三元轮胎专用橡胶自动化生产线3家企业技术改造现场。王天琦对宿豫工业企业技术改造工作取得的成绩表示充分肯定。就进一步做好技术改造工作，王天琦强调三点意见：一是从思想上充分认识加快企业技术改造的重要性，二是从行动上把握好政府与企业的边界，三是从保障上为技术改造工作创造良好氛围。

【中共宿豫区委工作会议】 为深入贯彻落实省委十二届十次全会和市委工作会议精神，总结全区上半年工作成效，研究部署下半年工作任务，动员全区上下咬定目标，真抓实干，确保全面完成年度各项工作任务，7月24日下午，中共宿豫区委工作会议在区体育馆副馆隆重召开。区委书记、宿迁高新区党工委书记张晓伟在会上作了题为《咬定目标 真抓实干 确保全面完成年度各项目标任务》的主题报告。会议由区委副书记、区长刘士武主持。张晓伟指出，今年以来，面对复杂严峻的宏观经济形势，全区上下紧紧围绕区委十一届六次全体(扩大)会议确定的目标任务，坚持“集约集聚特色”发展，凝心聚力、攻坚克难，千方百计上项目、抓投入、促改革、惠民生，经济社会发展实现了“稳中有进”的目标。主要体现在：主要经济指标稳中向好、工业转型步伐持续加快、电子商务产业突飞猛进、特色农业发展稳步推进、文明城市创建扎实开展和干部作风建设有力有效六个方面。就做好下半年工作，张晓伟提出三方面要求，即：准确把握客观形势，以更加积极的姿态做好下半年工作；聚焦十项重点工作，以重点突破推动全年目标任务顺利完成；切实把全面从严治党要求落到实处，为推动宿豫发展提供坚强保证。刘士武就抓好会议精神落实、确保完成全年目标任务提出四点要求：一要重点突出分析比较，强化责任抓落实、保全年；二要突出项目建设，扩大投入抓落实、保全年；三要突出转型升级，锻造优势抓落实、保全年；四要突出服务优化，破解瓶颈抓落实、保全年。

【省委第七巡视组巡视宿豫区工作动员会】 经省委批准，根据省委巡视工作领导小组安排，省委第七巡视组近日进驻宿豫区开展为期一个半月的常规巡视。8月14日上午，省委第七巡视组巡视宿豫区工作动员会召开，省委第七巡视组组长陈逸中就即将开展的巡视工作作了动员讲话，宿迁市委书记魏国强就宿豫区配合做好巡视工作提出要求，区委书记张晓伟主持会议并作表态发言。省委第七巡视组副组长朱跃宁、骆凤琴、吴应年及巡视组全体成员，宿豫区委、区人大、区政府、区政协全体领导；区法院院长、区检察院检察长出席会议。区纪委监察局、区委组织部领导班子成员，市委巡视工作联络办公室和区委巡视工作联络组负责人；区委各部委办、区各委办局党政主要负责人和各乡镇(街道)党政主要负责人，部分退休和退出领导岗位的副区级以上的老干部列席会议。就配合做好省委巡视组工作，魏国强要求，宿豫区要从讲政治的高度，切实做到思想上高度重视，态度上诚恳端正，工作上认真对待。积极支持、配合巡视组开展工作，坚决服从省委巡视组的巡视和安排，主动接受监督，狠抓问题整改。张晓伟代表区委表态：强化认识，切实做到思想行动同频共振；积极配合，全力保障巡视工作顺利开展；端正态度，全面接受巡视监督检查；紧密配合，扎实推动各项工作全面提升。

【电商产业发展工作推进会】 8月31日下午，宿豫召开电商产业发展工作推进会。区领导张晓伟、刘士武、陈磊、徐海涛、张先军以及各乡镇、街道、园区、区直相关部门负责人参加了会议。区委副书记、区长刘士武主持会议并传达了全省总结推广宿迁“一村一品一店”经验、促进农民创业增收工作会议精神，副区长徐海涛宣读了《关于开展结对共建“一村一品一店”百日升级竞赛活动的通知》，区农委、市场监管局、电商产业园、下相街道、保安乡等单位主要负责人作了表态发言。就如何进一步推进全区电商产业发展，张晓伟要求突出抓好四个方面工作，即：突出园区平台建设，增强龙头引领能力；突出“一村一品一店”内涵提升，增强富民带动能力；突出发展主体培育，增强创业创新能力；突出推进机制优化，增强服务保障能力。就贯彻落实好本次会议精神刘士武提出三点要求：一要充分把握电商发展的总体形势，珍惜机遇抓落实。二要切实提高电商发展的内在质量，突出重点抓落实。三要统筹做好电商发展的要素保障，合力共为抓落实。

【创建全国文明城市、国家社会信用体系建设示范城市暨文化建设迈上新台阶工作会议】 9月20日上午，宿豫区召开创建全国文明城市、国家社会信用体系建设示范城市暨文化建设迈上新台阶工作会议，动员全区上下咬定目标，迎难而上，全力做好全国文明城市、国家社会信用体系建设示范城市创建工作，全面提升文化建设水平，为更加美好的城市环境、诚信环境和文化环境奠定基础。区委书记、宿迁高新区党工委书记张晓伟等区级领导班子全体成员参加会议。区委副书记、区长刘士武主持会议。

【脱贫奔小康工程扫尾攻坚工作推进会】 11月24日上午，宿豫区召开脱贫奔小康工程扫尾攻坚工作推进会，动员全区上下认真贯彻落实中央和省、市关于扶贫开发的系列新要求，对全区脱贫奔小康工程扫尾攻坚工作再推进、再鼓劲、再加压，确保"十二五"期间脱贫奔小康工程圆满完成。区领导张晓伟、刘士武、郜学东、赵杉、叶兴成出席会议。会上，区委副书记、区长刘士武传达了市委副书记王益督查宿豫区扫尾攻坚工作时讲话精神，并对宿豫区脱贫攻坚工作进行了部署。区委书记、宿迁高新区党工委书记张晓伟就做好最后一阶段的扫尾攻坚工作提出三点要求：一要以更高的站位充分认识扫尾攻坚工作的重要意义；二要以更实的举措破解扫尾攻坚工作的重点难题；三要以更大的合力确保扫尾攻坚工作落实到位。 （蔡海涛）

·重要活动·

【电子商务产业发展座谈会】 为加快推进电子商务产业发展，1月6日，宿豫举行电子商务产业发展座谈会，市委书记魏国强，省商务厅厅长马明龙，市委副书记、市长王天琦，市领导赵正兰、吕德明，区领导张晓伟、刘士武，市区各相关部门负责人参加会议。国家发改委、商务部、北大光华管理学院的领导、专家学者和部分企业家应邀出席会议。会议由区委副书记、区长刘士武主持。座谈会上，市委书记魏国强和市委副书记、市长王天琦共同为中国宿迁电子商务产业园区揭牌。东南大学教授毛海军介绍了中国宿迁电子商务产业园区规划情况，来自国家发改委、商务部、北大光华管理学院的领导、专家学者和部分企业家就园区规划建设提出了意见和建议，区政协副主席、财政局局长张先军代表宿迁电子商务产业园区与京东集团、中国城投集团等10家企业现场签订合作协议。

【京东农村电商全国首个示范县(区)在宿豫揭牌】 2月5日上午，宿豫区隆重举行"京东农村电商全国首个示范县(区)"揭牌仪式。市领导王建国，区领导张晓伟、刘士武、陈磊、徐海涛、张先军以及以副总裁王志军为首的京东集团代表出席揭牌仪式。区委副书记、区长刘士武主持仪式。自1月13日京东商城首个县级服务中心在宿豫区挂牌运行后，宿豫围绕打造成京东农村电商推广示范区的这一目标，大力实施京东农村电商项目。京东集团计划在宿豫乡镇共建立121个乡村合作点(城区顺河街道和豫新街道所辖村居除外)，已成功签约121名推广员，乡村合作点实现全覆盖。

【全区经济工作调度会召开】 5月11至12日，张晓伟带领区党政代表团赴沭阳县、泗阳县、泗洪县、宿城区参观学习。5月13日上午，张晓伟带领区党政领导班子成员，乡镇，街道，园区，相关部门主要负责人观摩全区重点项目建设、重要工作开展情况，下午，召开全区经济工作调度会，传达贯彻全市经济形势分析会、工业企业转型发展现场推进会会议精神，部署当前各项工作，区长刘士武参加。

【张晓伟调研会办电商产业园重点工程】 6月2日上午，张晓伟调研电子商务产业园区重点工程、京东商城宿迁馆、小尼商城、曹集乡天同庵电商一条街等项目；邀请市消防支队支队长胡庚松现场会商电商产业园区消防工作，区领导陈磊、尤波、张先军参加。

【张晓伟调研区域供水一体化工作】 8月27日下午，张晓伟现场调研推进城东水厂建设、供水管网通村达户、农村小水厂回收等区域供水一体化工作，研究落实市委召开的区域供水一体化汇报会精神，区领导陈磊、李春华参加。

【中组部党建研究所所长施仁德到宿豫调研非公企业党建工作】 10月29日上午，张晓伟陪同中组部党建研究所所长施仁德调研电子商务产业园区非公企业党建工作，区领导胡赣江、张先军参加。

【学习贯彻全市经济社会发展重大项目观摩现场会工作部署会召开】 11月10日下午，张晓伟带领区党政领导班子成员及各乡镇、街道、园区、有关单位主要负责人考察学习兄弟县区经济社会发展重大项目；召开宿豫区学习贯彻全市经济社会发展重大项目观摩现场会工作部署会，冲刺全年目标任务，科学谋划2016年工作。

【赴沭阳县观摩学习新农村建设】 12月20日，张晓伟带队赴沭阳县观摩学习新农村建设，随后召开宿豫区新农村建设推进会，研究布置全区2016年区域供水通村达户工程、扶贫开发、新农村建设、乡镇共建工业集中区建设、农村环境综合整治再提升等工作，区领导王占军、赵杉，区有关部门和各乡镇、街道党(工)委书记参加。 (蔡海涛)

·区委办工作·

【综合文字】 2015年，共完成区委重要会议报告、领导讲话材料等各类文稿130余篇，80余万字，参与起草各类公文90余份，编发《宿豫通讯》16期。同时，紧紧围绕区委的重要决策和全区经济社会面临的重点难点问题，主动谋划，积极组织开展电子商务产业发展、现代农业体系建设、招商引资、小城镇建设、扶贫开发等一系列专题调研活动，及时深入掌握各方面的情况，为区委科学决策及重要文件的出台提供了第一手资料。

【信息调研】 2015年，全年共向省委办公厅和市委办公室报送信息800余篇，被省办采用121篇，市办采用67篇，全年省领导批示达9件次，市委主要领导批示达5件次，党委信息报省得分排名全省区级第四位，报市得分名列三县两区(沭阳、泗阳、泗洪三县，宿豫、宿城两区)第一位，党委信息考核得分连续五年排名全省全列，连续三年位居苏北区级第一。全年编发《信息快报》18期，《信息专报》6期。

【综合协调】 扎实做好会务、接待、督查、后勤等大量具体繁杂的服务性工作，办公室服务水平不断提升。以提高办文水平、办会质量、办事效率为目标，全年共组织各类会议80余次，高标准完成上级工作检查、外地客商参观考察等重要接待活动20多次，传阅、办理上级文件680多件，发文560余份，下发书记交办单23份，从未出现过差错和疏漏。围绕区委中心工作，认真开展各重要会议精神贯彻落实情况、书记办公调研会交办事项落实情况等系列督查活动，全年共下发书记交办单及催办单24份。

(蔡海涛)

·督查督办·

【概况】 2015年，区委、区政府督查室以“令出督随、督到必成”为目标，以促进区委、区政府决策部署有效落实为重点，先后开展各项督查活动280余次，出动督查人员500余人次，拍摄督查图片2200余张，上报《督查专报》45期，编发《督查通报》27期，较好地完成了各项工作任务。先后被市委市政府表彰为“全市重大项目推进工作先进单位”“全市考核工作先进集体”，一人次被市委市政府表彰为“全市效能建设先进个人”。

【重要项目建设情况督查】 2015年，区委、区政府督查室对2项列省项目、15项列市重大项目、16项市级中心城市基础施工项目、121项区“三类项目”(60项区重大项目、41项区重点基础设施项目、20项区政府为民办实事项目)建设进展情况进行跟踪督查，实行“半月一督查、一月一通报”制度，全年先后开展重点项目月度节点督查9次、不定期动态巡查36次，编发专项《督查通报》9期，提请区领导召开会办会8次，上报调研报告3篇；配合市委、市政府督查室开展列市项目现场督查7次，上报督查结果10期。在年末的验收检查中，121项“三类项目”中有105个项目完成年度建设任务，完成率86.8%。区住建局、宿迁高新区、宿迁生态化工科技产业园、区水利局、区交通运输局、关庙镇、曹集乡、宿迁电子商务产业园区、区重大项目办、宿迁市中医院、区征收办11家单位被区委区政府表彰为重大事项及重点工程建设先进单位。

【领导交办事项落实情况督查】 2015年，按照“令出督随、掷地有声、督出成果、督出效能”的要求，大力开展领导批办、交办、会办事项办理情况督查督办工作。一年来，先后对市委常委（扩大）会议10项实事、区委十一届六次全体（扩大）会议重要任务、区政府周工作例会区长交办事项、电子商务产业园建设、“一村一品一店”建设、网络创业进展、双拥模范城创建、全国文明城市创建、“十个方面创特色”进展、全面深化改革、扶贫开发、宿豫文化公园建设、“大干四季度冲刺总目标”动员会交办事项、秸秆禁烧与综合利用、乡镇便民服务中心及村级便民服务站建设、牡丹江河水环境整治、土地监管重点工作推进等30余项领导交批办事项落实情况进行督查。所有事项均按要求跟踪督查督办，先后开展督查督办150余次，编发专项《督查通报》7期、《督查专报》26期，跟踪督查率100%，上报率100%，确保了领导的决策和意见快速贯彻落实到位。

【机关作风建设情况检查】 2015年，区委、区政府督查室配合区活动办开展机关作风查访活动50余次，开展节假日及乡镇夜间值班情况查访活动10余次，组织会风会纪督查60余次，查究各类违规违纪行为50余起，编发专项《督查通报》3期，通报批评20余人次，极大地促进了全区机关作风的转变和行政效能的提升。

（汪庆同）

·组织工作·

【概况】 2015年，全区组织工作深入贯彻落实中共十八届三中、四中、五中全会及全国全省全市组织部长会议精神，以市委“基层党建责任落实年”和市委组织部“干部工作规范提升年”为抓手，紧贴中心，服务大局，求真务实，锐意创新，各项工作取得了明显进展和较好成效，为实现全区“1231”和“五率”领先目标提供了坚强的组织保证。按照“规定动作”到位不走样的要求，扎实开展“三严三实”专题教育。结合党建制度改革的各项任务，不断深化干部人事制度改革，探索实行乡镇党政正职差别化考核，促进乡镇特色发展、差别竞争；开展领导干部个人有关事项抽查核实和公开制度试点工作，探索建立领导干部差距清单，确保从严监管干部落地见效。积极做好高层次人才引育工作，自主申报人选魏云峰入选国家“千人计划”，实现宿迁市“千人计划”自主申报零的突破，顺利完成市海内外高层次人才创新创业园建设任务。将每月5日定为“四务公开”（党务、村务、财务、服务）日、20日作为基层党组织“统一活动日”，健全组织生活。探索村居书记职业化及分级管理做法被中组部《领导参阅》刊发，探索“支部＋电商”党建富民新模式，受到省、市委组织部领导充分肯定，全市“支部＋电商”党建富民工作会议在宿豫区召开。

【党建信息树形象】 深入实施党建制度改革，印发《党的建设制度改革项目化管理“提质计划”》，深入推进年轻干部培养“161”计划、干部申报个人有关事项抽查机制等7个方面、28项改革项目的具体落实。年初，下发《关于实施党建调研课题项目化管理的通知》；年底，组织党建专家评审，表彰一等奖2个、二等奖3个、三等奖5个。进一步健全完善《部机关信息宣传调研奖惩办法》，同时出台《乡镇组织工作信息、宣传、调研成果考核暂行办法》，建立“日短信、周通报、月公示、年评比”的考核通报方式，及时传递压力、激发动力。全年组工干部共在中央、省、市级媒体上发表信息、宣传、调研 1100 余篇，其中在《人民日报》《中国组织人事报》《新华日报》等中央及省级主流多媒体（网站除外）中发表文稿 173 篇，有力宣传、推介宿豫党建工作的好做法、好经验，进一步提升宿豫组织工作的影响力和美誉度。

【“三严三实”专题教育】 专题教育研讨成果在全省情况通报中刊发，宿豫区作为唯一一个县区在全市“三严三实”专题教育情况汇报会上作交流发言。开展每名县处级领导干部分别到分管单位和联系点讲专题党课，晒出党课讲稿和党课场景“双讲双晒”活动，充分运用正反典型两面镜子、两本教材，扎实开展 6 次专题研讨，每个专题都有针对性地设计情景教学。全区县处级领导干部赴焦裕禄精神的发祥地兰考县开展现场教学，重温焦裕禄事迹，感悟“三严三实”精神，现场开展交流研讨。结合观看《周恩来的家风与家规》等影片，订立家规 198 条。同时，注重选树身边“三严三实”先进典型，评选党员“月度、季度之星”1200 多名，组织机关作风建设标兵巡回宣讲 20 多场。“七一”前，区领导带头下基层，主动问“症”于民、问“怨”于民，查找问题 501 个。按照市委书记魏国强对县区提出的“8 个有没有”问题（即有没有因为后续整改收了尾，就对“四风”问题视而不见、任其反弹了；有没有因为发展进入新常态，就对增速放缓心安理得、顺其自然了；有没有因为纠正错误政绩观，就对指标落后不闻不问、听之任之了；有没有因为要素瓶颈制约多，就对项目推进消极懈怠、无所作为了；有没有因为改革步入深水区，就对攻坚克难信心不足、裹足不前了；有没有因为依法行政更严格，就对工作开展无所适从、不知所措了；有没有因为从严治党要求高，就对遵纪守规心有抵触、表里不一了；有没有因为全面小康倒计时，就对完成目标心生怯意、降格以求了），区委常委班子带头对号入座，主动认领，查摆出项目建设中缺乏迎难而上的勇气等“不敢担当、不愿担当、不会担当”事例 37 个。实行实绩双向评议、责任捆绑考核，对驻点巡查、民意访评、百点监测反馈问题，区领导与分管部门、联系乡镇一同认领、联动抓好整改，推动机关围绕基层转、干部围绕群众转。区委把基层党建述职评议会上点出的各单位“不严不实”问题，以交办单形式下发到各党委（党组），要求在专题民主生活会上对单落实整改措施，同时成立 8 个督导组全程跟踪问效。

【领导班子与干部队伍建设】 认真贯彻落实市委关于干部工作“1＋7＋9”文件，出台《关于进一步加强干部实绩档案管理及实绩甄别研判暂行办法》等“6＋1＋6”文件，从完善实绩档案管理、加强年轻干部培养、规范提拔动议程序、开展谈心谈话活动、推进干部交流任职等方面健全工作机制。建立干部工作实绩档案“季度收集、半年研判”工作机制，对干部工作实绩的有与无、真与假、大与小进行综合分析，按照百分制形式分类排序，并作为干部进退流转的重要依据之一。去年，先后有 25 名实绩突出的年轻干部被提拔使用，7 名干部因实绩申报不实被组织约谈。建立区直部门热点岗位人才库，连续五年采取个人和单位双向选择方式组织实施中层干部集中交流，其中去年交流任职 26 名。同时，探索实行乡镇党政正职差别考核，出台《乡镇（街道）党政正职差别化考核评价暂行办法》，通过差别化设置考核指标、差别化设置评价权重等方式，促进乡镇特色发展、差别竞争。结合“三严三实”专题教育，在全区范围开展“双查双比”（对照先进查问题、针对差距查原因、横向比担当、纵向比实绩）活动，73 个乡科级单位自上而下开展了谈心谈话活动。实施年轻干部培养“161”计划，分类建立优秀年轻干部人才库，对入库干部实行动态管理，通过年轻干部“双月谈”、谈心谈话等活动，了解干部成长情况。2015 年，先后举办“双月谈”活动 4 期，组织各类专题座谈会 6 场次，参与活动 300 余人次。

【干部监督】 深入贯彻落实从严管理干部“五个要”要求，突出从严从实、从细从紧，常态化管理监督干部。以被省、市委组织部纳入“新提任领导干部个人有关事项公开制度试点单位”为契机，制订公开制度试点工作实施方案，出台《考察对象个人有关事项报告抽查核实工作部内操作规程》，常态推进个人有关事项查核，采取随机查和重点查的方式分批次查核228名干部，占比33%。该做法被省组工信息第48期推介。出台《领导干部差距清单管理办法》，探索从干部日常考核、年度考核、“三责联审”、信访举报、实绩档案甄别研判和个人有关事项查核等“六个渠道”中梳理出违反政治纪律和政治规矩、违反廉洁自律和工作纪律等24项“差距行为”，按忠诚、能力、实绩、作风四类分别建单，并按略有差距、差距较大、差距很大划分差距等级。同时采取提醒、函询和诫勉等方式向干部反馈、要求限期整改。截至年末，已为72名领导干部建立个人差距清单，开展提醒谈话52人次，函询17人次，诫勉1人次。认真开展“带病提拔”自查，排查出“带病提拔”对象1名，就“带病提拔”对象提拔任用的任职资格和条件，初始提名、民主推荐、考察、酝酿、讨论决定、任职等环节进行认真自查，并根据市委组织部反馈的整改落实意见及时进行整改。此外，认真做好领导干部“配偶子女已移居国（境）外的国家工作人员”摸底排查、干部离任继任书面交接等工作。

【干部综合管理】 扎实做好公务员基础管理工作，量化考核、科学评定干部年度考核等次。严控公务员招录入口关，全年共招录公务员41名，2014年招录的71名公务员转正手续办理完毕。率先启动干部人事档案改版审核工作，探索建立档案审核“三表三单两制”（绘制工作规划表、形成阅档记录表、印发补充材料目录表，制定责任清单、缺项清单、规范清单，实行AB岗审核制、实行集体会审制）工作模式，从严从实核准档案。年内，形成补充材料目录7000余条，补充收集档案材料6600余份，初步完成1600余名干部人事档案专项审核初审工作。完成科级干部档案审核信息复审526人，其中完成干部任免审批表188人、干部人事档案专项审核认定表12人签字工作。出台干部任前档案审核暂行办法，出台《宿豫区干部任前档案审核暂行办法》，对拟选拔任用干部，拟交流任职干部、军队转业干部和新进干部队伍人员进行任前档案审核，充分发挥干部档案作用，全面历史地考察了解干部。

【干部教育培训】 制订干部教育培训年度工作计划，将中共十八大、十八届三中、四中、五中全会及习总书记系列重要讲话精神纳入干部教育培训重要内容；创新党课教育形式，探索党员自我教育、自我管理、相互提高的有效途径，在全区基层党组织和全体党员中组织开展“微党课”活动；做好南北挂钩干部交流培训工作，4～7月分别组织10名副科级领导干部赴南京、无锡、常州、苏州、镇江参加2015年苏南苏北公务员对口培训；组织开展领导讲堂、干部讲学活动，全年共举办各级各类培训班75期，完成主体班次培训26期，举办清华大学远程教育高研班4期，举办专家课堂8期，培训各级各类干部达9500余人次。

【党组织和党员概况】 截至2015年年底，全区共有基层党组织979个，其中党委53个，总支48个，党支部878个，因党组织撤并，党委比上年增2个，总支减少1个，党支部减少141个。年末，全区基层党员总数25841人，总数比上年减少460人，年内，新增党员4135人（新发展336人），因转出、死亡减少党员4595人。

【基层党建】 紧紧围绕市委“基层党建责任落实年”要求，出台《关于进一步加强基层党建工作的实施意见》“1＋5”文件，进一步夯实党建责任，打牢基层基础。制订书记抓基层党建“责任清单”，按季度公布“考核对账单”，压紧压实党建责任。开展“书记解难题”活动，区、乡、村三级书记领衔解难题项目228个，加大“书记项目”实施力度，19个村党群服务中心如期建成投入使用，“四务公开”月月交出明白账，相关做法受到市委魏书记批示肯定，14个软弱涣散党组织完成整改销号任务。加大党建创新力度，推动村级专职党务干部履行“一岗三责”，探索“支部＋电商”党建富民新模式，受到省、市委领导批示肯定，被《新华日报》头版头条报道，并作为全市基层党建“第一特色项目”总结推广，全市“支部＋电商”党建富民工作会议在宿豫区召开；加大村书记职业化试点，年末，已有17名村(社区)书记纳入了首批职业化及分级管理，该做法被中组部《领导参阅》刊发。实施“动力提升”工程，加大典型选树。全面开展“唱响党员好声音　奏响党建主旋律”主题活动，评选党员“月度之星”，全区有5名村书记被评为全省“吴仁宝式优秀村书记”，23名“群众身边好党员”受到市、区委表彰。

【党员教育管理】 实施“统一活动日”制度，将每月20日作为基层党组织“统一活动日”，为全区138个村(社区)分别配备一名专职党务干部，设计“四务公开”现场质询、党员“月度之星”评选等载体丰富活动内容，采取随机实地查看、QQ传图“飞检”等方式对活动开展情况进行督查，确保活动实效。健全领导班子民主生活会制度，出台《关于提高乡科级领导班子民主生活会质量的实施办法》，从学习教育、点题查摆、“一把手”示范引领、整改落实、严督实导、成效评估六个方面加以规范，下发《关于开好“三严三实”专题民主生活会的通知》，成立督导组，在全区范围内规范开展“三严三实”民主生活会。实施农村无职党员“设岗定责”活动，采取自由竞岗、支部定岗、群众荐岗等方式，结合工作实际和群众关心的热点、难点问题，分别设置环境卫生维护岗、公益事业管护岗、居务监督岗、带动致富岗、政策信息服务岗等岗位，发挥农村无职党员模范带头作用。

【大学生村官】 成立大学生村官自主管理委员会“青春e家”，突出青春、创业、为民等主题，以月为单位，开展主题活动8次。实施大学生村官“网络创业集聚计划”。依托中国宿迁电子商务产业园平台，发挥集聚效应，积极引导大学生村官进驻园区抱团创业，打造大学生村官网络创业“园中园”。实施“青春党建村官培养行动”。通过公开选拔、任前培训、任职资格考试等程序，选拔78名大学生村官走上“党建书记”岗位，为打通党建责任落实“最后一公里”发挥积极作用。深入实施大学生村官星级评定工作，按照双向述职、民主测评、实地印证、初步评定、组织审定、结果公示等六个环节，18人被评为“五星级”，111人被评为“四星级”，2人被评为“三星级”。

【人才工作】 围绕食品饮料、机械制造、新型材料、精细化工、电子商务等重点产业发展需要，出台《宿豫区重点产业人才集聚三年行动计划》《宿豫区2015年度招才引智工作方案》《宿豫区招才引智工作考核暂行办法》《宿豫区人才公寓管理暂行办法》等“1＋3”系列文件和《增材制造(3D打印)产业人才支持政策》。围绕促进社会工作新发展，出台《加快推进社会工作人才队伍建设的意见》。承办全市科技镇长团观摩座谈会，先后召开全区人才工作座谈会、人才政策宣讲会、人才工作季度交流推进会、市海创园建设及作用发挥座谈会、本土拔尖人才座谈会、十三五人才发展规划编制部署会等会议，推动各项工作落实。对全区37个在管理期的高层次人才项目开展绩效考评，依据考核结果对2个项目减半拨付资金、2个项目暂缓拨付资金。出台《宿豫区科技镇长团积分制考核暂行办法》，实行科技镇长团工作“周计划、月简报、季度评比、半年考核”跟踪管理服务模式，并根据工作实绩大小发放考勤奖励和重大贡献奖励资金。组织开展春、秋季政产学研对接活动，赴中国农业大学、哈尔滨工业大学、山西省农科院等12所高校院所开展交流，成功签署校地全面合作协议6项。组织企业赴南京工业大学、安徽大学、四川大学等高校开展“校园招聘”活动12次，组织或参加新春招聘会、宿迁“英才计划”五一招聘会等本地大型招聘活动5次。完成宿迁市海内外高层次人才创新创业园建设任务并移交宿迁高新区管理，目前已吸引宿迁市技术交易服务中心、张家港宿豫产业研究院、苏州大学宿豫产业协同创新中心等多个机构入驻。高标准遴选8名专家担任省第八批科技镇长团宿豫团成员，成功申报入选国家“千人计划”创业类人才1人（魏云峰），实现了宿迁市自主申报入选国家“千人计划”零的突破，新引进国家“千人计划”创新类人才2人（朱强、黄永）。获批省“产业教授”2人、省“苏北创业领军人才”1人、省“333工程”科研经费资助5人、省“苏北发展急需人才引进计划”26人；获批市“领军人才”9人、宿迁“英才计划”紧缺急需人才56人、引进事业单位“名校优生”10人；评选2015年度宿豫区“英才计划”引进人才13人、“四名四优”本土拔尖人才42人。组织开展寒暑假“学子看家乡”和“组织部长会客厅”活动，吸引宿豫籍学子回家乡创新创业。全年发放人才补助资金524.64万元，推荐13名高层次人才赴北京大学、中国人民大学等知名学府参加高级人才研修班，对18名优秀人才代表开展春节慰问，组织58名优秀人才到宿迁市中医院参加免费健康体检，在《党的生活》《宿迁日报》等媒体中宣传魏云峰、邱绍虎等5名优秀人才典型事迹。

2015年度宿豫区“英才计划”引进人才名单

表7

序号	类别	姓名	工作单位
1	创新类（11名）	朱　强	江苏奇纳新材料科技有限公司
2		廖小军	宿迁市果然食尚食品有限公司
3		曲红梅	江苏健谷化工有限公司
4		夏亚穆	江苏华星新材料科技股份有限公司
5		蔡　进	江苏阿尔法药业有限公司
6		王勤辉	中节能（宿迁）生物质能发电有限公司
7		常勇慧	江苏健谷化工有限公司
8		刘登勇	江苏正业食品有限公司
9		乔勇进	玖久丝绸股份有限公司
10		金东俊	泰斯博自动化科技（江苏）有限公司
11		闫洪森	江苏辰宇电气有限公司
12	创业类（2名）	王万忠	宿迁金浪潮电子商务有限公司
13		王明华	宿迁一凡科技有限公司

2015年度宿豫区“四名四优”本土拔尖人才名单

表8

序号	人才类别	姓 名	工作单位
1	教育名家（4名）	倪绍旺	宿豫区实验初级中学
2		张金科	宿豫区仰化中心小学
3		倪婵娟	宿豫区第一实验小学
4		李先迎	宿豫区新庄中心学校
5	医学名家（7名）	王红胜	宿迁市中医院
6		周 莉	宿迁市中医院
7		史 波	宿迁市中医院
8		刘 刚	宿迁市中医院
9		陈国锋	宿迁市中医院
10		刘 斌	宿迁市中医院
11		贺建平	宿豫区珠江医院
12	文化名家（6名）	汤庆和 唐玉侠	家庭演出队
13		尹协龙	宿豫区文广新局
14		周永文	宿迁市罐头食品有限责任公司
15		包建通	自由职业者
16		丁厚才	丁嘴文化广播电视服务中心
17		储 卫	宿迁技师学院
18	电商名家（7名）	石良辰	江苏速购信息科技有限公司
19		王加杨	江苏田精灵农业发展公司
20		肖日考	宿迁市路易斯电子商务有限公司
21		张 报	苏北人家店主
22		丁小勇	江苏小尼惠商商贸有限公司
23		王 曼	宿迁市岭上情农副产品有限公司
24		蔡同伍	宿迁市三木包装材料有限公司
25	优秀专业技术人员（8名）	唐梁平	宿迁市科思化学有限公司
26		周文启	江苏禾友化工有限公司
27		孙大伟	江苏景宏新材料科技有限公司
28		高 玉	中节能(宿迁)生物质能发电有限公司
29		马 瑞	宿迁市科思化学有限公司
30		朱 明	宿迁龙净环保科技有限公司
31		宋宁宁	江苏易鼎电力科技有限公司
32		卞 军	宿豫区农产品质量检验检测中心

续表 8

序号	人才类别	姓 名	工作单位
33	优秀田园精英（4 名）	储文权	宿豫区恒源稻麦种植专业合作社
34		周明会	宿迁市明惠农机服务专业合作社
35		徐叶平	宿迁市兴东家禽有限公司
36		张　营	宿豫区曹润蔬果专业合作社
37	优秀技师（4 名）	涂春华	江苏阿尔法药业有限公司
38		魏安华	宿迁波尔高压电源有限公司
39		沈国军	宿迁技师学院
40		关宗柏	宿迁技师学院
41	优秀社会工作者（2 名）	陆　迅	宿迁市公安局宿豫分局
42		吴　艳	宿豫区民政局福利企业服务中心

【党员电教与远程教育】 推进远程教育站点拓展建设，新建成“2＋X”新平台站点 35 个，依托信息技术手段和新兴传媒，发展运用微信、飞信、QQ 群等大众化、渗透式教学载体站点 22 个，新建成远教流动播放队 8 个、远教文化广场 3 个、户外播放点 13 个。利用远教服务惠民网络平台——区远教专家服务平台组织远教专家开展线下辅导解困活动 30 余场次，提供政策咨询 530 余条，解决农民生产生活中的难题 620 多个。全年共举办远教“固定学习日”活动 12 期，开展操作管理人员全员培训 4 期，上传各类电教片 220 余部，发布农产品价格信息 1500 多条、就业技能信息 800 多条、用工信息 600 多条，参与群众 18 万人次。组建远教网络创业志愿服务联盟，开展网络创业培训 18 场次，进村入户培训 170 多场次，培训电子商务人才近 1200 人，新增网店 1012 家，115 个村居实现名优地产品网上销售。围绕宣传先进共产党员事迹，推进农村创业致富，制作了党员微电影《一个都不能少》(此片荣获中组部党建电视片观摩评比活动微视频类一等奖)，《“小巷总理”陈先扬》《“爱心的哥”薛海滨》《“三高书记”高行俭》等 15 部电教片，整理制作农村创业致富课件 23 部。

【组织部自身建设】 在组工干部中率先开展“三严三实”专题教育月活动，部领导班子成员人人登台授课，从组工系统的部风解读到组工干部如何践行“三严三实”等，坚持边学边悟，共征集到学习“微心语”122 条；组织部机关及乡镇组工干部到沂蒙红嫂纪念馆、孟良崮战役纪念馆、沂蒙革命纪念馆等地开展革命传统现场教育，出台《宿豫区组工干部言行举止“八不”纪律要求》，进一步规范组工干部一言一行，提升自身形象。加强能力素质培训，全年开展“周末大课堂”45 期，先后选派 6 名部机关组工干部赴北京参加全市组工干部素质提升专题培训班，6 名部机关和乡镇组织委员赴苏州农村干部学院参加基层党务干部培训班；实施组织委员、组织干事“跟班”学习计划，21 人按照“三带来、三带去、三同时”要求，到部机关相关业务科室跟班学习，全面提升了组工干部业务素质。对部机关工作人员实行积分制管理考评，将本职工作、遵规守纪、领导和群众评议以及重大贡献等 8 大类 25 个项目纳入考核指标，采取实绩认定和民主评议相结合的形式量化积分。考评结果实行“月统计、季公示、年累加”，并作为季度“组工之星”评选和年终评先评优的重要依据。

（陈　怡）

·宣传工作·

【理论学习】 2015 年,共开展区委中心组学习 5 次;分送区委中心组成员用书 13 本;下发机关干部学习计划 12 期,编发“宿豫党员干部理论学习掌上课堂”45 期,发送“宿豫党员干部理论学习微课堂”35 条;组织部机关工作人员参加主题党性教育活动 21 次;2014—2015 年度冬训“冬训大篷车”荣获市级冬训创新奖;来龙、大兴、侍岭冬训工作荣获省级先进示范乡镇荣誉。

【社科工作亮点】 开展第十二届社科普及周活动。活动期间,组织“读中华经典 做谦谦少年”诵读大赛活动,受到社会各界一致好评;农园创建成“省级社科普及示范基地”;上报省市社科课题 10 余项。其中,1 项获得省级社科立项,4 项获得市级社科立项;2014 年社科工作荣获省级表彰。

【群众文化活动】 开展好“民俗迎春”文化惠民系列群众文化活动。春节期间,共开展各类群众文化活动 300 余场。启动宿豫首届文化艺术节,开展民俗文化展演、戏曲票友大赛、器乐演奏大赛、书法作品展、摄影大赛、宿豫首届象棋大赛等多项活动。5 月 22 日在市政府广场举办“豫见精彩”宿豫专场晚会,获市领导好评。7 月 30 日下午,举办“豫见精彩”首届文化艺术节闭幕式暨颁奖典礼文艺汇演,市委常委、宣传部长赵正兰,区长刘士武等领导出席闭幕式,并观看了文艺演出。开展第二届宿豫大舞台活动,举办了宿豫好宝贝少儿才艺大赛、宿豫好声音青年歌手大赛、宿豫好口才曲艺大赛和宿豫好舞蹈广场舞大赛,并于年底举办新春团拜暨宿豫大舞台颁奖晚会。开展“全省百名专家学者千场文艺欣赏讲座”宿豫专场讲座 5 场。

2015 年 1 月 23 日,惠民“冬训大集”走进大兴

(区委宣传部供稿)

【文化惠民资金设立】 下发《中共宿豫区委、区政府关于推进文化建设迈上新台阶的实施意见》《宿豫区文化建设迈上新台阶 60 个项目任务分工》。2015 年起,设立区文化惠民资金 300 万元,文艺精品创作专项资金 200 万元,拟定下发《文化惠民专项资金管理办法》《文艺精品创作专项资金管理办法》。

【文艺精品创作】 上报 2015—2016 年文艺精品创作计划 20 部,16 部入选市文艺精品创作规划。其中,两部作品进入省重点,四部进入市重点,实际完成文艺精品作品 22 部。开展第五届政府文学艺术奖评选工作。经专家评审,社会公示,3 部作品获政府文学艺术奖,23 部作品获政府文学艺术奖入围奖。三部作品获“金鼎”文学艺术奖,1 人获市“德艺双馨”文学艺术家,2 人获市“优秀非遗传承人”,同时获金鼎”文学艺术奖组织单位奖。

【文化产业发展】 2015 年,全区实现文化产业增加值 8.76 亿元,同比增加 10.9%。全区新登记注册文化产业企业法人单位 120 家;3000 万元以上新开竣工项目 6 个,其中亿元以上项目 4 个。优势产业加快集聚发展。与南京大学国家文化产业研究中心合作,编制全区“十三五”文化产业发展规划,以宿迁高新区一批龙头型文化企业为引领,规划建成江苏宿豫包装印刷广告设施文化创意产业园。园区总规划面积约 3000 亩,重点培育和招引具备高新技术、文化内涵、融合发展特点的现代文化创意产业企业和配套服务项目。2015 年园区顺利通过市级文化产业示范园区验收。以文化产业企业“百企升级”工程为抓手，全力做好全区现有重点文化企业的提档升级工作。19 家重点文化企业指标完成均达到序时进度，帮扶成效显著。重点对区内重点文化企业新开工项目、中小型特色文化开发项目和文化产业交流互动平台建设项目等进行专项资金扶持发展，落实扶持资金 95 万元。举办全区首届“楚霸杯”文化创意设计大赛，组织区内外文化企业和专业机构 50 余家参赛，报名作品 193 件。经专家评审，有 22 件作品获奖，并在区体育馆举办创意设计大赛获奖作品展，获得观众好评。（邱肖洁）

·精神文明建设·

【文明城市创建】 2015 年，全区上下积极投身创建全国文明城市活动。区创建指挥部全年下发全国文明城市创建相关文件 59 件，组织开展全国文明城市创建和群众性精神文明建设活动 357 场，受众达 25 万人次。组织开展全区创建全国文明城市“创意彩铃大赛”“感动宿迁人物”等评选表彰活动，出台文明单位、文明行业、文明乡镇、文明社区和文明村居创建管理规定，认真组织新一轮基层文明创建活动。

【文明单位创建】 2015 年 12 月，区文明委在全区开展 2015 年度群众性精神文明创建工作先进单位评选活动。评选出市场监督管理系统等 8 个“文明行业”，区人民法院等 148 个“文明单位”，保安乡等 5 个“文明乡镇”，下相街道何塘居委会等 32 个“文明村（居）”、豫新街道雨露社区等 13 个“文明社区”，并授予相应称号。

【社会主义核心价值观教育】 2015 年，全区各机关单位、街道、社区每月举办一次“道德讲堂”活动，以“身边人讲身边事、身边人讲自己事、身边事教身边人”为主要形式，传播凡人善举，引发道德自觉，倡导修身律己。区文明委组织创作完成大型现代地方戏《孝母行》、苏北琴书《颜回输冠》和山东快书《老曹罚款》等体现社会主义核心价值观的文艺作品。

区文明委加强未成年人思想道德建设，开展社会主义核心价值观进课堂、进教材、进头脑，在每个学校的校园或教室醒目位置张贴、悬挂社会主义核心价值观 24 个字。评选表彰“美德少年”“小道德模范”。在各中小学开展“八礼四仪”“少儿国学堂”活动。

【志愿者服务活动】 区文明委组织全区 60 余支志愿服务队，与社区结对共建，设立覆盖城区的 13 个志愿者服务驿站，在城区主要路口和重要公交站台设立 14 个志愿服务岗位，定岗定职开展文明交通宣传教育，引导群众遵守交通规则，对市民不文明行为进行劝导和监督，推进志愿服务制度化和常态化。2015 年 6 月 1 日至 11 月 1 日开，展“弘扬志愿精神 共建文明城市”万名志愿者集中服务系列活动，广泛动员学校、企业、社区的各方面力量组织开展了道德宣讲志愿服务，文化志愿服务，关爱空巢老人、残疾人、留守儿童、敬老院、福利院志愿服务，文明交通劝导志愿服务，便民利民志愿服务，环境维护志愿服务，净化网吧志愿服务，科普宣传志愿服务，关爱社区志愿服务。（邱肖洁）

·统战工作·

【建言献策】 在政协宿迁市宿豫区第十三届委员会第四次会议上，张明敏、汪鹏、张梅叶、常性等 9 名党外政协委员受到表彰，丁玲撰写的《立足社区职能，强化服务功能》、杨秋梅撰写的《关于加强我区大气污染防治的建议》等 4 件提案被表彰为优秀提案，张明敏、张梅叶、康建平、汪鹏等 4 名党外政协委员分别作了大会发言。3 月，区委统战部向各民主党派、工商联、无党派知联会下发 21 个调研课题，9 月结题，10 月开展调研报告交流汇报，评选 8 篇文章予以奖励，选出 18 篇优秀文章汇编报区委、区政府主要领导审阅。12月8日,区委召开"十三五"规划建议党外人士征求意见座谈会,区委书记、宿迁高新区党工委书记张晓伟主持会议并讲话,区委副书记姜华作"十三五"规划建议说明,各民主党派、工商联和无党派知识分子联谊会主要负责人围绕"十三五"规划提出41条意见和建议。

【"同心共建·携手同行"活动开展】 2015年,区委统战部在全区党外代表人士中开展"同心共建·携手同行"主题活动,充分发挥各民主党派、社团的独特资源优势,积极搭建各民主党派、社团与社区、村居、企业及宗教堂点"一对一"结对共建的互动平台。各民主党派、社团参与共建联系点的重大事务管理和民主监督,发挥智力优势、帮助出谋划策,开展"同心送服务"、扶危助困和公益慈善活动。1月20日,民革宿豫区总支在下相街道陆桥居委会举行"同心"志愿者服务队成立仪式,并开展首次志愿服务活动。2月份,区无党派知识分子联谊会部分会员来到运河湾自然农园陆河社区开展春节慰问贫困户活动,为贫困户送去慰问物资。5月21日,民进宿豫区总支走进春绿集团,就新形势下企业如何健康发展开展调研活动,并提出意见建议。11月至12月,民盟宿豫区总支开展"文明行者"行动,组织60多位盟员走进雨露社区、顺河社区、卓圩社区、文昌社区等社区,宣传宿迁文明20条,倡导文明行为。

【党外代表人士队伍建设】 通过召开党外代表人士迎新春座谈会、全区统战工作会议,以会代训,组织党外人士学习市、区委工作会议及市、区两会精神。4月和7月,先后组织党外代表人士祭扫宿北大战烈士陵园,赴沂蒙革命老区开展"爱国主义和革命传统教育"活动。12月,组织举办全区党外代表人士培训班,重点学习十八届五中全会精神。协助民进总支及时对领导班子进行调整充实,选配两名总支委员。2015年,配合组织部门新提拔副科级以上党外干部2名。

【基层商会建设】 与区工商联联合下发《关于推进全区基层商会建设工作的通知》,全面推动全区乡镇商会、行业商会、街道园区商会建设工作。推荐丁嘴、仰化、大兴、保安、陆集等5家乡镇商会参与市工商联"五有五好"(有阵地、有经费、有制度、有活动、有作为,班子配合好、队伍建设好、机制保障好、服务发展好、企业反映好)乡镇商会评选。建成顺河街道林苗圃社区商会和关庙镇关庙社区商会。

【服务"两个健康"】 服务非公有制经济,促进非公有制经济健康发展和健康成长。联合区工商联先后举办电子商务知识、企业精细化管理、民营经济创新发展等多场培训讲座。5月,组织部分青年企业家到东南大学参加"新生代企业家培训班"。以"守法诚信"为重点,深入开展非公有制经济人士理想信念教育,通过"思源感恩""双比双争"等活动,引导非公有制经济人士践行社会主义核心价值观。3月,龙嫂食品、罐头食品、春绿粮油等企业走进仰化中心小学举行百名"孤残困"儿童捐赠活动,为每名"孤残困"儿童发放300元助学金。做好区内优秀企业家举荐工作,江苏秀强玻璃工艺股份有限公司总经理、董事长卢秀强被评为"全国劳动模范",宿迁市春绿粮油有限公司张德强、胡越、周咸材被评为"宿迁市劳动模范"。 (王 坦)

·机构编制·

【行政审批制度改革】 继续深化行政审批制度改革,编制行政审批事项清单、政府行政权力清单、专项资金管理清单、行政权力责任清单和行政事业性收费清单,并面向社会公开。打造网上政务服务平台和证照联动监管平台,拓宽服务与监管渠道,全区共上传各类信息1.2万余条。推进并联审批制度改革,建立审批资料共享目录,推行"一表制",实现一个窗口受理、一个系统共享、一套资料管全程,流程再造后,原区级权限内保留和改变管理方式的89项事项办结时间由原来的1552个工作日缩减为516个工作日，另有16项为即办事项。制订《宿豫区行政审批后续监管问责暂行办法》，加大对部门履职的督查力度。完善事中事后监管制度体系，各部门均制定了行政审批事项监管实施办法。对上级要求取消的26项行政审批事项取消到位，对承接的51项国务院、省、市下放行政审批项目进行调整，除暂停行使和改变管理方式项目外，全区正常行使的事项共61项。对在房地产项目、存量房转移登记、工业项目房产证发放、餐饮服务等民生类事项试点的并联审批（联合验收）做法进行推开，原则上凡是需要两个以上部门的审批全部实行并联审批（联合验收）或“并联＋串联”审批方式进行审批，并在法律允许范围内对审批流程和审批时间进行最大程度优化。推进“一照一码”登记制度改革，9月29日发放首张“一照一码”营业执照。

【行政机构编制管理】 经区编委会研究，对省高新区、宿迁电子商务产业园、区卫计委、区纪委等部门（园区）机构设置进行调整。区委办增设法规科，区政府办增设策应扶持科，区委组织部增设宣传与信息管理办公室（与办公室合署），区台办增设综合科，区委研究室增设改革协调科，市场监督管理局各基层分局增设综合科、行政服务科和监督管理科，区公安分局增设食品药品和环境犯罪侦查大队，区委宣传部宣传文化科增挂国防教育科牌子，区财政局预算科增挂绩效评价科牌子，区检察院监所检察科更名为刑事执行检察科，区农开局开发科更名为项目计划科；各街道社会事业办增挂“人力资源社会保障服务所”“全民健身指导站”和“民政办公室”牌子，经济发展办增挂“安全生产管理办公室”和“统计站”牌子，顺河和下相街道经济发展办增挂“农业经济技术服务中心”牌子，区民政局救灾救济科增挂“社会救助中心”牌子；顺河派出所更名为珠江路派出所，区委新经济社会组织社区工作委员会更名为区委企业和社会组织工作委员会（简称“两新工委”）；顺河街道、豫新街道、陆集镇、新庄镇、来龙镇设立总工会，下相街道设立工会委员会；对区人大、区政协、区委办、区政府办、区委组织部、区委宣传部、区农委、区商务局、区市场监管局、部分司法所等机构行政编制进行调整。

【事业机构编制管理】 经区编委会研究，对宿迁技师学院内设机构设置进行调整。设立曹集乡卫生和计划生育服务中心、新庄镇卫生和计划生育服务中心、区公共信用信息中心、顺河街道畜牧兽医服务站、下相街道畜牧兽医服务站、顺河街道水利服务站、下相街道水利服务站、区政府和社会资本合作中心、区人大办信息中心、区政协办信息中心、区社会组织服务中心、区普查中心、豫新街道社区卫生服务中心、区文昌小学，区政务服务中心设立督查科和业务科，区困难职工帮扶中心增挂“宿豫区职工业余学校”牌子，区社会福利院由独立设置改为在区老龄服务中心挂牌，区台湾同胞接待站更名为区台商台胞服务中心，区控制社会集团购买力办公室更名为区财政投资评审中心，区商业集团总公司更名为区电力通讯信息服务中心、区物资集团总公司更名为区产业规划投资服务中心、区农业投资开发建设公司更名为区农业投资开发建设服务中心，撤销区物资协作办公室、区乡镇企业干校、区职工技协办公室、区职业业余学校、区招商引资考核办公室、区商业职工学校、区商业卫生所、区煤炭工业总公司；对全区事业单位领导职数设置进行规范，下达全区事业单位用编招聘指标83人。

【机构编制监督检查】 与区委组织部、区审计局联合开展党政领导干部“三责联审”工作，对丁嘴镇原党委书记张瑜、保安乡原党委书记戚艳红、区民政局原局长周维生、区农开局原局长姚玉章、区农机局原局长穆东5名党政领导干部进行离任联审，对区经信局局长钱黎明进行任中联审。联审中未发现上述领导有机构编制方面重大违纪违规行为。

【事业单位登记管理】 开展事业单位法人年检制度改革,将原来的事业单位年度检验制度改为年度报告制度,279家事业单位年度报告书在《宿豫机构编制网》上进行公告。印发《关于加强事业单位监督管理的通知》,在诚信宿豫网和宿豫机构编制网设立宿豫区事业单位信用信息公示专栏,将事业单位年度报告、法人登记情况向社会公开。（管永利）

·机要保密·

【概况】 2015年,区委机要局收取中央、省、市明电478份,密电289份,传真1600余份,全区共有125家单位安装了文电安全传输系统,及时下发文件及电报769份,从未发生延、误、漏、错办现象,确保了各级党政重要信息的传递办理,为实现党政信息安全畅通提供技术支持。承担了省、区委书记信箱及领导批示件督办工作,共办理"省委书记信箱"交办事项8件、"区委书记信箱"109件,做到事事有回音,件件有落实。区保密局荣获《保密工作》通联工作先进单位。李明山荣立全省委机要系统三等功。

【密码通信移动化】 按照国家密码管理局《省市县党政密码通信主渠道基础设施技术要求和运维》要求,投入专项资金20余万元配置了UPS电源、数字视频监控、红外报警系统、气体灭火。在专用车辆上安装5000瓦数码变频发电机组、3000瓦车载电源、协议转换器、手提电脑、一体机等设备,实现了密码通信移动化,确保密码通信在任何环境下绝对安全畅通。

【保密督导】 2015年,保密局对全区各机关单位开展了三次保密专项检查,组织了两次废品回收站密件、密品等保密执法检查,帮助宿迁南钢金鑫钢铁有限公司建立完善《保密工作细则》《保密工作实施细则》和《涉密计算机使用和管理制度》等工作制度,使该企业顺利通过国家武器装备科研生产单位保密资格审查验收。按照中央、省市《关于加强信息安全保障工作中保密管理的若干意见》的要求,指导区法院、区检察院、区纪委、区委组织部等做好涉密集成信息系统分级保护安全保密测评技术检查并于年底顺利通过省涉密信息系统分级保护测评小组验收。区委保密委下发了《关于组织开展保密承诺书签订工作的通知》文件,在全区党政机关、涉密单位、军工企业中开展保密承诺书签订。共500余人签订在岗保密承诺书,150余人签订离岗保密承诺书。

【网络信息技术监管】 2015年度,利用技术手段和专用监测软件对全区党政办公联网计算机及门户网站进行不定期监测,杜绝重大敏感信息上网,消除网上泄密隐患。为有效遏制"一机两用"("一机两用"是指计算机或者网络设备既连接涉密网络又连接互联网)、U盘混用等涉密隐患事件的发生,确保国家秘密安全,利用保密深度检查取证技术、硬盘和U盘序列号获取软件对计算机和U盘进行检查备案,发现问题立即责令整改,保证保密各项工作落实到实处。

【电子政务内网建设】 2015年,按照市委办公室、市政府办公室《关于全面启动宿迁市电子政务内网建设的通知》要求,区财政投入27万余元建设电子政务内网中心机房(省、市电子政务内网汇集点机房),配备了屏蔽机柜、防火墙、门禁系统、交换机、光端设备等,确保了涉密系统信息运行可靠,安全保密。（李明山）

·机关党建·

【概况】 2015年,区级机关工委下设党委2个,党总支20个,直属党支部30个,新增政管办党总支部1个,国资办党支部升格为党总支部1个,新增党支部3个,分别是招商服务局党支部、数字化城管指挥中心党支部、人社局党总支部机关保险处党支部，撤销党支部3个，分别是人社局党总支部市民服务中心党支部、招标办党支部、政府办党总支部行政服务中心党支部，有4家党(总)支部转到外党委，分别是工商局党总支部、质监局党支部、食药监局党支部和计生局党支部。年末共有党员2205名，发展预备党员13名、31名预备党员按期转正。年内转入党员83名，转出党员94名，比上年减少党员29名。

【学习型党组织建设】 以提升党员干部素质为重点，创新形式，丰富内容，规范制度，结合每月20日“固定学习日”、廉政大讲堂、中心组理论学习、每周业务学习等形式，大力推进学习型党组织建设。对机关党员开展分层次教育培训，全年举办系统内党员干部冬训班，入党积极分子和预备党员培训班及党务干部培训班各1期，参加培训和学习人数560多人次。开展“学教材、话心得、促发展”读书学习活动、撰写心得体会及调研报告10余篇。

【机关党建项目化管理】 围绕基层党建“书记解难题项目”做好服务推动工作，研究探索如何在新形势和新常态下，加强机关党建工作党委(党组)主体责任制的落实。各机关党委、党(总)支部结合自身实际，认真做好基层党建创新示范项目的设计、培育、包装和申报工作，每个党(总)支部结合自身工作的实际和特点，培育1个以上党建创新项目。机关工委围绕《探索从严把好党员发展入口关》这一课题开展调研，制订2015年的发展党员计划，根据各基层党组织情况对发展对象及预备党员进行培训，组织地税、人社、财政等部门党(总)支部开展学习党章党史、廉政教育知识竞赛活动、革命传统现场教学等活动，对新发展的党员和预备党员采取座谈、走访、测评等多种形式进行考察和跟踪，从而真实反映机关发展党员工作存在的一些问题，同时也提高了党建课题调研的参与度、知晓度。

（王　勇　张元元）

·史志工作·

【概况】 2015年，区党史工委紧紧围绕“突出中心，开门办史，史志(鉴)互动，资政育人”的整体工作思路和“二线工作争一流”的指导思想，一以贯之，扎实推进各项工作有序开展。完成《宿迁·宿豫志》《中国共产党宿迁县历史》(1927—1978)、《宿豫年鉴》的出版发行工作，开展党史“六进”工程，率先启动乡镇(街道)志、园区志、部门志编纂工作，宿迁地情文化信息中心建设初见成效，组织实施纪念抗战胜利70周年系列宣传活动，完成《江苏年鉴》《宿迁年鉴》《宿迁市志》组稿任务。同时，大力开展“三严三实”专题教育活动，圆满完成来龙镇陵园村帮扶工作。2015年12月，《宿迁市宿豫志》在2015年度全省档案文化精品奖评选中获二等奖。在江苏省地方志办公室考核中，《宿豫年鉴(2015)》获全省综合年鉴优秀框架设计特色栏目二等奖，优秀条目三等奖。2015年度，区委党史工委获评全区宣传思想文化工作创新奖，论文《浅析影响组织工作实效的原因与对策》获区委组织部党建课题研究三等奖，承担的宿迁市社科课题研究成果《名人与地方文化符号形成的关联度研究——以江苏省宿迁市为例》获宿迁市社科成果三等奖。

【《宿迁·宿豫志》出版发行】 2015年8月21日，宿豫区在区政府大楼第二会议室举行《宿迁·宿豫志》发行仪式。《宿迁·宿豫志》是一部上、中、下三卷500余万字的通志，由中华书局出版发行。全志以秦时下相、晋时宿预、唐朝后宿迁、1996年后宿豫为记述地域，上限量事溯源，下限至2006年，大事记延至2013年。全志分卷首、专志、卷末三大部分，卷首设地图、史略、大事记，专志分为41编239章974节2454目，卷末设附录、索引、编纂始末等。按照明古详今原则，采用编、章、节、目结构。全书以志为主，兼述、记、传、录、图、表、附等体裁。志前置各类地图30幅，专志设附57篇、专记7篇、表

731张、图照397帧。《宿迁·宿豫志》编修历时8年，该志图文并茂，装帧精美，涵盖宿迁(豫)历史文化、政治经济、风土人情等内容，是了解宿迁、认识宿豫的信息集成，也是宿迁有史以来第一部大型综合性资料文献。

【《中国共产党宿迁县历史(1927—1978)》出版发行】 2015年11月，《中国共产党宿迁县历史》(1927—1978)由中共党史出版社出版发行。该书从1927年宿迁成立党组织记起，分党的创立和第一、二次国内革命战争时期、全民族抗日战争时期、解放战争时期、人民政权的巩固和向社会主义过渡、建设社会主义道路的艰辛探索、“文化大革命”的十年内乱、在徘徊中走向伟大转折7篇26章，上下两卷，约80万字。史料丰富，言之有据；把握主线，抓住本质；实事求是，书写信史；语言生动，可读性强。是了解和学习宿迁地方党史的好教材，以中国共产党在宿迁50多年的艰辛奋斗和曲折探索为脉络，全面展现了宿迁党组织的发展壮大的辉煌历程。

【《宿豫年鉴(2015)》创新改版】 3月12日，区委、区政府办公室印发《关于做好〈宿豫年鉴(2015)〉组稿工作的通知》(宿豫办发〔2015〕28号)，为提高组稿质量，向撰稿员印发《宿豫年鉴行文通则》，对行文规格、语言文字、名称运用、条目撰写、时间表述、数字书写、标点符号等提出具体要求，提供参考范例。2015年，《宿豫年鉴》作为单位的一项创新工作，在装帧和框架设计上作了较大的调整。装帧小巧精美。《宿豫年鉴(2015)》封面由江苏人民出版社原美编室主任、江苏少年儿童出版社副社长潘小庆设计，选取霸王举鼎为封面，乾隆行宫为书脊，凸显地方特色。将原先的大16开本改为小16开本，硬精装改为软精装。类目和条目设置紧贴中心工作。卷首公益彩页，通过卫生城创建、宿豫电商、经济发展、文化活动等照片，直观反映区委、区政府的工作方略；“年度聚焦”栏目中，首次加入“媒体聚焦”，重点关注了宿迁大运河“一点一段”申遗成功、全国人大代表与大气污染防治、农民秸秆还田等民生问题。在概况条目中删除总结性的文字，增添各部门的年度动态基础数据，便于查找利用。内容删繁就简、宁缺毋滥，由80多万字压缩到72万字，文字更加精炼，版式更加灵活，便于读者翻阅。12月，新版《宿豫年鉴(2015)》由方志出版社出版发行。

【党史“六进”工程首批试点】 为了让广大干群进一步学习地方党史，区委党史工委选取机关、学校、农村、社区、企业、军营不同类型的15家单位为首批“六进”工程示范点，开展党史“六进”工程。在自愿申报、实地考察、网上公示确定试点单位的同时，着手进行“六进”工程内容撰稿、方案设计、修改审定，确定展示内容。展览利用大量历史图片，选取88年(1927—2015)地方党史有代表性历史时期、重大事件、重要人物，图文并茂，生动再现宿豫(迁)人民在中国共产党领导下，翻身求解放，生活蒸蒸日上，社会发生的翻天覆地变化，各项建设事业取得的巨大成就。截至11月底，张家港实验小学、新庄镇朱瓦村、豫新街道庐山社区等15家首批试点单位已全部安装到位。

【率先启动乡镇(街道)志、园区志、部门志编纂工作】 8月17日，区委、区政府办公室印发《关于启动乡镇(街道)志园区志部门志编纂工作的通知》，8月21日，宿豫区政府在全市率先举行乡镇(街道)、园区、部门志编纂工作启动仪式，区委副书记、区长刘士武到会讲话并提出要求。9月14日，举行乡镇(街道)志、部门志、园区志编纂业务培训，邀请省地方志办省志(市县志)指导处处长方亚光就部门、乡镇志编纂的目的意义、方法要求、技巧案例等内容进行授课，有64家单位约150人参加了培训。12月，区地方志办分两组对全区乡镇(街道)园区部门志修纂工作进行检查和指导。

【抗战胜利70周年纪念活动】 4月12日，市政协文史委特邀省社科联抗战课题研究专家10余人举办的纪念抗战胜利70周年研讨会，区委党史工委就1938年11月至1939年2月宿城百日保卫战中体现的全民抗战特点进行发言。与宿豫电视台联合策划系列专题节目——《抗战记忆》，从8月15日至9月10日，共播出20期，重点追寻抗战遗址和聆听抗战老兵讲述抗战故事。完成《试论宿城百日保卫战中的民族精神》一文，上报省委党史工办、省党史学会。与《宿迁日报》合作，为“我们的抗战”大型系列报道组稿供稿。

【宿迁地情文化信息中心建设】 宿豫区委党史工委存有县级宿迁市党史、地方志资料6000多卷、专业书籍8000余册、历史照片3000多幅，是宿迁市三县二区史料最丰富的单位。在区政府的大力支持下，解决500平方米地情资料信息中心用房，简单整修改造。6月，已建成方志馆、档案室、党史资料室和中心书库，下半年订购了120组标准档案柜、书架，添置电脑等设备。（区委党史工委）

·档案工作·

【档案征集接收】 组织力量做好区委、区政府、区委办、区政府办2014年度文书档案的接收整理工作，共接收文件3419件(卷)，并进行规范化整理后入库；整理资料246册。加强民生档案资源建设工作，扩大就业档案、复员退伍军人档案、婚姻登记档案等征集接收范围，满足人民群众的利用需求。

【档案利用服务】 组织专业技术人员做好档案接收、整理、保管、利用等服务。2015年，共接待社会各界查阅档案者1745人次，检索档案8450多卷(件)，其中退伍军人档案4413件，婚姻档案4047件，出具档案复制件6775页，同时提供政府信息公开查询服务。

【档案业务指导】 组织业务骨干到组织部、高新区、仰化镇、新庄镇、砂矿等单位，对档案整理保管规范化工作进行业务指导。以推进星级档案室达标建设为目标，抽调技术骨干帮助基层档案室开展档案管理制度化、规范化、数字化建设。加大档案业务技术培训力度，先后举办培训班3期，培训组织部、高新区、裕丰公司等专兼职档案员80余人次。根据省档案局要求，精心编制《宿迁市宿豫区档案馆收集档案范围实施细则》。

【宿豫大事记编发】 及时准确地采集编写刊发《宿豫大事记》，编发12期，共8.7万多字。充分挖掘馆藏档案独特资源，为全区经济社会文化发展提供优质服务。

【土地确权发证建档督导】 重点抓好土地确权档案的建档、整理、指导、接收工作。单位组织由副局长带队的专门工作小组，会同区土地确权发证工作办公室(临时机构)，适时跟进土地确权发证的每一个环节，对土地确权发证工作进行建档立卡、指导监督，明确归档范围、整理标准、建档程序，深入乡镇、村组进行指导督查。对符合标准的土地确权档案及时征集，接收入馆。（张　亮）

·党校教育·

【概况】 2015年，宿豫区委党校紧紧围绕区委、区政府的中心工作，按照年初既定的总体思路，围绕争当宿迁市县(区)级党校排头兵为目标，积极推进教学科研和管理体制改革，为推动宿豫经济和社会的快速健康发展作出应有的贡献。《江苏党校报》对党校《服务基层理论武装做实基层干部教育》的先进做法进行推介。在省委党校网站、省委党校报等省级媒体发表通讯报道5篇。省委党校召开的文献资料年会、干部教育培训工作条例研讨会、通讯员培训会等专题会议，宿豫区委党校都作为全市唯一县级党校参会单位参加会议。获得全市党校系统年度目标考核一等奖。

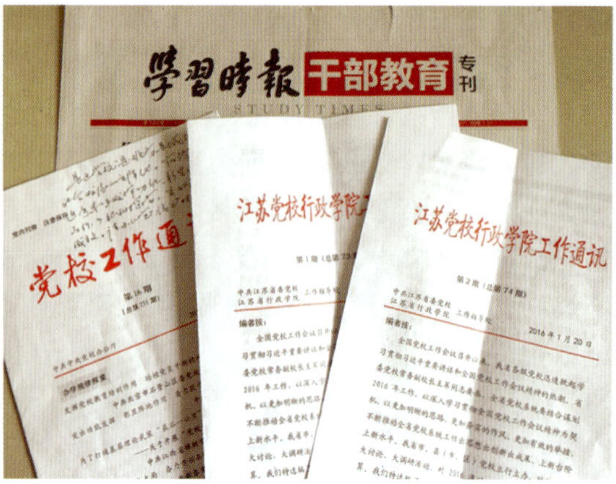

2015 年,区委党校在省级以上媒体发表的通讯报道　　（区委党校供稿）

【干部培训】 2015 年,区委党校配合区干部教育培训工作领导小组,对全区干部教育培训实施扎口管理,有条不紊地开展好各类班次培训,充分发挥党校的阵地和熔炉作用。全年举办各级各类培训班 14 期,其中利用清华大学远程教育资源举办高研班 4 期,培训干部 1035 人次。办班数量和质量在全市党校系统处于领先位次。在 9 月底全市党校系统优课竞赛中,学校 4 名青年教师参赛,获得二等奖 1 名,三等奖 3 名。

【理论宣讲】 2015 年,区委党校组织骨干教师进行集中备课,形成高质量的讲稿和课件,并在校内进行试讲、完善后,开展了四轮送课上门活动。"三严三实"主题教育活动开展,选派骨干教师到区纪委、曹集乡等多个单位授课,为广大党员干部提供学习辅导;十八届五中全会召开以后,先后送课到区政协、技师学院、电视台等多家单位。年底,围绕十八届五中全会精神,到 10 个乡镇村(居)开展党员冬训活动,培训党员群众 5000 多人,取得了较好的社会反响和理论宣传效果。

【理论研究】 区委党校与宿迁学院社会服务系签订科研协助战略协议,加强科研合作。打造资政专刊《领导参考》,第一期获得区委组织部部长胡赣江签批。全校立项课题 13 个,其中省级 2 个,市级 9 个,区级 2 个;结项课题 11 个,其中省级 2 个,市级 7 个,区级 2 个。全校完成理论文章 28 篇,其中省级以上 4 篇;市级 24 篇。在市委党校举办的十八届五中全会理论研讨会上,党校获得一等奖 1 人、二等奖 1 人、三等奖 8 人,并获得优秀组织奖。

【"四个一"工程】 2015 年,区委党校在办好各类主体班、专题班的基础上,积极实施"一周一信息、半月一讲坛、一月一专栏、一村(居)一节课"的"四个一"工程,着力服务基层理论武装工作。向全区 500 余名副科级干部、村(居)等党员干部发送党和国家领导人的权威声音、省市区重要会议精神以及需要党员干部知晓的知识 224 条;在党校网站上传由区委党校骨干老师围绕马克思主义基本理论、党的路线方针政策、法律法规等内容录制的视频课程 18 个;在《宿迁日报》刊登党校教师、参训学员的理论文章和调研报告 26 篇。送课进机关、乡镇和村(居)、开发区等单位 46 场次,其中送课进村(居)20 场次。

（蔡　武）

·对台事务·

【经贸交流】 宿豫区有台企 7 家。2015 年 4 月,台办按照区委、区政府安排组织区相关单位申报赴台招商考察。落实"以经济促政治"的对台政策,抓好对台招商引资和为台资企业服务两个重点,继续打造招商引资平台,吸引台商到宿豫投资兴业。6 月,与宿迁高新区招商服务局等单位联系宿豫区有关企业组团,6 月底 7 月初,参加由台湾电电公会在昆山举办的电博会,取得较好成绩。12 月 9 日,应区台办邀请,台湾·新竹商业总会赴宿豫考察团到宿豫参观考察。

【对台宣传】 2015 年是中国人民抗日战争胜利暨世界反法西斯战争胜利 70 周年,也是宿迁民族英雄杨泗洪抗倭卫台殉国 120 周年。开展纪念抗日战争胜利 70 周年暨杨泗洪抗倭卫台殉国120周年活动，是落实习近平总书记在文艺座谈会上的讲话和关于对台工作的系列讲话精神，培育和践行社会主义核心价值观的一项重要举措义。活动由政协宿迁市宿豫区委员会主办，宿豫区委宣传部、统战部、台办、区政协港澳台侨外事委、江苏团结实业发展有限公司等单位承办。2015年8月26日，纪念抗日战争胜利70周年暨民族英雄杨泗洪抗倭卫台殉国120周年活动座谈会在江山大酒店举行。市政协副秘书长、办公室主任仲林，宿豫区领导王占军、姜华、陈磊、吴昊、朱义和、王立新，以及杨泗洪亲属、台湾东吴大学教授周美华、中国社会科学院教授尤韶华、宿迁专家程芳银、吴成良等参加了座谈会。

【台胞接待慰问】 区台办利用春节、清明、端午、中秋等节日走访慰问重点台商、台胞、台属100余人（次），了解其想法，倾听其诉说，对其各种建议进行整理分类，及时处理，通过多种途径加强对台宣传工作。一代台胞原有1000多人，第二、三代台胞约有1600多人。全年接待台胞约26人次，与上年相比，一代台胞回大陆的人数减少，二三代台胞增加。

【宿豫区台商台胞服务中心】 6月底，经区编办批准，原宿豫区人民政府台湾同胞接待站更名为宿豫区台商台胞服务中心，编制不变，职能不变。进一步完善对台项目的服务机制，切实维护台胞台属的合法权益。解决台商台属在生产生活中的困难和问题，热忱为其排忧解难，帮助台企德文米业解决生产经营中的贷款担保和台企百农可生物科技有限公司申报产品生产许可，努力营造“亲商”“安商”“富商”的良好氛围，推进台资台属企业健康发展。

【服务台属】 2015年上半年，海基会、海协会、省台办和市台办转发给宿豫区台办《关于协查于兆堂大陆亲属的函》，区台办迅速做出对应安排，经台办工作人员到有关乡镇入户调查了解，葬于台湾屏东县狮子乡山上的于兆堂之大陆亲属已查明。其子于尚军（现年82岁）、于尚培（现年78岁左右）均在世，住宿迁市晓店镇三巨村于庙组（原宿豫县塘湖乡于沟村于庙组）。

【宿豫区第五届台属代表大会召开】 12月16日，宿豫区第五届台属代表大会在枫华丽致召开。会上选举产生了第五届台属联谊会理事会33人及其会长刘振权、副会长陆敬峰、徐守明、秘书长程永久。理事会全体成员、宿豫区台办全体人员参会，台办宋克实副主任主持会议。

（刘　莉）

·信访工作·

【概况】 2015年，全区共发生群众上访297批2795人次，与上年同期相比，批次下降22%，人次下降30%；其中，集访81批2476人次，与上年同期相比，批次下降45%，人次下降37%。进京上访22批24人次，与上年同期相比，批次上升68%，人次上升45.8%。赴省访41批122人次，与上年同期相比，批次下降16.3%，人次上升6.5%。到市访44批981人次，与上年同期相比，批次下降58%，人次下降32.4%。来区访190批1668人次，与上年同期相比，批次下降12.3%，人次下降20.3%。群众来信来访事项回复率91%；向区委、区政府上报《信访专报》43期。宿豫区被市委、市政府表彰为2015年度社会治安综合治理和信访稳定工作先进单位，孙宗亚被市委、市政府表彰为信访工作先进工作者。宿豫区被省信访工作联会议表彰为2015年度信访工作先进单位。

【强化领导责任】 坚持每月开展一次信访不稳定因素和矛盾纠纷排查活动，切实把解决信访问题的触角向事前延伸，防止矛盾纠纷向信访问题转化。全面推进领导干部接访常态化。建立区、乡、村“三级联动大接访日”制度，通过“五有”（有接待公示、有处置方案、有督查落实、有回复反馈、有接访纪要），规范领导干部接访工作，切实做到“事事有落实、件件有回音”。进一步强化领导干部“一岗双责”责任。成立由区条线领导挂帅，职能部门牵头的15个专项工作小组，负责共性问题和涉众性、群体性矛盾的处置、化解、稳控工作，确保重点群体不发生和不参与重大信访群体性事件，坚决将信访矛盾控制在辖区，信访问题处置稳控在当地。

【畅通信访渠道】 进一步完善党政领导干部、党代表、人大代表、政协委员联系信访群众、反映群众诉求制度，拓宽社情民意表达渠道。大力推动网上“阳光信访”受理平台的建设工作，增强受理群众诉求的科技含量和信息化程度，推进网上受理、网上办理、网上答复。加强民意访评、互联网信息办和政府“12345”服务热线等单位的合作，及时反映群众的困难和信访热点问题，发挥媒体的监督作用，推动信访问题的解决。实行受理群众诉求首接首办责任制，严格规范处理程序，提高群众诉求办理速度和服务质量，提高按期办结率，切实把问题解决在首办环节。

【综合施策化解问题】 把解决问题作为工作的重中之重，综合施策，一案一策，分类化解。认真落实“首接负责、首问负责”和“包案化解”工作要求，对市以上交办的重点信访事项，一律确定为区级党政领导包案，做到“事事有落实、件件有回音”。引导群众依法逐级反映诉求，坚决遏制“以闹求决，以访谋利”等不正常现象。年内，召开10次专题信访工作会议，挂牌督办案件79件，化解率达到89%，9件属暂无政策解决依据或信访人提出无理要求的，已全面落实稳控措施。对10余名无理缠访、闹访人员依法予以惩处，1名进京非访人员进行依法教育。

【“五级联动”化信访】 着力推行“区(工作机构)、乡(工作站)、村(工作室)、组(信息员)、户(每十户设一户长)”五级信访联防网络工作机构建设，完善信息报送渠道。以推行“党务、政务、财务、村务”四公开减少矛盾上行，以“党员活动日”推进道德、政策、法律深入基层，融合党群、干群之间关系，做到“小事不出村居(社区)、大事不出镇(部门)、矛盾上不交”，最大限度地减少问题积累、矛盾上行。充分利用和调动综治办、维稳办、信访联席办、公安局多方面、多层次资源，发挥综合服务的效能，综合协调、分工协作，实现预案联动、信息联动、队伍联动、物资联动，提高应急处置能力。推进和完善信访绩效考核工作，实行“双百制”考核机制，按月考核、按季兑现、年底总评。同时，建立了信访救助专项基金制度，妥善救助贫困上访群众，有效化解了一批信访事项。

【宣传教育引导】 着力开展理论研究，结合新时期信访工作中出现的新情况，组织干部到基层调研，到周边县区学习不断吸取成功的经验做法。向党报党刊上投稿，宣传亮点，提升形象。结合《信访条例》颁布10周年宣传活动的契机，在信访接待过程中，向信访群众正确宣传《信访条例》的原则和各项规定，耐心解释国家信访局《关于进一步规范信访事项受理办理程序引导来访人依法逐级走访的办法》和《中办国办明确不受理越级上访和涉法涉诉信访》的新规定，引导依法有序上访，合理反映诉求。2015年，区信访局在省级信访刊物上发表理论文章16篇，在市级媒体上发表文章20余篇，向区委、区政府报送信息动态65期。

(陈　勇)

·综　述·

【概况】 2015年，宿豫区第十六届人民代表大会举行全体代表大会1次，人大常委会会议8次、主任会议15次，作出重大决议、决定7项，发出审议意见23项。全年开展1次专题询问，组织进行5次执法检查。共任免国家机关工作人员36人，其中：任命17人，免职19人，组织人大代表视察、调研及执法检查活动25次，办理和督促办理代表议案和建议、批评、意见52件，受理人民群众来信27(件)次。

区十六届人大四次会议共收到议案2件，建议、批评、意见办理74件。于3月召开议案建议交办会，于6月和12月分别对议案建议办理情况进行了督查。2015年年末，各类议案建议代表答复率100%，办结61件，办结率82.4%；仍在办理的6件，占全部议案建议总数的8.1%；暂不能办理或延期办理的7件，占9.5%。代表满意率稳步提升。

【人大代表及组织机构】 2015年，宿豫区十六届人大常委会第29次会议补选区人大代表12名，共有区级人大代表242人。宿豫区第十六届人民代表大会常设机构常务委员会由25人组成，下设区人大办公室(研究室)和区人大人代联委、区人大教科文卫委、区人大财经委(预算工委)、区人大环资城建委、区人大内司委(法制工委)、区人大农经委等6个工作委员会。 (郝景延)

·人大及其常委会会议·

【区十六届人大四次会议】 2015年1月11—14日在宿豫区枫华丽致酒店召开。会议审议通过区长刘士武的区人民政府工作报告、区人大常委会主任袁昌华作的区人大常委会工作报告、区人民法院院长吴跃华作的区人民法院工作报告、区人民检察院代检察长许兴军作的区人民检察院工作报告；审议区政府关于区2014年国民经济和社会发展计划执行情况与2015年国民经济和社会发展计划草案的报告、关于区2014年预算执行情况与2015年预算草案的报告，并通过相关决议。会议选举许兴军为区人民检察院检察长，会议补选项文军、崔学洲、穆东为区十六届人大常委会委员。会议期间，共收到十名以上代表联名提出的议案51件，其中农业农村方面16件，工业经济和金融方面3件，三产服务业方面2件，城建城管方面11件，交通方面8件，社会事业方面7件，人事方面4件，经征求有关方面意见并研究，将“全力推进中国宿迁电子商务产业园规划建设”“坚持以差别化考核为引领，推动乡镇特色发展”2个方面2件议案，交区人大常委会闭会后审议，其余49件议案作为建议、批评和意见办理。此外，还收到代表提出的建议、批评和意见7件。

【区十六届人大常委会会议】 2015年，先后召开8次区人大常委会会议，即区十六届人大常委会22次至29次会议。

第二十二次会议　1月10日召开。会议

审议通过区政府关于调整2014年国民经济和社会发展计划部分经济指标的议案，顺河街道代表组代表杜利强提交辞去代表职务的申请；审议通过《补选代表资格审查情况报告(草案)》区十六届人大四次会议《主席团成员和秘书长建议名单》《主席团常务主席建议名单》《大会执行主席分组建议名单》《副秘书长建议名单》《国民经济社会发展计划和财政预算审查委员会成员建议名单》《议案审查委员会成员建议名单》《各代表团正、副团长建议名单》和大会列席人员范围；补选江海为宿迁市第四届人民代表大会代表。

第二十三次会议　2月9日召开。会议审议通过《宿豫区人民代表大会常务委员会2015年工作要点(草案)》；审议通过区人大常委会2015年度兼职委员、专家组成员名单；对区人大常委会2014年度跟踪问效单位的整改落实情况进行满意度测评，审议通过区人大常委会2015年度跟踪问效单位的名单；会议听取了"一府两院"组成部门履职情况的报告；对区十六届人大常委会第二十次会议审议意见的贯彻落实情况进行满意度测评。会议还通过有关人事任命事项。

第二十四次会议　4月21日召开。会议听取并审议区检察院关于侦防工作开展情况的报告、区环保局关于全区环保工作开展情况的报告、区文广新局关于文化公园建设情况的报告，区人大常委会成员就检察院侦防工作、环保工作和文化公园建设工作提出了具体意见和建议。会议还听取部分"一府两院"组成部门负责同志履职情况报告。

第二十五次会议　6月25日召开。会议听取并审议全区饮用水安全工作开展情况报告，"六五"普法工作开展情况，执法组关于《中华人民共和国预算法》贯彻执行情况的检查报告，执法组关于《中华人民共和国劳动法》贯彻执行情况的检查报告，"单独两孩"政策落实情况报告；审议通过《区人大常委会关于专项工作满意度测评办法(草案)》，对常委会第二十一次会议审议意见贯彻落实情况进行了满意度测评；听取了"一府两院"组成部门负责人履职情况报告；会议还通过有关人事任命事项。

第二十六次会议　8月24日召开。会议听取并审议了2015年上半年财政预算执行和2014年区级财政决算情况报告，2014年区级财政预算执行和其他财政收支情况审计报告；审查批准了2014年区本级财政决算；听取对被跟踪问效单位公开督查和公开评议的情况报告；审议通过区政府关于2014年区域供水管网工程项目建设资金列入财政预算的议案、关于陆运河建设工程项目建设资金列入财政预算的议案、关于将宿迁城东水厂一期工程项目建设资金列入财政预算的议案；通报常委会第二十五次会议满意度测评结果并对常委会第二十四次会议审议意见贯彻落实情况进行满意度测评；听取"一府两院"组成部门负责同志的履职情况报告。

第二十七次会议　9月18日召开。会议审议通过区政府关于将陆运河建设项目回购资金列入财政预算的议案；通过了《关于许可对陈瑞教依法采取强制措施的决定(草案)》；受区人民政府区长刘士武的委托，区委副书记、副区长李春华代为提请有关人事任免事项。根据地方组织法和区人大常委会人事任免暂行办法的有关规定，经投票表决，决定免去张剑桥、李瑞华、尤波、徐海涛四人宿豫区人民政府副区长职务；决定任命陈磊、袁凤彬、仲崇东三人为宿豫区人民政府副区长。

第二十八次会议　10月20日召开。会议听取并审议执法检查组关于《农业机械化促进法》贯彻执行情况的检查报告，全区城建重点工程建设情况报告，义务教育优质均衡发展工作开展情况报告和全区"2＋1"主导产业推进情况报告；审议通过关于召开宿迁市宿豫区第十六届人民代表大会第五次会议的决定；对第二十五次常委会审议意见贯彻落实情况进行满意度测评；听取了"一府两院"组成部门负责人履职情况报告，并任命陈加宽为区人民法院副院长、审判委员会委员和审判员。

第二十九次会议　12月31日召开。会议听取并审议《区人大常委会工作报告》《区人民政府工作报告》《区国民经济和社会发展“十三五”规划纲要》《区2015年国民经济社会发展计划执行情况和2016年国民经济社会发展计划(草案)报告》《区2015年财政预算执行情况和2016年财政预算(草案)报告》《区人民法院工作报告》《区人民检察院工作报告》,区政府关于十六届人大四次会议代表议案、建议、批评和意见办理情况的报告,区十六届人大五次会议日程(草案);审议通过《补选代表资格审查情况报告(草案)》、区十六届人大四次会议《主席团成员和秘书长建议名单》《主席团常务主席建议名单》《执行主席分组建议名单》《副秘书长建议名单》《国民经济社会发展计划和财政预算审查委员会成员建议名单》《议案审查委员会成员建议名单》《各代表团正、副团长建议名单》等名单和列席人员范围;听取并审议执法检查组关于《中华人民共和国旅游法》贯彻执行情况的检查报告、法院公正司法及司法公开工作开展情况报告、《区人大常委会关于区人大及其常委会选举或决定任命的国家工作人员实施宪法宣誓制度的办法(草案)》;对区十六届人大常委会第二十六次会议审议意见贯彻落实情况进行满意度测评;经投票表决,通过有关人事任免事项。　(郝景延)

·人大专题会议·

【全市人大工作研讨会在宿豫区召开】　9月8日,全市人大工作研讨会在宿豫区召开。市人大常委会党组书记、常务副主任叶辉出席会议并讲话。区委副书记、区长刘士武在会上致辞。

研讨会上,区人大常委会党组书记、主任袁昌华结合宿豫人大常委会工作实际作了交流发言;与会人员共同观看了宿豫区人大常委会工作专题片;其他县区人大常委会、市人大常委会各工作机构有关负责人作了交流发言。

【宿豫区人大工作会议召开】　11月13日,宿豫区人大工作会议召开。区委书记、宿迁高新区党工委书记张晓伟出席会议并讲话,区委副书记、宿迁生态化工科技产业园党工委书记姜华主持会议。区人大常委会党组书记、主任袁昌华就贯彻落实中央及省市区委文件和相关会议精神提出两点要求,即:强力推动乡镇(街道)人大常委会工作规范化建设,提升乡镇(街道)人大常委会工作水平;高度重视基层人大工作,为乡镇(街道)人大常委会发挥作用提供保障。

会前,与会人员实地观摩了部分乡镇、街道“人大代表之家”建设现场,听取了各地关于乡级人大工作情况的汇报。来龙镇、曹集乡、顺河街道、豫新街道负责人分别作了交流发言。

【公开评议区商务局机关效能和政(行)风建设】　5月28日,区人大常委会召开公开评议区商务局机关效能和政(行)风建设专题评议会,区委书记、宿迁高新区党工委书记张晓伟出席评议会并讲话。

评议会上,区商务局党组书记、局长李金驰汇报了区商务局机关效能及政(行)风建设整改工作开展情况;区人大常委会对区商务局机关效能及政(行)风建设整改工作开展情况进行了公开评议;区人大常委会全体组成人员,区政府分管领导、区纪委分管领导,各乡镇(街道)人大主席(主任)、部分人大代表、部分政(行)风监督员、政府各部门主要负责人对区商务局机关效能及政(行)风建设整改工作开展情况进行了满意度测评;副区长徐海涛,区纪委常委、纠风办主任陈军分别在评议会上发言。

此次公开评议主要采取一问一答形式,由评议席的区人大常委会组成人员、乡镇(街道)人大主席(主任)、区人大代表、政行风监督员和群众代表就区商务局机关效能及政(行)风建设情况进行提问,提问以口头方式提出,由区商务局主要负责同志或分管同志进行回答。评议会上,共发放测评表100张,收回测评表100张,其中满意82张,基本满意17张,不满意0张,弃权1张,满意和基本满意率占票数的99%。

【召开城乡饮水安全工作专题询问会】 9月18日,区人大常委会召开全区城乡饮水安全专题询问会,区委书记、宿迁高新区党工委书记张晓伟出席会议并讲话,区人大常委会主任、党组书记袁昌华,区委副书记、副区长李春华出席会议。

会上,区水利局负责人汇报了全区区域供水通村达户工程进展情况;区人大常委会委员和人大代表、群众代表分别就城乡饮水安全热点问题对相关单位进行询问,并现场作满意度测评,相关单位负责人认真回答询问,并介绍了下一步打算;李春华代表区政府就进一步加强城乡饮水安全工作作表态发言。 (郝景延)

·人大监督·

【省人大调研组到宿豫区调研】 4月9日下午,由省人大常委会秘书长吕振霖率领的省人大调研组,在市委书记、市人大常委会主任魏国强的陪同下,到宿豫调研基层人大工作开展情况。区领导袁昌华、李春华、卜启芳等参加调研。调研组一行先后来到顺河街道林苗圃和豫新街道雨露社区,详细了解宿豫区"人大代表之家"运行、制度建设以及人大代表作用发挥、人大代表活动、人大代表联系党员群众等相关工作开展情况。吕振霖对区"人大代表之家"建设运行情况给予肯定。

5月18日,省人大常委会常务副主任蒋宏坤率领省人大调研组到宿豫调研农田水利建设情况。市委书记、市人大常委会主任魏国强,区委书记、宿迁高新区党工委书记张晓伟,区人大常委会主任袁昌华,区委常委、副区长李春华等陪同调研。蒋宏坤一行先后到来龙灌区、宿迁市水利遗址公园等地,实地察看了农田水利建设基本情况,听取了相关负责人的情况汇报。

来龙灌区始建于1958年,灌区总控制面积97.07万亩,自2000年灌区被列入国家大型灌区续建配套与节水改造项目建设以后,已累计建设13期,共投入建设资金42448万元,建设砼防渗渠道167.12千米,改造泵站163座,改造配套建筑物831座,疏浚河道203.53千米。项目极大改善了灌区末梢的灌排条件,年实现节水、节地、增产、减灾等综合效益近亿元。

蒋宏坤强调,各级政府要多渠道解决好水利建设投入不足的问题,从体制、机制上破解农田水利工程中的养护管理问题;要因地制宜搞好农田水利建设,不能"一刀切";要充分利用好"一事一议"等渠道,让农民积极参与到建设中来。

【市人大调研督导】 2015年,市人大代表视察了宿豫区单独两孩政策实施情况。市人大执法检查组到宿豫区检查了"一法一条例"(《中华人民共和国安全生产法》和《江苏省安全生产条例》)以及《江苏省新型农村合作医疗条例》的贯彻执行情况。市人大调研组先后调研了宿豫区河道水系沟通情况、"一村一品一店"发展情况、城乡产业发展工作,视察了外侨工作。

4月14日,市人大常委会党组书记、常务副主任叶辉带领部分参加市人大代表重点建议督办会人员到宿豫区视察村庄环境整治情况,听取了副区长徐海涛关于宿豫区村庄环境整治整体进展情况和顺河街道党工委书记周斌关于顺河街道张圩村东套组村庄环境整治进展情况的汇报。叶辉指出,宿豫区村庄环境整治水平高,取得了很好的效果,希望宿豫不断完善村庄环境长效管理机制,巩固和提升村庄环境整治成果,确保村庄环境整治工作扎实有序推进。

【调研"新环保法"贯彻执行情况】 4月13日,区人大常委会副主任张为民带领部分人大代表、工委专家组成员和兼职委员调研宿豫《中华人民共和国环境保护法》(以下简称新环保法)贯彻实施情况并召开座谈会。座谈会上,区环保局局长徐旭汇报了新环保法实施以来的工作开展情况以及下一步工作打算,参加座谈会的人大代表就"新环保法"实施以来,环保工作存在问题提出了意见和建议。张为民强调,要加大环保宣传力度,严把环保准入门槛,强化环境监测监察，提升项目帮服水平，加强环保队伍建设。会前，与会人员还实地察看了化工园区“一企一管”及集水点工程、翔盛黏胶、惠然实业、城东污水处理厂等地，听取了相关负责人的情况介绍。

【区人大代表调研旅游业】 8月11日，区人大常委会副主任张为民带领部分人大代表视察旅游业发展情况。人大代表先后视察了民防体验园、新庄镇杉荷园等地，听取了区旅游局关于全区旅游业发展情况的汇报。1—6月，全区共完成旅游业投资2.37亿元，接待市内外游客147.9万人次，同比增长34%，实现旅游总收入12.4亿元，同比增长30%，全区旅游饭店客房出租率达到70%以上。人大代表认为，旅游业是战略性产业，资源消耗低，带动性强，就业机会多，综合效益好。希望区旅游局高标准做好旅游规划，尤其要在资源整合、交通和旅游服务设施建设上，为全区科学绘制旅游业发展蓝图。要全力营造“安全、健康、有序”的旅游境，努力促进全区旅游业更好更快发展

【区人大调研城建重点工程建设】 9月23日上午，区人大常委会副主任张为民带领部分人大代表调研宿豫区城建重点工程建设，并召开座谈会。张为民一行实地调研了西湖东路、洪泽湖东路运河桥南匝道、玉泉山路、新新家园和翰林华府等地，听取了相关负责人的情况汇报。张为民说，以区住建局为主的工程建设责任单位，自我加压、砥砺奋进，建设成绩值得肯定。但部分工程进度还需加快，质量还要提高，少数工程在推进中仍然受到一些制约，还需进一步加快推进。

【区人大调研教育均衡发展工作】 9月29日，区人大常委会副主任袁彩带领部分人大代表调研宿豫区教育发展工作，并召开座谈会。袁彩一行实地调研了宿豫区第一实验小学、曹集中心学校、新庄中心学校等地，听取了相关负责人的情况汇报。袁彩说，宿豫区教育教学水平突飞猛进，特别是农村学校的整体硬件水平发生了翻天覆地的变化，学校管理水平不断提高。袁彩就宿豫区教育均衡发展提出四点意见：一是增强边远农村教师管理制度；二是鼓励老师培训，做一专多能的全能教师；三是优化学校资源，合理安排校园布局；四是积极利用相关平台，推动各局各项工作准确落实到位。

【区人大代表视察“2+1”主导产业推进情况】 10月14日，区人大常委会副主任张为民带领部分人大代表视察宿豫区“2+1”主导产业（新型材料、机械制造、食品饮料）推进情况，区委常委、宣传部部长徐海涛陪同视察。张为民一行先后视察了秀强股份、益客食品、山亿新能源3家企业项目推进情况，听取区经信局、发改局、宿迁高新区等相关单位负责人的情况介绍。视察中，张为民认为宿豫区主导产业发展思路清晰、措施得当，并希望相关部门、园区不断调整工作思路，树立长期发展的理念，大力推进协同创新、开放创新，不断提升产业发展层次和水平，优化园区空间布局，突出招大引强，形成龙头企业带动、中小企业配套、共性平台支撑的集约集聚发展格局。同时，完善统计评估、做好信息发布、督促检查，逐步建立产业风险防范和安全预警机制，及时发现政策执行中出现的新情况、新问题，为主导产业的发展保驾护航。

（郝景延）

宿豫区人民政府

·重要会议·

【区政府十六届常务会议】 2015年，区政府共召开政府常务会议两次。

第十四次常务会议　1月4日，区委副书记、区长刘士武在区党政办公楼二楼第三会议室主持召开。会议听取了区发改局关于项目资金申报管理办法、区教育局关于城区中小学幼儿园布局规划方案和基础教育教学质量奖励基金实施意见、区卫生局关于社区卫生服务站实施国家基本药物制度工作方案、区人社局关于机关事业单位年休假制度和机关事业单位辅助性岗位用工管理暂行规定、区政府办关于人民政府会议制度等起草情况的汇报。与会人员就有关问题进行了研究讨论。

第十五次常委会议　6月25日，区委副书记、区长刘士武在区党政办公楼二楼第三会议室主持召开。会议听取了区政府法制办《关于深入推进依法行政加快建设法治政府的意见》、区卫计委《关于乡镇医疗卫生事业改革试点实施方案》、区科技局《关于科技成果转化风险补偿资金管理办法》、区金融办《关于加强农民资金互助合作社监管的意见》、区教育局《关于加强义务教育学校师资竞争性流动工作的实施意见》、区住建局《关于促进城区房地产市场健康发展的实施意见》、区金融办《关于设立新的国有控股担保公司组建方案》等起草情况的汇报。区委常委、副区长李春华通报1—5月份全区重点指标、重点项目完成情况。与会人员就有关问题进行了研究讨论，形成一致意见。

【区长办公会议纪要】 1月9日，区委副书记、区长刘士武主持召开区政府领导班子2015年工作务虚会。区政府领导班子成员围绕2015年度区委、区政府工作思路和工作重点，结合分管工作，从推进改革事项、创新项目和重点工程三个方面进行了交流发言，并就全区经济工作提出建议和意见。

2月4日，区委副书记、区长刘士武在区政府第三会议室主持召开会议，专题研究会办宿豫文化公园建设有关问题。会前，与会人员实地察看了文化公园建设现场。会议一致认为，文化公园项目社会关注度高，是一项实实在在的民生工程。指挥部办公室、设计单位以及施工单位要对在建工程排出具体推进计划，围绕时间节点，倒排工期，确保各个项目按照序时进度推进。

3月4日，区委副书记、区长刘士武专题调研会办宿迁生态化工科技产业园市级金属表面处理中心、纺织服装印染中心“两大中心”规划建设情况。在实地观摩威生金属、群英纺织、华孚纺织、华一科技等园区相关企业之后，召开了座谈会。会上，区委副书记、宿迁生态化工科技产业园党工委书记姜华代表生态化工科技产业园汇报了“两大中心”建设进展情况及工作打算。与会人员就有关问题进行了认真研究讨论。

3月11日，常务副区长张剑桥在区党政办公楼二楼第三会议室主持召开会议，专题研究近期城市管理存在的问题。

3月12日，区委常委、副区长李春华在区党政办公大楼223会议室，召开农业水价综合改革试点项目工程产权确权发证工作会办会，切实落实水利部督导通报要求。区水利局通报了2015年2月水利部农业水价改革项目督导组对宿豫试点项目区的督导情况。与会人员就试点项目区工程产权确权发证问题进行了研究讨论。

3月13日，区城乡规划委员会2015年第二次会议在区党政办公楼二楼第三会议室召开。会议主要讨论了城区珠江路、韶山路、农林广场、项王桥南侧桥头公园等2015年春季园林绿化项目实施和改造方案。

3月30日，区委副书记、区长刘士武在宿迁电子商务产业园区管委会四楼会议室主持召开会议，专题研究会办电商产业园区建设有关问题。会上，刘士武就贯彻落实宿迁电子商务产业园建设指挥部第四次例会提出要求，对园区需要解决会办的事项进行交办，与会人员就有关问题进行了研究讨论。

4月2日，区委常委、常务副区长张剑桥在区党政办公楼二楼第三会议室召开翔盛集团金融风险处置工作座谈会，会议邀请市银监局副局长朱继林出席。会议研究了翔盛集团当前生产经营和债务状况，就当前化解翔盛集团资金链风险进行会商。

4月4日，区委常委、常务副区长张剑桥在区党政办公楼二楼第三会议室主持召开会议，专题会办2015年市政、园林绿化、便民服务等重点项目建设及相关问题。

4月11日，区委副书记、区长刘士武在区政府二楼第三会议室组织召开陆运河工程推进会，听取并讨论《陆运河工程初步设计方案》，研究陆运河工程前期工作推进措施。省水利勘测设计研究院对陆运河工程《初步设计方案》进行了汇报。会议从工程设计原则、工程《初步设计方案的完善意见》和工程推进的前期举措三个方面进行了研讨。

4月17日，区委副书记、区长刘士武在区党政办公大楼第三会议室主持召开会议，专题研究全国文明城市创建工作有关问题。会上，区文明办汇报了宿豫区创建全国文明城市有关工作情况，与会人员落实创建任务进行了研究讨论。

5月20日，副区长吴昊召集大兴镇、区财政局、经信局、小城市办(农居办)、国土分局、规划分局等有关单位负责人，实地察看了大兴镇水木新城小区(原堤南农民集中居住区)现场，随后，在大兴镇政府会议室召开会办会。会议听取了大兴镇关于水木新城小区建设情况汇报，并就有关问题进行了研究。

6月1日，副区长徐海涛到110千伏钱塘变电站现场会办10千伏配套工程建设相关问题，与会人员就供电线路清障工作进行了协商。

6月11日，区委副书记、区长刘士武在区党政办公大楼第三会议室主持召开会议，研究会办全区污水处理设施建设工作。会议就加强全区污水处理设施的建设管理工作进行了深入细致的讨论。

6月17日，区委常委、副区长李春华在区党政办公楼二楼225会议室主持召开会议，专题会办陆桥小区二期物业管理存在的问题。6月23日，区委常委、副区长李春华在区党政办公楼二楼223会议室主持召开会议，专题会办宿豫区裕安市政工程建设管理有限公司运行体制有关问题。会议就城市管理过程中机制不顺、沟通不畅等问题进行了研究。

7月8日，区委常委、副区长李春华在区党政办公楼二楼225会议室主持召开会议，专题会办生态化工园区相关企业补办建设工程规划许可证相关问题。

7月21日，副区长徐海涛在区党政办公楼二楼223会议室召开专题会议，会办江苏苏华达新材料有限公司拟投资16亿元建设的电子玻璃产业园项目开工前期相关问题。

8月3日，区委常委、副区长李春华在区党政办公楼二楼223会议室主持召开会议，专题会办宿迁市富建房地产有限公司(以下简称宿迁富建房产)有关问题，研究宿迁富建集团有关情况。

8月4日，区委常委、副区长李春华在区党政办公大楼第三会议室主持召开会议，专题会办城东水厂建设工作。会上，区水利局汇报了

城东水厂建设进展情况、工程建设滞后的主要原因和下步工作打算,与会人员就有关问题进行了研究讨论

8月12日,区委常委、副区长李春华在区党政办公楼二楼225会议室主持召开会议,专题会办宿迁电子商务产业园区(以下简称电商产业园区)相关企业补办建设工程规划许可证问题。会议指出,电商产业园区作为国家电子商务示范基地、2015年省重大项目、市委市政府重点推进项目,需特事特办,根据《中华人民共和国城乡规划法》要求,在进行行政处罚后为企业补办手续。随后,会议就处罚标准和罚款收缴的问题进行了研究。

8月14日,区委副书记、区长刘士武在区党政办公楼第三会议室召开会议,专题会办城区"十三五"期间中小学、幼儿园规划布局问题,副区长吴昊主持会议。会议听取了城区中小学、幼儿园布局、发展现状以及招生情况汇报,研究了《宿豫城区中小学幼儿园规划布局方案》,并原则同意该方案。

8月21日,区委常委、副区长李春华在区党政办公大楼党政联席会议室主持召开会议,就即将开工建设的陆运河工程作安排部署。与会人员就有关问题进行了研究讨论。

9月18日,区委副书记、区长刘士武实地调研宿迁生态化工科技产业园(以下简称生态化工园区)阿尔法药业、健谷化工、科思化学、致富皮业等企业废气治理和达标排放情况,随后在生态化工园区管委会会议室专题会办生态化工园区大气治理相关问题。区委副书记、生态化工园区党工委书记姜华陪同调研并出席会议。会议听取了生态化工园"三废"治理工作情况,重点研究了当前大气生态环境综合整治工作形势和推进措施。

9月21日,区委副书记、副区长李春华在区党政办公大楼223会议室主持召开会议,研究会办东城美域、中通名仕嘉园、京东信息园等项目开设出入口问题。

9月24日,区委副书记、区长刘士武在区党政办公楼223会议室召开会议,专题会办宿迁宏信污水处理厂PPP项目实施有关问题,区委副书记、生态化工园区党工委书记姜华出席会议,会议着重对项目实施方案进行了讨论、研究。

11月14日,区委副书记、区长刘士武在宿迁高新区管委会二楼会议室主持召开增材制造(3D打印)产业发展有关问题会办会。会上,高新区管委会相关负责人传达了市政府关于支持增材制造(3D打印)产业发展会办会精神,汇报了国内外3D打印产业发展及宿豫区工作开展情况。与会人员就3D打印产业发展进行了研究讨论。

11月18日,区政府与区总工会第二次联席会议在区党政办公楼二楼第三会议室召开。区委副书记、区长刘士武出席会议并讲话;区委常委、组织部长胡赣江主持会议。会议听取了区总工会工作开展情况报告,研究讨论了工会下一阶段的发展方向。

11月26日,按照区政府主要领导要求,副区长吴昊召集区卫计、编制、财政、人社、住建、城开等单位主要负责人,就豫新街道社区卫生服务中心机构编制、装修设计、人员招聘及培训等有关问题进行研究会办

12月21日,区委副书记、区长刘士武在区党政办公楼二楼第三会议室组织召开雨露小商品(服装)市场规范管理工作推进会,专题研究市场规范管理工作。 (区政府办)

·重大项目 重点工程·

【概况】 2015年,宿豫区重大项目包括中亚特钢二期、三元轮胎节能技改项目、景宏新材料等60个项目,总投资155亿元,当年计划投资60亿元;宿豫区政府为民办实事项目包括便民菜场、棚户区改造、宿豫中学新校区建设等20个项目,总投资26.4亿元,当年计划投资21.5亿元;宿豫区重点基础设施项目包括来龙外环路、城东污水处理厂提标改造项目、城东自来水厂等41个项目,总投资97.4亿元,当年计划投资

39.3 亿元。区委、区政府按照“稳增长、调结构、促改革、补短板、惠民生”的发展思路，年初共确定各类发展项目 146 项，年终完成 119 项，占比 81.5%

【列市重点工程】 宿豫区共有 15 个项目列市重大项目，目前已完成投资 86.5 亿元，占年度计划的 134.9%，投资完成率排名全市县区第一。其中，8 个新型工业化项目完成投资 55.7 亿元，占年度计划的 144.7%；6 个新型城镇化项目完成投资 29.9 亿元，占年度计划的 121.2%；1 个生态文明建设项目完成投资 9000 万元，占年度计划的 100%。

【区级重点工程】 围绕新型工业化、新型城镇化、农林生态、电商产业、交通工程、市政设施工程、危旧片区改造、旅游与环境工程、商业设施工程和公共服务设施工程十大类共确定了 101 项区级重大项目，年末，已完成年度目标任务 85 项、占项目总数的 84.2%，暂缓建设项目 4 项，分别是教育局负责的宿豫中学新校区建设工程、宿迁高新区和区经信局共同负责的中亚特钢二期工程、区住建局负责的张家港大道提升改造工程、项王东路提升改造工程，占项目总数的 3.9%，未完成年度目标任务 12 项，分别是曹集乡负责的宿迁盛世达包装项目、新庄镇负责的宿迁盛伟橡塑科技项目、关庙镇负责的宿迁德甄环保水处理项目、侍岭镇负责的江苏正杰生态农业项目、顺河街道负责的江苏汉诺生物科技项目、宿迁高新区负责的仁和科技项目、张家港宿豫工业园区负责的建友科技项目、区水利局负责的陆运河水利综合开发工程、住建局负责的项王东路运河桥南匝道工程、禧徕乐城市生活广场项目，以及顺河街道负责的顺河人家小区、文昌阁文化广场项目，各类项目共完成投资 93.5 亿元，占年度计划的 95.4%。金鑫轧钢技改、秀强 AR 玻璃、喆尔森实业等“2+1”产业重点项目相继完工投产，汉江北路、黄浦江北路、玉泉山路等道路相继建成，宿迁国际购物公园、新珠江菜场等商业项目及公共服务设施建成投运。

【为民办实事项目】 围绕住房保障、就业服务、社会保障、医疗卫生、教育服务、养老服务、便民服务、生态宜居等八大体系共确定为民办实事项目 20 项，其中已完工或完成年度目标任务的项目 19 项，占项目总数的 95%，暂缓建设 1 项（宿豫区教育局负责的宿豫中学新校区建设），占项目总数的 5%。（沈振勇）

·政府办工作·

【办文办会】 全年共办理上级来文来电 2378 件，批转下级来文 679 余件，下发各类公文 300 余件，牵头或参与组织会议活动、观摩活动 280 余次。提高会务服务水平，参与区委扩大会议、区委工作会议、区“两会”等全区性大会以及上级在宿豫区召开各类会议的筹备和服务工作，做好文件印发、观摩组织等相关工作，认真起草政府工作报告、政策规范、领导讲话稿等重要文件，为会议的成功召开做出了积极贡献。

【招商引资和帮办服务】 2015 年共招引 3 个项目，分别为：和区人大办、经信局联合引进的中国电子玻璃，该项目计划总投资 16 亿元，当年完成投资 8.5 亿元，于 2015 年 12 月开工建设；独立引进亿利洁能科技（宿迁）有限公司，落户化工园区，计划总投资 1.77 亿元，当年竣工实际完成投资 1.6 亿元；引进太平财险江苏分公司宿迁支公司，2015 年 12 月，该项目于宿迁电子商务产业园注册。

【外事侨务】 2015 年，外侨办充分发挥侨法宣传角密切联系华人华侨的有利条件，继续开展侨情资源调查统计、为侨服务、信访接待、侨法宣传等活动，帮助企业协调解决用地、招工等服务工作。全年为侨资企业解决难题 8 件，接待省、市考察团队 3 批次。持续开展“六五”普法宣传工作进街道、进社区、进侨企。

按照省、市文件精神和《关于进一步规范因公出国(境)报批程序的通知》要求，规范全区因公出国(境)管理工作，严格控制因公出国(境)人员，坚持做到四个压缩：即压缩出访人数、压缩出访团组、压缩出访时间、压缩出访经费。全年共办理出访11次11人，成行11批次11人。成功申办1张APEC商务旅行卡。

【挂钩扶贫】 按照区委“三解三促三满意”“一对一挂钩帮扶”等要求，扎实开展走基层活动。2015年，为帮扶村居筹措还田机械款26万元，秸秆还田款5万元，助学资金5000元。探索扶贫“造血”机制建设，帮助挂钩村居搭建发展载体，2015年引入高标准农田建设项目1个，到位资金260余万元，2015年底，挂钩帮扶村居已实现脱贫。

【电子政务】 2015年，区电子政务办公室共受理网络问政帖子19028件，办结率100%，被市政府表彰为网络问政工作先进集体。指导、推动73家部门、单位开通了政务微博，共发布微博11043条。加强“中国宿豫”门户网站建设，主动公开政府信息9200余条。

【应急管理】 下发《关于调整区突发公共事件应急管理委员会成员的通知》，对区应急管理委员会的成员及时进行了调整，做到组织领导有力。加强应急联动机制建设，形成全方位、多层次的应急联动协作机制，健全预警发布机制和突发事件现场指挥协调机制，加强应急预案的演练和评估，已编制应急预案436个，全面提升应急管理工作水平和突发事件防范应对能力。

【机关办公服务保障】 对全区党政办公用房进行清理核对，共梳理办公用房782间(合计15726平方米)，分期分批对党政办公楼26个卫生间(合计500多平方米)进行全面改造。完善机关食堂采购制度，提升机关食堂的服务水平。扎实做好党政办公楼后勤保障工作，进一步完善党政办公区的车辆管理、安全保卫、值班制度、来信来访接待等制度，加强办公楼环境卫生维护，切实做好供排水、冷暖气开放、庭院亮化和绿化等工作，确保办公大楼的正常运转。

【公共机构节能工作】 认真落实《中华人民共和国节约能源法》和《公共机构节能条例》，认真做好全区公共机构能源资源上报工作，全区285家单位纳入能耗统计范围，统计覆盖率达95%。2015年指导宿豫区张家港实验小学成功创成全省机构节能示范单位。 (沈振勇)

·目标管理工作·

【概况】 2015年，全区上下扎实做好稳增长、促改革、调结构、惠民生各项工作，经济社会保持了平稳较快发展的良好势头。在全市三县两区年度目标考核中，宿豫区荣获“县(区)目标管理二等奖”。

【目标制定】 根据市委、市政府下达的2015年目标任务，按照“市级目标全覆盖，区级目标显重点”的思路，反复研究、科学编排，进一步优化目标管理体系，更好发挥目标管理工作的“指挥棒”和“风向标”作用，切实用好宿豫区创新实施的“项目工作法”和“量化工作法”。在体系设置上设置了三类六套目标考核体系，实现特色化发展，差异化考核。

在具体指标设置上对以下几个方面作了调整：1.进一步促进乡镇特色化发展、连片发展，在乡镇目标体系中设置特色重点工作，构建了乡镇特色化发展“1+1+1”考核模式，确保乡镇在全面完成区委、区政府交办重点工作的同时，注重特色化发展。2.推动电商产业加快发展。2015年全区在优先发展三大园区主导产业、推动工业经济不断发展的同时更加注重电商产业发展，努力推进“一村一品一店”建设并取得了较好的成绩。3.推动发展经济的同时兼顾民生改善。2015年，宿豫区把持续改善民计民生工作摆在更加突出位置，在指标设置上通过“小城镇建设及环境整治”改善居住环境、通过“低收入人口实现全面脱贫”推动脱贫致富、通过“集镇区污水处理”“自来水覆盖”等提升基础设施建设。(4)把区委工作会议、人代会议精神和要求及区委、区政府确定的重点工程、为民办实事项目逐一进行分解，层层明确任务，级级传递压力，有效促进全区各项重点工作按节点、按进度有序落实到位。

【后位重管】 对目标综合考评，招商引资，平安创建，机关效能和政(行)风评议，社会稳定及信访工作，国土工作，计划生育工作等7项工作实行后位重管，作为“一票否决权”参加评先评优。侍岭镇、区农工办等2个单位因2015年目标综合考核排名后位被列入2016年度目标综合考评后位重管，下相街道因2015年招商引资考核排名后位被列入2016年度招商引资工作后位重管；丁嘴镇因2015年度平安创建工作落后被列入2016年度平安创建工作后位重管；区农工办因2015年度机关效能和政(行)风评议处于末位被列入2016年度机关效能和政(行)风评议工作后位重管。

【工作满意度评议】 充分利用已有成熟渠道，最大化地开展工作实绩满意度评议及群众满意度评议工作，其中，“工作实绩满意度”从宿豫区领导干部双向评议得分平均值、工作实绩满意度调查问卷得分平均值两个方面按1∶1比例进行评分；“群众满意度评议”从全区机关效能与政(行)风民主测评结果和区民意访评中心年度通报结果两个方面按1∶1进行评分。

【目标管理过程监测】 及时归集目标完成数据。按“月跟踪，季通报，半年考核，年终总评”的方式，及时掌握目标完成情况，分析全区目标运行状况，按季度进行考核通报。对阶段性落后于序时进度的重点目标及时会办、督办，并将平时的督查考核和年终的结果考核成绩按比例计入考核结果，确保区委、区政府确定的目标任务良性发展。平时进一步加强沟通协调、数据分析，做好与兄弟县区发展的横向比较，确保市考核的各项指标更加高效有序推进。

【年终目标考核】 年终，由区督查室统一组织对全区65个区直单位、5个园区和11个乡镇(街道)2015年度目标完成情况进行全面考核。确保各项工作有部署、有落实，树立鲜明的工作导向，奖优惩怠，不打和牌。

关庙镇被表彰为“目标综合考评一等奖”；来龙镇、大兴镇被表彰为“目标综合考评二等奖”；曹集乡、顺河街道、新庄镇被表彰为“目标综合考评三等奖”；宿迁电子商务产业园区区、宿迁高新区、宿迁生态化工科技产业园、区人社局、区农委、区民政局、区国税局、区住建局、区农开局、区交通运输局、区地税局、区卫计委、区经信局、区市场监管局、区教育局、区水利局、区财政局、区国土分局、区信访局等19个单位荣获目标管理综合先进单位；37个区直单位、4个乡镇(街道)被表彰为目标完成奖。

年末，设立了特别贡献奖、特色发展先进奖、经济发展优质服务奖、重大事项及重点工程建设先进单位、重点目标争先进位奖、改革创新奖等6个单项奖；同时对145名目标完成先进个人进行表彰。 (丁冬亮)

·公车管理·

【概况】 2015年，据区公务用车管理软件系统统计纳入该系统管理的各类车辆共计562辆。其中，轿车462辆，越野车16辆，商务车和面包车55辆，洒水、扫地和垃圾转运等工具类车29辆。全区各类公车的维修、装潢、轮胎更换、加油和保险执行定价后定点采购制度，定点企业14家。其中车辆维修4家、装潢3家、轮胎更换2家、加油2家、车辆保险3家。年末，全区已基本完成公务用车制度改革工作。

【公车维修保养、轮胎更换和装潢管理】 公车的日常使用管理由车辆所属单位负责,车辆的维修、装潢、轮胎更换、购油和保险由车管中心牵头负责,区监察局、财政局、审计局负责对公车使用管理情况进行监管督查。

公务用车维修、装潢、轮胎更换等项目采购实行政府定点单位采购制度。实施采购后,采购发票须经区车管中心、财政局采购办审核盖章后各单位方可入账。2015 年,全区公车维修保养、轮胎更换和装潢等项目支出共计人民币 263.36 万元,比 2014 年节约 42.12 万元。其中,公车维修保养支出 194.81 万元,比 2014 年节约 31.11 万元;装潢支出 42.39 万元,比 2014 年节约 3.46 万元;轮胎更换支出 26.16 万元,比 2014 年节约 7.55 万元。

【公车加油管理】 公车加油实行"一卡一车"(加油卡和车牌号绑定)定点加油制度,在对加油卡加设密码的同时,要求定点加油企业对公车加油设立员工密码。全区公车加油通过对加油程序的双层加密和定点企业的有效监管,杜绝了公车加油"跑、冒、滴、漏(油)"现象的发生。2015 年,全区定点采购油料支出 1081.80 万元,节约资金 21.63 万元(定点采购优惠率 2%)。

【公车投保管理】 公车投保实行政府定点采购。2015 年全区公车定点采购保险费和车船使用税支出 94.19 万元(车辆商业险优惠率 30%),比 2014 年减少 52.19 万元。

【公车采购跟踪检查】 为加大对采购单位和定点企业执行规定的监管力度,车管中心对公务用车的维修、装潢、轮胎更换、加油和保险等采购项目实行"跟踪检查"制度,及时查处采购单位和定点企业执行规定不力行为,以查促改。2015 年查处 2 家定点企业违规行为 2 次,收缴违约金 0.4 万元;查处采购单位未按通知单规定项目内容采购行为 1 起,并限期进行了整改。

【公车卫星定位管理】 为强化对全区公车出行的管理力度,把各级财政供养车辆接入江苏北斗智慧交通卫星定位平台管理系统,实行全天候跟踪、督查,实现全方位监管。纪委和车管中心设立智慧交通平台监管窗口,各单位设立北斗定位系统和电子监控地图,同时车管中心设专人负责平台管理,每周汇总统计 1 次监管数据,对梳理出的违规问题,依据有关规定予以处理。全区纳入江苏北斗智慧交通卫星定位系统管理的公车共计 417 辆。

【公车查纠】 公车查纠管理实行日常监督检查和专项治理相结合的管理制度。全年共开展专项监督检查 5 次,派出检查组 12 个,印发违反公车管理规定问题通报 3 期,通报批评并纠改问题 23 个。全区各单位全年非工作时间使用公车备案共 873 车次。

【公车购置处置】 2015 年,全区公务用车制度改革工作正式启动,已停止一般公务用车购置审批工作,仅办理未上牌工具车、上级调拨车辆和企事业单位购置工具车的预审批手续。全年共办理各类车辆上牌手续 33 辆,其中上级调拨执法执勤用车 11 辆,工具车 3 辆;办理未上牌工具车上牌手续 16 辆;事业单位购置执法执勤用车 1 辆、新闻采访工具车 2 辆。全年共处置公车 21 辆,其中报废 17 辆、拍卖 4 辆。

(王　岩)

·综　述·

【民主协商】 坚持并完善"全委会议整体协商、常委会议专题协商、主席会议重点协商、专委会对口协商"的协商层次和格局。围绕区政府年度重点工作及事关经济社会发展、民生方面重大课题，广泛征求意见，选取其中8个重点课题，组织召开区政协常委专题协商议政会，政协常委进行专题议政发言，并把协商结果报送区委、区政府作为决策参考。同时，区政协高度重视与区委、区政府的工作联系，及时向区委汇报工作，经常与区政府及其组成部门交换工作意见，使政协工作与区委、区政府的工作部署始终做到合心、合力、合拍。进一步完善区政协机关与区直部门单位、政协委员企业"双联"工作机制，加强与党政部门沟通交流，开展深入广泛的协商活动，对全区"十三五"规划编制工作提出了30多条建设性意见。

【纪念杨泗洪殉国120周年】 2015年8月26日，区政协主办了纪念抗战胜利70周年暨民族英雄杨泗洪抗倭卫台殉国120周年座谈会，邀请市政协、区委、区政府有关领导及中国社科院、台湾东吴大学等单位的专家学者、杨泗洪亲属、台侨联界别委员，共同纪念杨泗洪抗倭卫台英雄事迹，交流研讨杨泗洪精神。汇编出版了纪念文集《两个甲子的纪念》。《人民政协报》《宿迁日报》分别以"杨泗洪灵归故里""不能忘却的民族英雄"为题作了专题报道。

【提案工作】 区政协十三届四次会议以来，区政协委员共提交提案151件，经审查立案150件。其中，委员联名提案11件。立案的提案分送52个主办单位办理，至2015年12月底全部答复，答复率100%。已经办结的135件，占总数的90%；正在办理或列入计划的9件，占总数的6%；因条件限制短期内无法办结的6件，占总数的4%。委员满意率达90%。

区政协成立专门督查组，通过走访座谈、现场办理协商、实地视察、对提案办理情况现场评分、跟踪督办等方式，强化督办力度。对10件重点提案由区政协领导班子成员领衔督办，努力提升提案办理工作实效。

【政协办工作】 2015年，区政协办公室充分发挥参谋助手、综合协调和服务保障作用，全年共筹备召开全委会1次，常委会议4次，各类学习、交流、座谈、调研会议40次；组织起草各类文件报告、会议决议、调研材料、交流汇报材料68篇，编印《宿豫政协》1期；国家、省、市级媒体采用稿件60多篇，充分展示了区政协工作的亮点和特色。先后接待省政协考察团、南通市港闸区、连云港市连云区、东海县、沛县、高邮市等地政协到宿豫区考察参观，通过交流学习，在联谊中推介宿豫、宣传宿豫，提升宿豫的对外知名度。

（闫景柏　邢　刘）

·区政协及其常委会会议·

【区政协十三届四次会议】 中国人民政治协商会议宿迁市宿豫区第十三届委员会第三次会议

于2015年1月11—13日在宿豫区举行。宿豫区委书记张晓伟作题为《汇集正能量，展示新风采，努力为实现新常态下新发展贡献力量》的重要讲话。会议听取并审议了区政协主席王占军所作的《中国人民政治协商会议宿迁市宿豫区第十三届委员会常务委员会工作报告》；听取并审议了区政协副主席王立新所作的《区政协十三届常委会提案工作报告》；会议表彰了2014年度优秀政协委员和政协宿迁市宿豫区第十三届委员会第三次会议以来的优秀提案。列席了区十六届人大四次会议，听取并讨论了政府工作报告及其他有关报告。

【区政协常委会议】 2015年，区政协召开4次常委会议。

十三届二十次常委会议　2月28日，区政协主席、党组书记王占军主持召开。会议传达学习了省政协十一届三次会议精神，审议了区政协2015年度工作要点和工作计划，审议了区政协十三届四次会议以来提案审查立案工作情况，协商通过了关于区政协编纂《宿豫区政协文史资料选编》的决议。

十三届二十一次常委会议　6月30日，区政协主席王占军主持召开。区委常委、副区长李春华，副区长徐海涛列席会议。会议审议了题为《新常态下我区工业经济发展情况》的调研报告。政协常委和委员围绕社会信用体系建设、创新企业帮扶机制、城市品质提升、污水处理设施建设、产业转型升级、文化遗存保护与挖掘、乡镇机关效能建设、苏北重点镇特色建设等8个重点议题进行了专题协商议政发言。李春华受区长刘士武委托，代表区政府向各位委员长期对政府工作的关心、支持和帮助表示由衷的感谢。

十三届二十二次常委会议　9月25日，区政协主席王占军主持召开。会议通报了区政协十三届四次会议以来提案办理及2015年度部分重点提案现场督察情况、《宿豫文史资料选编》工作进展情况；讨论《历史文化遗存保护》《供销系统新时期转换职能及为“三农”服务工作》《“十三五”全区国民经济发展规划》等专题调研报告并协商有关其他事项。

十三届二十三次常委会议　12月25日，区政协主席王占军主持召开。会议通报了区政协第十三届委员会第四次会议提案办理工作情况及区政协十三届五次会议的筹备情况，分组讨论了有关第五次会议的工作报告和提案工作报告并协商通过了其他人事事项。

（闫景柏　邢　刘）

·考察调研·

【专题调研】 2015年，先后组织专题调研活动13次，完成《关于宿豫区中小学(幼儿园)布局现状的调研》《宿豫区农村改水情况的调研》《历史文化遗存保护与利用》《新时期供销社转换职能及服务“三农”工作的调研》《全区企业科技创新工作调研》等调研报告，为区委、区政府谋划改革发展、决策民生事业提供有益参考。

【走访委员企业】 走访调研委员企业100多家次，先后召开委员企业座谈会3次，全面了解企业发展运行情况。针对发现的问题，科学分析，形成《关于预防全区发生系统性、区域性金融风险的建议》《新常态下全区工业经济发展的调研》《关于推动宿迁生态化工科技产业园转型发展的调研》等高质量调研成果，区委、区政府主要领导给予高度评价，并批转有关部门办理。

【专题考察】 2015年，组织部分市、区政协委员围绕宿豫区劳动就业、教育发展、城市建设、规范司法行为、治安防范等工作开展专题视察，提出了一系列建设性的意见建议，对相关部门解决问题、化解矛盾、改进作风发挥了积极作用。

（闫景柏　邢　刘）

中共宿豫区纪委

·综　述·

【概况】 2015年，区纪委(监察局)牢牢把握全面从严治党总基调，坚持把纪律挺在前面，认真履行监督执纪问责职责，协助区委深入推进党风廉政建设和反腐败工作。在党风廉政建设“两个责任”落实、作风建设、纪律审查、廉政巡查、源头预防、队伍建设等六个方面取得新的进展和成效。区纪委(监察局)被市委、市政府授予“2015年度重点敏感时期信访稳定工作先进集体”称号，被市纪委、市监察局授予“2015年度全市纪检监察工作先进集体”称号。

【中共宿豫区第十一届纪委五次全会召开】 2015年2月4日，中共宿豫区第十一届纪律检查委员会第五次全体会议在区公安分局会议室召开，会议主要任务是认真学习传达中纪委五次全会和省、市纪委五次全会精神，总结2014年全区

2015年2月4日，中共宿豫区第十一届纪律检查委员会五次全会在区公安分局会议室召开

(区纪委供稿)

党风廉政建设和反腐败工作，研究部署2015年工作任务。区委常委、纪委书记刘后举代表区纪委常委会作了《全面从严治党，全面履职尽责，为实现新常态下新发展提供坚强有力政治保证》工作报告。区委书记张晓伟出席会议并讲话。全会审议通过了工作报告并形成决议。仰化镇纪委、大兴镇纪委、来龙镇纪委、教育局纪委、区纪委办公室、区纪委审理室、区纪委纪检监察一室共7家单位被表彰为2014年度全区纪检监察工作先进单位。

(熊　力)

·纪律检查·

【“机关作风建设提升年”活动开展】 围绕“转作风、提效能、促规范、优服务”的工作目标，以9个“主题月”活动为载体，以监督检查、考核问责等五项机制为抓手，扎实开展“机关作风建设提升年”活动，印发通报18期，查处各类问题65个，通报批评71人，党政纪处分39人。加强监督检查，对发现的44个轻微违纪问题及时纠正，提出整改意见23条，诫勉谈话28人。通过企信通、“豫见清风”客户端等新媒体公开曝光各类身边违纪案例64个，发送短信1.8万条，做到常态化提醒。通过民意访评中心动态评议各单位作风建设情况，回访4.65万件，满意率为93.78%。开展“领导在线”工作，解决涉及作风的问题投诉468件。

【“两个责任”落实】 加强党风廉政建设。2015年，出台了《宿豫区落实党风廉政建设党委主体责任、纪委监督责任检查考核办法》《宿豫区落实

党风廉政建设党委主体责任、纪委监督责任责任追究办法(试行)》《宿豫区落实党风廉政建设党委主体责任、纪委监督责任“一案双查”办法》三个办法,形成了推进责任落实的“1+3”制度体系。制订了区级层面31项主体责任清单、26项监督责任清单和19项“一岗双责”清单。创新实施了纪实档案管理,明确10大类43项报备内容,按月检查考核报备情况,形成责任落实的常态化督促机制。年中、年末两次开展由区领导带队的落实“两个责任”检查考核,将发现的260个问题进行逐项交办,加强整改落实情况的监督检查和责任追究,通报整改不力单位12家,约谈26人。

2016年1月22日,省纪委检查“两个责任”落实情况,区委书记张晓伟(中)陪同检查

(区纪委供稿)

【执纪审查】 2015年,全区纪检监察机关共新立案件158件,同比增长50.48%,结案153件,结案率96.8%,其中轻处分127件,占比83%,开展谈话函询和诫勉谈话60人,移送司法机关12人。全年累计受理信访举报268件,办结232件,其中省委巡视组巡视宿迁期间转交办85件全部办结,党政纪处分27人;办结巡视宿豫期间转交办62件,党政纪处分11人。

【廉政巡查】 2015年,分5批对大兴镇、陆集镇、仰化镇、来龙新城、丁嘴镇、关庙镇、侍岭镇、新庄镇、曹集乡、保安乡、发改局、农开局、残联、经信局、科技局及水投公司等16家单位开展廉政驻点巡查。坚持以问题为导向,突出群众参与,通过座谈会、个别访谈、微调研等渠道共发现问题237个。坚持以整改为根本,实行巡查意见“双反馈”、巡视整改“双责任”、整改情况“双报告”、整改报告“双审核”、整改结果“双公开”等“五双”整改模式,推动全区专项整治12次,立行立改问题121个,约谈6个单位主要负责人,组织处理23人,立案调查47人,督促主管部门出台规范性文件11个,被巡查单位健全内部制度134项。

【警示教育】 坚持教育在先,警示在前,利用春节、中秋节等重大节日,开展集中教育活动,通过上党课、观看警示教育片、开展廉政谈话等形式,加强关键节点教育防范。制作警示片巡回播放137场,教育党员干部5200人次;组织阅读忏悔书、法院庭审、小班化案例教学等各类警示教育活动8次,教育党员领导干部419人;对65名拟提拔科级干部进行任前考纪考法知识测试;制作电视快板在区电视台连续播出122次;全区所有乡镇和部门都建立了月“廉政大讲堂”制度,累计开展讲堂活动378场,1.2万人次受到教育,党员干部廉洁从政意识不断提升。

【纪检监察干部队伍建设】 按照区委部署,通过单独派驻和综合派驻方式设置了37个区直派驻纪检机构,实现监督执纪的全覆盖。会同区委组织部对乡镇、部门纪检负责人进行全员考察,联合向区委提名了31名建议人选。2015年共调整纪检监察干部78人,新进系统23人,提拔重用37人,有效激发干部队伍活力。

(熊　力)

·民革宿豫区总支委员会·

【概况】 民革宿豫总支有党员64名，孙晓霞任主委，张文军、柳明亮、张明敏、苏衍坤任副主委。党员来自教育、文化、卫计、城建、城管、农林、市场监督等多个行业，本科以上学历占91%。其中，中级以上职称38名，科级干部6名，市政协常委1名，市政协委员3名，市人大代表3名，区人大常委1名，区人大代表1名，区政协常委1名，区政协委员15名。

【民革党员参政议政】 组织市区人大代表、政协委员在“两会”前积极撰写高质量的议案提案，党员柳明亮的《关于加强我市食品药品安全监管的建议》《关于我市医疗卫生事业发展的几点建议》，党员吴应华的《关于更好解决我区失独家庭主要问题的建议》《关于加强对社会辅导机构规范管理的建议》等，受到市、区政府的重视。党员张正雨被表彰为区优秀政协委员，民革宿豫总支集体提案《加快培育宿迁高新区特色战略产业的建议》被表彰为区优秀提案。积极参与市政协、市委统战部组织的农村电子商务发展、宿沭泗交界区域农田水利设施建设以及城市污水处理设施建设等专题议政活动，柳明亮等撰写的调研报告在市政协会议上在作交流发言，获得好评。完成区委统战部要求的4篇调研报告，其中张明敏的调研报告获2015年全区党外干部专题调研成果交流一等奖，穆猛、王柳、顾秀芳、周昌学等撰写的调研报告获优秀奖。

【民革党员服务社会】 1月，总支成立“同心志愿者服务队”，组织党员到宿迁高新区新化居委会开展“同心志愿服务”活动，为50余名党员进行卫生应急知识培训，并为400余名居民免费进行健康体检。10月，在宿豫中学高中部进行第二届“民革宿豫总支高来达励志奖学金”发放仪式，人均1000元，奖励20名品学兼优且学习进步较快的学生。副主委柳明亮持续开展卫生急救知识进校园、进企业、进社区培训，常年为残疾人、重大疾病患者、贫困学生等争取公益资金。副主委苏衍坤积极为企业服务，帮助企业融资，助推企业转型升级发展。总支一支部主委张正雨带领支部党员叶小彬、王利华等常年下乡进村入户开展送医义诊。 （孙晓霞）

·民盟宿豫区总支委员会·

【概况】 民盟宿豫区总支委员会下设中医院一、二支部、教育一、二支部、综合一、二、三、四支部共8个支部。张智勇任总支主委，杨秋梅、张秀梅任总支副主委。共有盟员85人，涉及卫计、教育、建设、文化等多个行业，其中本科以上学历72人，高级以上职称21人，中级以上职称54人；处级干部1名，科级干部7名。有24人次担任市、区人大代表和政协委员。市人大代表6位，市政协委员2人，区人大代表2位，区政协委员13人，有3位是区政协常委。

【民盟成员参政议政】 引导盟员围绕区委、区政府的中心工作，把调查研究作为重要抓手，积极主动履行参政议政职能。继续开展“一支部一调研、一盟员一建议”活动，先后参加市、区委统战部和民盟市委组织的系列培训班和各类调研活动，并筛选确定各类专题调研报告 20 余篇。在市委统战部和民盟市委组织我为“四海战略”(心向大海、接轨上海、融入沿海、联江通海)献一策活动中，上报 11 个微型调研报告。根据区委统战部对调研工作的要求，认真组织深入基层研讨，完成《关于推进宿豫区城市建设发展的调研报告》《加强政务服务体系建设，提升公共服务水平》《宿迁市全民健身服务体系建设存在的问题与对策建议》等 9 篇调研报告。在 10 月 16 日全区党外干部专题调研评比会上，张智勇撰写的《关于宿豫区农业生态旅游提档升级的思考》一文获二等奖，高慎元、闫洁分别撰写的《宿豫区中医药人才队伍建设调研》《宿豫区 3 至 12 岁儿童家庭教育现状调查研究》获优秀调研报告。按照区政协要求，开展调研活动，其中张智勇《关于打造苏北特色乡镇的建议》、杨秋梅《关于我区污水处理厂建设运营的建议》在区政协第二十一次常委会议上分别作专题汇报。12 月 8 日，张智勇、杨秋梅、张秀梅、李海霞参加全区十三五规划征求党外意见座谈会，并代表民盟宿豫区总支发表意见和建议。在市、区两级的人大、政协会议上，盟员代表及委员们共提出高质量的提案议案 16 篇，其中杨秋梅、杜运阿在宿豫区政协第十三届委员会第五次会议上代表民盟总支分别以《规划引领、彰显特色，着力推进我区特色镇村建设步伐》《发挥中医资源优势，提升医疗服务水平》为题作大会交流发言。

【民盟自身建设】 积极响应民盟省委“活力基层组织建设年”活动。坚持两月一次的学习制度，组织民盟骨干参加区委统战部安排的“爱国主义和革命传统教育”活动，深入沂蒙老区，踏寻先辈足迹，弘扬革命精神，接受爱国主义和革命传统教育。2015 年度，经民盟市委批准吸纳新盟员 3 人，均为本科以上学历。组织 2013—2015 年新盟员参加市里组织的新盟员学习班。盟总支全体委员参加了区委统战部组织的理论培训班。建立“民盟宿豫”微信群，拓宽盟员交流平台；按照民盟市委通知要求，首次对在职盟员收取会费(100 元/人·年)，作为组织活动经费，由总支组织委员保管，独立建账，并定期向总支部汇报盟费使用情况，接受全体盟员的监督和询查。

【民盟成员服务社会】 围绕“活力基层组织建设年”和“同心共建·携手同行”系列主题开展活动。盟内各支部紧紧围绕各自特点和优势分别开展各项社会服务进乡村、进社区、进学校活动。7—8 月，教育支部组织盟员教师开展“送课”“送教”活动，受到学校广泛好评；11 月 10 日，中医院支部组织 10 多位盟内医疗专家深入社区、小区开展免费义诊咨询活动，发放健康宣传资料 1000 余份；12 月，民盟宿豫总支组织慰问部分贫困盟员，发放慰问金 2800 元。11—12 月，民盟总支开展“文明行者”行动，组织 60 多位盟员走进雨露、顺河、卓圩、文昌等社区，通过深入小区楼道、居民家中，发放文明宣传材料 3000 余份，普及文明城市创建知识，宣传《宿迁文明 20 条》，倡导文明行为，为创建全国文明城市贡献力量。

(张智勇)

·民进宿豫区总支委员会·

【概况】 民进宿豫区总支委员会下设机关、教育、文法和综合 4 个支部，张镭任总支主委，张莉、张艳任总支副主委，共有会员 36 名，涉及教育、文化、司法、卫计、市场监督等多个行业，90%以上都是本科学历，其中研究生 2 名，高级知识分子 3 名；副处级干部 1 名，科级干部 3 名。有 19 人次担任市、区人大代表、政协委员，其中市人大代表 2 人，市政协委员 2 人，区人大代表 1 人，区政协委员 14 人。

【民进参政议政】 总支中的市、区人大代表和政协委员，利用自身优势，关注社会的热点难点问题，积极向有关部门反映社会民意，先后就新常态下经济转型发展、城乡环境综合整治、文明城市建设、中小学教育、医疗卫生改革等问题，撰写提案、议案、建议20多篇，受到市、区领导重视，并被有关部门采纳和落实。2015年，民进总支共撰写各类15篇，其中在全区党外干部专题调研评比活动中，张莉的《当前形势下推进企业转型发展的几点建议》、陈梅生的《关于宿豫区排水河流水质污染情况的调研报告》分别获得二等奖、三等奖。12月8日，张镭、张莉参加全区"十三五"规划征求党外意见座谈会，并代表民进宿豫总支发表相关建议。

【民进社会活动】 2月6日，民进宿豫总支共筹集资金3000多元，慰问困难群众。4月22日，总支主委张镭参加全市重点项目推进会，在会上提出了加大民生投入、加强养老设施建设的建议，受到与会领导的关注和肯定。6月20日，组织会员深入春绿集团等区内企业，了解经济运行情况。7月12日，到曹集乡开展调研，了解农村环境污染及治理情况。8月21日，开展义工基地活动，为贫困学生及残疾人士送慰问金3200元。9月19日，组织会员开展农民安置房调研，为相关部门提供建议。

【民进自身建设】 定期组织会员学习中共中央和省、市、区党委的有关文件和会议精神，提高会员的政治素养。支部在认真做好会员发展和建档登记工作的同时，对新会员进行民主党派知识培训，不断提高会员参政议政水平和履职能力。为了促进基层组织健康发展，总支还利用"三八"妇女节、教师节等节日，开展会员座谈交流活动，促进会员团结向上。 （丁　玲）

·区无党派知识分子联谊会·

【概况】 宿豫区无党派知识分子联谊会（以下简称知联会）成立于2011年12月，康建平任会长，副会长5人，名誉会长2名。2014年，蔡莉莉、黄侣新、葛淑梅3位副会长，程红梅任秘书长，设3个组和1个教育分会。2015年，新发展会员7名，7名会员因工作等原因退出联谊会，现共有会员35人（含名誉会长2名），本科以上学历29人，其中研究生学历（学位）5人；副科级以上干部15人，其中副处级干部2名；担任人大代表和政协委员23人次，其中省人大代表1人，市人大代表2人，市政协委员4人。

【知联会参政议政】 紧紧围绕区委中心工作，2015年完成4个调研课题，其中，在区委统战部组织的调研报告交流会上，康建平的《农村电商发展的调研》获二等奖、钱文雪的《宿豫区科技创新支撑引领"2＋1"产业结构优化升级现状及建议》获三等奖、张明的《宿豫区农村教师专业发展困境及对策》获优秀奖。加强提案撰写，2015年撰写提案7件，其中《加强电商产业发展》被列为重点提案，晁先红被评为优秀政协委员。

【知联会社会服务】 2015年，知联会组织医疗队部分会员，结合扶贫救助活动，在陆河居委会、仰化敬老院等乡镇社区开展免费医疗公益活动。2月，慰问陆河居委会部分特困户。4月，知联会与区科技局在知识产权保护日，开展知识产权保护和地震知识宣传活动。3月和10月，教育分会发起开展名师助教活动，在丁嘴中心学校开展助教式送教下乡活动，开设名师讲堂，义务为镇村学校开办示范课。11月，为新庄中心校5名品学兼优贫困学生捐款，并参加与贫困学生亲密接触的大讲堂活动。会员陈青秀在陆集镇东风村开办编织袋加工点，既解决少量劳力就业，又帮助村集体创收，得到群众的认可。11月，联系水务系统会员专门为来龙镇太平居委会解决打水难的问题。

【知联会自身建设】 2015年，知联会在加强理论学习的同时，不断优化组织建设。8月初，专门召开会长会议，调整无党派内部工作的分工，明确会长和副会长的分工职责，细化各组负责人工作职责，提出"211"的目标，即全年每组组织会员活动不低于2次，撰写调研报告不少于

1篇，政协委员提案不低于1篇。培养筛选7名优秀分子作为发展对象，4名是高级职称，2人通过国家法司法考试，为知联会的发展注入新鲜血液。（康建平）

·宿豫区工商业联合会·

【工商企业参政议政】 完成民营企业履行社会责任调研、上规模民营企业调研、全面支持小微企业发展政策措施落实情况调研及民营企业运行状况统计和“走百家企、访百名商、听百家言”为内容“三百”走访等调研活动，撰写了《经济新常态下，助推企业走好转型升级之路的几点建议》《加快社会信用体系建设，引领国家信用体系示范城市创建》等调研报告，作为区委“十三五”规划建议党外人士座谈会和区政协十三届五次全委会上的发言提案。全区民营企业家累计撰写议案、提案28件，其中以春绿粮油有限公司董事长、总经理张德强和江苏山亿新能源公司副总裁张运鑫为代表的19名企业家联名撰写《关于化解实体企业信贷中风险的建议》提案，被区委、区政府及时采纳，经过政府、企业和金融机构的共同努力，较好地控制了风险扩散，维护了企业信用。该提案被区政协表彰为“优秀提案”。

【服务会员活动】 会同相关部门举办了“农村电子商务发展”“工业4.0与制造服务化”等4场培训讲座。组织10名青年企业家到东南大学参加“新生代企业家培训班”。每季度都组织企业家参加省、市经济形势分析研究会和政策咨询会。组织部分企业家观摩京东商城和中国宿迁电子商务产业园；举办4次小范围茶谈会，增进企业家交流互动。会同区金融办、经信局，组织不同形式的银企之间交流与联谊活动。

【举荐非公经济代表人士】 2015年，举荐宿豫区工商联名誉主席、秀强玻璃有限公司董事长卢秀强荣获“全国劳动模范”称号；举荐宿豫区工商联副主席张德强、胡越和执委周咸材荣获“宿迁市劳动模范”称号；推荐8名青年企业家为市青年商会会员；推荐2名常执委企业家为区级政协委员；3名企业家被表彰为“优秀政协委员”。

【引导会员投身光彩事业】 全区民营企业家通过慈善总会、红十字会、光彩事业基金会以及相关主管部门向弱势群体、公益事业捐款。据不完全统计，2015年全区非公企业累计捐款300多万元，大兴商会组织会员捐款47.7万元，为大兴镇区修建700米振兴东路，得到社会各界的高度评价。

【非公经济人士理想信念教育实践活动】 按照省、市工商联要求，广泛开展“以守法诚信为重点的非公经济人士理想信念教育实践活动”。先后组织部分民营企业家到山东台儿庄接受爱国主义教育、到诚信企业参观学习和开展“民营企业家听党课”等活动，定期发送“四信”（对中国特色社会主义的信念、对党和政府的信任、对企业发展的信心和对社会的信誉）教育内容短信，帮助企业家“提神醒脑”。引导非公企业开展“思源感恩”行动和“双比双争”（比效益，争创优秀民营企业；比贡献，争当优秀社会主义事业建设者）活动，投身光彩事业和新农村建设。

【工商联自身建设】 全年有7名热心工商联工作、有一定威望的企业家被吸纳为区工商联常、执委。全面提升全区10家乡镇商会规范化建设水平，大兴商会被省工商联表彰为“江苏省‘五有五好’乡镇商会”；大兴、陆集、丁嘴、仰化、保安5家乡镇商会被市工商联评为“全市首批基层商会规范化示范点”。加大行业商会、村居商会的培育力度，顺河镇林苗圃商会已正式成立。2015年，区工商联被省工商联评为“江苏省‘五好’县（区）工商联”，在全市工商联系统全年综合考评中名列第一。（顾秀芳）

武装·法治

·人民武装·

【概况】 2015年，区人武部牢固确立科学发展、安全发展理念，瞄准强军目标，拓展深化军事斗争准备，突出能力建设，注重夯实基础，狠抓工作落实，各项工作扎实开展。征兵工作是全市唯一一家在直招士官、女兵征集和男兵征集三项均圆满完成目标单位。区人武部被省军区表彰为“民兵信息工作先进单位”“安全管理先进单位”。被市军分区表彰为“新闻报道工作先进单位”“征兵工作先进单位”。

【党委班子建设】 2015年，区人武部党委一班人始终保持思想互通、工作互帮、生活互助、矛盾互谅、荣誉互让以及不争我高你低、不争我大你小、不争谁说了算的“五互”“三不争”传统，在良好的工作氛围中，把大家的心思聚焦到谋打赢上来，把力量贯注到战斗力提升上来。全面落实从严治党、从严治军、从严治官要求，贯彻整风精神，把落实党委主体责任和纪委监督责任，推进党风廉政建设和反腐败工作，作为深化“三严三实”专题教育整顿成效的重要抓手，在涉及单位经费开支和兵员征集等敏感事务上，严格标准程序，坚持阳光公开，主动接受群众监督，“两个责任”得到有效落实，年内未发生一起违纪违法行为。深入开展依法从严治军大检查活动，围绕财务大清查、行业风气整顿、基层风气建设等问题，先后3次召开党委会进行自查自纠，坚持立行立改、即知即改，不断强化党性锤炼和官德修养。党委在抓大事、议大事、谋发展上，向全体干部职工承诺并做到了“四个一”：即贯彻落实上级指示“一个声音”，处理和解决问题“一视同仁”，党委决议“一诺千金”，抓工作落实“一腔热情”，从而在干部职工中树立形象，有力促进了工作的落实。

【战备工作】 第一季度，进一步完善了作战方案主案和子案，整组方案调整后按属地按编组任务进行修订了重要目标防卫方案，军地领导调整后按照可能担负的抢险救灾任务对非战争行动方案进行了修正，确保所有方案科学、及时、合理。圆满完成“豫动·2015”战时国防动员指挥演练。根据省、市赋予宿豫区国防动员演练任务，以《中华人民共和国国防动员法》等法律法规为依据，结合宿豫区大规模作战背景下可能担负的动员任务，于12月24日采取现场演示和录像演示相结合的方式，突出平战转换、动员支前两个重点，研究探索新形势下区级国动委战时的指挥编成、指挥方式和指挥流程等问题，进一步完善熟悉战时国防动员运行机制，提高国防动员组织指挥能力，拓展与深化国防动员核心能力建设，区委常委、常务副区长、区国防动员委员会指挥中心主任陈磊全程组织，市国防动员会领导到场观摩，并给与高度肯定。

【军事训练】 根据分区年度首长机关训练要求，切实以“练将、练官”为重点，坚持岗位练兵、以考促训，突出抓好党委班子和机关的组织指挥和技能训练。1—4月，参加了军分区组织的2次业务集训考核。5月，区人武部部长陈志群，区委常委、人武部政委张星仲，参加了省军区组织的团主官业务理论考核，部长陈志群在全省200多参考人中获得了总分第六名成绩。10月，人武部机关参加军分区干部业务理论考核取得了全市总分第一的好成绩。

7月下旬，区人武部集中15天时间，抽调40名抗洪抢险应急连骨干在骆马湖湖区进行抗洪抢险训练，重点突出植桩机操作、照明器材和冲锋舟使用等课目的训练。训练中坚持对照实战需要，通过以考促训的方法逐步提高和巩固训练成绩，突出“缺什么、训什么，弱什么、补什么”的思路，强化了民兵抗洪抢险力量建设。

为严格落实省军区、军分区关于《民兵应急连实战化课目比武竞赛方案》的通知要求，11月中旬，区人武部组织了成建制民兵应急连骨干实战化课目集训。集训以实战化训练为目标，从难、从严、高强度进行了全副武装3000米越野、扛圆木1000米跑、铁丝网高低姿匍匐50米和手榴弹投准等科目的训练，通过强化训练打造了一支军事过硬、能打硬仗的民兵应急处突队伍。11月下旬，军分区在泗洪县组织全市民兵应急连骨干实战化比武考核中，区民兵应急连骨干取得了优异成绩。化工园区人武部副部长、民兵应急连连长刘跃斌取得了连战术演练比武第二名，保安乡民兵骨干、一排排长张文庄取得了全市民兵战斗体能比武个人总成绩第二名，民兵应急连总体成绩名列全市第三名。

【民兵组织整顿】 贯彻“能打仗、打胜仗”总要求，以新形势下军事战略方针为统揽，以《市政府、军分区关于做好2015年度民兵整组工作的意见》为依据，按照平、战时可能担负的任务，科学调整任务和布局，突出抓好应急救援分队、专业技术分队和作战保障分队建设，积极拓宽组建范围，加大向开发区、工业园区和科技园区拓展力度。领导小组坚持严格标准，对整组数据、兵员质量情况进行认真核查，对不符合要求的一律责令整改；改变以往民兵整组验收时重点抽查的做法，坚持对全区所有基层乡镇民兵应急分队进行实打实的拉动点验，从中发现问题，及时加以整改，确保了全区民兵整组工作编实编强。2015年，编入民兵组织总人数为53652人，其中普通民兵49652人，基干民兵3850人，应急分队1285人、支援保障分队1041人、登记储备队伍1524人。

【征兵工作】 2015年，上级下达宿豫区350名新兵征集任务。针对必须全部采用网上报名的新情况，区人武部及早筹划、及早部署，通过区电视台滚动播放字幕、手机短信群发、村(社区)组张贴宣传页、民兵营长深入到适龄青年家中走访等方法，还创造性地协调区电信局、区法院在繁华地带通过电子大屏播放征兵宣传视频、图片，力求把有关政策宣传到位，做到家喻户晓；紧紧围绕兵员质量这个核心，加强组织领导，广泛宣传发动，强化廉洁征兵措施，狠抓体格检查、走访调查、政治考核、基层推荐和审批定兵五个关口，坚持严格把关、谁签字谁负责，严格按照集体定兵、公开定兵、择优定兵的原则审定新兵。经过全体征兵工作人员的共同努力，圆满完成了上级赋予的征兵工作任务，全区共征集新兵350人(其中征集女兵16人)，为部队直接招收士官5人。

【拥军优属、拥政爱民】 8月16日，区委常委在区政府党政会议室专题召开议军议警会，对人武部和武警消防大队提交的有关问题进行讨论协商，为人武部和武警消防大队建设提供有力支持。区人武部注重弘扬拥政爱民的优良传统，广泛开展“双拥”共建活动。春节前夕，区人武部军政主官分别对区内9名部队基层主官和5名挂钩困难群众进行走访慰问。为全区500余户义务兵家庭发放“光荣之家”牌匾，对全区所有立功受奖人员均做到喜报专人送到家，进一步提升军属荣誉感。区人武部妥善处理各类涉军问题6件，为现役军人解决后顾之忧；认真筹划开展“双百双建”活动，每人每年为帮扶学生提供1500元助学金。及时将军地共建画面、声音在新闻媒体上播发，全年区电视台播放相关活动新闻10余条，中国国防报先后于9月21日、9月26日发表了辖区泽达学院武装部做好后备力量建设的消息报道，有效促进全区军民共建热情。

【全民国防教育】 2015年以第十五个全民国防教育日（9月19日）为契机，充分利用征兵宣传、“八一”建军节、全民国防教育日、烈士纪念日等有利时机，大力宣传国防知识。7月份，干部职工走进校园开展国防宣传教育，指导区内8所中学搞好征兵宣传。开展“军事日”活动，3次组织党政机关干部到人武部过“军事日”；坚持在区电视台每月播出一期《国防天地》专题节目。9月，协调区电视台利用一周时间，每天滚动播出上级下发的全民国防教育宣传片，强化全民国防意识。免费为两级党政机关、有关企事业单位、各中小学主要领导订阅各类军事报刊740余份，组织干部、群众、青年学生到红色教育基地参观学习，接受爱国主义教育。

【安全管理工作】 按照市军分区统一部署，集中利用一月时间，采取学条令、整军容、练队列、训军姿、正秩序等形式，深入开展“学条令、训队列、整纪律”活动，不断增强全体干部职工的条令法规意识。在重大节日来临、季节转换、执行重大任务等时，及时开展安全教育，切实强化干部职工的安全防范意识和遵规守纪意识。在技防上，严格按照上级通知要求，完善营区安防设施建设，建设标准化保密室文印室，建立健全保密组织机构，制定安全保密工作责任制，落实计算机及涉密载体登记集中管理制度，定期对保密室和计算机网络进行逐一清查，坚决杜绝了失泄密问题的发生。 （耿克涛）

·人民防空·

【概况】 总投资1.2亿元的江苏省民防训练基地，战时为人口应急疏散避难场所，平时是户外拓展、军事训练和防灾技能培训场所。2015年，人防经费征收力度加大，全区共征收人防经费近1900万元。基地获国家AAA旅游景区资格，当年共接待省内外民防系统领导考察近40批次，组织市区机关、企事业单位员工拓展训练160批次，近20所学校计2万名学生参观了防空防灾体验馆，增强了市民防灾避险能力。2016年2月，获2015年度县（市区）民防工作先进单位、宿迁市民防工作目标管理特等奖，民防工作位居全市第一。

【人防工程建设】 2015年，全区共竣工人防工程总面积261833平方米，在建人防工程105297平方米。其中，新开工面积24227平方米，新竣工面积14540平方米。全区人防工程的标识标牌安装工作进一步完善，人防知名度显著提高。

【人防通信警报设备完善】 通信警报数量逐年递增，由于主城区扩大，城区警报音响覆盖率达90%。年末，全区有电声警报器4台，电动警报器5台，固定电声一体机警报器6台，多媒体警报器4台，其中，2015年新增固定电声一体机2台，新增加多媒体警报器1台。地面指挥中心系统进一步实现与省、市人防指挥中心视频通话。

【人防宣传教育】 利用“5·19”全市防空警报试鸣日活动，在锦绣江南小区成功组织居民防空防震疏散演练活动；利用“9·18”全省防空警报试鸣日活动，在宿豫区初级实验中学成功组织学生防空防灾疏散演练活动；民防进社区工作稳步推进，在城区下相街道办和顺河镇卓圩等社区建立了民防工作站，并对近300名民防志愿者进行了防灾技能培训。

【人防专业队整组】 2015年，修编整组了抢险抢修、医疗救护、消防、治安、防疫防化、运输等6支共300人的人防专业队伍，使之成为一支较好的应急救护机动力量。 （张　乐）

·武警消防·

【概况】 宿豫区公安消防大队下辖泰山路消防中队，现有人数43人，执勤消防车7辆，行政用车3辆。全区有专职消防队10个，乡镇有消防车辆10辆，专职消防队员50名。

2015年，宿豫区大队共接处警613次，出动消防车856辆次，消防官兵4881人次，抢救被困人员35人，疏散人员5人，保护群众财产价值1560万元。同比上年，接警起数上升了45.93%，出动次数上升了58.12%，出动车辆数上升了65.24%，出动消防人员数上升了62.93%，抢救被困人员数上升了3.57%。成功处置了宿豫区卓圩工业园区盛隆家电经营部仓库火灾、江苏格林手套有限公司生产车间火灾、宿迁新瑞科技有限公司石油醚火灾、宿迁裕佳布业有限公司导热油炉泄露等事故。

消防现场　　　　（区消防大队供稿）

2015年，大队获政府消防工作考核全市唯一优秀等次；中队长助理胡海平取得省公安厅“四项建设”比武竞赛百米消防障碍项目全省第一名，荣立省公安厅二等功，被省消防总队表彰为“优秀共产党员”；中队党支部被省消防总队表彰为先进基层党支部，2名战士因扑救火灾表现突出被市政府、市公安局记功嘉奖，在支队全年工作考评中，大、中队均获得第一名。

【政府消防工作责任落实】 2015年，宿豫区严格落实消防安全“一岗双责”制度，逐级签订消防工作责任状，落实经费保障，明确部门分工，逐步形成齐抓共管的格局。区政府通过召开消防工作会议、与各乡镇签订目标责任书、督促检查通报等形式推进消防工作责任落实。区主要领导先后15次听取消防工作专题汇报，批示会办消防工作，区政府常务会议，2次研究解决5个消防安全重大问题。区政府以《中华人民共和国消防法》和《国务院关于加强和改进消防工作的意见》(国发〔2011〕46号)文件要求，进一步加强对消防工作的组织领导，强化法治思维，健全职责法定、权责统一的消防工作责任体系，推动消防工作责任落实。

【消防保障经费投入提高】 2015年，宿豫区地方消防业务预算经费为495.64万元(含乡镇消防队经费27.36万元、消防宣传车经费38万元)。区政府投入200余万元，建322只市政消火栓；投入120万元，用于灯光球场、门岗改造等项目建设，并对营区进行草坪绿化和大楼外墙整体粉刷，为官兵营造舒心生活环境；投入100万元加强装备建设，购买专职队消防器材、雷达生命探测仪、“4+X”相关器材装备，提升部队灭火救援能力。

【率先完成乡镇专职保安消防队建设】 2015年，区政府多次召开专题会议研究乡镇保安消防队建设事宜，制定出台了《宿豫区乡镇保安消防队建设方案》《宿豫区乡镇保安消防队经费保障方案》。7月7日，区政府在区消防大队院内举行乡镇政府专职消防队器材发放仪式，宿迁市消防支队支队长长胡庚松，宿豫区副区长、公安局长尤波、消防大队大队长周向阳出席仪式，仪式由区政府办副主任沈振勇主持。各乡镇分管安全工作负责人、公安派出所所长、消防民警参加仪式。器材装备的发放到位，标志着宿豫区在全市率先完成乡镇政府专职队装备配备工作。8月4日，市政府组织召开全市消防工作半年讲评会暨夏季消防检查集中攻坚行动推进会，期间，组织人员实地观摩了宿豫区陆集镇政府专职消防队和宿迁化工园区企业联防联治办公室。年内，“专职消防队全覆盖工程”荣获“回眸2015宿迁公安十大亮点”。

【率先成立企业消防联防联治办公室】 为进一步规范区域内单位消防联防协作工作机制，全面落实单位消防安全主体责任。根据省消防总队、市消防支队要求，7月3日，宿迁生态化工科技产业园区首家消防联防联治办公室在江苏旭派能源科技有正限公司式成立。宿迁新亚科技、江苏阿尔法药业有限公司等10家企业各建立一支10人的应急救援队伍，组织20人的专家库，配备50吨应急储备泡沫，干粉灭火器3550只，推车式干粉灭火器540只，消防沙100吨，应急车辆3辆。园区消防大队投入10万元购买泡沫10吨，灭火器100只、消火栓扳手4只、抢险救援服10套、设置应急电话和应急救援运输周转车辆等应急物资，在园区设立应急物资仓库。7月17日，江苏省消防总队总队长周祥、副市长、市公安局局长江海到宿迁生态化工科技产业园检查指导工作，对宿豫区消防联防联治工作走在全市前列，给予充分肯定。

【乡镇(街道)消防安全网格化管理达标创建】 2015年，全区深入推进乡镇(街道)消防安全网格化管理达标创建活动，13个乡镇(街道)全部建立消防工作办公室，落实专(兼)职消防管理人员。6月12日，宿豫区召开消防安全网格化管理试点工作推进会，各乡镇政府、街道办事处、园区管委会负责人参加了会议。11月10日，区综治办配合消防大队督察全区乡镇(街道)消防安全网格化管理及消防队伍建设情况，以“六有”(有组织、有制度、有队伍、有设施、有检查、有宣传)标准进一步规范乡镇消防安全管理工作，确保各乡镇消防办公室正常运行。区消防大队先后多次现场跟踪指导，确定顺河街道办、林苗圃社区、文昌社区为网格化建设试点单位，组织其他乡镇参观学习，以点带面，年末，有11个乡镇均完成达标创建。

【消防安全监督执法】 2015年，区政府先后部署了冬春住宅小区、夏季消防检查等系列消防安全专项治理行动。区政府通过专题会办、联合执法、约谈负责人等方式，消除了3个单位重大火灾隐患。建立重大火灾隐患曝光台，对全区重大火灾隐患进行曝光。2015年，区消防大队共出动监督检查2690人次，检查单位1345家，发现火灾隐患或违法行为1336处，督促整改1322处，下发责令改正通知书800份，下发行政处罚决定书140份，下发临时查封决定书20份，责令“三停”(停止施工、停止使用、停产停业)单位10家，罚款40.3万元，全区连续15年未发生重特大火灾事故。

【岗位练兵获得好名次】 2015年，按照省消防总队、市消防支队执勤岗位练兵比武竞赛方案，制定计划。练兵中，区消防大队坚持全员参训，加强体能、业务技能、操法等科目训练，进一步打牢执勤训练和灭火救援基础工作。区消防大队在市消防支队迎新春体能对抗赛暨大型综合商业体实战化考核中获得第二名，年终执勤岗位练兵考核荣获第一名。中队长胡海平代表支队参加省公安厅“四项建设”(基础信息化、警务实战化、执法规范化、队伍正规化)竞赛，取得百米消防障碍全省第一名。 (夏新东)

·政法及综合治理·

【概况】 2015年，宿豫区被省委、省政府表彰为“全省社会治安综合治理先进集体”“省法治建设示范区”，被省综治委命名为综治工作(平安建设)“平安区”；2016年2月，被市委、市政府表彰为2015年度法治建设工作先进单位(集体)和2015年度社会治安综合治理和信访稳定工作先进单位，公众安全感、法治满意度继续保持省市领先位次。

【社会稳定风险评估】 5月6日，区综治办、区维稳办分解下达2015年全区社会稳定风险评估工作任务,敦促各乡镇、各街道、各园区、各单位对拟出台的36个重大决策事项、重大工程项目及时开展风险评估,内容分别涉及公交站点建设、垃圾收运体系建设、雨污管网改造、土地增减挂钩、农贸市场建设、学校及幼儿园建设等。截至年末,已有31个项目完成评估任务、5个项目正在评估之中。

【社会矛盾纠纷大调解机制】 4月14日,区综治办印发《2015年全区社会矛盾化解工作要点》,明确提出"矛盾纠纷调解率、调解成功率、群众对调解工作满意率不断提高,民转刑杀人案件、越级上访、群体性事件持续下降"的"三升三降"目标。区综治办充分发挥社会矛盾化解工作领导小组组长单位职责,分别于4月下旬、6月上旬、10月中旬召开全区矛盾纠纷调解工作专题会议,协调推进专项工作。截至年末,全区已成立1个区级调委会、10个行业调委会、3个专业调解室,城区建立了3个"夕阳红"调解室,全区500人以上企业全部建有调委会。10个乡镇、3个街道、3个园区、136个村居社区全部建立了调委会。全区共有专职调解员191名。其中,村级专职调解员136名,每人每月补助400元;乡级专职调解员26名,每人每月补助800元;区级专职调解员29人,每人每月补助1000元。专职调解员费用由区财政统一拨付。今年以来,全区共排查各类社会矛盾纠纷1240件,同比下降29.6%;化解成功1235件,成功率为99.6%。

【监控城乡覆盖】 2013—2015年,区委、区政府共投入4000余万元,全力打造"防范技术融合应用、防控时空无缝对接、防控目标全网追踪、防控区域城乡覆盖"的"技防宿豫"品牌。截止2015年底,全区各单位(含公安)共建设监控摄像机7281台,公安机关联网可以直接调阅的共2780台(含109个球机)。其中,联网摄像机公安自建(社会面监控)1142台(含60个球机)。在所有公安自建监控中,只有农村道路监控网中含有43个标清摄像头,其余均为高清摄像头,为各类案件的防范、侦破、震慑工作提供了较高的技术保障。此外,区教育系统建成了高标准的监控中心,并已与各中小学校联网。

【重点整治及平安校园建设】 坚持"打防并举、标本兼治"的方针,对案件高发的重点部位、场所、路段和城乡结合部进行滚动排查整治。全区共排查市级挂牌重点地区1个、区级重点挂牌地区4个,分别由区综治办牵头、区公安分局担当主力、相关部门辅助配合开展整治,取得了良好成效,全区共整治各类治安突出问题23个。切实加强平安校园建设,深入开展校园周边环境整治专项行动,及时清理校园周边的网吧、歌舞厅、游戏室等经营场所。区财政投入1000万元,专门为乡镇购置标准化校车,实现乡镇校车运行全覆盖。全区所有学校食堂均通过了量化分级考核。建立全区中小学校舍安全保障长效机制,校舍维修、改造经费纳入财政预算,确保及时消除安全隐患。2015年,全区已创成省消防教育示范学校1所、省平安校园27所、省交通安全示范学校4所。

【流动人口和特殊人群服务管理】 改革常住人口、暂住人口分类管理办法,建立覆盖全部实有人口的动态管理体系。截至年底,全区共有流动人口1.5万人,信息采集登记率达90%以上,以房管人、以业管人、以证管人得到了较好实施。进一步完善《宿豫区易肇事肇祸精神病人救治办法》,实行定期排查梳理、技术鉴定确诊、制定医疗方案、给予治疗控制、进行长效康复"一条龙"服务,已成功救治60余人。针对少数重点青少年问题较多、难以管理的状况,深入开展成长"护航工程"、未成年人"零犯罪社区"创建活动,实行结对帮扶,设立阳光驿站,进行免费培训、帮助就业。1—10月,全区已培训帮扶重点青少年400余名,落实帮扶资金160万元。截至年底,全区共有社区服刑在册人员201人、安置帮教人员495人,无一脱管、漏管、重新犯罪。

【三级平台建设】 建成区乡村三级社会管理服务中心。区社会管理服务中心已于2014年11月建成并投入使用,该中心建筑面积1500平方米、使用面积1300平方米,紧靠区信访接待中心、与区委、区政府距离适中,便于及时疏导区委区政府偶发、突发群体事件,又便于区领导靠前指挥。13个乡镇、街道,均已建成标准化三级社会管理服务中心,平均面积400平方米。全区通过多年区直机关"一帮一、多帮一"帮建援建活动,136个村居(社区)已有90%建成功能齐全的村级社会管理服务站,平均面积400平方米。

【信息化、网格化建设】 截至年底,全区省级各项数据接收、认领、录入工作均已完成,动态管理工作正在有序推进之中,OA办公模块正式投入使用,全区综治信息系统服务实战、服务稳定、服务发展的作用日益彰显,为平安宿豫建设提供了有力支撑。账户终端全部开通。全区共开通PC账号191个,手机账号179个,PC终端与手机终端已全部接入专网。全区共免费发放台式电脑160余台(其中136个村居社区每家1台、15个乡镇街道园区每家1台),免费发放手机终端179个。人员力量配备到位。区综治办专门明确2名年纪较轻的业务骨干,负责指导协调全区综治信息化工作,每个乡镇指派1名综治专干、每个村居(社区)选派1名大学生村官,负责乡村两级综治信息化工作。制度机制健全完善。全区注重加强对综治信息系统建设的日常管理,区综治办印发了《宿豫区综治信息平台信息上报考评办法》《宿豫区综治信息系统考评标准》,"一月一统计、一月一排名、一月一通报"。网格管理全面到位。宿豫区按照"定格、定人、定责、定效"的要求,把社会管理服务各项措施有效落实到全区1256个网格里。在网格员配备上,按照"一警两员"标准配备网格管理服务人员。每一网格配备1名社区民警、城市2名网格员、农村1名网格员,并将其姓名、联系方式等在网格内公布(1名民警兼管多个网格)。

【法治建设惠民工程】 2015年,全区出台了法治宿豫为民办实事工程10项,经过努力完成9项,宿豫第一实小法治教育基地暂缓。其中,建成50平方米涉法涉诉接待办公中心,配齐专业人员3名和设置200万元救助金已全部完成;打造完成《法治建设在宿豫》专栏,并开通运行;区人社局建立职工维权工作部已建成投入使用。区国税局、地税局围绕纳税人学法知法守法,投资近百万元建成苏北一流纳税人法治教育学习基地。在加大法治为民办实事工作力度的同时,重点加强全区法治成员各单位的法治阵地建设,目前,13个乡镇、街道、3个园区、44个成员单位和139个村(居)社区建成法治主阵地。

【涉法涉诉信访案件处理】 2015年共受理涉法涉诉信访案件58件,较去年同比上升70%。法院信访案件30件,反映问题主要集中在法院生效判决执行不到位,要求加大执行力度。公安分局信访案件25件,反映问题主要集中在公安机关不作为,要求加大办案力度。检察院信访案件1件,要求加大贪腐、渎职查处力度。其中,2件信访案件转交宿迁市湖滨新区。全年共化解调处信访案件39件,正在化解调处的19件。2015年,宿豫区继续发挥涉法涉诉信访救助资金"救急救难、维护公平"的作用,区政府拨出专款保证了200万元的年度救助额度。2015年,宿豫区涉法涉诉救助对象共6人,共计31.3万元。 (张　瑞)

·法治政府建设·

【概况】 2015年,在市全面推进依法行政工作领导小组的正确指导下,区政府认真贯彻落实国务院、省、市政府关于加强法治政府建设的意见,以《宿迁市法治政府建设指标体系工作任务分解方案》为纲领,进一步推进政府职能转变,提高依法决策水平,规范行政执法行为,强化行政执法监督,依法行政工作和法治政府建设取得明显成效，人民群众法治满意度达97.2%，位居全省领先水平。

【依法行政建设】 根据《江苏省人民政府关于深入推进依法行政加快建设法治政府的意见》(苏政发〔2015〕1号)、《宿迁市法治政府建设指标体系工作任务分解方案》(宿依法〔2015〕2号)精神，区政府专门召开十六届十五次常务会议听取全区依法行政工作开展情况汇报，研究解决工作中存在的问题。会后，制定出台《宿豫区人民政府关于深入推进依法行政加快建设法治政府的意见》(宿豫政发〔2015〕59号)、《宿迁市宿豫区法治政府建设指标体系工作任务分解方案》(宿豫依法〔2015〕2号)，对各项目标任务层层分解，落实到人。区政府常务会议将依法行政工作纳入年度目标考核体系，制定出台《宿豫区依法行政工作考核办法》等文件，为依法行政工作开展提供制度保障。坚持典型示范，以点带面，印发《关于开展依法行政示范点创建活动的通知》(宿豫依法〔2015〕3号)，已完成区公安分局等10个部门区级依法行政示范点确认工作。

【规范性文件制定和备案】 按照《江苏省规范性文件制定和备案规定》要求，于年初出台《宿豫区人民政府2015年度规范性文件制定计划》，规范发文程序，明确部门以区政府或区政府办名义起草的规范性文件，必须由区政府法制办先行审核，未经审核的规范性文件，区政府常务会议不予审议。2015年共有146份行政性文件由区政府法制办进行了合法性审核，其中规范性文件1件。严格落实省、市规范性文件管理的有关规定，实行规范性文件统一登记、统一编号、统一发布"三统一"制定。对区政府出台的《关于印发宿迁市宿豫区科技成果转化风险补偿资金管理办法的通知》按时向市政府和区人大进行了报备，备案率为100%。对2007年1月1日至2012年12月31日期间，以区政府名义发布的54件规范性文件进行全面深入清理，决定继续有效的29件，应予修改的5件，决定废止的20件。

【依法决策】 按照区里出台的《关于进一步完善领导班子科学民主决策的实施意见》和《宿豫区规范性文件和重大决策合法性审查办法》要求，健全行政决策制度，将公众参与、专家论证、风险评估、合法性审查和集体讨论决定作为重大行政决策的必经程序，组织市政道路、农业布局和产业发展规划论证等多次专家评审论证会。对社会涉及面广、与广大群众利益密切相关的决策事项，先后在"中国宿豫"网站政府公告中发布《宿迁嘉禾塑料金属制品有限公司年产735吨金属制品和8100吨塑料制品项目环境保护竣工验收公示材料》《宿豫区全域完成村庄环境整治公告》《江苏华孚色纺有限公司印染生产线燃煤锅炉技术改造项目环评文件拟批复公示》及《宿迁中玻电子玻璃有限公司550t/d电子玻璃生产线项目环境影响评价项目信息二次公示》等信息。对《关于合作投资开发光伏电站项目的协议》《区环保及市政基础设施政府和社会资本合作建设项目投资合作框架协议》等10份协议进行了合法性审查。积极探索重大决策的后评估工作，分别对档案馆图书馆搬迁改造项目、救急难试点工程项目等6件为民办实事重大决策进行了后评估。先后通过召开政府常务会、区长办公会就宿豫文化公园建设有关问题、城市管理工作相关问题、城乡污水处理设施建设管理、电子商务产业园建设等工作实行集体充分论证和讨论，并以会议纪要等形式记录整理，作为决策依据。对涉及民生重点事项、社会关注度高的重大行政决策，由决策承办单位报请区监察局组织专题评估审查。2015年，对区科技局、区民政局、区农工办、区经信局、区人社局报请的行政决策事项进行了廉洁性审查，审查结果均为合格。完善重大行政决策终身责任追究制度和责任倒查机制，转发《宿迁市人民政府重大行政决策程序规定》，加强监察局等部门监督检查职能，对违反规定造成决策失误的依法追究行政过错责任。年末，宿豫区暂未出现决策失误现象，无责任追究情况。

【矛盾化解】 探索畅通和拓宽信访渠道。初步形成了“信、访、网、电”一体化的群众诉求受理网络，为群众诉求提供便利条件。进一步完善了区乡视频接访，村级信访阵地建设，大力推行“阳光信访”，大胆创立并推行“群众评访制度”，增强信访工作的透明度和公正性。全面推行信访信息化建设，建立网下办理、网上流转的群众信访事项办理程序，将接待来访、办理来信、督查督办、网上投诉等全部放在网上流转。在区人民来访接待中心实行联合接访，把有权处理信访问题的责任部门集中起来联合接待上访群众，实行“一站式接待、一条龙办理、一揽子解决”，减少群众信访成本，提高工作效率。截至目前，共接待来访群众235批2494人次，受理群众来信106件，网上信访56件，按期办结率达100%。全面推进行政调解。按照《宿豫区行政调解工作实施方案》的要求全面推进行政调解工作。加强对乡镇、部门行政调解工作的指导监督，每月对全区行政调解情况进行统计汇总，并及时上报市政府。全年共受理行政调解345件，调解成功率94.2%，涉及调解金额566.11万元。

【民意访评中心创建】 2014年2月，宿豫区在宿迁市创新成立民意访评中心，敞开大门征集群众意见。中心按照“民意收集—民意回访—调查整改—通报考核”模式闭环运行，重点对各单位面向群众、企业行使行政权力的社会满意度进行访评，对全区重大决策、重要文件、重大事项进行民意征集，受理和接受群众投诉、评议等。2015年，全区82家区直单位和所有乡镇（园区）以及社区居委会、行政村为民服务事项全部纳入民意访评范围，截至2015年年底，中心已接收各类办件203090件，按抽样规则有效访评85178件，下发整改通知609件，65件二次不满意办件转纠风办查处，群众满意率达94.66%。巩固完善网络问政、政务微博等交流平台，年内，全区共受理网贴18304条，回复率达100%，办结率达100%。（王 莉 朱芳远）

·公 安·

【概况】 宿豫公安分局内设办公室、指挥中心、国保大队、治安大队、刑警大队、交警大队、经侦大队、巡特警大队、网安大队、出入境管理大队、法制大队、督察大队、政治处、警务保障科、单位内部安全保卫大队、消防大队等16个内设机构和14个派出所。2015年，宿豫公安分局被省委、省政府评为江苏省人民满意的政法单位、记集体一等功，被江苏省公安厅评为全省县级公安机关执法质量考评优秀单位（连续三年），被市委市政府评为宿迁市人民满意的公务员集体、全市平安建设法治建设先进集体、信访工作先进集体、全市文明单位、依法行政示范点。车管所和出入境管理大队分别荣获国家级和省级“巾帼文明岗”称号。民警丁一荣获第三届“江苏最美警察”提名奖，施昌德、陈作猛荣获“中国好人”称号，5名民警荣立二等功。

【维护社会稳定】 紧紧围绕全区矛盾较突出的被辞退民办教师、骆马湖打砂船民、载客三轮车车主等重点群体，强化情报信息搜集和目标稳控，上报信息950余条，市级录用622条，省级采用303条，同比分别增长12.4%、22%，居全市第二。先后排查各类涉稳矛盾纠纷218起，交办引导责任部门化解109起。有效化解处置涉稳涉访事件130余起，妥善处置宿豫中学教师罢课等重点涉访事件，全力参与绿陵集团、太平洋玻璃债务风险化解、红星凯盛业主维权等重要涉企不稳定因素处置工作，受到上级领导肯定。

强化重大活动安保。完成“两会”“六四”“七五”和抗战胜利70周年纪念活动、“中国——中东欧国家领导人会晤”、省委第七巡视组在宿期间驻地保卫等重大安保任务，实现敏感时期“六个确保”（确保无进京非正常上访，确保无进京越级上访,确保无进京集体上访,确保无赴省集体上访,确保无来市重复集体上访,确保不发生严重影响社会稳定的重大事件、涉访群体性事件、个人极端事件和重大网络安全事件)目标。

开展打击全能神邪教“2015震慑”专项行动,查处案件22起,捣毁窝点21处,刑事拘留1人,行政拘留58人,摧毁全能神宿迁14号小区1号教会组织,有效遏制了邪教组织活动发展势头。

对全区农村维稳现状和139个村(居)、879名“两委”(解释:村党支部委员会和村民委员会,社区党支部委员会和社区居委会)人员开展调查,录入数据库293人,排查各类涉稳隐患160余起。

【舆情掌控全省先进】 落实24小时网上巡查处置机制,及时发现煽动性、行动性信息130余条,舆情导控20起,落地查证80余人。发现并处置“万人签名声援合青高铁”网络突发事件,挖掘本地网民吴某组建的三个“e租宝”维权QQ群及其他40名网民虚拟身份。互联网信息监控全省排名第一,网安大队被总队授予互联网情报信息直报点,并赴省公安厅做经验介绍。

【打击犯罪】 组织开展打击侵财犯罪质效提升年、净网行动、亮剑行动、利剑行动、“打黄赌、铲源头”、打防通信网络诈骗犯罪、打击食品药品安全犯罪等专项行动,全年刑事拘留379人、逮捕293人、移送起诉540人、行政拘留426人、罚款386人,判决涉恶人员56人,公诉涉毒人员18人,追回境外追逃、遣送“三非”(解释:非法入境、非法居留、非法就业)妇女各1名,省公安厅研判和市公安局督捕逃犯到案率100%。

2015年内3起命案均在短时间内破获,攻克了单某故意杀人案、张某放火案、系列持械抢劫案、跨省诈骗案、毒品犯罪案等大要案件。捣毁8个制售假酒窝点,查获洋河系列假酒1200余箱,破获全市唯一一起公安部、省公安厅督办的方某售假案,省厅专门发来贺电。全年刑事发案2310起,破获786起,破案率34.03%,“八大类”案件(解释:故意杀人、故意伤害、强奸、抢劫、放火、贩卖毒品、投放危险物质、爆炸)破案率98.5%,全部刑事案件破案率全市第一,全省继续领先。

突出打防通信网络诈骗犯罪。先后赴广西、黑龙江、广东、河北等地抓获涉案嫌疑人21名,破案279起,追缴赃款146万元。成功阻断9起通信网络诈骗案,挽回损失50余万元,发案同比下降36.5%。扎实做好刑侦基础工作。刑事案件数据质量连续多年一直稳居全市第一。民警陆力通过标准化信息采集,为宿城区快速确定“5·23”抢劫金店犯罪嫌疑人提供了关键线索。

【治安基础设施建设】 大兴、关庙派出所建成投入使用,顺河、化工园、曹集派出所在建。建成6个临时堵控点、3个查报站、3个高速公路出入口堵控点、59个电子卡口,全市四道治安防线建设现场推进会在宿豫公安分局召开。投入1000余万元加强技防城和城区交通设施建设,建成电子数据实验室和一站式新型车管服务大厅。

【防控体系建设】 着力构建社会面、居民小区、单位内部、场所行业、网络社会、群众自我等“六张防控网”,构建动静、点面、人技三结合的网格化立体化巡防格局。新配备1辆运兵车、2辆PTU冲锋车、2辆武装巡逻车、30辆巡逻电动车,有效提升了机动能力和处置能力。全年通过巡防抓获违法犯罪嫌疑人79名,分局监巡对接工作在全省巡防业务培训班上作经验介绍。

【治安专项整治】 开展危爆物品、寄递物流、场所行业清理整顿,检查单位2250余家次,发现整改隐患196处,停业整顿22家,查获违法犯罪嫌疑人417人。场所行业科技信息化管控水平显著提升,全区470家场所行业治安管理信息系统安装率99%,154家旅馆业前台监控安装率100%。全区107家重点单位、195处重点目标、54家收费营业场所、2家大中型商场超市过夜现金保管室的安防建设达标率均为100%。

【交通秩序整治】 推进城区道路交通安全设施提档升级，全年查处交通违法行为25.2万起、饮酒驾驶86起、无证驾驶484起，侦办危险驾驶64起、交通肇事逃逸38起，拆除电动三轮车顶棚265辆。交通事故死亡人数同比下降17.07%，报废老旧机动车1825辆，在全市率先完成黄标车(解释:是新车定型时排放水平低于国1标准的汽油和国111排放标准的柴油车的统称)淘汰任务。

【危化品安全管理】 完善涉危企业"365"管控模式，全区24家涉危单位备案率、列管率、硬件设施建设达标率均达到100%。全力查禁收缴非法爆炸物品、枪支弹药、管制刀具和剧毒物品等各类非法危险品，严防危险物品非法流散社会、危害公共安全。全区未发生因危险品管理不当造成致人伤亡事故。

【规范执法】 主体建设方面，持续开展集中轮训、专项培训、跟班培训、庭审旁听、学法竞赛等活动，坚持每日一学，每周一训，每月一考，以考促学，不断提高民警规范执法能力。分局民警全部通过基本级执法资格考试，有321名通过中级、58名通过高级执法资格考试，5名民警通过国家司法考试。制度建设方面，成立行政复议委员会、执法监督管理委员会和法律专家顾问团，并分别制订了工作规则。完善行政执法标准和指导意见，制作了26类常见刑事、行政案件办理模板，做到所有执法行为有法可循、有规可依。强化问责方面，对网络问政、来信来访以及主动发现的案件问题，逐一进行调查剖析，发现执法过错，立即启动问责。年内，公开问责处理8人，5名民警的评优评先或晋职晋级资格。硬件建设方面，投入60余万元优化分局执法办案中心门禁系统、录音录像存储系统、接处警录音录像自动存储上传系统。建成案件管理中心，对案件处理和未破案件实行扎口管理。设立案件受理室，健全完善受案登记、立案审查工作机制，探索实行受案立案分离和立案归口管理制度。

【技防建设全市领先】 完成技防城三期工程建设，新建362个监控点、513台枪体相机、54台球体相机，新增存储832TB。新增社会面联网监控21个单位276台相机、13个小区668台相机、10台抓拍机，总量已达3576台。公安自建监控完好率始终保持在95%以上，建设密度和运行质态均全市领先，全市乡镇和农村地区视频监控建设工作现场推进会在分局召开。

【城区交通智能巡查中心建成】 集成了道路视频监控系统、交通信号控制系统、交通违法检测系统、智能卡口系统、指挥调度平台、350兆常规台等系统的控制端，通过指挥室调度与路面巡管警力互动，初步形成了网上巡查、网下呼应的交通管理新格局，有效提高了交通管理水平和服务打击能力。

【自主研发软件获发明奖】 研发应用特种行业手机信息采集系统和社区助手综合管理平台，实现日常工作跟踪提醒、基础信息实时采录、场所行业动态管控。整合分局警情二级指挥调度平台和技防监控实战平台，提升指挥调度和警务处置效率。分局自主研发的"警e巡"手机软件获得国家版权局颁发的《计算机软件著作权登记证书》，与特种行业手机信息采集系统作为亮点项目，受邀在省厅苏北片会上并作经验介绍，并分别荣获全市2015年度政法工作创新奖二、三等奖。

【从严治警】 狠抓内务管理，从基本行为准则抓起，强化作风养成。重点整治未如实立案、违反财经纪律、涉案财物管理不到位等问题，加强廉政教育、警示教育，严格落实领导干部一岗双责。全年受理核查信访投诉60件，纪律处分2

人,问责处理4人,停止执行职务1人,澄清不实投诉6起。严格辅警人员招录、工资、晋升等管理措施,充分发挥辅警人员效能。深化窗口服务达标创建,落实“十二项便民举措”,健全行政审批和服务发展“绿色通道”,不断改进服务水平。

【户籍管理】 2015年,宿豫区有户籍人口49.53万人,比上年增0.61%,常住人口44.5万人。0~14岁少儿人口91124人,15~64岁劳动年龄人口342877人,65岁及以上老年人口63386万人,流动人口11815人,城镇人口340843人。开展实有人口服务管理“三项攻坚”、户口登记管理清理整顿、无相片人员集中清理核对工作,办理二代身份证36719张,制发临时身份证9497张,制发居住证14115张。

(韩　军　张　雪)

·检　察·

【概况】 2015年,宿豫检察院以司法办案为中心,全面推进依法治区。2月,被市检察院荣记集体三等功;3月,未检科被省检察院荣记集体二等功;5月“‘成长沙龙’伴我行系列活动”荣获全省“未成年人刑事检察工作十佳创新事例奖”。3人分别荣获市委市政府二等功、宿迁市劳动模范、“宿迁最美夫妻和睦家庭”。

【批捕起诉】 全年共受理公安机关提请批准逮捕刑事案件173件268人,经审查批准逮捕143件205人,不批准逮捕59人。受理移送审查起诉案件578件806人,提起公诉557件753人,不起诉13件26人。先后办理了单某杀人焚尸案、王某某杀妻案、张某销售假盐案。重点关注网络诈骗等新型犯罪,对公安部督办的汤某等电信诈骗案首批3人依法予以批捕。

【查办和预防职务犯罪】 全年立案贪污贿赂案件7件14人,涉案金额均在5万元以上,大案率达100%,窝串案2件9人。立案渎职侵权案件4件4人,其中正科级1人。完成预防调查4份,犯罪分析10份,开展预防警示教育69次。组织“检察长宣讲团”走进商务、财政等单位,开展“预防职务犯罪机关行”活动12次。在宿豫检察微信公众号定期推送预防动态;自编自导的公益微电影《省》在宿豫电视台公开播放,在互联网上热播。

【诉讼监督工作】 全程强化刑事诉讼监督,全年监督公安机关立案2件,监督撤案2件,追捕5人,追诉1人,纠正违法5件;向法院提出抗诉2件2人,纠正违法1件。向司法行政机关发出书面检察建议8份,督促收监执行5件6人,开展羁押必要性审查6件6人,变更强制措施4件4人,办理特赦案件审查21件21人。全程强化民事行政检察监督,办理各类民事行政案件21件,向法院发出检察建议5件,向行政机关发出不当履职检察建议9件。

【依法化解社会矛盾】 积极开展“举报宣传周”“法律宣讲进社区”等活动,着力提高群众法治意识,引导群众依法信访。2015年,共受理来信来访137件,其中,举报类42件,控告类26件,其他69件,均依法妥善处理。建立司法办案风险预警、处置、防范工作机制,防止因自身执法不当引发和激发矛盾。加强不批捕、不起诉、不支持监督申请等环节的释法说理。与区委政法委等七个部门研究制订《关于建立完善国家司法救助联动机制的实施方案》,有效维护当事人合法权益,避免引发次生矛盾。

参与对全区依法行政工作的专项检查,牵头与区公安、法院、环保局及宿城区法院联合制定出台《宿豫区环境行政执法与司法联动实施方案》,建立工作配合衔接机制。

【未成年人保护】 以创建“五彩·梦”品牌为统领,用检察力量为未成年人撑起一片天空。充分挖掘平台载体的功能,推动青少年法制教育基地成为学生的“第二课堂”,观护基地成为涉罪未成年人的"临时家庭",法制实践基地成为青少年的法律"体验场所"。积极开展"成长沙龙"项目,矫治未成年犯、保护未成年被害人、预防在校生犯罪、护佑留守儿童。2015 年,帮教涉罪未成年 35 人;在宿迁开放大学、技师学院等学校开展法制讲座 9 次;适时介入"宿迁卫校女生被殴案",保护被害人合法权益。运用"互联网+"新思维,开通宿豫未检公众号,公益微电影《心泉》在全市中小学播放,实现网上网下服务"一站式"。

2015 年 6 月 11 日,省检察院检察长徐安(中)参观区检察院青少年法制教育基地,观看学生进行法律知识测试　　(区检察院供稿)

【检察信息公开】 2015 年,区检察院主动对接最高人民检察院案件信息公开网,实现案件信息公开、过程动态公开、双向互动公开。全年公开案件程序性信息 848 条,法律文书 376 份,发布重要案件信息 10 篇,公开接受电话查询、现场查询 96 人次。接待律师 243 人次,受理安排阅卷申请 110 人次。此外,认真开展检察官职务序列套改工作。

【规范司法专项整治】 2015 年,研究出台《规范司法行为"示范部门、示范标兵"争创活动实施意见》,通过双评选、树典型,正面引导干警树立规范司法理念。开展规范司法"微课堂"活动,由公诉、民行、案管干警分别讲授公诉人如何参与庭前会议、新行政诉讼法的应对等课题。由案管牵头成立规范司法专项评查组,针对工作中容易出现问题的环节进行专项评查,共排查出问题案件 47 件,涉及问题 60 个。对公安机关提请批准逮捕书进行深入分析,向公安机关发出检察建议促成其开展法律文书专项整改活动。针对公安录音录像中存在的问题,专门为全区公安干警讲授如何规范同步录音录像工作。联合公安机关出台《刑事案件侦捕诉"规范司法行为,提高办案质量"实施意见》,对提请批准逮捕书、起诉意见书进行细化规范,规定通过提前介入、案件质量反馈等手段加强对公安执法工作的监督。检察长主动担当规范司法的主体责任,具体查看 47 件问题案件及季度评查、检委会评查发现的问题,对存在问题较多的承办人,直接约谈其所在部门(科室)负责人,了解问题产生的原因,并限期责令整改。

【接受人大监督】 2015 年,向人大代表赠阅《清风苑》等报纸杂志,增进代表对检察工作的了解。全年邀请人大代表、政协委员视察 5 次,向人大汇报工作 4 次,认真听取代表委员建议,并切实加以整改。积极开展"检察开放月""代表委员联络月"等活动,邀请各界人士为检察工作建言献策。以宿豫检察微博、微信公众号为纽带,建立检民联系的新渠道。　（江　婷）

·审　判·

【概况】 2015 年,区人民法院共受理案件 13264 件,结案 11053 件,案件受理总量和审执结案件数量首次"双过万",涉案标的达 16.82 亿元。先后被市委、市政府评为"宿迁市文明单位",被省高级人民法院命名为"全省法院文化建设示范单位"。有 6 个部门、7 名个人受到省、市法院和上级党委表彰奖励。

【刑事审判】 2015 年,区人民法院共审结各类刑事案件 512 件,判处罪犯 623 人。严厉打击聚众斗殴、抢劫、集资诈骗等事关群众生命财产安全的刑事犯罪,营造安全稳定的投资环境和人居环境,共审结此类案件 121 件,判处罪犯

277人。从严打击生产、销售伪劣产品以及销售假药等犯罪行为,规范市场经济秩序。依法打击职务犯罪,推进反腐倡廉工作,全年共审理贪污、贿赂、渎职等职务犯罪案件15件27人。关注未成年人暴力犯罪和校园暴力伤害事件,开展以案说法、模拟法庭等活动,教育学生1200余人次。严格规范保外就医的程序和条件,建立监外执行案件"3+1"("3"指医院医学专家、市中院法医技术部门、法院审判委员会,"1"指检察机关监督)会诊审批制度。加大财产刑事案件执行力度,对判处罚金刑事案件及时移送强制执行,全年累计追缴罚金110万元。

【民事审判】 全年审理各类民事案件6069件。妥善审理婚姻家庭、赡养抚养、析产继承等案件,着力保护妇女、未成年人及老年人的合法权益,注重运用调解手段化解家事纠纷,家事案件调解率53%,实现法、理、情的有效融合。妥善审理医疗、劳动争议、交通事故等涉民生案件,依法保护弱势群体的合法权益,在确保案件质量的基础上,坚持快审快判,在审理一起倍受关注的渣土车撞公交车致1死13伤的重大交通事故案件时,从开庭到赔付,仅用3天时间,便将80余万元赔偿款发放到位。依法审理土地承包、土地流转等涉农纠纷案件135件,保护农民合法的土地承包经营权。

【商事审判】 全年受理商事案件1429件,同比增加134.12%。依法审理涉及银行、小额贷款担保公司、投资公司等借款合同纠纷案件628件。稳妥审理涉企群体性纠纷,坚持平等保护,服务发展的原则,力促案结事了,在审理孙某等285人与企业借款合同纠纷时,通过盘活企业资产,偿还部分债务,促成双方达成和解协议,285件案件全部调解结案。运用司法强制措施,维护企业利益,在审理我区某企业与广东潮州某公司货款纠纷一案时,我院接到企业保全申请后,承办人连夜赶往潮州,冻结了该公司银行账户余款180万元。全年累计到40多个城市,冻结银行账户52个,为企业挽回经济损失4000余万元。

【案件执行】 全年受理执行案件5151件,执结3910件(含执行程序终结案件)。加大对拒不履行、规避执行当事人的惩罚力度。全年,对180名被执行人实施司法拘留,2案3名被执行人因转移执行财产,被移送公安机关立案侦查,2162人被列入最高人民法院失信被执行人名单库,其中64名被执行人因被限制贷款、高消费等主动履行义务。全年开展集中执行四次,成功执结一批被执行人"躲猫猫"案件。健全"互联网+"执行工作体系,通过信息化提升执行成效。与民丰银行、东吴村镇银行建立点对点查询,在宿豫公安分局建立被执行人信息查控点,进一步扩大执行查控快速反应范围。2015年,区法院被市政法委评为生效裁判"执行百日攻坚"专项行动先进单位,三名执行干警被评为先进个人。

【审判权改革】 在2014年三个人民法庭先行先试的基础上,2015年在院机关审理部门设立了17个"1+1+1"或"2+2+1"的审判团队,出台了《审判团队管理办法》和《审判团队考核办法》,规范审判团队运行,实行审判团队由主审法官对案件审理全程全权负责,院、庭长不再签发未参与审理案件的法律文书。26名主审法官全年人均结案230件,同比增加15件,案件平均审理天数下降3.8天。院长、庭长固定到年青法官合议庭担任审判长,参与疑难复杂案件的审理,现场指导、提升青年法官审理案件水平和驾驭庭审能力。综合部门法官挂靠审理部门办理案件,服从业务部门的指导。同时,明确院、庭长及综合部门法官办案任务,并列入年度考核。年内,院长、庭长共审结各类案件1133件,超额完成办案任务。

【司法公开】 审判流程公开。全年累计向当事人发送告知信息29600余条。实现规范化庭审"三同步"(同步录音录像、同步记录、同步显示庭审记录），逐步扩大庭审互联网直播范围，通过互联网、微博直播案件庭审 102 件。裁判文书公开。按照“上网为原则，不上网为例外”的要求，凡符合公开条件的法律文书，全部在中国裁判文书网上公布。全年裁判文书上网 4881 件，2015 年新收案件同步完成电子卷，2003 年以来的所有案件形成影像卷宗，实现了当事人通过案件电子查询平台即可查询诉讼档案。执行信息公开。实现了指挥中心对执行现场实时准确发出命令。为执行人员配备执法记录仪，实现实时取证、公开过程、监督执行的有机统一。通过短信的方式将财产查控、财产处置等执行进程及时告知案件当事人。在淘宝网建立宿豫法院司法拍卖平台，全年网拍 335 起，累计交易额达 8000 余万元。

【法院文化建设】 凝练形成“崇法明德、秉公守正、敬业担当、清廉为民”的宿豫法院精神，培育和弘扬“公正、廉洁、为民”的司法核心价值观。投入 18 万元用于更新和维护院史陈列室、文化长廊、图书室、文体活动室等。开展演讲比赛、读书研讨会、文体比赛等活动。拍摄全市法院系统首部法治公益微电影《1 号执行令》，向社会展示了法院干警的良好精神风貌，网络点击浏览量达 4 万次。区法院被省高院确定为全市唯一一家法院文化建设示范单位。

【司法为民便民】 增设自助立案区、电子卷宗查询窗口、律师公益援助站以及“12368”声讯查询工作室。打造“十分钟立案”窗口，实现立案、缴费等一站式服务。设立律师网上专用通道，实现网上预约立案和排期开庭等，全年共办理网上立案 113 件。

全年共为 366 名当事人缓、减、免交诉讼费 41.2 万元，将生活确实困难的申请执行人纳入救助体系，全年救助申请执行人 28 人次，落实救助资金 14.2 万元。

推行“裁判引领”调解模式，以生效判决为范本，将同类型批量案件委托调解。如来龙镇来龙居委会李庄农民集中居住区工程代建纠纷，区法院选择两起案件进行先行审理判决，其余案件委托镇政府、居委会等部门参照判决内容组织双方进行调解。开展巡回审判进村居活动，全年开展巡回审判 56 场次，教育群众达 3200 余人。

【失信被执行人曝光台】 自 2014 年 4 月份起，宿豫区法院利用自设的电子大屏，对拒不履行法律义务的失信被执行人进行曝光，一些“老赖”碍于情面主动履行义务。

位于宿豫区人民法院诉讼服务中心入口处的失信被执行人曝光台　　（王　豫摄）

曝光“老赖”的 LED 显示屏位于法院诉讼服务中心入口处，人流量大且位置显眼，吸引路人或者当事人都能驻足观看。大屏幕上显示着“宿豫区人民法院失信被执行人曝光台”，对每位“老赖”包括照片、姓名、户籍住址、出生日期、身份信息等在内信息进行全面公布。公布曝光的被执行人均是长期躲避执行，在外不归或有能力偿还而拒不履行偿还义务的，涉及的案件有民间借贷纠纷、借款合同纠纷、劳务合同纠纷、买卖合同纠纷、道路交通事故赔偿等。仅 2015 年，电子大屏幕公布“老赖”信息 280 人次，曝光后，主动履行义务的有 103 人，占 36.78%。　（王　豫）

·司法行政·

【概况】 宿豫区司法行政系统坚持围绕中心、服务大局，以“争当全省司法行政系统排头兵”

为目标,锐意进取,开拓创新,各项工作取得了显著成效。2015 年度,区司法局先后被市委、市政府表彰为"宿迁市文明单位"和"2011—2014 年平安宿迁法治宿迁建设先进集体";被省司法厅表彰为"全省优秀司法局"和"绩效评价优秀单位";顺河司法所创成国家级"先进司法所"、豫新街道雨露社区创成"全国民主法治示范社区"。

【人民调解】 加强人民调解信息管理系统操作培训,定期不定期对各司法所(办)使用系统情况进行督查通报,同时将系统使用情况纳入年度目标考核,实现调处管理信息化、网络化,不断提高调解工作效率。突出重点领域,加强交通事故、医患、劳动人事、婚姻家庭、征地拆迁、环境保护、物业管理等行业性、专业性调解组织建设。全区共设立 10 个专业调委会和 3 个专业调解室。抓住重点时期(春节、中秋、国庆、十八届五中全会等)开展矛盾排查化解专项行动,把矛盾纠纷解决在萌芽状态、始发阶段。2015 年,全区共排查调处各类矛盾纠纷 2895 件,调处成功 2871 件,调解成功率达 99.3%,防止民转刑 12 件 21 人,防止群体性上访 47 件 639 人,发挥了人民调解在维护社会稳定中的"第一道防线"作用。

【社区矫正】 出台《宿豫区社区矫正审前调查评估实施细则》,注重应用高新技术,充分利用专网矫正平台、手机 GPS 定位系统、人脸识别考勤机、执法记录仪、矫务通,加强对社区服刑人员动态核查,实现一体化技防体系,对重点对象实时监控达 100%。推行"四心"工作法,做到入矫时细心、教育时入心、谈心时交心、日常监管耐心,切实增强社区服刑人员服刑意识和遵纪守法意识。相继开展"德法同行"中秋关爱帮扶专题法律服务活动、贫困特殊人群关爱帮扶活动、就业技能培训,为 17 名社区服刑人员提供就业岗位,重塑新人生。2015 年,全区社区服刑人员在册 180 人,无一脱管、漏管和重新犯罪。

【普法宣传】 顺利完成省"六五"普法终期考核验收。全面落实"谁执法谁普法"普法责任制,把 261 条普法责任清单分解到全区 34 个部门,构建分工负责、各司其职、齐抓共管的大普法工作格局。开通了普法官方微博、微信,至年末,已发送普法微博 651 条、微信 198 条;与区文广新局合作,推行季度送戏(地方戏)下乡 40 余场次;专门定制、印制含普法内容的水杯、小扇子、扑克、挂历等,使社会各界群众对普法工作有了更加深刻的了解。全覆盖开展系列"法润宿豫·德法同行"活动,分别在村居、校园、企业中开展"德法同行·和谐共建""国旗在我心·德法伴我行""诚信经营·法治护航"等主题教育活动,共计 50 余场次,引导全区形成了"重法厚德、法德并举"的社会风气,促进和实现社会公平正义。

【法律服务】 按照有场所、有标识、有人员、有制度、有台账的"五有"标准,相继建成区、乡、村三级公共法律服务中心,打破以往司法行政职能的碎片化、零散化的传统模式,实现"一扇大门进、多窗口服务、一揽子解决问题"一站式服务。全区 13 个乡镇(街道)、2 个园区、34 个政府行政执法部门,全部聘请了法律顾问;138 个村居(社区)推行"一村一顾问"制度,覆盖率达 100%。成立宿迁市首家女性法律服务顾问团"木兰法律顾问团",在区人武部和消防大队成立军人军属法律援助工作站,依托乡镇(街道)公共法律服务中心,实现乡镇(街道)公证联系点全覆盖。2015 年度,全区办理各类公证案件 1842 件、法律援助 440 件。区政府召开法治政府建设专题会议,专题研究法律服务和法律援助工作,把民事法律援助案件补助由 400～500 元提升至 500～600 元。

(嵇光前　钱静峰)

社会团体

·工会工作·

【概况】 截至2015年年底，全区有基层工会485个，年内新成立64个。其中，独立基层工会442个，联合基层工会12个，较上年增长15%。全区工会会员24万人，较上年新增6693人，增长2.8%。2015年，宿豫区总工会先后荣获宿迁市工会工作目标完成奖、宿豫区群众性精神文明建设先进单位、宿迁市文明单位和全省工会新闻宣传工作先进单位、宿迁市工会宣传教育工作先进单位等荣誉称号。

【宿豫区政府与区总工会联席会议】 2015年11月18日，区政府与区总工会召开第二次联席会议，目的是进一步推进工会组织建设，强化维护职工权益，真正发挥党委政府联系职工群众的桥梁和纽带作用。区委副书记、区长刘士武，区委常委、组织部部长胡赣江，副区长吴昊，区政府办等单位主要负责同志，以及区总工会领导班子全体成员出席会议。

联席会议由区委常委、组织部部长胡赣江主持，区总工会主席徐旭汇报了工会工作开展情况和提请联席会议研究的相关议题。与会人员就继续推进乡镇(街道)总工会建设、加快推进机关事业单位依法建会、规范工会会费收缴使用和落实工会帮扶资金政府等额配套、调整市以上劳动模范待遇标准等事项进行认真讨论，形成一致意见。

关于乡镇、街道总工会组织建设问题。有序设置乡镇、街道总工会，总工会主席享受同级副职待遇，兼职副主席享受同级中层正职待遇；关于推进机关事业单位依法建会、规范经费收缴使用问题。按照《中华人民共和国工会法》要求，有序推进区直机关、企事业单位工会组建全覆盖，并设立专户专账核算，会费收缴按标准计收；关于区政府等额配套帮扶资金问题。对区总工会争取来的市级以上帮扶资金，原则上由区财政按1∶1比例配套纳入年度预算，及时拨付工会专款专用；关于调整市以上劳动模范待遇标准问题。按照《市政府办公室关于调整市级以上劳模待遇标准》执行。

区委副书记、区长刘士武要求区直相关单位，协助区总工会落实联席会议精神，会议以区政府办公室名义印发《会议纪要》。

【“劳模创新工作室”彰显闪光点】 区总工会拓展劳模“名师带高徒”传、帮、带活动，实现劳模由“1人做贡献”到“1+1群做贡献”的提升。益客食品公司的市劳模陈彬，先后指导新老员工完成车间生割头机的改良、一挂升降平台的改善和烫锅的改进等。江苏景宏新材料科技有限公司市劳模赵华“劳模创新工作室”，负责从聚酯新材料生产探讨和市场推进的改善，并负责生产人员的集中管理及培养、指导、培训等技术性服务。2015年，该创新工作室先后获得了两项专利授权。完成的peta聚酯切片产业化生产，荣获宿迁市科技进步奖。宿迁市衡寰纺织涂塑有限公司周咸材“劳模创新工作室”，推进企业技术创新实践，使新产品开发、技术工艺攻关顺利开展。

各单位“劳模创新工作室”按照区总工会提出的标志明显、场所固定、组建团队、方向明确、制度完善、经费保障、活动正常、富有成果的“八有标准”创建，成为社会高度认可的工会工作品牌。年末，宿豫区12家企业单位有12个劳模创新工作室。

【女职工劳动保护】 区总工会在成立基层工会时，同时成立女工委员会，设立专职女工委员。年末，全区有女工委员会403个，设立专职女工委员49人。年初召开专门会议，在宣传《江苏省女职工劳动保护特别规定》时，区总女工部专门组织人员，深入纺织行业一线单位、车间班组，了解女职工禁忌岗位（工种）、“四期”（女职工经期、孕期、产期、哺乳期）保护及“爱心母婴室”保障等情况，听取和征求企业对女职工劳动保护方法的具体意见和建议。推进女职工权益保护专项集体合同签订，推广江苏禾友化工集团做好女职工特殊劳动保护工作的先进经验。

【“欢聚时光·金秋助学”农民工亲子专场活动】 8月20日，宿豫区“欢聚时光·金秋助学”农民工亲子专场活动在宿迁市生态化工科技产业园举行，为全区“金秋助学”活动拉开序幕。区总工会党组书记、主席徐旭等为20名困难职工子女代表发放助学金7.6万元，部分在宿豫工作的外地学生、家长共100余人参加此次亲子活动。助学仪式结束后，区总工会安排车辆，组织他们参观宿迁城市展览馆和朱瑞将军纪念馆。

【建成45个“安康驿站”】 为切实改善城乡环卫职工等特殊群体的劳动条件和安康权益，区总工会坚持“三个依托、三个有利于”建设“安康驿站”，即依托政府建设的城管服务亭进行完善提升，优化资源配置；依托城区、街道的政府公共资源（社区中心等）进行合力共建，实现互通共享；依托乡镇、街道的社会资源（药店、超市等），让更多的环卫工人走进“安康驿站”享受各种便利。

2015年累计建成“安康驿站”45个，逐步推进城乡（园区）全覆盖。每个驿站都配备座椅、空调、微波炉、饮水机等设施，并选派专人负责，配备应急药箱等。区总工会分批组织女环卫工人进行健康体检（宫颈癌和乳腺癌筛查），组织区医疗志愿服务队定期走进驿站为环卫工人进行健康体检，为每个驿站免费赠送《工人日报》《江苏工人报》等报纸和安全健康读本，让每位环卫工人都能在闲暇之余读书看报，增添精神食粮。

【“安康杯”竞赛】 年初，与相关部门成立区级竞赛工作领导小组，制定实施方案、印发文件进行动员安排，组织职工群众广泛参与。全区“安康杯”参赛企业率和职工参赛率均达100%。推广应用“1+3”安全监控工作体系，即一个方法和三种机制的集成。一个方法，即事故隐患和职业危害监控法。三种机制，即事故隐患和职业危害动态管理机制、事故隐患和职业危害持续改进机制、事故隐患和职业危害系统评价机制。在企业中推行“安全生产信息告知卡”制度，江苏和友化工有限公司实施危险点控制法，在企业各个危险点悬挂安全警示标识，并针对本岗位职责实施奖惩措施。

“安康杯”竞赛开展“隐患随手拍·安全伴我行”活动，全区参赛作品200余幅，查找上报各类事故隐患126起，通过安监、工会等部门核实已全部整改到位，通过“安康杯”竞赛活动，区烟草公司被评为全国“安康杯”竞赛优胜单位；宿迁市春绿粮油有限公司、宿迁市南钢金鑫轧钢有限公司被评为全市“安康杯”竞赛优胜企业，邱永利、朱勉坤被评为先进个人。

【职工技能素质提升】 采取请进来、送出去的办法，对基层工会主席进行轮训，使其业务能力和管理水平不断提高。在2015年职工技能竞赛、优秀班组、金牌个人和“工人先锋号”等评比活动中，宿迁市方圆机械有限公司邱绍虎成为省“五一劳动奖章”获得者，宿迁体育器材有限公司金工车间、宿豫水务局井头翻水站一班组荣获宿迁市职工职业竞赛优胜班组。

（张爱全）

·共青团工作·

【暖冬助困行动】 2015年1月19日，团区委联合区少工委、希望办发布《关于对宿豫区困难家庭青少年开展“广博·暖基金”暖冬助困行动的通知》，1月28—29日，团区委对各乡镇、街道、园区上报的210份暖冬助困申请材料进行实地抽查核实，最终确定200名贫困青少年作为2015年度暖冬行动资助对象。2月5日，召开共青团宿豫区委十二届四次全体(扩大)会议暨“广博·暖基金”暖冬助困行动发放仪式。区委常委、组织部长胡赣江出席并讲话。会议由副区长李瑞华主持。2月6日，宿豫团区委开展的苏州大学扶贫团助学活动走进陆集镇中心学校，团区委、陆集镇团委领导参加发放仪式。

【学子家乡行】 2015年2月13日，团区委、区人才办联合组织开展“宿豫学子家乡行”活动，召集全区50余名在外就读高校学生参与本次活动并座谈。区委组织部副部长、人才办主任王新军，团区委书记陈博参加座谈。8月14日，联合区人才办组织开展2015年暑期“百名学子看家乡”活动。先集中观摩，后开展“组织部长会客厅”交流活动。区委常委、组织部部长胡赣江向在场的学子们介绍宿豫近年来的发展变化，宣传推荐宿豫人才招引政策，并与部分学子互动交流。

【纪念五四运动96周年系列活动】 2015年3月30日，团区委印发了《关于开展纪念五四运动96周年系列活动的通知》，系列活动以“创业创新创优 绽放出彩青春”为主题，组织各基层团组织开展“弘扬雷锋精神，投身志愿服务”等9大类23项主题活动。5月4日，开展纪念五四运动96周年暨“创业路上 青春绽放——奋斗青春最美丽”主题团日活动。区委书记、宿迁高新区党工委书记张晓伟，区委副书记、区长刘士武，区人大常委会主任袁昌华，区政协主席王占军，区委常委、组织部部长胡赣江、区委常委、宣传部长陈磊，副区长李瑞华，团市委副书记任杰出席活动，全区300余名团员青年共度主题团日。

2015年5月4日，区委书记张晓伟(左五)、区长刘士武(左七)出席团区委主题团日活动，并为区十大创业青年颁奖　　(团区委供稿)

【促进青年就业创业】 团区委联合民丰银行为每个乡镇、街道、园区配备编制外金融团委副书记，4月15日起启动“小额信用贷款发放推进月”活动，同时走访辖区创业青年，了解创业资金需求，建立青年创业库，便于银行快速对接项目，主推电商创业项目快速发展。

4月24日，宿豫团区委、豫新街道办联合举办宿豫区青年电商创业“沙龙”。创业“沙龙”活动开启同期微信群，以“O2O”(英语 Online To Offine，又称离线商务模式)线上加线下模式方便参会人员建立长久沟通渠道。

10月15日，宿豫“创业堆栈”首期开放日活动在中国宿迁电子商务产业园区创客空间顺利举办，全区30名创业青年参加活动。创业青年围绕小微企业“该抱团取暖还是单独打斗”和“关门创业还是巧借东风”两个主题开展交流讨论，并就创业中遇到的困难和问题进行了交流。11月25日，创业堆栈第二期公益开放日活动在中国宿迁电子商务产业园区创客空间举行。本期创业堆栈主题确定为返乡青年专题。邀请资深行业专家，银行金融经理现场演讲。让青年创业者把各类问题“存入”堆栈，与堆栈创业导师、达人和伙伴分享、分析、分解、分化、分层、解决。

深入推进青年网络创业“微助力项目”，实施电商帮扶“三剑客”和“5＋N”护航队工程，构建全方位“保姆式”创业帮扶体系，以创业堆栈为平台，招募各类导师志愿者30余名、金融成员单位7家，营造青年创业“生态圈”。建成2个区级创业孵化中心、5个镇级创业示范点，10余个村级示范店，培训电商创业青年800余人次，共计发放青年创业小额贷款3118万元，小额信用贷款105万元。

【丰富青少年精神文化生活】 8月21日，“红领巾相约中国梦”宿豫区第八届青少年风采展暨青少年宫暑期汇报演出举行。5月26日，团区委在仰化镇中心小学复隆教学点举行“希望工程—安利快乐音乐教室”落成仪式暨迎“六一”主题队会活动，为孩子们送上礼物和节日的祝福。11月14日，“呵护童年·与法同行”法制专题讲座走进青少年宫、雨露社区“希望来吧”为留守青少年开展未成年人主题教育活动。10月13日，在宿豫区实验小学举行“红领巾心向党——今天我入队 争当好少年”暨一年级新生入队示范仪式，团区委书记陈博出席示范仪式。

【青少年综合服务中心建设】 宿豫区青少年综合服务中心(青少年宫)新址(金莎大厦7楼)占地2800余平方米，由宿豫团区委投资建设。其中1楼大厅为青少年一站式综合服务窗口，窗口涵盖青年就业创业登记咨询、青春热线、12355青少年维权热线、志愿者登记注册、青年婚恋交友登记、贫困青少年申请救助、希望工程爱心捐赠、青少年宫报名咨询、基础团务、青少年综合事务接待等功能，实现对全区各类青少年的一站式服务。年内已完成招标、装修等工作。

【青少年群体管理和服务工作】 2月20日，团区委在青春加油站开展“为青春加油——做情绪的主人”团体心理辅导活动，邀请心理咨询师为重点青少年开展心理辅导。8月28日，举行“圆梦行动”发放仪式，并开展“知心姐姐大讲堂”活动，由知名心理咨询师刘翠英对即将踏进大学校园的新生进行心理辅导、答疑解惑。组织技师学院参加市中等职业学校模拟法庭大赛，获得第一名，并在技师学院进行巡回展演。9月24日，省综治委预防青少年违法犯罪领导小组专项督查组莅临宿豫区开展重点青少年群体“成长护航工程”专项督查工作。7月，大兴镇团委组织8名留守青少年参与了“凝聚爱心力量，守护成长天空”暑期公益夏令营，7月29日和8月10日，大兴镇团委先后组织志愿者在梦想满屋和留守青少年开展了“漫游世界，梦想满屋”的贴纸游戏活动和“花样积木，梦想满屋”的游戏活动。8月19日，文昌社区为辖区的留守儿童组织了一场和爸爸妈妈视频聊天的活动，缓解他们的思念之情。12月4日，仰化镇团委开展“关爱留守儿童 助其健康成长”主题活动。

【希望工程系列活动】 6月29日下发《关于做好2015年度宿豫区希望工程“圆梦行动”的通知》，做好对受资助贫困大一新生的宣传发动和申报工作。8月8—15日对全区170余名申请希望工程“圆梦行动”资助的学生家庭进行实地走访。8月28日，举行2015年度希望工程“圆梦行动”助学金发放仪式暨“知心姐姐大讲堂”活动。区委常委、组织部部长胡赣江出席会议并讲话。共募集资金26.5万元，资助62名贫困大学生圆梦大学。其中1人获得爱心企业长期救助，28人获得5000元标准资助，33人获得3000元标准资助。11月24日，举行2015年宿豫区“广博励志之星”“广博励志少年”颁奖仪式，现场为60名少先队员颁发了“广博·励志助学金”及“广博·成长大礼包”，总金额达5.2万元。

【志愿服务】 7月31日至8月1日，团区委、宿豫青年志愿者协会向社会公开招募志愿者，共招募志愿者130余名，分时间段到杉荷园开

2015年7月31日，宿豫区志愿者保障杉荷园活动开园仪式现场　　（团区委供稿）

展“安全引导、道路指引、文明劝导”等志愿服务活动。9月22日，组织苏北计划志愿者参与“无车日”宣传活动。10月15日，组织青年志愿者投身全国文明城市创建，组织100余名志愿者对城区范围内的公交站台、公共自行车站点以及沿途街道卫生进行打扫。12月4日，组织100余名青年志愿者，深入宿豫区周边小区、商户、银行、公交站台、街道开展文明城市问卷调查志愿服务活动。（侍鸿光）

·妇女工作·

【概况】 2015年，区妇联紧贴中心、服务大局，围绕定位、优化服务，“坚持业务工作创品牌，社会工作抓活动，重点工作求突破，全面工作上水平”的工作思路，创造性开展各项工作。先后荣获全市妇联综合目标考核特等奖、区直机关岗位目标考评先进单位、全市妇联系统“优秀实践区项目”、全市十佳社会扶贫先进单位等荣誉称号。

【妇女就业创业】 2015年，区妇联联合宿迁技师学院、区人社局、京东商城和“好苏嫂”家政培训连锁店，举办各类实用技能和电商培训班10余个，近400人取得了国家职业资格证书，引导发展女性电商100多个。举办女性就业专场招聘会2场，提供就业岗位2800余个，发放各类招工信息1万余份。有重点组织家政服务企业、女大学生村官赴北京农家女学习考察培训，有效提升了广大妇女创业就业的技能。在全市第二届家政服务业技能大赛中，区参赛人员荣获“孕育组”冠军。争取区政府设立农村妇女创业就业引导专项资金20万元。主动协调区扶贫办、民丰银行、半边天担保公司等金融组织，为妇女创业提供扶贫小额贷款6610万元。积极申报获批市级妇女创业就业引导项目42个资金41.6万元，并发放到位。注重发挥女企业家、女科技人员、女经纪人、女能手等骨干力量在促进妇女创业就业中的引领带动作用。2015年选树巾帼创业之星、建功标兵、双学双比女能手等女性先进典型80多名，引领广大妇女投身创业就业热潮。培育树立省级巾帼示范基地3个、市级巾帼示范基地8个，共争取以奖代补资金8万元。同时通过项目化管理促进基地的规范化、科学化发展，提供实训平台，引领更多女性创业致富。

【妇女组织建设】 2015年，区妇联争取奖补资金35.5万元，创建省示范“妇女儿童之家”41个，市级示范“妇女儿童之家”11个。建成3个国家资助的儿童快乐家园。打造社区妇联组织网格化和服务网络化“双网”联动工作品牌。将“巾帼志愿服务”、儿童安全守护、科学家教知识宣传、寻找“最美家庭”等活动地点向基层“妇女儿童之家”倾斜，提高“妇女儿童之家”运行质量。同时联合区委组织部在女大学生村官中开展“我与妇女儿童共发展”活动。成立女性社会组织近20家，广泛开展“社团‘四送’（送科级、送教育、送文化、送服务）进百家”活动。结合“三严三实”“机关作风建设提升年”“三比三看”（比贡献，看看谁的付出更多；比担当，看看谁的干劲更足；比作风，看看谁的状态更加）活动，认真查找和整改妇联组织存在的问题。实施妇联干部综合素质提升工程，把调查研究摆上重要位置，开展“下基层、访妇情、办实事”“三解三促”等活动，深入城乡社区，寻找“最美”家庭，慰问贫困妇女，帮助基层和妇女解决实际问题。

【妇女儿童权益维权】 利用三八维权周、“5·15”巾帼志愿服务日、“12·4”法制宣传日,开展普法进机关、进乡镇、进社区、进学校、进家庭活动。区乡两级妇女组织开展各类维权服务近40场次,发放各类宣传资料近3万份,接待咨询人员800余人次。在卓圩社区、宿迁技师学院、宿豫移动公司举办“巾帼牵手·与法同行”法律知识专题培训3场,培训妇女群众500余人。在豫新街道和顺河街道举办反家暴“模拟法庭”进社区活动3场,受益妇女群众近400人。豫新街道妇联选送的真情劝导、妇联解老人后顾之忧维权案例荣获宿迁市十佳妇女儿童维权案例。下发平安家庭创建工作考核办法,对各成员单位工作职责进一步明确。将平安家庭与万家学法、不让毒品、邪教、艾滋病进我家等活动结合起来,以家庭和村居(社区)为着力点,进一步开展“法律知识、防范措施、矛盾调处、科技知识、平安知识、健康知识进家庭”的“六进”活动,引导广大家庭自觉学法、守法、用法,拒绝黄、赌、毒、暴等丑恶现象。

2015年,区妇联共接待来信来访14件次,均办结。组织妇联干部专题学法培训4次,婚姻家庭案件现场听庭活动2场,以会代训5次,有效提升妇联干部法治思维和依法维权的能力。

【妇女儿童关爱】 启动新一轮妇女儿童发展8件实事项目,及时将任务分解到位、责任明确到位,切实增进妇女儿童福祉。单亲贫困母亲及孤残病困儿童救助、春蕾班、贫困学生资助、365个圆梦行动等关爱帮扶活动有力推进。争取协调各类关爱资金近70万元,针对性帮助单亲贫困母亲及困境儿童159名,发放救助金及物资19.08万元。发动社会各界通过“一对一”模式,捐赠母亲邮包125个。资助贫困学子321人,发放助学金52.8万元。面向重症困难妇女家庭,实施帮扶救助,先后为1名重病妇女筹集10多万元手术费,为7名癌症妇女提供7万元救助。通过积极争取省儿童基金会,协调慈济慈善基金会帮助宿迁技师学院204名贫困学生每年给予2500元帮扶,1月24日集中对204名学生及家庭成员计700多名进行冬令物资发放。

以“幸福有约 关爱同行”为主题,构筑“村村有关爱项目、乡镇有关爱工程、全区有关爱体系”。通过开展送技能、送岗位、送法律、送健康、送温暖、送服务“六送”活动和助学、助困、助教“三助”帮扶活动,提升家庭生活品质和幸福感。关爱留守儿童·播撒爱心阳光、童眼观世界·迅哥有约伴我行、关爱特殊青少年·促进健康快乐成长等项目得到社会广泛认可。

【妇女儿童宣传】 开展以万家洁净、万家学法、万家文明、万家优教为主题的美德进“万家”活动。通过家家学、家家议、家家做、家家评、推进活动深入广泛开展。活动自开展后,区乡联动举办科学家教进万家、学法用法进万家知识讲座110场,发动巾帼志愿者,深入镇村开展环境整治活动,举办文明家风交流会、家训家规评议会、事迹报告会151场,评选区级以上最美家庭119户、五好文明家庭示范户30户。以道德教育为重点,把争做合格家长、培养合格人才活动与小公民道德建设等活动结合起来,广泛开展“小手拉大手,共建和谐宿豫”“话家风、谈家训、议家教”征文、“七彩的夏日”等宣传实践活动。区乡联动举办“幸福家庭、智慧人生”家庭教育巡回讲座15场、安全守护大讲堂45场次,受益家长1万余人。收集家风家训格言120余条,微故事、四格漫画和征文27篇。广播电视台选送的《传递》获全国妇联“我爱我家”2015年家庭教育情景剧展示活动二等奖。

【巾帼志愿服务】 发挥女性社会组织作用,整合社会各类资源,不断壮大巾帼志愿者队伍。全区50支巾帼志愿服务队奉献在“3+X”主阵地。全年开展各级各类巾帼志愿服务33场次,服务妇女儿童1640人次。(周爱红 丁飞虎)

·科协工作·

【概况】 全区科协工作继续保持全省领先的姿态，2015 年 6 月，作为全市唯一代表，在省科协第九次代表大会上，被省人社厅、省科协联合表彰为科协工作先进集体（五年一次），同时，罗晖乾被表彰为科协工作先进个人；2015 年，区科协蝉联市委、市政府和区委、区政府表彰的文明单位称号；获评区委、区政府 2015 年度目标管理工作城乡经济发展优质服务奖。

【科普宣传活动精彩纷呈】 认真组织第二十七届科普宣传周和科普日活动，周密部署，精心安排，进农村，进学校，进社区，进集市，受到城乡广大群众欢迎。全年共组织各种科普活动 40 余场次，发放科普图书资料 2 万余份，放映电影 60 余场，更新科普专栏 4 次。

【“江苏农产品馆”落户宿豫】 区科协经过近一年的努力，成功争取“江苏农产品馆”落户宿豫区。此馆获省农委 2015 年 12 月 5 日批准，由省农技协、省农业信息学会会同宿迁泽众地产公司借助京东平台合力打造，一期投资 3000 万元。

【国家级年会在宿豫召开】 区科协经过半年多的努力，在省、市科协支持下，争取到 2015 年度中国玻璃科学技术年会在宿豫区召开。4 月 24—26 日，市长王天琦、区长刘士武亲自到会致辞，300 余名中国玻璃顶尖精英汇聚，召开宿迁玻璃产业转型升级高端研讨会，对促进宿豫区支柱产业实现转型升级起助推作用。

【蝉联省级科普示范区】 2015 年 10 月 19 日，经省科协现场检查批准，宿豫区成功创建成 2016—2020 年度省级科普示范区，蝉联该项荣誉称号。同时，作为宿迁唯一代表，获得创建国家级科普示范区提名。另外，2015 年 10 月，创建成豫新街道庐山社区和豫苑社区两个省级科普示范社区。

【打造升级版农技协】 2015 年，区科协着力培育为农业生产提供“产前＋产中＋产后”全程服务的农村基层农技协组织，取得喜人成绩。区亲耕田农技协作为中国科协和中国农技协推荐的唯一代表，于 2015 年 19—25 日入展全国首届“双创”（大众创业、万众创新）活动周，其领头人吴体恩，先后受到李克强、张高丽、李源潮、刘延东、马凯、万钢等党和国家领导人现场接见。

（罗晖乾）

·残疾人事业·

【送教上门活动】 针对部分适龄残疾儿童不能正常随班就读的现状，区残联广泛调研、深入研究，起草并争取区政府办印发了《宿豫区残疾儿童义务教育“零拒绝、全覆盖”试点工作的实施方案（试行）》，明确了指导思想、目标要求、工作步骤和保障措施。组织人员深入乡镇（街道、园区），对有送教服务需求的残疾儿童进行了筛查，确定第一期 17 名残疾儿童提供送教上门试点服务，选聘 12 名退休教师担任送教服务老师。通过召开座谈会、组织人员到上海考察学习，初步确定了教学方案。2015 年暑假结束后，区政府副区长吴昊主持召开了送教服务专题会办会，认真听取了财政、教育、卫生等部门的意见建议，及时协调解决了送教服务工作中遇到的困难。11 月 17 日，区残联举行了送教上门启动方式，正式开展送教服务试点工作。

【康复服务示范社区建设】 按照有组织领导、有固定阵地、有设备器材、有工作队伍、有工作实绩、有无障碍环境的“六有”标准，本着注重质量、先易后难的原则，瞄准先进康复社区目标，重点建设安泰家园、浦东国际两个残疾人康复服务示范社区。添置了跑步机、四肢被动训练器、偏瘫康复器、胸背部矫正运动器等康复训练器材和娱乐设施，安排1名康复协调员、完善相关管理制度、建立残疾人康复训练台账，完成安泰家园残疾人康复服务室的升级改造。投资10.6万元，对浦东国际小区公共服务用房进行装修改造，制作了康复服务管理制度牌，充实各类图书300多册，购置了棋牌桌椅等文娱设施，根据调查摸底情况，配置各类康复器材30件套，建成残疾人康复训练室、辅助器具借用室、阅览室、文体娱乐室、盲人按摩室。

【基础信息建设年活动】 为准确掌握全区残疾人基本信息，区残联提出开展“残疾人基础信息建设年”活动。拟订了《宿豫区残疾人基础信息建设年活动实施方案》，明确了组织机构、建设目标、信息采集对象、采集内容、实施步骤和工作要求。拟订了《宿豫区残疾人基础信息采集和企业用工需求调查工作考核细则》，确保目标责任和奖惩措施。按照计划，区残联组织开展了持证残疾人核查清理，结合残疾人就业实名制调查、全国残疾人基本服务状况和需求专项调查、残疾人集中就业企业基本情况调查，掌握了辖区内残疾人死亡、康复、迁移、失联、就业及企业用工等信息。2015年6月底，完成持证残疾人信息调查，建成了持证残疾人基础信息数据库。2015年12月底，完成了非持证残疾人信息调查及全区所有企业用工信息调查，建成了全区残疾人基础信息数据库。

【扶残助残活动】 “爱耳日”前，在珠江医院门前设立爱耳咨询宣传展台，邀请医生为过往群众提供免费耳疾诊疗、听力保护、助听器使用、人工耳蜗植入等爱耳护耳知识咨询。现场免费发放助听器4台，发放宣传资料和卡片1000张。“全国助残日”前，举办宿豫区第二十五个全国助残日活动启动暨辅助器具发放仪式。邀请区政府分管领导及区残工委成员单位负责人参加活动，发放轮椅车等辅助器具426件。结合在“三严三实”专题教育中开展“三解三促”活动，领导班子成员先后两次深入侍岭镇大墩居委会、佟庄村开展走访调研活动，给两个村的困难残疾人送去复合肥139包。“六一”前，给特教学校和普济康复医院的残疾儿童送去了书包、文具等节日的礼物。精选作品参加全省残疾人好新闻评选，荣获三等奖。组织残疾人参加全省残疾人文学征文活动，荣获二、三等奖各一个。与宿迁特殊教育学校合作，精心编排节目参加全省第七届特校学生文艺汇演，荣获文艺汇演二等奖、辅导奖三等奖。

【残疾人社会福利和保障】 全年共向1003名生活不能自理的重度残疾人发放护理补贴63.99万元，向835名重度残疾人发放重残补贴79.55万元，向2470名城乡特殊困难残疾人和110名一户多残、依老养残残疾人发放了生活救助金916.36万元，向10名考取高等院校的残疾人学生发放一次性教育奖励1.7万元，向40名在校大中专学生发放教育补贴5万元，向301名肢体残疾人发放机动轮椅车燃油补贴7.83万元。同时，残疾人参加养老、医保及拆迁安置等优惠政策，都得到全面落实。

【残疾人康复服务】 区残联与各康复机构组成联合调查组，深入乡镇社区(村居)开展调查，共筛查转介0～6岁残疾儿童175名、7～14岁残疾儿童25名，全部录入省系统。为提高康复机构服务质量和水平，建立了督查检查制度，安排人员经常深入机构了解残疾儿童的康复训练教育以及残疾儿童家长掌握康复技能等情况，并及时录入台账。持续推进省白内障复明工程，分别在宿迁市中医院、珠江医院为200名白内障患者落实了免费手术。认真落实辅助器具适配和家庭无障碍环境改造项目，通过调查摸底，全面掌握残疾人及其家庭基本信息，完成省残联下达的650户贫困残疾人家庭无障碍环境改造任务，共发放轮椅车等辅助器具1263件。全年安排精神病免费服药146人、免费住院22人，免费安装假肢23例。

【残疾人就业创业】 区残联组织人员，进村入户，对全区残疾人就业培训需求状况进行调查摸底，建立了16～59周岁残疾人就业培训情况数据库，实现了残疾人培训就业管理服务的规范化、信息化。通过自主办班、组织残参加市残联培训班，全年开展SYB培训、互联网+、厨艺、盲人按摩、农村实用技术等培训12场次，培训残疾人300人次。为实现残疾人规模化稳定就业，区残联与春绿集团合作，投入10万元，对车间、餐厅、厕所等进行了无障碍环境改造，增加墙面扶手，改装购置了适宜残疾人的专门工作台，制作了相关的工作制度牌等，建成了"'天之香'腊豆产品包装清洗"和"春绿粮油包装"两个残疾人专门工作车间。通过推介、开发公益性岗位、开展庇护性就业，促成189名残疾人实现就业。通过"一对一"帮扶，帮助8名残疾人实现自主创业。

与农委合作分别在各乡镇(街道、园区)举办职业技能培训班　　　(区残联供稿)

【残疾人托养服务】 区残联组织人员对全区15个乡镇(街道、园区)内所有持有第二代残疾人证的16～50周岁无传染性疾病的轻度智力残疾人、经过治疗病情稳定的精神残疾人和肢体残疾人进行了排查，掌握了残疾人及其家庭基本情况和托养意愿，建立了残疾人托养服务台账。初步建成了以区公办托养中心为龙头、乡镇(街道、园区)托养中心为补充、残疾人居家托养为基础的残疾人托养体系。在区公办托养机构管理上，区残联继续与"普济康复医院"合作，借助其医疗资源，为入托残疾人提供康复训练、心理咨询、工疗农疗等服务。同时与叶弦纸品等公司合作，为托养机构提供劳动项目。2015年，区公办托养中心共开展托养服务10批，托养残疾人70人次。

【残疾人就业保障金征收】 2015年，区残联及时调整工作思路，主动与地税部门沟通，把过去保障金征收主要靠几家大型企业支撑，转变为扩大征收面来保总量。从9月起，区残联借助省残疾人就业保障金征收系统，开展企业保障金征收年审工作，为地税代征提供数据支持。在机关事业单位的保障金征收上，进一步完善工作机制，落实工作责任，加大宣传力度，尽可能做到应收尽收。2015年，共征收残疾人就业保障金746万元，其中企业656万元，机关单位40万元，财政代扣50万元。　(陈学化)

·文联工作·

【文艺活动】 2015年，区文联牵头主办和会同相关部门主办主题文艺活动7项。1月，组织市区15名美术书法家开展迎新年宿豫书法美术名家创作笔会；组织16名书法协会会员开展义务为市民书写春联活动。4月底，组织开展走进警营主题摄影采风创作活动，组织各协会分批深入社区、企业、走基层培训和文艺惠民活动两次。6月，面向全市开展"建市20周年看宿豫"摄影大赛活动，征集作品240件，评出一等奖1名，二等奖3名，三等奖6名。8月，促成省摄影家协会和新庄镇政府举办"杉风荷韵·鹭舞新庄"全省摄影大赛活动，征集作品1250件，评出一等奖2名，二等奖8名，三等奖60名。10月，联合相关部门在全区开展"爱我宿豫"文艺作品有奖征文，征文围绕身边的"好人、好事、好景色"主题进行，共收到征文200多篇，评出一等奖1名，二等奖2名，三等奖10名。

【精品艺术创作】 2015年，各协会积极组织会员进行文艺精品创作。全年创作小戏、小品、曲艺、小说、散文、诗歌等110多个。区作协编发《宿豫文艺》双月刊六期,刊登区内外文艺作品150多篇;组织会员在市级报刊上发表文学作品20多篇,省级以上发表作品10篇。5月,区书协开展"翰墨风华"宿豫区中国书协会员五人精品创作作品展。

【文艺赛事】 组织各协会会员参加全国及省市文艺赛事活动。7月,汪海洋、潘玄、苏宁、董鹏书法作品入选宿迁市政府、中美协、中书协举办的宿迁市书法美术作品晋京展。11月,汪海洋书法作品在公安部、中书协、中美协、中摄协联合举办的全国公安机关第六届"卫士之光"书法美术摄影展中获优秀奖。11月,全市第八届书法篆刻展在市博物馆展出,区内11名作者入展,其中苏宁获优秀奖。组织摄影协会会员参加由中国摄影报主办的2015中国·顺河"水韵梨花 美丽顺河"摄影全国联谊赛,《中国摄影报》主办的2015年第三届城市摄影擂台赛(宿迁站),组织全体会员积极参与2015宿迁市第五届摄影艺术展等10多场次,不完全统计,超过100幅(组)作品在市以上展赛上获奖和省以上报刊上发表。2015年,我们还积极组织各协会会员作品参与第五届区政府政府文学艺术奖评奖及区政府文化奖补资金申报工作。有3人获得政府文学艺术奖,10多位会员作品获得政府文学艺术奖入围奖。汪海洋等20多位会员作品获得文化奖补资金扶持。

2015年4月10日,广大摄影爱好者参加2015中国·顺河"水韵梨花 美丽顺河"摄影赛 (姜 澎 摄)

【协会平台及队伍建设】 通过西楚影像网站区摄影家协会交流平台,为会员和摄影爱好者提供学习交流的场所。各个协会都进行了新老结对,有效提升新会员业务素质。2015年,区文联邀请3位省文艺家和专家,举办文艺业务提高班,提升会员整体业务素质。各协会会员人数增加较多,加入省级以上会员7人,市级20多人。 (孙 曙)

·红十字会工作·

【红十字宣传】 2015年,区红十字会利用"12·1"世界艾滋病宣传日、"5·8"世界红十字纪念日、"5·12"减灾赈灾日等宣传日,组织冠名医院医疗专家和志愿者开展"应急救护知识",深入村组、企业为群众进行应急救护和防病知识宣传教育。全年充分利用区电视台《新闻频道》和《宿迁日报》《宿迁晚报》等宣传平台,全年电视台播放4次红十字会工作新闻,《宿迁日报》刊登了5次新闻报道,网络宣传报道6次。

【红十字救助】 12月,筹集35余万元款物,开展红十字博爱送万家活动,走访慰问顺河街道、保安乡等乡镇街道特困群众,使650余户困难家庭度过一个祥和温暖的春节。六一儿童节期间,组织社会爱心人士分别到宿豫特教学校、保安中心学校开展关爱孤困学生一对一帮扶活动,发放救助慰问金2.2万元,并为20名聋哑学生送去学习用品。对患有重大疾病等到红十字会请求救助的家庭,及时上门走访,了解困难原因、家庭境况,经村民委员会、乡镇人民政府层层把关,把党的温暖送到确实需要特殊关爱的群众中,全年为特殊群体拨付救助款物11.6万元,为53人次提供了各项救助活动。

【应急救护知识进校园、进企业、进社区活动】 2015年，利用周六、周日以及晚自习的时间，对文昌中学、宿豫中学、技师学院、宿豫实验高中等学校师生进行96课时的急救知识培训，培训学生10694名，同时对即将毕业的1216名学生救护员培训。6月3日，在宿迁学院举办了“第一届急救技能大赛”，促进了应急救护知识在校园的传播。7月1—5日按照省红十字会《关于实施“应急救护百万培训项目中小学暑期专项”的通知》（苏红传发〔2015〕10号）要求，为切实保证全区中小学生安全渡过暑期，避免和预防发生溺水、触电和交通意外等伤亡事故，组织人员对辖区各中小学校的15700多名三年级以上学生广泛开展以“三送三走进”（送教材、送课程、送培训；走进校园、走进课堂、走进家庭）为主题的应急救护知识普及培训专项行动。针对企业出口业务的需要，对中粮肉食、百威啤酒等公司的1160余名员工进行急救知识和安全知识培训，增强安全责任意识，提高应对突发事件、处置灾难事故的能力，以降低事故风险，减轻事故伤残、降低事故死亡率，保障安全生产。在“3·5”雷锋日开展“红十字急救知识社区行”活动，到宿豫区下项街道新化社区为党员、留守妇女和老人等开展培训，传播应急救护知识，提高百姓自救互救意识，以便在发病或遇险的现场发挥“救命”作用。

【造血干细胞捐献】 2015年，区红十字会普及居民非血缘造血干细胞捐献知识，宣传发动更多志愿者加入造血干细胞捐献活动中来。全年完成50余名造血干细胞志愿者血样采集入库工作，累计实现1.1万名造血干细胞志愿者信息入库。进行63人次再动员，高分辨检查6人，捐献前体检2人。完成宿豫区第二例捐献造血干细胞志愿者——区公安分局干警张洪波赴南京捐献工作。2016年1月，张洪波接受造血干细胞分离采集，用爱心挽救一位读高中的16岁女孩生命。

在医院捐献造血干细胞的民警张洪波

（图片来源宿迁网）

【“红恤班”助学项目】 2015年，“红恤班”在班学生33名（其中大学17名、高中8名、中小学7名），大学毕业4名，新考取二本1名，新入班小学生1名。4月，对就读宿迁本地学校的21名学生进行校访，同班主任逐一见面，了解同学们在学校的学习和生活情况。暑假，召集“红恤班”学生进行夏令营活动和社会实践活动，发放新学期生活费2.93万元。寒假，召集在班学生共度新春佳节，为学生发放压岁钱5.93万元。实施2015年度红十字博爱系列项目，全年项目支出资金15.1万元。（刘永红　柳明亮）

工业经济

·综　述·

【概况】 2015年，全区共有工业企业813户，其中规模以上工业企业253户。全部工业企业实现销售收入490.66亿元、工业增加值126.63亿元、利税48.88亿元，同比分别增长6.95%、8.83%、9.09%。其中，规模以上工业企业实现销售收入433.5亿元、增加值110.08亿元，同比分别增长11.8%、10.8%。完成工业固定资产投资143.82亿元，同比增长21.5%，其中，完成技改投资55.08亿元，同比增长22.5%。实现自营进出口总额33178万美元，同比下降25.79%。其中，出口总额29724万美元，同比下降7.99%；进口总额3455万美元，同比下降72.15%。规模以上工业企业用电量达2.43亿度，同比增长0.07%。实现工业入库税收6.87亿元，同比下降4.06%。其中，国税入库5.2亿元，同比增长7.72%；地税入库1.67亿元，同比下降28.37%。高新区、生态化工园区、张家港共建园区工业销售收入分别实现280.3亿元、111.34亿元、8.5亿元，高新区同比增速为6.6%，位列园区第一。2015年，全区实施企业培育"511"工程，即按照兼并重组、技术改造、股改上市、规模发展四类分类实施。全区12户企业完成兼并重组的工商变更登记，完成年度目标133.33%，累计实现交易金额6.08亿元，新增设备投资3.82亿元；全区54个投资超1000万元技术改造项目累计完成投资21.02亿元，占年度目标117.76%，41个项目竣工投产，全市技术改造现场会在宿豫区召开；全区20家企业启动股改上市，4家完成股份制改造，2家成功报会，新亚强硅化学股份有限公司获批"新三板"挂牌，良木新材料上海股权托管交易中心E板挂牌，煦和新材料有限公司成功挂牌上海股权托管交易中心（Q版）；62家全市销售500强企业实现开票销售收入224.98亿元，同比增长6.30%，占年度培育任务94.90%。广博控股集团开票销售新突破20亿元，旭派电源、益客食品、秀强股份、百威英博、惠然实业新突破10亿元。新增开票销售超2000万元企业23家。

（张　达　赵　慧）

2015年宿豫区工业经济主要指标完成情况

表9

序号	指 标 名 称	单位	2015年实绩	2014年实绩	同比增长(±%)
1	工业销售收入	亿元	490.66	458.76	6.95
	其中：乡镇	亿元	90.52	81.56	10.99
	高新区	亿元	280.30	262.94	6.60
	生态化工科技产业园	亿元	111.34	105.21	5.83
	张家港工业园区	亿元	8.50	9.05	−6.08

续表 9

序号	指标名称	单位	2015 年实绩	2014 年实绩	同比增长(±%)
2	工业增加值	亿元	126.63	116.36	8.83
	其中:乡镇	亿元	35.26	30.50	15.61
	高新区	亿元	61.60	57.64	6.90
	生态化工科技产业园	亿元	27.79	26.18	6.15
	张家港工业园区	亿元	1.98	2.04	−2.94
3	利税	亿元	48.88	44.81	9.09
	其中:乡镇	亿元	17.16	15.24	12.60
	高新区	亿元	22.35	20.56	8.70
	生态化工科技产业园	亿元	8.24	7.76	6.23
	张家港工业园区	亿元	1.13	1.25	−9.60
4	工业入库税收	万元	68688	71595	−4.06
	其中:国税	万元	51950	48227	7.72
	地税	万元	16738	23368	−28.37
5	净增工业企业注册资本	亿元	27.10	—	—
6	新增规模企业个数	个	13	—	—
7	自营进出口总额	万美元	33178	44708	−25.79
	其中:出口	万美元	29724	32305	−7.99
	进口	万美元	3455	12406	−72.15
8	协议注册外资实际到账额	万美元	0	0	0
9	争取到位工业扶持资金	万元	2276	1882	20.94

2015 年宿豫区进入宿迁市销售收入前 50 名企业完成情况

表 10　　单位:亿元

排名	企业名称	2015 年开票销售	2014 年开票销售	同比增长(±%)
6	宿迁广博控股集团有限公司	24.06	17.26	39.45
10	江苏翔盛粘胶纤维股份有限公司	19.17	22.77	−15.79
12	旭派电源有限公司	13.39	8.13	64.81
13	江苏益客食品有限公司	11.68	9.61	21.58
15	江苏惠然实业有限公司	11.10	8.10	37.04
16	宿迁南钢金鑫轧钢有限公司	10.67	12.62	−15.47
17	百威英博(宿迁)啤酒有限公司	10.10	7.95	27.04
18	江苏秀强玻璃工艺股份有限公司	10.10	8.43	19.79
20	中粮肉食(宿迁)有限公司	9.13	10.11	−9.69

续表 10

排名	企业名称	2015 年开票销售	2014 年开票销售	同比增长(±%)
24	江苏和友化工集团	8.58	7.85	9.30
27	苏钢中亚特种钢业宿迁有限公司	6.96	10.30	−32.43
36	江苏三元轮胎有限公司	5.17	4.95	4.44
37	宿迁联盛化学有限公司	5.10	5.09	0.20
41	长江润发(宿迁)集团有限公司	4.70	4.96	−5.29
43	江苏阿尔法药业有限公司	4.36	3.40	28.24
47	江苏银祥晟华实业有限公司	4.05	6.97	−41.89

2015 年宿豫区工业企业实现税收前 50 名企业完成情况

表 11 单位:万元

名次	企业名称	税收收入		
		2015 年实绩	2014 年实绩	同比增长(±%)
	合计	53986.36	49594.71	8.86
1	江苏秀强玻璃工艺股份有限公司	9348.58	7154.66	30.66
2	百威英博(宿迁)啤酒有限公司	4206.91	1454.69	189.20
3	江苏和友集团	3934.33	3189.61	23.35
4	旭派电源有限公司	2849.62	1046.50	172.30
5	江苏阿尔法药业有限公司	2671.52	1220.53	118.88
6	江苏三元轮胎有限公司	2259.71	2961.72	−23.70
7	宿迁南钢金鑫轧钢有限公司	2148.63	3212.30	−33.11
8	江苏银祥晟华实业有限公司	1693.49	4671.00	−63.74
9	江苏苏华达新材料有限公司	1644.92	1505.63	9.25
10	宿迁龙净环保科技有限公司	1457.86	322.17	352.52
11	江苏翔盛粘胶纤维股份有限公司	1455.82	513.05	183.76
12	新亚强硅化学股份有限公司	1431.85	1385.34	3.36
13	山亿新能源股份有限公司	1291.69	1646.18	−21.53
14	宿迁科思化学有限公司	1172.03	1611.40	−27.27
15	长江润发(宿迁)集团有限公司	1170.62	351.05	233.46
16	江苏景宏新材料科技有限公司	1074.37	1306.05	−17.74
17	苏钢中亚特种钢业宿迁有限公司	1061.98	710.31	49.51
18	宿迁思睿屹新材料有限公司	962.89	112.46	756.25
19	宿迁市鑫电能合金有限公司	900.58	476.50	89.00
20	宿迁嘉禾塑料金属制品有限公司	883.31	899.69	−1.82

续表 11

名次	企业名称	税收收入		
		2015 年实绩	2014 年实绩	同比增长(±%)
21	江苏华孚色纺有限公司	792.59	736.95	7.55
22	江苏北斗星通汽车电子有限公司	676.17	1484.40	−54.45
23	宿迁林通新材料有限公司	659.95	768.01	−14.07
24	宿迁杰科化学有限公司	464.92	589.60	−21.15
25	宿迁广博控股集团有限公司	449.25	739.32	−39.23
26	江苏省金枫蓄电池制造有限公司	437.34	476.74	−8.26
27	宿迁联盛化学有限公司	436.30	383.97	13.63
28	华星(宿迁)化学有限公司	429.83	398.41	7.89
29	江苏恒正家纺有限公司	396.08	124.07	219.24
30	宿迁格林手套有限公司	364.20	269.39	35.19
31	宿迁市群英纺织印染科技有限公司	352.78	440.02	−19.83
32	宿迁楚霸体育器械有限公司	313.30	1136.18	−72.43
33	宿迁市罐头食品有限责任公司	302.05	210.05	43.80
34	宿迁市同创化工科技有限公司	295.73	180.18	64.13
35	宿迁市振兴化工有限公司	291.46	355.79	−18.08
36	江苏华祥混凝土有限公司	290.89	161.89	79.68
37	宿迁市佳宜工贸有限公司	288.44	194.20	48.53
38	宿迁宏达制衣有限公司	287.67	842.60	−65.86
39	宿迁力引实业有限公司	282.87	330.79	−14.48
40	江苏惠然实业有限公司	276.67	928.02	−70.19
41	江苏益客食品有限公司	261.46	219.16	19.30
42	宿迁明江化工有限公司	254.11	184.13	38.01
43	宿迁市长城机械密封制造有限公司	246.05	486.72	−49.45
44	宿迁市骏马化纤有限公司	229.31	637.02	−64.00
45	宿迁市惠龙实业有限公司	228.44	191.59	19.23
46	宿迁市绿源照明有限公司	224.15	233.83	−4.14
47	中节能(宿迁)生物质能发电有限公司	213.92	169.58	26.14
48	江苏奇隆酿造有限公司	206.72	614.82	−66.38
49	江苏乐乐宠物食品有限公司	206.61	282.83	−26.95
50	宿迁澳中玻璃有限公司	206.37	73.62	180.33

说明:1.税收实绩是国税和地税的合计数;2.表内数据由国税和地税提供　　(张　达　赵　慧)

2015年宿豫区“五比五看”先进企业

表12

类别	序号	企业名称	实　　绩
比上市看进度	1	新亚强硅化学股份有限公司	“新三板”挂牌上市
	2	江苏煦和新材料有限公司	“Q板”挂牌上市
比投入看多少	1	江苏秀强玻璃工艺股份有限公司	年产80万平方米大尺寸高透射可见光AR镀膜玻璃产品项目
	2	江苏三元轮胎有限公司	年产10万吨再生橡胶产品生产线
	3	江苏博迁新材料有限公司	年产600吨纳米超细金属粉体项目
	4	江苏景宏新材料科技有限公司	年产100亿只不干胶标签印刷生产线
	5	宿迁联盛化学有限公司	年产2000吨丁二酸二甲酯、1500吨叔辛胺、1500吨阻聚剂701、3000吨光稳定剂3529生产线技改项目
	6	江苏健谷化工有限公司	年产6000吨2甲4氯及年产1100吨系列产品技改项目
	7	宿迁市永星化工有限公司	年产1700吨双酚类、320吨环氧树脂类光电材料中间体及800吨工业副产石膏技术改造项目
	8	宿迁市万和泰化工有限公司	年产300吨氟胞嘧啶技改项目
	9	中节能(宿迁)生物质能发电有限公司	农林废弃物综合利用及集中供热技术改造项目
	10	江苏强维橡塑科技有限公司	年产1000万平方米橡胶输送带产品技改项目
比销售看进位	1	宿迁广博控股集团有限公司	24.06亿元
	2	江苏翔盛粘胶纤维股份有限公司	19.17亿元
	3	旭派电源有限公司	13.39亿元
	4	江苏益客食品有限公司	11.68亿元
	5	江苏惠然实业有限公司	11.10亿元
	6	宿迁南钢金鑫轧钢有限公司	10.67亿元
	7	百威英博(宿迁)啤酒有限公司	10.10亿元
	8	江苏秀强玻璃工艺股份有限公司	10.10亿元
	9	中粮肉食(宿迁)有限公司	9.13亿元
	10	江苏和友化工集团	8.58亿元
	11	苏钢中亚特种钢业宿迁有限公司	6.96亿元
	12	江苏三元轮胎有限公司	5.17亿元
	13	宿迁联盛化学有限公司	5.10亿元
	14	长江润发(宿迁)集团有限公司	4.70亿元
	15	江苏阿尔法药业有限公司	4.36亿元
	16	江苏银祥晟华实业有限公司	4.05亿元
	17	宿迁华毅镀膜玻璃有限公司	3.08亿元
	18	江苏煦和新材料有限公司	3.04亿元

续表 12

类别	序号	企业名称	实　　绩
比销售看进位	19	宿迁科思化学有限公司	2.85 亿元
	20	宿迁市群英纺织印染科技有限公司	2.57 亿元
	21	宿迁龙净环保科技有限公司	2.45 亿元
	22	宿迁格林手套有限公司	2.23 亿元
	23	宿迁益客饲料有限公司	2.20 亿元
	24	江苏北斗星通汽车电子有限公司	2.20 亿元
	25	新亚强硅化学股份有限公司	2.12 亿元
	26	江苏华孚色纺有限公司	2.10 亿元
	27	江苏景宏新材料科技有限公司	2.02 亿元
	28	宿迁市鑫电能合金有限公司	2.00 亿元
	29	玖久丝绸股份有限公司	2.00 亿元
	30	宿迁市惠龙实业有限公司	1.94 亿元
比税收看贡献	1	江苏秀强玻璃工艺股份有限公司	9348.58 万元
	2	百威英博(宿迁)啤酒有限公司	4206.91 万元
	3	江苏和友集团	3934.33 万元
	4	旭派电源有限公司	2849.62 万元
	5	江苏阿尔法药业有限公司	2671.52 万元
	6	江苏三元轮胎有限公司	2259.71 万元
	7	宿迁南钢金鑫轧钢有限公司	2148.63 万元
	8	江苏银祥晟华实业有限公司	1693.49 万元
	9	江苏苏华达新材料有限公司	1644.92 万元
	10	宿迁龙净环保科技有限公司	1457.86 万元
	11	江苏翔盛粘胶纤维股份有限公司	1455.82 万元
	12	新亚强硅化学股份有限公司	1431.85 万元
	13	山亿新能源股份有限公司	1291.69 万元
	14	宿迁科思化学有限公司	1172.03 万元
	15	长江润发(宿迁)集团有限公司	1170.62 万元
	16	江苏景宏新材料科技有限公司	1074.37 万元
	17	苏钢中亚特种钢业宿迁有限公司	1061.98 万元
	18	宿迁思睿屹新材料有限公司	962.89 万元
	19	宿迁市鑫电能合金有限公司	900.58 万元
	20	宿迁嘉禾塑料金属制品有限公司	883.31 万元
	21	江苏华孚色纺有限公司	792.59 万元

续表 12

类别	序号	企业名称	实　　绩
比税收看贡献	22	江苏北斗星通汽车电子有限公司	676.17 万元
	23	宿迁林通新材料有限公司	659.95 万元
	24	宿迁杰科化学有限公司	464.92 万元
	25	宿迁广博控股集团有限公司	449.25 万元
	26	江苏金枫蓄电池制造有限公司	437.34 万元
	27	宿迁联盛化学有限公司	436.30 万元
	28	华星(宿迁)化学有限公司	429.83 万元
	29	江苏恒正家纺有限公司	396.08 万元
	30	宿迁格林手套有限公司	364.20 万元
比创新看成果	1	江苏春绿粮油有限公司	中国驰名商标
	2	江苏澳鑫科技发展有限公司	省著名商标
	3	江苏三元轮胎有限公司	省著名商标
	4	宿迁市光辉家具有限公司	省著名商标
	5	宿迁市裕佳涂覆布业有限公司	省著名商标
	6	江苏三元轮胎有限公司	省级企业技术中心
	7	新亚强硅化学股份有限公司	省级企业技术中心
	8	中节能(宿迁)生物质能发电有限公司	开发省级新产品 5 个
	9	山亿新能源股份有限公司	开发省级新产品 2 个
	10	江苏景宏新材料科技有限公司	开发省级新产品 3 个
	11	江苏博迁新材料有限公司	开发省级新产品 2 个
	12	江苏广博罗纳斯科技有限公司	开发省级新产品 5 个
	13	江苏秀强玻璃工艺股份有限公司	开发省级新产品 7 个
	14	江苏易鼎电力科技有限公司	开发省级新产品 6 个

(张　跃)

【技术改造】 2015 年,全区新材料产业、新能源产业、装备制造产业项目技改投入取得显著成效。新材料产业项目技改投入不断加大,秀强股份公司实施年产 80 万平方米大尺寸高透射可见光 AR 镀膜玻璃项目、年产 160 万平方米薄膜太阳能电池用 TCO 导电膜玻璃生产线,完成技改投资 3.2 亿元;惠然实业公司实施年产 30 万吨不锈钢制品技改项目,完成技改投资 8.8 亿元;景宏新材料公司实施亚克力树脂复合材料项目生产线,完成技改投资 1.05 亿元;鑫鼎新材料公司实施年产 80 万吨不锈钢项目,完成技改投资 1.1 亿元;永盛新材料公司实施铝覆塑木合体型材生产线,完成技改投资 1.4 亿元;宜录电子科技公司实施节能新材料项目生产线,完成技改投资 1.06 亿元;新亚强硅化学公司实施年产 1 万吨苯基氯硅烷项目,完成技改投资 0.85 亿元;阿尔法药业公司实施 100 吨/年替卡格雷原料药及中间体、60 吨/年利伐沙班原料药及中间体项目,完成技改投资 1.58 亿元。新材料产业大项目的招引和投产达效，对全区打造“2+1”主导产业起到了巨大推动作用。全区新材料产业累计完成技改投资42.85亿元。2015年，新能源产业项目投资不断增长，秀强光电公司实施年产1000万平方米光伏背板彩晶玻璃生产线，完成技改投资0.8亿元；中节能公司实施90吨/小时秸秆锅炉及供热技改项目，完成技改投资1.02亿元；旭源科技公司实施兆瓦级光伏并网逆变器及控制系统关键设备研制及产业化生产线，完成技改投资1.15亿元；山亿新能源公司实施年产3000兆瓦光伏并网逆变器项目，完成技改投资1.29亿元；晨科新能源公司实施年产500兆瓦太阳能电池组件项目，完成技改投资0.85亿元。2015年，全区新能源产业累计完成技改投资6.8亿元。2015年，装备制造产业项目投资有新的增长，山亿新能源公司实施年产3000兆瓦光伏并网逆变器技改项目，完成技改投资1.28亿元；广新特种装备工程公司实施年产26000吨异性金属制品生产线，完成技改投资1.22亿元；澳鑫科技公司实施年产1000万千伏安高性能铅酸蓄电池生产线，完成技改投资1.1亿元；北斗星通公司实施年产9.8万台北斗/GPS车联网终端技改项目，完成技改投资5800万元；楚洋轧辊公司实施冶金机械轧辊生产线，完成技改投资5600万元；楚霸体育器械公司实施年产2万吨电镀类体育器械生产改造项目，完成技改投资2600万元；方圆机械公司实施年产100万副汽车左右扭杆产品的生产线技术改造项目生产线，完成技改投资4800万元。装备制造产业大项目的建设和投产达效，对全区打造“2+1”主导产业起到了巨大推动作用。2015年，全区装备制造产业累计完成技改投资17.8亿元。（张　跃）

【技术创新】 2015年，全区新材料产业、新能源产业、装备制造产业技术创新取得丰硕成果。为加快企业技术创新步伐，新材料产业企业与国内高等院校和科研所建立良好的合作关系，形成企业与专家相结合的研究开发体系，保证企业及时获得新的技术、产品、市场信息及发展趋势，为发展壮大奠定基础。2015年，新材料产业完成技术创新投资8162万元，同比增长20.2%，其中，秀强股份公司完成投资1320万元，阿尔法药业公司完成投资980万元，景宏新材料公司完成投资710万元，博迁新材料公司完成投资460万元，金鑫轧钢公司完成投资420万元，强维橡塑公司完成投资225万元，翔盛粘胶公司完成投资320万元。新亚强、三元轮胎公司被认定为省级企业技术中心。艾伦特科技、耀徐特种玻璃、金鑫轧钢、龙净环保公司等被认定为国家级高新技术企业。秀强股份、阿尔法药业、苏源杰瑞电表、博迁新材料、易鼎电力、景宏新材料等企业共开发省级新产品22个。为加快企业技术创新步伐，新能源产业企业与国内高等院校和科研所建立良好的合作关系，形成企业与专家相结合的研究开发体系，保证企业及时获得新的技术、产品、市场信息及发展趋势，为发展壮大奠定基础。2015年，新能源产业完成技术创新投资1960万元，同比增长13.2%，其中，山亿新能源公司完成投资420万元，秀强光电公司完成投资380万元，旭源科技公司完成投资230万元，广鑫新能源公司完成投资280万元，中节能公司完成投资260万元，大洋新能源公司完成投资135万元，晨科新能源公司完成投资115万元。中节能、山亿新能源、秀强光电等企业共开发省级新产品32个。2015年，装备制造产业完成技术创新投资3680万元，同比增长16.3%。其中，山亿新能源公司完成投资920万元，北斗星通公司完成投资680万元，澳鑫科技公司完成投资470万元，龙净环保公司完成投资280万元，易鼎电力公司完成投资260万元，方圆机械公司完成投资180万元。山亿新能源公司、方圆机械公司等企业共开发省级新产品12个。（张　跃）

2015年宿豫区获批国家级高新技术企业

表13

序号	企业名称
1	宿迁波尔高压电源有限公司
2	宿迁龙净环保科技有限公司

续表 13

序号	企业名称
3	华星(宿迁)化学有限公司
4	江苏科瑞欣机械有限公司
5	宿迁一凡科技有限公司
6	宿迁市艾伦特科技有限公司
7	江苏耀徐特种玻璃有限公司
8	宿迁南钢金鑫轧钢有限公司
9	江苏联旺信息科技有限公司
10	宿迁市科莱博生物化学有限公司
11	江苏中煦高分子材料有限公司
12	国风塑业科技宿迁有限公司
13	宿迁华展工贸有限公司

2015 年宿豫区获评定为省级研究生工作站企业

表 14

类别	序号	企业名称
省级研究生工作站	1	江苏阿尔法药业有限公司
	2	江苏益客食品有限公司
	3	江苏颖盛化工有限公司
	4	宿迁市德甄环保工程有限公司
	5	江苏正业食品有限公司

2015 年宿豫区获批省级技术中心企业

表 15

序号	企业名称
1	江苏三元轮胎有限公司
2	新亚强硅化学股份有限公司

2015 年宿豫区开发省级新产品、高新技术产品企业

表 16

类别	序号	企业名称	新产品名称
省级新产品	1	中节能(宿迁)生物质能发电有限公司	生物质循环流化床锅炉低品位能量深度利用技术
	2		生物质循环流化床锅炉给料仓拨料器控制系统
	3		基于 BCS 技术的生物质循环流化床锅炉燃烧优化控制系统技术
	4		生物质直燃循环流化床锅炉燃烧催化技术
	5		生物质循环流化床锅炉出渣管自动疏通装置
	6	江苏苏源杰瑞电表有限公司	单相费控智能电能表(模块—远程—开关内置)
	7		单相费控智能电能表(模块—本地—开关内置)
	8	山亿新能源股份有限公司	SL40KW 光伏并网逆变器
	9		SL10KW 光伏并网逆变器
	10	江苏景宏新材料科技有限公司	高透明聚烯烃热收缩膜
	11		高性能水性丙烯酸酯压敏胶
	12		耐高温 PETG 不干胶标签
	13	江苏博迁新材料有限公司	高容量片式陶瓷电容器内电极 180nm 镍粉
	14		太阳能电池浆料用银粉
	15	江苏中豫网络科技有限公司	农业综合开发项目信息化服务平台(V1.0 版本)
	16	宿迁铭豪烟道有限公司	复合水泥防火型烟气管道

续表16

类别	序号	企业名称	新产品名称
省级新产品	17	江苏广博罗纳斯科技有限公司	T-40新型碳素结构钢线刀
	18		T-45新型碳素结构钢线刀
	19		T-50新型碳素结构钢线刀
	20		T-55新型碳素结构钢线刀
	21		T-60新型碳素结构钢线刀
	22	江苏秀强玻璃工艺股份有限公司	精微显示装饰玻璃
	23		防眩光增透镀膜玻璃
	24		新型高效光伏双玻组件背板玻璃
	25		镀膜渐变彩钢玻璃
	26		高透可见光光伏玻璃
	27		微蚀刻防溢漏搁架
	28		高透过高反射智能镜面玻璃
	29	江苏阿尔法药业有限公司	2—[3—(E)—[3—[2—(7—氯—2—喹啉基)乙烯基]苯基]—3—羟基丙基]苯甲酸甲酯
	30	江苏易鼎电力科技有限公司	间隙型增容导线用耐张线夹
	31		间隙型增容导线用接续管
	32		铝合金芯高导电率铝绞线用耐张线夹
	33		铝合金芯高导电率铝绞线用接续管
	34		中强度铝合金绞线用耐张线夹
	35		中强度铝合金绞线用接续管
	36	宿迁科思化学有限公司	反式大茴香脑
省级高新技术产品	1	长江润发(江苏)薄板镀层有限公司	耐腐蚀无氰无铬碱性耐指纹卷板
	2	江苏阿尔法药业有限公司	孟鲁司特钠及其中间体
	3	宿迁科思化学有限公司	反式大茴香脑
	4		3—(4—甲基苯亚甲基)樟脑
	5	江苏苏源杰瑞电表有限公司	单相费控智能电能表(模块—远程—开关内置)
	6		单相费控智能电能表(模块—本地—开关内置)
	7	江苏强维橡塑科技有限公司	颗粒再生胶
	8	江苏博迁新材料有限公司	太阳能电池浆料用银粉

2015年宿豫区获评定为市级以上科学技术等奖企业、个人

表17

序号	科技奖名称	企业个人
1	江苏省科学技术三等奖	山亿新能源股份有限公司

续表 17

序号	科技奖名称	企业个人
2	宿迁市科学技术突出贡献奖	卢秀强
3	宿迁市科学技术一等奖	江苏中煦高分子材料有限公司
4	宿迁市科学技术二等奖	山亿新能源股份有限公司
5	宿迁市科学技术三等奖	江苏健谷化工有限公司
6		新亚强硅化学股份有限公司
7		宿迁市方圆机械有限公司
8	江苏省知识产权管理标准化示范先进单位	山亿新能源股份有限公司
9	江苏省第九届专利优秀奖	江苏阿尔法药业有限公司

【品牌创建】 2015 年,新材料产业、装备制造产业通过加大投入、加大品牌创建力度,获得的名品名标不断增多。新材料产业企业三元轮胎和博迁新材料通过努力分别获得省著名商标和省名牌产品称号。装备制造产业企业澳鑫科技通过努力获得省著名商标称号。通过品牌创建,为企业扩大知名度、扩大市场、提高核心竞争力、提高经济效益起到很大的促进作用。

2015 年宿豫区荣获中国驰名商标、省著名商标企业

表 18

序号	类　别	企业名称	商标名称
1	中国驰名商标	江苏春绿粮油有限公司	春　绿
1	省著名商标	江苏澳鑫科技发展有限公司	旭　派
2		江苏三元轮胎有限公司	耐力可
3		宿迁市光辉家具有限公司	九月香
4		宿迁市裕佳涂覆布业有限公司	裕　佳

2015 年宿豫区荣获省名牌产品企业

表 19

序号	企业名称	产品名称
1	旭派电源有限公司	xupai 牌电动助力车用铅酸蓄电池
2	江苏博迁新材料有限公司	博迁牌电子级镍粉、银粉

2015 年宿豫区获评定为区长质量奖企业

表 20

类别	序号	企业名称
区长质量奖	1	江苏三元轮胎有限公司
	2	江苏阿尔法药业有限公司
	3	旭派电源有限公司

(张　跃)

【争取项目扶持】 2015年，新材料产业、新能源产业、装备制造产业争取项目扶持取得较大收获。在新材料产业争取项目扶持上，根据市经信委、市财政局联合下发的《关于做好新型工业化专项引导资金项目申报工作的通知》精神，对符合申报条件的秀强股份、博迁新材料、三元轮胎、健谷化工、景宏新材料、联盛化学、惠然实业、煦和新材料、新亚强、阿尔法药业公司进行申报，在申报过程中，深入企业指导帮助起草申报材料，严把质量关，按时上报，通过各级领导关心帮助，以上10家公司共争取到扶持资金1189.6万元。其中技术改造扶持资金949万元、提档升级60万元、股改上市120万元、兼并重组60.6万元。在新能源产业争取项目扶持上，对符合申报条件的广鑫新能源、山亿新能源、中节能公司进行申报，共争取到扶持资金140.8万元。在装备制造产业争取项目扶持上，对符合申报条件的山亿新能源公司进行申报，共争取到扶持资金40万元。（张　跃）

·新兴产业·

【概况】 2015年，全区新材料产业、新能源产业、精细化工产业、电子商务产业总体取得较快发展。全区新材料产业共有企业62家，其中规模以上45家，拥有上市企业2家、国家级高新技术企业13个、省级（工程）技术中心6家、省著名商标4个、省名牌产品3个、省级新产品72个。2015年，全区新材料产业实现销售收入126.5亿元，同比增长15.6%，实现利税15.8亿元、同比增长16.1%。全区共有新能源企业10户，其中规模以上6户，拥有国家级高新技术企业3个、省级（工程）技术中心1家、省著名商标2个、省名牌产品1个、省级新产品32个。2015年，新能源产业实现销售收入8.07亿元，利税0.69亿元，同比增长15.2%。全区精细化工产业共有企业45户，其中规模以上30户。2015年，实现销售收入33.24亿元，同比增长-9.94%，获批省名牌产品1个，获批省级企业技术中心1个，市级企业技术中心1个，市级以上新产品6个，市级两化融合试点企业1个；实施1000万元以上技术改造项目7个，完成投资4.57亿元，完成年度任务109.07%。2012年，宿豫区开始以电子商务为主要形式的全民创业工作。2014年，制订了以网络创业为抓手的三年行动方案，开始重点扶持引导网络创业。2015年，为推进以电子商务为主要形式的全民创业工作，宿豫区新制定出台了系列配套的政策措施。挂牌成立宿豫区网络创业培训基地，培训各类网络创业人员3820人次，培育网络创业带头人20名，全区新增网店2420个，销售突破8.1亿元。建成区、镇两级网创孵化基地7个，总面积3.1万平方米，孵化项目360个。2015年，按照“集聚、标准、规模”要求，有序启动各类网络创业载体建设。依托中国宿迁电子商务产业园，市、区共建，完成1.5万平方米的市互联网大众创业园装修工作；建成区网络创业孵化中心1.05万平方，孵化项目220个；建成1000平方米以上镇级网络创业载体6个，总面积2.3万平方米，孵化项目200个。

（张　跃　张　达　赵　慧　叶小青）

【新材料】 龙头企业有宿迁南钢金鑫轧钢有限公司、江苏秀强玻璃工艺股份有限公司、江苏翔盛高新材料股份有限公司、苏钢中亚特种钢宿迁有限公司、江苏景宏新材料科技有限公司、江苏博迁新材料有限公司、新亚强硅股份江苏有限公司、江苏阿尔法药业有限公司、江苏三元轮胎有限公司、江苏鑫鼎新材料有限公司、江苏宜录电子科技有限公司、宿迁永盛新材料科技有限公司等。新材料产业主要涵盖高档纺织纤维材料、高新医药材料、信息材料、能源材料、太阳能光伏组件、特种钢材、新型建筑及环保材料等大类，产品涉及高档粘胶短纤维、聚酯切片、高新医药中间体、锂电池隔膜、亚克力树脂复合材料、高透射可见光AR镀膜玻璃、太阳能光伏镀膜玻璃、太阳能导电膜玻璃、纳米镍粉、太阳能电池浆料、铝覆塑木合体型材、新型墙体材料及环保工程设备等数十种。（张　跃）

【新能源】 宿豫区新能源产业主要涵盖光伏并网逆变器、电力、太阳能光伏组件等大类，产品涉及太阳能光伏电池组件、太阳能硅片、镀膜太阳能电池封装玻璃、TCO 导电膜玻璃、晶体硅电池组件、聚乙二醇碳化硅及光伏发电配套设施等数十种。龙头企业有江苏秀强光电玻璃科技有限公司、山亿新能源股份有限公司、中节能(宿迁)生物质能发电有限公司、江苏旭源科技有限公司、宿迁广鑫新能源有限公司、江苏大洋新能源科技有限公司、江苏晨科新能源有限公司等。 (张　跃)

【精细化工】 2015 年，列入市、区重大项目建设计划的江苏福友化肥催化净化环保材料等 7 个工业项目均按照序时进度顺利推进。福友化肥主体工段厂房及附属设施基本完工，正在加紧机器设备安装。颖盛化工二期车间及仓库完工，正在设备安装。威生金属二期两栋主车间已经建成，一条电镀生产线已经安装。慈星药业医药化工及原料药车间改造完成。久巨环保二期车间和办公楼主体及附属工程已经完工。阿尔法药业三期设备正在安装。华科环保项目前期环评、立项已经完成；逐步推进园区产业向精细化工、化工新材料、生物医药等重点产业集聚。以企业项目技改、兼并重组、项目盘活、大企业(集团)培育等为手段，督促企业新上项目，加大投资，加快新项目建设进度。阿尔法药业原料药、科思化学合成茴脑、振兴化工光稳定剂、永星化工光电新材料等一批项目陆续建成投产。 (张　达　赵　慧)

2015 年宿豫区精细化工产业企业实现销售收入情况

表 21　　　　单位：万元

序号	企业名称	2015 年实绩	2014 年实绩
	合计	332393.39	369092.62
1	江苏阿尔法药业有限公司	40419.64	32639.05
2	宿迁新亚科技有限公司	24224.6	28610.2
3	江苏丰民肥业有限公司	21147.08	5763.07
4	宿迁科思化学有限公司	21154.96	28642.87
5	宿迁市惠龙实业有限公司	18676.29	15025.44
6	新亚强硅化学股份有限公司	17088.43	17910.35
7	宿迁联盛化学有限公司	15120.07	14940.25
8	江苏豫星化工工业有限责任公司	15289.32	—
9	宿迁林通新材料有限公司	13578.63	14201.38
10	江苏健谷化工有限公司	11718.37	13019.38
11	宿迁思睿屹新材料有限公司	9412.71	13632.56
12	宿迁市鸿大化工有限公司	8635.38	42798.3
13	宿迁虹光化学工业有限公司	8548.98	8859.25
14	宿迁市华一科技有限公司	8422.13	13241.9
15	宿迁市振兴化工有限公司	6395.08	8140.99
16	宿迁杰科化学有限公司	6828.68	11140.61
17	宿迁市凯尔氟新材料有限公司	4871.21	6542.65

续表 21

序号	企业名称	2015 年实绩	2014 年实绩
18	宿迁市同创化工科技有限公司	4425.12	3909.57
19	宿迁市鼎盛化工科技有限公司	3934.45	4757.32
20	宿迁明江化工有限公司	3684.19	3274.75
21	宿迁市永星化工有限公司	3325.17	4515.23
22	宿迁市科莱博生物化学有限公司	3375.13	9321.47
23	宿迁市现代生物科技有限公司	3055.73	1756.99
24	宿迁晨阳医药科技有限公司	2923.14	3295.38
25	宿迁联盛亚克力有限公司	2386.11	1930.04
26	江苏禾友化工有限公司	20973.4	26732.4
27	宿迁市通试试剂有限公司	1776.45	1630.48
28	宿迁市吉安特种气体有限公司	1757.2	1489.28
29	宿迁中柱医药科技有限公司	1464.99	1522.47
30	宿迁市永芳香料有限公司	1179.24	1347
31	江苏凯腾医药原料有限公司	947.57	1421.92
32	江苏华星新材料科技股份有限公司	6471.42	6159.71
33	宿迁市永星药业有限公司	694.68	998.29
34	江苏慈星药业有限公司	683.93	94.91
35	江苏永达化工有限公司	—	—
36	宿迁市现代化工有限公司	467.33	685.16
37	宿迁瑞星化学有限公司	2752.67	2271.54
38	宿迁市境美精细化工有限公司	510.31	1139.98
39	江苏颖盛化工有限公司	3731.87	5848.89
40	宿迁南翔化学品制造有限公司	2582.54	2397.71
41	江苏美花化工有限公司	107.11	143.87
42	宿迁市万和泰化工有限公司	4650.09	5660.39
43	宿迁阿尔法科技有限公司	1469.56	316.62
44	宿迁德威化工有限公司	992.17	734.42
45	宿迁徐邦化工发展有限公司	540.26	628.58

（张　达　赵　慧）

【电子商务】 2015 年，新制定出台了《关于进一步加强网络创业的实施意见》《宿豫区京东农村电商标准化建设实施方案》《宿豫区农村电商标准化建设考核办法》《宿豫区网店“金鼎”信用评比活动实施方案》《宿豫区农产品质量安全追溯体系建设实施方案》等一系列配套扶持政策，鼓励农村电子商务发展。设立全民创业发展资金 1500 万元，已经用于工业企业二次创业、创业孵化基地建设、网店补助、实体创业项目建设等210万元;利用省、市创业扶持政策,指导申报获批全民创业扶持项目52个,获批扶持资金290万元。采取集中培训和分散指导相结合的方式,为创业青年提供免费创业培训,全年共举办专题培训102场,开展创业初始培训3100人次,中级培训700人次,精英培训20人次。2015年,宿豫区与京东和当当网建立战略合作关系,创新实施了“2284”工程,即:建立专职推广员和义务推广员2支队伍,健全京东集团农商推广和政府协调促进2套体系,实现队伍建设、硬件落实、网点配套、培训教育、项目扶持、售后服务、农资购买、土特产销售8项建设,建立服务保障、宣传引导、示范带动、考核督促4项机制。2015年,全区138个村居中,已规范化建成295个京东乡村合作点,招募京东推广员295名,实现村居全覆盖,创成京东农村电商全国首个示范县(区),建立以政府为主导,京东配合的协调推进机制,帮助农民足不出户即可享受到价廉、物美、质优的网购服务。2015年,宿豫区率先依托合作点实施“一村一品一店”工程,建设村居地产品专卖店,与本地农产品龙头企业合作,探索网络定制经济,整合全区农产品销售电商,进行资源、技术、信息共享,参加国内农产品展销会,不断拓宽销售市场,提升宿豫产品知名度。全区350种名优地产品实现网上销售,“一村一品一店”工程取得明显成效。7月16日,全省电子商务发展现场观摩会在宿豫举行,对京东“中国特产·宿迁馆”、曹集乡农民网络创业一条街、丁嘴镇登山村“一村一品一店”、中粮肉食(宿迁)有限公司等宿豫区现代农业建设、农民创业特别是农村电商、扶贫开发等方面进行了现场观摩。宿豫发展电商经验在全省推广,并先后被央视《新闻联播》《人民日报》(头版)《农民日报》等多家媒体报道。2015年,根据区域特色,着力推动区域特色产业带形成,根据乡镇、村居现有产业特点,针对性加以引导扶持,打造专业电商村。重点培育5个电商示范村居和1个网络创业示范乡镇,全区创成省农业电子商务示范乡镇1个、省电子商务示范村2个、省农村信息化示范基地1个、省电子商务示范企业1个,新命名“淘宝村”1个,宿豫被命名为江苏省农业电子商务示范县(区)。

(叶小青　徐福高)

·传统产业·

【概况】 2015年,全区装备制造、食品饮料产业企业累计114家。装备制造产业企业39家,其中规模以上30家,拥有国家级高新技术企业6家、省级(工程)技术中心3家、省著名商标3个、省名牌产品1个、省级新产品16个。2015年,实现销售收入25.8亿元,同比增长13.6%;实现利税3.15亿元,同比增长13.8%。全区食品饮料企业75家,其中规模企业48家,主要以啤酒酿造、方便食品、肉类加工为主,产值占全区“2+1”产业的25.28%。骨干企业有百威英博,中粮集团,春绿粮油,罐头食品,龙嫂食品,趣园食品等。2015年,益客食品、中粮肉食、百威英博等11家食品饮料骨干企业实现销售收入26.97亿元,同比增长18.82%,实现入库税收5378.62万元,同比增长81.76%;26家企业固定资产投资11.05亿元。

(张　跃　林　杰)

【装备制造】 全区装备制造产业主要涵盖光伏发电系统集成装备、信息材料、异性金属、汽车配件、体育器械、电器装备及冶金机械材料等大类,产品涉及光伏并网逆变器、不锈钢门滑轨、汽车铅酸电池、节能灯、发动机连杆、套碳纤维复合芯导线、铁路高强螺母、不锈钢复合管、机械密封件、新型汽车前悬防倾杆、铬钼球、汽车电子、导航接收产品、新型哑铃杆铃及钢结构等数十种。龙头企业有山亿新能源股份有限公司、江苏广新特种装备工程有限公司、宿迁楚霸体育器械有限公司、江苏北斗星通汽车电子有限公司、江苏澳鑫科技发展有限公司、宿迁嘉禾塑料金属制品有限公司、宿迁龙净环保科技有限公司、江苏楚洋轧辊有限公司、江苏易鼎电力科技有限公司、

宿迁市方圆机械有限公司、宿迁市鑫电能合金有限公司公司等。（张　跃）

【食品饮料】　粮油食品产业在宿豫区历史悠久，从最初的小麦粗加工发展到面粉加工、大米加工、粮油加工、米线生产、罐头加工、肉禽加工等。依托生态优势和农产品资源优势，粮油食品产业在全区得到迅猛发展，已成为主导产业。江苏春绿粮油有限公司年产各类植物油10万吨，是中国优质加工百强企业，是国家标准化委员会稻米油、大豆油国家质量标准起草单位之一。中粮肉食（宿迁）有限公司由全球500强企业——中粮集团投资建设，项目总投资10亿元；百威英博宿迁啤酒有限公司由世界500强企业，全球领先的酿酒制造商——百威英博啤酒集团投资建设，项目总投资4亿美元，建设有年产100万吨的苏北（宿迁）啤酒生产基地。龙嫂绿色食品公司生产的方便米线在同行业内排名第一，市场占有率达65%，龙嫂商标被评为“中国驰名商标”，并荣获江苏省25年来最受消费者尊敬的25大江苏品牌紫金奖。2015年，龙嫂绿色食品公司荣获第十六届中国绿色食品博览会金奖，春绿粮油公司获得中国驰名商标称号。（林　杰）

2015年宿豫区食品饮料工业企业项目固定资产投资完成情况

表22　　单位：万元

序号	企业名称	项目名称	2015年累计完成投资		
			合计	贷款	自筹
	合　计	—	110550	23600	86950
1	江苏趣园食品股份有限公司	年产43万吨月饼、饼干、面包等项目	3000	600	2400
2	宿迁益和宠物食品有限公司	年产1万吨宠物食品生产线	6100	1400	4700
3	中粮饲料（宿迁）有限公司	年产40万吨精饲料生产线	6100	1200	4900
4	中粮肉食（宿迁）有限公司	2万吨熟食加工厂改造	2800	500	2300
5	江苏益客食品有限公司	3000万只肉鸡屠宰生产线改建项目	4200	900	3300
6	江苏春绿粮油有限公司	年加工50万吨植物油料生产线技改扩建项目	3400	900	2500
7		年产8000吨谷物营养油技改扩建项目	1800	400	1400
8	江苏正业食品有限公司	熟食食品生产线	3500	800	2700
9	宿迁益客饲料有限公司	饲料生产线改造	2500	500	2000
10	江苏龙嫂绿色食品有限公司	年产35000吨米线全自动生产线项目	3500	1000	2500
11		年产5万吨天然矿泉水及饮料加工项目	2300	400	1900
12		年产2300吨花青素玉带米线生产线	1000	200	800
13	宿迁市罐头食品有限公司	年产5000吨果蔬罐头生产线扩建	1500	300	1200
14	江苏顶好食品有限公司	食品生产线	550	100	450
15	江苏达威奇工贸实业有限公司	电子玩具机芯、电子玩具	700	200	500
16	宿迁金发食品包装有限公司	包装生产线	600	100	500
17	百威英博（宿迁）啤酒有限公司	年产100万吨啤酒生产线	6000	1300	4700
18	宿豫区豫兴面粉厂	面粉加工生产线改造	2000	400	1600
19	宿迁正强米业有限公司	米业加工项目	3000	700	2300
20	江苏泓诚饲料科技有限公司	年产5万吨高档饲料生产项目	14000	3000	11000

续表 22

序号	企业名称	项目名称	2015 年累计完成投资		
			合计	贷款	自筹
21	宿迁市百味香食品有限公司	食品加工生产线	2500	500	2000
22	宿迁市长兴米业有限公司	粮食加工生产线	2000	400	1600
23	宿迁市金乔米业有限公司	粮食加工项目	2000	400	1600
24	江苏优琪宠物用品有限公司	宠物用品生产线	10500	2300	8200
25	宿迁市杉荷园食品有限公司	食品加工生产线	22000	4500	17500
26	宿迁市玉谷粮食有限公司	粮食加工项目	3000	600	2400

2015 年宿豫区食品饮料重点工业企业主要经济指标完成情况

表 23　　单位:万元

序号	企业名称	销售收入			入库税收		
		2015 年实绩	2014 年实绩	同比增长(±%)	2015 年实绩	2014 年实绩	同比增长(±%)
	合计	269702.93	226989.14	18.82	5378.62	2959.21	81.76
1	江苏益客食品有限公司	116836.76	96106.24	21.57	175.69	172.12	2.08
	宿迁益客饲料有限公司	20010.14	19102.38	4.75	88.36	50.99	73.28
2	中粮肉食(宿迁)有限公司	64772.86	66629.26	−2.79	208.51	366.29	−43.08
3	趣园食品股份有限公司	1199.48	1188.17	0.95	38.85	153.90	−74.76
4	宿迁市罐头食品有限责任公司	6303.51	7794.15	−19.13	302.05	201.94	49.58
5	江苏龙嫂绿色食品有限公司	1839.61	2869.21	−35.88	77.22	194.18	−60.23
6	江苏春绿粮油有限公司	6819.49	5260.87	29.63	32.60	45.91	−28.99
7	江苏益和宠物用品有限公司	2028.08	1036.74	95.62	15.18	13.61	11.57
8	百威英博(宿迁)啤酒有限公司	34980.90	10399.15	236.38	4206.91	1454.69	189.20
9	江苏乐乐宠物食品有限公司	7050.13	10220.94	−31.02	206.61	282.83	−26.95
10	宿迁市金丰米业有限公司	7861.97	6382.03	23.19	26.64	22.75	17.10

(林　杰)

·规模企业·

【江苏秀强玻璃工艺股份有限公司】 江苏秀强玻璃工艺股份有限公司创建于 2001 年,是中国最大的加工玻璃制造商之一,公司于 2011 年 1 月 13 日在深圳证券交易所创业板成功上市(股票代码:300160)。公司主要生产触摸屏盖板玻璃、薄膜电池(TCO)玻璃、光伏镀膜玻璃(AR)、ITO 玻璃、家电彩晶玻璃、家居玻璃等 6 大系列近千个品种,产品远销 30 多个国家和地区,是英利、阿特斯、国电光伏、晶澳、韩华新能源等太阳能电池公司的重要供应商,同时与海尔、海信、美的、美菱、新飞、格力、三洋、苏泊尔、日立、松下、夏普、东芝、三星、LG、惠而浦、伊莱克斯、BEKO 等 20 多个国际著名家电企业有密切的业务往来。2015 年，实现销售收入 10.02 亿元，入库税收 9348.58 万元。

公司通过了 ISO 9001:2008、ISO 14001:2004、IECQ QC080000:2005 等体系认证和 CCC 等产品认证，被认定为“国家级高新技术企业”“江苏省百强民营科技企业”，公司拥有授权专利 40 件，其中，发明专利 15 件，实用新型专利 14 件。技术研发中心被评为省级研发中心；与国内知名高校联手建有省级玻璃深加工工程研究院，是彩晶装饰玻璃国家标准的主要起草人之一。作为全国工业玻璃和特种玻璃标准化技术委员会家居工业玻璃分技术委员会秘书处承担单位，在家居工业玻璃领域内从事国家标准化工作的全国性非法人技术组织工作。

2005 年 11 月，公司开始建设总占地面积 700 亩、建筑面积 14 万平方米的光电科技产业园。产业园集玻璃文化中心、玻璃科技中心、玻璃产业中心三者为一体，其理想是打造一流的中国玻璃科技城；公司的经营理念是：不仅销售产品，而且为客户提供解决问题的方案与零距离服务。

【旭派电源有限公司】 旭派电源有限公司是投资于江苏宿迁的蓄电池制造工厂，企业位于江苏省宿豫生态化工科技产业园，成立于 2006 年，是一家集新能源开发、蓄电池研发和制造为一体的高新技术企业。具备电动助力车、电动摩托车、电动汽车用蓄电池、风光互补储能电池、UPS 电池等全系列产品研发与生产制造能力。产品广泛应用于电动助力车、新能源汽车、潜艇、太阳能和风能发电站、电信基站及智能电网储能等各个领域。

旭派电源占地 700 余亩，在职员工 2000 余人，公司资产总额 60000 万元，固定资产 20000 万元。2015 年，实现销售收入 133938.39 万元，入库税收 2849.62 万元。

公司经营的“旭派”电池，2015 年获得宿豫区“区长质量奖”、省著名商标、省名牌产品等多项殊荣。公司自主研发的储能系列电池获得了“金太阳”“沛伏”的认证标志。“旭派”已成为国内知名品牌，在部分地区市场占有率达 90%以上，并成为国内知名电动车生产厂商配套合作供应商。

【宿迁南钢金鑫轧钢有限公司】 宿迁南钢金鑫轧钢有限公司是南京钢铁联合有限公司旗下的具有独立法人地位的全资子公司。2008 年，南京钢铁联合有限公司根据江苏省委、省政府关于南北产业转移的号召，对无锡金鑫轧钢有限公司实施整建制搬迁至宿迁，在搬迁同时对主要生产工艺装备进行了技术升级改造，是南钢联在外埠投资最大的以及苏北地区规模最大的现代化的异型材轧钢企业，同时也是国内仅有的能够生产海军特种船舶型钢企业之一。金鑫大、中、小型线年设计船体专用结构型钢产能 40 万吨，是目前国内市场船体专用结构型材的主要供应商，实现船用球扁钢(欧标、国标)、L 型钢、不等边角钢、等边角钢实现全系列化供货。产品先后荣获宿迁市名牌产品以及全国冶金行业卓越产品等荣誉称号，2015 年通过国家高新技术企业认定。2015 年，公司实现销售收入 106711.92 万元，入库税收 2148.63 万元。

同时，公司和南京钢铁集团共建了江苏省船舶用钢工程技术研究中心，公司重视技术创新及产品研发工作，通过采用电磁感应加热、连续轧制等先进技术，不断拓展产品规格，实现了船用型材规格的系列化。近年来，公司还与国家钢铁研究总院、北京科技大学、东北大学等国内知名科研院所建立起了长期技术合作关系，致力于研发生产高钢级前沿型钢系列产品，先后实现了 A36、D40、E36 钢级的研发，成为国内船用型钢钢级最高、规格最全的生产企业之一，高等级产品市场份额占有率国内行业排名前列。

【江苏翔盛粘胶纤维股份有限公司】 成立于 2007 年，由浙江翔盛集团有限公司投资兴建，是翔盛集团控股的一家股份制企业，目前公司注册资本为 4.58 亿元，公司位于江苏省宿迁市宿豫区生态化工科技产业园南化路 188 号，公司经营内容:粘胶短纤维的生产、销售;热电联产、硫酸等;经营本企业自产产品的进出口业务和本企业所需的机械设备、零配件、原辅材料的进出口业务。产品远销土耳其、印度尼西亚、孟加拉国、巴基斯坦等多个国家。

公司通过 ISO 9001 质量管理、ISO 14001 环境管理、GB/T28001 职业健康安全管理体系认证。公司是国家高新技术企业,江苏省民营科技企业,银行资信等级 AAA 级,江苏省两化融合试点企业,江苏省认定企业技术中心,江苏省差别粘胶短纤维工程技术研究中心。

公司拥有得江苏省高新技术产品 1 件,宿迁市高新技术产品 1 件,获得江苏省名牌产品 1 件,宿迁市名牌产品 1 件,拥有授权专利 10 项。

公司是宿迁市工业旗舰型项目,也是宿迁市轻纺工业的基础性项目。公司计划总投资 50 亿元,规划建设年生产 50 万吨粘胶短纤维生产线,2×15 兆瓦热电厂,40 万吨硫磺制酸项目,全部建成后可实现产值 100 亿元,用工 3000 人,实现利税 10 亿元。2015 年,公司实现销售收入 190521.35 万元,入库税收 1455.82 万元。

【宿迁广博控股集团】 宿迁广博控股集团,简称宿迁广博集团,是以宿迁广博控股集团有限公司为主体组建,是一家集轻工文具新材料、房地产、资本运作为一体的企业集团。

公司拥有江苏博迁新材料有限公司、宿迁广博文仪科技有限公司、宿迁广恒置业有限公司、江苏广新特种装备工程有限公司、宿迁春讯工艺品有限公司、宿迁广盛商贸有限公司、宿迁广泰股权投资管理有限公司、宿迁广智管理咨询服务有限公司等多家核心企业。

宿迁广博集团致力于发展新材料、新电子等优势产业,拥有纳米新材料、汽车电子等多项国际国内发明专利,新材料公司通过不断产业转型升级,成为国内最大、世界第二的高端纳米金属材料制造企业,其中高端镍粉的产量约占世界总产量的 15%。2015 年,集团实现销售收入 241824.19 万元,入库税收 449.25 万元。

【江苏益客食品有限公司】 江苏益客食品有限公司本部坐落于宿迁高新技术开发区凯纳尔工业园内,现有员工 2180 人,占地面积 353.3 亩,拥有肉鸡屠宰线三条,年设计量为 1 亿只,另有产能为 2 万吨熟食生产线一条。

公司的禽肉生鲜冻品主要销往北京、天津、东三省、长三角、珠三角及全国各主要省、市、区,禽肉鲜冻品与双汇、雨润、金锣、久久鸭脖、周黑鸭等国内 12 家大中型熟食企业建立了原料供应关系。

公司成立于 2004 年 10 月,是集种禽(种鸡、种鸭)养殖与孵化、商品禽(肉鸡、肉鸭)养殖及技术服务、饲料研发及生产、禽肉分割与深加工、调理品、熟食商业连锁、羽绒加工为一体的大型产业链型农牧企业。益客集团已成为中国畜禽行业最具美誉度的集团之一,集团及子公司先后获得“全国农产品加工业示范企业”“全国无公害绿色食品企业”“山东省农业产业化重点龙头企业”“江苏省农业产业化重点龙头企业”“中国农牧行业人才最佳成长平台”“中国最具投资价值肉鸭产业链模式”等称号。

2015 年,江苏益客食品有限公司通过技术升级改造,一、二线实现日屠宰肉鸡 9 万只;三线实现日屠宰肉鸡 7.8 万只,日合计屠宰量 25.8 万只,产量正逐步提升。公司充分发挥龙头企业带动作用,带动周边养殖户 2200 余人,在带动模式上采取“龙头企业+农民专业合作社+农户”“龙头企业+基地+农户”紧密型联结方式,建设肉鸡养殖生产基地,逐步形成产、加、销各环节之间相联结的协作平台,密切利益联结机制,实现双赢和多赢格局。2015 年,公司实现销售收入 116836.76 万元,入库税收 175.69 万元。 (张 达 赵 慧)

·乡镇共建工业集中区·

【概况】 2014 年开始,按照区委、区政府“统一规划、集约用地、集聚发展、集中管理”的原则,在来龙镇、大兴镇、新庄镇境内选址规划建设 3

2015 年乡镇共建工业集中区项目建设情况

表 24

序号	引资单位	项目名称	生产规模及类型	项目基本情况						完成情况
				注册资金（万元）	总投资（亿元）	占地面积（公顷）	拟建栋数（栋）	建成栋数（栋）	总建筑面积（平方米）	
1	曹集乡	宿迁市吉雄机械有限公司	年产 10 万件非标准模具	2000	1.1	1.35	3	3	17722.8	主体基本完工
2		宿迁市金楚喷涂设备有限公司	年产 2 万件喷涂机、划线机	600	0.4	0.46	1	1	4433.2	已试产
3		宿迁市盛世达包装有限公司	年产电子标签、彩塑包装袋 10 亿件	200	1.2	1.12	3	3	11799.1	主体基本完工
4		宿迁苏润机械科技有限公司	年产 2 万吨焊丝、药芯钎料、有色焊材	2000	1.2	1.78	4	4	17915	主体基本完工
5	关庙镇	江苏楚艺建筑装饰工程	年产钢结构件 6 万吨；	2000	1.4	1.64	3	3	14761.2	主体基本完工，1＃已试产
6		宿迁德甄环保水处理	年产水处理设备 1 万套；	2000	0.4	1.23	2	2	12940.7	主体基本完工
7		宿迁节省机电设备有限公司	年产 5 万辆电动车，8 万台自制电动机	1000	0.4	0.67	1	1	6800	已试产
8		宿迁海波广告科技有限公司	年产 10 万套广告产品；	600	0.4	0.80	1	1	6800	主体基本完工
9	侍岭镇	宿迁市金耐特汽车配件有限公司	年产 2000 万套高性能汽车轴承	2000	1	2.10	2	2	19285	主体基本完工
10	新庄镇	宿迁市盛伟橡塑科技有限公司	年产超细橡胶母料 5 万吨	2086	1.2	2.84	3	1	30125.8	主体基本完工
11		江苏博然农业科技有限公司	年生产 PP 瓶 1 亿只、农化可降解包装袋 1000 万个、包装箱 500 万只	2080	0.6	1.49	3	3	15264	1＃基础出正负零，2＃已竣工，3＃框架已完成
12		标准化厂房	年生产 2000 台/套数控机床；装备制造	—	0.25	3.33	6	6	22118.4	主体基本完成，3＃厂房正在安装设备
13	交通局	宿迁市宏坤篷布有限公司	年产 700 万平米刀刮布	2000	0.85	1.99	5	5	13692.06	已试产
14	组织部	江苏吉美新材料科技有限公司	年产膜压机、高真空镀膜机、uv 彻成型机零配件 1 万件套；激光镭射膜 2000 吨；防伪标签、镭射卡纸 5000 万张	2000	1	1.46	2	2	14600.6	主体基本完工
15	农开局	宿迁市贝竣美农业科技有限公司	年产富硒有机食品 1.7 亿吨	2800	1.2	1.26	3	3	19426.4	1＃、3＃进行内外墙粉刷；2＃三层框架完工正在砌填充墙
16	政协办	宿迁佳鑫布业有限公司	年产 1800 万平米刀刮布	2000	1.7	1.49	3	3	15400	1＃厂房在封顶，2＃、3＃主体基本完工，进行内外墙粉刷
17	经信局	宿迁市兴源医疗器械有限公司	医用脱脂棉、脱脂纱布等医用敷料	2000	0.5	1.50	3	3	14991.6	1＃三层主体完工，在内外墙粉刷及厂房内部装潢；2＃局部三层基本完工，正在内外墙粉刷；3＃三层已经封顶，正在内外墙粉刷
18	来龙	自建厂房	（江苏优琪）年产猫爬架 20 万套	—	0.75	10.20	16	16	93398.2	（江苏优琪）已试产
19	水务局	兴水管业	年产 6000 吨聚乙烯管材	500	0.45	1.33	1	1	5000	已试产
20	保安乡	万佳美	年产 16000 吨海绵	2000	1.2	1.00	1	1	10007.4	已试产
21		凯特新材料	年产 5000 吨无纺布	2000	1.2	1.00	1	1	10007.4	已竣工
22	大兴镇	自建厂房	—	—	0.45	0.33	1	1	6000	已竣工

（赵桂贤　王　峰）

个共建工业集中区，分别是建材产业工业集中区、电子电器产业工业集中区、机械产业工业集中区，重点推进二层及以上标准化厂房建设、固定资产投资3000万元以上项目招引、集中区基础设施及配套等工作。2015年，全区紧紧围绕集约集聚特色发展的理念，深入加快构建“3+3+X”工业经济发展格局，继续推进乡镇共建工业集中区建设工作，三大乡镇共建工业集中区中的机械产业工业集中区和建材产业工业集中区不断完善道路、水、电等基础设施配套建设，基本满足项目建设生产需求。规划建设的41.17万平方米厂房，已完成36.71万平方米的建设。平均容积率达1.0，亩均投资超过300万元。在建的22个项目中已有7个项目试产，2个项目正在安装设备。2015年9月，省委研究室与省经信委专门调研形成的调查材料，刊发在省委研究室主办《调查与研究》刊物第57期，向全省推广介绍了宿豫区乡镇共建工业集中区创新运作模式、实现管理集中，创新推进方式、实现产业集聚，创新扶持服务、实现要素集合的“三创新、三实现”做法。

【项目评审】 2015年，严格把好入园项目“质量关”，牵头区发改、环保、国税、地税、安监、市场监管、财政等部门对新引入项目严格评审，加强产业定位审核，加强投资强度审核，需单独供地自建标准厂房项目，原则上亩均固定资产投资不低于200万元，设备投资占固定资产投资不低于65%，投入与产出比不低于1∶3，加强容积率审核，入驻共建工业集中区项目容积率不低于1.0。

【项目建设】 2015年，全力加快已开工项目建设进度。坚持定期督查，定期通报，定期观摩，半年评比紧推开工项目建设进度。全年编发相关通报20期，利用多种形式在全区范围内发送快讯、通报进度，召开各类现场会、会办会、推进会等15次。定期组织有关部门和领导，重点会办解决项目建设过程中遇到的实际问题，有效解决了集中区正式用电申请、土地指标缺口大等问题，全力优化服务环境，推进集中区项目建设。

【项目扶持】 2015年，对在共建工业集中区新建二层及以上标准化厂房加大扶持力度，对于新建标准化厂房，属二层的按每平方米100元以奖代投，属三层及三层以上的，按每平方米150元以奖代投。资金实行分期借款，启动建设时借5%，一层完工借40%，全部竣工借30%，余下待验收投产后兑现。牵头区财政、国土、规划、住建等部门分多个批次拨付17个项目1460万元。 （赵桂贤　王　峰　徐福高）

·“五类企业”清理盘活·

【推进清理盘活】 2015年，对已供地但仍闲置的、已投产但投资强度不高的、已运转但土地利用率低的、产能落后且没有市场竞争力的、高耗能高污染且治理无望的“五类企业”，组织专门力量摸底排查、逐一登记造册。严格按照《土地管理法》《闲置土地处置办法》等有关规定，对已供地但目前仍闲置的工业用地，全面落实征收土地闲置费、协商或依法收回、实施土地置换等措施，加大对闲置土地的处置力度。

【清理盘活成效】 2015年，全区清查低效用地261.3公顷，确认用地性质项目72个，盘活存量用地195公顷，新引进“固定资产投资1000万元以上新开工或竣工项目”29个，新建或盘活“五类企业”厂房72.4万平方米。形成了长效工作机制，为工业转型升级腾出新的发展空间，推动产业结构优化调整、工业投资较快增长。 （赵桂贤　王　峰）

·能源供电·

【有序用电】 2015年，区经信局严格按照《宿迁市2015年有序用电方案和电力供应应急预案》，配合宿迁供电公司为全区的重要用电企业制定有序用电设施方案以及企业迎峰度夏(冬)应急工作预案，指导企业调整生产时间和班次，确保调峰企业有序用电宣传率100%、调峰准确率100%、负控措施率100%、不对居民生活拉闸限电。深入企业、乡镇、园区调研，全面了解企业的电力需求，解决供用电问题，确保企业完成全年目标任务。加强高危及重要客户管理，查找重要客户在安全管理、电源配置、应急预案制订等方面的隐患，有效遏制重要客户重特大供用电安全事故的发生。

【电网建设】 区经信局积极做好电网工程政策处理协调工作，全面推进宿豫区电网工程，大大提高全区电网的供电可靠性和稳定性。全年开工及完成26项主配网工程，累计总投资3.5亿元，建成电网新路总里程达350千米，其中220千伏变电站(大兴西变电站)1个，35千伏及以上输电线路12条，10千伏配网线路10条，10千伏开闭所3个。全年累计征地电网建设永久占地3.2万平方米，支付政策处理资金620万元，补偿青苗损失2100亩，清理砍伐树木1.9万棵。全区累计建成投运220千伏变电站(含开关站)4个，110千伏变电站10个，35千伏变电站2个。

【供电服务】 全年召开电力需求现场会办会15次，有效推动各项供用电问题及时解决。帮助解决百威啤酒、宇光电源等21家企业用电问题，为企业争取减免供电工程建设资金520万元；超前协调完成文化公园、电商第一街等12项重点工程供电线路建设工程，确保工程按时投入运行；协调解决陆运河一期开挖工程、电商产业园物流园等14处地块内杆线迁移改造问题，保障项目建设需要；配合市供电公司做好会议保电工作，累计保障区委、区政府、人大、政协及区内重大活动及会议供电31次。指导帮助秀强玻璃、南钢金鑫、禾友化工、惠然实业、华一科技、翔盛高新技术等6家企业申报2015年申报电力直接交易试点，获批直接交易电量1.9亿度，减少企业电费支出580万元。

【用电安全】 结合宿豫区实际情况，开展平安电力系列主题创建活动，有针对性地开展4项专项电力安全整治活动，加大对电力安全隐患的综合整治力度，切实解决影响电力安全运行的突出问题，维护良好的供用电秩序。广泛开展宣传活动，积极营造良好的社会氛围，发放《电力设施保护宣传册》2000份，制作宣传横幅35幅。开展可能危及电力设施安全的施工许可的审批制度，任何单位或个人需要在输电线路、变电站等电力设施保护区内进行可能危及电力设施安全作业时，需采取保护电力设施的安全措施后，方可进行作业，自开展此项工作以来施工现场勘查率达到100%。深化电力施工管理，根据《宿豫区电网建设及供用电管理办法》，对全区电网建设和供用电服务进行规范化管理，要求是在宿豫区境内进行电力工程施工的单位，均须到区电建办登记备案，与区电建办签订电力工程施工安全协议。在施工管理中，区电建办下发整改通知书22份，确保安全、文明施工。
(张　颖)

·信息化建设·

【概况】 2015年，全区电子信息产业运行质态良好，全区电子信息产品实现销售收入20.3亿元，软件业务收入3.6亿元。实施重点两化融合项目20个，推广中小企业信息化应用35家，获批省级“两化融合”示范试点企业6家，获批市级“两化融合”示范试点企业5家。帮助企业向上争取信息化引领专项扶持资金339万元。

【信息基础设施建设】 2015年,中国移动公司宿豫分公司共完成120座4G基站建设,铺设基站通信光缆170千米,铺设驻地网光缆310千米,截至2015年年底,已覆盖宿豫区所有乡镇、行政村。中国联通公司宿豫分公司在宿豫城区及乡镇设立营业厅71家,农村便民服务网点185个,实现了在乡镇的服务网络健全和提供优质便民服务。2015年实现固定资产投资7600万元,完成了宿豫城区重点区域4G网络全覆盖、各乡镇镇区和核心自然村的4G网络覆盖及2G网络补盲、优化,基本实现全区区域4G网络全覆盖、重点区域深度覆盖、农村偏僻地区无网络盲区的既定目标,在全区规模化小区基本实现了宽带网络全覆盖,并在顺河、丁嘴等8个重点乡镇建设光纤宽带网。2015年,中国联通公司在宿豫区新建4G基站160个、区域内无线物理站点达到260个,逻辑站点达到近700个,网络规模大幅度提升,传输工程继续稳步推进,2015年,共新建光缆干线80千米,区内主干光缆达到1200千米,在宿豫区各个开发区均实现了光缆接入。城区光纤宽带小区建设数量达到41个,覆盖小区用户3万户。乡镇光纤宽带建设8个重点乡镇,主要面向镇区用户全覆盖。中国电信公司宿豫分公司在宿豫区所有乡镇,行政村建成全光网,宽带村达到100%,FTTH(光纤直接到家庭)覆盖率达100%。

【"两化融合"技术服务】 2015年,组织召开"两化融合诊断服务活动启动会",邀请江苏智能制造系统企业联合研发创新中心专家,江苏海宝物联科技有限公司,江苏佰易能源科技有限公司等对宿豫区企业两化(信息化、工业化)融合发展进行诊断,并对发展中的痛点进行解析,为企业在两化融合推进过程中存在的问题进行答疑解惑。组织山亿新能源、宿迁南钢金鑫轧钢、博迁新材料、玖久丝绸、楚霸体育器械、健谷化工等30家企业,先后接受区里邀请的专家免费上门进行两化融合诊断服务活动。完成企业两化融合评估诊断18家,评估数量在全市领先。

2015年宿豫区获批省、市级"两化融合"示范试点企业

表25

类别	序号	企业名称	获试点类别
省级两化融合示范	1	江苏博迁新材料有限公司	转型升级示范企业
省级两化融合试点	1	宿迁力引实业有限公司	两化融合试点企业
	2	江苏建友工程机械有限公司	两化融合试点企业
	3	江苏恒正家纺有限公司	两化融合试点企业
	4	百威英博(宿迁)啤酒有限公司	两化融合试点企业
	5	旭派电源有限公司	两化融合试点企业
市级两化融合示范试点	1	亿利洁能科技(宿迁)有限公司	两化融合示范试点企业
	2	宿迁市飞龙金属制品有限公司	两化融合示范试点企业
	3	江苏煦和新材料有限公司	两化融合示范试点企业
	4	江苏正业食品有限公司	两化融合示范试点企业
	5	宿迁市现代生物科技有限公司	两化融合示范试点企业

(孙建华　徐福高)

·信用建设·

【信用管理“千企贯标、百企示范”工程】 2015年，宿豫区深入推进信用管理“千企贯标、百企示范”工程，全年新增市级信用管理贯标企业21家，占年度目标任务105%，新增市级信用管理示范企业3家，分别是江苏惠然实业有限公司、宿迁德威化工有限公司、江苏苏源杰瑞电表有限公司。

【信用体系建设位列全市前列】 2015年5月，经区政府批准成立了全额拨款事业单位宿豫区公共信用信息中心，全面负责区公共信用信息平台“一网两库一平台”（“诚信宿豫”网，企业信用数据库、个人信用数据库、信用信息查询服务平台）的建设运维。区公共信用信息系统平台于2014年下半年启动建设，2015年6月正式投入运营。至年底，已归集19个部门和单位、65类超过23万条信用信息，并逐步覆盖到各部门。2015年，宿豫区公共信用信息平台系统涵盖社会法人（企业、中介组织、社团等）和个人基础信息、信用信息。信用管理制度初步形成，各参建部门共出台各类政策性文件33份、操作性文件3份。2015年6月，按照《宿豫区公共信用信息查询管理暂行办法》（宿豫政办发〔2015〕36号）规定，面向全区社会提供企业和个人信用核查服务，信用产品应用工作全面启动，区公共信用信息中心已面向公众提供查询服务。全区共使用信用承诺4789份，信用核查594份，信用报告648份（位列全市第一）。在全市率先建成的设施一流、功能齐全的公共信用信息服务大厅，已面向社会提供服务。宿豫区在2015年度全市信用体系考核中，位列三县两区第二名。

2015年宿豫区获市级信用管理贯标企业

表26

序号	企业名称
1	宿迁市华一科技有限公司
2	江苏煦和新材料有限公司
3	宿迁益客饲料有限公司
4	百威英博（宿迁）啤酒有限公司
5	宿迁市万和泰化工有限公司
6	宿迁虹光化学工业有限公司
7	宿迁德威玻璃纤维有限公司
8	江苏建友工程机械有限公司
9	江苏省农垦米业集团宿迁有限公司
10	宿迁东方制衣有限公司
11	宿迁力引实业有限公司
12	宿迁林通新材料有限公司
13	宿迁思睿屹新材料有限公司
14	宿迁格林手套有限公司
15	宿迁市科莱博生物化学有限公司
16	光大环保（宿迁）固废处置有限公司
17	江苏文武包装有限公司
18	宿迁市凯尔氟新材料有限公司
19	宿迁龙净环保科技有限公司
20	宿迁市惠龙实业有限公司
21	江苏乐乐宠物食品有限公司

（孙建华　徐福高）

招商引资·园区建设

·江苏省宿迁高新区·

【概况】 2015年，宿迁高新区咬定三年创建成国家级高新区的目标，应对经济下行压力，认真落实“三个规划”，切实做好“四个调整”，全力推进“六大工程”，推动了高新区转型发展、绿色发展、创新发展。实现公共财政预算收入15.31亿元，同比增长19.01%。实现规模以上工业企业工业总产值261.2亿元，同比增长8.84%；主营业务收入235.4亿元，同比增加2.92%。完成500万元以上固定资产投资100.4亿元，同比增长21.5%。实现国税开票销售收入144.85亿元，同比下降23.02%。实现进出口总额22939万美元，实际到账外资232万美元。实现“2+1”主导产业工业总产值200亿元，同比增长15%。高新技术产业实现产值44.3亿元。

链接：

“三个规划”：总体规划、产业规划、开发规划

“四个调整”：调整管理机制、招商方式、优惠政策和帮办服务机制

“六大工程”：重点企业培育、创新平台提升、园区自身发展能力提升、基础配套提升、环境提升、作风建设提升

“2+1”主导产业：装备制造、食品饮料、新材料

2015年宿迁高新区工业企业开票销售前50强企业

表27

序号	企业名称		销售收入(万元)	地址
1	广博集团	宿迁广博控股集团有限公司	199836.16	陆庄路188号
		江苏博迁新材料有限公司	13841.32	华山路109号
		宿迁广博文仪科技有限公司	25375.44	陆庄路188号
		江苏广新特种装备工程有限公司	1587.82	陆庄路188号
2	益客集团	江苏益客食品有限公司	116836.76	太行山路1号
		宿迁益客饲料有限公司	20010.14	华山路85号
3	金鑫轧钢	宿迁南钢金鑫轧钢有限公司	100045.17	江山大道89号
		宿迁南钢金鑫钢铁有限公司	6666.75	江山大道89号
4	秀强股份	江苏秀强玻璃工艺股份有限公司	99457.01	江山大道28号
		江苏秀强光电玻璃科技有限公司	620.91	江山大道28号
		江苏秀强投资有限公司	0.00	

续表 27－1

序号	企业名称		销售收入(万元)	地址
5	江苏惠然实业有限公司		98629.84	翔盛大道
6	中粮集团	中粮肉食(宿迁)有限公司	64772.86	雪峰山路 18 号
		中粮肉食(宿迁)有限公司宿豫分公司	26534.19	雪峰山路 18 号
7	苏钢中亚	苏钢中亚特种钢业宿迁有限公司	55891.35	翔盛大道
		苏亚铸件宿迁有限公司	11755.9	翔盛大道
8	江苏三元轮胎有限公司		47710.45	嘉陵江路 99 号
9	苏华达	宿迁中玻新材料有限公司	30077.37	黄山路 50 号
		江苏苏华达新材料有限公司	16180.53	黄山路 50 号
10	长江润发集团	长江润发(江苏)薄板镀层有限公司	27921.69	峨眉山路 98 号
		长江润发(宿迁)集团有限公司	2903.94	峨眉山路 98 号
		宿迁市鑫宏铝业开发有限公司	7169.73	峨眉山路 98 号
		宿迁市荣鑫金属制品有限公司	7170.74	峨眉山路 98 号
11	银祥晟华实业	江苏银祥晟华实业有限公司	26654.93	昆仑山路 67 号
		宿迁市华明废旧物资回收有限公司	9196.33	昆仑山路 67 号
		江苏华亮热镀锌有限公司	738.4	昆仑山路 67 号
12	绿陵集团	江苏豫星化工工业有限责任公司	15289.32	江山大道 6 号
		江苏绿陵润发化工有限公司	8717.22	江山大道 6 号
		江苏绿晶电子材料有限公司	1443.02	江山大道 6 号
		宿迁市宏远肥业有限公司	3120	江山大道 6 号
		江苏绿陵化工集团有限公司	829.91	江山大道 6 号
		江苏绿陵生态肥有限公司	4398.12	江山大道 6 号
13	宿迁龙净环保科技有限公司		23757.28	昆仑山路 98 号
14	江苏翔盛高新材料股份有限公司		21327	翔盛大道 1 号
15	宿迁格林手套有限公司		19213	香山路北侧
16	景宏新材料	江苏景宏新材料科技有限公司	17054.41	昆仑山路 91 号
		宿迁市润宏包装材料有限公司	189.52	昆仑山路 91 号
17	江苏北斗星通汽车电子有限公司		15870.71	峨眉山路 1 号
18	煦和集团	宿迁市鸿大化工有限公司	8635.38	翔盛大道 89 号
		江苏煦和新材料有限公司	6123.98	翔盛大道 89 号
		江苏唯克节能建筑材料有限公司	17.76	翔盛大道 89 号
		江苏福尔德水性漆业有限公司	0	翔盛大道 89 号
		江苏坦途特种材料有限公司	102.56	翔盛大道 89 号

续表 27-2

序号	企业名称		销售收入(万元)	地址
19	宿迁嘉禾塑料金属制品有限公司		13962.8	昆仑山路79号
20	中节能(宿迁)生物质能发电有限公司		13282.33	江山大道南首
21	玖久集团	玖久丝绸股份有限公司	9357	开发大道99号
		宿迁市玖久丝线有限公司	1978.56	开发大道99号
		宿迁市天缘丝绸家纺有限公司	1040.6	开发大道99号
22	山亿新能源股份有限公司		10943.74	雪峰山路6号
23	江苏国邦石油化工有限公司		9037.35	运河大道
24	宿迁市荣欣塑业有限公司		8903.61	嘉陵江路28号
25	宿迁市锦棉棉麻有限公司		8380.42	长江路121号
26	宿迁楚霸体育器械有限公司		7543.77	峨眉山路58号
27	江苏春绿粮油有限公司		6819.49	张家港大道88号
28	宿迁力引实业有限公司		6792.32	力引路9号
29	宿迁市罐头食品有限责任公司		6303.51	太行山路1号
30	宿迁市益明水泥有限公司		6035.45	运河大道99号
31	江苏文武包装有限公司		5942.75	珠江路189号
32	宿迁洵疆实业有限公司		5927.77	陆庄路88号
33	江苏泓诚医药有限公司		5828.79	富春江路22号
34	宿迁宏达制衣有限公司		5747.6	嘉陵江路16号
35	强维集团	江苏强维橡塑科技有限公司	5415.02	宿泗路南侧
		江苏强维轮胎有限公司	25.82	宿泗路南侧
		宿迁市强维胶带有限公司	205.09	宿泗路南侧
36	宿迁东方制衣有限公司		5276.79	珠江路115号
37	宿迁宁新石化有限公司		5011.35	运河大道
38	宿迁市中塑实业有限公司		4669.59	阿里山路88号
39	宿迁市宏润纺织有限公司		4252.92	江山大道109号
40	宿迁味霖食品有限公司		4100.48	新安江路22号
41	江苏宇光电源科技有限公司		3891.85	太行山路69号
42	江苏苏源杰瑞电表有限公司		3638.86	华山路81号
43	宿迁市长城机械密封制造有限公司		3472.06	太行山路68号
44	江苏楚洋轧辊有限公司		3113.62	嵩山路88号
45	宿迁市现代生物科技有限公司		3055.73	嘉陵江路78号
46	江苏天圣玻璃有限公司		2930.06	雁荡山路85号
47	江苏达威奇工贸实业有限公司		2920.41	雁荡山路88号

续表 27-3

序号	企业名称	销售收入(万元)	地址
48	宿迁市华茂毛纺织染有限公司	2901.33	太行山路 101 号
49	国风塑业科技宿迁有限公司	2766.66	太行山路 51 号
50	江苏华祥混凝土有限公司	2634.68	宿泗路南侧

（施　静）

【招商引资】 2015 年，园区招商引资工作由全员招商向“园区招商、专业招商、产业招商”三位一体的招商模式转变。年初，高新区面向社会招聘专业招商人员，成立 4 支专业招商小分队，实行分区域驻点招商，多次到上海、宁波、苏锡常、广州等地开展招商活动。分别在上海、广州等地举办投资环境推介会，邀请客商 30 多批次 260 余人到高新区参观考察。经市考核认定，全年完成注册资本 2000 万元～5000 万元的开工项目 4 个（润普五金、三元轮胎、长川科技、天工纸制品），竣工项目 1 个（三元轮胎）；注册资本 0.5 亿～1 亿元的项目开工 5 个（广博罗纳斯、鼎盛印务、优美特、亿宏新材料、良木新材料）；注册资本 1 亿元以上的项目开工 3 个（秀强 AR 镀膜玻璃、佳顿科技、国邦石油），竣工 2 个（秀强 AR 镀膜玻璃、国邦石油）。

2015 年宿豫区招商引资考核认定项目明细

表 28

序号	项目进展	企业名称	时间	主要产品	考核结果
1	开工项目	江苏长川科技有限公司	2014.11	配变箱体、充电桩、电表集装箱等	认定为注册资本 2000 万元～5000 万元开工项目
2	开工项目	江苏国邦石油化工有限公司	2015.9	石油化工产品	认定为注册资本 1 亿元～3 亿元开工项目
3	开工项目	江苏广博罗纳斯科技有限公司	2015.4	绿色无菌包装及配套	认定为注册资本 5000 万元～10000 万元开工项目
4	开工项目	宿迁市润普五金制品有限公司	2015.6	五金制品、电子产品	认定为注册资本 2000 万元～5000 万元开工项目
5	开工项目	江苏佳顿科技股份有限公司	2015.9	高档皮革	认定为注册资本 1 亿元～3 亿元开工项目
6	开工项目	江苏良木新材料股份有限公司	2015.12	玻镁板	认定为注册资本 5000～10000 元开工项目
7	开工项目	江苏三元轮胎有限公司	2015.1	9 万吨轮胎专用橡胶	认定为注册资本 2000 万元～5000 万元的开工项目
8	开工项目	宿迁市天工纸制品有限公司	2015.3	纸质包装材料	认定为注册资本 2000 万元～5000 万元档开工项目
9	开工项目	江苏鼎盛印务有限公司	2015.3	纸质包装材料	认定为注册资本 5000 万元～10000 万元档开工项目
10	开工项目	宿迁市亿宏新材料科技有限公司	2015.9	亚克力树脂	认定为注册资本 5000～10000 元增资开工项目
11	开工项目	江苏优美特塑胶制品有限公司	2015.12	塑胶手套	认定为注册资本 5000～10000 元增资开工项目
12	开工项目	江苏秀强玻璃工艺股份有限公司	2015.3	镀膜玻璃	根据实际投资额，认定为注册资本 1 亿～3 亿元档开工项目
13	竣工项目	江苏国邦石油化工有限公司	2015.9	石油化工产品	认定为注册资本 1 亿～3 亿元竣工项目
14	竣工项目	江苏三元轮胎有限公司	2015.1	9 万吨轮胎专用橡胶	认定为注册资本 2000 万元～5000 万元的竣工项目
15	竣工项目	江苏秀强玻璃工艺股份有限公司	2015.3	镀膜玻璃	根据实际投资额，认定为注册资本 1 亿元～3 亿元档竣工项目

（徐　冉）

【科技创新】 利用省科技厅授予的县级科技管理权限,独立组织园区企业申报省重大科技成果转化、重点研发计划等项目15项,获批省级以上科技计划项目9项,获批市级以上科技经费支持达754万元。完成专利申请934件,专利授权545件。高新区内有高新技术企业24家,高新技术产业产值44.3亿元,占规模以上工业总产值16.9%。高新区与高等院校、科研院所共建科技研发、孵化机构4个,分别为南京航空航天大学宿迁新材料与装备制造研究院、南京工业大学技术转移中心宿迁中心、东南大学新材料宿迁技术转移中心、宿迁3D打印产业技术研究院。已引进和创建省级以上科技公共服务平台8个,分别为:江苏省苏北工业技术研究院、江苏省玻璃制品产品质量监督检验中心、宿迁高新区科技企业孵化器、江苏省宿迁高新区新材料科技产业园、宿迁市宿豫区海智工作基地、江苏省先进复合材料产学研协同创新基地、江苏省留学人员创业园、宿迁新材料科技城科技创业孵化中心。此外,江苏生产力促进中心宿迁高新区科技服务中心、江苏宿迁技术交易服务中心、宿迁博士科技信息公司、宿迁科技服务中心高新区分中心、企智科技咨询、方横科技咨询等科技中介服务机构入驻并开展业务。 (卜 艳)

【基础设施建设】 2015年,计划投资1.67亿元的油坊小区五期和陆桥小区五期两项安居工程启动建设,实施北斗商务广场和珠江医院两项市重点工程。投资3300万元,实施宿迁高新区规划展馆、高新区实验学校餐厅、企业服务中心及档案管理中心四项商业办公及其他工程。启动江山大道、九龙江路道路改造,南区污水改造及陆集污水处理厂建设,富春江路、张家港大道、S249省道的绿化景观提升十项市政及绿化工程。投资610.6万元,编制宿迁高新区控制性详细规划、城市总体规划、雨污水专项规划及陆集镇控制性详细规划。 (蒋 芃)

【社会事业】 2015年,发放粮食直接补贴8801户59.7万元,农资综合补贴9146户333.87万元。安置被征收户306户、房屋439套。完成何塘社区的"智慧社区"和9个村(居)农家书屋建设工作。引导各村(居)建设文化健身广场4个,开展6场"民俗迎春"送戏进社区活动;陆集镇义和村五组陈茂连家庭获"宿迁最美家庭"荣誉称号。投入资金45万元,完成敬老院集中改造工作。为702户低保户发放低保资金351.7万元。集中开展环境卫生整治活动6次,投入资金近10万元,为辖区7个居委会、3个村委会的105名保洁工,每人配备了1辆保洁车、1把扫帚和1个垃圾夹。在陆桥和罗桥两个村居,试点环卫工作市场化运作。启动"百名电商培育工程",建成了"下相街道创客空间",新开办网店120家(其中红色网店25家)。开展企业职工技能提升培训3000人次,创业培训430人次,残疾人培训86人,农村妇女劳动力培训143人次。开展法律咨询2次,发放宣传材料2万多份,实现组组到、户户到,公共安全满意度在96%以上。投资20多万元安装高清晰监控20个,办理各类刑事案件38起、治安处罚67起,抓获违法犯罪份子22人,调解纠纷200余起。 (卜建平)

·宿迁生态化工科技产业园·

【概况】 江苏宿迁生态化工科技产业园位于宿迁市北部,新沂河南岸,宿新一级公路东侧,境域总面积40平方千米,辖光前、苗庄、刘圩3个居委会40个村民小组,居民2980户,社会人口12400人。2015年,园区共有投产及试生产企业63家。园区实现地区生产总值21.26亿元,同比增长11.5%,一般公共预算收入16709万元,增长8.13%;工业总产值120.82亿元,上升8.13%;新增500万元以上固定资产投资17.42亿元,增长21.2%;高新技术产业产值占规模以上工业产值比重58.07%。2015年内,化工园区荣获区重大事项及重点工程建设先进单位、区直机关绩效综合考评先进单位、区招商引资工作二等奖等荣誉。

2015 年宿迁生态化工科技产业园工业企业开票销售前 30 强企业

表 29　　　　单位：万元

序号	企业名称	销售额	序号	企业名称	销售额
1	江苏翔盛粘胶纤维股份有限公司	190521.35	16	宿迁沂醇生物科技有限公司	14004.02
2	旭派电源有限公司	133938.39	17	宿迁林通新材料有限公司	13578.63
3	江苏阿尔法药业有限公司	40419.64	18	亿利洁能科技(宿迁)有限公司	12024.3
4	宿迁新亚科技有限公司	24224.6	19	江苏健谷化工有限公司	11718.37
5	宿迁科思化学有限公司	21154.96	20	宿迁思睿屹新材料有限公司	9412.71
6	江苏丰民肥业有限公司	21147.08	21	宿迁虹光化学工业有限公司	8548.98
7	宿迁市惠龙实业有限公司	18676.29	22	江苏省金枫蓄电池制造有限公司	8518.69
8	江苏禾友化工有限公司	18608.88	23	宿迁市华一科技有限公司	8422.13
9	宿迁市群英纺织印染科技有限公司	17975	24	宿迁市致富皮业有限公司	7899.91
10	新亚强硅化学股份有限公司	17088.43	25	宿迁市亚兴塑业有限公司	6909.03
11	宿迁鹏鸿工贸有限公司	15813.71	26	宿迁杰科化学有限公司	6828.68
12	宿迁市鑫电能合金有限公司	15733.6	27	宿迁市万尚新材料科技有限公司	6797.81
13	江苏华孚色纺有限公司	15148.65	28	宿迁英豪皮业有限公司	6576.08
14	宿迁联盛化学有限公司	15120.07	29	江苏华星新材料科技股份有限公司	6471.42
15	江苏奇隆酿造有限公司	14381.9	30	宿迁市振兴化工有限公司	6395.08

【环境治理】 化工园区持续提升污染防控能力。在实现废水稳定达标排放和固废规范化处置的基础上，持续开展企业废气深度治理行动，重点做好挥发性有机物废气和无组织废气的收集处理。园区 19 家重点废气排放企业已投入近 8000 万元，新上各类废气处理设施设备 240 台套，园区大气环境质量明显好转。

【产业招商、处理中心建设】 招商引资成效明显。以精细化工主导产业为重点招商方向，以招引“两大两高”(产业规模大、投资强度大、科技含量高、经济效益高)项目、外资项目和“两大中心”关联项目为主要招商目标。2015 年园区新引进亿元以上项目 5 个：江苏福友化肥催化净化环保材料有限公司、宿迁沂醇生物科技有限公司、威生金属精密电镀项目、宿迁安孚药业有限公司、宿迁宇新固体废物处置有限公司(外商独资)，项目总投资 18 亿元，其中宇新固废为外商独资。亿元以上开工项目 3 个，亿元以上竣工项目 1 个。列入市、区重大项目建设计划 7 个工业项目均按照序时进度推进。“五大中心”顺利推进。依托光大环保、华科环保、威生金属、华孚色纺、群英纺织等骨干企业，着力推进危险固体废物填埋中心、医疗废弃物处置中心、工业废物综合处置中心、金属表面处理中心、纺织品印染中心等“五大中心”建设。2015 年末，纺织印染和金属表面处理“两大中心”已建成挂牌投入运营，化工园区为全市工业提供配套服务的能力进一步提升。

【基础设施建设】 南化路景观绿化工程，总投资 3000 万元，由无锡市政设计研究院有限公司负责方案及施工图设计，工程分为两个标段，于 2015 年 2 月公开招标，由常州天成景观工程有限公司和江苏世邦园林工程有限公司负责施工，工程在 6 月底全面完工。随着南化路两侧园区中心景观道路绿化精品工程的完工，园区的绿化水准整体提档升级。

【科技创新】 2015 年，园区实施“科技强园”和“创新驱动”战略，大力推进科技创新工程，以阿尔法药业、新亚强硅化学、科思化学、联盛化学等骨干企业加大研发投入和成果转化的力度,企业技术创新的主体地位不断强化。2015 年,新增高新技术企业 3 家,分别是华星新材料、科莱博生物、中煦高分子,省级企业技术中心 1 个(新亚强硅化学企业技术中心),市级企业技术中心 1 个,市级工程技术研究中心 8 个,市级双创人才 2 人(阿尔法药业引进的陈峻青、科莱博生物引进的李庆毅),获批市级科技奖一等奖 1 项——水相悬浮法氯化茂金属聚乙烯材料(中煦高分子),三等奖 2 项——七甲基二硅氮烷无溶剂生产工艺(新亚强硅化学)和 2－甲基－4－氯苯氧乙酸及系列产品关键技术研发及产业化(健谷化工),申请专利 102 件,授权专利 48 件,全年争取策应扶持资金超过 3000 万元。

【社会事业】 民生投入不断加大。启明实验学校工程顺利完工交付使用。学校标准化教学楼、综合楼、幼儿园、塑胶化操场,建设工程累计投入 1500 余万元,年末,已通过区建设行政主管部门验收并正式交付使用,整体工程质量合格,并通过省教育现代化验收。刘圩居委会卫生室顺利通过省级村标准化卫生室评估验收。春节期间,园区开展"春风行动",组织园区有用工需求的企业在祥和小区、千鸟园广场等地举办招聘会 10 多场,解决企业用工难问题,也为群众就业提供了方便。开展了保障农民工工资支付的专项检查活动。春节期间,对园区在建工程开展保障农民工工资支付的专项检查活动,共排查出拖欠农民工工资案件 3 起,涉及 126 人、涉案金额 261 万元,对查出问题当即责令相关单位立即整改,并持续跟进,确保在春节前全部支付到位,保证农民工能过一个祥和的春节。建立健全园区、村(居)两级矛盾纠纷排查网络,为加强不稳定排查工作,园区利用干部驻村制度,主动下访,深入基层开展调查研究,察民情、听民声、解民忧,切实做到社会矛盾纠纷早发现、早化解。园区实行不稳定因素周排查、敏感时期一天一排查制度,对查出的问题,妥善解决合理诉求,防止问题积累、矛盾激化,做到小事不出村居,大事不出园区。2015 年,共定期排查近 20 余次,不定期排查 5 次。加强重点人员稳控工作。针对各类信访群体及重点人员,成立教育转化工作班,组织专人加强教育,安排专人定期上门做工作,加强感情沟通,想方设法帮助其解决实际困难,确保做到及时息访。

2015 年江苏生态化工科技产业园村级概况

表 30

居委会名称	村(居)民小组(个)	户数(户)	人口(人)	耕地(公顷/亩)	村集体年收入(万元)	党支部书记	村(居)委书记
刘圩居委会	13	1064	4885	1995.83	46	朱登宝	朱登宝
光前居委会	18	1153	5211	3552.29	69	高为敏	高为敏
苗庄居委会	9	658	2858	2349.65	40.4	周继辉	周继辉

(赵　奇)

·宿迁电子商务产业园·

【概况】 中国宿迁电子商务产业园区(以下简称电商园区)是宿迁市委、市政府响应"互联网+"行动计划,围绕推动产业结构调整和经济转型升级,重点打造的全产业链电商园区。2015 年 1 月,园区党工委、管委会挂牌。园区规划总面积 6.4 平方千米,以"电商产业新高地、大众创业新基地、创新发展新典范"为发展定位,以打造"电子商务产业集聚中心、区域物流快递配送中心、定制经济创新示范中心、现代服务业发展中心"为产业发展目标,集电商运营、客服管理、仓储物流、定制加工、软件研发等多业态为一体。京东全国客服中心、京东仓储物流中心、当当电商云呼叫中心、中国太平保险宿迁中心支公司、江苏易工场定制中心(小尼商城)、仕德伟网络科技(百度推广)、今日头条等108家电子商务企业入驻。2015年实现电子交易额103.6亿元,一般公共预算收入3.4亿元,就业人员11600人。年内,园区获得区委、区政府颁发的特别贡献奖、综合先进奖和招商引资先进单位奖,并被表彰为重大事项及重点工程建设先进单位、"机关作风提升年活动"先进单位、宿豫区群众性精神文明建设先进单位等。

【组建运营】 园区党工委、管委会挂牌成立后,迅速按"一办四局"架构组建机构,同步成立产业发展公司,纪工委及基层党组织、群团等机构相继组建到位。当年园区各部门共分工合作落实省级3次、市级11次、区级15次会办会,交办事项25类150余项。并出台了园区2015年工作目标管理综合考评办法,明确了全面性工作及突击性(重点)工作考核办法及考评程序,党工委、管委会主要领导与各部门单位签订目标责任状,强化部门目标任务意识,做到责任明确,权责清晰,有力地推动了中心工作的开展。

【电商园区规划布局】 科学系统谋划园区发展,规划建设"五区一基地",即电商核心区、展示交易体验区、电商物流区、物流监管区、配套服务区和大数据分析基地,制定了《关于加快推进中国宿迁电子商务产业园区发展的意见》《关于印发促进中国宿迁电子商务产业园区发展的实施办法的通知》,分别以区委、区政府2015年1号文件下发。以产城融合为主题,以功能完备为要求科学编制规划。园区产业发展规划、城市设计和控制性详规已通过市级批准,园区供电规划、通讯规划、给排水规划分别由市供电公司、市电信公司、区水务局完成编制。物流园和现代服务业等专项规划逐步完善。拟定了电子商务产业园区、电商集聚区、电商物流园区等三个可行性研究报告。

【电商园区项目建设】 在基础设施建设方面,顺利完成272户37.08公顷征地拆迁任务。玉泉山路建成通车,洪泽湖东路东延段和京东大道北延段全面推进。建成临时公交首末站,已投入使用,新增3条公交线路。文化公园建成投入使用。完成桥头公园绿化工程和电商第一街A、B区市政、绿化工程。完成第一街核心区供电、供水接入工程。邻里中心各功能区全面启动建设。园区Wi-Fi实现免费全覆盖。在重点项目建设上,京东呼叫中心二期顺利封顶,在进行二次结构和幕墙施工;电商第一街40栋商务办公大楼,其中11栋投入使用,15栋主体完工,1栋(永业大厦)在建,余下13栋有5宗土地已摘牌;快递配送中心和质押仓库一期工程完成前期准备工作,开始桩基工程。淮海经济区电子商务运营中心,已完成综合楼桩基工程和围墙施工,进行土方回填。筑梦小镇正完善规划方案;电商公寓做好前期各项筹备工作,确定由城镇建设开发有限公司开发建设,现正对设计方案优化调整。

【电商园区招商引资】 2015年,园区分别在北京组织召开宿迁(北京)电子商务产业发展专家咨询会和投资环境说明会,参加市委举办的宿迁(上海)产业合作对接会,区委举办的宿豫(张家港)投资环境说明会和"京东商城·宿迁馆"项目推介会,开展外出招商活动10余次,接待、拜访客商约200多批次。落户园区企业共108家,其中,园区招引企业70多家,超额完成年初目标。年末岁尾,当当全国客服中心落成启用、国际馆成功上线运营,四方共建跨境电商省级试点城市框架协议已签约,全年共完成接待任务260余次,接待访客超6000人次。

【电商平台建设】 京东"中国特产·宿迁馆",于2015年7月6日上线,年末,已有107家企业入驻,上线产品3360种,实现线上交易额5080万元,线下体验馆正式向外开放,有效展示和宣传宿迁特色产品,为各级领导和企业观摩提供现场。国际馆成功上线运营,上线产品

1230种,首日交易额达近10万元。在打造自主电商平台的基础上,全力构建物流仓储、互联网金融、创新创业、电商运营、定制经济示范、信息发布六大公共服务平台。

【电商园区品牌创建】 仅一年时间,园区先后创成国家电子商务示范基地、省级电子商务示范园区、省市共建互联网产业园、省众创空间、省级现代服务业集聚区,加入江苏省互联网众创联盟。省级示范物流园区申报材料已经通过初审和专家评审,待省发改委审核,省级开发区建制申报材料也已上报,待省政府审批。通过品牌创建并以项目为载体,共争取上级各类扶持资金25670万元,用地指标42.67公顷。

(苗椿松)

·张家港宿豫工业园·

【概况】 张家港宿豫工业园区(以下简称张家港园区)是实施"南北挂钩、合作共建"的重要项目,是全省首批十个共建园区之一,2007年5月23日经省发改委、省外经贸厅批准成立。园区位于宿豫主城区东部,与江苏省宿迁高新技术产业开发区接壤,规划范围东至六塘河、北至洪泽湖东路、西至张家港大道及环城东路,南至宿泗路及项王东路。总规划面积17.25平方千米,其中已开发区域约3平方千米。

2015年,园区实现地区生产总值3.2亿元,比上年(下同)增长18.9%;业务总收入14.5亿元,增长7.4%;财政总收入5125万元,增长24.8%;公共财政预算收入3420万元,增长97.3%;全社会固定资产投入1.98亿元,增长29.4%;出口总额1100万美元,新增企业2家,新增注册资金0.5亿元。园区"2+1"主导产业投资占比56.8%,税收占比83.9%,销售占比87%。其中百威英博项目纳税额位列全区第二名。2015年,园区连续第三年被江苏省苏北发展协调小组评为"江苏省共建园区先进单位";在全省43个南北共建园区中,排名第四,连续第两年位列全省共建园区考核县(区)级第一名,获省政府奖励资金1000万元。

【两地政府互访合作共建】 张家港市和宿豫区两地政府始终坚持合作互动,每年初,张家市党政代表团访问宿豫,就一年内南北共建情况进行商定。年底,宿豫区党政代表团回访,就一年来的落实情况、存在问题、下一年度的工作打算进行商讨,已经坚持了15年。2015年7月10日,两地政府签订《张家港市·宿豫区2015年度南北挂钩合作协议》。9月11日,宿豫区在张家港市召开投资环境说明会,签约项目10个,投资总额13.8亿元。

3月9—12日,张家港市委常委、经开区党工委书记张伟率领经开区9个部门主要负责人到张家港宿豫工业园区调研。3月21日,张家港经开区党工委召开专题会议,研究会商园区重大事项。9月14日,张家港市政府专题召开2015年度南北挂钩合作推动落实情况座谈会,就如何更好地推进南北挂钩工作进行部署。

【张家港园区基础设施建设】 完成百威大道等3条道路绿化工程,110千伏钱塘变电站建成运营,百威供电开闭所投入运营。区污水管网全部建成,企业生产生活污水全部实现集中排放。供热管网已铺至园区部分企业,并实现集中供热。截至年末,园区已铺设道路8580米,配套桥梁5座,绿化15万平方米,架设1条35千伏和3条10千伏供电线路。园区已开发区域内道路、通信、供电、供气、供热、供排水等配套设施全部到位,基本实现"八通一平"。

【张家港园区项目建设】 2015年,总投资4亿美元的百威英博(宿迁)啤酒有限公司,完成拆分箱工程,一期工程新增的百威纯生啤酒生产线投产运营。三辰智能科技和工程机械制造等2个项目完成土地挂摘牌。总投资3亿元、建筑面积6.5万平方米的张家港大厦项目,2幢高层全部主体封顶。乐乐宠物食品公司启动二期建设。

【张家港园区产业培育】 根据宿豫区政府"2+1"主导产业发展规划，把食品饮料产业作为园区主导产业。在产业培育方面，重点培育百威啤酒、乐乐宠物食品等现有企业，在人才、政策、技术资金等方面给予大力支持，促使企业做大规模。同时，加大招商力度，开展专业招商，延长产业链，瞄准央企、行业500强等国内知名食品饮料企业，加强和欧美国家的华商会、留学生团体、行业协会等联系，重点招引饮用水、果酸、碳酸饮料、饼干等项目。 （王永斌）

·宿豫农业产业园·

【概况】 江苏省宿豫现代农业产业园区位于宿迁中心城市东翼，是宿豫区建设现代农业强区的窗口、平台和载体。园区总面积1.9万亩，下辖陆河、高滩、闸东3个社区35个居民小组，常住人口1.7万人。园区现有高新农业区、科普教育区、农耕体验区、观赏花木区等功能区12个，是集研发、商务、科普示范、休闲旅游于一体的尚品都市农园、文化农园、休闲农园、观光农园和体验农园，已成为宿迁产城融合发展的示范区和宿迁人的后花园，相继创成国家首批农业产业化示范基地、省现代农业产业园区、省四星级乡村旅游区等品牌，十八弯银杏大道被确定为江苏省园林绿化优质工程。

【农园重点项目】 2015年，农园实施景区升级计划，陆塘河水利风景区晋升为国家级水利风景区，水利遗址公园、人防拓展训练基地获批国家AAA级旅游景区，十八弯银杏大道升格为宿迁市民5千米"健走"休闲步道。建成占地0.71公顷的便民菜场，完成功能区间划分。完成渔业会所二期项目建设，栽植各类果木近万棵。完成农园新村三期4幢150套安置房主体建设。流转土地7.33公顷，按照全国性的钓鱼竞技比赛标准，建成宿迁唯一有组织的，集旅游、休闲、垂钓、鲜果采摘等为一体的运河湾休闲垂钓竞技中心。建成苏北一流的星级化老年服务机构——生态农园仁爱公寓，建筑面积2.3万平方米，拥有护理型床位300张、自理型床位200张，该项目被选为区委工作会议观摩项目。实施农园"亮镜工程"，在园区各路口及陆河小区新安装监控探头72个。

【民计民生】 2015年，陆河社区获批全区群众性精神文明建设先进社区。全年解决集访、个访案件10多起，农园获评全区信访稳定工作十佳先进集体。组建3个村级老龄协会，开展老年人"助餐点"及居家养老特色服务市、区级试点。新建闸东社区卫生室，服务面积达210平方米，居民就医条件有效改善。实施"善行江苏"惠民服务，发放各类民政资金140余万元。坚持阳光诚信计生，创新实施"四包四议"工作法，即村(居)两委在群众自治的职责上，做到包现行的计划生育政策落实到位、包计划生育年度目标的实现、包党委政府安排的节段性工作的完成、包经费专项使用得以落实，在群众自治过程中，做到支部会提议、"两委"会商议、党员大会审议、村民代表会议决议。进一步提升服务能力，稳定低生育水平。举办大手牵小手、和谐邻里节、家庭才艺展示等系列活动，提升居民家庭和谐幸福指数。筑牢园区秸秆禁烧与综合利用工作安全网，园区226.67公顷稻、麦，全面收割灭茬、综合利用，禁烧工作实现"不着一把火，不冒一处烟，不污一条河"的目标。

【淘宝、京东上网络创业】 2015年，制定落实16项目标任务，园区电商发展方向明确、效果初显。在农园科技培训中心，建立1500平方米电商孵化中心，为入驻的网络创业者提供"五免三扶持"优惠政策，即免租金、免宽带、免水电费、免培训费、免宣传费，并提供仓储用房、物流配套支持，对销售业绩突出的，奖励农园生态无公害农产品。农园实现所有社区京东乡村合作站全覆盖，并全部上线销售，累计实现销售额300多笔近10万元。推动园区网络销售由以买为主向以卖为主转变，以大自然农庄和赵二姐超市为依托，注册京东网店，注册手续已全部提交审核。

成功注册园东、渔荷园、金来福等商标，网上销售园区生态特色农产品，实现“一村一品一店”全覆盖。组织村组干部、大学生村官带头带领开办网店，组织开办臧聚园京东店1家、淘宝店102家，有效拓宽群众增收致富渠道。 （朱勤才）

·招商引资·

【概况】 2015年，全区共新引进工业项目96个，达成协议引资额120.74亿元；新开工工业项目45个，完成全年目标任务的86.54%；竣工工业项目49个（含盘活），完成全年目标任务的66.22%，实现到位引资额72.08亿元。引进入驻宿迁电子商务产业园区电商项目109个，完成全年目标任务的109%。总投资16亿元的中玻电子玻璃项目开工建设，喆尔森实业、秀强AR镀膜玻璃、福友化肥催化净化环保等一批大项目相继建成投产。

附件

2015年度宿豫区招商引资完成情况

表31

类别	单位	亿元以上进园区工业项目（个）		3000万元以上进乡镇集中区工业项目（个）		乡镇盘活项目（个）	追加投资额（亿元）	电商项目（个）	完成引资额（亿元）	引资额完成率（%）	得分
		开工	竣工	开工	竣工						
区直部门	区委办	1	2(1☆)	—	—	—	—	—	1.8	120	107
	区人大办	3☆	2☆	—	—	—	—	—	2.2	146.67	91
	区政府办	2(1☆)	1	—	—	—	—	1	1.6	106.67	97
	区政协办	—	1	1	—	—	—	2	1.2	80	82
	区发改局	2	1	—	—	—	—	2	0.72	46.67	60.8
	区经信局	2	1	1	—	—	—	2	1	66.67	79
	区财政局	2	1	1	—	—	—	2	0.82	54.67	68.8
	区商务局	1	1	1	—	—	—	1	0.961	64	78.5
	区科技局	1	1	—	—	—	—	2	0.75	50	60
	区招商服务局	1	1	1	1	—	—	3	0.97	64.67	78.8
	区纪委○	—	1☆	—	—	—	—	2	2	—	—
	区交通运输局○	—	—	—	1	—	—	—	1	—	—
	区妇联○	—	—	1	1	—	—	1	0.35	—	—
	区市场监管局○	—	—	1☆	1☆	—	—	3	0.4	—	—
	区环保局○	—	1	—	—	—	—	1	0.5	—	—
	区农开局○	—	—	1	—	—	—	—	—	—	—
	区地税局	1☆	—	—	—	—	—	—	—	—	—

续表 31

类别	单位	亿元以上进园区工业项目(个)		3000 万元以上进乡镇集中区工业项目(个)		乡镇盘活项目(个)	追加投资额(亿元)	电商项目(个)	完成引资额(亿元)	引资额完成率(%)	得分
		开工	竣工	开工	竣工						
园区	宿迁高新区	8(2△)	5(2☆)	—	—	—	11.24	—	24.5286	61.33	67.79
	宿迁生态化工园区	3(1△)	3(1☆)	—	—	—	12.27	—	18.27	91.35	74.81
	张家港宿豫区工业园	1	—	—	—	—	0.35	—	0.35	4.2	14.2
	宿迁电子商务产业园	—	—	—	—	—	—	60	—	—	103.5
乡镇(街道)	顺河街道	—	—	1	—	1	—	1	0.4	6.67	36
	豫新街道	—	1	—	—	—	0.3	3	0.9	60	66
	下相街道	1	—	—	—	—	—	1	—	—	10
	大兴镇	—	—	2(1△)	1	1	0.1838	1	1.1404	57.02	66.21
	丁嘴镇	—	—	1	1	2	—	2	0.553	27.67	56.59
	来龙新城	—	—	—	—	3	—	1	1.296	56.35	60.73
	侍岭镇	—	—	2	—	2	0.12	—	0.82	41.1	46.6
	关庙镇	—	—	3	2	2	—	1	2.6	130	122
	仰化镇	—	—	—	—	2	—	—	0.9146	45.73	48
	陆集镇	—	—	1	—	2	—	—	0.893	44.65	51.79
	新庄镇	—	—	3	—	2	—	1	0.76	34.55	42.73
	曹集乡	—	—	1	1	2	—	1	1.154	57.7	64.62
	保安乡	—	—	1	1	2	—	1	1.2323	61.62	66.86
合计		—	—	—	—	—	—	—	72.0829		

说明:1."☆"为联合引进项目,"△"为主引单位;2."○"部门为无招商考核任务单位,总目标考核加分;3.追加投资项目不算项目。

【推介会及签约项目】 2015 年,全区共组织参加规模较大的市、区招商投资环境说明会 12 场,其中宿迁市组织的招商投资环境说明(洽谈)会 3 场,签约数 8 个,区直相关部门、单位举办的投资环境说明会(推介会)9 场,签约数 42 个。涉及装备制造和新材料产业项目 32 个、食品饮料产业项目 2 个、精细化工产业项目 4 个、电商产业项目 12 个。

2015 年宿迁市说明(洽谈)会签约情况

表 32

序号	推介会(洽谈会)名称	签约数	牵头单位
1	宿迁市(西安)投资环境说明会	2	发改局
2	宿迁市上海产业对接会	1	发改局
3	宿迁市经贸洽谈会	5	商务局

2015 年区直相关部门、单位举办说明会签约情况

表 33

序号	推介会(洽谈会)名称	签约数	牵头单位
1	海盐投资环境说明会	4	招商服务局
2	南京产业投资对接会	0	商务局
3	京东宿迁馆投资说明会	0	电商产业园
4	苏州投资环境说明会	0	顺河街道办
5	上海投资环境说明会	2	高新区
6	张家港投资环境说明会	10	张家港园区招商服务局
7	广州投资环境说明会	3	高新区招商服务局
8	客商宿豫行投资环境说明会	7	招商服务局
9	上海投资环境说明会	12	丁嘴镇
10	上海投资环境说明会	4	大兴镇

【签约项目计划投资额】 新签约的 50 个项目，其中意向协议 37 个、正式协议 10 个、框架协议 3 个，计划总投资额 76.92 亿元，其中参加全市说明会或洽谈会的 8 个项目总投资 30 亿元(陕西工贸 5 亿元，西安集盛科技 5 亿元，蔚来汽车电商、3D 打印技术、飞鹰科技 5 亿元，新宇化工 10 亿元，浙江山山网络、上海云点科技 5 亿元)，占总投资额的 39%；区直相关部门、单位举办说明会签约的 42 个项目总投资 46.92 亿元，占总投资额的 61%。

【园区招商引资工作完成情况】 2015 年，宿迁高新区、宿迁生态化工园区、张家港宿豫工业园区共新引进工业项目 16 个，其中开工工业项目 12 个，占全年目标任务的 70.59%；竣工项目 8 个，占全年目标任务的 53.33%；追加投资项目 19 个，实现到位引资额 43.15 亿元，占全年目标任务的 66.38%。乡镇(街道)共引进工业项目 54 个，其中新开工项目 16 个，完成全年目标任务的 106.67%；竣工项目 7 个，完成全年目标任务的 36.84%；盘活项目 21 个，完成全年目标任务的 105%；完成追加投资项目 3 个。实现到位引资额 12.66 亿元，完成全年目标任务 50.64%。引进入驻电商产业园区电商项目 13 个。区直部门共引进工业项目 26 个，其中工业开工项目 19 个，完成全年目标任务的 95%；竣工项目 17 个，完成全年目标任务的 85%。实现到位引资额 12.02 亿元，完成全年目标任务的 80.13%。引进入驻电商产业园区电商项目 36 个。

【人才及外资引进情况】 区委组织部、区委宣传部联合引进和培育国家“千人计划”人才 1 人。全年共完成到账外资 228 万元，其中宿迁生态化工园区完成到账外资 100 万美元，宿迁高新区完成到账外资 97 万美元，区商务局完成到账外资 3 万美元，仰化镇完成到账外资 28 万美元。

全市首个自主申报入选国家千人计划专家魏云峰 (区政府办供稿)

2015年宿豫区开工项目(47个)

表34

序号	项目名称	引进单位
1	鼎盛印务	宿迁高新区
2	长川科技	
3	广博罗纳斯	
4	润普五金	
5	亿宏新材料	
6	秀强AR镀膜玻璃	
7	三元轮胎专用橡胶自动化生产线	
8	喆尔森实业	宿迁高新区与区委办、人大办联合引进
9	威生金属制品精密电镀	宿迁生态化工园区
10	沂醇生物科技	
11	福友化肥催化净化环保材料	宿迁生态化工园区与区人大办联合引进
12	大自然生物科技	张家港宿豫工业园区
13	捷胜机电	关庙镇
14	海波广告	
15	正辉太阳能	
16	吉美新材料	新庄镇
17	博然科技	
18	盛伟橡塑	
19	科尼赛克模具	大兴镇
20	兴塘河光伏发电	
21	金耐特汽车配件	侍岭镇
22	索菲玛轴承	
23	泰斯博自动化	丁嘴镇
24	汉诺科技	顺河街道
25	华骏广告	下相街道
26	瑞华建材	陆集镇
27	盛世达包装	曹集乡
28	凯特新材料	保安乡
29	百川精机	财政局
30	联众包装	
31	北斗兼容型车载导航终端产业化项目	

续表 34

序号	项目名称	引进单位
32	保能翔盛高新分布式光伏发电项目	发改局
33	大良造工贸	
34	久巨环保	商务局
35	华瑞模具	
36	兴源医疗器械	经信局
37	澳中玻璃	
38	优琪宠物用品	招商服务局
39	盈科新材料	
40	喆尔森实业	区委办、高新区、区人大办联合引进
41	伊利洁能科技	政府办
42	佳鑫布业	政协办
43	宝祥重工	科技局
44	贝竣美农业科技	农开局
45	兴塘河光伏发电	市场监管局与大兴镇联合引进
46	天工纸制品	区妇联
47	中国电子玻璃	区政府办、区人大办、区经信局联合引进

2015 年宿豫区竣工项目

表 35

序号	项目名称	引进单位
1	鼎盛印务	宿迁高新区
2	喆尔森	
3	秀强 AR 镀膜玻璃	
4	国邦石油	
5	三元轮胎年产 9 万吨轮胎专用橡胶自动化生产线项目(增加注册资本 2000 万元)	
6	沂醇生物科技	宿迁生态化工园区
7	威生金属制品精密电镀	
8	福友化肥催化净化环保材料	
9	正辉太阳能	关庙镇
10	捷胜机电	
11	泰斯博自动化	丁嘴镇
12	兴塘河光伏发电	大兴镇
13	淮海电工	豫新街道

续表 35

序号	项目名称	引进单位
14	金楚喷图	曹集乡
15	万佳美工贸	保安乡
16	喆尔森	区委办
17	优美特	
18	喆尔森	区人大办联合引进
19	福友化肥	
20	久巨环保	区商务局
21	华瑞模具	
22	盈科新材料	区招商服务局
23	优琪宠物	
24	伊利洁能科技	区政府办
25	三鹏工艺	区政协办
26	澳中玻璃	区经信局
27	联众包装	区财政局
28	大良造工贸	区发改局
29	宝祥重工	区科技局
30	天辰玻璃	区环保局
31	宏坤篷布	区交通运输局
32	天工纸制品	区妇联
33	国邦石油	区纪委联合引进
34	兴塘河光伏发电	市场监管局联合引进

2015 年宿豫区追加投资项目

表 36

序号	项目名称	引进单位
1	楚霸体育	宿迁高新区
2	德威新材料	
3	中粮肉食	
4	益客食品	
5	龙嫂米线	
6	强维橡塑	
7	罐头食品	
8	嘉康广告	

续表 36

序号	项目名称	引进单位
9	嘉禾塑料	宿迁高新区
10	友邦广告	
11	广新特种设备	
12	龙净环保	
13	景宏新材料	
14	博迁新材料	
15	阿尔法药业年产 1840 吨手性药物原料药及中间体项目	宿迁生态化工园区
16	群英纺织年产 2.5 万吨高档针织印花面料项目	
17	旭派新能源年产 1000 万千伏安高性能全密封免维护铅酸蓄电池二期	
18	旭派新能源年产 1000 万千伏安高性能全密封免维护铅酸蓄电池二期、三期技改项目	
19	科思化学精细化学品生产项目	
20	百威英博分检生产车间	张家港宿豫工业园区
21	振兴化工	豫新街道
22	恒信纺织	侍岭镇
23	恒胜装饰	大兴镇

2015 年宿豫区盘活项目

表 37

序号	项目名称	引进单位
1	小夏诚鑫纺织	来龙新城
2	恒昇板材	
3	金龙粮食	
4	韦帕洁具	保安乡
5	光辉家具	
6	微宏新材料	新庄镇
7	程勇工贸	
8	沐鑫汽车零部件	关庙镇
9	宏图包装	
10	百味香食品	丁嘴镇
11	万腾鞋业	
12	和盟电子	曹集乡
13	宏鑫印务	

续表 37

序号	项目名称	引进单位
14	润邦再生资源	仰化镇
15	研创新材料	
16	亿利达纺织	侍岭镇
17	西楚米业	
18	强力塑料	陆集镇
19	久顺新材料	
20	恒正家纺	顺河街道
21	谱一工贸	大兴镇

2015 年宿豫区落户电子商务产业园项目

表 38

序号	项目名称	引进单位
1	江苏京东信息技术有限公司	电商产业园
2	宿迁利贸东弘投资管理有限公司	
3	江苏京东邦能投资管理有限公司	
4	江苏圆周电子商务有限公司	
5	江苏章泽天文化发展有限公司	
6	江苏政航信息技术有限公司	
7	江苏省大坤房地产开发有限公司	
8	当当网信息技术(江苏)有限公司	
9	紫金财产保险股份有限公司宿迁市宿豫支公司	
10	宿迁仕德伟网络科技有限公司	
11	宿迁市安酷家居有限公司	
12	宿迁今日头条文化传媒有限公司	
13	江苏龙居电子商务有限公司	
14	江苏鸥虹软件科技发展有限公司	
15	宿迁百灵通达电子商务科技有限公司	
16	宿迁市力源旅行社有限公司	
17	江苏诺腾软件科技有限公司	
18	宿迁果雨电子商务有限公司	
19	宿迁市宝妈网络科技服务有限公司	
20	宿迁天创医疗器械有限公司	
21	江苏蚂蚁网络科技有限公司	

续表 38-1

序号	项目名称	引进单位
22	宿迁希望田野电子商务有限公司	电商产业园
23	宿迁益世商务秘书公司	
24	宿迁网景信息科技有限公司	
25	宿迁东易软件科技有限公司	
26	宿迁市瞻博信息科技有限公司	
27	宿迁市润兴投资管理服务有限公司	
28	宿迁市网邦商务秘书有限公司	
29	宿迁农三品电子商务有限公司	
30	宿迁市诚信房地产开发有限公司	
31	宿迁市谷客农牧发展有限公司	
32	宿迁市邗润国际贸易有限公司	
33	宿迁市信达工程咨询管理有限公司	
34	宿迁铭秀金属材料有限公司	
35	宿迁隆盛祥金属有限公司	
36	宿迁华益投资有限公司	
37	江苏宿迁电子商务发展有限公司	
38	宿迁泽众地产品贸易有限公司	
39	江苏银杏树创客服务有限公司	
40	宿迁洁美物业管理有限公司	
41	宿迁大眼睛网络科技有限公司	
42	宿迁英硕科技有限公司	
43	宿迁思亿贸易有限公司	
44	宿迁甲方乙方商标事务代理有限公司	
45	宿迁市济农电子商务有限公司	
46	宿迁十友商贸有限公司	
47	江苏擎丰贸易有限公司	
48	宿迁那一年互联网科技有限公司	
49	宿迁龙爵商品经营有限公司	
50	江苏天梯财富商品经营有限公司	
51	江苏多乾商品经营有限公司	
52	江苏乾安商品经营有限公司	
53	宿迁新度商品经营有限公司	
54	宿迁信长商品经营有限公司	

续表 38-2

序号	项目名称	引进单位
55	宿迁智诸商品经营有限公司	电商产业园
56	宿迁豪盈商品经营有限公司	
57	宿迁鑫鼎文化传媒有限公司	
58	宿迁市力天贸易有限公司	
59	江苏百能电子科技有限公司	
60	江苏小尼惠商商贸有限公司	
61	太平财产保险有限公司江苏分公司	政府办
62	江苏中苏商品交易中心有限公司	财政局
63	江苏易工场电子商务有限公司	豫新街道
64	江苏益农科技有限公司	供销社
65	宝保贷经济信息服务(江苏)有限公司	审计局
66	宿迁中拓文化传媒有限公司	商务局
67	宿迁农世汇电子商务有限公司	卫计委
68	江苏新风向生物科技有限公司	豫新街道
69	宿迁支点信息科技有限公司	保安乡
70	宿迁律邦法律顾问有限公司	督查室
71	宿迁市威沐进出口贸易有限公司	丁嘴镇
72	江苏速购信息科技有限公司	豫新街道
73	宿迁慕名网络科技有限公司	政府办
74	宿迁安一安防科技发展有限公司	国税局
75	江苏百佳联盟网络科技有限公司	供销社
76	宿迁市万商天下网络科技有限公司	总工会
77	江苏加米加电子商务有限公司	招商服务局
78	宿迁市启迪科技有限公司	下相街道
79	宿迁欧路生物科技有限公司	关庙镇
80	宿迁妙点文化传媒有限公司	丁嘴镇
81	江苏联旺信息科技有限公司	财政局、经信局
82	宿迁创年代网络科技有限公司	物价局
83	江苏百胜志成智能科技有限公司	物价局

续表 38－3

序号	项目名称	引进单位
84	宿迁杰柯广告营销策划有限公司	政协办
85	宿迁市兴店信息技术有限公司	发改局
86	国康伟业保健电器有限公司	顺河街道
87	江苏家的美农业产业发展有限公司	市场监管局
88	江苏家的美电子商务发展有限公司	市场监管局
89	宿迁市宝乐网络科技有限公司	组织部
90	江苏思灿文化传媒有限公司	教育局
91	江苏云帮网络科技有限公司	招商服务局
92	宿迁中商科技有限公司	曹集镇
93	宿迁金浪潮电子商务有限公司	妇联
94	江苏金洲联盟电子商务有限公司	人社局
95	江苏金禄圣商品经营有限公司	招商服务局
96	江苏广缘商品经营有限公司	招商服务局
97	宿迁巨子电子商务发展有限公司	检察院
98	宿迁华地网络信息技术有限公司	科技局
99	宿迁市益农软件开发有限公司	区纪委
100	宿迁市益农网络营销策划有限公司	科技局
101	宿迁市益农企业咨询管理有限公司	市场监管局
102	江苏倍信贸易有限公司	经信局
103	宿迁市长久汇数码科技有限公司	大兴镇
104	宿豫区优肯职业培训学校	区纪委
105	江苏万宝物流	发改局
106	江苏政泰建筑设计有限公司	政务中心

（池永超）

农　业

·综　述·

【概况】 2015年,区农委坚持“集约集聚特色”发展理念,利用市场的手段激活生产要素、优化资源配置,围绕“布局集约化、经营产业化、运作项目化、服务社会化”的发展思路,以融合发展延伸产业链条,以质量提升打响绿色品牌,因地制宜、因势利导,差别竞争、错位发展,通过主动转型升级来优化结构、提升质量,形成“沿路花果香、沿河鱼满仓、边远乡镇优质粮、城郊蔬菜销四方”产业格局,打造“1+X”(各乡镇形成1个万亩以上主导产业+若干个3000亩以上特色产业)产业体系,推动传统农业向现代农业转变。区农业基本现代化由全省第三区间晋升到第二区间,先后获得2015年“全省发展现代高效农业成效显著区”、省农业电子商务示范县等称号。农委先后获得省新农药新技术推广先进单位、省农作物病虫测报先进集体、省农民培训宣传报道先进集体、省农业行政处罚优秀案卷奖、市科学技术奖一等奖、市文明单位、全市国土绿化特等奖、全市新农村绿化先进单位、全市绿化造林一等奖、市农业行政处罚案卷二等奖、区精神文明建设先进单位、区目标管理综合先进奖、区现代农业成果奖、区机关效能和作风建设先进岗位等表彰。

【“一村一品一店”电商发展】 2015年,紧抓“互联网+”战略契机,按照“一村培育一品、一品做强一店、一店致富一片”的工作思路,出台系列政策文件,设立500万元专项引导资金,推进农村电商发展。全区各乡镇、街道、园区建成网络创业示范一条街(孵化中心)4.2万平方米,共规范化建成268个京东农村电商合作点,全区138个村居均建有各自的主营网店,上线地产品320余种,销售额8.2亿元,宿豫区被京东确定为农村电商全国首个示范县(区),宿豫区荣获江苏省农业电子商务示范县称号,曹集乡荣获江苏省农业电子商务示范乡镇,来龙镇光明村和丁嘴镇登山村荣获江苏省“一村一品一店”示范村称号,龙嫂绿色食品有限公司江苏省农业电子商务示范单位,宿豫区鸿鑫食用菌专业合作社获评江苏省智能农业示范单位。2015年7月16日,全省总结推广宿迁“一村一品一店”经验促进农民创业增收工作会议在宿迁市召开,“一村一品一店”成功经验被省政府发文在全省推广,中央电视台、人民日报、新华日报等媒体均在重要(时段)位置予以集中宣传报道。

【农产品品牌创建】 2015年,区农委牢固树立“品牌制胜”理念,坚持政府引导、企业主导和市场化运作,扎实提升宿豫生态农产品知名度。2015年,申报“无公害农产品、绿色食品和有机农产品”45个,累计达125个,农“三品”产量占比达到47.28%,位居全市第一,产地面积比重达96%,跃居全省首位;丁嘴金针菜获批国家地理标志,实现宿豫区国家地理标志农产品零的突破。试点农产品质量全程可追溯管理,组织开发宿豫区农产品质量安全追溯信息管理系统,统一制定二维码,2015年10月,宿豫区在全市率先开通农产品质量安全可追溯平台。

【农业行政执法】 2015年农林执法大队先后发放宣传材料5万余份。悬挂横幅90多条次、宣传靠牌18块次、接受农民咨询3000人次。出动执法人员460余人次,清理整顿各类农资市场48余次,检查农资生产、经营企业(个体)800余家,抽检农药、肥料、种子23个批次,协助抽检蔬菜样品100多个。全年立案查处违法违规案件8起,其中种子7起,农药1起,全区未发生一起重大坑农害农事件。

【农民培训】 培育主导产业、引导农民创业、建设高效农业,采取进村入户,深入农业企业(工厂)、重点乡镇培训和集中统一到校培训等多种方式,广泛开展农业实用技术培训和职业农民培训以及农产品电子商务培训。全年开展农业实用技术培训110期,培训农民11000人次;组织和开展职业农民培训5292人,其中农产品电子商务培训2期154人。

【"菜篮子"工程建设】 围绕"基地——标准化、田园化;产品——绿色化、多样化"的要求,以发展设施蔬菜和1+X(每个乡镇1个传统基本产业+X个特色产业)特色蔬菜产业为龙头,调整产业结构,新增设施蔬菜面积573.33公顷,永久性蔬菜基地新(改)建面积153.33公顷。全区设施蔬菜面积达到7066.67公顷,建成永久性蔬菜基地800公顷,全区蔬菜供应63%来自本地,37%来自外地,区域内蔬菜有30%销往外地。

【新型农业经营主体】 2015年新培育专业种养大户110户、家庭农场125个,建设示范性家庭农场11个,其中省级6个、市级5个,全区专业种养大户达到300户、家庭农场达到555个。推进集聚、集群规模发展,全区建设家庭农场集群及3个,其中顺河—新庄生态家庭农场集群面积813.33公顷,仰化稻麦家庭农场集群面积460公顷,丁嘴金菜家庭农场集群面积320公顷,3个家庭农场集群服务中心全部建成为家庭农场集群提供集生产服务、接待服务及展销、电子商务、仓储加工于一体的综合性服务平台。

(吕宏生 卞 军 周永红 刘 洋)

·农村工作·

【脱贫奔小康】 2015年,先后组织开展春节走访慰问、低收入农户脱贫核查、春耕生产互助、结对帮扶核查、扶贫条例宣传和两本书学习、进村入户助三夏、低收入农户核查和加大帮扶力度、扶贫资金专项整治、"全国扶贫日"系列活动、两项制度衔接推进、脱贫奔小康扫尾攻坚行动等活动,扎实做好扶贫小额贷款发放和脱贫奔小康财政奖补资金量化到户工作。全年落实财政奖补项目资金1402万元,区级财政安排专项扶贫资金6570余万元,争取各类帮扶资金1.2亿元,发放扶贫小额贷款11780万元,帮助低收入农户发展自主增收项目460余项。结对帮扶人员慰问物资折价286.4万元,解决困难1383件。经济薄弱村新"八有"创建成效明显,全区34个经济薄弱村村均集体收入24.7万元,其中2014年未达新"八有"的9个村居本年度实现村集体经济增加64.7%。年内,低收入农户脱贫核查有8202户19020人,已全部实现脱贫。全区68家机关单位对口帮扶15个乡镇78个村居。

链接 新"八有":有群众拥护的"双强"班子;有科学合理的发展规划;有高产高效的农业设施;有特色鲜明的主导产业;有持续稳定的集体收入;有先进适用的信息网络;有健康向上的文明新风;有村容整洁的居住环境。

【土地承包经营权确权登记颁证】 围绕区委、区政府关于农业农村工作的总体部署,在完成前期机构组建、宣传发动、业务培训、信息收集等工作的基础上,山东海天等4家实施公司进驻各乡镇(街道),严格技术操作规程,开展入户调查、信息录入、地块调查等工作。全区的农村土地确权工作按序时顺利推进。

【农民合作组织创建】 把农民合作经济组织建设作为提高农民组织化程度，实现小生产与大市场对接的切入点，加大工作力度，农民合作经济组织建设在发展中规范，充分发挥了降低交易成本、规避市场风险、加快技术推广、发展规模经济和提供社会化服务、保护农民利益等方面的积极作用。合作组织主要涉及肉鸡、水产养殖、稻麦、果蔬种植及农机服务等，较多的是肉鸡养殖、稻麦种植及农机服务，占全部合作组织80%以上。截至2015年年末，全区共有各类农民专业合作社1396家，其中2015年新增202家，入社农户达7.68万户，占总户数的75%。一些企业采取领办、合办或对接的方式与农民专业合作建立产供销关系，既推广普及现代种养技术、保证企业的原料质量，又带动农民增收。

【农业产业化扶持】 按照"强龙头、创品牌、增效益、扩基地、带农户"的工作思路，坚持"扶持龙头企业就是扶持产业，扶持龙头企业就是扶持农民"的理念，深入开展"质量提升年"活动，推进"四扩四提"(龙头企业扩量提质、产业基地扩面提标、加工流通投产提档、服务平台扩能提效)工程，推进龙头企业"五个一"(创造一个基地、致富一方农民、振兴一个产业、对接一个农民合作组织、打造一个优势品牌)示范创建活动，龙头企业发展取得显著成效。新增固定资产投资超过3000万元农产品深加工4个，完成目标的200%；超亿元投资的农产品生加工项目完成1个，完成率达到100%。全区规模以上农产品加工流通企业达40家，其中，国家级2个，省级6个，市级32家。"国"字号基地、企业、品牌12个，全面完成市区下达2.7∶1的农产品加工产值与农业总产值之间的比例结构。2015年全区龙头企业销售收入114亿元，比上年增长10%，实现利税20亿元，出口2041万美元，研发投入0.87亿元。全区龙头企业创办、联办原料基地2.13万亩，对接合作社210个，带动农户37万人，原材料当地采购率达70%。市级以上龙头企业带动农户数增长15%。

【农民负担】 2015年，宿豫区把减轻农民负担工作作为"民心工程"来抓，推进各项减负措施的落实，取得明显成效。全区农业人口38.6万人，劳动力18.59万个，根据年度预算方案，全区一事一议筹资应筹资金771.23万元，人均20元；一事一议筹劳应筹劳108.66万个工日，其中自愿以资代劳96.96万个工日，应收取自愿以资代劳款770.75万元。据统计，全区2015年一事一议筹资实筹资金370.56万元，占年度预算方案应筹资金比例的48%。全区未发生一起涉及农民负担的信访事件。通过召开全区农民负担工作会议和下发农民负担工作实施方案，2015年共实施73个一事一议财政奖补建设项目，涉及11个乡镇、40个行政村，共铺设村内道路51.4千米，完成投资1390万元。

【村级财务管理】 区委农工办、区监察局、财政局联合下发《关于进一步加强农村集体资产资源监督管理工作的意见》，完善农村集体"三资"(资金、资产、资源)监管系统信息，区委农工办出台《关于加强农村集体"三资"管理和完善"三资"信息化监管系统工作的通知》。2015年全区完成各类"三资"产权交易监管144笔，交易总金额2953.6万元，占全区下达交易任务量的108.3%，占全市下达交易任务量的110.8%。三是更新和升级宿豫区农村集体"三资"监管系统平台。从2015年5月开始对宿豫区农村集体"三资"监管系统进行更新和升级，同时保持系统运行维护服务。

【农业保险】 2015年全区实现保费收入总额3613.07万元，其中，肉鸡养殖1536.75万元，水稻829.91万元，小麦822.26万元，蔬菜大棚180.35万元，育肥猪149.71万元，能繁母猪82.47万元，蛋鸡11.64万元。其中农户自缴保费710.81万元，各级财政补贴保费2902.26万元。全年实现理赔资金1385.1万元，受益农户4万余户。其中因气候原因导致小麦受灾面积达6.3万亩，共组织赔付资金625.2万元，帮助受灾农户迅速恢复生产。 （臧小燕）

·种植业·

【概况】 2015年深入贯彻落实省、市关于粮食生产部署,全面贯彻各项强农惠农政策,通过稳定生产面积,优化生产布局,强化科技支撑,推进良种良法配套、农机农艺融合,提升专业化服务水平,大力推进规模化、机械化、标准化生产,促进大面积平衡增产。在政策好、天帮忙、人努力等因素共同作用下,粮食生产实现史上最好收成,全区粮食种植面积4.91万公顷,单产507.1千克,总产37.32万吨,粮食单产蝉联全市第一。

【高产增效示范区创建】 2015年,全区通过深入开展粮食高产增效创建,推广应用新品种、新技术,大力开展病虫害统防统治、测土配方施肥等专业化服务,实现粮食生产关键环节技术与专业化服务全覆盖。各乡镇均建立了高产增效创建万亩示范区、千亩示范片,实施小麦高产增效创建2680公顷,平均单产512千克,水稻高产增效创建4个万亩示范片、12个高产技术展示示范方,展示示范方平均单产突破700千克,万亩示范片平均单产突破650千克。

【测土配方施肥】 全年发放稻麦施肥建议卡22万余份,完成田间施肥情况调查800份。取土样400个,完成中微量元素试验2个、肥料利用率试验2个、肥效肥料“2+X”玉米试验1个、肥料校正试验2个,在丁嘴镇蔬菜基地建立1个0.67公顷水肥一体化试验示范方。推广测土配方施肥技术面积7.67万公顷,应用配方肥面积达5.67万公顷,配方肥用量1.2万吨(折纯)。

【农业病虫害防治】 加强农作物病虫监测,完成小麦病虫草、水稻病虫害、检疫性病虫和其他病虫草害如蝗虫、鼠害的系统监测1200余次,大田普查120次,根据病虫草发生情况,及时发布病虫防治植保信息20期。全区2015年病虫害中等偏重至重发生,其中病害重于虫害,发生程度重于2014年及常年,尤其是小麦赤霉病、水稻穗颈瘟发生程度重于常年,全区农作物病虫草鼠害发生面积共244.18万亩次,指导综合防治面积666.5万亩次,专业化统防统治率70%以上,共挽回粮食损失83900吨,实际粮食损失3539吨,粮食生产病虫害损失率控制在3%以内。

【种粮农民补贴】 认真贯彻落实国家惠农政策及要求,制订《宿豫区2015年对种粮农民直接补贴工作方案》《宿豫区2015年国家农作物良种补贴项目实施方案》,全区全年落实粮食直补补贴面积38.56万亩,每亩补贴20元,补贴金额771.29万元;农资综合补贴面积41.98万亩,每亩补贴82.8元,补贴金额3476.01万元;水稻良种补贴实施总面积41.26万亩,补贴金额为618.95万元;小麦良种补贴实施总面积为43.615万亩,每亩补贴10元,补贴金额为436.15万元。 (何兴武　李佳钊　吕舟州)

·林果业·

【植树造林】 2015年3月,在全区开展绿化造林突击月活动,动员全民植树造林添绿。3月20日,区政府召开了全区春季农村绿化造林成效观摩会,区政府成立2个绿化督查小组,对突击月活动进行不间断督查。结合全区农村环境综合整治,推进绿化示范村建设和农田林网完善工程。2015年共营造成片林559.17公顷,完善农田林网控制面积200公顷,四旁植树80万株,建成省级村庄绿化示范村11个,其中森林生态示范村1个。农村植树110.5万株。

【林政管理】 严格执行林地征占用审批,实行占补平衡,落实林木限额采伐,加强森林资源保护,制止乱砍滥伐行为。执行伐前调查、公示,伐中监督、伐后验收制度,保证不突破省下达给宿豫区的森林资源总消耗量。继续加强对林地的管理力度,开展“林地执法大检查”等专项治理行动,震慑破坏森林资源的违法行为,建立规范的林地市场秩序。2015 年没有林地未批先用现象发生。严格林木采伐审批程序,依法合理征收育林基金 8 万余元。

【林业补贴项目】 争取中央农业资源开发林业生态示范项目,总投资 220 万元,营造陆塘河、马河、涧河、利民河等河道生态防护林 200 公顷;中央财政补贴全区造林项目 37 万元。省级公益林生态补偿基金,主要补偿全区 11 个乡镇及区水务投资公司、运河湾动物园等生态公益林 1606.67 公顷,补贴资金 47.2 万元。运河湾动物园绿化改造升级和运河湾农园、顺河镇、新庄镇等绿化造林示范基地建设,共营造生态示范林 29.1 公顷,补贴资金 20 万元。村庄绿化项目,共建成省级绿化示范村庄 11 个,分布在全区 11 个乡镇,其中森林生态示范村 1 个,奖补资金 89 万元。森林抚育项目,主要抚育丁嘴镇柴塘河护岸林和砂礓河护岸林,抚育面积 200 公顷。林业有害生物检疫防治补助资金,用于购置机械和农药,并有效地控制了全区美国白蛾疫情。森林防火塔建设项目,用于宿迁运河湾森林动物园安装瞭望和电子监控设备和配套防火设施建设。 (朱 迅)

·畜牧业·

【畜禽产业发展】 2015 年年末,全区存栏生猪 16.75 万头,出栏生猪 47.75 万头;牛存栏 0.97 万头,出栏 2.12 万头;羊存栏 6.95 万只,出栏 16.15 万只;蛋禽存栏 162.5 万羽,出栏肉鸡 9100 万羽。2015 年,投资 2000 万美元的中粮肉食(宿迁)有限公司 2 万吨熟食加工项目、投资 1.4 亿元的江苏益客食品 3 万吨熟食项目、日处理 10 吨的无害化处理项目以及肉鸡产业研发中心、工程中心相继竣工。建立健全覆盖全程、运作规范的肉鸡产业质量安全监管长效机制,中粮肉食、益客食品先后获得对日出口资质。江苏益客食品按照集中生产、统一配送、连锁经营的模式,500 家连锁直营店开到了全国各地。印发《宿豫区畜禽规模养殖场污染治理工作方案的通知》,对 131 家畜禽规模养殖场污染减排治理工作进行了分片包干,采用“三改两分再利用”(即改水冲清粪为干式清粪、改无限用水为控制用水、改明沟排污为暗沟排污,固液分离、雨污分流,粪污无害化处理后综合利用),完成 22 家畜禽场标准化改造。创建生态健康养殖示范场 4 个,分别为中粮肉食的仰化九场、来龙镇光明场、新庄镇的江苏六兴祖代鸡场有限公司、江苏益太种禽有限公司宿迁分公司。

【畜禽规模养殖】 2015 年,全区畜禽规模养殖户共 1451 户。其中,生猪规模养殖户 768 户,规模养殖比例 84.46%,规模出栏量 40.33 万头,中大型猪场(年出栏 500 头以上)占全区生猪出栏比例 64.8%,出栏 30.942 万头;肉禽规模养殖户 112 户,规模养殖比例 100%;蛋禽规模养殖户 312 户,规模养殖比例 95.18%,全区畜禽规模化程度逐步提高。 (黄侣荣)

·动物检验检疫·

【动物疫病防控】 2015 年,全区完成 7 家省“五有”(有独立建制机构、有固定工作场所、有基本服务手段、有定编专业队伍、有稳定财政保障)乡镇畜牧兽医服务站建设,建立健全区、乡(镇)、村三级动物防疫体系,全面推行防疫一对一责任制,全年没有发生一起区域性重大动物疫情。全区春秋防共免疫生猪 54.7 万头、免疫家禽 1425.2 万羽、免疫牛羊 5.2 万只,O 型口蹄疫、高致病性禽流感、猪瘟、高致病性猪蓝耳病群体免疫密度达到 100%。畜禽口蹄疫等 6 种重大动物疫病的强制免疫密度均达到“应免尽免”,做到区不漏乡、乡不漏村、村不漏组、组不漏户、户不漏畜。每月开展畜禽规模场免疫抗体监测,完成检测禽样品 7860 份,猪、牛、羊样品 3123 份,全区畜禽免疫抗体合格率达

90%以上。建立应急物资贮备完善应急机制,按预案要求做好各项物资储备工作,共储备消毒药85件、防护服200套、防护胶鞋200双、防护手套400双、动物扑杀器2台,喷雾消毒机15台,手动喷雾器4台、大型喷雾消毒机1台。开展动物疫病监测和流行病学调查工作,对11个规模养殖场所饲养的6.2万头(只)动物进行主动监测,共调查散养农户165户,涉及动物892头(只)。

【动物检疫】 2015年,累计产地检疫生猪46113头、禽1862万羽;累计屠宰检疫生猪61331头、禽产品5519吨。实施生猪尿液样品抽样快速筛查1410头、肉牛尿液样品抽样快速筛查73头、肉羊尿液样品抽样快速筛查68只,从畜禽定点屠宰厂、规模养殖场抽样送检猪肉52份、猪肝124份、鸡肉184份、鸡蛋362枚、饲料4批次、兽药残留11批次,检测结果均为阴性。加大动物卫生监督执法力度,查处制售假兽药案件1件,移交司法机关追究刑事责任,逮捕违法人员3人;查处违法经营假劣兽药案件3件、违法经营运输死鸡案件1件。开展畜禽屠宰专项整治行动,对2014年12月31日前未取得新"生猪屠宰证",仍在屠宰的5家经过整改未达标企业予以关闭。 (赵琳琳)

·水产业·

【概况】 2015年,全区共有养殖承包户1357个,池塘总面积1220公顷,其中高效设施渔业面积累计达436.67公顷,占养殖面积(不含稻田)的26%,水产品总产量1.4万吨。全区养殖面积在50亩以上的有60户,累计374.73公顷。在养殖品种中,常规鱼类1076.93公顷,泥鳅等特种养殖面积149.13公顷,分别占总面积的87.8%和12.2%。

【渔业生产】 全年共开展技术培训8期,培训人数达610人次,发放各种宣传资料1000多份。申报4个高效设施渔业项目,争取市级以上财政资金185万元。调优渔业品种结构,放养各类水产苗种270万千克,投放特种水产品苗种量达80万千克,引进鳜鱼、宽体金线蛭等两个新品种,引进推广先进设施与装备,新增设施渔业面积97.33公顷。新增家庭渔场27个,总数累计达61个。

【关庙现代渔业精品园建设】 委托省淡水水产研究所规划设计,园区规划建设综合服务区、休闲特种渔业展示区、观光一体智慧渔业区、高效标准养殖示范区、生态稻田立体养殖区、商贸精深加工预留区、渔家特色体验区、美丽乡村集中居住区等8大特色区域。高效标准养殖示范区完成池塘休整清淤6万立方米,完成砖混硬质护坡1350平方米,网片护坡1500米,防逃网片4000米,建成道路和防渗渠各800米,管理房8间120平方米,垂钓台6个,架设电力线路800米,光纤宽带等配套设施。观光一体智慧渔业区完成400亩的桩基固定和光伏太阳能的安装工作,在淘宝网设立关庙镇生态优质水产品专营网点,开拓网上销售渠道。

【渔业执法】 2015年,开展水产品食品安全检查和渔业安全生产专项检查65次。结合科普宣传周、食品安全宣传日、安全生产日等活动,开展水产品安全生产宣传。联合市水产站检测人员对宿豫区水产品进行检测,全年共抽检水产品130个样品,合格率98%。 (高　山)

·蚕桑业·

【蚕桑生产】 全年引进推广小蚕电气化围台共育设备40台套,实现电气化示范共育小蚕1000张,为全区进一步推广小蚕电气化围台共育提供样板;推广省力化大棚养蚕,举办区乡村三级省力化大棚养蚕技术培训班15期,受训蚕农2000余人次,发放省力化大棚养蚕、方格蔟营茧技术等科技资料、宣传资料3000余份,推广省力化养蚕大棚7000平方米，新增省力化大棚养蚕达1500张；全区方格蔟营茧率达90%以上，重点蚕桑乡镇仰化镇方格蔟营茧率达98%以上。

【蚕桑科技示范户】 2015年，公开选拨了10个行政村和10名入户指导员并进行公示，遴选了240名蚕桑科技入户示范户，在项目辐射带动下，养蚕水平显著提高，为宿豫区蚕桑产业的发展注入了新的活力。（王璐成）

【丝绸生产】 2015年，宿豫区有丝绸生产企业7家，分别是：江苏玖久丝绸股份有限公司、宿迁市宿豫区卓圩制丝有限公司、宿迁市宿豫区仰化银信缫丝厂、宿豫区德缫丝厂、宿迁市天顺丝织厂、宿迁市虞姬丝绸家纺有限公司均为规模企业，主要经营蚕茧收烘、白厂丝加工、产业用纺织品、真丝绸织造及服装加工加工等。

玖久丝绸股份有限公司一条年产400吨捻线丝生产线和年产50万套真丝家纺生产线，12个分厂的总资产3.8亿元。年产优质蚕茧3000吨，白厂丝1000吨，真丝绸织物800万米，精炼坯绸1000万米，蚕丝被10万条，各类纤维被30万条，家纺套件、丝绸睡衣、内衣，丝毯等全系列家纺产品40万套(件)。2015年，公司实现销售收入46572万元，出口创汇500万美元，利润732万元，税收1086万元。

【策应“一带一路”走出去】 2015年，在国家“一带一路”的发展战略引领下，玖久丝绸股份有限公司入选省“十三五”农业“走出去”发展规划。公司拟在乌兹别克斯坦投资1.2亿元建缫丝厂、2万亩优质蚕桑基地建设项目入选国家农业“走出去”重点项目库。11月，公司中标国家援建土库曼斯坦丝绒厂第二期技术合作项目，代表中国，派出由翻译、技术人员组成的20人专家组，进行为期5年的技术合作。在这5年间，将整合土库曼斯坦及周边国家茧丝绸等资源，加之乌兹别克斯坦、哈萨克斯坦、土耳其的客户，形成了一个较健全的中亚地区营销网络，在中亚这“一带一路”上，可以说，玖久是茧丝绸的龙头企业。2015年，玖久丝绸股份有限公司投资2000万元用于销售渠道及品牌建设，调结构、抓创新、升产品、促转型，围绕互联网+，不断完善在京东、天猫、1号店等网销平台的直营店，强化移动终端——玖久微商城的运行，并升级建立玖久丝绸OTO营销平台，销售势头凸显。年内，公司电商平台实现销售额6800万元。（林　杰）

·农业综合开发·

【概况】 2015年，全区农业综合开发项目总投资17395.7万元，其中财政投资5020万元、贷款总额11750万元、企业(合作社)自筹876.7万元、群众自筹169万元。全区新增高标准农田2000公顷，高标准农田占比达62.23%，同比增长3.73%。争取农业综合开发产业化经营项目7个，扶持农业产业化龙头企业5个，农民专业合作社2个，项目全部通过省、市验收。区农开局先后获全市2015年度农开系统目标考核一等奖、宣传信息工作先进单位，全区2015年度区直机关绩效综合考评先进单位、招商引资先进单位、综合扶贫先进单位。

（沈　瑶）

【国家农业综合开发土地治理项目】 2015年，宿豫区完成国家农业综合开发土地治理项目建设4个，总投资4069万元，其中财政资金3900万元，分别为曹集乡道方片高标准农田666.67公顷、关庙镇乔口片高标准农田333.33公顷、来龙镇光明片高标准农田666.67公顷、来龙镇水庄片高标准农田333.33公顷4个项目，共治理2000公顷。新建电灌站2座，铺设防渗渠84.38千米，完成土方12.3万立方米，建设渠系建筑物1950座，铺设水泥路46.32千米，铺设砂石路4.17千米，营造农田防护林80公顷，新品种示范推广80公顷，开展农民技术培训1300人次。（王东升）

【国家农业综合开发产业化经营项目】 2015年，区农开局实施国家农业产业经营财政补助项目4个，总投资1576.7万元，其中财政资金700万元，企业(合作社)自筹876.7万元。分别为益客食品300万只肉禽加工生产线扩建项目、长兴米业年产6万吨优质大米加工新建项目、关乔稻麦年产5000吨优质稻麦储藏新建项目和荣欣肉鸡50万羽肉鸡养殖实施新建项目。实施农业综合开发产业化节余财政资金贷款贴息项目3个，争取贷款贴息420万元，带动贴息贷款投资11750万元，分别为春绿粮油年产3万吨食用植物油加工收购原料流动资金贷款贴息项目、玖久丝绸年耗1200吨蚕茧原料收购流动资金贷款贴息项目、权威米业年产3万吨优质籼米加工收购原料流动资金贷款贴息项目。

(张　勇)

·农业机械化·

【概况】 2015年，全区拥有各类农机具1.88万台(套)，农机总动力达到63万千瓦，农业作业机械化水平达到78.2%。区农机局先后被区委、区政府表彰为全区秸秆机械化还田先进单位、全区挂村帮扶先进单位和全区安全生产专项整治先进单位、荣获“全国平安农机示范县(区)”荣誉称号。

【农机购置补贴】 2015年，全区新增农业机械2400余台(套)，其中100马力以上大型拖拉机416台、高性能联合收割机486台、旋耕机和秸秆切粉碎还田机等各类配套农机具1600余台套。农机销售额2013—2015年连续三年突破亿元大关，全区农业机械装备实力得到了大幅度提升。

【秸秆机械化还田】 2015年，宿豫区召开秸秆还田现场会6场次，秸秆机械化全量还田工作快速推进。全年秸秆还田面积76.7万亩，其中夏季秸秆机械化还田40.6万亩、秋季秸秆机械化还田面积36.12万亩，秸秆还田率达85%，争取省、市秸秆还田补助资金2000万元以上。

【农机安全监理】 2015年，拖拉机、联合收割机上牌1200辆、驾驶操作人员发证520人，年度检验农业机械12650台(套)，上牌发证率、机械年检率分别达到90%、95%，全区农业机械都能以良好的技术状态投入生产，全年无一例重特大农机事故发生，农机安全生产形势平稳，农机监理工作在全市领先，成功创建“全国平安农机示范县(区)”，受到农业部、国家安监总局表彰，全市仅宿豫一家获此殊荣。

【农机技能培训】 2015年，农机行业职业技能鉴定培训3期，参训人数217人，发放从业职业证书217本，合格率达100%，基层农机人员培训一期共60人参训，农机维修人员、驾驶操作人员培训工作已步入正常化、规范化、制度化的轨道。

【农机合作组织】 2015年，以农机合作社组织建设为引领，农机社会化服务水平大幅度提升。全区新增农机合作社11个，农机合作社总数达到85个。农机专业合作社已成为农村集约经营，规模服务的作业主体，稻麦主要粮食作物的收种管理及其秸秆机械化还田作业85以上由农机合作社承担机械化作业，农机合作组织的发展前景广阔，效益看好。

【区农机局招商引资】 2015年，区农机局招商引资项目3个，其中亿元工业项目1个，即江苏晨科新能源有限公司，公司主营产品是太阳能电池板、多晶硅、智能单级、4级接地系统、智能太阳能跟踪器、千子平层面系统等，项目总投资1.25亿元，进入省高新区技术产业园，已竣工投产；农业项目2个，即胡明利畜禽养殖厂、万通农机专业合作社。农业招商引资工作顺利通过区考核部门认定，圆满完成全年目标任务。

(李　清)

2015年，区水务局被市水务局表彰为“全市水利目标管理综合考评第一名”；被区委、区政府授予目标管理综合先进奖、改革创新奖、重点工程建设先进单位、机关效能和政行风建设先进单位和文明单位荣誉称号。正源自来水公司被评为机关效能和政行风建设先进单位，6家下属单位和5家水务站被评为文明单位。

（张立峰　李晓亚）

·水利重点工程·

【概况】 2015年，区水利局承担列入市区督查考核的重点水利工程12项，分别是宿豫区陆运河水利综合开发工程、井头泵站更新改造工程、宿迁城东自来水水厂工程、来龙灌区2014年度续建配套与节水改造工程、宿豫区2014年度中央财政小型农田水利重点县工程、2014年度“中央统筹资金”项目、2014年千亿斤粮食项目、2014年水土保持项目、2014年度农业水价改革项目、农村饮水安全工程、农村河道整治工程和城东污水处理厂提标改造工程。完成投资3.86亿元。

【大型泵站更新改造】 井头泵站更新改造工程总投资7634万元。工程按照80%灌溉保证率、50年一遇防洪标准设计，设计流量80立方米/秒。主要建设内容包括拆除井头一站、废除井头二站，在一站站址处新建泵站一座，设计净扬程1.7米，安装5台2500ZGB16－2竖井贯流泵，单台配套710千瓦电机，总装机容量3550千瓦。新建控制楼、站下清污机桥，改建站上交通桥，泵站设置计算机监控、视频监视系统，新建专用变电所，改造部分配套管理设施等。工程建成后不仅可提高来龙灌区灌溉保证率，还可降低能耗、提高效率。

工程于2014年2月正式开工，2015年3月30日完成通电验收，4月30日完成水下阶段工程验收，8月20日完成机组启动试运行，工程已全部完工，并投入来龙灌区2015年度灌溉运行。并被省水利厅评为2015年度省级文明工地。

（张立峰　李晓亚）

·农田水利·

【农村河道疏浚】 全区共完成23条县乡河道疏浚整治工程，完成土方89.9万立方米。实施10个乡镇20个村120条（面）村庄河塘治理，完成土方46.2万立方米。

【小型农田水利重点县建设】 主要涉及2014年及2015年小型农田水利重点县的建设任务。其中2014年度工程总投资2000万元，主要完成防渗渠54千米、泵站1座、桥涵闸等配套建筑物1082座、砼路1.1千米，疏浚排涝沟68.1千米。工程已全部完成并申请审计。2015年度工程总投资2000万元，工程建设内容为防渗渠51千米、泵站1座、桥涵闸等配套建筑物756座、砼路1.5千米，疏浚排涝沟48千米。至2015年底，工程建设进入扫尾阶段。

【2014年度“中央统筹资金”项目】 工程总投资1053.54万元，其中中央财政补助资金1000

万元,市、区地方财政配套资金 53.54 万元,项目区位为新庄镇林圩、朱圩两个村,主要建设内容有:新建砼防渗渠 21.73 千米;新建泵站 2 座,维修改造泵站 1 座;新(拆)建渠系配套建筑物 390 座;铺设砼生产路两条 1.4 千米;排涝沟整治 4.36 千米。

【2014 年度新增千亿斤粮食产能规划田间工程项目】 工程总投资 1500 万元,其中中央财政补助资金 1200 万元,省级补助 300 万元,建设内容包括农田灌排工程和田间道路工程。农田灌排工程:新建防渗渠道 30.36 千米,拆建泵站 4 座,维修加固泵站 2 座,拆建分水池 1 座,新(拆)建节制闸 2 座、泄水闸 2 座,涵洞 101 座、渡槽 33 座、斗农门 28 座,放水洞 236 座,斗渠桥 21 座,农渠桥 23 座,沟桥 13 座。田间道路工程:新铺生产路 4.05 千米。项目计划完成土方开挖回填 32.17 万立方米,垫层 130.76 立方米,砌石 225.81 立方米。

【2014 年水土保持项目】 工程总投资 500 万元,其省级补助资金 350 万元,市县配套 150 万元。建设内容包括:大堤修复 16 处,总长 800 米,土方 24090 立方米;新建、拆建涵洞 19 座,渡槽 1 座,蓄水闸 1 座;新建砼防渗渠 11 条,总长 5100 米,护砌面积 12750 平方米,配套渠系建筑物 39 座(其中:毛门 34 座,输水涵洞 5 座);治理冲沟 3 条,长 1.5 千米;骨干沟道治理 3 条,长 6.3 千米;平整土地面积 86.67 公顷;建水土保持林 7.37 公顷;种草 15.14 公顷。

【大型灌区改造】 投资 9000 万元,完成了来龙灌区 2014 年度续建配套与节水改造项目建设。共完成护砌渠 34.49 千米,新(拆)建泵站 7 座,其他各类建筑物 236 座(水闸 15 座、分水闸 178 座、涵洞 28 座、渡槽 2 座、生产桥 12 座、橡胶坝 1 座),疏浚河道 3 条长 32.7 千米,新建管理用房 500 平方米及信息化管理系统 1 项。

【水利科技】 2015 年宿豫区开展水利科技研究项目 2 项。

《农业灌溉渠道综合防渗技术与推广应用示范基地》项目:承担单位为宿豫区水务局与南通大学,宿迁市水务局,年末已完成膨润土纳基防水毯主要技术指标测定,施工的主要技术指标控制等内容,进行“生态植草的混凝土护面生态改造的技术方法”专利技术施工,继续在工程施工中进行推广和应用。

《来龙灌区农民用水协会运行机制对末级渠系管护和水费计收的适应性分析》课题:主要承担单位为宿迁市水务局、宿豫区水务局和南通大学。主要任务为了进一步深化宿豫区农业水价综合改革试点成果,对已经初步完成任务的核心区域,形成具有持续效应的工作程序和实施安排。针对国家农业水价综合改革的“可推广、可复制”的试点要求,结合宿豫区农民用水协会的运行条件,对原试点核心区和新的试点区域,进行效果评价和适应性分析,以协调推进宿豫来龙灌区农业水价综合改革。年末,该项目已基本完成。

【农业水价综合改革试点工作】 宿豫区农业水价综合改革试点工作已完成各项改革试点任务,达到国家发展改革委、财政部、水利部、农业部等国家四部委的改革试点要求。2015 年 2—5 月,宿豫区在水利部组织的四次全国农业水价综合改革试点工作情况督导考核中,排名分别为第四名、第三名、第一名、第二名。同时在国家核心期刊《中国水利》上发表论文 2 篇,分别为《试点农业水价综合改革:宿豫的探索》《宿迁市宿豫区农业水价综合改革试点实施路径分析》。项目已于 2015 年 6 月通过江苏省农业水价综合改革领导小组组织的竣工验收。12 月 10—11 日,水利部在北京召开全国农业水价综合改革培训班,宿豫区作为改革工作先进代表在会议上作交流发言,并在全省水利局长会议上作典型发言。

【农村饮水安全工程建设】 2015 年,投资 454.25 万元,完成了 2015 年农村饮水安全工程建设，铺设管道 120.57 千米，其中干支管道 24.39 千米，解决顺河街道周石庄村、林苗圃和槽坊村饮水不安全人口 3.81 万人。

【区域供水工程】 区域供水管网工程全面完成。从城东水厂通往下相、陆集、大兴、关庙、丁嘴及仰化的 62 千米区域供水管网在 2015 年 3 月全面完工，完成项目投资近 4000 万元，超额完成了省、市的任务，并争取到了省级奖补资金 1747 万元。

至 2015 年年底，城东水厂已完成投资 8500 万元，完成土建工程主体，设备采购安装完成 40%。

·防汛防旱·

【防汛准备】 2015 年，宿豫区在全区范围内组织开展汛前、汛后检查，落实行政首长防汛责任制。全区的重点防洪工程、河岸堤防、重要河湖、灾害危险段，全部落实了领导责任制。及时编制和完善各项防汛预案。各乡镇、水管单位、在建水利工程单位都按要求及时编制完善了各类防汛预案。积极储备抢险物资。共储备区级防汛编织袋 16 万只、木材 32.02 立方米、土工布 9000 平方米、块石 4000 吨、移动机泵 104 套。

（苏亚威　朱　坤）

【雨情】 据统计，1～12 月，全区降雨量为 688.2 毫米，为同期多年平均的 77.4%。

【防汛防旱指挥调度平台建设】 根据《江苏省防汛防旱指挥系统设计指导书》的要求，结合宿豫区实际，与河海大学编制完成了《宿迁市宿豫区水利信息化一期工程——防汛防旱指挥调度平台实施方案》。计划 2016 年实施完成，完成后将基本实现宿豫区防汛现代化。

【防汛及维修养护工程】 投资 580 万元，完成了中运河、新沂河流域性工程、城区排涝泵站应急处理工程；投资 321.3 万元，完成了中运河、新沂河、马河等维修养护工程，保证了工程发挥应有的效益。

【农桥工程】 投资 500 万元，完成了 2015 年农村小型公益性桥梁建设任务，共建设农桥 75 座。

【骆马湖搬迁群众帮扶工作】 骆马湖位于江苏省北部，骆马湖湖底高程 19.00—21.50 米，当蓄水位达 23 米时，水域面积 375 平方千米。骆马湖建成常年水库钱。湖内共有土地 20 多万亩，因防汛抗旱，每年只能种植一季小麦，而且产量很低，每亩平均产量 75 千克左右，年产粮食约 2000 万千克，湖内居民由于农作物产量低，群众生活十分困难，每年需国家供应粮食及救济款 30 万元。1958 年 2 月 22 日，宿迁县向江苏省委、淮阴地委呈报了《关于骆马湖蓄水灌溉及居民迁移问题的报告》（宿委〔1958〕26 号）。1958 年 4 月 26 日，宿迁县人民委员会向江苏省水利厅、淮阴专署呈报了宿水(58)字第 28 号报告，请求同意建设骆马湖水库和解决骆马湖水库建设、移民资金等相关问题。在建设骆马湖水库及配套的大运河、邳洪河拓宽中，共拆迁房屋 42567 间，迁移群众 13397 户，54223 人，采取集中安置与分散安置相结合的办法，安置在现在宿豫区、宿城区、湖滨新城等地方。2006 年 5 月 17 日国务院从统筹城乡发展大局出发，出台了《关于完善大中型水库移民后期扶持政策的意见》，决定对水库移民“完善扶持方式，加大扶持力度，改善移民生产生活条件，逐步建立促进库区经济发展、水库移民增收、生态环境改善、农村社会稳定的长效机制”。近几年来，省政府根据国务院文件精神，决定以工程形式帮扶、扶持搬迁群众。根据省、市、区人民政府相关文件精神，宿豫区成立了宿豫区骆马湖搬迁群众扶持项目工程建设处，建立了相关的工作制度。宿豫区共有 11 个乡镇是骆马湖搬迁群众项目区，涉及 66 个自然村，1.8 万搬迁群众。2013 至 2015 年，累计投入 3200 余万元,主要是完善项目区小型农田水利、道路、桥梁等基础设施,工程实施使骆马湖搬迁群众安置村组基础设施得到改观。

【科学调水】 根据宿豫区情况,区防办及时与省市防办联系,协调水源,累计引水1.3亿多立方米,灌溉面积与上年持平,顺利完成了夏插灌溉任务。 (苏亚威 朱 坤)

·水利工程管理·

【水利风景区建设】 六塘河水利风景区位于宿迁市宿豫区六塘河两岸,以六塘河河道、六塘河闸、跨河桥梁、井头翻水站等水利工程为主要依托,西起京杭运河,东至环城东路,南至S324省道(宿沭线),北至六塘河,景区规划范围内六塘河段长约3千米,占地面积4.96平方千米,水域面积0.64平方千米,与古黄河国家水利风景区、项王故里公园等景区相接,地理位置优越,交通便利,环境优美,是一个以水生态文化为灵魂,自然环境为基础,地域文化为特色,集水利科普、观光游憩、文化体验、休闲度假等多功能于一体的城市河湖型水利风景区。景区风景资源众多,已形成"一带、两核、四区、八景",分别为:六塘河风景带,三岛公园和水利遗址公园等两核,河湾水景区、休闲娱乐区、景观体验区和农业观光区等四区,柳荫垂钓等八景。在创建国家水利风景区过程中,深入挖掘、展示、宣传水文化、水科学,尤其是水利遗址公园已成为宿迁市水利科普教育基地。2015年12月,被水利部批准为国家级水利风景区。

宿迁水利遗址公园水利展示馆成为苏北首家展示地方水利建设发展史的专业展示馆

(区政府办供稿)

【基层水管单位达标创建】 主要对中运河管理所进行达标创建准备,对照达标创建考核办法,完善河道堤防的相关硬件设施。并到已达标创建单位进行学习,对软件资料进行规范化整理和完善。

【涉水项目建设管理】 把好审批关,为搞好涉河项目审批,按照市、区人民政府要求,水行政审批科具体负责涉河工程等水行政审批工作。把好监督检查关,定期和不定期地开展涉河工程监督检查,发现问题及时纠正。全年未发生一起非法涉河项目建设。

【河湖管理及"河长制"落实】 深入贯彻落实省政府和市政府相关会议精神,宿豫区建立完善河道长效管理机制,切实保障河道防洪安全、供水安全和生态安全,印发《关于调整区"河长制"管理工作领导小组的通知》,文件明确河长相关职责及工作制度。1月15日,省骨干河道考核小组对宿豫区9条骨干河道管理工作进行调研考核,其中7条河道考评结果优秀,占77.8%,2条河道良好,占22.2%。 (苏亚威 朱 坤)

·水资源管理·

【打击非法采砂】 2015年,骆马湖管理局、新沂市、宿豫区和沭阳县联合下发了《关于全面整治新沂河非法采砂的通告》,开展集中整治活动,先后15次与流域机构共同联合执法,采取驱逐、拆除其采砂设备的方法,督促新沂河沿线沙场主自行清除黄沙,拆除房屋、筛砂、电力等附属设施;共拆除筛砂设备13处,拆除采砂设备20台套,凿沉船只3只,在防洪堤各路口设置限高、限宽卡口15处。平时确保巡查到位,发现问题及时与流域管理机构对接。

(苏亚威 朱 坤)

【河湖专项执法】　按照省厅、市局部署，认真做好“专项执法活动”。成立领导小组，下设办公室在水政大队，具体负责地下水整治活动的协调与开展；同时，由分管领导召集水政大队、水资源科、各乡镇水务站负责人会议，研究并部署活动开展方案，并印发了《关于开展地下水资源管理专项整治活动实施方案》文件。活动期间共排查登记地下水源井357眼，城区、高新区、化工园区登记了49眼地下水源井，其它各乡镇共登记地下水源井307眼。处理水事违法行为15起，罚款2万元，立案查处水资源案件1起，安装计量设施3处，封填地下水源井9眼，追缴水资源费73579元。

【水资源费征收】　2015年，宿豫区完成水资源费征收425.4万元，同比增长33.56%，超额完成全年水资源费征收任务。

【地下水管理】　2015年6—11月，宿豫区开展了为期6个月的地下水管理专项整治行动，整治了一批无证取水行为，罚款20多万元。对符合取水条件的，集中补办取水许可证。经多次调查核实，确定第一批集中打包论证单位12家12眼井，申请取水总量98.5万立方米。名单已报市局水资源处。编制了《宿豫区地下水压采方案》并通过省级审核，报经区政府批准实施。

【取水许可】　2015年度受理取水许可受理29件，其中申请8件，换证21件，办结1件取水申请。　（张贺华　李晓亚）

·节水工作·

【节水型社会建设】　2015年，宿豫区申报创建省级节水型社会示范区（2016年1月15日通过省级验收）。创建过程中，成立了“宿豫区节水型社会示范区建设工作领导小组”，编制《宿豫区创建省级节水型社会示范区实施方案》《宿豫区节水型社会建设工作方案和实施计划》等文件，制定完善宿豫区计划用水定额管理制度、水平衡测试制度、节水财政投入制度等，为示范区创建提供制度和40万元资金保障。全年对4个小区（中通名仕家园、水润天成、盛世家园、星海湾小区）、1个学校（高新区小学）开展节水型小区和节水型学校创建；对2个企业实施节水技改（江苏益客食品有限公司、宿迁中粮肉食有限公司）；对旭派电池有限公司、盛世家园小区和水润天成小区实施了雨水收集利用项目建设；2015年12月，宿豫区的水利博物馆申报为省级节水教育基地。　（张贺华　李晓亚）

·旅　游·

【概况】 2015年,区旅游局在全区旅游资源不足的情况下,以生态旅游、工业旅游为突破口,加大景区、景点建设投入力度,提升景区、景点档次;加强旅游人才培育力度,提升宿豫旅游市场竞争力。至年末,全区共建成国家级水利风景区2处,国家AAA级旅游景区2处,四星级乡村旅游点2个,三星级乡村旅游点1个,江苏省工业旅游点2个,精品旅游线路3条,星级饭店5家,旅行社4家。全年共完成旅游业投资3.2亿元,接待市内外游客295.8万人次,同比增长32%,实现旅游总收入24.8亿元,同比增长27%,全区旅游饭店客房出租率达到74%以上。

【旅游景区申星创A】 指导水利遗址公园、民防体验园按照国家AAA级景区评定标准,加大投入,提升景区内涵,努力创建国家AAA级景区。12月20日,上述两家单位分别以812分、778分通过市级专家组考核验收,宿豫区A级景区创建工作实现零的突破,也是宿迁市首个一年内创建成两个国家AAA级景区的县区。

【旅游发展专项资金争取】 在没有大景区、大景点旅游资源支撑的情况下,区旅游局优选项目,精心包装,贴紧项目资金申报要求,经过层层考核、专家论证,年内,全区争取到省级旅游业发展专项引导资金130万元,其中杉荷园50万元、玖久丝绸50万元、水利遗址公园30万元;争取市级旅游业发展专项引导资金21万元,其中梨园湾12万元、丁嘴桃缘梦5万元、杉荷园Wi-Fi系统奖励资金1万元、梨园湾旅游节庆活动奖励资金1万元、区旅游标识系统奖励资金2万元。全年共争取资金151万元。

【组织参加旅游竞技】 7月3日,宿迁市旅游饭店服务技能大赛在湖滨新区星辰国际大酒店举行,宿豫区枫华丽致酒店、江山大酒店、万顺酒店的16名选手参加比赛。万顺大酒店在中式铺床比赛中取得第三名。

11月25日,2015"项府家宴"美食开发之"品味项府"活动在项王故里景区枫华丽致酒店举办,宿豫区33道菜入围,为三县两区(指行政区划)入围数量之最。其中有13道菜脱颖而出,当选2015宿迁"项府家宴"最具潜力菜肴,为获奖数量最多的县区,宿豫区旅游局荣获优秀组织奖。

【旅游安全检查】 在每月一次例行安全检查基础上,与区安监局、消防大队、市场监管局等单位联合,在五一、十一、春节等重要节日,组织开展旅游安全大检查12次。全年共排查整改旅游行业安全隐患116项,其中,对2家企业依法实施了限期整改、停业整顿,全区无重大旅游事故发生。对1家违法经营旅游企业进行了行政处罚,较好地维护了旅游市场秩序。

【旅游推介】 2015年,区旅游局先后举办了第五届梨园湾民俗旅游活动、2015年宿迁动物园"五一·三天乐"旅游活动、杉荷园首届趣味旅游活动、“十一·嗨游宿豫”旅游活动。其中，第五届梨园湾民俗旅游活动接待市内外游客10.5万人次，实现销售收入30万元；五一小长假，全区各类景区景点共接待游客3.1万人次，同比增长24.7%，实现旅游销售收入120万元，同比增长33.2%；杉荷园首届趣味乡村游接待市内外游客10万人次，实现销售收入500万元。在积极开展区内专题旅游活动的同时，指导区重点旅游企业大力开发旅游产品，参加国内外旅游交易会。组织玖久丝绸股份有限公司、新庄杉荷园参加“2015中国江苏旅行商品交易大会”和云南滇池举行的“2015国际旅游交易会”，向区内外宣传推介宿豫。

【景区建设提升行动深入推进】 年内，区旅游局在景区开展“厕所革命”提升工作和停车场管理能力提升行动、交通标识提升行动、无线通信覆盖提升行动等四项专项行动。各景区景点对旅游停车场加大投入，制定完善有效的交通客流预警机制和应急处理方案，解决旅游旺季停车难的问题；围绕“设置系统化、内容标准化、形式美观化”总目标，细化完善交通标识牌增改提升方案，持续开展“整、增、换、护”工作。截至年底，区民防体验园、水利遗址公园两个AAA景区分别新建2座旅游公厕，并在游客服务中心和主要游客休息区域全面推行游客免费试用Wi-Fi，实现游客在全域无线互联，区内3家星级乡村旅游点也实现免费Wi-Fi覆盖。

【旅游项目投资】 水利遗址公园一期建设完毕，完成投资1.2亿元；梨园湾马河景观整治工程竣工，完成投资0.6亿元；杉荷园基础设施配套完善，完成投资1.5亿元；玖久丝绸工业旅游点展示馆重建，完成投资0.25亿元；民防体验园创建国家AAA景区续建工程完工，完成投资0.2亿元；秀强晶莹之旅工业旅游点二期建设完成投资0.2亿元；桃缘梦乡村旅游点基础设施建设完成投资0.1亿元、龙凤街乡村旅游点基础设施建设完成投资0.15亿元。2015年，宿豫区共完成旅游项目投资3.2亿元。

（朱　清）

·商贸流通·

【概况】 2015年，全区社会消费品零售总额实现47.64亿元，同比增长10.8%，其中，批发和零售业实现37.06亿元，同比增长11%，住宿和餐饮业实现10.58亿元，同比增长10.1%。全区限额以上单位社会消费品零售额实现28.92亿元，同比增长21.7%，高于全市平均水平13.6个百分点，继续稳居全市第一位。其中，批发零售业实现零售额27.94亿元，增长22.5%；住宿餐饮业实现零售额0.98亿元，增长2.6%。

【商业网点建设】 2015年，全区批发企业总计933家，个体批发1628家，个体零售11084家；新建加油站1个，加油站（点）总数34个，其中中石化加油站9个，加油点1个；中石油加油站2个，社会加油站6个，社会加油点16个；新增酒类备案企业22家，总数达到1135家，其中批发企业134家，零售企业845家，餐饮企业151家，其他（KTV、酒吧）5家。

【行业管理】 落实酒类经营溯源制度，各类经营主体酒类流通随附单使用率达100%。开展车用燃油品质提升专项整治行动，对全区34家加油站点的进油台账、消防安全和油气回收进行检查，严厉查处销售质量不合格车用燃油和无证无照经营行为，下达责令整改通知书15份。全区所有油库和加油站油气回收装置全部到位并投入使用，城区加油站车用汽、柴油均达到了国五标准。进一步拓展市场运行监测范围，调整优化样本结构，全区生产资料样本监测企业达到36家，其中生活必需品监测企业6家，重要生产资料监测企业7家，重点流通监测企业18家，应急商品监测企业1家，茧丝绸行业市场监测企业2家，信息泵监测企业1家，酒类流通企业1家，覆盖批发、零售、餐饮等主要流通行业。落实肉菜储备计划，提高应急供应保障能力，完成生猪活体储备1600头(宿迁宏成种猪场)，基地蔬菜储备230吨(宿迁市喜农旺果蔬专业合作社)，在库蔬菜储备130吨(宿迁锦家农业发展有限公司)。开展“老字号”申报，宿迁项王食品有限公司的“水晶山楂糕”被省商务厅认定为首批“江苏省老字号”。

【商场超市文明创建】 为深入推进文明城市创建，区商务局开展商场超市行业文明城市创建工作，指导商超企业采取“员工＋志愿者”模式，成立文明劝导志愿服务队。在城区重点商场超市繁华地段向群众发放了《宿迁文明20条》宣传页1200余份、《宿迁文明城市知识问答》1000余份、《宿迁市创建全国文明城市模拟问卷》500余份。督促商超企业在宣传牌、电梯间、扶手电梯入口等处张贴《宿迁文明20条》文字内容、宣传标语和公益广告，并利用室内外大屏、电子显示屏、内部广播等形式播放宣传《宿迁文明20条》。6家重点商超企业制作中国梦公益广告，制作并发放“诚实守信”提示牌80块。同时，在每个大型商场超市分别派驻一名文明督导员，对宣传氛围不浓、劝导人员不在岗、提醒标识不到位、商品摆放不规范、环境卫生不整洁等状况，要求企业立整立改、对标达标，累计整改内容70多项。 (华顺怀)

·连锁经营·

【苏果平价店】 苏果平价店宿豫店位于宿豫区西湖东路与长江路交会处，是苏果总部于2009年在宿迁投资注册的第二家直营店，注册资金200万元，总投资5000多万元，营业面积1.5万平方米，经营百货、服装、家电、农副产品等2万余种商品。2015年，企业开展了品类折扣、国庆抽奖、满额换购、满额返券等活动，实现营业额9615万元，利税500万元。

【红星凯盛】 宿迁红星·凯盛国际家居生活广场有限公司位于宿豫区江山大道188号，于2010年10月1日开业，是宿迁市档次较高、品类较全的一站式家居卖场。广场由江苏凯盛置业有限公司和红星美凯龙集团联袂打造，建有家具馆和建材馆，总建筑面积15万平方米，经营品牌140个。2015年，企业开展了“2015开门红 抢头彩”“2天来了 OK购!”“五一大比拼 反虚假让利明折明扣 再享现金补贴”“夜晏”“嗨购 十一”等五场大型销售活动，全年实现营业额1746.07万元，利税30.29万元。 (华顺怀)

·电子商务·

【概况】 2015年，全区电子商务交易额实现124.38亿元，同比增长156%。电子商务企业387个，从业人员3.28万人，其中直接从业人员1.51万人，带动就业1.77万人。宿迁电子商务产业园入驻企业108个，实现电商交易额103.6亿元，从业人员1.16万人。农村“一村一品一店”实现村级全覆盖，电商交易额8.2亿元，直接从业人员3510人，带动就业8341人。

【电子商务示范创建】 2015年，区商务局充分发挥部门职能作用，加强全区电子商务发展情况的摸底调查，推动和引导电商企业、电商乡镇和行政村开展电子商务示范创建。成功创建1个国家级电子商务示范基地——宿迁电子商务产业园，1个省级电子商务培训示范基地——宿迁技师学院，1个省级电子商务示范企业——江苏玖久丝绸股份有限公司，2个省级电子商务示范村——豫新街道雨露社区和曹集乡天同庵居委会，争取扶持资金700万元。

(华顺怀)

·外向型经济·

【外资】 2015年，全区实际到账外资企业5家，累计到账外资232万美元，分别为宿迁宇新固废处置有限公司、103万美元，江苏绿陵百农可有限公司、28万美元，乐食贸易宿迁有限公司、3万美元，宿迁佳展贸易有限公司、50万美元，宿迁中玻电子玻璃有限公司、48万美元。新批外商投资企业4家，分别为宿迁宇新固废处置有限公司、注册资本8000万港元，宿迁卜力斯环保设备有限公司、注册资本150万人民币，宿迁中玻电子玻璃有限公司、注册资本1000万人民币，宿迁佳展贸易有限公司、注册资本50万美元。

【对外经济技术合作】 年内，区商务局抓住国家实施"一带一路"(丝绸之路经济带和21世纪海上丝绸之路)战略决策机遇，鼓励企业"走出去"，开展境外投资合作，编印了《牵手"一带一路""走出去"寻求发展新机遇——致宿豫区建筑企业的一封信》。江苏玖久丝绸有限公司在乌兹别克斯坦投资建厂，投资700万美元，主营蚕丝、白厂丝、蚕桑副产品等。江苏德龙建设工程有限公司获对外承包工程经营资格，实现全区对外承包工程资格企业零突破。

【外贸】 2015年，全区实现进出口总额33178万美元，同比下降25.79%，其中出口29724万美元，同比下降7.99%，进口3455万美元，同比下降72.15%。全区新增进出口备案企业15家，新增进出口实绩企业9家，进出口实绩企业达到74家。面对复杂严峻的国际经济形势，区商务局以开展"三服务三促进"活动为抓手，深入外贸企业走访调研，指导12家企业开展自营进出口业务；举办2次外经贸政策宣讲及业务培训会，参加培训120人次；组织30多家外贸企业参加中国进出口商品交易会(简称广交会)、中国华东进出口商品交易会(简称华交会)等知名展会，争取展位50个；指导企业对接政策，积极向上争取，共落实下拨各类扶持资金556万元。

【省级玻璃出口基地认定】 宿迁素有"玻璃城"的美称，玻璃制品企业大多集聚在宿豫区，经过100多年的发展，已形成规模大、竞争力强的产业集群和较为完整的从石英砂采选——平板玻璃制造——各类玻璃深加工的产业链。全区玻璃制品生产企业达25家，出口企业12家，从业人数1.1万人。玻璃制造生产技术、管理经验和创新能力一直处于全国领先地位，先后涌现出"XIUQIANG""SUBO""乾隆""固强"等一批著名商标和名牌产品。玻璃制品远销日本、韩国、美国、欧盟、南美等30多个国家和地区，在广州、深圳、北京、青岛等几十个大中城市均有销售网点。玻璃制品产业已成为宿豫区的主导产业之一。2015年，区商务局做好江苏省玻璃制品出口基地的申报和创建工作，以此推动特色产业发展，培育外贸竞争新优势。11月26日，江苏省商务厅下发通知，宿豫区被认定为"江苏省玻璃制品出口基地"，这是宿迁市获批的第一个省级出口基地，也是省内唯一一家省级玻璃制品出口基地。同时，江苏秀强玻璃工业股份有限公司、江苏苏华达新材料有限公司、宿迁德威玻璃纤维有限公司、宿迁澳中玻璃有限公司、宿迁华毅镀膜玻璃有限公司、宿迁中玻电子玻璃有限公司6家企业被认定为出口基地骨干企业。 (华顺怀)

·粮食经营·

【概况】 2015年，全区共有8家国有粮食购销企业，其中1个区粮食购销公司，1个省级粮食储备库(宿豫区来龙粮库)，以及仰化、丁嘴、关庙、侍岭、曹集、黄墩等6个粮食储销有限公司，共有16个站点、171口仓房，总库容23.1万吨，在册职工219人。

【粮食购销】 全区国有粮食企业严格执行国家粮食收购政策,敞开收购农民余粮,保护农民利益。全年累计收购粮食121055吨,其中小麦66665吨,水稻54390吨(籼稻50198吨,粳稻4192吨);累计销售粮食95039吨,其中小麦34901吨,水稻60138吨(籼稻54509吨,粳稻5629吨)。秋粮收购中,受粮食高产量、高收购量、高库存量“三高”叠加影响,国有粮食企业收购仓容趋紧。为满足群众售粮需求,区粮食局多措并举,缓解粮食收购仓容压力。按照全面排查、应报尽报原则,对符合收购条件的库点向中储粮部门申报,9家收储库点获批托市收购资格,总仓容4万吨;及时对在库的储备粮进行轮换,加大压库促销,腾仓并库,增加可利用仓容;采取边购边销、即购即销等方式开展自营粮收购,加强与销售区企业联系,促进粮源向销售区加快流动,减轻仓容压力;同时,引导民营粮食加工企业等各类社会收购主体积极入市收购,搞活粮食流通,圆满完成了秋粮收购任务。

【粮食收购价格】 2015年,国家继续在粮食主产区实行最低收购价格政策,最低收购价保持2014年水平不变。小麦价格标准。以2015年生产的国标三等小麦为标准品,白小麦、红小麦和混合小麦最低收购价格均为每500克1.18元。标准品小麦的具体质量标准为:容重750～770克/升(含750克/升),水分12.5%以内,杂质1%以内,不完善粒8%以内。执行最低收购价的小麦为2015年生产的等内品,相邻等级之间等级差价按每500克0.02元掌握。最低收购价是指承担最低收购价收购任务的收储库点向农民直接收购的到库价。2015年,全区国有粮食购销企业收购托市小麦62540吨,均价为每500克1.20元。

水稻价格标准。以2015年生产的国标三等中晚稻为标准品,中晚籼稻最低收购价每500克1.38元,粳稻最低收购价每500克1.55元。标准品中晚籼稻的具体质量标准为:杂质1%以内,水分13.5%以内,出糙率75%～77%(含75%,不含77%),整精米率44%～47%(含44%,不含47%);标准品粳稻的具体质量标准为:杂质1%以内,水分14.5%以内,出糙率77%～79%(含77%,不含79%),整精米率55%～58%(含55%,不含58%)。执行最低收购价的中晚稻为2015年生产的等内品,相邻等级之间等级差价按每500克0.02元掌握。最低收购价是指承担最低收购价收购任务的收储库点向农民直接收购的到库价。2015年,全区国有粮食购销企业收购托市水稻32674吨,其中籼稻28482吨,粳稻4192吨,籼稻均价为每500克1.38元,粳稻均价为每500克1.55元。

秋粮收购　　（区商务局供稿）

【开通网银支付群众售粮款】 为规范收购流程,方便群众售粮,在全区所有国有粮食企业收购库点安装了粮食收购软件,电脑按收购设置的参数计算扣量、扣价及粮食价款,并自动生成收购票据。在粮款支付上,改变以往的现金结算方式,加强与宿豫区民丰银行、宿豫区东吴村镇银行等金融部门合作,为售粮农民开通网银支付业务,将售粮款一次性打入其账号,保证了售粮农民粮出手、钱到手。全年通过网银支付售粮款2.17亿元,占收购资金支付总额的90%以上。

【粮油质量监测中心建设】 2014年,在来龙粮库挂牌成立“宿迁市宿豫区粮油质量监测中心”,配有人员6名,其中中级技术职称2人,初级职称4人。经改扩建,监测中心面积达到260平方米,现有各类粮油检化验仪器设备近30台(套),能够满足常规的粮食质量检验需求。按照省级粮油质检体系建设要求，监测中心正加紧建设，同时在16个基层粮食收储库点建设粮油化验室(点)12个。

【“放心粮油”店创建】 2015年，区政府将“放心粮油”店建设列入宿豫区2015年便民服务十大重点项目，并拨付财政专项资金10万元。区商务局充分利用“世界粮食日”“粮食科技活动周”等活动，通过电视、报刊、网络、散发传单等形式，大力普及粮油产品质量安全知识，动员粮油经营业主积极申报创建“放心粮油”店，对申报创建的“放心粮油”店通过实地走访，进行严格考核和评审，确保达到统一冠名和标识、统一质量承诺、统一价格标签、统一服务规范、统一规章制度、统一台账记录、统一投诉管理的“七统一”创建标准。全区创建13个“放心粮油”店(柜)，乡镇、街道覆盖率达100%，建成市级“放心粮油”示范店1家(宿豫区兰名食品批发部)。

【粮油加工】 2015年，全区列统粮油加工企业25家，其中大米加工企业18家，面粉加工企业4家，油脂加工企业1家，饲料加工企业1家，粮油食品企业1家。全年实现工业总产值24.88亿元，产品销售收入24.32亿元，利税0.97亿元，利润0.63亿元。江苏春绿粮油有限公司“春绿”牌商标被国家工商总局授予国家驰名商标。全区粮油加工企业现拥有国家级驰名商标2个，省级名牌3个，市级名牌6个。

(华顺怀)

·供销合作·

【概况】 宿豫区供销合作总社下辖1个事业单位，11个基层供销社，12家直属公司，1个农产品批发市场，179个为农服务社，100个专业合作社。按照省、市提出的“立足三农、服务三农”的工作要求，坚持“新形象、新内容、新业态、新机制”的办社方向，2015年全系统完成销售总额606628万元，实现利润6932万元，资产总值132829万元，综合业绩考评连续八年保持宿迁市第一名，每年都被省总社评为先进单位，2015年被中华全总社评选为“全国电子商务示范县”。

【为农服务社建设】 累计建成为农服务社179个，其中“三星级”社87个，覆盖全区98%以上行政村。经营范围不断拓展和延伸，已发展成为集生活资料零售、农业生产资料零售、建材销售、农副产品收购、废旧物资回收、庄稼医院、农机服务、科技咨询、劳务代理、代收保险、代收水电费、创办农民活动室于一体的综合服务社。

【专业合作社建设】 截至2015年年底，全系统共创建专业合作社示范社100个，主要涉及养殖、种植、服务等行业，发展社员3590个，带动农户5381户，年人均助农增收1.5万元。

【连锁经营】 坚持以市场为导向，因地制宜，积极整合资源，上联大公司、大集团，下联乡村销售点，现拥有各类连锁经营龙头5家，建成区级配送中心4个，发展各类连锁加盟店462家，设立村级销售点306个，基本实现“一村一点”全覆盖。

【基层社恢复重建】 利用乡镇基层社坐落在乡镇繁华地段的区位优势，进行网点开发，将土地资源的有形资产和区位优势的无形资产全部转化为资本，开展新形势下重组供销社，恢复供销网络的探索。全系统先后有6家基层社完成改造，通过改造使每个基层社能形成“一个龙头超市＋若干村级为农服务社”的服务体系。

【农民资金互助合作联社】 为了有效缓解广大农民贷款难、融资难的问题，农民资金互助合作联社迅速扩大网点。在已建设16个分社的基础上，又在城区江山国际花园南门东首购买730平方米的办公营业用房，成立城区营业部。目前，联社已有18000户社员入社，社员缴存互助金达 4.7 亿元,向社员投放种养殖、商贸周转资金 3.9 亿元。

【供销电子商务】 顺应时代需求,响应政府号召,积极发展"互联网+农产品营销"产业,促进农产品电子商务产销对接。全年全系统发展电商 52 家,实现网络销售 7.3 亿元。由区总社牵头领办的电商企业有:亲耕田网上供销社电子商务公司、华东农业大市场"菜财商城"、宿迁市济农电子商务有限公司、江苏益农科技有限公司、宿迁市"农三品"电商平台等。 (李庭华)

·烟草专卖·

【概况】 2015 年,宿豫区烟草专卖局(宿迁市烟草公司宿豫分公司)全力践行打造"企业管理、市场监管、队伍建设"三个争先,顺利完成全年各项目标任务。全年共销售卷烟 24398.98 箱,同比减少 0.85%;实现销售收入 45881.75 万元,同比增长 13.98%;实现税利 12930.41 万元,同比增长 32.99%;实现利润 10425.33 万元,同比增长 32.21%。年内,获得宿豫区文明行业、宿迁市文明单位、全国"安康杯"竞赛优胜单位等荣誉。

【卷烟营销】 每周采集"卷烟价格趋势、社会库存状态、市场供需状态"三方面信息,按照 30 档分类客户,设定上限,均衡总量、品类、节奏,投放卷烟货源,推动卷烟精准销售。修订《零售客户分类服务办法》。启动"一街一店一品"建设,入户宣传卷烟提税顺价,定期开展卷烟营销服务竞赛,促销新品卷烟。

【烟草专卖管理】 推进优秀县级局、示范中队和"三型"(学习型、服务型、责任型)稽查班组创建,相继开展"冬季会战""卷烟市场监管竞赛月"等 6 次市场专项整治行动。实施"3·15""6·29"专项普法宣传,构建零售户信用体系,打造联合惩防机制,确保市场管得了、控得住。全年累计查获涉烟案件 249 起,依法暂扣卷烟 262.57 件,涉案案值 191.77 万元。办结 4 起网络涉烟案件、判刑 13 人,在侦 4 起网络案件。有 4 起案件被国家烟草专卖局通报表彰,1 起案件获省局通报嘉奖并被列为公安部、国家烟草专卖局挂牌督办。全年无一例引发行政诉讼或行政复议,创成区级"依法行政示范点"。

【烟草内部管理】 2015 年,公司管理、制造、营业三项费用率为 3.86%,全系统最低;总资产贡献率达 63.84%,居全系统第一;100 名干部员工中(大)专以上学历比率达 95%、在岗执业技能达标率为 88%。公司参与企业目标管理系统应用试点、安全目录管理、内管数据分析与应用等市级课题研究 6 次,3 人次在全系统创新金点子征集中被通报表扬,5 篇政研、学术等论文获不同奖项,多个课题顺利通过结题、验收。其中合同管理信息系统通过市局结题、验收,单车运行成本控制同比降率达 44.54%,运行良好。 (潘苏军)

·金融业管理·

【概况】 截至2015年年底，全区共有各类金融服务机构28家。其中，银行类金融机构11家，小贷公司7家，担保公司5家，证券机构2家，保险公司2家，农民资金互助合作社1家。全区银行业金融机构人民币各项存款余额为142.43亿元，比去年同期增长9%；银行机构贷款余额为245.51亿元，同比增长7%。小贷公司贷款余额为6.26亿元，比年初下降0.32%。担保公司担保在保余额为9.72亿元，比年初下降11%。保险机构2015年实现保费收入2.37亿元，比去年同期增长21%。证券机构累计实现交易额178.18亿元，比去年同期增长461.37%。

【金融机构培育】 中国太平财产保险公司宿迁中心支公司筹建工作已经基本完成，即将开业；紫金财险宿豫支公司已经开业。2015年8月19日，全市首家大宗商品交易中心——江苏中苏商品交易中心有限公司获批筹建。11月19日，注册资本为3亿元的江苏邦丰融资担保有限公司行政许可申报材料上报到省经信委。工行宿豫支行增设京东商城和中粮集团两个自助服务区，各设自助柜员机2台。建行宿豫支行增设帝景豪苑和河塘小区两个自助服务区，帝景豪苑设自助柜员机2台，河塘小区设自助柜员机1台。

【信贷投放增加】 印发《宿豫区2015年度金融工作考核办法》等文件，对驻区各金融机构贷款投放情况按季考核，要求金融机构全力扩大贷款投放。5月27日，召开全区银政企座谈会，推动银政企三方进一步增进共识、加强合作，促进地方经济与金融事业共同发展。6月11日，区政府与农发行宿迁分行签订战略合作协议。2016—2018年，农发行宿迁分行将向宿豫区投放不低于30亿元的政策性资金。12月1日下午，区政府与江苏银行宿迁分行签署战略合作协议，协议签订后，江苏银行宿迁分行将在未来3～5年，对宿豫区及其辖区内企业新增各类资金支持不低于30亿元。

【推动企业上市】 定期召开企业上市工作推进会，对上市后备企业实行“三优两减”，即优先安排土地使用指标，优先办理立项预审、转报或核准手续，优先安排科技研发、设备更新等财政补助资金，减免企业因上市需要而重新验资、登记、注册所发生的行政费用，减少企业在改制、资本运营等过程中涉及的各项审批程序和环节。根据2014年区政府出台的《关于进一步鼓励企业上市和新三板挂牌工作的若干政策意见》文件精神，2015年8月对成功在上海股权托管交易中心Q板挂牌的百诺实业、德威新材料、广玖农业、正业食品、春绿粮油5家企业各奖励10万元。新亚强股份有限公司已经正式在新三板挂牌上市，江苏华星新材料股份公司新三板挂牌申报资料已报会、即将挂牌上市，春绿粮油、煦和新材料分别于1月、11月中旬已在Q板成功挂牌。江苏速购信息科技有限公司于7月在江苏股权交易中心挂牌申请已经完成托管手续，成功挂牌。益客食品股改完成，阿尔法药业、中煦高分子的新三板挂牌工作正式启动，龙嫂米线股改即将完成。

【融资渠道建设】 鼓励企业进行直接融资。2015年,全区7家企业直接融资余额为8.66亿元。其中,益客食品13200万元,致富皮业15000万元,绿陵化工10000万元,禾友化工5000万元,山亿新能源20000万元,三明新能源12000万元,阿尔法药业5600万元,惠然实业5800万元。

【金融风险处置】 成立区防范和化解企业信贷风险工作领导小组,区委、区政府多次召开常委会、党政联席会研究部署涉险企业问题,出台《宿豫区化解风险企业资金链问题实施方案》。针对企业的实际情况,制定不同的应对预案。区政府创设维护金融生态环境风险基金,该基金主要用于出险企业银行欠息的拆借,对实施让利的相关银行实行定向拆借。全力协调银行对涉险企业新增授信。9家银行先后对出险企业新增贷款6200万元。对于出险企业逾期贷款,由政府平台给予过桥、续贷,2015年区政府平台公司已为企业提供242笔,约49亿元过桥资金。国有平台公司还临时拆借给绿陵等企业偿还利息约607万元。区政府平台为企业提供续保9亿元,新增担保7700万元。将存量贷款进行期限调整,全部贷款执行基准利率,原来是非流贷的信贷产品一律改为流贷。此项为企业节约融资成本近6000万元。

【打击处置非法集资】 2015年6月下旬,召开全区金融生态环境建设工作会议,会议通报了近期宿豫区非法集资的典型案例,部署风险排查和集中宣传活动,印发《宿豫区2015年度打击和处置非法集资工作考核办法》,各乡镇、园区、成员单位与区政府签订了《2015年度打击和处置非法集资工作责任状》。非法集资宣传和专项整治活动中共发放宣传单8.5万份、张贴宣传海报1000张、悬挂横幅162条、制作靠牌64块、发放公开信4200封、新闻媒体宣传报道次数达9次,有效防范非法集资风险隐患。

【POS贷开发】 张家港农村商业银行宿豫支行与银联商务有限公司宿迁分公司签订战略合作协议,推出面向银联POS特约商户的新型贷款产品——“POS贷”,该行也成为全市继江苏银行、浦发银行后,第三家与银联商务正式建立POS贷业务合作的银行。“POS贷”是针对以银联POS机刷卡付款为主要收款方式的小微企业和个体工商户,以其一定期限内的POS结算流入量为授信依据的信用贷款产品,特别适合有短期资金需求的小微企业和个体工商户,贷款金额最高可达50万元。 (张　芳)

·工行宿豫支行·

【工行宿豫支行经营业绩】 2015年,工商银行宿豫支行坚持“以客户为中心、以市场为导向、以风险控制为重点、以效益为目标”的经营理念,针对信贷规模缩紧、要求均衡投放的新变化,千方百计拓宽客户融资渠道,加大实体信贷投放,在从紧从严的信贷政策环境下,实现各项贷款的稳定增长。截至2015年年末,工商银行宿豫支行人民币各项存款余额达13.28亿元,较年初新增1.26亿元;全行各项贷款余额达38.11亿元,比年初增加4.7亿元,增幅达14%。其中,公司贷款余额达24亿元,较年初新增3.2亿元;个人贷款余额达14.08亿元,较年初新增1.46亿元。年末,贷存比高达286%,表明了对地方经济发展的支持力度。加大市场攻坚力度,寻求储蓄存款新突破。突出抓好“四大市场”即专业市场、代发工资市场、农村市场、批量市场。实现对公存款跨越式新发展。全面跟踪招商引资项目,抢抓业务新的增长点,竞争一批大项目,如正源自来水厂、宿迁市中医院等。

【优化信贷投放】 不断加大对工业企业、招商项目的信贷投放,重点加大对北斗星通、景宏新材料、秀强玻璃、三元轮胎、益客食品、禾友化工、中医院等企业的支持力度,共投放贷款1.5亿元。发挥小企业信贷业务权限大、产品多等优势,主动支持有实力、前景好的小企业客户,共对宏强铝塑门窗、荣欣塑业、宇森木业等小企业投放贷款3000万元。为支持宿豫城东水厂项目建设，于2015年下半年开始运作该项目，在区政府及省、市行领导的大力支持下，该项目已提款。在信贷规模严控的情况下，运用不占规模的信贷产品，大力拓展表外资金池、出口发票融资、供应链融资等新业务，多渠道地满足客户需要。积极推介家装消费、卡分期业务，受到客户广泛欢迎，2015年共办理银行卡分期付款业务1080万元。

【增强员工凝聚力】 加强队伍建设，注入新鲜"血液"，深化分层分类培训，加快提升员工素质，并通过组织实施职工带薪休假旅游，各类趣味横生的文体活动，营造了积极、和谐的发展氛围，增强了员工凝聚力。年内支行先后获得区文明单位、2015年度金融工作综合考评一等奖、市级巾帼文明示范岗等荣誉称号。

（王玉春）

·中国银行宿豫支行·

【概况】 中行宿豫支行有员工18人，2015年，支行以大公司业务为发展重点，以个人金融服务销售为基础，大小并重、公私联动，实现预期业务目标。2015年，支行对理财经理、开放式柜员、公司客户经理等岗位先后进行了轮岗，一部分绩效表现优异的员工脱颖而出，内部人员得到了不同岗位的锻炼机会。对于新入岗的员工，老员工进行一对一帮扶指导，让员工在工作学习中成长。

【中行宿豫支行存贷业绩】 截至2015年末，支行本外币一般性存款余额为58732万元，较年初新增2545万元。人民币一般性存款余额56170万元，较年初新增4961万元。其中：人民币公司存款余额为23137万元，较年初新增395万元，人民币储蓄存款余额为33033万元，较年初上升4566万元。外币一般性存款为399.69万美元，较年初下降376.8万美元。其中，外币公司存款余额为360万美元，较年初下降368万美元，外币储蓄存款余额为39.69万美元，较年初下降8.8万美元。

截至2015年年末，支行本外币各项贷款余额为61616万元，较年初上升12101万元。其中，人民币公司贷款余额为22919万元，较年初上升2379万元，人民币个人存款余额为38076万元，较年初上升16991万元。外币贷款余额为97万美元，较年初下降1134万美元。（袁　伟）

·农行宿豫支行·

【农行业务经营】 2015年年末，农行宿豫支行各项贷款余额25.88亿元，其中个人贷款10.85亿元，增加0.76亿元；贷款全部投向优良客户和低风险客户，法人客户未出现不良。不良贷款余额225万元，不良率0.11%，余额及不良占比在一级支行中均最低。实现拨备前利润5709万元，拨备后利润5702万元，同比增加291万元，增速5.37%，经济增加值实绩2010万元。实现中间业务收入1258万元，同比增加198万元。成本收入比28.28%，比目标高1.68%，同比增加1.9%。存贷款利差4.16%，比考核指标高17个BP(BP指基点，一个基点等于1个百分点的1%，即0.01%)。总资产净回报率2.06%，净息差3.7%。新增法人折效客户167户，完成年度目标的128%；现金管理客户净增71户，完成年度目标的177%。新增个人折效客户769户；新增贷记卡有效客户数6145户。商户收单20.7亿元，完成全年目标的104%。实现国际结算量45.4亿美元，完成年度目标的349.5%。加大对"三农"队伍和产品投入，有效支持辖区内涉农企业及农户种养殖规模发展，累计发放涉农贷款400万元。

【党建促服务】 2015年支行全面落实从严治党、从严治行，各级党支部的党性观念、纪律意识、责任意识增强。深入开展"三严三实"专题教育,深入查摆并着力解决一批“不严不实”的问题。网点基层党组织建设覆盖率达100%,建成达标党员活动阵地6个。坚决贯彻落实中央“八项规定”精神、总行28条和省行20项措施,“四风”整治取得实效,支行会议费、业务招待费、车船使用费同比分别下降47%、16%、19%。

2015年规范化服务水平不断提升,在第三方规范化服务检查中平均得分96分,在全省一级支行中排名靠前,有效地提升了为客户服务的水平,成功堵截多类诈骗案件,其中堵截假存单1起,金额15万元,堵截冒名开卡十余起。 (李　芳)

·农发行宿豫支行·

【概况】 中国农业发展银行宿迁市宿豫支行是设立宿豫县后域内第一家银行,成立于1997年9月10日。现有职工13人,属农业政策性银行。2015年,农发行宿豫支行累计投放各类贷款52570万元,日均存款13127万元,实现目标利润596万元。该行在2015年度宿豫区目标考核中,荣获区政府颁发的“金融工作特别贡献奖”。

【信贷支农】 2015年,农发行宿豫支行认真贯彻落实国家的各项惠农政策,围绕服务“三农”、支持地方经济发展为己任,进一步扩大信贷投入,实现了良好的社会效益和经济效益。2015年累计投放粮食收购贷款9520万元,支持企业收购农民余粮2598万千克,累计完成粮食销售4555万千克,有力地促进了宿豫地区农民的增收。为支持宿豫区的重点基础设施建设,宿豫支行申报了管网、城东水厂、陆运河三个中长期贷款项目,投放中长期项目贷款34500万元。

(王惠芹)

·建行宿豫支行·

【建行主要业绩】 截至2015年年末,建行宿豫支行各项贷款余额为201150万元,比年初减少2091万元,减幅1.03%。其中,个人类贷款余额为118097万元,比年初增加3005万元,增幅2.61%;工业贷款余额为78864万元,比年初减少2026万元,减幅2.5%;农业贷款余额为3039万元,比年初减少2170万元;商业贷款余额为1150万元,比年初减少900万元。

截至2015年年末,建行宿豫支行一般性存款余额为28650万元,比年初减少3876万元,减幅11.92%。其中,储蓄存款为21953万元,比年初减少155万元;企业存款为6697万元,比年初减少3721万元。

【建行优质服务年活动】 2015年,全行以“践行优质服务,铸造金字招牌”为主题,以服务理念进一步增强、服务流程进一步优化,服务行为进一步规范,服务效率进一步提高,服务环境进一步完善,服务形象进一步提升,把建行宿豫支行打造成口碑好、有价值的良好银行,争创“市民满意银行”为目标,广泛开展“优质服务年”活动,使服务内涵不断延伸,服务意识不断增强,服务作风不断改进。

2015年,继续代理社保缴费服务,为缓解广大群众排队等问题,建行宿豫支行开立专门的窗口办理此项业务。在原有4处自助服务区的基础上,新增2处自助服务区,分别位于开发区何塘小区及城区巴黎春天购物超市。

2015年,建行宿豫支行加强内部控制和基础管理工作,保持全年无案件成绩。 (周　伟)

·民丰农商银行宿豫支行·

【概况】 2015年,民丰银行宿豫区各支行以“拓市场、控风险、夯基础、树品牌、固根本、增效益”统揽全局,锐意进取,攻坚克难,各项业务经营保持了较好的发展势头。至2015年12月末,民丰银行宿豫区各支行各项存款余额48.1亿元,各项贷款余额43.99亿元。全年累计参与宿豫区及总行组织的各类社会文体活动30余项,有效传递民丰银行“民熙物阜,丰裕城乡”的使命,使“民丰银行,宿迁人自己的银行”的概念深入人心。

【信贷支农】 以“立足三农,立足中小企业,做强乡镇,主攻城区”为市场定位,大力开展“阳光信贷”工程。至年末,民丰银行已完成域内乡镇授信,授信面86.1%,授信金额93.58亿元。重点加大对企事业单位公职人员、个体工商户、个人消费、个人创业等群体的信贷支持力度,推出金领易贷通、旺铺易贷通等产品,形成一定的品牌影响力。支持中小企业发展,简化贷款审批环节,建立高效的贷款审批机制,对中小企业授信金额达12.84亿元,较好地满足了不同企业客户群体的融资需求。 (叶 伟)

·江苏银行宿豫支行·

【概况】 2015年,面对经济下行压力持续加大、同业竞争更趋激烈、信贷风险不断暴露的严峻形势,江苏银行宿豫支行攻坚克难、创新发展,紧跟全区经济发展的新变化、新思路,扎实推进“服务地方、服务重点、服务招商、服务小微、服务民生”战略,为转型发展、绿色发展、创新发展提供了积极支持,加强内控管理,努力建设具有核心竞争力的区域商业银行。

【江苏银行主要业绩】 2015年12月底,支行存款余额9亿多元,贷款余额近30亿元。理财产品累计销售7.8亿元。成功投放陆运河3亿元结构化融资,审批通过5亿元棚改基金。加大苏科贷、科技型企业信用履约保证贷款、科技型中小企业贷款风险补偿池等业务的推广,服务经济转型升级和产业结构调整。截至12月末小企业贷款128户,贷款余额近6.4亿元,位居宿豫区各金融机构前列。

【江苏银行宣传服务】 积极开展乡镇共建,2015年共开展金融知识送下乡活动13次,为广大群众普及反假币、反洗钱、反高利贷等知识,与宿豫区长乐村实行结对帮扶,定期为数十户贫困户送去温暖。积极推进社区共建,与顺河社区、雨露社区居委会签订了社区共建协议,开展了30余次社区宣传活动,将江苏银行的各项产品进行有效推广,为周边社区居民提供便捷、满意的服务。 (李 静)

·张家港农商行宿豫支行·

【概况】 2015年,张家港农商行宿豫支行通过开展市场调研,为企业量身订做了一系列的信贷业务新品种,有“白领易贷通”授信业务、POS贷业务和亲情贷、车易贷等业务。通过召开合作担保公司座谈会、贷款企业财务老总座谈会,及时了解企业对客户经理、内部柜员的意见和建议,帮助改进工作方式和提高服务质量。积极创建文明示范网点,开展优质文明服务。2015年,张家港农商行宿豫支行相继获得宿迁市文明单位、宿豫区精神文明建设先进单位、宿豫区巾帼文明岗、宿豫区金融工作综合考评先进单位等荣誉称号。

【张家港农商行宿豫支行业绩】 截至2015年12月31日,张家港农商行宿豫支行各项存款余额达到115554.29万元、各项贷款余额为117800.03万元。签发银承汇票敞口18510万元。

【银政企合作】 与市、区、乡三级政府和相关部门建立良好的合作关系。参加宿迁市政府组织的4场银企洽谈会,了解企业的资金需求。组织客户经理和乡镇政府对接,了解乡镇辖区内企业的信贷需求,筛选优质企业进行合作,扩大客户群体。加强新开账户的营销。支行通过及时掌握当地招商引资、工商注册的信息,跟踪营销,增加存款的增长点。每月召开经营分析会,加强信贷客户的授信条件落实。同时,做好信贷客户储备。为了用足用实当月贷款额度,要求客户经理在当

月就要排出次月的贷款企业明细及贷款额度,确保及时有效放贷。 (滕志强)

·邮储银行宿豫支行·

【邮储资产业务】 2015年,中国邮政储蓄银行宿豫支行各类贷款余额达7.46亿元。当年净增3.3亿元,其中零售信贷业务以推进新产品落地与争抢房贷规模为抓手,主要对宿豫区新新家园、名河雅居、金色威尼斯、开展一手房按揭贷款投放业务。截至12月末,按揭贷款余额达3.3亿元。三农贷款余额达3300万元,商业贷款余额达2.4亿元,个人消费贷款余额达8300万元。实现信贷总量的快速攀升,创建行以来年度新高。快捷贷产品发展居全省前列。票贴现业务抢抓几次降息的机遇,提高票据收益率。

【邮储业务创新】 2015年,中国邮政储蓄银行宿豫支行定期召开各类创新工作会议,推进产品创新与新产品落地。先后申报了家庭农场贷款、存单质押贷款、民营医院小企业贷款等多项产品。发放家庭农场贷款740万元。同时做好产品组合营销,创新组合营销模式,强力推进商贸市场的开发,全年累计新增"商易通"70多户,实现"商易通"手续全免,为商户的结算带来便利、节省成本。主动与社保部门合作,充分发挥邮储网点遍布城乡的优势,参与"新农保""医保"金融服务,代理社保客户近9000户。

(陈秀红)

·交通银行宿豫支行·

【概况】 宿迁宿豫支行于2014年1月8日正式开业,是交通银行在宿迁市范围内开设的第二家直属支行。

【宿豫交通银行业绩】 截至2015年年末,交行宿豫支行各项贷款余额为41151.60万元,比年初减少19978.40万元,减幅31%。其中,工业贷款余额为25048.6万元,比年初减少10642.40万元,减幅27%;农业贷款余额为800万元,比年初减少0万元;房地产贷款余额为1100万元,比年初减少1263万元。

截至2015年年末,交行宿豫支行一般性存款余额为7335.14万元,比年初增加1680.32万元,减幅29%。其中,储蓄存款为5123.87万元,比年初增加626.96万元;企业存款为2211.27万元,比年初增加1053.37万元。

【交行工作重点】 2015年,交行以"拼搏进取,责任立业,创新超越"的交行精神,坚持以"以您为先,灵活稳健"的服务宗旨,以务实的成果回报社会各界的厚爱。加大自助服务区等便捷金融服务为载体,为宿豫区居民消费结算、投资理财等金融活动提供便利,为地方经济发展、民生改善等作贡献。 (袁　泉)

·宿豫东吴村镇银行·

【概况】 江苏宿豫东吴村镇银行成立于2010年12月,注册资本10000万元人民币。建行以来,坚持"扎根农村,服务三农"经营理念,大力组织存款,不断改进、完善信贷支农服务方式,优化信贷流程,切实加大信贷支农力度,为农业增效、农民增收和农村经济发展架起了"金桥"。

2015年,江苏宿豫东吴村镇银行存款余额达45416.37万元,贷款余额达33167.10万元。在贷款结构中,个人贷款22839.42万元,占比68.86%,企业贷款10327.67万元,占比31.14%。资产配置更加符合"以小为美,专注三农和小微"的发展战略。

【东吴银行业务发展】 2015年,面对日益下行的经济形势,东吴银行多措并举抢客户,通过上门对存量具有营业执照的借款客户和保证人进行营销,大力拓展POS机安装。大力拓展代发工资业务。通过端午节包粽子比赛、镇区墙体广告、镇村扩音喇叭、农忙田地帮扶、电视新闻报道等多种形式展开宣传，扩大宿豫东吴品牌影响力。以信用村建设为乡镇支行营销突破口，在推行的过程中实现再营销，最终达到吸引客户、挖转存款、提高知名度的目的。提高苏式微贷市场占有率，形成宿豫行同业竞争优势。加大房产抵押贷款占比，优化信贷资产质量，降低新增贷款风险发生。

【东吴银行内控管理】 2015年，该行设置兼职合规员，经过层层筛选，选出优秀员工，按照制度要求认真履行合规员职责。此外，印发全员合规手册，对员工职业行为进行规范，促进全员依法合规经营。该行新增《江苏宿豫东吴村镇银行网点转型固化考核管理办法》《江苏宿豫东吴村镇银行反洗钱客户风险分类管理办法(试行)》等12项制度，修订《江苏宿豫东吴村镇银行风险资产划段管理办法》《费用审批委员会工作制度》等10项制度。

（徐　曼）

·宿迁市宿豫区国际机遇农村小额贷款有限公司·

【国际机遇概况】 国际机遇于1971年创立，旨在帮助贫困弱势群体脱贫致富。2009年3月23日，宿迁市宿豫区国际机遇农村小额贷款有限公司成立。

2015年，国际机遇共发放贷款519笔，累计放款3994.5万元。其中单笔金额10万元以下的微型及小额贷款424笔，占放贷笔数总额的82%。影响和创造的工作岗位达53,528个，同时支持和影响贫困户及残疾人达338人。国际机遇的客户，从事粮食蔬菜种植、禽畜及水产养殖等纯农业客户占到客户总数的42%，“三农”贷款占比为100%。

【为“三农”提供优质、高效的金融服务】 国际机遇把服务“三农”作为公司的营运主方向，针对农业产业的生产周期和经营特点，为合作伙伴提供量身定制产品服务。始终坚持“贷前调查、贷中审查、贷后检查”原则，以确保农村小额贷款业务的平稳、健康发展。在贷款投向上，国际机遇坚定不移地执行省委、省政府关于“三个不低于70%”的规定，小额贷款占全部贷款总额的92%，“三农”贷款占全部贷款总额的100%，三个月以上经营性贷款占全部贷款总额的100%。

【重点支持弱势群体】 国际机遇除了为宿豫当地中小农户提供优质的金融服务，还提供一整套全面、完整的培训、辅导、关怀等支持与服务。尤其是生产经营对当地贫困低保户、残疾人、妇女老人等弱势群体的生活能产生重要积极影响的合作伙伴，国际机遇会给予最大限度的帮助与支持。

【支持农业专业合作社及涉农企业的发展】 2015年，国际机遇继续为当地的村镇微小企业和农业专业合作社提供发展支持。同时加大对当地农业经纪人的支持力度。通过对微小企业、农业合作社及农业经纪人的发展支持，间接影响帮助更多的农民。截至2015年年末，国际机遇所发放的贷款，已累计为当地创造就业岗位24万多个，为当地贫困户的生计提供帮助达9000多户。

（韩　春　史利娜）

·江苏宝丰投资担保有限公司·

【概况】 江苏宝丰投资担保有限公司(以下简称宝丰担保)，成立于2009年2月，位于江山国际花园南门1号楼底商101—3。注册资本1亿元。公司自成立起，始终秉承“突出重点、先易后难、做大做强、规模发展”的经营理念，定位于服务“三农”和中小微企业。宝丰担保主营融资性担保业务：贷款担保、票据承兑担保、贸易融资担保、项目融资担保、信用证担保。其他业务：诉讼保全担保，投标担保，预付款担保、工程履约担保、尾付款如约偿付担保等履约担保业务；与担保业务有关的融资咨询、财务顾问等中介服务;以自由资金进行投资及其他业务。

年内,宝丰担保被宿豫区人民政府表彰为“2015 年度融资担保工作先进单位”。

【宝丰担保业务】 公司成立后,宝丰担保先后与江苏民丰农村商业银行、张家港农商行、宿豫东吴村镇银行、江苏长江商业银行、宿迁宿城兴福村镇银行建立了业务合作关系,累计为“三农”及中小微企业提供贷款担保额 14.63 亿元。

2015 年度,整体经济下行的严峻形势带给民营担保机构极大挑战。在区委、区政府和上级主管机关指导支持下,宝丰担保迎难而上,实现年度担保发生额 22369.9 万元,年末在保余额 28418.47 万元,担保业务收入 256.31 万元。

(卢映池)

·江苏道勤信用投资担保有限公司·

【概况】 江苏道勤信用投资担保有限公司(以下简称“道勤担保公司”)成立于 2011 年 7 月,位于宿迁市宿豫区珠江路,为宿迁市宿豫区唯一一家全资国有担保公司,注册资本 1 亿元。公司秉承“稳健、高效、诚信、共赢”的企业精神,主营业务为融资性担保业务、贷款担保、票据承兑担保、贸易融资担保、项目融资担保、信用证担保、与担保业务有关的融资咨询、财务顾问等中介服务、以自由资金进行投资及其他业务。

年内,公司被宿豫区人民政府表彰为“2015 年度融资担保工作先进单位”。

【道勤信用担保业务】 自 2015 年 1 月起,公司全年累计提供 118 笔担保业务,比上年增长 75%,总担保金额 55290 万元,比上年增长 32.97%;年末在保责任余额 42760 万元,比上年末的 36120 万元,增长 18%,符合稳定增长的年初预期。担保放大倍数实现 1∶5,完成年度下达目标任务。2015 年全年实现主营业务收入 899.54 万元,比上年下降 11%,主要原因为自 2015 年开始,公司为减轻区内企业资金成本负担,主动将担保费率从 2%调整为按 1.5%收取。主营业务收入中:担保费收入 595.88 万元,手续费收入(委托抵押)52.72 万元,利息收入 250.96 万元。2015 年全年实现担保业务利润 775.31 万元,实现营业利润 508.68 万元,完成实现利润总额 500 万元的年度目标任务,完成率 101.74%。实现净利润 381.51 万元,比上年增长 346.37%。截至到 2015 年 12 月 31 日,公司总资产达 19914.84 万元,比上年末增加 6583.02 万元;净资产达 10127.26 万元,净资产收益率达到 3.71%,完成年度目标任务 371%。

(赵　政)

·宿迁市金诚信贷担保有限公司·

【概况】 宿迁市金诚信贷担保有限公司成立于 2006 年 7 月 31 日,位于宿迁市宿豫区六盘山路北侧,法定代表人卜启芳,注册资本人民币 3000 万元,实收资本人民币 3000 万元。

公司秉承“自信、诚信;用心、创新”的企业精神,经营范围为贷款担保、票据承兑担保、贸易融资担保、项目融资担保、信用证担保,诉讼财产保全担保,与担保业务有关的融资咨询、财务顾问等中介服务,以自有资金进行投资(融资性担保机构经营许可证有效期限至 2016 年 3 月 30 日)。

截至 2015 年年末,公司有职工 11 人,均为专科以上学历,其中初级职称 2 人,高级职称 1 人,包括财务、经济、工商管理以及法律等专业,团队综合素质较好。

【金诚信贷担保业务】 公司成立后,相继与工商银行、民丰银行签订了合作协议,并逐步开展了业务合作。2015 年度,公司主要业务集中在宿迁民丰银行,并全面开展了与宿迁市中级人民法院、宿迁市宿豫区法院、宿迁市宿城区法院、沭阳县法院、泗洪县法院、泗阳县法院合作的诉讼财产保全担保业务,并取得了良好的成果。

2015年度共发生担保业务57笔，担保发生额为23826万元，担保余额为859万元(其中融资性担保业务11笔，担保发生额2700万元；诉讼财产保全担保业务46笔，担保发生额21126万元)，年末在保余额6383万元(其中融资性担保业务2700万元；诉讼财产保全担保业务3683万元)。担保业务收入213.17万元(其中诉讼财产保全担保业务保费收入157.67万元)。与2014年相比，诉讼保全担保业务收入上升了近92%，而融资性担保业务收入下降幅度较大。（孙继莹）

·宿迁市泰丰担保有限公司·

【概况】 宿迁市泰丰担保有限位于宿迁市宿豫区珠江路东侧、商贸城A区112号，公司成立于2008年5月，注册资本3000万元，实收资本人民币3000万元。

公司本着“恒久发展，诚信经营，严谨高效，专业稳健”的经营理念，经营范围为贷款担保、票据承兑担保、贸易融资担保、项目融资担保、信用证担保。其他业务有与担保业务有关的融资咨询、财务顾问等中介服务；以自有资金进行投资(依法须经批准的项目，经相关部门批准后方可开展经营活动)。

截至2015年年末，公司有职工15人，均为高中以上学历，其中初级职称2人，高级职称1人，包括财务、经济、工商管理以及法律等专业，团队综合素质较好。

【泰丰担保业绩】 公司一直与江苏民丰农村商业银行进行合作，主要业务全部集中在民丰银行，2013年年初与建行新楚支行签订了合作协议，但由于种种原因暂未开展业务。

2015年度共发生担保业务573笔，担保发生额17941.6万元，年末在保余额18739万元，担保业务收入179.41万元，较2014年度有所下降。（江志红）

·中国人民财产保险股份有限公司宿豫支公司·

【概况】 中国人民财产保险股份有限公司(简称中国人保财险，英文缩写PICC)是国内最大的非寿险公司。宿豫支公司是其四级分支机构，也是全区目前唯一一家具有完善保险服务能力的财险公司。公司营业场所在宿豫区井冈山路1号，詹力任支公司党组书记、经理。公司在来龙镇、陆集镇建立中心门店，2015年正式运营。

公司实行经理负责制下的扁平式管理，最高决策层为经理室。由承保、理赔、财务等8个部门组成；有员工72名，平均年龄34岁。

【保险业务】 公司经营范围包括企业财产保险，运输工具保险，家庭财产保险，货物运输保险，责任保险、信用和保证保险，健康保险和意外伤害保险、政策性农业保险等。同时，公司独家承保了全区城乡居民大病保险，严格执行“保本运营”的经办原则，有效防止了全区参保、参合群众因病致贫、返贫。截至年末，巡查、结算等工作规范有序推进，实现“一体化管理、一站式结算”。

2015年，宿豫公司实现保费收入1.55亿元，全面完成区政府下达的任务指标，各项经营指标均名列全市系统前茅，并荣获全市系统标杆团队荣誉。2015年，开展协税护税工作，引导本地车辆在本地投保，维护区内保源、税源，共上交地方税收2364万元，其中为地方财政代收车船使用税1144万元。

【理赔保障】 公司全年累计承担风险总额821亿元，承保各类车辆保险95257单，承保各类企业2448家，承保其他各类险种总数量108871单；共处理各类赔案14622件，支付赔款7020万元，较好发挥了保险行业的补偿作用。

公司紧盯关系民生的热点难点问题，在安全责任保险、计生保险、城市公交保险、校园食品安全、企业财产保险等方面主动发挥作用，努力承担社会责任，扩大保险覆盖面，提高保险渗透度。

【精品服务】 公司具备完善的服务流程，公开理赔程序，重视理赔服务客户投诉处理，万元以下赔案 1 小时内赔付，结案率维持在 99% 以上。坚持理赔客户 100% 回访，客户满意度 99%。公司严格按照服务界面标准化要求，建设统一的职场标识，推行“三声两站一双手”标准化服务，规范服务礼仪。同时，为政府采购车辆开通服务绿色通道，对规模客户实现专职客户经理跟进服务，对分散客户推出微信客户端，开展免费代检等增值服务。

·光大证券宿迁西湖东路证券营业部·

【概况】 光大证券股份有限公司创建于 1996 年，是由中国光大(集团)总公司投资控股的全国性综合类股份制证券公司，是中国证监会批准的首批三家创新试点公司之一。经营范围主要有证券(含境内上市外资股)的代理买卖，代理证券的还本付息、分红派息，证券代保管、鉴证，代理登记开户，证券的自营买卖，证券(含境内上市外资股)的承销与保荐(含主承销)，证券投资咨询(含财务顾问)，客户资产管理，直接投资业务，中国证监会批准的其他业务。

宿迁西湖东路证券营业部成立于 2013 年 5 月，位于江苏省宿迁市宿豫区西湖东路金融财富中心 A 座。营业部共 39 人，9 人为公司员工，30 人为证券经纪人，其中有 3 人取得投资顾问资格。

【光大证券业绩】 宿迁西湖东路营业部 2015 年首次扭亏为盈，基础业务和融资融券等创新业务均取得好成绩。全年累计开户 2137 户，新增资产 0.76 亿元；交易量 116.71 亿元，完成金融办下发任务的 145.89%；实现手续费收入 359.76 万元。营业部大胆尝试开拓各种创新业务，推荐本土企业江苏速购在江苏股权交易中心挂牌，并储备新三板意向企业 2 家。（陆　晶）

·中信建设证券恒山路营业部·

【概况】 中信建投证券股份有限公司(下称“中信建投证券”)成立于 2005 年 11 月 2 日，是经中国证监会批准设立的全国性大型综合证券公司。总部位于北京，截至 2014 年底，公司在境内拥有 205 家证券营业部和 19 家期货营业部，分布全国 30 个省份近百个大中城市。经营范围主要包括证券经纪、证券承销与保荐、与证券交易和证券投资活动有关的财务顾问、证券投资咨询、证券自营、证券资产管理、证券投资基金代销、融资融券、为期货公司提供中间介绍业务以及中国证监会批准的其它业务，还通过设立全资子公司，开展期货业务与直接投资业务。

中信建投证券宿迁恒山路营业部位于宿豫区洪泽湖东路锦华名园 B4－5－6 座，营业部有 13 人，均已通过证券从业资格考试，其中，有 2 人取得投资顾问资格，2 人取得 IB 期货资格。人员分后台、营销、合规、财务等工种，相互分离，相互制衡、独立运行。2015 年营业部组建了全新的金融团队，主要有互联网金融团队、公司金融团队和渠道业务团队，为下一步发展奠定基础。

【中信建投证券业务】 截至 2015 年年底，中信建投证券宿迁恒山路营业部累计客户总数达到 3336 户，客户总资产折人民币 21569.97 万元，其中融资融券的总资产达到 667.01 万元。营业部全年交易量达 722349.25 万元。2015 年，有两家新三板公司成功挂牌上市。渠道业务团队与上百家企业达成协议，互联网金融团队成功搭建微信公众平台，为客户与营业部的沟通交流提供便利。（王　娟）

·交　通·

【概况】 截至2015年年底，宿迁市宿豫区公路总里程1071.334千米。公路密度达130千米/百平方千米。其中，高速公路29.8千米，一级公路75.09千米，二级公路196.84千米，三级公路104.06千米，四级公路496.47千米，等外公路169.08千米。公路客运站场9个。港口7个，泊位25个，码头总延长1816米。

2015年，开通陆集镇、丁嘴镇、曹集乡3个乡镇镇村公交，修建错车道350个、候车亭30个、招呼站牌85对，实现了全区10个乡镇全部开通镇村公交，实现镇村公交全覆盖。同时，对70岁以上老人、残疾人、伤残军人等实行优惠政策，极大方便了老百姓出行。

【交通工程建设】 2015年，全区投入5700万元完成来龙新城外环路、百威大道和金港路路面恢复工程，环城南路与长江路交叉道口、宿仰线与峨眉山路交叉道口、晓仰线仰化至刘老涧段改造、洪泽湖东路东延工程土方施工等交通重点工程。投入3230万元实施农村公路提档升级和“最后一公里”通达工程，其中农村公路提档升级40千米，总投资2000万元；农村公路“最后一公里”通达工程实施25千米，总投资1230万元。在工程建设中建立“一个项目、一名领导、一套班子、一抓到底”的“四个一”工作机制，全面推行项目工作法、量化考核工作法。建立“政府监管、社会监督、工程监理、企业自检”四级质量监管体系，在施工工艺上，严把建筑材料进入关、施工工序关、工程监督关、安全管理关和工程检测关“五个关口”，全区交通重点工程建设合格率100%。

【交通治理】 2015年，交通稽查共检查车辆3.1万台次，查获违章案件575起。其中，客运违章18起(不按核定线路行驶9起、无驾驶员从业资格证书或从业人员服务监督卡的9起)，货车违章548起(非法从事危险品运输12起、非法改装166起、货物抛洒318起、无驾驶员从业资格证书47起、大件运输5起)。处理群众来电来信和上级转交查办案件51起，有违法事实的9起，12起群众来电或上级转交案件因没发现实际违法证据教育放行，年内的处罚案件无一例行政复议撤销或行政诉讼败诉案件。在超限治理上，公路、运管、稽查联合执法、联手治超，全天候24小时检查，共查获超限车辆928台，卸载货物19800吨，清除障碍物9361立方，清除各种非交通标志45块，清除摆摊设点占道经营212处，有效地维护了路产路权，保护辖区道路建设成果，保障公路交通安全畅通。

【道路养护】 以全国干线公路“迎国检”为契机，全面加强辖区省道S324、S325、S249的养护工作。通过抓道路搭接道口、中分带、路肩边坡、桥梁等重点部分保洁和加强养路工出勤出绩考核，切实提高日常道路保洁效果。2015年完成省道桥梁安全排查2次，路况调查评定3次，沥青砼路面维修2920平方米、绿化乔灌木栽植190400株、路面灌缝10855米、全线路中分带及路肩边坡绿化修剪6次、沿线设施全面出新2次等,全年辖区干线公路好路率100%。

农村公路方面,2015年投资215.44万元完成县道晓仰线、仰顺线、晓侍线、宿泗线、丁仰线、新大线和来关线的路面破损维修和丁仰线水毁邦垫工作,投资300多万元用于县道安保设施维护。2015年,辖区县道公路好路率90%。

【物流配送】 2015年,全区新增物流企业15家,共计拥有物流企业85家,其中普通运输企业61家、危险品运输企业6家、水路运输企业18家。物流企业总投资规模达2.45亿元,从业人员1.9万人。注销物流企业42家、黄标车170辆、老旧船舶拆解160艘。

【运输管理】 全区运输企业共有营运车辆3455辆,总吨位约5.9万吨,其中新增车辆858辆,吨位1.2万吨;营运船舶750艘,总吨位39.5万吨。申报省"50佳"货运企业4家:万里物流公司、万宏物流、健安物流、金豫港物流;完成农村物流示范申报项目1家:宿迁市健安物流有限公司;创建3条"江苏快货"品牌线路(宿迁—天津、宿迁—西安、宿迁—上海)。办结一类维修许可1家,专项类维修许可7家。初驾学员培训8360人,驾驶员资格培训2275名。审验"港口经营许可证"4家,完成港口岸电建设3家,全年完成港口货物吞吐量80.2万吨。全年公路货运量771万吨,货物周转量472500万吨千米,水路运输货运量560万吨,货物周转量为123200万吨千米。完成区下达的大气污染防治、三轮车整治、黄标车治理、渡口安全监管等工作任务。

【城乡公交】 2015年,全区范围内已开辟城市和城乡公交线路54条,其中城市公交23条,城乡公交11条、镇村公交20条。城市公交分别为104路、106路、110路、310路、311路、312路、316路、318路、319路、320路、810路、811路、812路、洋河火车站专线二、802路、803路、游2路、201路、202路、203路、309路、308路、806路。

城乡公交分别为91路、92路、54路、71路、72路、73路、81路、82路、83路、84路、张圩闸专线。

镇村公交分别为来龙镇4条线路、新庄镇2条循环线路、大兴镇2条线路、仰化镇1条循环线路、关庙镇3条线路、保安乡2条线路、侍岭镇1条线路、陆集镇1条、曹集乡1条、丁嘴镇3条。镇村公交线路为宿迁市顺达镇村公共交通有限公司经营。

镇村公交实现全覆盖　（区交通运输局供稿）

2015年全区新开辟城市公交线路为110路、203路、319路、320路、810路;新调整线路23路更改为811路、4路更改为802路;优化线路104路、202路、309路、游2路。镇村公交新开辟线路为丁嘴镇村公交线路3条、陆集镇村公交线路1条、曹集乡镇村公交线路1条,全区镇村公交开通率达100%。（安刚忠）

·电　信·

【概况】 中国电信宿迁分公司宿豫区局下属支局17个,营业网点93家,其中城区网点11家,乡镇网点82家。全年完成电信业务总量10124万元,同比增长5.6%。年内,宿豫区局荣获宿迁电信分公司先进集体奖。2015年4月1日,中国电信宿迁分公司与宿豫区政府签订智慧宿豫战略合作协议,协议签订后,中国电信宿迁分公司加大对宿豫区通信基础设施投入。建成江苏领先、苏北第一的宿迁全光网城市。

【用户发展】 2015年内，新增电话用户1246户，总数达54944户。固定电话用户逐年递减，全年减少14179户。其中，城市固定电话用户减少3679户，农村固定电话用户减少10500户。移动电话用户全年新增42417户，总数达89164户。3G/4G移动电话用户数80782户，占移动电话用户数90.6%。全年全区新增互联网宽带用户15895户，互联网宽带接入用户达70260户。移动互联网用户81406户，占手机用户总数91.3%。

【电信市场监管】 全年清理套餐26个，取消固定电话区间通话。“10000”申诉受理中心全年共受理用户咨询和申诉3153件，同比下降10.3%。其中，受理申诉12件，处理12件。

【全光网城市建成】 2015年11月18日宿迁成功建成“江苏领先、苏北第一”全光网城市。2015年初，中国电信江苏公司及宿迁分公司部署和推动宿迁全光网建设，按照光网覆盖率100%、新增宽带光接入率100%、传统交换设备退网率100%、宽带用户平均带宽超30兆的高标准，实现任何人、任何时间、任何地点的光纤接入需求都能得到及时响应。10月，宿迁电信完成210万住户光网覆盖、735个传统交换模块退网、61万端口传统交换设备退网，完成了近7.5万住宅光网用户的迁改，同时实现用户平均带宽超30兆的目标。 （陈德龙）

·移　动·

【概况】 中国移动通信集团江苏有限公司宿迁分公司宿豫营销中心，现有自建营业厅5家、合作厅及便利店198家，实现宿豫城乡全覆盖。中心下设综合部、集团部、市场部，现有员工117人，其中大专以上学历占90%，平均年龄28岁，是一支充满活力的年轻团队。

【移动运营发展】 2015年，宿豫移动大幅调整流量资费，4G套餐流量资费相对于年初最高降幅达50%，并推出流量买一送一活动和流量安心包等产品。精心策划“百兆宽带进社区——电影周周乐”主题巡回活动，将移动百分百的服务送到社区、街道、消费集团，让广大客户感受到移动的真诚。为个人市场全面推出4G优惠套餐，资费更实惠，架构更简单，为宿豫移动客户带来全新的4G高速体验。同时，通过大流量手机上网套餐、个性化手机增值业务服务、便捷的电子渠道服务，让用户足不出户即可轻松畅享生活；为家庭用户建立家庭网、家庭账户（一人付费全家消费）、家庭宽带、移动互联网电视等系列化家庭综合服务体系，推动家庭社区的信息化、人性化管理和服务。建立高新区信息化建设一条街，为各园区、企业提供一卡通、企业彩铃、集团短信、集团专线、移动电话、同事网等一揽子信息化服务。与各个建筑单位合作创新项目“平安工地”17个点位，监控面积近26平方千米，对平安施工起到了重要作用。

【4G建设】 TD－LTE（4G）是由国家自主创新，具有知识产权的第四代移动通信技术，TD-LTE理论下载速率超过100兆位/秒，TD-LTE的高速带宽与物联网、云计算等前沿技术的融合，将演化出丰富多彩的应用，对促进宿豫区信息产业发展、提升信息化水平、带动产业优化升级等将起有力的推动作用。年末，宿豫已开通152个LTE基站和56个室分，已实现城区及部分乡镇街道4G室分覆盖。

【客户服务】 宿豫移动营销中心，以提升客户服务满意度为宗旨，开展“便捷服务，满意100活动”客户满意度调查、一线人员服务、业务双规范培训等活动，修订完善各类窗口服务规范制度，不断提升窗口服务、投诉处理质量、业务办理水平。重点开展“优秀服务明星”评选活动，配合“3·15”消费者权益保护行动。

·财政工作·

【概况】 2015 年，全区财政工作有效应对经济下行压力，持续保障改善民生，继续深化财税体制改革，较好地完成了各项工作任务。财政系统先后被评为宿迁市文明单位、全市财政目标综合考评一等奖、区直机关岗位目标综合考评先进单位等。

【财政收入】 2015 年，全区实现一般公共预算收入 23.55 亿元，完成预算的 101%，增长 13.1%。一般公共预算收入中税收收入 20.68 亿元，增长 12.8%，税收占比达 87.8%；非税收入 2.87 亿元，增长 15.1%。一般公共预算收入增幅和税收占比均列宿迁市三县两区首位。

区本级(含区直部门、宿迁高新区、电商产业园、生态化工园区、张家港宿豫工业园区、现代农园、顺河街道、豫新街道)收入 20.8 亿元，完成年度调整预算的 101.6%，同口径增长 16.2%；乡镇收入 2.75 亿元，完成年度调整预算的 96.7%，同口径增长－5.7%。区本级收入中：区直部门 5.32 亿元、宿迁高新区(含陆集镇和下相街道)8.69 亿元、电商产业园 3.42 亿元、生态化工园区 1.67 亿元、张家港宿豫工业园区 0.34 亿元、现代农园 0.32 亿元、顺河街道 0.98 亿元、豫新街道 460 万元。

【财政支出】 2015 年，全区完成一般公共预算支出 39.72 亿元，完成年度调整预算的 98.2%，增长 18%。

区本级 37.96 亿元，完成年度调整预算的 98.1%，同口径增长 27.2%；乡镇级 1.76 亿元，完成年度调整预算的 99.3%，同口径增长—34%。区本级支出中：区直部门 22.16 亿元、宿迁高新区 6.45 亿元、电商产业园 3.43 亿元、生态化工园区 1.3 亿元、张家港宿豫工业园区 0.43 亿元、现代农园 0.32 亿元、顺河街道 0.63 亿元、豫新街道 0.15 亿元，下相街道办 0.19 亿元。

【财政助力经济发展】 2015 年，全区财政部门贯彻落实稳增长政策，不折不扣落实结构性减税政策和小微企业减负政策，坚决清理取消各种不合理、不合规的行政事业性收费项目，建立健全涉企收费项目清单管理制度。主动策应“互联网＋”发展战略，设立电子商务产业发展引导资金 2 亿元，帮助电商产业园争取转贷资金 2 亿元，安排园区征地拆迁及基础设施建设资金 1.26 亿元。推动“2＋1”主导产业提质增效，安排资金 2000 万元，支持秀强玻璃、春绿粮油、新亚强、联盛化学等骨干企业技术改造，推动企业技术装备、节能减排和智能制造水平提升。与市财政共同出资 2500 万元，在全省率先设立市级“支农信贷风险资金”，专项为新型农业生产经营主体提供贷款贴息，打通金融资本进入农业生产领域的融资瓶颈。支持镇村经济发展，安排资金 2906 万元，实施乡镇共建工业集中区基础设施财政奖补政策，加快集中区建设进程；安排资金 620 万元，帮助经济薄弱村缓解债务负担。

【财政惠民】 优先保障教育发展，拨付资金 1152 万元，全面落实农村、城市义务教育优惠政策及各项助学政策；投入资金 1.3 亿元，继续实施农村薄弱学校改造计划，推进教育优质均衡发展，新建、改扩建城乡中小学及教学点 32 所，幼儿园 42 所。支持社会保障提标扩面，筹集补助资金 3370 万元，激励引导城乡居民积极参加基本养老保险；城市低保和农村低保分别提高 120 元/月、65 元/月，全年发放城乡低保 4388 万元；农村五保集中供养和分散供养分别提高 25 元/月、33 元/月，全年发放五保供养补助 1106 万元。支持提高医疗卫生保障水平，城镇居民医保和新农合人均财政补助标准从 114 元提高到 129 元，城乡居民医保住院报销比例进一步提高，大病保险政策惠及所有参保人员。安排资金 7234 万元，兑现粮食直补、良种补贴、农资综合补贴和农机购置补贴；安排农业保险补贴专项资金 3167 万元，支付农业保险赔款 1998 万元，为民筑起安全“防火墙”；安排资金 7615 万元，改造中低产田 1800 公顷，开挖沟渠 61.1 千米，修建农桥 64 座。支持民生实事工程顺利推进，筹集资金 1.94 亿元，大力推进棚户区改造和保障性住房建设；安排资金 1622 万元，支持深入推进农村环境综合整治，加快改善农民居住环境；安排资金 2746 万元，加快推进城乡供水一体化进程，保障居民饮水安全。

【财政监管】 完善政府预算体系，贯彻执行新《中华人民共和国预算法》，推进全口径预算管理，健全完善“四本预算”（公共预算、政府性基金预算、国有资本经营预算、社会保障预算）编制体系，调整优化预算编审流程，实现零基预算和综合预算有效衔接。清理盘活财政存量资金，开展存量资金清理盘活，全面摸清财政存量资金规模、结构、结存状态、变动情况及沉淀成因，收回资金 1.5 亿元，统筹用于重点工程和民生支出。加快推广应用政府与社会资本合作模式（PPP 模式），成立 PPP 管理中心，建立 PPP 项目储备库，化工园区污水处理厂示范项目通过资格预审，进入公开招标环节。加强预算绩效管理，成立绩效评价科和财政投资评审中心，试点政府投资项目评审制度，探索建立部门整体支出绩效评价指标体系，并不断完善相关制度和管理办法。强化债务风险管控，起草出台融资管理办法，进一步规范和加强政府债务管理；向上争取转贷资金，对存量债务进行结构、期限、利率优化，切实降低债务风险。加强财政监督检查，对 10 个乡镇、3 个街道、4 个园区 2014 年财政收支开展全面稽查，对局属 3 个科室账务处理和资金拨付程序进行重点抽查，对城区绿化工程资金使用、管理、绩效情况进行专项检查，下发稽查通报，提高稽查结果运用。

（明宏运）

2015 年宿豫区财政收支情况

表 39　　　　金额单位：万元

收入项目	2015 年执行数	同口径增长（%）	预算科目	2015 年执行数	同口径增长（%）
一般公共预算收入	235508	13.11%	一般公共预算支出	397215	18.59%
1.税收收入	206850	12.83%	1.一般公共服务支出	28088	29.37%
国内增值税（25%）	13964	−5.28%	2.国防支出	1278	19.89%
改征增值税	15177	36.88%	3.公共安全支出	18238	42.22%
营业税	81517	12.06%	4.教育支出	92924	15.04%
企业所得税（40%）	7105	−22.27%	5.科学技术支出	10602	13.02%
个人所得税（40%）	6209	−7.33%	6.文化体育与传媒支出	8111	7.47%
城市维护建设税	10167	10.03%	7.社会保障和就业支出	40196	19.29%
房产税	9233	36.30%	8.医疗卫生与计划生育支出	16722	40.11%

续表 39

收入项目	2015 年执行数	同口径增长(%)	预算科目	2015 年执行数	同口径增长(%)
印花税	2013	−0.89%	9.节能环保支出	23912	4.06%
城镇土地使用税	6260	−6.20%	10.城乡社区支出	28410	40.51%
土地增值税	33948	37.00%	11.农林水支出	57820	12.22%
耕地占用税	−89	—	12.交通运输支出	6970	12.06%
契税	19690	13.76%	13.资源勘探信息等支出	32502	3.67%
其他税收收入	1656	−21.07%	14.商业服务业等支出	5001	46.92%
2.非税收入	28658	15.13%	15.金融支出	354	11.32%
专项收入	9363	50.39%	16.国土海洋气象等支出	2288	34.04%
行政事业性收费收入	10567	−0.39%	17.住房保障支出	20143	24.29%
罚没收入	7111	−0.21%	18.粮油物资储备支出	758	77.10%
国有资源(资产)有偿使用收入	892	2777.42%	19.其他支出	1008	1.00%
其他收入	725	—	20.债务付息支出	1714	166.56%
—	—	—	其中:地方政府一般债券付息支出	1714	—
—	—	—	21.债务发行费用支出	176	—
政府性基金收入	42793	31.85%	政府性基金支出	47352	16.68%
其中:国有土地使用权出让收入	38546	34.08%	其中:国有土地使用权出让收入安排的支出	38546	34.08%
国有资本经营预算收入	451	—	国有资本经营预算支出	451	—
社保基金收入	121211	—	社保基金支出	101905	—

说明:一般公共预算支出和政府性基金支出中含上级转移支付补助安排的支出。

·国家税务·

【概况】 宿豫国家税务局内设 8 个科室,下设 5 个分局和 1 个稽查局,有正式税干 87 名,平均年龄 43 岁,本科以上学历 67 人,占 77%,共产党员 77 人,占 88.5%。2015 年,区国税局被市委、市政府评为 2014 年度市级文明单位,被区委、区政府评为 2014 年度政法工作先进单位、2014 年度经济发展优质服务奖,第一、第二税务分局获得 2013—2014 年度省级“青年文明号”。

【国税收入】 2015 年,全区国税收入 88262 万元,同比增收 703 万元,增长 0.8%。办理免抵调库和电力调度 10300 万元,增长 14.44%。组织公共财政预算收入 33885 万元,同比增收 2546 万元,增长 8.12%,高于全市的平均增幅,在“三县两区”中位居前列。

【国税征管】 制定风险应对优秀案例评选办法,出台税收分事项风险应对工作规程、税收风险应对竞标工作规程、欠税追征实施意见。成立 11 个多层次应对团队,以案例教学为主要抓手,按季开展典型案例评选,加大对商贸企业的风险防范,实行实名制办税。以政府综合治税平台为依托,拓展外部数据来源渠道,外部数据采集量同比有大幅度增长,匹配成功达到 100%,情报采集量位居全市第一。深入贯彻落实国地税合作规范,加大示范点建设力度,严格落实三层集体审议。2015 年总应对成效达 3119 万元,占直接组织收入比为 3.53%。

【国税执法】 持续加大依法治税力度，建立健全税务干部学法用法制度、现代税收政策管理制度，深入推行税收执法责任制，认真落实权力清单和多项行为规范，积极打造纳税信用综合管理体系，细化重大税务行政决策程序，开展税收政策执行情况自查和效应分析评估工作。重点开展税收“法治文化建设示范点”创建活动。积极开展税收执法疑点核查工作，累计补缴税款 81 万元、滞纳金 7 万元。实施阳光稽查，引导企业开展自查，2015 年全区共查补税收总额 234 万元，入库自查税款 399 万元，移送公安机关涉税案件 7 件，查处发票违法案件 21 例，查获假发票 67 份。

【国税服务】 大力推广自助办税终端、邮递普通发票、发票信息识别手机客户端、业务 QQ 群和纳税服务微信群等非接触式服务。积极巩固网络办税主渠道。创新“互联网＋服务”模式，拓展微信办税服务，开展“微”宣传，做好“微”服务。全面推行纳税人增值税发票系统升级版、消费税涉税信息采集、出口退税下放及无纸化管理、2014 年所得税汇算清缴和“三证一体”（营业执照工商证、税务登记证、组织机构代码证三证合一）等各项工作。通过多渠道宣传、政策培训解读等，全面贯彻落实税收优惠政策，2015 年及时办理各项退税 1.49 亿元，兑现各类减免税达 1.65 亿元。 （周毓弢）

2015 年宿豫区国税纳税额 500 万元以上企业

表 40 单位：万元

纳税人名称	本期税收数	纳税人名称	本期税收数
江苏苏华达新材料有限公司	514.93	宿迁科思化学有限公司	1051.02
江苏禾友化工有限公司	527.67	山亿新能源股份有限公司	1101.22
宿迁楚霸体育器械有限公司	536.88	新亚强硅化学股份有限公司	1224.79
江苏北斗星通汽车电子有限公司	574.50	宿迁龙净环保科技有限公司	1290.54
百威英博(中国)销售有限公司江苏分公司	596.41	江苏华星新材料科技股份有限公司	1366.21
宿迁林通新材料有限公司	597.61	宿迁市华明废旧物资回收有限公司	1477.28
宿迁市新宁房地产开发有限公司	600.27	宿迁南钢金鑫轧钢有限公司	1675.24
江苏华孚色纺有限公司	684.02	江苏三元轮胎有限公司	1988.88
苏钢中亚特种钢业宿迁有限公司	684.37	江苏省电力公司宿迁市宿豫供电公司	2000.00
宿迁中玻新材料有限公司	713.1	宿迁新亚科技有限公司	2071.46
宿迁嘉禾塑料金属制品有限公司	786.78	宿迁市烟草公司宿豫分公司	2180.86
宿迁市鑫电能合金有限公司	821.20	旭派电源有限公司	2252.68
长江润发(江苏)薄板镀层有限公司	822.12	江苏阿尔法药业有限公司	2397.52
宿迁市宿豫区陆集镇政府	832.82	百威英博(宿迁)啤酒有限公司	3625.98
江苏秀强投资有限公司	843.45	江苏秀强玻璃工艺股份有限公司	6045.68
宿迁思睿屹新材料有限公司	844.74	江苏京东信息技术有限公司	12701.13

·地方税务·

【概况】 按税源专业化管理要求，宿豫地方税务局内设9个科室，下设5个分局和1个稽查局。2015年经济下行压力加大、政策减收规模扩大、堵漏增收难度增大，面对如此严峻的管理形势，宿豫地税局在做好建筑、房地产等传统产业税收工作的同时，较好地抓住了新材料、电子商务等税源增长点，促进了收入稳步增长，为“十二五”圆满收官及全区经济发展提供了可靠的财力保障。年内，宿豫地税局被表彰为“2011—2014年度全市法治建设先进集体”，被授予“全省地税系统法治税务示范基地”荣誉称号。2015年先后获得全国工会职工书屋示范点、全国模范职工之家等多项称号，实现省局绩效加分21分，有68人获得处级以上单位表彰，继续位列全市地税系统年度考核第一，被区政府评为目标考核先进单位。

【地税收入】 2015年，全年累计组织各项收入24.06亿元，同比增长11.19%。其中税收收入18.79亿元，同比增收1.81亿元，增长10.65%。完成公共财政预算收入17.3亿元，同比增收2.1亿元，增长13.81%，完成年度收入计划的104.64%，占全区公共财政预算收入的73.46%。组织非税收入5.27亿元，同比增长13.18%。

【税源管控】 百万元以上建筑、房地产项目登记率均为100%，建筑业项目预清算超过90%；对京东、当当等电子商务产业，做到优化服务和强化管理并重，确保新增税源及时足额入库。开展为期三个月的个体户专项清理工作，共清理漏征漏管户106户，认定非正常户962户；注重实地核查，风险任务“月结月清”，全年共完成中等风险应对729户，户均入库税款6.81万元，中等风险应对有效率100%，准期应对完成率99.82%。以市局征管劳动竞赛及“一口清”活动为契机，提高征管质量和人员综合素质，多项征管指标进入了全市地税系统前列，荣获劳动竞赛优胜单位，“一口清”比赛也取得了优异成绩。

【依法治税】 开展“依法行政示范单位”创建活动，分层次组织相关法律培训，全年共开展11场培训活动，有效提高基层人员执法水平。有效规范了干部执法行为。按工作事项对常用政策、表证单书、应用实例进行分类整理，编制执法管理样本，有效发挥了事前指引、事中规范作用。共对441户纳税人实施行政处罚，行政处罚正确率为100%。有效堵塞了行政执法漏洞。开展专项及重点执法督察，充分运用督察机考系统，提高督察效率，共发现352条执法风险点，逐一整改，累计追征税款585万元，对10人追究了执法责任。有效保证了税收执法刚性。全面构建“四联合”的工作机制，有效实现了“税税(国税)”“税警(公安)”“税财(政)”“税建(设)”四方联合，全年通过国、地税合作，委托代征税款446万元；通过“税警”联合稽查，查补税款800余万元；通过“税财”“税建”联合清欠，追缴欠税9000余万元。全年参与省局区域检查3件，查办千万元大要案2件，五百万元案件1个，查补入库税款4000余万元。

【地税服务】 深入落实《纳税服务规范本地操作手册》，规范前台业务，提升办税服务水平，为纳税人提供1.1万次延时服务和预约服务，为京东、当当、秀强、百威等重点企业设立绿色通道，提供上门服务，有效减轻纳税人负担。将税收服务与地方需求充分对接，深入推进“三服务三促进”，精准扶持对口企业——江苏景宏新材料科技有限公司，解决土地指标、环评、拆迁等实际问题；围绕产业转型，加大新兴产业招商力度，成功引进CHDM薄膜新材料项目，被区政府评为招商引资先进单位。立足服务大局，注重经济、税收关联性分析，全年报送120篇信息和调研材料，其中9篇被中办、国办采用，4篇获得国务院领导批示，5篇在省部级以上刊物发表，3篇被市领导批示，《宿迁市新材料产业发展状况及对策分析》荣获市级机关调研一等奖。全年共依法减免税收合计3698万元，其中减免小微企业和高新技术企业所得税423万元，有效促进了实体经济发展。

【地税队伍建设】 根据岗位需要开展适岗能力培训，围绕实务和实战，建立常态化教育培训机制，组织全员参加适岗能力测试，选拔产生了首批岗位人才22名、骨干人才11名、专家人才4名，初步建立了梯队化专业人才体系，有5名青年干部进入"塑造青年人才工程"提高班。坚持预防为主，深入推进廉政建设，与27名岗位调整及提拔任用干部签订《廉政承诺书》。聘请5名人大代表、5名政协委员和70名纳税人代表，构建"158"社会监督网络；组织各类督查30余次，发布督查通报11期，累计实施经济处罚近4000元。严肃执行"一案双查"，严格落实"两个责任"，机关作风持续优化，区局及重点岗位均进入政行风先进行列。

2015年7月23日，在宿豫电视台举办税收业务知识竞赛 （宿豫地税局供稿）

2015年宿豫区入库税收纳税前30强企业

表41 单位：元

序号	纳税人名称	金额
1	江苏京东信息技术有限公司	142351454.9
2	江苏省大坤房地产开发有限公司	52910042.49
3	中国人民财产保险股份有限公司宿迁市宿豫支公司	23208391.32
4	江苏兴邦建工集团有限公司	22355538.76
5	宿迁万鸿置业有限公司	15331274.31
6	江苏秀强投资有限公司	14402015.26
7	江苏荣归房地产开发有限公司	11174381.94
8	江苏秀强玻璃工艺股份有限公司	10368793.87
9	江苏翔盛粘胶纤维股份有限公司	10213497.89
10	江苏中通房地产开发有限公司	9735573.57
11	江苏翔通房地产开发有限公司	9262732.72
12	江苏省宏泰房地产开发有限公司	8492808.72
13	浙江新邦建设有限公司宿迁分公司	8051483.01
14	宿迁锦华房地产开发有限公司	7651683.52
15	江苏景宏新材料科技有限公司	7144710.72
16	江苏省恒通市政建设有限公司	7102576.81
17	宿迁市新宁房地产开发有限公司	6517649.85

续表 41

序号	纳税人名称	金额
18	中亚地产宿迁有限公司	6417185.07
19	宿迁市高新区科技小额贷款有限公司	6152922.3
20	恒开投资发展宿迁有限公司	6071791.56
21	旭派电源有限公司	5969441.07
22	江苏华凯置业有限公司	5940598.64
23	百威英博(宿迁)啤酒有限公司	5809291.22
24	江苏张家港农村商业银行股份有限公司宿豫支行	5772342.05
25	江苏希尔佳置业有限公司	5553354.26
26	宿迁市凤凰置业有限公司紫金园分公司	5452100.01
27	宿迁裕丰资产经营管理有限公司	4996442.17
28	宿迁南钢金鑫轧钢有限公司	4733915.75
29	江苏翔盛高新材料股份有限公司	4258638.57
30	宿迁鸿源房地产开发有限公司	4051810.15

2015 年宿豫区餐饮纳税前 10 强企业

表 42　　单位:元

序号	纳税人名称	金额
1	宿迁江山大酒店有限公司	1069498.09
2	宿迁枫华丽致酒店有限公司	876743.02
3	宿迁长和商务服务有限公司	214831.51
4	宿迁金钱豹餐饮娱乐有限公司	134833.95
5	宿迁市宿豫区双沟假日酒店	105100.12
6	宿迁市宿豫区黄浦江大酒店	90390
7	宿豫区晓晚宴酒店	78710.05
8	宿豫区浦东大酒店	74599.92
9	宿豫区味道家酒店	52400
10	宿豫区渔夫渔婆贵民土菜馆	47160

（徐　宁）

经济事务管理

·发展改革·

【概况】 2015年,区发展和改革局紧紧围绕区委、区政府确定的“1231”总量目标和“五率领先”质量目标以及年初与市发展改革委签订的工作目标,突出抓好规划编制、重大项目推进、产业集聚发展等重点工作,各项工作均取得良好成绩。被市发改委表彰为全市对上争取工作先进集体,被区委、区政府表彰为全区重大事项及重点工程建设先进单位、全区群众性精神文明建设先进单位。

【国民经济和社会发展“十三五”规划】 为了编制切实可行的“十三五”规划,2014年9月,区政府未雨绸缪,制定重大研究课题调研工作方案,从区域发展、产业发展、深化改革、对外开放、社会事业等方面,统筹安排了30个重大研究课题,由区领导带队,赴乡镇(园区)和有关部门采取集中座谈、现场考察、查阅资料等方式进行调研,为起草“十三五”规划提供基本思路、编制总体规划和重点专项规划的意见和建议。

2015年7月,区政府成立“十三五”规划编制工作领导小组,区委、区政府主要领导任组长,分管领导任副组长,领导小组下设办公室,具体负责“十三五”规划编制工作。8月,组织召开工业、农业和服务业座谈会,深入各工业园区和乡镇对全区经济社会发展情况进行调研,收集相关数据资料、形成初稿。根据区领导、各部门和社会各界反馈的意见,进行多次修改完善,最终形成《宿豫区国民经济和社会发展第十三个五年规划纲要(草案)》,提交区第十六届人民代表大会第五次会议上审议并通过。

【“十三五”重大项目编排】 2015年,宿豫区“十三五”规划共编排重大项目81个,计划总投资281.3亿元,其中产业项目32个,总投资164.4亿元;交通能源项目10个,总投资31.1亿元;民生保障项目11个,总投资40.3亿元;社会事业项目6个,总投资1.5亿元;生态环保项目10个,总投资15.6亿元;农业水利项目12个,总投资28.4亿元。陆运河和京东科技园获批省级重大项目,总投资14.3亿元。

【重点专项规划】 2015年6月,印发“十三五”重点专项规划编制工作计划,从现状问题、重点任务、重点项目和措施建议等方面,确定20个重点专项规划编制内容,区有关部门和园区根据本区域本部门发展需要,围绕城镇化、产业转型、创新驱动、深化改革、区域经济发展等战略重点进行深入研究,组织编制重点领域、重点行业的专项发展规划。

【项目审批】 贯彻落实关于深化行政体制改革的决策部署,主动承接省、市下放审批事项,进一步优化全区项目评估流程,深入推进简政放权,激发市场活力。2015年审批、核准、备案各类项目共计162个,总投资212.1亿元,其中审批项目60个,投资95.4亿元,核准项目13个,投资23.2亿元,备案项目89个,投资93.5亿元。

【产业集聚发展】 2015年围绕“2+1”产业集聚，加强组织领导，聚焦“2+1”产业定位，加快完善食品饮料、装备制造和新材料产业的发展体系，以项目考核为抓手，大力推进产业集聚发展。全年共完成产业集聚项目22个，其中新开工项目15个，计划总投资30.2亿元，新竣工项目7个，完成固定资产投资12亿元。全年“2+1”产业实现销售收入168亿元，同比增长16.7%，占全区规模以上工业销售收入38%。

【项目库建设】 2015年全区新增入库项目136个，其中市级重大项目15个，区级重大项目60个，中心城市基础设施项目41个，区政府为民办实事项目20个。

【重大项目建设】 在重大项目建设推进上，采取“半月一督查，一月一通报”、区分管领导挂钩，项目责任单位牵头负责等措施推进重大项目建设。年内，有区级重大项目60个，其中新型工业化项目46个，新型城镇化项目6个，电商产业园项目3个，农林生态项目5个，总投资155亿元，年度计划投资60亿元。列市重大项目15个，其中新型工业化项目8个，新型城镇化项目6个，生态文明项目1个，总投资174.7亿元，年度计划投资64.07亿元，完成年度建设任务。

【服务业发展】 2015年新增服务业项目17个，新增省级现代服务业集聚区和省级示范物流园区1个。电商产业园被列为省级现代服务业集聚区和省级示范物流园区。

【对上争取项目资金】 2015年，全区共有47家部门向中央及省、市争取各类扶持项目396项，争取扶持资金21亿元，其中固定项目2.6亿元，常规项目7.1亿元，非常规项目8.7亿元，超额完成年度下达的19.5亿元任务数，完成率108%。 （张先辉）

·国土资源管理·

【违法用地整改】 2015年，区国土分局出台了《关于加强国土资源管理强化土地执法监管共同责任的通知》和《关于加强2015年度国土资源管理工作考核的通知》，将土地监管机制纳入全区目标考核。完善国土资源执法监察网络，将全区划分为5个执法巡查责任区域，配备了140名村级土地协管员，负责村(居)违法用地和涉土信访的发现、制止和报送调处等工作。由国土、城管和市场监管部门三个单位各抽调数名人员组成了区级国土资源监管综合执法队伍，建立联合执法、协同办案机制，认真开展“两法衔接”工作。在“两法衔接”平台的搭载录入上，积极与区公安分局、区检察院沟通协调。2015年，分局共上报市局立案查处各类违法用地27宗，其中有2014年度土地卫片违法用地7宗，信访举报、续建及历年隐漏违法用地有20宗，共处理责任人24人。

【土地征转用】 2015年，批回农用地征转用15个批次1987.5175亩(其中独立选址项目7宗364.362亩)。报批使用农用地转用指标1621.902亩，全部向重点区域、重点项目和民生工程倾斜，其中高新区使用指标399.5175亩、来龙、新庄共建工业园区使用指标285.024亩，用于道路、供水、污水处理厂、粮库等基础设施项目288.3065亩。

【土地出让】 2015年，挂牌出让经营性用地3期31宗261.1亩，成交出让金总额1.739亿元。挂牌成交工业用地7期23宗1099.42亩。

【土地整治】 2015年3月，区政府下发《关于做好2015年度耕地占补平衡和城乡建设用地增减挂钩试点工作的通知》，分解目标任务，明确补助标准和工作措施，推进耕地占补平衡和城乡建设用地增减挂钩等土地整治项目。全年完成耕地占补平衡803.6亩。城乡建设用地增减挂钩拆旧复垦经市局验收确认新增农用地1453亩。省级投资生态化工科技产业园土地整治项目(建设规模540.2公顷,上级下达资金1775万元)已完成总工程量,省级投资侍岭镇朱岭村和佟庄村高标准基本农田建设土地整治项目(建设规模419.5公顷,上级下达资金1492万元)和市级投资保安乡五魁村基本农田保护区土地整治项目(建设规模311.4公顷,上级下达资金940.75万元)已全面启动。

【耕地保护】 2015年度,市级下达宿豫区耕地保护目标任务55.44万亩,基本农田保护目标任务48.05万亩。通过督促目标责任落实,目前全区耕地总面积60.2万亩,基本农田面积48.17万亩,超出下达指标。全年建成高标准基本农田4.57万亩。

【低效闲置土地清理】 2015年,区国土分局把开展"节地水平和产出效益"双提升活动作为全年的重中之重抓紧抓好。通过盘活存量、盘活闲置低效用地,不但秀强玻璃、和友集团等企业盘活存量促转型,进驻一批产业链上游企业,并且有效解决了新亚科技、亿利能源、福友环保等一批亿元以上项目用地难题。全年盘活存量土地64宗1827.42亩。其中:协议收回10宗248.23亩、盘活低效利用土地10宗161.67亩、转让38宗1301.32亩、其他方式盘活土地6宗116.2亩。 (万 江)

·质量技术监督·

【概况】 2015年1月,原宿豫质监局、工商局、食药监局3家单位合并为宿豫区市场监管局,原有的职能也一并整合。区市场监管局在确保各项工作平稳过渡的前提下,紧扣机关"转作风、提效能、促规范、优服务"的总目标,服务招商、保障食品和特种设备安全、利企惠民,以保障质量安全为底线,统筹协调,创新思路,完善措施,在促进宿豫经济社会又好又快发展中发挥积极作用。

2015年2月6日,根据机构改革要求,整合工商、质监、药监3个部门职能,成立宿豫区市场监督管理局 (区政府办供稿)

【名牌产品创建】 加强品牌创建工程,全年创省名牌产品2个,市名牌产品5个。新获省名牌产品为:江苏澳鑫科技发展有限公司(旭派电源有限公司)的旭派XUPAI牌电动助力车用铅酸蓄电池,江苏博迁新材料有限公司的博迁牌电子级镍粉、银粉。新获市名牌产品为:江苏苏源杰瑞电表有限公司的杰瑞牌单相费控智能电能表,新亚强硅化学股份有限公司的新亚强牌六甲基二硅氮烷,宿迁新亚科技有限公司的滆湖牌的甲胺(一甲胺、二甲胺、三甲胺)。

【标准化监督管理】 全年为9家工业生产企业制定、修订和备案企业标准36个,组织申报省级农业标准化试点项目、市级服务业标准化试点项目各1个,同时,帮助江苏秀强玻璃股份有限公司等符合条件的6家企业争取补助资金74万元。

【特种设备安全监察】 年内,加强元旦、春节、"3·15"、五一、安全月、中秋节、国庆日等节日期间的特种设备安全监管,先后开展电梯大会战、气瓶专项整治、锅炉专项整治以及特种设备安全检查专项整治等活动。检查特种设备使用单位165家,下发指令书75份,发现一般事故隐患 87 处，全部整改到位。保障特种设备安全，已连续 18 年未出现监管责任事故。

【质量监督管理】 开展各种形式的质量专题活动，年内召开质量强区工作推进会两次，对申报市、区级质量奖企业进行质量管理培训，推广新的质量管理模式，有效提高企业质量人员对质量工作知识知晓率。2015 年，辖区三元轮胎、阿尔法药业、旭派电源等 3 种产品获评区长质量奖，三元轮胎获评宿迁市市长质量奖提名奖。

【执法打假】 围绕专项整治、质量提升、食品安全、民生保障 4 个主题，打出了“四盾”(亮盾、固盾、护盾、民盾)行动执法打假系列“组合拳”。全年共立案 367 起，罚没款总额 204.74 万元，其中食品类案件 223 起，药品类案件 29 起，商标广告类案件 24 起，特种设备案件 28 起，不合格产品及其他案件 63 起。全年出动执法人员 4000 余人次，检查市场主体 8000 余家，帮助整改违法、违规行为 279 起，有 6 起案件移交公安机关，11 人被采取刑事强制措施，批捕 1 人，刑拘 2 人，取保 8 人。

2015 年，宿豫区市场监管局查处的“9·24”舒某某生产销售假药案被省食药局评为年度十大案件。

【计量监督管理】 组织开展“5·20”世界计量日、计量惠民进社区进校园等宣传活动。组织开展“春耕”期间农用物资计量监督检查、全市计量器具制造单位监督检查、中秋国庆期间定量包装产品和商品包装计量监督检查等，有效规范了辖区计量器具市场秩序。配合市计量所，对全区乡镇、村级医疗卫生服务机构、集贸市场计量器具开展免费检定。

【“两码”工作】 积极配合做好代码工作，全年新办证 733 户，变更 237 户，换证 144 户，迁入 67 户，迁出 24 户，注销 29 户。全年帮助企业新注册条码 8 个，续展条码 20 个。 (仲虎超)

·工商行政管理·

【食品安全监管】 2015 年，区市场监管局成立了食品安全综合协调科和食品安全监督管理科。加强日常监管，特别是强化对重要领域、重要类别、重要节日食品市场的监管，先后开展了元旦春节食品市场、走私肉、安贝滋奶粉、食品中添加罂粟壳、省食药局通报的不合格食品、冻品市场、问题猪肉及白酒作坊等系列专项整治，严厉打击各类食品违法行为。全年累计查办食品案件 185 件，没收各类不合格食品 1500 余千克，罚没入库 48.86 万元，移交司法机关 1 件。对所有涉及食品安全的投诉、举报坚持有报必查、查必有果、违法必究。全年共受理食品相关投诉举报 42 起，全部进行了核实查办，为消费者挽回损失 1.03 万元。

【名牌商标创建】 持续加大品牌创建力度，推动企业实施品牌战略，全年新培育“三名商标”12 件，新培育件数达历年最多。其中，江苏春绿粮油有限公司的“春绿”被评为中国驰名商标；江苏三元轮胎有限公司的“耐力可”、江苏澳鑫科技发展有限公司的“旭派”、宿迁市裕佳涂覆布业有限公司的“裕佳”、宿迁市光辉家具有限公司的“九月香”4 个商标被评为省著名商标；江苏易鼎电力科技有限公司的“易鼎”、江苏苏源杰瑞电表有限公司的“杰瑞”、江苏辰宇电器有限公司的“辰宇”、江苏秀强玻璃工艺股份有限公司的“秀强”、宿迁市宿豫区大兴镇兴株粮食加工厂的“兴株”、宿迁市金龙粮食有限公司的“东来香”、宿迁市瑞华米业有限公司的“旺香缘”等 7 个商标被评为市知名商标。

【合同管理】 在推荐省市区级“守重”企业过程中，严格评选程序，提升“守重”企业影响力和社会公信力。全年新发展市级“守重”企业 7 户，决定向社会公示 2015 年度区级“守重”企业 110 家，其中新发展首次公示的“守重”企业 14

家，经复查继续公示的“守重”企业96家。畅通经营者融资渠道，全力支持经济主体办理动产抵押登记，全年共办理动产抵押登记55件，担保主债权79130万元。

【放心消费创建】 2015年7月1日，区市场监管局牵头组织召开全区放心消费创建推进会。会上，时任副区长徐海涛对全年放心消费工作作了安排部署，对下一步工作提出了具体要求。10月8—16日，该局组织相关人员到各成员单位进行了实地考核检查，省放心消费创建办《关于表彰2015年度全省放心消费创建诚信品牌企业、示范街区和先进示范企业、行业、区域的通报》，宿豫区共有10家企业获此殊荣。具体名单为：曹集网络创建一条街、江苏龙嫂绿色食品有限公司、趣园食品股份有限公司、宿迁市顺河旅游开发有限公司、宿豫区美度生活购物中心、江苏省农垦米业集团宿迁有限公司、江苏健谷化工有限公司、宿迁市项王食品有限公司、宿迁市瑞华米业有限公司、宿豫区新庄大雷超市、宿迁市光辉家具有限公司。

【消费维权】 全年，区市场监管局以“消费者满意”为目标，推进全区“12315”服务质量和工作效能换档升级，大力推动“12315”进商场、进超市、进市场、进企业、进景区工作。先后打造了新珠江市场、曹集天同庵电商街等维权驿站，顺河街道梨园湾景区消费维权驿站，获评省级“12315消费维权示范服务站”。年内，通过“12345”“12315”“12331”“12365”平台和来人来信来电等渠道受理投诉1461件，接处率100%，调解成功率96.82%，消费者满意率96%以上。

【信用体系建设】 制定《社会信用体系建设责任清单》，出台《社会信用体系建设工作实施方案》《公共信用信息数据归集实施办法》《信用产品使用实施细则》等系列文件，形成较为完备的社会信用体系建设制度体系，明确要求企业在登记注册、许可证发放、“三名商标”申报、“守合同重信用”企业核查等过程中，需提供信用承诺和信用核查报告。全年累计使用信用承诺1024份，信用核查185份。通过信用核查的使用，撤销1户企业“守合同重信用”称号，有效发挥了信用产品约束作用。

【农贸市场管理】 配合相关部门，对全区农贸市场进行提档升级。新建成新珠江农贸市场和御田菜场，分别于2015年7月和12月投入使用，及时主动介入，对市场划行规市、市场管理、经营规范等进行现场指导，提出合理化的意见建议，帮助市场管理方制定经营者准入、商品查验、不合格食品退市等各项管理制度，使上述两市场顺利开业；配合完成老珠江农贸市场农副产品经营区的整体搬迁和雨露小商品（服装）市场的规划建设工作。

【服务电商】 在顺河林苗圃、曹集天同庵等乡镇电商集中区域成立了电商维权工作室和电商品牌指导站，采取靠前指导、贴身服务等措施，推进电商入门规范化、管理制度化、经营合法化、产品品牌化。深入开展电子商务“网盾”行动，依据《广告法》《商标法》等法律法规，不断加强对电商企业的培训指导，帮助电商企业熟悉开办流程，加强内部管理。牵头制订《宿豫区网店“金鼎”信用评比活动实施方案》，对全区网店开展信用等级评定，组织49家网店进行申报，有13家网店入围进入复审阶段。

【简政放权】 推行“一窗受理、一表填报、内部流转、统一发证”，进一步精简审批项目，提高审批效能，缩短审批时限，餐饮服务许可时限由法律规定的30个工作日压缩至5个工作日，审批材料总体压缩40%以上。9月29日，在全市率先发出首张“一照一码”营业执照，直接核发加载法人和其他组织统一社会信用代码的营业执照，办理时限由8天缩短至3天。全年新增企业1442户（电子商务108户）、个体工商户6584户，家庭农场85户、农民专业合作社231户（村级土地股份合作社2户），颁发组织机构代码证2544件,办理餐饮服务许可367件,药品经营许可36件,二类医疗器械备案4件。

(仲虎超)

·食品药品监管·

【药械安全监管】 对全区158家药品经营企业开展GSP跟踪检查,发现药械违法违规案件45起,立案12起。全面实施药品电子监管,全区已有137家药品经营企业加入中国药品电子监管网,对“四大类药品”及基本药物核注核销情况检查12次,处理电子监管预警信息2213条。

【餐饮安全监管】 依托“亮盾、护盾”行动,深入开展餐饮服务食品安全专项整治。重点整治食品、药品、餐饮等社会反映强烈的领域,组织聘请第三方监督员对整治情况进行明察暗访。联合教育部门启动全区幼儿园食堂整顿规范工作,及时出台制度,明确规范要求,对每家学校食堂进行现场勘验、整改、指导和规范。遵循“提前介入、严格审查、预防为主、全程监督”原则,从制度、形式、环节上实行无缺位监管。年内,成功保障重大活动5次,保障人员1万余人次。综合全年监管情况和行政处罚记录,将年度量化分级结果分A、B、C等级予以张贴,接受公众监督。年底,全区所有持证餐饮单位已全部完成动态评定,量化率98%。

【保健食品化妆品监管】 将连锁门店100%、保健食品化妆品专营店和美容单位60%以上纳入量化分级管理,搭建企业自律诚信平台,引导企业守诚信合法经营。对保化品批发企业进行定期检查,加大隐患排查力度,督促企业落实主体责任,从源头上遏制和消除安全隐患。对全区所有保化品单位进行拉网式检查,同时针对重点品种、重点区域、重点时段开展专项整治,重点检查保健食品、化妆品批发(连锁)企业、专营店、大中型商场(超市),出动执法人员1120人次,检查保化品单位360家次,有效规范了全区保化品市场秩序。

(仲虎超)

·物价监管·

【概况】 区物价局有职工52人,其中行政编制9人(含二线人员),事业编制43人。局内设办公室(监察室)、价格科(农价、服价、工价)、收费科,下属行政机构:物价检查分局和价格成本调查监审队,下属全额拨款事业单位:大兴物价检查分局、来龙物价检查分局、价格监测中心,一个自收自支事业单位:价格认证中心。2015年度被市物价局表彰为全市价格系统先进单位并获得全市价格系统成本监管奖和执法检查奖。

【价格管理】 做好商品房销售价格备案工作。全年完成商品房销售价格备案25件,备案总面积524152.89平方米,其中:商品住宅房备案4359套,面积为459023.71平方米,经营性用房备案1008间,面积为65129.18平方米。完成普通住宅前期物业公共服务收费标准备案16件。加强平价商店管理,着重做好“元旦、春节”期间平价商店的监管工作,加强对平价商店考核力度,并将综合考核情况上报省、市物价局,组织发放全区平价商店价格补助资金42.6354万元。

【价格改革】 建立收费目录管理制度,制定并出台了《涉企收费目录清单》和《经营服务性收费目录清单》;按照职权法定、权责一致、公开透明、便民高效的原则,全面梳理物价行政职权,依法公开权力清单和权力运行流程;配合区水务局、来龙灌区做好深化农业水价综合改革试点工作,出台试点区农业全成本水价和运行维护水价以及分类水价和超额累计加价等制度。对宿豫区的嶂山、路北、皂河灌区2014年农业灌溉成本情况进行调研测算。完成对10个村卫生室和10个社区卫生服务站等基层医疗服务价格改革调研。

【价格监测】 建立和完善价格预警、干预机制，加强价格监测，共上报各类价格监测数据1000多条，民生价格信息发布24期；积极做好市场各类价格变动分析，共撰写各类价格变动分析报告50余篇。

【收费监管】 2015年，对全区纳入管理的130个行政事业性收费单位进行了收费统计，全区26个系统、11个乡镇130个收费部门，涉及63个一、二级收费项目，收费总额33752.5391万元，其中行政性收费11262.1837万元，事业性收费22490.3554万元，行政事业性收费总额比去年增加4026.4296万元，同比增加13.55%。强化收费管理，对全区5家民办学校学费进行备案、对7批次培训收费情况进行了审核备案。

【价格检查】 组织开展医药卫生服务价格专项检查、教育收费专项检查、房地产明码标价专项检查、墓穴价格专项检查、旅游行业明码标价专项检查等，查处价格违法案件40件，上缴财政罚没收入180余万元。

【价格投诉处理】 安排专人，梳理网络问政和举报案件中的价格案件线索，对发现的每一线索都认真进行调查摸底，能立即查的就立即查。全年共办理涉及价格收费咨询、投诉的各类网络舆情185件，其中价格咨询类64件，价格举报类86件、价格求助类35件，均在规定的有效时间内给予网友满意的答复，及时率、办结率、满意率均为100%，无一例被投诉或被督查通报。

【价格认证】 2015年共受理各类价格鉴证案件264件，鉴证金额2897.45万元，所办案件无一例申请价格复议，受到全区司法部门的一致好评。

【农本监审】 完成生猪月报、农户种植意向调查，肉羊生产数据省直报、分析报告及农户农资购买意向调查。做好农户存粮、售粮、余粮调查报告及省直报基础数据上报，完善全区设施黄瓜、设施茄子布点工作，对农调点农调人员业务培训工作。对宿北中学教育收费成本进行监审。

（李　耀）

·统计调查·

【1%人口抽样调查】 国务院2010年颁布的《全国人口普查条例》规定，人口普查每10年进行一次，尾数逢0的年份为普查年度，在两次人口普查之间进行全国1%人口抽样调查，又称为“小普查”。根据《国务院办公厅关于开展2015年全国1%人口抽样调查的通知》和《全国人口普查条例》，2015年全国1%人口抽样调查目的是了解2010年以来我国人口在数量、素质、结构、分布以及居住等方面的变化情况，为制定国民经济和社会发展规划提供科学准确的统计信息支持。调查内容到姓名、性别、年龄、名族、受教育程度、行业、职业、迁移流动、社会保障、婚姻、生育、死亡、住房情况等。

宿豫区调查从最初2015年2月—8月成立调查机构，2016年7月～12月进行最终的工作总结。根据省、市统一安排与部署，以区政府名义印发《关于认真做好全区2015年人口抽样调查工作的通知》（宿豫政办发〔2015〕56号），成立领导小组办公室，选配调查人员，做好人员业务培训，申报调查经费。抽取村级样本，整理编制调查小区抽样框，抽取调查小区，绘制村级单位调查小区边界图，上报村级单位小区边界图和地址编码，绘制调查小区图，整理上报调查小区图资料，进行PDA掌上电脑设备维护。采取多种措施加强宣传动员，提高调查对象配合度；加强前期入户摸底工作，形成工作底册；组织调查员入户调查，用PDA采集上传数据；精心编码，通过事后质量抽查，圆满完成人口抽样调查任务。

全区1%人口抽样调查正式登记时点：2015年11月1日零时。11月15日前完成PDA数据上报。全区共抽中19个调查小区，最终通过正式调查,录入 PDA 信息的人共 5585 人。

【基层统计基础建设】 全区向江苏省统计局申报县级“规范化管理创新项目”2 个(宿豫区统计局“四加强”打造统计工作新常态、以创新统计理念推基础规范化创建),“规范统计基层岗位标兵”2 人(宿豫区曹集乡陈婷、宿豫区仰化镇孙佼佼),宿豫区统计局“服务基层成果项目”3 件(积极推进服务型统计建设、以数据为轴提升服务“颜值”、以“四个+统计”优化服务水平),“优秀统计宣传作品项目”2 件(宿豫区统计局以制度建设促进内部管理,宿豫区统计局多层面、广角度打造立体统计文化体系)。其中宿豫区仰化镇孙佼佼获得“规范统计基层岗位标兵”称号。巩固提升乡镇统计基础,下相、豫新 2 个新设街道挂统计站牌子,园区设独立统计机构、专职统计岗位、机构负责人。宿迁高新区申报省级开发区规范化建设合格单位,区交通局和区教育局申报部门统计规范化达标验收。村居统计专(兼)人员、基层统计网点辅调员、联网直报企业统计员的日常管理和业务培训常态化。通过“以企之力助企规范”,全区 364 个“四上企业”的规范化建设合格率为 89.84%,其中房地产和建筑业企业达 100%,贸易业 89.29%、服务业 86.96%、工业 86.75%。

链接:四上企业,即规模以上工业单位、限额以上批零和住餐业单位、资质以上建筑业单位(房地产开发经营单位)、规模以上服务业单位。

【统计服务】 2015 年共撰写统计分析 25 篇,统计专报 11 篇,撰写各类信息 398 篇,被各类媒体、网站采用 600 余篇次。根据国家与江苏省统计局关于统计从业资格认证的有关规定,2015 年全区共有 242 人参加从业资格考试,173 人考试通过,通过率达 71.4%。

【统计数据质量管理】 转发省统计局《江苏省一套表数据质量管理办法》,出台《宿豫区主要统计考核数据质量控制办法(试行)》(宿豫统发〔2015〕10 号),对乡镇(街道)、园区、部门统计机构加强统计数据质量管理,进一步规范其统计工作流程,不断强化统计数据的准确性和各数据间的匹配性。

【重点企业生产经营月报监测制度建立】 建立重点企业生产经营月报监测制度,定期对 2014 年工业总产值前 55 名重点企业的生产经营情况和财务状况实行监测、预警,聘请企业一套表填报人员为信息联络员,于每月 15 日前向区统计局工业科上报重点企业监测月报表,报告企业生产经营中发生的财务风险、生产要素供应短缺、由盈转亏、非正常停产、开工不足等重大事项和重要问题。每季度召开分行业企业例会,向信息联络员详细了解企业当前生产运营情况及存在问题,对企业填报的统计数据作出分析、研判,提高数据质量。

【基层调查资源整合】 从现有调查网点和以前运行但因样本轮换而被撤销的调查网点中,选择政治觉悟高、业务素质强的辅助调查员共 10 名,尝试由他们负责其所在村居周边一定范围的调查网点运行和维护,将有限的调查补贴合并集中使用。对临时性调查任务,以不违背调查方法制度为前提,坚持在已有调查网点上布置开展。充分利用现有统计资源,解决了在上级统计部门预先确定调查样本点,而难以选聘合适辅助调查员问题。

【统计专项工作监测】 按照《省委办公厅 省政府办公厅转发省统计局等部门〈关于开展以县为单位全面建设小康社会进程监测统计工作的意见〉的通知》文件精神,启动并实施全区全面建成小康社会指标体系监测评价工作,2013 年通过省级综合评审认定(已符合全面小康指标总体达标和民意认可度达标的条件),属已经达到原省定全面建设小康社会指标体系要求的地区。并在 2014 年开展全面建成小康社会指标体系监测评价,当年综合得分85.4分，居全市县区首位。认真做好区委“1231”“五率领先”指标体系监测，依据2014年实现情况对目标体系进程进行预测与展望，形成统计分析报告，以专报形式上报区委、区政府，得到区委书记、宿迁高新区党工委书记张晓伟肯定性批示。

【统计产品优化】 从增加实用性能和美观角度，改版编印《宿豫统计月报》《宿豫统计年鉴》。为更好服务领导决策需求，将搜集、整理全市以及周边县区的统计数据的频率增加到每个月。统计分析、调研报告和统计信息等资料，更加注重围绕经济社会运行中的热点、难点，更加注重用调查研究说话。 （戚文静）

·安全生产监管·

【概况】 宿豫区安全生产监督管理局（以下简称区安监局），内设4个科室和下属1个事业单位，分别为办公室（监察室）、法规执法科（安全生产应急救援办公室）、安全监督管理科（危险化学品监督管理科）、职业健康监管科和安全生产监察大队。共有行政编制10个，事业编制10个。2015年，突出抓好安全生产责任体系建设，不断提升安全保障能力和安全管理水平，深入推进隐患排查治理、打非治违等工作，全年各类生产经营性事故（不含火灾事故）共死亡11人，同比死亡人数减少2人，下降15.38%，未发生较大生产安全事故，全区安全生产形势总体稳定。

【安全生产责任制落实】 区委、区政府高度重视安全生产工作，始终将安全生产工作作为保障经济社会发展的头等大事来抓，不断强化安全生产责任体系建设。按照“党政同责、一岗双责、齐抓共管”的要求，区委、区政府多次召开区委常委会、区安委会成员单位会议，专题研究部署安全生产工作，制定出台《宿豫区落实安全生产“党政同责、一岗双责”实施意见》，将安全生产目标量化分解到各乡镇（街道）、园区和部门，进一步明确部门的专业监管、行业监管责任，着力强化党委政府的领导责任，形成主要领导亲自抓、分管领导具体抓、领导班子成员共同抓的良好局面。

【重点领域专项整治】 通过深入排查治理安全生产隐患，加大安全检查督查，对排查出的问题实行销号式整改，有效防止和减少安全生产事故发生。为认真贯彻落实新的《中华人民共和国安全生产法》，在重点时段、重点行业领域不断加大安全生产执法、隐患排查和销号整改力度，有效防止和减少安全生产事故发生。全年组织开展安全生产大检查活动6次，检查各类生产经营单位6300个次，整改一般安全隐患4778项，已整改4730项，督办区级重大安全隐患整改34项，打击非法违法行为65起，整治违规违章行为260起，停产整顿企业15家。

【安全生产宣传教育】 集中开展新《中华人民共和国安全生产法》、企业主体责任“五落实五到位”、安全生产月宣传活动，组织“最美安监员”等新闻报道系列活动，不断提升全民安全生产法律素质和安全意识。在企业、乡镇（社区）、建筑工地、校园等场所广泛开展“安康杯”竞赛、青年安全生产示范岗、安全文化示范企业等系列安全文化活动，推进安全生产宣传橱窗、安全生产文化墙、安全生产宣传牌等阵地建设。

【企业安全生产标准化创建】 将安全生产标准化建设工作纳入全区安全生产目标考核，制定企业安全生产标准化建设工作重点和目标任务，将创建任务分解到各乡镇、园区。通过上门服务、跟踪督办等措施，引导和鼓励企业开展安全生产标准化创建活动，重点推动小微企业达标创建。2015年，全区已有标准化网上申报企业299家，有255家企业通过三级达标验收，10家通过二级达标验收，46家试点企业试行安全总监制度，企业安全管理水平持续提高。

【基层安监机构建设】 推进基层安监机构标准化建设,按照“2+9”和“2+5”的模式(“2”为特派员,“5”或“9”为开发区应配执法监管人员),乡镇、园区安全监管机构和人员力量得到显著加强,进一步改善乡镇安监所办公条件,落实办公场所,配齐配强安全监管人员,实现执法车辆等装备向基层倾斜。在2015年全省安监机构能力建设考核工作中,高新区安监局以及豫新街道、仰化镇安全生产监督管理办公室通过全省基层安监机构达标验收,年内通过省达标验收的安监机构已达9个。区安监局先后6次组织乡镇(街道)和园区基层监管人员参加省、市、区安全监管业务培训,着力提升基层安全监管人员业务水平。 (张 远)

·审计监督·

【概况】 2015年,区审计局完成审计项目120个,占年初计划的110%,查处各种违纪违规资金215.52万元,管理各种不规范资金895132.26万元,减少财政拨款17666.98万元。审计提出建议405条,被采用400条,撰写各类审计宣传信息319条。获得2015年度机关作风建设提升年活动先进单位、2015年度全区综合治税工作先进单位、2015年度全区财税征管工作先进集体、2015年度全区协助纪律审查工作先进集体等荣誉。

【财政审计】 组织开展2014年度区本级预算执行和其他财政收支情况审计,发现存在部分基金未编制详细收支预算、部分资金长期滞留专户等问题,共管理各种不规范资金384572.21万元。对区地税局实施了2014年度税收征管情况审计,发现部分税款未及时缴解国库,税务登记管理工作不到位等问题,共管理各种资金463742.05万元。

【领导干部任期经济责任审计】 受区委组织部的委托,2015年对11名领导干部开展任期经济责任审计,查出管理不规范金额1791.07万元,损失浪费金额43.16万元,直接收缴区财政5.93万元。通过审计,进一步增强了领导干部财经法纪观念和自我约束意识,促进了党风廉政建设,提高领导干部履行职责的自觉性,为党委加强干部管理、正确考核和使用干部提供依据。

【政府投资审计】 2015年,完成96个政府投资竣工决算审计项目,送审总投资9.79亿元,核减工程投资17666.98万元,核减率18.04%。对中医院病房楼、大剧院、科技城及盛世家园等4个重点项目实施跟踪审计。共审核招标文件、合同文件96余份,监督询价活动30多次,提出审计建议280余条,节约建设资金17666.98万元。创新开展工程标底审计,将审计关口前移,督促招标代理单位严格按规范编制工程量清单及招标控制价。2015年共完成标底审计569项,审核资金10.39亿元,核减2.15亿元。核减率26.09%。有效控制了工程建设中的高估冒算、偷工减料、损失浪费等现象,切实提高政府投资绩效。

【专项资金审计调查】 2015年度,根据省、市统一安排,开展了2014年城镇保障性安居工程审计、脱贫奔小康财政奖补资金审计和泗洪县农村饮用水安全工程专项审计。重点审计专项资金的立项,资金投入规范性、使用真实合规性,以及挤占挪用专项资金等问题。共审计专项资金2.72亿元,查处违规资金126万元,管理不规范资金3897.28万元。其中,仅泗洪县农村饮用水安全工程审计单项涉及专项资金2.08亿元,查处违规资金126.01万元,管理不规范资金8186.52万元。审计发现,泗洪县饮用水工程存在高达3400万的资金筹集不到位、财政局滞留资金2800万、工程进展缓慢等问题。通过审计调查促进了被审计单位进一步完善制度,规范管理,防范风险,确保资金安全运作。 (林 燕)

·政务服务管理·

【区政务服务管理办公室挂牌成立】 根据省、市关于推进行政审批制度改革要求，2015 年 1 月，区政务服务管理办公室（以下简称区政管办）正式挂牌成立，为政府派出机构，正科级建制，行政编制 4 人，内设综合科；下属区政务服务中心和公共资源交易中心，副科级事业单位，编制均 6 名。区政管办主要负责指导全区政务服务管理工作开展，对进驻政务服务大厅和公共资源交易大厅窗口的组织、协调、管理、监督和考核工作，按照“一个门受理、一站式审批、一条龙服务、一个窗口收费”的运行模式，不断规范和完善行政审批服务项目办理规则和程序，努力提升行政审批服务水平。经过一年的不断努力，区政务服务“1＋2”机构和“1＋4”中心初步形成。“1＋2”机构指“政管办＋政务服务中心和公共资源交易中心”；“1＋4”中心指“政务服务中心＋社保分中心、农机分中心、残联分中心和公安分中心，按照区政府要求，4 个分中心统一挂牌宿豫区政务服务中心 xx 分中心，实行统一标识，统一服务规范，统一电子监察、统一监督考核。”

【行政审批工作】 2015 年，进驻政务服务大厅具有审批服务职能的单位共 23 家，区国税办证大厅、区地税办证大厅、区住建局房产交易中心和住房公积金宿豫管理部等整建制进驻。中介及便民服务机构进驻 11 家，共设置对外服务窗口 99 个。对改革前正常行使的 213 项行政审批、许可事项进行研究、清理，共精简 50 项、暂停行使 74 项、改变管理方式 48 项、保留 41 项；对上级要求取消的 26 项坚决取消到位，对承接的 51 项国务院、省、市下放行政审批项目也相应进行调整，截至年末，除暂停行使和改变管理方式项目外，全区正常行使的事项共 61 项，全市最少。市级下放的 8 项行政审批项目中，暂停行使 1 项（林木良种种子生产、经营许可）、保留正常行使的 7 项。同时，对全区保留及调整管理方式的 25 项行政事业性收费项目必要性和可行性进行论证，暂停 9 项收费事项，建立补偿机制，测算暂停行使收费事项年平均收费总额，列入区财政预算，全部由政府埋单。全年，政务服务中心共接收办件 391197 件，办结 391084 件，办结率 99.9％，满意率达 99％，各窗口受到不同类型表彰 30 余次。区民意访评中心随机抽取窗口 8888 件办件进行民意访评，满意 8342 件，比较满意 347 件，满意率达 98％。

在全市率先开展并联审批（联合验收）试点，按照“协同办理、信息共享、压缩时限”的原则，科学合理地确定审批环节，优化审批流程。3 月 28 日，宿迁长虹汽车销售有限公司在区政务服务中心领取宿豫区首张“三证合一”营业执照。9 月 29 日，宿迁迅奇电子科技有限公司田经理在区政务服务中心领取全区首张“一照一码”营业执照，这也是全市县（区）发出第一张“一照一码”营业执照。此次发放的“一照一码”营业执照加载了全国统一的 18 位社会信用代码，代替了以前“三证合一”营业执照中的所有代码，企业凭此一个代码就可以在国税、地税、银行等部门办理相关事项。10 月 10 日，省编办巡视员周家新、省国土资源厅副厅长李闽带领省政府深化行政审批制度改革专项督查组莅临宿豫区，就深化行政审批制度改革、推进简政放权进行专项督查，对宿豫行政审批制度改革实施以来所取得的成绩给予了充分的肯定。

【公共资源交易】 2015 年，进场交易项目 723 个，国有资金项目 716 个，交易预算总额 7.49 亿元，实际中标金额 5.81 亿元，节约资金 1.68 亿元，节约率 22％。其中工程交易项目 198 个，交易预算总金额 6.4 亿元，实际中标金额 4.86 亿元，节约资金 1.54 亿元，节约率 24％；政府采购项目 518 个，交易预算金额 1.09 亿元，实际采购金额 0.95 亿元，节约资金 0.14 亿元，节约率 12.8％。

【招投标管理】 中心牵头制定了《宿豫区招标投标市场黑名单制度管理暂行办法》《宿豫区政府投资工程建设项目招投标管理问责办法》《关于进一步规范招投标业务流程的通知》等相关制度,进一步规范招投标业务工作。加强招投标制度的执行力和维护招投标市场的公正性。对部分乡镇违规招投标工作进行调查取证,共查处违规招标项目7个,并上报处理建议。受理招投标投诉案件12起,办结12起,对8家在招投标交易活动中违规、违纪行为进行处理,并记入宿豫区招投标市场黑名单,同时建立诚信扣分档案。制定了《宿豫区在招标采购工作中使用信用报告实施办法(试行)》,在招采活动中开展第三方信用报告使用工作。自2015年9月推行后,已有383家投标单位在41个招采项目中递交并使用了"企业信用报告"。开展重点项目标后监管与回访,先后对文化公园园林绿化市政建设项目、盛世家园三期等重点项目及部分重点采购单位开展标后监管和回访工作,累计开展标后监管32次,采购回访7家。

2015年宿豫区1000万元以上招投标项目

表43

序号	项目名称	招标单位	中标单位	中标价(万元)
1	御景山庄三期东区东方逸品商住楼项目	江苏亿达置业有限公司	宿迁市兴业建筑工程有限公司	3866.76
2	宿豫区南化路(晓仰线)绿化工程一标段施工	宿迁同创开发投资有限公司	常州天成景观工程有限公司	1248.04
3	宿豫区南化路(晓仰线)绿化工程二标段施工	宿迁同创开发投资有限公司	江苏世邦园林工程有限公司	1166.79
4	宿迁高新区展示中心布展深化设计、施工一体化项目	江苏宿豫经济开发区开发投资有限公司	苏州和氏设计营造股份有限公司	1163.25
5	宿迁城东水厂一期工程三标段	宿迁正源自来水有限公司	江苏兴洲建设有限公司	2226.084
6	都市华庭22#-26#楼	宿迁市中泰置业有限公司	宿迁市永业建设工程有限公司	2170
7	尚东一号2#、3#、5#楼	宿迁美银房地产开发有限公司	江苏天宇建设集团有限公司	8731
8	宿迁市城东污水处理厂提标改造项目施工	宿迁市城东污水处理厂	江苏瑞成建设工程有限公司	1392.36
9	宿迁城东水厂一期工程第六标段	宿迁正源自来水有限公司	中天建设集团浙江安装工程有限公司	4198.00
10	宿迁市洪泽湖东路东延路基、排水及桥梁工程	宿迁市宿豫区农村公路建设指挥部	江苏盛元公路工程有限公司	1318.511
11	宿豫区汉江路(洪泽湖路-九华山路)市政工程	宿迁市宿豫区城市建设投资有限公司	宿迁永新建设工程有限公司	1282.36
12	帝景豪苑11#、14#楼工程	宿迁万鸿置业有限公司	盐城益大建设有限公司	5947.98
13	锦绣江南C-14#楼、C-15#楼、C-16#楼	江苏翔通房地产开发有限公司	江苏万象建工集团有限公司	10319.98
14	锦绣江南C-12#、13#楼及人防地下室	江苏翔通房地产开发有限公司	江苏万象建工集团有限公司	13201.6
15	水润天城1#、20#-22#、29#楼	宿迁新天地置业有限公司	江苏润成建设工程有限公司	2256
16	中亚翰林华府二期5#、8#、10#、11#、13#、14#、16#楼	中亚房地产宿迁有限公司	福建省吴航建筑工程有限公司	4000
17	来龙状元里1#-8#楼、A#-D#商业	宿迁创展置业有限公司	宿迁中江工程有限公司	7200
18	景尚佳园二期(1#、2#、6#楼、1#商铺)	宿迁市宏润房地产开发有限公司	江苏睿智建筑工程有限公司	4260.88
19	宿迁市城东污水处理厂提标改造设备采购及安装工程	宿迁市城东污水处理厂	浙江省工业设备安装集团有限公司	1585.26
20	丰满元商贸有限公司检测中心、客服中心	宿迁丰满元商贸有限公司	江苏睿智建筑工程有限公司	1157.83

(张雄杰)

·科学技术·

【全区获批科技计划项目41项】 2015年，区科技局充分利用宿豫区优势资源，争取国家、省、市、区各类科技项目的支持，组织全区50余家企业申报国家农业成果转化资金、国家火炬计划、省重大科技成果转化、工业支撑、苏北专项、省高层次双创人才等各级各类科技计划项目62项，全区共获批各级各类科技计划项目41项，累计向上争取科技资金3008万元。2015年江苏秀强玻璃工艺股份有限公司获批江苏省企业知识产权战略推进计划重点项目，是全市唯一也是首个获批该项目的企业，获批资金100万元。截至年末，全区科技创新券兑换3000万元。带动社会研发投入3.68亿元，占GDP比重为1.6%。2015年领取省、市创新券1768万元，创新券总额居三县两区之首。

【高新技术产业】 区科技局认真贯彻全省高新技术企业"双倍增"计划实施纲要精神，着力培育高新技术企业和产品，提高产品附加值和核心竞争力。截至年末，江苏秀强玻璃工艺股份有限公司等36家企业被认定为国家高新技术企业，其中2015年新增13家，净增量全市第一。全区高新技术产业产值从2010年的33亿元增长至2015年的106.2亿元。形成了以新材料、精细化工为主要特色的高新技术产业集聚群。区电子商务产业园"JD+银杏树创客空间"被确认为省级众创空间，是全市获得确认的唯一一家省级众创空间。

【宿豫区成为"科企合作活跃区"】 探索校地、院企合作模式，引导企业开展多形式的产学研合作，大力引智引才，搭建引进转化平台，使宿豫成为"科企合作活跃区"。截至年末，全区拥有省级工程技术研究中心12家，占全市31%，院士工作站2家，占全市67%。100家重点企业已与中科院、清华大学等多家大专院校、科研院所建立长期稳定的科技合作关系。至年末，全区共引进"国家千人"计划5人，省"双创人才"18人。2015年5月，长春大学电子信息工程学院教授、科研副院长李海富莅临宿豫区进行产学研对接，并与辰宇电气签订"研究生实习基地"合作协议。

【科技金融】 为缓解宿豫区科技型中小微企业融资难问题，引导社会金融资源支持科技中小微企业发展。根据省科技厅、市科技局相关文件，制定印发《宿豫区人民政府关于印发宿迁市宿豫区科技成果转化风险补偿资金管理办法的通知》。文件规定资金规模为3000万元，可以撬动6亿贷款规模，已推动近50家科技型企业进入"苏科贷"项目备选库中。 （朱环宇）

·知识产权保护·

【产学研科技合作】 2015年，宿豫区产学研合作不断向纵深推进。组织方圆机械、辰宇电气等近20家企业赴哈尔滨工业大学、吉林大学、湘潭大学等高校开展产学研对接活动5次；邀请南京农业大学、常熟理工大学等高校专家、教授来宿豫开展食品产业、电商产业等专题对接

5次。签署校地合作协议5个,建立校企合作关系50余项。宿豫区人民政府与黑龙江省科学院签订战略合作协议;与湖南农业大学、湖南科技大学、山西省农科院签署了校地全面合作协议;宿迁高新区与南京工程学院签订协议共建南京工程学院宿豫产学研合作发展中心;辰宇电气与长春大学电子信息工程学院签订"研究生实习基地"合作协议。

【科技创新】 通过产学研合作、引进和培养科技创新人才、加大资金投入力度,大力建立科技创新平台,完善科技创新体系。2015年,组织科思化学、博迁新材料等9家企业申报省级工程技术研究中心;先后组织广博罗纳斯、致富皮业等41家企业申报市级工程技术研究中心,获批41家;颖盛化工、益客食品、阿尔法药业、德甄环保、正业食品5家企业获批研究生工作站。

【知识产权工作】 2015年,宿豫区共申请专利1307件,其中发明专利申请290件、专利授权797件。江苏秀强玻璃工艺股份有限公司获批江苏省企业知识产权战略推进计划重点项目,是全市唯一也是首个获批该项目的企业,获批资金100万元。科思化学获批省级知识产权战略推进计划项目,获批经费30万元,占全市总经费1/3。博迁新材料被评为企业知识产权贯标工作优秀单位,全市仅5家。阿尔法药业获批第九届省专利奖优秀奖。 (朱环宇)

·防震减灾·

【概况】 宿豫区地处黄淮平原,郯庐断裂带穿境而过,地质构造复杂,是我国东部最高设防区。2015年,区地震局以建立健全地震监测预报、震灾预防和紧急救援三大工作体系为重点,全面提升防震减灾综合水平。苏05井前兆资料观测质量参加全省评比,水位、水温观测项目获得全国评比前三名、全省评比第二名,被江苏省地震局评为防震减灾综合工作优秀单位、地震监测效能考核先进单位,被市地震局表彰为地震工作先进集体。

【震灾预防】 编制《宿豫区地震应急预案》,完成防震减灾联席会议成员单位及各乡镇的《地震应急预案》编制(修订)工作,做到防患于未然。"5·12"期间,与区教育局联合发文,开展学校防震减灾知识宣传,增强学校师生安全防范和自我保护意识,开展地震应急演练并形成长效机制,组建地震应急救援志愿者队伍,提高地震应急处置和救援能力。

宿豫区大兴中心小学"5·12"防灾减灾主题班队会 (区科技局供稿)

【地震监测】 区地震局认真做好苏05井地震监测预测工作,保证观测仪器正常运行和数据的及时采集,确保前兆观测数据的连续性、完整性。苏05井共有5个测项,观测资料均为当天处理当天分析,异常情况及时跟踪处理,运用多种方法对资料和前兆数据进行地震活动性分析,苏05井观测资料参评获得全国评比前三名、全省第二名的优秀佳绩,受到上级地震部门的表彰。在各乡镇建立宏观观测点,对上报的各种宏观异常,坚持第一时间赶到现场排查落实,耐心细致地做好群众思想工作,维护社会稳定。

【防震减灾宣传】 2015年,区地震局利用"5·12"防震减灾日、唐山地震纪念日、科普宣传周3个活动进行防震减灾知识宣传。宣传周期间,开展全区中小学校防震减灾知识宣传普及和地震应急演练，选定曹集中心校开展地震应急疏散演练，现场观摩指导，并结合“平安中国”防灾宣导活动开展集中宣传，放映防震减灾录像片，对全区中小学生普及地震科普知识，开展防震减灾知识“进学校、进机关、进社区、进农村、进企业”活动，进一步提高宣传工作的实效性。（朱环宇）

·医政管理·

【医疗卫生机构概况】 截至2015年底，全区共有医疗机构182个，其中三级甲等中医医院1个（市中医院）、二级综合医院2个（市第三医院、区珠江医院）、一级综合医院12个（各乡镇医院）、社区卫生服务站8个、村卫生室132个、门诊部（诊所）和医务室27个。现有卫生技术人员1802人，开放床位2300张，每万人拥有床位数42.37张，每千人拥有执业医师数1.58人，全区医疗卫生总资产约8.5亿元。

【卫生设施建设】 市中医院二期病房综合楼于2015年1月投入运营，创建成南京中医药大学附属医院。市第三医院二期综合楼已投入运行。珠江医院综合住院楼、门诊楼进入装修阶段。建筑面积约3300平方米的豫新街道社区卫生服务中心完成选址，装修方案已确定。全区6家乡镇医院完成综合病房楼新建。全面完成132个行政村卫生室和8个社区卫生服务站建设。

【卫计人才建设】 2015年，共引进各类卫生技术人员64人，其中研究生2人，本科15人，高级职称4人。市中医院有4名高级职称人员被列为宿迁市“135工程”（即培养100名中青年学术技术带头人、300名中青年拔尖人才、500名中青年重点骨干人才）培养对象，2名高级职称人员被列为省“333工程”（即培养30名左右研究成果具有国际先进、国内领先水平的国家级科学家、工程技术专家和理论家、培养300名左右具有省内领先水平的省级优秀人才、培养3000名左右成绩显著的市级优秀人才）培养对象，3名高级职称人员被列入全省农村优秀中医人才培养对象。通过公开招聘的形式，向社会招聘社区卫生服务站工作人员30人。接收安置2012年定向培养毕业生4人到乡镇卫生院工作。

【医疗卫生监管】 2015年，区卫计委共检查医疗机构182家，下发卫生监督意见书182份，监督检查覆盖率达100%。配合区公安分局对辖区内医疗机构安全防范系统建设情况督查检查2次。全体乡村医生全部缴纳医疗风险互助金，一级以上医疗机构全部参加医疗责任保险，二级以上医院医患沟通中心初步建立，妥善处理医患纠纷12起，受理医疗事故技术鉴定6起。对190家医疗机构依法进行登记、变更、校验，登记或校验率100%，依法注销医疗机构18家。规范村卫生室医疗服务行为，共查处村卫生室违规违纪行为30余人次。

（周帅行　闫四春）

·疾病预防控制·

【计划免疫】 2015年，全区共建卡5941人，累计接种第一类疫苗135896针次，疫苗接种合格率均达到95%以上，乙肝疫苗首针、麻风、麻腮风疫苗接种及时率均达到90%以上。开展脊髓灰质炎补充免疫2轮次，完成补充儿童2456人。全区累计接种第二类疫苗52259针次。全年累计处理疑似预防接种不良反应141例，规范处置率100%。新建成大兴、新庄、曹集三家数字化门诊。

【传染病防治】 2015年，全区共报告乙类传染病9种925例，其中发病前三位的传染病分别为病毒性肝炎584例，肺结核193例，梅毒89例，累计占93.62%；报告丙类传染病6种1275例，其中手足口病报告1156例，占丙类传染病的 90.67%。共治疗管理活动性肺结核病人 164 例,管理率 100%。管理艾滋病 51 例,已死亡 3 例,抗病毒治疗 31 例,死亡 1 例;开展了艾滋病检测 40651 人次。

【碘缺乏病防治】 开展碘缺乏病防治“5·15”主题宣传和学校“五个一”(为学生上一节课、做一份问卷、写一篇作文、带一袋碘盐、做一份检测)健康教育活动,完成碘盐监测工作,共检测碘盐 300 份,其中合格碘盐 283 份,非碘盐 11 份,居民户碘盐覆盖率 96.30%,碘盐合格率 97.90%,合格碘盐食用率 94.30%。开展饮用水氟含量监测,共采集 243 份水样,其中出厂水 99 份,末梢水 144 份,水氟监测结果情况良好;对所辖所有病区村出生居住的 8~12 岁儿童氟斑牙患病情况展开调查,共调查 15148 人,患病率 12.69%。

【慢性病防治】 年内,全区共建立居民健康档案 359688 份,建档率达到 76.08%。管理高血压患者 33054 人,管理率 46.49%;糖尿病患者 9970 人,管理率 38.76%。已发现严重精神障碍患者 1355 人,检出率 2.87‰,纳入管理 1193 人,管理率 92.62%,死亡病例网络直报 2460 人,死亡报告率 5.02‰。

【卫生应急演练】 组织开展中东呼吸综合征(MERS,又称“新非典”)应急演练和一起霍乱疫情应急演练活动,并对演练中发现的不足及时调整补充,为应对可能发生的疫情做充分准备。

2015 年,共组织开展了两次应急演练活动,分别为 5 月 12 日联合顺河医院开展的霍乱疫情应急演练和 7 月 10 日联合曹集医院开展的中东呼吸综合征应急演练,其中霍乱应急演练活动由区疾控中心和顺河医院工作人员参演,区疾控中心各科室及顺河医院大部分医护人员参与观摩;中东呼吸综合征应急演练由区疾控中心和曹集医院工作人员参演,观摩本次演练活动的有区政府领导李瑞华、区卫计委领导陈军、晁先红、张丽娇等,另外还有卫计委各股室、疾控中心各科室、各医院分管院长及传染病管理人员、各卫生院院长及传染病管理人员等。两次演练活动暴露的主要问题主要有演练方案制定的可操作性有待提高、应急物资准备不够充分、演练人员紧迫感不强和有些参演人员知识技能掌握不够扎实等,针对演练中暴露的各种问题,演练小组均能在演练后进行认真总结,及时调整补充,为应对可能发生的疫情做充分准备。

【健康教育】 2015 年,共设置健康教育宣传栏 159 处,定期更换宣传教育内容,全年刊出 12 期,更换 1873 次,制作好一年四个季度的入户宣传材料版本,发放各种健康教育宣传资料 8 万余份。组织开展世界麻风病日、结核病防治日、计划免疫日、疟疾宣传日、国际家庭日、世界无烟日、高血压防治日等系列宣传活动,对育龄妇女和学生、老年人、慢性病患者开设健康教育咨询。

(骆　勇　周帅行)

·妇幼保健·

【婚前检查】 2015 年,共婚检 4212 对,婚检率 85%,检出异常情况及疾病 1623 例,疾病检出率 19.3%,疾病干预率 100%。

【孕产期服务】 2015 年,孕产妇建卡 6447 人,系统管理率为 99.7%,高危妊娠 1239 人,管理率 100%,孕产妇死亡率为 0。

【儿童保健】 3 岁以下儿童系统管理人数 22964 人,管理率 96.83%;7 岁以下儿童保健覆盖人数 45390 人,管理率 98.23%;5 岁以下儿童死亡 30 人,死亡率 4.62‰;婴儿死亡 23 人,死亡率 3.54‰;新生儿死亡 20 人,死亡率 3.08‰;新生儿访视率 99.48%;6 个月内母乳喂养率 95.21%,纯母乳喂养率 89.99%;全区托幼机构共体检 17435 人,体检率 99%,检出疾病3952人,疾病检出率22.6%,矫治率为100%。

【出生儿缺陷综合防治】 2015年,产前疾病筛查5802人;实施农村孕产妇住院分娩补助1528人,发放补助金76.4万元,住院分娩补助率100%;完成叶酸发放5866人,任务完成率100%;对6447名孕产妇开展“三病”咨询和检测,共检测出孕妇感染艾滋病1例、梅毒11例,产妇乙肝表面抗原阳性268例,并及时免费为其新生儿注射乙肝免疫球蛋白,为感染艾滋病孕妇所生新生儿应用了抗病毒药物治疗,经检测,新生儿人类免疫缺陷病毒(HIV)均为阴性;开展新生儿疾病筛查,全区采血数6434人,采血率为99.12%;听力筛查6420人,筛查率98.91%;确诊听力障碍2例、苯丙酸酮尿症及甲低5例,7例患者均得到正规的干预;免费发放“出生医学证明”6777人份。

【儿童生长发育监测】 2015年,全区活产数6491人,其中男婴3486人,女婴3005人,产后42天健康体检率99%,6个月母乳喂养率95.21%,纯母乳喂养率89.99%,筛查体弱儿449例,管理率100%。 (方志全 周帅行)

·人口计生·

【概况】 截至2015年年底,全区总人口为47.40万人,人口出生率5.98‰,出生政策符合率95.30%,出生人口性别比为102.14(以女性为100)。

2015年宿豫区人口与计划生育有关指标一览

表44

单位	出生率(‰)	死亡率(‰)	自然增长率(‰)	计划生育率(%)	出生性别比	育龄妇女占总人口(%)	已婚育龄妇女占总人口(%)	独生子女率(%)
宿豫区	5.98	2.63	3.35	95.3	102.14	26.16	18.35	60.28
顺河街道	4.8	0.07	4.74	94.52	116.83	26.61	18.68	71.74
豫新街道	0.2	2.44	−2.24	100	100	29.01	20.63	64.07
下相街道	7.37	2.44	4.94	97.77	89.83	25.91	19.92	66.4
仰化镇	6.31	0.8	5.51	94.76	76.15	25.43	17.66	61.58
大兴镇	6.95	0.3	6.65	98.37	137.42	25.65	16.87	61.86
丁嘴镇	6.86	4.75	2.12	96.67	95.12	25.51	17.63	58.48
来龙镇	5.42	6.41	−0.99	97.11	100	28.17	19.17	53.88
陆集镇	7.43	0	7.43	95.5	98.02	25.8	18.28	61.85
关庙镇	6.7	2.52	4.18	84.31	95.71	26.14	18.38	59.26
侍岭镇	6.58	5.28	1.3	95.65	102.94	25.93	18.62	53.71
新庄镇	7.99	5.03	2.96	93.65	90.91	26.44	19.09	52.14
曹集乡	6.07	1.09	4.98	96.5	119.78	25.9	18.16	62.87
保安乡	4.58	3.21	1.37	100	91.07	24.97	17.75	58.62
区直机关	0	0	0	0	0	34.07	24.08	42.57
化工园区	0.89	0	0.89	100	50	9.1	6.13	53.61

【实施全面两孩政策】 落实“全面实施一对夫妇可生育两个孩子”政策实施前的各项准备工作，加强政策宣传与解读，强化出生人口预测监测，落实出生登记制度和政策衔接。

2015年宿豫区人口与计划生育情况统计

表45

单位	期初人口数	期末人口数	出生总数	死亡总数	育龄妇女人数	已婚育龄妇女人数	现家庭只有一个孩子数
宿豫区	472778	474046	2830	1246	123844	86862	52357
顺河街道	0	45615	219	3	12137	8522	6114
豫新街道	0	29870	6	73	8665	6162	3948
下相街道	0	30378	224	74	7871	6050	4017
顺河镇	73674	0	160	7	0	0	0
仰化镇	36184	36373	229	29	9224	6408	3946
大兴镇	53086	52835	368	16	13586	8936	5528
丁嘴镇	34673	35284	240	166	8924	6168	3607
来龙镇	44687	44605	242	286	12577	8558	4611
陆集镇	26636	27165	200	0	6939	4917	3041
关庙镇	40660	41084	274	103	10682	7513	4452
侍岭镇	31508	31396	207	166	8157	5857	3146
新庄镇	23443	23875	189	119	6255	4517	2355
曹集乡	32808	33117	200	36	8536	5987	3764
保安乡	23334	23414	107	75	5837	4149	2432
经济开发区	30089	0	152	93	0	0	0
区直机关	10345	10376	0	0	3530	2495	1062
化工园区	11651	8659	9	0	924	623	334

【计生基础管理】 2015年，区卫计委共清理漏报出生人口1108例，清理漏管理服务对象1434人，适度低生育水平保持稳定。

【独生子女奖励】 2015年，兑现农村独生子女父母奖励金83万元。共有奖扶对象966人，特扶对象27人，其中新增奖扶对象95人，新增特扶对象5人，奖励扶助金、特别扶助金全部发放到户。为156名持证退休企业职工发放一次性奖励金46.8万元。筹集保费78.04万元，为全区农村19648名14周岁以内独生子女及其父母办理了综合保险，筹集保费5.16万元，为全区1031名留守独生子女办理了意外伤害保险。

（罗　智）

·爱国卫生·

【卫生城市长效管理】 健全完善街道、社区爱卫组织，形成区、街道、社区三级组织共同推进爱卫和国家卫生城市长效管理工作的良好局面。制定《宿豫区国家国家卫生城市长效管理工作实施办法》《宿豫区国家卫生城市长效管理工作监督考评细则》等文件。将卫生城市长效管理工作经费及专项资金、爱国卫生工作经费、病媒生物防制工作经费、健康教育工作经费等列入年度财政预算,全年共投入长效管理专项资金1500多万元。

【城乡环境卫生集中整治】 制定城乡环境整洁行动方案,坚持以块为主、条块结合,开展城乡环境卫生清洁行动。采用整治一批、取缔一批、达标一批、挂牌一批的办法,改善小餐饮店、小浴室、小网吧、小歌舞厅、小旅馆等"五小"行业的硬件设施,规范"五小"行业的经营行为。推进蓝天、碧水、宁静、生态"四大"工程,全面改善人居环境质量。

【农村户厕改造】 将农村改厕工作列入民生工程和政府目标管理内容。2015年,举行2次改厕工作培训会,培训改厕管理人员和施工人员300多人。利用广播、电视、报纸等宣传媒体,广泛宣传农村改厕目的意义,发放宣传资料1.5万余份,制作专题片在电视台播放。区爱卫办人员每周深入改厕现场,进行业务指导,每月组织施工人员互相观摩学习,促进改厕质量与管理水平提高。顺河、曹集等乡镇受益户旧厕基本拆除。引导群众使用新厕所,每个项目村建成30户洗漱卫一体的示范点,全年新建无害化卫生户厕3500座。

【健康教育服务】 建立健全健康教育体系,完善区、街道办和社区三级工作网络,强化医院、学校、居民和村民健康教育工作,开展全民健康生活方式行动,赠送健康生活工具礼包,发放《公民健康知识64问》等教育资料。狠抓公共场所的控烟工作。区爱卫会联合区电视台对汽车站、行政服务大厅、医疗卫生机构等单位公共场所进行控烟暗访,并对存在的问题进行曝光。结合爱国卫生月和健康宣传月活动,大力宣传《江苏省爱国卫生条例》,利用QQ群、微信、微博等新兴媒体,宣传疫苗接种、行为习惯、慢病防控、传染病等知识,引导公众养成正确的生活方式。

【病媒生物防治】 2015年,区财政投入病媒生物防治资金10万元。高温期间,区爱卫办每周集中组织1次化学消杀活动,对公共场所、农贸市场、城区道路等处全面消杀,每次消杀面积50万平方米以上。开展孳生物环境整治,落实经营场所和公共场所防鼠、防蝇设施,城区"四害"密度明显降低,鼠、蚊、蝇、蟑螂密度达到全国爱卫会规定标准。建立健全食品安全和饮用水管理体系。坚持把好许可关、入口关、监督关、规范关,统一制度、统一标识、统一消毒登记台账等,建立一户一档,相关部门分别按餐饮、流通生产企业分类建档,动态管理。

2015年10月10日,区爱卫部门组织对城区道路进行化学消杀 (陈少清)

教育·体育

·综　述·

【概况】 2015年，全区教育工作以办人民满意教育为宗旨，以教育现代化建设和全国义务教育发展基本均衡区建设为统揽，加大投入力度，优化资源配置，强化教育管理，深化教学创新，全区办学条件有效改善，教育质量明显提升，全区义务教育均衡发展和教育现代化建设得到了较好成绩。先后获得全国义务教育发展基本均衡区、江苏省首批青少年校园足球试点县（区）、全省学生资助工作先进单位、市文明单位等40多项荣誉称号，在2015年宿迁市教育局目标考核中荣获综合目标第一名。

【办学条件改善】 实施校安工程和义务教育学校“全面改薄”工程（全面改善贫困地区义务教育薄弱学校基本办学条件），文昌小学、来龙中心小学新校区相继投入使用，大兴中心小学、新庄中心学校、陆集中心学校等3所学校综合楼开工建设，城区教育布局更趋合理；实施中小学运动场塑胶化工程，2015年新增塑胶化运动场9片，全区省定标准高质量塑胶化运动场达23片，有效满足学生体育运动需求。

【师资队伍建设】 强化师德师风建设，开展“学为人师树形象，德为世范正行风”“践行三严三实，创新教育发展”等主题教育活动，努力提升全体教师的师德水平，凝聚宿豫教育正能量。推荐评选省“最美特校教师”提名奖1名，市先进基层党组织3个，市优秀共产党员6名，市优秀党务工作者2名，市教育工作先进集体5个，市优秀教育工作者12名，区师德模范10名，区育人楷模10名，区班主任标兵31名，区优秀乡村教师30名，区教育工作先进集体10个，区优秀教育工作团队10个，区教育系统先进基层党组织10个，区优秀共产党员及标兵60名，区优秀党务工作者30名。优化师资配置，出台《关于加强师资竞争性流动工作意见》，通过城乡互动、校际流动、竞争性流动等方式，交流教干教师328人，占全区在职教师总数15%以上。深化人事制度改革，公提公选公办中小学校长5名，全面完成中小学教师职称过渡和专业技术岗位设置工作，激发广大教师教书育人的积极性和创造性。强化教师培养培训，大力实施名师培养“六大工程”，扩大名优教师示范引领作用，提升教师专业素质和教研水平。2015年，获得省级中小学教师班主任知识网络竞赛优秀组织奖，组织优秀教师出国培训15人次，组织优秀青年教干到江苏大学参加特级教师后备人才发展力培训6人次，省级初中数学“名师送培”300人次，组织国家级网络培训500人次及各级各类培训1000余人次，开展暑期教师全员培训3700人次，新教师培训60人次，持续促进教师专业成长，努力扩大优质师资总量。2015年，新增市级教坛新秀称号教师208人，区级教坛新秀称号教师338人，截至2015年年末，全区拥有区级教坛新秀以上称号教师1083人，其中省级特师2人，市名校长2人、市名师4人，区名校长6人、区名教师48人，区领军人物30人。

【招生考试】 2015年，共组织各类国家教育考试18次，高等教育自学考试总规模达13234人次，报名总数超出市教育局下达的6000人目标任务一倍以上。其中，学历自考报名1477人次，计算机等级证书考试报名1755人次，书法等级证书考试报名9289人次，教师资格证书考试报名713人次，成人高考规模继续保持全市领先。区招生考试办公室通过优质服务吸引江苏科技大学宿迁办学点、立信会计学校等相关培训机构及社会考生2200人到宿豫区进行现场确认，报名确认人数排名全市第二。

【集团化办学】 围绕优质均衡目标，突出共享发展主题，以教育共同体建设为抓手推进集团办学，组建分片“合作型”集团8个、南北“交流型”集团11个、名校“联合型”集团2个和网络“协作型”集团，扩大优质教育资源，缩小校际差距，促进城乡教育同频共进，着力推进义务教育学校抱团发展，全力追求“让每一个孩子都享有优质公平教育”的区域教育发展价值。

【第18届推广普通话宣传周】 9月14—20日，全区第18届全国推广普通话宣传周活动期间，区教育局紧紧围绕“依法推广普通话，提升国家软实力”的活动主题，以营造与和谐宿豫相适应的和谐语言生活为目标，创新举措，高位推进，全面、深入地宣传《国家通用语言文字法》，贯彻落实《江苏省实施〈国家通用语言文字法〉办法》，引导群众树立科学的语言观，切实增强语言规范意识、法制意识和推广普通话参与意识，全区讲普通话的氛围进一步形成，用规范字的意识进一步增强。（程　刚）

·学前教育·

【概况】 宿豫区现有成型幼儿园30所，办园点12个。成型园中公办幼儿园17所，民办幼儿园13所，在园幼儿18415人，入园率为98.1%；在园教职工1432人，专任教师930人。2015年，宿豫城区新取得省优质幼儿园两所，分别是宿豫区宏成实验幼儿园和宿豫区阳光幼儿园。

【学前教育管理体制完善】 坚持政府主导、社会参与、公办民办并举的办园体制，建立健全区级统筹、乡镇共建的管理机制。区政府负责全区学前教育的规划、布局调整，落实学前教育经费，统筹管理全区各类学前教育机构，并将学前教育工作进纳入对乡镇政府的考核，并作为对党政主要领导考核的重要依据。乡镇政府承担发展农村学前教育的责任，切实加大经费投入，按省优质幼儿园标准建好并办好乡镇公办中心园；加强幼儿园周边环境治理，规范管理区域内各类幼儿园。优化学前教育监管体制，全区所有学前教育机构由区教育局统一规划、统一准入、统一监管，未经注册登记的学前教育机构，一律不得举办。

【办园规范】 严格幼儿园申办、审批、评估、年审和复审由各乡镇政府牵头，加强无证幼儿园清理规范工作，全面消除无证幼儿园。严格收费纪律，对于存在办园行为不规范的幼儿园，下达责令整改通知书，限期整改，对整改不及时不到位的，予以限期停办。通过听、查、找、访等形式，找出各幼儿园管理中存在的问题。严格执行《江苏省中小学幼儿园治安保卫工作规定（试行）》，全面落实幼儿园安全工作责任制和事故责任追究制，切实保障在园幼儿安全。全年，新增省优质园4所、市优质园1所。截至2015年年末，全区拥有省优质幼儿园24所，省优质园占比为80%。实现省优质园乡镇全覆盖。

【学前教育改革】 为有效缓解幼儿“入园难”问题，让更多幼儿享受优质教育资源，宿豫区政府建立了小区配套幼儿园移交办成公办园或普惠性幼儿园的工作机制，该工作机制被评为2015年宿迁市“教育发展十件大事”。2015年5月8日，浦东小区配套幼儿园移交仪式顺利举行，实现成功交接，并于2015年9月1日正式开园，成为全市第一所公办的小区配套幼儿园。试行公办幼儿园和普惠性民办幼儿园服务区制度。针对城区发展情况及城区各小区生源分布状况，结合城区幼儿园的办学规模等实际情况，按照“相对就近,方便家长”原则,划分宿豫区城区幼儿园招生服务区域,为服务区内的幼儿,提供学额保障,确保优先入园。深化幼儿园课程改革,提高幼儿园课程建设意识,开展幼儿园课程游戏化建设。2015 年,宿豫区申报省级课程游戏化项目 1 个,市级课程游戏化项目 2 个。围绕幼儿园课程游戏化普遍开展幼儿教师,特别是农村幼儿教师专业培训,提高课程设计和实施能力。20 多位教师在省、市幼儿教师优课评选、基本功大赛活动中获奖;72 位教师在省、市幼儿教育优秀论文评选中获奖。（程　刚）

·中小学教育·

【概况】 2015 年,全区义务教育阶段学校计 24 所,其中小学 10 所(另有 9 所教学点),九年一贯制学校 8 所,初中 5 所,特殊教育学校 1 所。学生总数 39461 人,其中小学 29399 人,初中 10062 人。小学入学率、巩固率、毕业率、升学率均达到 100%。初中入学率 100%,巩固率 99.03%,毕业率 100%,升学率 98.2%。制定《宿豫区教育事业发展第十三个五年规划纲要》,委托江苏省城市规划设计研究院宿迁分院编制《宿豫区中心城区教育设施布局规划(2015—2030)》,规划范围为京杭大运河以东、六塘河以南、张家港大道以西、宿新高速公路以北,总用地面积约 53 平方千米。

【素质教育】 加强未成年人文明礼仪养成教育,分别从幼儿园、小学、初中 3 个学段选取 8 所试点学校,对学校文明礼仪养成教育进行重点研究,大兴初级中学毛新新入选省十佳美德少年标兵,组织开展区级艺术展演活动,推荐 20 个优秀节目参加市第 11 届中小学生及幼儿艺术展演。扎实推进《宿豫区基础教育质量提升三年行动计划》,制定出台《宿豫区基础教育教学质量奖励基金实施意见》,促进中小学教学质量持续提升,学业水平测试成绩稳居全市前列。2015 年,全区中考成绩持续位居全市前列,总分合格率为 76.13%、优秀率为 14.73%,文化平均分超全市 23.51 分,比上年提高 0.28 个百分点,荣获省第十四届中学生作文大赛优秀组织奖、省青少年科技教育先进单位、全市中小学生规范汉字书写大赛组织奖和市“做个守法小公民”和“牢记历史,珍爱和平”主题教育演讲比赛优秀组织奖。

【教育惠民】 坚持以优质均衡为导向,以内涵发展为重点,强力推动教育布局优化和办学条件改善,全面推进义务教育均衡发展,2015 年成功创成全国义务教育发展基本均衡区,完成江苏省义务教育优质均衡改革发展示范区 80%指标,区教育局被评为全省义务教育均衡发展先进单位。拟定《宿豫城区中小学幼儿园布局规划方案》,同步调整城区小学施教区,并经区政府十六届十四次常务会议审议,得到区政府原则同意。扎实推进义务教育全面改薄工程,投入资金 14708 万元,占投入资金规划的 40.69%。启动校园校舍项目 10 个,建设面积 62324 平方米,竣工 54628 平方米;启动室外运动场项目 13 个,建设面积 114944 平方米,竣工 102944 平方米;购置生活设施 2014 套,图书 51654 册,数字教学资源 1250 千兆字节,课桌凳 6147 套,计算机及其他教学设备 505 套。

【品牌学校创建】 切实规范办学行为,创建市精致管理达标学校 5 所、和谐校园 4 所、市级小学特色文化项目 2 个、省薄弱初中课程建设项目 1 个、市薄弱初中课程建设项目 2 个,创建市级中小学合格心理咨询室 2 个、优秀心理咨询室 5 个、示范心理咨询室 2 个。宿豫一中等 7 所中小学入选 2015 年全国校园足球特色学校,大兴中心小学获得 2015 年“省长杯”青少年校园足球联赛女子甲组第三名,创造宿豫历史最好成绩。

【校园文化】 弘扬中华传统文化,推进国学文化进校园,开发《中华弟子规系列读本》校本课程,并在全区学校普及推广,使学生感受传统文化魅力，结合全区涌现出的省“道德模范”、先进人物事迹开展实例教育，让学生感受身边榜样的力量，进一步提升道德修养；与区委宣传部、区社科联联合举办“读中华经典　做谦谦少年”诵读大赛。宿豫区启明实验学校、宿豫区实验小学以及陈芬等3名教师在全市经典诵读比赛中获奖。实施校园文化“一校一品”工程，初步形成了“一校一品”“一校一特”的多样化办学格局，丁嘴中心学校跑驴、大兴中心小学旱船、曹集中心学校剪纸、顺河中心小学舞龙列入宿豫区文化建设迈上新台阶55个项目的区民间传统文化(非物质文化遗产)保护项目。

2015年11月20日，宿豫区举办“读中华经典　做谦谦少年”诵读大赛总决赛，让学生在诵读经典的过程中受到文化熏陶，丰富文化知识，提升道德素养

2015年宿豫区义务教育情况一览

表46

学　校	校长	地　址	教职工数	学生人数	班级数	新生人数	新生班级数
宿迁市宿豫区顺河中心小学	刘　芳	顺河镇卓圩街	163	1640	38	315	7
宿迁市宿豫区顺河第二中心小学	凌朝阳	宿豫区长江路	167	3483	65	752	14
宿迁市宿豫区仰化中心小学	张成红	仰化镇仰化街北首	97	1368	30	266	5
宿迁市宿豫区大兴中心小学	徐　铸	大兴镇大兴街南首	171	2530	52	548	11
宿迁市宿豫区来龙中心小学	肖　辉	来龙镇来龙街北首	140	2279	43	605	11
江苏宿豫经济开发区中心小学	罗乾喜	开发区罗桥居委会	73	950	21	145	3
宿迁市宿豫区启明实验学校	卓新胜	生态化工科技产业园区	13	384	11	105	3
宿迁市宿豫区第一实验小学	高　翔	宿豫区燕山路	87	2228	48	653	14
宿迁市宿豫区实验小学	张海燕	宿豫区黄浦江路	136	3420	62	503	10
宿迁市宿豫区第一初级中学	王　彬	宿豫区江山大道2号	202	1234	30	520	12
宿迁市宿豫区仰化初级中学	韩荣华	仰化镇仰化街北首	70	553	12	151	4
宿迁市宿豫区大兴第一初级中学	汪生东	大兴镇大兴街	96	433	11	90	3
宿迁市宿豫区来龙初级中学	刘成宇	来龙镇来龙街	52	288	9	100	3
宿迁市宿豫区关庙中心学校	魏　强	关庙镇关庙街	165	2258	46	456	8
宿迁市宿豫区侍岭中心学校	胡永成	侍岭镇侍岭街	146	1452	34	327	6
宿迁市宿豫区实验初级中学	刘　晨	宿豫教育园区	288	4678	82	1338	24
宿迁市宿豫区陆集中心学校	董　凯	陆集镇陆集街南首	212	2062	42	454	9
宿迁市宿豫区丁嘴中心学校	金庆军	丁嘴镇丁嘴街西首	158	1907	35	458	9
宿迁市宿豫区保安中心学校	王一连	保安乡保安街西首	108	1172	25	319	7
宿迁市宿豫区曹集中心学校	刘立华	曹集乡曹集街	171	1693	33	436	8
宿迁市宿豫区新庄中心学校	李先迎	新庄镇新庄街	120	1089	23	257	6
宿迁市宿豫区宿北中学	邹金山	来龙镇来龙街西首	94	1147	24	175	4

【普通高中教育】 宿豫区的普通高级中学仅有汇文中学一所，该校为民办学校。2014 年 12 月，汇文中学和宿豫教育集团达成协议，宿豫中学租借汇文中学校区两年，新学期文昌高中搬入汇文中学校区，同时托管汇文中学高中学生。

（程　刚）

·特殊教育·

【概况】 宿豫区特殊教育学校是宿迁中心城区唯一一所集失聪学前教育、失明义务教育、职业高中为一体的九年一贯制特殊教育学校。学校在校生 103 人，占地面积 50 亩，校舍建筑面积 13000 余平方米。学校现有教职工 54 人，其中专任教师 47 人，教师学历合格率 100%，有全国优秀教师 1 名，省特殊教育先进工作者 2 名，市、区先进教育工作者 6 名，市级名教师 3 名、市级学科带头人 4 名、骨干教师 8 名。学校秉持让每一个生命都绽放光彩的办学理念，坚持以人为本，坚持以科研为先导，现有国家级课题 2 项，省级课题 3 项，市、区级课题 3 项。承担省特殊教育发展工程建设项目 2 个(烹饪培训基地与餐饮实训基地建设的办学条件改善项目、听觉言语康复室与语言康复教室建设的医教结合实验项目)。

【按需供教】 学校充分考虑各类残疾学生的教育需求，先后为听障残疾学生开办了聋人烹饪职业课程，为视障学生开办了盲人按摩职业课程。保障音乐、美术和体育等艺体特长生发展，盲生李桂枝和聋生徐超两名体育特长生被选送到省盲人游泳和聋人自行车队参加集训，并取得优异成绩，为学校争得荣誉。

【特教体系完善】 宿豫特殊教育重点向着职业技能教育发展，学校开办了职业教育班 3 个、盲人按摩和聋人烹饪职业教育项目 2 个，职教成果显著，“小龙人”餐饮项目成功营业，多次接受各级主管部门检查指导和省市级媒体多次报道，受到学生家长和社会的高度认可。

【康复教育】 积极推进省特殊教育发展工程“医教结合”项目，学校康复教育从无到有，不断提高康复质量，加强康复研究，提高师资业务水平，服务范围不断扩大。康复采取医教结合模式，主要是针对聋人言语方面进行康复训练，提高康复效果。

（程　刚）

·职业教育·

【对口单招】 在全省对口高考中，职中本科上线人数达 117 人，连续十六年位居全市第一，被市政府授予高考对口升学质量一等奖。

【招生就业】 全年累计完成招生 2300 余人，其中退役士兵 500 人，毕业生就业率达 98% 以上，其中域内实习就业率达 51.75%。

【品牌创建】 顺利通过省级高水平现代化职业学校评估验收；财会专业创建成省级高水平示范性实训基地并通过省里验收；服装专业创建成省级品牌专业。截至 2015 年末，拥有省级品牌专业 5 个，省级特色专业 1 个，省级高水平示范性实训基地 3 个。

【联合办学】 先后与南京师范大学、苏州大学、南京审计学院、淮阴师范学院等高校开展“3＋2”中职大专、“3＋4”中职本科连读分阶段人才培养合作办学，首批 260 余名学生已经入学。

【社会培训】 开展劳动力转移培训、农民持证培训、新员工岗前培训、企业职工技能提升培训、家政服务培训、退役士兵培训、电子商务培训、创业培训等各类社会培训 6900 余人。

（程　刚）

·社会教育·

【民办教育】 严格按照《中华人民共和国民办教育促进法》及其实施条例和市教育局的《宿迁市非公办教育机构设置和管理暂行规定》有关精神，规范审批程序和材料要求，严格审批标准，把好入口质量关。2015年，审批通过三所民办幼儿园：宿迁市宿豫区伟才幼儿园、宿迁市宿豫区启智幼儿园、宿豫区大兴镇东城实验幼儿园。依据《宿迁市民办学校和幼儿园年检细则》对全区民办义务学校、民办幼儿园及民办非学历学校进行年度工作检查，对年检不合格单位提出整改要求，并力促及时整改，及时总结通报结果评出优秀合格等次。加大民办学校(园)财务综合管理，督促学校积极进行收费备案，严格按备案标准收取费用，不得擅自设立收费项目。

【社区教育创建】 创建省级社区教育中心1所(大兴镇社区教育)、省级居民学校3所(陆集镇长胜村居民学校、丁嘴镇岔河村居民学校、顺河街道林苗圃居委会居民学校)、省级农科教高水平富民示范基地1个(中等专业学校的浅水藕套养种养殖基地)。2015年5月，完成江苏省电子商务人才培训基地创建申报材料，并已通过省商务厅审核予以公示；2015年3月，完成江苏省创业培训示范基地创建申报材料，并于3月18日上报宿豫区电子商务产业园；2015年10月，完成宿迁市SYB创业培训和网络创业培训定点单位的申报工作。截止2015年，创成省级社区教育中心7所，市级社区教育中心4所，市级以上标准化居民学校28所，为地方经济社会又好又快发展作出了积极的贡献。

【社会教育培训】 对退役士兵和返乡农民工培训率达98%以上，完成创业培训301人，为市内输送毕业生和短训学员1617人，农村精神文明建设培训1.9万人次，农村实用技术培训0.98万人次，联合区中等专业学校培训部，利用各乡镇社区教育中心场地，开展非全日制成人学历教育和技能等级培训工作，2015年10月已成功报名注册1258人。 (程 刚)

·体育健身·

【概况】 全区体育工作以省级公共体育服务体系示范区创建为统揽，以增强人民体质为核心，以体育设施建设为基础，以构建全民健身体系为抓手，以体制机制创新为保障，不断优化体育资源，强化体育管理，体育设施不断完善，体育活动日趋丰富，体育组织不断健全，体育产业加快发展，全区体育事业呈现良好发展态势。在2015年全省县级体育重点工作考核中取得较好成绩，考核得分89.1分，在全省64个考核县区中排第22名，较2014年进升39个位次，位列苏北考核县区第三名。2015年3月，区体育局被省体育彩票管理中心评为2014年度体育彩票工作先进单位、获2014年度体育彩票销售贡献奖和体育彩票销售突破奖。

【体育设施】 强化公共体育设施建设，进一步完善城区“10分钟健身圈”布局，新建成区现代农业产业园健身步道5千米、笼式足球场1片，更新健身路径9套，安装室内外乒乓球桌31张；建成乡镇级多功能运动场(体育公园)3个、村居级篮球场48个，新增健身器材25套。

【全民健身】 着力构建政府引导、社会支持、群众参与的全民健身格局，积极引导广大群众自觉参加各类健身活动和体育比赛。新审批成立区级户外运动协会、空竹协会等体育社团2个，开办柔力球、广场舞、健身气功和大学生村官等社会体育指导员培训班，新增一级、二级社会体育指导员434名。

【学校体育】 2015年，宿豫区学校体育工作以党的十八届三中全会决定提出的“强化体育课和课外锻炼,促进青少年身心健康、体魄强健”为指导,以“学生阳光体育运动”为载体,积极打造学校体育特色项目,切实保障学生每天1小时校园体育活动。积极顺应国家全面推进足球改革新形势,创新思路,主动实践,按照“以普及促发展,以发展促提高”的工作思路,广泛开展校园足球运动,打造特色校园足球文化,形成全覆盖的联赛机制,建立“区长杯”联赛制度,营造良好的校园足球氛围,校园足球取得可喜成绩,荣获江苏省首批校园足球试点区(市、县)称号,大兴中心小学、张家港实验小学、宿豫实验小学、陆集中心学校、曹集中心学校、宿豫第一中学、大兴初级中学7所中小学获批全国校园足球特色学校。大兴中心小学、顺河中心小学、宿豫第一中学3所中小学荣获宿迁市体育特色学校,小学女子足球队荣获江苏省“省长杯”足球联赛女子组第三名,12月25日,江苏省青少年校园足球精英训练营(女子甲组)在宿豫区开营,有效促进校园足球训练与交流。全面实施《国家学生体质健康标准》,建立健全数据上报、审核工作制度,上报率达100%,为全面掌握宿豫区学生体质健康状况,衡量体育教学成果,科学制定相关政策提高依据。

【体育赛事】 按照市政府关于“一县一品”群众体育工作要求,先后举办了2015年宿豫区中国象棋争霸赛、“江苏体彩杯”掼蛋比赛、“全民健身日”系列活动、“江苏银行杯”广场舞比赛等体育活动20余场,高水平承办了“飞旋杯”第五届全国体育舞蹈公开赛和全国男子排球冠军赛第四站赛等体育赛事。

2015年宿豫区体育竞赛获奖情况

表47

序号	获奖队伍或个人	性别	比赛类别	荣誉名称	时间
1	大兴小学	男	足球	江苏省“省长杯”青少年校园足球联赛总决赛“三等奖”	2015.8
2	大兴小学	女	足球	江苏省“省长杯”青少年校园足球联赛总决赛“三等奖”	2015.8
3	大兴初中	女	足球	江苏省“省长杯”青少年校园足球联赛总决赛“优秀组织奖”	2015.8
4	宿豫一中	男	足球	江苏省“省长杯”男子足球比赛“优秀组织奖”	2015.8
5	张　帅	男	足球	“谁是球王”青少年校园足球竞赛华东赛区“希望之星”	2015.7
6	徐　娇	女	足球	江苏省“省长杯”青少年校园足球联赛总决赛“最佳球员”	2015.8
7	殷　俊	男	足球	江苏省“省长杯”青少年校园足球联赛总决赛“最佳守门员”	2015.8
8	李文青	女	田径	江苏省青少年田径锦标赛暨县组田径比赛女子丙组跳远第一名	2015.5
9	江　月	男	田径	江苏省青少年田径锦标赛暨县组田径比赛男子乙组3000米第二名	2015.5
10	叶敬东	男	田径	江苏省青少年田径锦标赛暨县组田径比赛男子甲组3000米第三名	2015.5
11	李文青	女	田径	江苏省青少年田径锦标赛暨县组田径比赛女子丙组跳高第三名	2015.5
12	江　月	男	田径	江苏省青少年田径锦标赛暨县组田径比赛男子乙组1500米第三名	2015.5

(程　刚)

宿迁市宿豫区公安分局

副区长，公安分局党委书记、局长：袁凤彬

党委副书记、政委：侍继满

交通值勤

重温入党誓词

规范执法培训

实战演练

高考保卫

警民一家亲

警示教育

江苏省宿迁高新技术产业开发区

2015年6月13日，市委书记魏国强（右二）到科技城调研高端人才创业园

2015年11月14日，区长刘士武到宿迁高新区会办增材制造（3D打印）项目

党员活动日，园区开展预备党员入党宣誓暨老党员誓词活动

2015年12月31日，宿迁中玻电子玻璃产业园开工。市长王天琦（左）和中国玻璃控股有限公司总裁崔向东（右）共同为江苏省玻璃制品出口基地揭牌

2015年10月22日，江苏省宿迁高新区与博士科技共建“宿迁市技术交易服务中心”签约仪式正式举行

2015年12月16日，宿迁高新区顺利通过省生态工业示范园区技术考核

宿迁生态化工科技产业园

市委书记魏国强（前左二）到园区调研

副市长冯岩（前右二）调研园区

区长刘士武（左三）到园区调研

园区企业

党工委书记：吴英梅

市环保局调研园区污水处理

管委会主任：李金驰

宿迁电子商务产业园

2015年1月7日，省委书记罗志军（右二）调研电子商务产业园

2015年12月5日，代省长石泰峰（中）莅临宿豫区调研电子商务产业发展情况

2015年1月6日，市委书记魏国强（左）、市长王天琦（右）为电商产业园揭牌

京东呼叫中心一期

2015年4月27日，园区与当当网在北京签订了呼叫与客服中心合作协议

电商第一街

江苏惠然实业有限公司

江苏惠然实业有限公司位于宿迁高新区翔盛大道，是一家采用回转窑——电炉生产工艺，将红土矿冶炼成商品镍合金的新建企业，是中国规模最大的镍铁生产厂家之一。

惠然实业采用镍铁冶炼行业最为先进成熟的工艺“RKEF（回转窑＋矿热炉）”技术对进口红土镍矿加工冶炼。整个项目在2014年3月开始投入生产并最终实现3条“RKEF”生产线同时运转，实现年加工红土镍矿300万吨，年产高镍铁合金30万吨，年销售收入达50亿元。由于采用先进且成熟的技术，惠然实业在成本控制和指标控制方面优势明显，使产品有明显的竞争力。

镍铁为不锈钢冶炼中“纯镍板＋废钢”的主要替代品，需求强劲和稳定。惠然实业生产的产品为镍点大于10%的高镍生铁，该品种镍铁为国内主要不锈钢厂家张家港浦项不锈钢有限公司、宝山钢铁集团有限公司、太原钢铁集团有限公司等长期采购使用，数量巨大且稳定。

市长王天琦到公司调研

市纪委书记王建国莅临公司视察

区委常委、副书记、副区长李春华到公司调研

区长刘士武一行到公司调研

区委常委、宿迁高新区党工委副书记江小军一行到公司调研

企业文化

企业宗旨：科学管理、高效运作、顾客至上、优质服务、共创辉煌

经营理念：诚信至上，以人为本；务实创新、追求卓越

能源方针：遵章守法，节能降耗；全员参与，持续改进

质量理念：精益求精，创造一流

环保理念：加强社会责任意识，争当节能环保标兵

安全理念：预防为主，安全生产，综合治理

服务理念：创一流服务品牌，树完美企业形象

人 才 观：人尽其才，才尽其用

经营项目

镍钼锰合金、机械零部件铸件、铸钢件、钢锭的生产与销售；钢材、炉料、铁矿石销售；镍钼锰合金产品研发；自营和代理各类商品和技术的进出口（国家限定公司经营或禁止进出口的商品和技术除外）

企业生产

公司拥现有工艺技术全球领先、国际主流的RKEF生产线5条，镍铁年产能力25万吨，年需进口红土镍矿300万吨。

企业认证

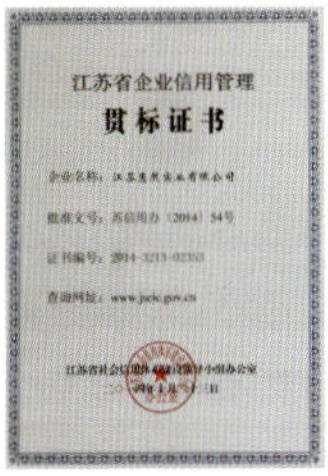

宿迁裕丰资产经

宿迁裕丰资产经营管理有限公司成立于2009年2月，经宿豫区政府批准，由宿豫区国有资产监督委员会办公室和宿豫区预算外资金管理局共同出资设立，注册资本为5000万元。主要经营范围为从事区政府授权范围内的国有资产经营、管理，政府重大项目建设的开发、咨询等业务。公司以资产管理为中心，通过市场化运作开展投融资及企业不良资产收购处置等业务。

2015年，公司紧紧围绕区委、区政府中心开展工作，以创新发展为主线，以项目融资为中心，发挥国有资本的带动、示范效应，对中小企业进行资金扶持，解决企业融资难的问题。2015年度，裕丰公司先后被区委、区政府表彰为金融工作先进单位、全区新型工业化暨新兴产业发展先进单位、宿豫区群众性精神文明建设先进单位。

公司董事长姚玉章（前左）陪区人大副主任卜启芳（前右）调研企业生产情况

营管理有限公司

雨扶贫

公司与企业会办担保业务

调研收购企业租用生产经营情况

互助协会规范办理资金过桥

召开专题会议研究如何帮助企业解决难题

固定学习日集中学习

宿豫区水务建设

2003年初，县委、县政府为打造中运河风光带项目，成立了宿迁市宿豫区水务建设投资有限责任公司，注册资金1.2亿元。公司主要职能是投资建设城乡水务基础设施项目、旅游开发项目，经营管理政府授权范围内的国有资产，为政府重点项目建设融资，中运河风光带景区的日常管护，运河沿线房地产开发企业的帮办等。

中运河风光带北起二号桥、南至三号桥、东至金沙江路、西至运河水岸线，景观带全长约6千米。工程总投资约2.9亿元。

风光带改造工程2003年4月开工建设，2007年底基本建成。实施建设金沙江路1条、堤顶观光道路1条、建成5座桥头公园，24座配套桥梁、船亭、运河广场等工程。建成景点有桃花岛、丽人岛、博弈岛、御码头、儿童沙滩乐园、水上乐园、千里运河第一漂、民俗博物馆、休闲垂钓、桥头公园、农家乐餐饮等30余处，植物景观主要以本土植物为主，共栽植乔木约10万株、灌木300万株、草坪65万平方米。中运河风光带先后被评为国家级水利风景区、全国农业旅游示范点、市级森林公园。

丽人岛

殳资有限责任公司

广场

洪塔

农家乐

运河风光带

江苏双星彩塑新

省委书记罗志军(右二)莅临公司视察指导工作

江苏双星彩塑新材料股份有限公司(股票代码:002585)是一家集科研开发、功能聚酯膜材料、光电新材料生产、进出口贸易为一体的国家高新技术企业、中国十佳新锐上市公司、国家火炬计划特色产业基地。

围绕市场不断拓展产品应用领域,形成产品有:光学膜、ITO导电膜、磁控溅射膜、智能膜、太阳能电池背材膜、聚酯电容膜、聚酯工业基材、功能性膜级聚酯切片、高真空镀铝膜、PVC功能膜等系列主流产品。公司打造高新产品规模化,从德国、美国、日本等发达国家引进多条薄膜生产线并全面成功投产,已拥有聚酯功能膜材料年产能45万吨,销售和服务遍及全国及世界各地。先后在国内多个地方设立办事机构,直接为国内近千家企业提供合适的产品及完善的服务,产品出口到中东、欧美、东南亚等50多个国家和地区,产能规模、技术水平居全国领先地位。

同时,坚持以市场发展趋势为着力点,以创新为导向、品质为基石,持续研究开发更多具备竞争力的产品服务于市场。

材料股份有限公司

省长石泰峰莅临公司视察指导工作

原省长李学勇到公司调研

省政协主席张连珍莅临公司视察指导工作

市委书记魏国强莅临公司视察指导工作

市长王天琦莅临公司视察指导工作

副市长曹秀明莅临公司参观指导

辰宇电气 CHENYU DIANQI

公司简介 ≫

江苏辰宇电

江苏辰宇电气有限公司位于楚霸王项羽故乡的宿城东郊，北邻风景秀丽的骆马湖，环境优美，交通便捷。公司占地面积 60000 平方米（其中建筑面积 23000 平方米），年生产能 5 亿元，员工 150 余人，其中中高级技术管理人员 20 人。公司注册资金 2588 万元，拥有送变电施工叁级资质。可承担 220 千伏及以下送电线路（包括电缆）和同电压等级变电站的工程。公司现有各种办公用车及工程专用车辆达 20 余部，专业施工人员 30 余人，拥有相当数量的可满足各种高低压变配电、线路、电缆工程的施工设施。

公司拥有现代化的厂房和先进的工艺装备（其中国内最为先进的导线生产线 3 条，1-10KV 架空绝缘电缆生产线 3 条以及电力铁附件、高低压配电柜等生产设备数台套），检测设备齐全，检测手段完善，技术力量雄厚，是专业从事供电设备、电力铁附件等产品设计开发，生产与服务的高新技术企业。主要生产线使用年限从购进厂至今尚未满三年，生产能力水平正处在旺盛期，完全可满足产品生产的需要。

公司主要产品有 35KV/10KV 箱式变压器、无功补偿控制柜、环网柜，电缆分接箱，高压开光柜，低压开关柜等，产品质量稳定、可靠，畅销江苏、湖北、安徽、四川、甘肃、山西、重庆、上海、内蒙、新疆等全国十多个省、市、自治区，受到用户的信赖和好评。

公司及产品先后通过 ISO9001、ISO14001、GB/T28001 管理体系认证和“3C”中国强制认证。“江苏省高新技术企业”“宿迁市名牌产品”“江苏省质量信用产品”等称号，本公司坚持以质量求生存、以信誉求发展，抢抓机遇、顽强平博，质量和效益连创历史新高

宿豫区烟草专卖局

市区联手“冬季会战”打假

争取区文广新局支持，达成文化共建项目

卑文化进乡镇

销毁假冒卷烟　环保焚烟变电

规范卷烟陈列

捐资助学贫困学女

联手公安 高速路段拦截烟贩

顶刺骨寒风 助创文成功

弘扬抗战精神　争当岗位标兵

宿迁市中医院

宿迁市中医院是国家三级甲等中医医院、南京中医药大学附属医院、北京 301 医院远程医学会诊站点医院、中医住院医师规范化培训基地和中医全科医师规范化培训基地，是宿迁市中医药事业医、教、研中心。

医院占地面积 72 亩，建筑面积 8 万平方米。设有 19 个一级和 12 个二级临床科室，31 个专科专病门诊；22 层新病房综合大楼设备先进、设施齐全，楼内配置中央空调、空气净化、中心供氧、中心吸引、输液配置中心、数据处理中心等系统；设置 18 个病区，总设置床位 1100 张，已开放床位 684 张，设有标准化病房、VIP 病房，有线电视、热水洗浴供应一应俱全，16 间层流净化手术室，实验室、消毒供应室、中西药库均按高标准建设配置；拥有德国西门子 1.5t 核磁共振、16 排螺旋 CT、飞利浦彩超、CR、DR、腔镜系统等万元以上医疗设备 300 余台(套)。

医院坚持“以病人为中心，发挥中医药特色优势”，实施科教兴院、人才强院战略，大力开展中医药特色诊疗服务。肛肠科为国家临床重点专科建设单位，脑病科为省级临床重点专科建设单位，肛肠科、脑病科、泌尿外科为宿迁市临床重点专科，儿科为宿迁市临床重点学科，脾胃病科为宿迁市重点专科建设单位。先后申报 24 项科研课题，获市级以上立项 13 项，5 项科研课题获得省级和市级科技成果奖。

宿迁市中医院全院职工秉承“博爱、诚信、精业、创新”的医院精神，全力打造具有中医特色的医疗服务品牌，真诚为宿迁百姓提供优质的医疗服务。

宿迁市中医院实景图

市委书记魏国强观摩医院手术室

2016年6月3日，宿迁市中医院与东南大学附属中大医院建立医疗联合体

2016年3月31日，通过南京中医药大学附属医院复评审

彰显中医药文化的病房楼大厅

整洁温馨的护士站

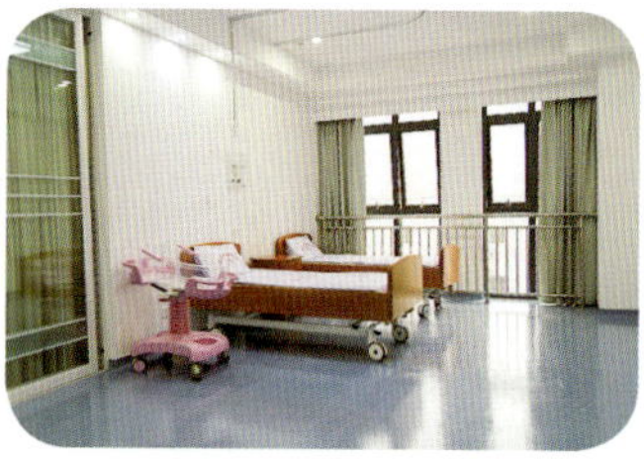

温馨安全的产科病房

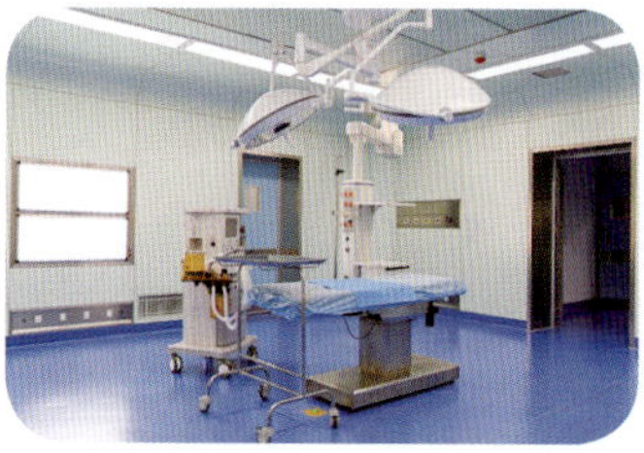

拥有百级、万级层流手术室16间

苏北一流的负压实验室（艾滋病筛查实验室）

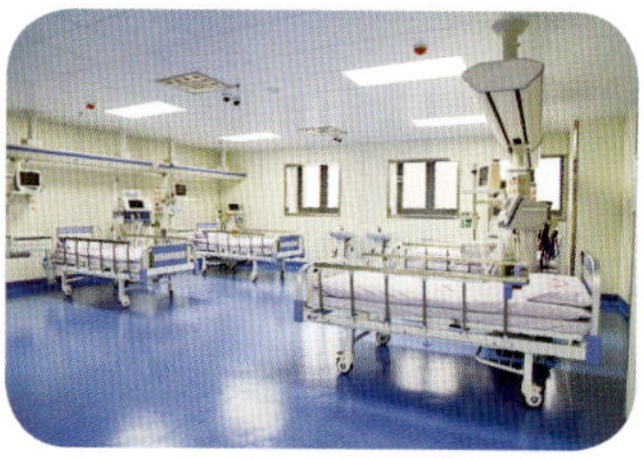

设施先进的重症监护病房

宿迁技师学院

2016年6月20日，副市长赵丽丽（前右二）到学院调研办学情况，院长李瑞华（前左二）陪同调研

2015年11月11日，省军区政治部副主任、省双拥办副主任李光玉在副市长曹秀明陪同下到学院检查指导双拥工作，学院被授予“江苏省双拥示范基地”

2015年11月3日，区委书记、宿迁高新区党工委书记张晓伟（前中）到学院调研，会办学院西校区建设工作

2016年2月25日，全市职业教育与社会教育工作会议在学院召开

2015年5月19日，学院与南京师范大学、苏州大学、南京审计学院三家省内知名高校举行联合办学签约仪式

2016年4月28日，学院与凤凰传媒集团举行中德合作办学项目签约仪式

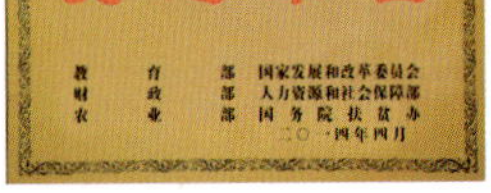

顺河街道

观摩“支部+电商”项目

第六届“最美梨园湾”民俗旅游活动启动仪式

广场舞大赛

慰问建国前老党员

支部+电商展示

街道开展基层党组织“两学一做”学习教育“百人千题”知识竞赛

街道党工委书记：陆　振

街道办主任：李先锋

豫新街道

豫新街道成立于2014年11月21日，辖雨露、顺河、豫苑、中通、江山、庐山、锦华、天一8个社区，共有居民小区54个；街道党工委下设社区党委3个，社区党总支5个，小区支部36个，在册党员1165人。

街道党工委、办事处严格按照区委、区政府的工作部署，紧紧围绕“服务中心城市发展，建设幸福和谐家园”的发展定位，大力实施“1234”发展思路，坚持以党建工作为统领，深化执行力建设、建章立制两个关键，强化服务、争先、创新三种意识，突出招商引资、社区建设、民生事业、社会和谐四项重点工作，街道经济社会保持健康稳定发展态势。

“学党史、知国史、颂党恩、跟党走”主题教育活动

雨露社区第四届邻里节活动

街道办公大楼

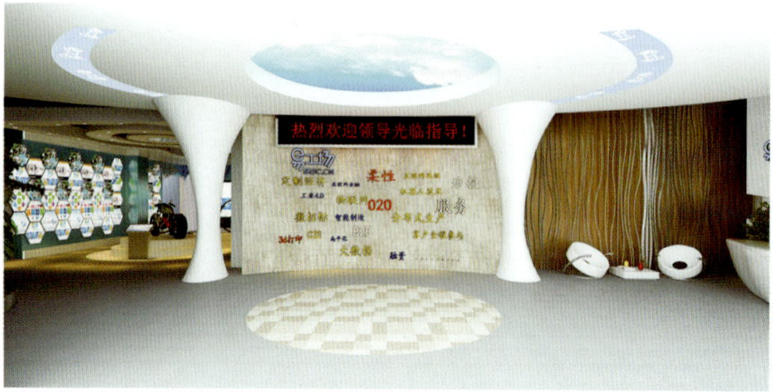

易工场定制示范中心

陆集镇

观摩镇“支部+电商”工作

镇党委书记郭磊（前右）陪同副区长赵其良（前左）到虎山村入户调研

开展圆梦女孩志愿行动

贯彻开展违规吃请和公款吃喝问题专项整治文件精神

招商引资项目——宿迁瑞华建材有限公司

宿豫区人力资源和社会保障局

省委组织部副部长、人社厅厅长谭颖（左三）一行到宿豫调研技能人才培养工作

2015年新春大型人才招聘会

人社专家“组团”上门为民服务

深入帮扶村开展精准扶贫

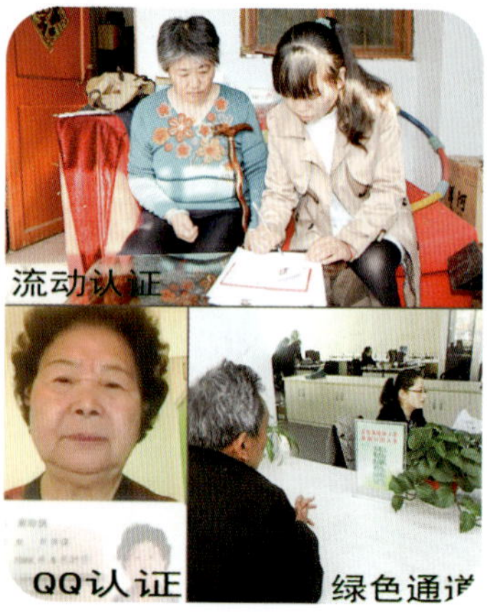

企业离退休人员养老金资格认证

宿豫区水务局

区长刘士武(右二)陪同省水利厅副厅长叶健(前中)察看水价改革项目

局长宋成武(左二)陪同区委书记张晓伟(右一)等领导查看区域供水工程建设

新建成的井头泵站

施工中的城东水厂

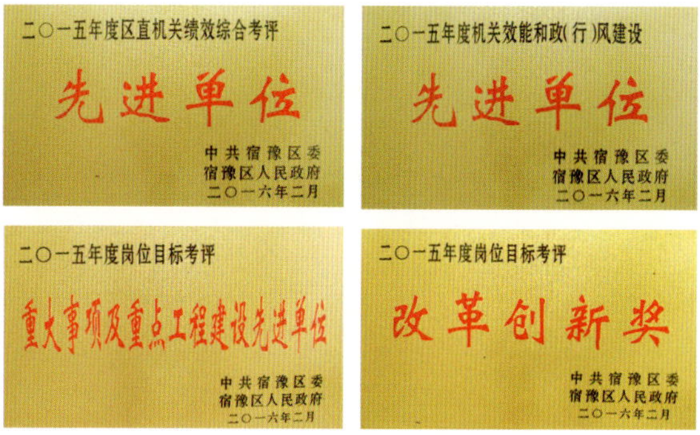

2015年度获得荣誉

宿豫区住房和城乡建设局

市长王天琦（右二）调研区住建局绿化工程

区领导调研住建重点工程

局长温冠军（前左二）检查工地安全生产

市政道路建设督查

洪泽湖东路运河桥南匝道及匝道绿化新建工程

学习并部署工作

珠江路雪松林荫大道

西湖东路提升改造工程

长江路银杏林荫大道

宿豫区环境保护局

省环保厅厅长陈蒙蒙（前右）调研宿豫化工企业，市长王天琦（前中）陪同调研

区长刘士武（右二）深入企业督查环境突出问题

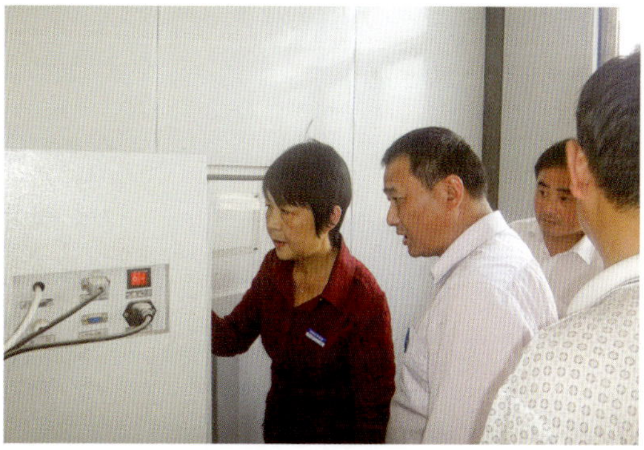

局长朱晓慧（左一）深入企业开展专项检查

到挂钩结对帮扶村开展慰问

开展废气重点排放企业“双随机”专项检查

宿迁市城管局宿豫分局

2016年5月26日，区长刘士武（左三）带领城管、住建、街道等部门相关人员检查主街道提升工程

2015年，城管分局以推进城乡环境综合整治为重点，以综合治理、标本兼治、创新管理、完善制度、规范行为和改进作风为主要内容，着力解决城市管理中存在的突出问题，促进市容秩序提升，努力为全区经济社会全面协调发展提供有力的城乡环境和人文环境保障。

2015年度，宿豫城管分局先后被表彰为省住房城乡建设系统工人先锋号，省村庄环境整治工作先进集体，市、区级“文明单位”，区大气质量提升专项整治先进单位，区国家卫生城市、国家节水型城市、省文明城市、省人居环境奖城市创建“三等功集体”，区岗位目标考评“经济发展优质服务奖”，区拥军优属、拥政爱民先进单位。

2015年7月1日，局长朱北平慰问抗战老兵

开展“城管开放日”活动

2015年5月13日，分局人员到企业开展“三服务三促进”活动

开展“城管进校园 文明在行动”活动

宿迁市规划局宿豫分局

2015年10月13日，副局长林云久（左）到宿迁林通新材料有限公司开展帮扶工作

2015年6月30日，分局人员到顺河街道周石庄社区，走访慰问老党员

2015年5月14日，分局派员到顺河镇街道调研，向街道办负责人详细介绍《宿迁市城市社区服务设施规划建设指引》相关内容

2015年3月28日，分局组织开展规划进社区活动

宿豫区司法局

2015年12月3日，区委书记、宿迁高新区党工委书记张晓伟（右二），区人大常委会主任袁昌华（左二）视察“12·4”国家宪法日活动开展情况，局长朱秀庭（右一）陪同视察

2015年11月19日，宿豫区“六五”普法终期工作顺利通过验收

2015年3月6日，宿迁市首个女性法律顾问团——木法律顾问团在宿豫区成立

宿豫区国家税务局

2015年12月24日，市国税局局长陆丰泉（左一）到区局调研指导工作，区国税局局长姜建明（左二）陪同调研

2016年1月21日，区国税局举行增值税普通发票电子发票上线首发仪式，区委书记张晓伟（中）宣布“宿迁首张电子发票成功开出”

2016年6月13日，省委政法委副书记、省依法治省办常务副主任侍鹏（右一）到区国税局调研指导依法行政工作，区长刘士武（右二）陪同

2016年5月1日凌晨，区国税局举行营改增“五一零点开票”启动仪式。全区首张“营改增”增值税发票在江山大酒店开出，区委常委、常务副区长陈磊（中）将发票交与江山大酒店相关负责人手中，标志着宿豫区正式步入增值税管理新时代

宿豫区农业资源开发局

2015年度全市高标准农田建设推进会期间，副市长曹秀明（前右二）带领与会人员观摩宿豫区项目

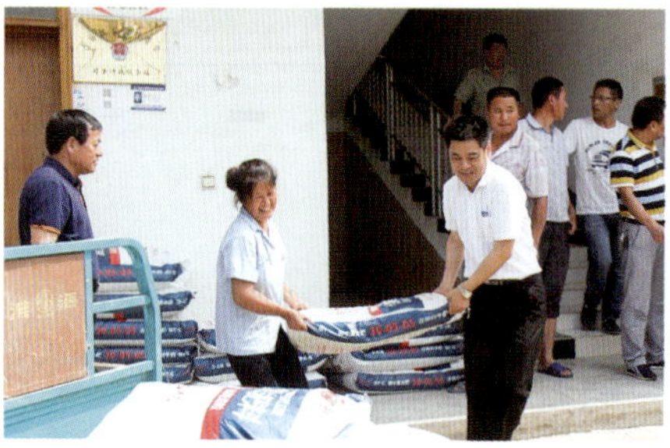

局长张少建为低收入农户送化肥

区人大代表视察农业综合开发产业化项目

宿豫区开展2012—2014年度农业综合开发项目专项自查

2015年度国家农业综合开发项目市级验收意见交换会

开展来龙镇高标准农田项目农民技术培训

党员干部赴周恩来纪念馆开展入党宣誓活动

·综　述·

【概况】 2015年，区文广新局以加强公共文化服务体系建设为重点，以满足人民群众精神文化需求为出发点和落脚点，围绕中心、服务大局，扎实开展各项工作，广泛开展丰富多彩的群众文化活动，提升公共文化服务水平，保障人民群众基本文化权益。年内荣获2015年度江苏省“无小耳朵（电视信号接收器）社区”创建工作先进县（市、区）、全省扫黄打非先进地区、2014年度新闻出版（版权）依法行政先进单位等奖项。

2015年3月5日，宿豫区首届文化艺术节开幕式暨民俗展演在华东大市场举行　（陈　元　摄）

【文化人才培养】 开展第四届“文化名家”选拔工作，共推荐尹协龙、丁厚才、储卫等在文化领域取得显著成绩文化名家候选人10名，进一步充实完善了宿豫文化名家库。举办宿豫区中国书协会员作品展，展出汪海洋、苏宁、储卫、潘旋、张用惠5名宿豫区中国书法家协会会员代表作100件，彰显宿豫艺术特色，提升宿豫文化影响力。

【文化发展基金发放】 2015年1月1日起正式启动2014年度文化发展基金项目申报工作，共收到申报项目136项，经文化宿豫建设领导小组办公室初审、宿豫区财政局终审，符合申报要求的有113项，共发放文化发展基金121.49万元，其中城乡公共文化阵地建设以奖代补资金10万元、文化艺术活动以奖代补108.34万元、民间传统文化保护传承资金3.15万元，为全区文化事业发展提供有力的资金保障。

（丁　玲）

·文化设施建设·

【图书馆建设】 宿豫区图书馆位于宿豫区学海路文昌广场内，2015年区图书馆，在原有的设备基础上，新增歌德电子借阅机一台，内有免费电子图书3000余册，每月更新数百册，并为读者提供免费检索和下载服务。馆藏图书进一步丰富，藏书总量达59349册。图书馆拥有计算机23台，供读者使用的电子阅览室终端20台，阅览室坐席108个（含自修室），其中少儿阅览室坐席36个。推进全民阅读工作，举办第三届以“阅读点亮梦想·书香成就人生”为主题的全民读书节活动，开展全民阅读宣传以及优秀书目推荐、阅读知识讲座、送图书下乡活动。

【农家书屋与区图书馆通借通还试点建设】 完成陆集镇和原顺河镇22个农家书屋接入区

图书馆资源共享、通借通还试点建设工作。通过半年多工作开展，完成了8558册图书和13个书柜补充完善工作，完成了图书馆和22个书屋图书管理系统统一安装使用工作，完成了3000张电子借阅证统一制作和读卡器、扫描枪的统一配发工作，按照《中国图书馆22大类分类法》对书屋内73967册图书重新逐本进行分类、编目、贴标签、录入电脑等加工工作。22个农家书屋已全部纳入区图书馆总分馆体系，通过"一卡通"服务和统一流转平台，实现区图书馆总馆和村(社区)农家书屋分馆图书管理的互联互通和借阅的通借通还。读者可以就近到区图书馆和任一农家书屋办理借阅证，可凭此证到总馆和任一分馆借书，并就近还书。

2015年10月9日，省新闻出版广电局局长周琪(右三)到雨露社区农家书屋调研　(徐春雷　摄)

【文化馆新馆开馆】　7月21日，宿豫区文化馆新馆建成对外开放。文化馆历时4年完成，与宿豫区文化艺术活动中心大剧院同步建设，面积达6426.48平方米。该馆设有书画室、排练厅、音乐室等19间全新文化活动厅室，免费向市民开放。7月底省专家组对文化馆等级馆创建进行现场评估。宿豫区文化馆人员共计9人，文化馆节庆活动2个，全年组织文艺活动100次。其中为老年人组织专场5次、为未成年人组织专场5次、为残障人士组织专场5次、为农村进城务工人员组织专场5次。全年组织文艺活动参加人次达10000人次，同比增2000人次。全年共举办训练班6轮、举办展览2场，组织公益讲座6场，观众达2.6万人次，同比分别增加20%，培训1400余人次，发现和培养文艺新人10多人。

【公共文化服务网络建设】　全区综合文化站13个，其中乡镇文化站10个、街道文化站3个。原顺河镇综合文化站更名为顺河街道综合文化站，豫新街道、下相街道新建综合文化站挂牌。城市街道"三个一"(一个街道文化中心、一个主题文化公园、一个文化活动广场)、社区"五个一"(一个文化活动室、一个文化信息资源共享点、一个图书阅览室、一个文化宣传长廊、一个文化活动小广场)实现全覆盖。

(丁　玲　徐春雷　陈　元　周浩然)

·公共文化·

【文化活动】　完成大兴、来龙、保安等三个放映队省数字电影流动放映设备升级更新工作。采用政府购买的形式，完成送戏5轮70场，送电影1810场，送图书8833册。举办、联办、协办各类文艺演出30场，参与市级以上群文赛事6场次，免费艺术讲座6轮，免费培训超过80课时，其中开展流动辅导20课时。

2015年2月14日，全市中心城市"文化进社区欢乐进万家"启动仪式在雨露社区举行

(周　飞　摄)

【文艺创作】　剧(节)目创作保持高产，组织创作了《小镇铁血风云》等语言类剧节目45个，

在《宿迁剧目》上发表作品32个。编印《宿豫剧目》两期，刊载创作剧节目40个。举办走基层剧作采风行活动，开展大型改稿活动6次。并组织作品参加江苏省2015年新剧本征选及第十四届江苏省戏剧文学奖、2015年度宿迁市优秀精品剧目创作奖评选。继续保持全市三个第一，即投稿量第一、宿迁剧目发表数第一、参评作品数第一。

（王　姬　陈玥文　陈　元）

·文化遗产保护·

【不可移动文物保护】 不可移动文物保护点总数达51处，市级文物保护单位12处，区级文物保护单位39家。

【全国第一次可移动文物普查】 成立宿豫区文物普查小组2个，投入经费10万元，对全区企事业单位开展可移动文物普查，普查的内容包括古代史类、民俗类、革命史类、当代史类和古生物化石类。全区共普查出可移动文物9件，对普查出的不可移动文物进行登记造册。

【非物质文化遗产保护传承】 截至2015年底，全区有省级非物质文化遗产名录项目3个，保护单位1个，市级非物质文化遗产名录项目13个，保护单位10个，县区级非物质文化遗产名录项目16个，保护单位8个。全年举办各类宣传展示活动计6次，参与人次达4000人次。全区有各类非物质文化遗产健在代表性传承人99人，学徒1850人。陆裕富等6人被命名为全市第三批非物质文化遗产代表性传承人，丁嘴跑驴传承人丁厚才、剪纸传承人张红荣获全市十大优秀非遗传承人称号。依托宿豫区第一实验小学建立郝氏泥塑传承基地，授课140学时，培养学员80多人。　（陆敬伟　徐春雷）

·文化管理·

【文化市场管理】 2015年，区文广新局开展综合执法。以行政审批制度改革为契机，加强文化娱乐场所事中事后监管。文化娱乐场所以“错时巡查”为手段，出版物市场执法以“扫黄打非”“双打”活动为载体，演出市场以强化农村演出市场监管为重点，印刷行业以检查“五项制度”落实情况为主要抓手，开展了有针对性的专项整治和日常巡查。年内，开展各类专项整治行动8次，检查各类文化经营主体670余家次，下发整改通知书18份，行政处罚48件，为全国文明城市创建营造了良好的社会文化环境。先后对10个居民小区的“小耳朵”进行集中清理，共拆除收回“小耳朵”1200余套，宿豫区被表彰为2015年度江苏省“无小耳朵社区”创建工作先进区。

【版权管理】 开展省级版权依法行政示范点创建工作，严格执法程序、规范执法行为。推进“扫黄打非”进社区、进乡镇，积极开展联合执法，打击非法经营行为。以典型案件为抓手，查办大案要案，立案查处江苏益客食品有限公司未经授权使用微软公司操作系统及办公软件案、宿迁市中塑实业有限公司擅自兼营包装装潢印刷品印刷经营活动案。先后开展了出版物市场和网络文化环境等专项治理行动，共出动检查人员60余人次，检查出版物市场、印刷复制企业130家次，收缴非法出版物180件。宿豫区被省“扫黄打非”工作领导小组表彰为“扫黄打非”工作先进地区。　（张　磊）

·新闻工作·

【对外宣传】 2015年,全区共在《人民日报》用稿8篇,含1篇读者来信;在央视新闻和综合频道用稿21条,其中新闻联播4条;在《新华每日电讯》头版头条用稿1篇;在《农民日报》用稿24篇,其中头版头条1篇;在《新华日报》用稿81篇,其中头版头条2篇、头版头题2篇;在江苏电视台用稿126条,其中《江苏新时空》用稿45条、头版头条4条;在《宿迁日报》头版和要闻版用稿599篇,其中头版头条23篇;在宿迁电视台《宿迁新闻》用稿466条。工作信息"宿豫城市形象宣传片《豫见精彩》爆红网络"和调研信息《宿豫互联网+媒体集群传递社会正能量》分别被《江苏外宣动态》《江苏宣传动态》刊发,实现多年省级内刊"零突破"。区委宣传部何可、朱瑞被新华日报社分别表彰为年度优秀通讯员和十佳通讯员提名。

2015年宿豫区省级以上主流媒体用稿情况

表48

序号	媒体名称	发表时间	版面	稿件标题	作者
1	《人民日报》	2月15日	10版	《乡村年货"e"起来》(图片新闻)	朱瑞
2	《人民日报》	3月6日	4版	《新常态孕育新机遇(议改革 论发展 建真言献实策)江苏广博集团董事长王利平代表:网络打假助力电子商务》	王比学 顾仲阳
3	《人民日报》	3月15日	8版	《解码会内会外:老百姓——我听懂了两会声音》	姚雪青
4	《人民日报》	3月15日	8版	《江苏宿迁市宿豫区基层干部通过手机关注两会新闻》(图片)	何首君 朱瑞
5	《人民日报》	4月19日	10版	《江苏宿豫区试点家电下乡:网上赶集活市场》	何首君 王超
6	《人民日报》	7月1日	11版	《五问基层干部(干部状态新观察·基层干部说基层)》(江苏宿迁市宿豫区曹集乡乡长姜成文访谈)	姚雪青 何首君
7	《人民日报》	8月15日	头版	《一村育一品 一品响一店 宿迁:农产触网 行市上涨》	赵京安
8	《人民日报》	10月27日	20版	《读者来信:制度落到实处 办事不用求人》	张杰
9	《新华每日电讯》	8月17日	头版头条	《从看天吃饭到销量百万,宿迁农民探索"一村一品一店"发展模式"拥抱互联网"》	聂可
10	《中国青年报》	1月25日	2版	《江苏宿豫:民意回访 倒逼政府改革》	李润文
11	《农民日报》	1月6日	2版	《宿豫大学生村官创业》(图片新闻)	何首君 朱瑞

续表 48

序号	媒体名称	发表时间	版面	稿 件 标 题	作 者
12	《农民日报》	1月17日	4版	《一个善举"点亮"一条道路》	何首君 朱 瑞 王余娟
13	《农民日报》	1月30日	2版	《久旱迎瑞雪农民忙追肥》(图片)	何首君 张 杰
14	《农民日报》	2月13日	7版	《保安乡农家书屋为残疾人创业提供便利》	张 杰 李仰胜
15	《农民日报》	2月18日	2版	《江苏省宿迁市宿豫区举办2015新春大型人才招聘"大集"》(图片)	何首君 朱 瑞
16	《农民日报》	2月28日	2版	《今年春来早树苗抢上市》(图片)	林德学
17	《农民日报》	3月20日	3版	《宿迁市宿豫区村级专职党务干部实现全覆盖》	闫超杰 张小雷
18	《农民日报》	3月28日	4版	《宿豫:把丢失的习惯"捡"起来》	何首君 吴亚芳 朱 瑞
19	《农民日报》	4月1日	头版	《农机热销备春耕》(图片新闻)	何首君 朱 瑞
20	《农民日报》	4月3日	6版	《宿豫民意观察员在开展民意走访活动》(图片新闻)	高文博
21	《农民日报》	4月9日	4版	《宿豫区"一村一品一店"》(图片新闻)	闫超杰 盛高明
22	《农民日报》	4月23日	3版	《开了"铁锁"通了"心门"》	何首君 闫超杰 林德学
23	《农民日报》	5月8日	4版	《一场辣味十足的"质询会"》	何首君 董 鹏 曹 原
24	《农民日报》	5月15日	3版	《宿豫区借力"京东"村村织网》	闫超杰 郭明利 王 鹏
25	《农民日报》	5月20日	2版	《宿豫推行"四公开"新模式》(图片新闻)	朱 瑞 何首君
26	《农民日报》	6月19日	2版	《高效农业》(图片新闻)	朱 瑞 董 鹏
27	《农民日报》	6月26日	7版	《"一村一品一店",网络创业显身手》	李秀民
28	《农民日报》	7月2日	8版	《陆集镇:水稻机械化种植率达95%》	郑思佳
29	《农民日报》	7月7日	3版	《宿豫区给村级权力列出"28条"清单》	高行科 施克江
30	《农民日报》	7月21日	3版	《宿豫区组工干部深入农村扶弱济困》	高文博 张 平
31	《农民日报》	8月13日	头版头条	《引发小农经济大变局的农商蝶变——江苏省宿迁市力推"一村一品一店"电子商务纪闻》	张凌宇 刘明世 沈建华
32	《农民日报》	8月4日	3版	《宿豫区以"荷"为媒助燃乡村旅游热》	何首君王 超杨安成
33	《农民日报》	9月4日	7版	《宿豫区:续聘村官积分选岗》	苏 玉
34	《农民日报》	10月23日	7版	《宿豫区:大学生村官帮留守老人秋收》	王松竹
35	《农民日报》	11月28日	7版	《宿豫"读中华经典 做谦谦少年"》(图片新闻)	张 杰
36	《农民日报》	12月19日	2版	《宿迁市宿豫区全面推行"四务公开"制度》	高文博
37	《新华日报》	2月17日	头版头题	《宿豫:后发地区抢搭互联网快车》	孙 巡 陈炳山 徐明泽 何首君
38	《新华日报》	5月3日	头版头条	《宿迁精耕细作"互联网+农业"》	孙 巡 徐明泽 季 铖 熊 磊 宗 益
39	《新华日报》	5月16日	头版头题	《宿豫:"逆市飘红"诠释新常态》	宏 奇 世 停 明 泽 首 君 王 超 朱 瑞 新 闻
40	《新华日报》	7月18日	头版头条	《基层党组织触网探富民强村新路,宿豫:支部开网路带着农民富》	林 松 闫超杰 徐明泽

【新媒体发展】 2015年,全区新兴媒体加速发展,70余家基层单位和部门实现微信公众号、官方微博、速新闻使用全覆盖,新媒体和传统媒体加速融合发展,形成微媒体"矩阵"。全年全区"速新闻"下载注册数量已突破8万次,超额完成市下达的目标任务;宿豫区级平台更新发稿1566条,在市级平台发稿216条。微信公众号宿豫发布共发稿305期,推送新闻1383条,有力的宣传宿豫好形象。与此同时,利用微信、微博、速新闻、网站等全媒体平台联合互动,推送宿豫城市形象宣传片、工业经济、文明城市创建及农村电商等主题,反响强烈。

【选题策划贴"船"下篙】 2015年,区新闻办坚持实行重大新闻选题策划制度,组织区内新闻媒体记者、编辑及各乡镇、单位新闻通讯报道员,召开6次新闻选题策划会和通讯报道员例会,围绕区委、区政府中心工作,梳理出一大批有价值的新闻线索和工作亮点,撰写出一批有深度的重头稿件刊(播)发在各主流媒体及电视的头版或头条。贴近区委、区政府中心工作,抓住区委、区政府主要领导关注的焦点及重大决策或事项的"兴奋点"。

【舆情防控】 区新闻办、区新闻中心、区委宣传部新闻科和区网信办相互联动、密切配合,全力做好新闻舆情和网络舆情防控工作。由于发现及时,快速跟进,密切沟通,处理有效,先后成功化解处置国家级、省级媒体采访的农村电商产业发展、新沂河采砂、千鸟园封园改造、宿豫中学教师罢课及顺河水利工地、区环保局、侍岭幼儿园人员意外死亡等突发事件及较大新闻舆情30余次。 (朱　瑞)

·广播电视·

【概况】 宿豫区广播电视台,广播拥有一套调频广播(FM106.3)综合频率,电视拥有一个《宿豫综合》频道,广播电视节目传输覆盖半径50千米。

宿豫区广播电视台为全民事业单位,在编人员50人,台聘76人,其中中级职称9人、初级职称28人。台内设8个部门,分别是办公室、监察室、总编办、广播电视新闻宣传中心、电视节目中心、广播节目中心、广播电视技术播控中心、广播电视经营管理中心。

2015年,区广播电视台秉承"新闻立台、创新兴台、经营强台"的办台理念,以"全面学泗阳、赶泗阳,誓在全市争一流"为奋斗目标,全面推动各项工作再上新台阶。

2015年,区广播电视台共有25件优秀新闻作品和栏目在省、市级新闻作品评选中获奖。省级获奖作品1件,宿迁广播新闻奖5篇,宿迁电视新闻奖4篇,宿迁广播社教奖2篇,宿迁电视社教奖6篇,广播播音与主持奖1个,宿迁广播文艺奖4篇,宿迁电视文艺奖2篇。其中,《乡村好人》荣获省级广播文艺奖综艺节目二等奖,《走进老兵》获宿迁广播社教一等奖,《年味》《传递》获宿迁电视社教一等奖,《寻找年味》获宿迁广播剧、广播文艺一等奖,《豫见精彩》获宿迁电视文艺一等奖。另外,区广播电视台被评为宿迁市2014年度群众性精神文明建设先进单位、宿豫区群众性精神文明先进单位,荣获2012—2015年度宿迁市群众体育先进单位,被评为国家卫生城市、国家节水型城市、省文明城市、省人居环境奖城市创建嘉奖集体,荣获拥军拥属、拥政爱民先进单位。台新闻宣传中心荣获"省级巾帼文明岗"。

【电视宣传】 2015年,区广播电视台共播发《宿豫新闻》313档,《一周要闻》52档,采编新闻稿件3400多篇,节目总时长5475分钟。为市公共频道制作宿豫新闻365档。围绕区委、区政府中心工作、重点工作,策划实施了《贯彻落实区委扩大会议精神》《创建文明城市》《聚焦创模》《群众身边好党员》《强企之路》等30多个有深度有影响的专栏和系列报道。落实中宣部关于深入基层的有关要求,与全区"一村一品"建设实际相结合,策划了《走基层 村村行》专栏报道，采访播出了50多篇反映新农村建设成果、新人新事、新风新貌的稿件。策应全区机关作风建设提升年活动，开设了《提升机关作风建设》《百名干部谈作风》等专栏，播出各类稿件80多篇，为全区机关作风建设提升年活动的深入开展营造了浓厚的氛围。在主题节日，如“学雷锋纪念日”“劳动节”“助残日”等特殊节日、纪念日，策划了一批弘扬社会主义核心价值观、彰显正能量的主题报道。在坚持正面宣传的同时，把舆论监督放在重要位置，开设了《新闻曝光台》子栏目，围绕村庄环境整治、群众投诉的热点难点问题，客观报道、公开曝光。特别是策应区机关作风建设提升年活动，设立《督查聚焦》子栏目，配合区机关作风建设提升年活动办公室（临时机构）就机关作风建设开展明察暗访活动，对行动迟缓、落实不力的部门予以曝光。围绕创文明城市、创模范、创人居环境、创信用社会、创双拥城市几项重点创建工作，与有关单位紧密对接，抽调多组记者长期跟班采访，并在特殊时间、特定节点，针对创建办督查组督查出的问题，现场取景、多方采访、及时曝光，并跟踪问题整改进度、跟进报道整改工作成效，力促各项创建工作落到实处，这一系列举措在促进中心工作、服务民生的同时，也极大提升了节目的影响力，树立了《宿豫新闻》的新形象。全年，《新闻曝光台》累计播发各类稿件60多篇。

【广播宣传】 2015年，区广播电视台宿迁爱心广播网（FM106.3）全年广播自办节目超过5000小时，全天24小时播音，信号覆盖宿迁三县两区及周边睢宁、新沂、邳州等地。目前宿迁爱心广播网共有10人，频率总监1人，主持人8人，导播1人。2015年宿迁爱心广播网联合宿迁市残联、中华义工、壹基金等举办了多场公益活动，其中“人人都是笨小孩——世界自闭症日·壹基金蓝色行动宿迁站活动”获得百姓的认可。年末，宿迁爱心广播网（FM106.3）已实现网络在线收听，直接受众数百万，是宿迁地区最具知名度、影响力的广播媒体。

【网络宣传】 2015年，区广播电视台项羽网刊登项羽文化文章450多篇，制作《项羽文化》免费电子杂志12期。存储7518段视频节目，包含区广播电视台《宿豫新闻》《聚焦房产》《爱车视界》《生活》《健康》《乡村行》《企业视窗》《关注》《冷暖人间》9档节目视频。改变了区广播电视台节目只能实时观看，不能回看、互动的历史。和宿豫区政府网——“中国宿豫”进行视频跨站程序移植，网民可以通过政府网直接访问项羽视频站，观看区广播电视台9档节目。通过打造项羽网、微信公众号、掌上项羽等新媒体载体，推动宿豫广播电视台传播手段迈入全媒体时代。2015年，项羽网平均日PV访问量超过10万人次。

【栏目创新】 2015年8月，在综合调研考察周边市、县人民广播电视台的基础上，对FM106.3进行节目改版。保留原主打品牌栏目《生活互助汇》，增设《八点听天下》《健康加油站》《有车悦生活》（上、下午版）《微天下》《音乐加速度》《沐·时间》《妈咪宝贝》《娱乐talk show》等直播栏目。并对《生活互助汇》栏目进行优化。改版后，FM106.3频率节目内容丰富多样，涵盖新闻资讯、健康保健、有车生活、二手信息、音乐、亲子和娱乐，充分满足了广大听众每天生活中各种信息、娱乐需求。

【安全播出】 2015年，区广播电视台认真落实《广播电视安全播出值班制度》和《广播电视安全播出应急预案》。严格执行24小时值班制度，并坚持经常化、制度化。在重大节假日、会议期间，实行领导带班，技术员值班，确保广播电视安全播出。尤其在抗战胜利70周年纪念日前后20天，每天分别安排1名领导带班、1名中层干部值班，1名技术员跟班，做到了人员、时间、任务三落实，确保节日期间安全优质播出。同时，加强日常设备检查工作，对台内播出设备进行定期检查。2015年，区广播电视台圆满完成了元旦、春节、地方“两会”，以及市、区委工作会议的转播、直播，实现了广播电视安全优质播出。

【大型推介活动】 2015年,区广播电视台把大型活动作为带动经营创收的重要抓手,举办了宿豫区第四届“宜居城市、梦想家园”大型房车展,展会集住房、汽车、婚庆用品以及名优土特产品展销于一体,区内外近百商家参加。进一步集聚宿豫的人气、商气,实现社会效益和经济效益双赢。9月19—20日晚上,在宿豫区核心地带的中央商务区(CBD)——金融财富广场举行两场广场文化演出。

2015年5月1—3日,宿豫区在红星凯盛广场举办第四届大型房车展　　(区广播电视台供稿)

【新演播大厅建设】 区财政投入1000余万元,帮助广播电视台建成400平方米大型多功能演播大厅,设备一流,有些硬件设施甚至超过市广播电台。新演播大厅的建成使用,改善了广播电视台多年没有功能齐备的大型演播室的缺陷,大型演播室的建成将成为区广播电视台开办综艺、群文性节目构建良好载体。

2015年11月8日,在新建综艺演播大厅举行第16个记者节文艺汇演

(李思花)

·宿迁日报宿豫记者站·

【概况】 2002年10月,宿迁日报社宿豫记者站成立,是宿迁日报社派出机构,主要承担《宿迁日报B版(宿豫)》的编辑出版工作。已由创刊时的四开二版《宿豫资讯》《宿迁日报C版》逐步演变为对开四版的《宿迁日报B版(宿豫)》。宿豫B版是宿豫区域内唯一的一张市级纸质媒体,承载着宿豫区委、区政府机关报的责任和任务,也是宿迁报业传媒集团联系基层、抵近服务的重要前沿阵地,更是联系地方党委、政府及各部门的桥梁和纽带。

【办报精益求精】 2015年,由于新媒体的蓬勃发展,纸媒受到新媒体冲击。但记者站保持清醒头脑,毫不放松B版采编工作。全体采编人员时刻牢记“质量就是生命线”这一宗旨,每周二例会,坚持开展业务学习,剖析上一周报纸存在问题,提出下一期改进措施。全年未出现一次重大差错或失误,报纸质量得到较大提高,得到区委、区政府主要领导及广大读者好评。

【宣传宿豫】 对于区四套班子领导活动,及时安排记者采访,经层层把关后,第一时间上传到《中国宿豫》网站,确保新闻时效性。为防止稿件中出现差错,出台了《新闻成稿上网流程》并严格执行,形成一般稿件两审制,主要领导活动稿件必经区两办审核的三审制,从制度上明确责任主体和分工,强化责任意识,避免差错发生。

2015年是“十二五”收官之年,宿豫经济社会快速发展,更好宣传宿豫、推介宿豫,向《新华日报》投稿5篇,向《宿迁日报》A1、A2要闻版投稿62篇。

【“速新闻”推广出新】 6月5日,宿豫区召开文化工作推进会,对“速新闻”工作进行部署和安排。会后,记者站迅速成立“速新闻”客户端技术推广小组，对广大用户在“速新闻”客户端下载、使用过程中遇到的问题及时予以解决。同时，在《宿迁日报》宿豫B版上连续对“速新闻”进行宣传，让广大市民充分了解，并能够主动下载安装“速新闻”客户端。还成立专业团队，对“速新闻”宿豫版块的新闻及时推送。“速新闻”的点击量不断攀升，每条新闻的点击量都超过3000次。“飞机场即将落户大兴”“最美梨园湾”“刘强东参加京东集团农村电商推广座谈会”等新闻的点击量过万。在集团（报社）半年工作总结大会上，宿豫记者站“速新闻”工作走在全市记者站前列，受到集团（报社）党委表扬。充分利用“速新闻”这个全新平台宣传宿豫，相继在“速新闻”上推出《魅力宿豫之企业风采》《魅力宿豫之最佳金融软环境》《魅力宿豫之住建风采》《魅力宿豫之民政风采》《宿豫“一村一品一店网络创业展示”》等栏目。（胡　春）

·网络监管·

【舆情管控】 2015年，全区创新以疏导为主的网络舆情工作新机制，着力构建事前预防、事中监控、事后处置“三道防线”，建立网络舆情处置“十个一”工作法，实现了网络舆情由事后处置向事前预防转变。共妥善处置舆情1409件，编制《舆情快报》38期，发放交办单51期，接待协调市外媒体28次。坚持全网监测网民诉求，调解处置重大敏感舆情50余起。开展网评员培训及舆情情景演练实训6场次，受众人数近300人。2015年2月，在全区2014年度岗位目标考评中，区网信办在网络舆情引导及正能量宣传方面成绩显著，被宿豫区委、区政府授予“经济发展优质服务奖”。2016年1月，在市第四届网民节暨网络嘉年华大会上，宿豫区网信办举办的“网媒网民赏游宿豫”系列采风活动被评为宿迁市2015年度“十佳网络文化活动”，市委书记魏国强亲自为获奖单位颁奖。2015年10月12—16日，施克江作为江苏省委网信办推荐的全国网络名人代表，赴北京参加全国网络名人第一期培训班，中央网信办领导到会致辞。2016年2月，区网信办施克江被市委宣传部、市委网信办评选为“市网信工作先进个人”荣誉称号。

【舆情引导宣传】 全年策划组织媒体互动活动10余次，在市以上媒体宣传发稿138篇，与网上红色队伍及网友密切交流，凝聚“微力量”、传播“正能量”。参与调解处置涉及征地拆迁、化工企业火灾爆炸、企业环保污染、教育乱收费、小产权房建设、公车管理、群体集访、学生伤亡、千鸟园改造、绿陵集团停产债务炒作等重大网络舆情，引导正面声音成主流，对一些影响到宿豫整体形象，特别是影响宿豫稳定大局和平安建设的不良信息，及时进行处置回应，维护全区发展稳定大局。（邱肖洁）

城建·环保

·城乡规划·

【宿豫城区控制性详细规划编制】 范围为东至环城东路，南至环城南路，西至运河，北至环城北路，约15.52平方千米。初步成果已经区规委会审查同意。

【乡镇规划修编】 全区10个乡镇，来龙新城总规和控规已经市政府批准；新庄总规已通过专家论证，正在报市政府审批；陆集总规已经过区政府审批；关庙、仰化总规（2014—2030）2014年修编完成，尚未报批；曹集总规（2016—2030）正在修编；保安、侍岭、丁嘴3个乡镇的总规由2007年沿用至今，修编工作进展缓慢。

【重点规划】 完成中国·宿迁电商产业园城市设计及控制性详细规划编制工作，并于2015年9月报经市政府批准。村庄布点规划工作于2014年9月份启动，10个乡镇拟规划重点村庄151个，特色村庄15个，一般村庄638个左右，已于2015年8月份经市政府批准。

【规划管理】 2015年，宿迁市规划局宿豫分局办理项目选址意见书35份、办理拍卖地块28个、建设用地规划许可证59份、建设工程规划许可证26份、工程方案审查55个、规划核实14个。

【规划服务】 针对电商一条街22个项目补办规划手续问题，分局及时向市局进行汇报，并就补办建议形成报告上报市政府，市领导于2015年7月14日批示，同意城管查处后给予补办，此项工作得到区主要领导表扬。

针对部分建成工业项目补办手续时间长、程序复杂情况，分局多次到宿迁高新区、宿迁化工园区走访，将补办的流程作详细讲解。局领导带队调研龙嫂食品、翔盛粘胶等部分重点企业，明确在确保安全前提下经城管查处后给予补办。年末已补办林通新材、万康新材、新亚强硅化学等项目。

为科学指导城市社区服务设施规划建设，更好地推进社会管理体制创新，方便居民生活，规范社区中心的配置功能，宿豫分局多次到顺河镇街道办走访调研，向街道办主要负责人详细介绍了《宿迁市城市社区服务设施规划建设指引》的相关内容，并认真听取他们意见建议，结合规划工作实际，帮助解决发展中遇到的规划问题。

（陆珊珊）

·城乡建设·

【概况】 2015年，全区住房和城乡建设工作以创建国家人居环境奖城市、文明城市为契机，在房地产市场持续“低迷”情况下，面对城乡建设任务繁重、矛盾突出、资金紧缺的复杂局面，住建系统先后圆满完成城乡建设重点项目46个，实现建筑业总产值138.16亿元，房屋施工总面积1210万平方米，其中本年新开工面积307万平方米，完成竣工面积336万平方米；完成房地产新开工面积91.78万平方米，竣工面积102.15万平方米。完成的15个园林绿化项目，总投资额达 7285 万元，制定《园林绿化管养条例》。完成西湖东路商业街四个商业项目投资 10.31 亿元，完成西湖东路、洪泽湖东路运河桥南匝道、黄浦江北延段、汉江路、玉泉山路等 5 条城区道路和 3 座公厕改建、新建工程；全区小城镇建设实现总投资约 1.1 亿，建成 5 万平方米以上、配套齐全、管理较完善的示范住宅小区共 12 个，完成危房改造任务为 257 户，争取危房改造补助 257 户，申领中央、地方财政补助 457.87 万元。2015 年，宿豫区住建局在新型城镇化建设工作中被市委、市政府评为先进单位，住房和城乡建设工作被市住建局评为"先进单位"，荣获"一等奖"，被区委、区政府表彰为"区直机关绩效综合考评先进单位""文明单位""机关作风建设提升年先进单位"，物业管理、燃气管理、危房改造工作在全市住建系统荣获先进集体。（孙维兵）

【市政工程建设】 2015 年新建道路 5 条，总投资 3929.82 万元，总长 3878 米，新增道路面积 95300 平方米，改造道路面积 28520 平方米。完成西湖东路、洪泽湖东路运河桥南匝道、黄浦江北延段、汉江路、玉泉山路等 5 条城区道路改建、新建工程。其中西湖东路，以高质量道路、高标准道景、高品位路灯提速了连接市区通道，提升了城市品位；完成运河风光内 1 号桥底移动公厕和农林广场院内公厕新建工程、城东农贸市场公厕改建工程；安装果壳箱 300 只。（王芝晓　胡玉朝）

【亮化工程及路灯管理】 完成西湖东路、张家港大道路、洪泽湖路运河桥南侧匝道路灯安装工程，井冈山路路灯改造工程（珠江路—江山大道），完成二期公共自行车 17 个点供电线路系统；加大路灯维修督查管理力度，严格按照设施完好率达 98%以上，超过《城市道路照明设施管理规定》（建设部）要求的 95%亮灯率的标准。另外在五一、十一等重要节日前也对城区路灯进行大规模的检查，保证节日期间城区道路照明的正常运行。（胡　杰）

【村镇建设】 2015 年，全区小城镇建设总投资约 1.1 亿元，住宅小区 6.2 万平方米，累计建成 5 万平方米以上、配套齐全、管理较完善的示范住宅小区共 12 个；成功帮助乡镇成功创建四个特级档案室，以及三个一级档案室；成功申报曹集乡旱闸村为 2015 年度美丽乡村建设示范项目，省财政奖补资金 180 万已经到位；出台了《宿豫区乡镇建筑质量安全监督管理实施细则》《宿豫区美丽乡村建设导则》及《宿豫区美丽乡村建设考核办法》。

【乡镇危房改造】 2015 年，完成危房改造任务 257 户，争取危房改造补助 257 户，申领中央补助金 349.52 万元，地方补助 108.35 万元，总计 457.87 万元。（张晓萌）

【园林绿化建设】 完成黄浦江路人行道绿化改造、珠江路人行道绿化改造、井冈山路机非隔离带绿化改造及宿迁电子商务产业园绿化工程等四项工程，完成西湖东路绿化改造、长江路绿化改造、锦绣江南小区二期、宿迁电子商务产业园四个市"对标找差"园林绿化竞赛活动项目；完成汉江北路、玉泉山路、黄浦江路北延段黄浦江路立体绿化和盛世家园小区立体绿化、新新家园一期绿化、文化公园等 10 个列市园林绿化项目。年内完 15 个园林绿化项目，总投资额 7285 万元。新植乔木 1 万余株，小灌木 180 万余株，新增绿地面积 18.698 公顷，城市绿化覆盖率 43.16%、绿地率 40%，城市人均公园绿地面积达到 15.21 平方米。（肖　漫）

·城市管理·

【城市环境综合整治】 按照区政府与市政府签订的 2015 年度城市环境综合整治目标责任书，突出重点，狠抓落实，取得了显著成效。2015 年全区共上报 9552 项目 16 类 46 项，其中改造城中村 2 个（星海湾北侧地块、九龙花园北侧地块）、老旧小区 3 个（中通名仕嘉园、豫苑小区、锦绣江南)、背街小巷2条(阳光路、天一支路北路)、城市河道1条(三干渠)、低洼易淹易涝片区1个(西湖东路)、建设工地4个(御景龙亭、帝景豪苑、金箔文殊院、景尚佳园)、农贸市场3个(新珠江农贸市场、尚东一号菜场、御景山庄菜场)、经营疏导点2个(城中摊点疏导点、松花江路疏导点)、停车设施3处(洪泽湖路运河桥东侧桥头公园生态停车场、宿豫文化公园、第三医院门前)、小餐饮1处睦邻之家、洗车点4个(锦华汽车美容装潢、养车堡汽车养护中心、荣膺汽车装潢服务中心、亿华源汽车装潢美容中心)、夜景亮化3处(西湖路路灯改造、张家港大道新建路灯、兴隆小区中心道路)、园林绿化5处(西湖路绿化改造、长江路绿化改造、井冈山路绿化改造、金沙江路、南化路景观工程)、公交站台67个、果壳箱300只、改造道路5条(西湖东路、湘江路、珠江路、金港路、金沙江路)、新建2座水冲式公厕、改造1座,至年末,改造工作全部完成。

【车辆停放联合整治】 分局联合公安分局、社区开展"一街三方"联合执法。通过召开动员会、制作宣传牌、标划停车位、播放录音广播、现场纠正、拍照上传、暂扣拒不驶离车辆等方式,对违章停放车辆行为进行整治。对不在停车位停车的车辆给予帮助摆放、劝离、警告等方式规范,对屡次违章或拒绝驶离现场的车辆进行暂扣,并告知车主在规定时间到指定地点接受处罚。整治工作开展以来,共教育整改违章行为900余起,暂扣机动车210辆,非机动车290辆,处罚380例。通过整治,宿豫城区乱停乱放现象得到彻底改变,有效推动"宿迁规矩"向"宿迁习惯"转变。

【市容环境专项整治】 开展"美化家园,喜迎新春"市容环境整治提升月活动,店外经营流动摊点专项整治,烧烤专项整治,宿豫区城市环境十大专项整治,联勤共管集中整治市容秩序,城区重点部位监管,开展乱扔垃圾、随地吐痰和乱贴乱画专项整治,宿豫区户外广告集中整治,宿豫区珠江路农贸市场专项整治,宿豫区市容环境整治提升秋季行动等十余项专项整治行动,清理各类流动摊点500余处,整治店外经营460处,清除沿线各类横幅、条幅150余条,玻璃门窗和地面乱张贴680余处,市容市貌有了很大的改观。

【村庄环境综合整治】 2015年,全区共投入资金1000万元,投入人力2.9万人次,投入机械0.46万台次,配备保洁人员1350名、垃圾转运人员240名。配备垃圾桶3.5万只,购置34辆移动箱体拉臂车及可卸式垃圾箱体460个,清除杂物、草堆6.1万处。2015年5月,完成336个自然村庄整治任务。7—8月份,按照市村庄环境整治工作要求,在全区范围内开展村庄环境整治"突击月"活动,进一步巩固整治成果。同时,创建"特色村庄"(美丽宜居村庄)。选取条件相对较好,有突出特点的村庄,按照"一系"(水系)"两网"(路网、林网)要求进行重点打造,共创建特色村庄22个。其中,新庄镇朱瓦村杉荷园、顺河街道林苗圃居委会梨园湾、曹集乡小岭村马家古井、仰化镇同义村千亩油菜花、侍岭镇盛湖村草莓采摘、来龙镇陵园村红色基地等景点已成为市民旅游休闲好去处。

【城乡生活垃圾处理】 2015年,按照"组保洁、村收集、镇转运、市处理"的垃圾收运模式开展农村地区生活垃圾处理工作,全面建立、健全生活垃圾长效收运机制,实现镇、村两级环卫设施、机构、人员、经费、制度、考核"六到位"。2015年内,全区农村转运生活垃圾7.295万吨(目标任务量为5.112万吨),完成率达142.69%,超额完成市政府下达的目标任务。

【"五城同创"达效】 省级文明城市、国家环境保护模范城市、国家卫生城市、国家节水型城市、中国人居环境奖城市"五城同创",重点围绕油烟污染专项治理、道路扬尘污染防治、社会生活噪声、建筑施工噪声监管开展工作。至年末,已对湘江路步行街设置的露天烧烤及大排档进行了取缔，对路面上的污渍进行冲刷、清洗。同时，分局安排人员对城区的247家餐饮单位油烟污染净化处理装置设置情况进行检查，联合区市场监管局、环保局等单位每家每户督促安装并定期清洗油烟净化处理设施，对未安装油烟净化处理设施的餐饮单位予以限期整改。

通过专题督查、集中督查、明察暗访等方式，深入主次干道、商业街区、背街小巷、公园景区、公共广场、公交车站、城市社区、乡镇村组，共督查发现问题466处，发放交办单213份，并督促各责任单位整改，每天一报，由区文明办集中通报。国家文明城市创建工作在2015年全国100余个创建城市中取得了第二名的好成绩。

人居环境奖创建共交办问题46个，整改回复问题32个，按创建要求分类整理台账资料，已顺利通过验收。（朱海燕）

·环境保护·

【概况】 2015年，全局干部职工主动适应环保工作新常态，以改善环境质量为核心，以生态文明建设为主线，以环保模范城市创建为抓手，较好地完成了年度各项目标任务。2015年度，区环保局荣获全市环境保护优秀单位、区文明单位、区综治平安工作先进单位等荣誉称号。

【生态环境建设】 完成生态区建设规划编制和报批，抓好生态细胞工程，建成一批省级生态乡镇、生态村和市级生态村（居）。2015年度上报陆集、大兴、来龙三个省级生态乡镇以及五个省级生态村，累计创成国家级生态乡镇1个（顺河镇）、省级生态乡镇1个（陆集镇）；创成省级生态村3个（顺河街道张圩村、新庄镇朱瓦村、陆集镇义合村）、市级生态村72个。编制修订和报批《宿豫区生态红线保护规划》，制定生态红线区域保护责任制，落实各项保护措施。深入开展全区拉网式农村环境综合整治，制定年度整治试点工作方案，编制实施连片整治规划，各项工作有力有序推进。年末，已完成5个乡镇、1个街道、27个行政村的整治试点任务，累计争取到中央和省专项补助资金4400万元。

【化工园区专项整治】 不断加大化工园区污染整治力度，完成废水“一企一管”和集水点工程并投入运行。38家企业投入4000余万元，新建废气收集和预处理设施或进行提标升级改造，园区废气收集处理率明显提升。投入500余万元，对所有企业的危废贮存场所进行改造或新建，提高了园区危废规范化管理水平。化工园区废气治理实施“一企一管”“一企一测”“一企一治”整治方案，有效遏制有机废气和恶臭气体污染，废气、废水、固体废弃物“三废”基本实现稳定达标排放。

【环保执法】 全区组织开展整治违法排污企业、重金属污染专项整治、环保大检查、化工园区专项整治、“一企一档”动态信息系统建设、违法违规建设项目清理、废旧塑料加工行业整治等环保专项行动，多次组织危险废物生产经营单位规范化管理专项检查，督促排污单位规范排污。2015年度，共立案查处环境违法案件121起，其中责令改正违法行为40起，行政处罚81起，处罚金额270.76万元，处罚数量和金额在三县两区位居前列。同时，与法院、检察院、公安等部门建立了环境执法联动工作机制，与公安机关联合查办两次涉嫌环境污染罪案件，实施查封扣押2起。做好媒体引导工作，对重点区域、重点行业组织开展专项排查，对重点难点问题从快处置，及时化解光大环保、保安无害化处理厂等重点信访问题。全年调处各类环境信访441件次，调处率100%，办结率达98%以上。加强环保法律法规宣传，组织开展全区学习新环保法电视知识竞赛，开展现场宣传近10次，发放宣传新环保法手册、环保袋、宣传扇和拉纸笔各1500余份、各类宣传资料2000余份，现场解答群众提问、受理各类环保投诉案件10余件，向全区500余名副科级以上干部和部分群众发送1500多条手机宣传短信。着力营造公众广泛监督、支持环保执法的浓烈氛围。

【水环境污染防治】 强力推进国家和省淮河流域水污染防治“十二五”规划项目,完成一批规模化养殖场污染综合整治,全区医疗机构废水治理设施全部建成并投用,54 家重点企业完成了排污口规范化整治,并建成“一企一档”。实施水环境功能区“一河一策”,推进 15 条河流河长包保责任落实。陆塘河监测断面水质基本达到规定的Ⅲ类标准,地下集中式饮用水源水质达标率 100%。

【大气污染防治】 全年通过媒体曝光 31 家整治进度滞后的单位,召开工作专项推进会 8 次,印发工作通报 10 期,开展联合执法巡查 8 次,对 121 个项目(单位)下发了巡查交办单。完成 212 项整治任务,完成率 99%。2015 年,全区空气质量优良天数 222 天,良好率 62.71%。PM2.5(指大气中直径小于或等于 2.5 微米的颗粒物,也称可入肺颗粒物)平均浓度 61 微克/立方米,比考核基准年 2013 年同期(72 微克/立方米)下降 15.28%,比 2014 年同期下降 21.6%。

【环保宣教】 举办全区学习新环保法电视知识竞赛,在《宿迁日报》开设新环保法宣传专栏等,先后在市、区电视台新闻报道播出 45 条。在《宿迁日报》B 版设环保专栏 17 期,采用稿件 56 篇。加大现场宣传力度,发放新环保法宣传手册、环保袋、宣传扇和拉纸笔各 1500 余份,各类宣传资料 2000 余份,现场解答群众提问、受理各类环保投诉案件 10 余件,向全区 500 余名副科级以上干部和部分群众发送环境保护宣传手机短信 1500 多条。28 所中小学、8 所幼儿园创成省级绿色学校。 (朱晓慧 朱袁义)

·节能减排·

【概况】 2015 年,宿豫区按照省、市关于节能工作的决策部署,建立区节能工作联席会议制度,围绕《宿豫区节能工作管理办法》,配套制定《全区重点工业企业节能工作考核实施细则》,配合市级部门对 17 家企业开展节能监察,提出整改意见;年底,对全区年用能 3000 吨以上标准煤企业进行考核,企业能源利用状况报告编制上报率 100%,10 家“万家企业”全部通过国家能源管理体系评价。定期对用能大户统计分析,将统计口径企业综合用能、电力部门企业用电量及企业能源利用状况报表数据进行对比,分析行业单耗水平,帮助企业掌握自身能源利用状况。同时,努力提升全区节能工作水平,有效促进全区工业转型发展、绿色发展、创新发展。

【目标责任】 区政府与各园区、重点用能企业、机关事业单位签订了节能目标责任状,下达了年度节能目标任务;对各园区和经信、交通等部门下达了具体的节能项目,项目完成情况列入重点督查事项;对全区年耗能 2000 吨标准煤及以上重点用能企业,下达了单位工业增加值能耗降低率以及节能技改与循环经济项目、清洁生产审核、节能型企业创建、循环经济示范、资源综合利用等节能工作任务,通过季通报、年考核,强化节能刚性措施落实,切实降低企业能耗,全区 4 家企业通过市级清洁生产审核。

【源头控制】 严格落实《宿豫区关于推进重点用能企业技术改造项目实施节能评估和审查工作的通知》要求,努力从源头上控制能耗过快增长。2015 年,苏华达新材料、澳中玻璃、三元轮胎等 13 个项目通过了节能评估,严格执行建筑节能的各项法律法规和标准规范,实现从立项、规划、设计、图审、施工、监理、验收、销售的闭合管理。全年淘汰落后设备 256 台(套)。

【推进产业升级】 加大对高能耗、高污染、高危险、低效益等“五类企业”清理力度,对已供地但目前仍闲置、已投产但投资强度不高、已运转但土地利用率较低、产能落后且没有市场竞争力、高能耗高污染且治理无望的“五类企业”实施登记,推进传统产业转型升级。2015 年,共清理产能落后且无市场项目15个，高耗能高污染且治理无望项目3个；加大招商选资力度，集中土地、政策、资金等要素资源向“2+1”主导产业倾斜，重点培育新材料、装备制造和食品饮料产业。年内，全区实施绿色发展技改项目6个，累计投入超过2亿元，全年万元GDP能耗下降7.0，为近5年降幅最高。

【重点领域节能】 实施重点节能技术改造项目8个，节能10.78万吨标准煤。益客食品等4家企业清洁生产工作通过市级审查验收。秀强、惠然等5家单位成为电力直接交易试点企业。对重点用能企业开展计量专项检查3次，企业锅炉节能达标率达97%以上，35家重点耗能企业的19种用能设备达标率为100%。

2015年宿豫区节能和工业循环经济项目建设情况

表49

序号	企业名称	项目名称	类别	投资额（万元）	年节能量（吨标准煤）
合　计				255330	12620.75
1	江苏三元轮胎有限公司	年产9万吨炼胶生产线节能技术改造项目	节能工程	3500	2380
2	江苏健谷化工有限公司	年产6000吨2-甲基-4-氯苯氧乙酸钠生产工艺节能改造	节能工程	1000	2200
3	江苏龙嫂绿色食品有限公司	调味品生产线燃煤系统节能技术改造项目	节能工程	1250	2000
4	中节能（宿迁）生物质能发电有限公司	生物质循环流化床锅炉及集中供热节能提标改造项目	节能工程	1080	800
5	江苏强维橡塑科技有限公司	“多阶螺杆连续脱硫绿色制备颗粒再生橡胶成套技术”产业化项目	循环经济工程	8000	2150.75
6	江苏阿尔法药业有限公司	医药合成三废处理技术研究及综合利用	循环经济工程	2500	790
7	江苏恒正家纺有限公司	年产5000吨拉舍尔印花系列家纺用品生产线节能技术改造项目	节能工程	5000	1300
8	江苏益客食品有限公司	肉鸡制品生产线节能技术改造项目	节能工程	3000	1000

2015年宿豫区淘汰落后高耗能设备情况

表50

序号	企业名称	淘汰设备名称	淘汰设备型号	淘汰数量（台套）
合　计				224
1	江苏三元轮胎有限公司	过滤机	X(J)L－250	7
		开炼机	XK－450	17
		开炼机	XK－400	8
		精炼机	XKJ－480	16
		密炼机	X(S)N－150L	6
		净化风机	JK－W－15	6
		开炼机	XK－560	4
		捏炼机	X(S)N－110L	8

续表 50

序号	企业名称	淘汰设备名称	淘汰设备型号	淘汰数量(台套)
1	江苏三元轮胎有限公司	打卷机	SM320	6
		冷却下片机	SL100	6
		排风扇	740B	26
		水冷空调	HL012	22
		冷却塔	HRT11	2
		循环水泵	ISG	2
		自动称量传送带	FU03	6
		输送带	H21	20
		碳黑除尘器	MC70	8
2	江苏恒正家纺有限公司	12 路圆机	—	20
		双棍二次烫	E472C	5
		手工台版	—	4
		常温蒸化锅	—	1
		普通脱水机	—	2
		燃煤锅炉	—	2
3	宿迁林通新材料有限公司	燃煤锅炉	—	2
4	宿迁市思睿屹新材料有限公司	燃煤锅炉	—	2
5	江苏春绿粮油有限公司	燃煤锅炉	—	1
6	江苏瑞尔祥工贸有限公司	燃煤锅炉	—	1
7	宿迁市项王食品有限公司	燃煤锅炉	—	1
8	宿迁项王纸制品有限公司	燃煤锅炉	—	1
9	宿迁市天成纸业有限公司	燃煤锅炉	—	1
10	江苏健谷化工有限公司	燃煤锅炉	—	1
11	宿迁市群英电子绝缘新材料有限公司	燃煤锅炉	—	1
12	江苏永达化工有限公司	燃煤锅炉	—	1
13	江苏美花化工有限公司	燃煤锅炉	—	1
14	沃特凯尔化学品(宿迁)有限公司	燃煤锅炉	—	2
15	江苏三明新能源有限公司	燃煤锅炉	—	5

(张　达　赵　慧)

【污染减排】 科学制定全区年度减排计划,细化分解,强化督查,严格“批项目、核总量”,落实总量平衡,从严控制新增污染物排放量。2015年完成减排项目23个。通过工程减排、结构减排和管理减排,全年共计减排化学需氧量800吨、氨氮74.36吨,二氧化硫666.901吨、氮氧化物197.88吨,均达到或超过序时进度。全区减排化学需氧量、氨氮、二氧化硫、氮氧化物,均超额完成“十二五”目标任务。

(朱晓慧　朱袁义)

建筑业·房地产业

·建筑业·

【概况】 在建筑市场持续“简缩”的大环境下，2015年全区建筑业实现总产值138.16亿元，其中，省外施工产值84.76亿元。企业营业额110.83亿元；房屋建筑施工面积1406万平方米，其中新开工面积494.3万平方米，房屋建筑竣工面积684.64万平方米。全区建筑企业总数64家，其中，施工总承包企业资质一级3家、二级8家、三级16家。专业承包企业一级2家、二级3家、三级20家、四级1家。劳务承包企业11家。全区取得省级文明建筑工地13个，市级文明建筑工地16个，创“扬子杯”1项，“项羽杯”6项。2015年1月13日，宿豫区质监站高分通过江苏省质监站机构和人员考核。

【建筑行业管理】 开展安全生产检查14次，检查在建工程项目500余次，发出督促整改通知书300余份，排查出各类隐患1250项、责令停工整改项目37个，对安全隐患较多的4家施工单位和4家监理单位上报市局进行通报批评及记不良记录，开展起重设备专项检查，共检查101台起重机械设备，其中塔吊65台，施工升降机32台，吊篮4台，针对存在问题现场下发《建设工程施工局部停工整改通知书》24份。开展建筑业企业诚信平台建设，取得了良好效果。区建筑工程管理处开始对全市范围内的建设企业关键岗位人员实行实名制管理，利用身份证识别系统录入企业关键岗位人员信息，促进建筑市场信用体系建设。2015年立案查处违法违规事件18起，涉及燃气安全、违法分包、转包、扬尘等，处罚到位金额55万元，上报市局不良信用记录4起。

【工程款和农民工工资清欠】 为切实保护农民工的合法权益，确保2015年春节、中秋、国庆期间建筑工程款和工地农民工工资及时足额发放到位，先后组织3次工程款支付、农民工工资发放专项大调研活动，组建5个调研小组，由局班子成员带队，对34个在建项目进行调研，对调研中发现的问题认真梳理，并分解到各位包保帮办人员，成立督查小组，进行日常督查督办催办，设立投诉举报电话，地点设在住建局。同时将联合人社局在建筑工地大门口、工人生活宿舍区，张贴农民工工资举报投诉电话，畅通受理渠道，做到快发现、快受理、快立案、快查处、快结案，力争把问题解决在萌芽状态。对投诉较多的工程项目，及早介入，尽量避免因拖欠工资引发的群体性上访事件。

【建设工程质量管理】 开展“质量风暴”行动，开展各类抽查、巡查523次，组织两次全区在建工程质量大检查，下发监督抽查通知单258次，质量问题整改通知单225份，局部暂停施工通知40份，违法违规行政处罚2起。质监站分别于4月、6月组织全区在建工程建设单位负责人和施工单位负责人的样板工地现场观摩会议，12月4日举办“宿豫区2015年度建设工程质量风暴行动建筑工技能大赛”，将“质量风暴”活动推向深入。2015年10月27日，响应省住房和城乡建设厅《关于统一规范使用新版〈建筑工程施工质量验收资料〉的通知》（苏建办

〔2015〕188号),区质监站开展新版资料系统培训班,全区在建工程建设、监理、施工单位负责人和资料员80余人参与了培训。加快新型墙材、建筑节能新产品的推广应用,全年完成散装水泥量30万吨,预拌混凝土销售量40.2万立方米,新材料(非黏土)产量达8.9亿块标砖。

(白永辉　章　明)

·房地产业·

【概况】 2015年,区住建局围绕区委、区政府两个"双百"(房地产新开工面积、竣工面积分别达到100万平方米)目标任务,全年新开工面积91.78万平方米,同比下降13.47%;全年完成竣工面积102.15万平方米,同比下降3.79%;全区完成房地产开发投资额31.84亿元,同比增长6.9%;完成商品房销售面积47.78万平方米,同比下降9.66%。

【小区开发建设】 2015年,宿豫区委区政府按照稳中求进的城市建设理念,加快推动在建小区项目建设,暂缓推地速度,全年暂无新建项目,同时加快推进西湖东路商业街项目建设,迪拜休闲会所、金三角金融财富广场、锦华御园、鼎创新天地等项目均投入使用,宿迁国际购物公园商业项目部分营业,众大·上海城、锦绣江南等项目均达到或超过序时进度要求。加强政府对房地产市场监管,继续对尚东壹号、富建·名河雅居、钻石公寓等口碑较差且问题较多的项目进行重点监管,促进房地产市场平稳有序发展。

【房产交易】 2015年,共签订商品房住宅销售合同3897套,同比降低7.83%,其中销售前三名是新新家园、御景龙庭、尚阳湖畔项目,分别销售689套、330套、249套;在建项目中销售后三名是御江山、众大上海城、江山一品项目,分别销售35套、38套、42套。

商品住宅销售均价3962元/平方米,同比下降7.19%,其中住宅销售均价最高的项目为锦华御园项目,销售均价为4859元/平方米,销售均价最低的项目为御江山项目,销售均价为2930元/平方米。

2015年宿豫区商品房住宅销售一览

表51

小区楼盘	销售均价(元/平方米)	销售面积(平方米)	销售金额(万元)	小区楼盘	销售均价(元/平方米)	销售面积(平方米)	销售金额(万元)
卧龙湾	4240	9446	4006	中通名仕嘉园	4182	15879	6642
香缇河畔人家	4358	3499	4358	星海湾	4181	3396	1420
金箔文枢苑	4132	5101	2108	金色家园	4124	10762	4439
文昌花园	4106	2004	823	御景龙庭	3731	35528	13257
长江花苑豫园	3491	9529	3327	阳光一佰	3991	3242	1294
万豪新城	3608	2486	897	尚阳湖畔花园	3767	26864	10120
千秋时代新城	4402	3911	1722	水润天城	4174	8155	3404
浦东国际花园	4310	18141	7819	众大上海城	4029	3484	1404
名河雅居	3989	13914	5551	锦绣江南	4453	28212	12565
七彩东城美域	3533	108839	3830	广博丽景湾	3414	7680	2622
锦华御园	4859	14418	7006	金色威尼斯	4229	14757	6241

续表 51

小区楼盘	销售均价（元/平方米）	销售面积（平方米）	销售金额（万元）	小区楼盘	销售均价（元/平方米）	销售面积（平方米）	销售金额（万元）
钻石公寓	4702	8789	4133	印象 99 花园	3785	12922	4892
尚东壹号	4038	17300	6987	御江山	2930	3515	1030
帝景豪苑	4489	7144	3207	景尚佳园	4136	13420	5551
新新家园	3451	73188	25258	翰林华府	3527	9661	3408
江山一品	4214	6874	2897	宿迁国际购物公园	3973	26802	10649

【产权发证】 全面推行办事依据公开、办事流程公开、收费标准公开、办事时限承诺公开、人员及监督电话公开，接受社会各界监督。当天业务不办结不下班，全面推行“微笑服务”。全年办理各类产权登记 14364 件，其中初始登记 135 件，预告登记 4224 件，转移登记 6277 件，抵押登记 3728 件。

【住宅小区选介】 帝景豪苑　由宿迁万鸿置业有限公司投资兴建，位于项王路以南、长江路以东、庐山路以北、松花江路以西，项目占地 12.21 万平方米，规划总面积约 42 万平方米，建筑密度 35%，容积率 2.62，绿化率高达 35%，配套建设有幼儿园、农贸市场、超市等配套设施。其中一期规划建筑总面积 15.23 万平方米，包括政府要求配建的 3.6 万平方米的商业、菜场及 22687 平方米的征收安置房、幼儿园及部分住宅。项目于 2013 年末正式启动建设，年末菜场部分投入运营。

中亚·翰林华府　由中亚地产（宿迁）有限公司投资兴建，位于江苏省宿迁市高新产业开发区（宿豫区江山大道东侧），东至空地和民房，西至江山大道绿化带，北至金箔文枢苑，南至环城南路绿化带，项目占地 9.76 万平方米，其中 1.98 万平方米已挂牌，围墙内净地 4.86 万平方米，项目规划总建筑面积约 216887 平方米，其中，住宅 27 幢约 154625 平方米（其中安置房 8 幢 22025 平方米），沿街商铺 3 幢约 5862 平方米，商业办公楼 1 幢约 21600 平方米，公共配套建筑 3 幢约 2800 平方米，地下室、半地下室约 32000 平方米，容积率约 1.9，建筑密度 26%，绿化率 31%。项目于 2014 年 8 月开工建设，2015 年 10 月办理一期预售许可。

印象 99 花园　由庆晨译集团投资开发建设，位于江山大道 99 号，占地面积约 7.2 万平方米，规划建筑面积约 26 万平方米，约 2000 余住户；由中国建筑设计集团·上海设计研究院规划设计，项目采用 Art－Deco 新古典主义建筑风格。一梯两户、双入户大堂确保品质，89～130 平方米的户型设计做到了超低密度、高得房率、户户南北通透、室室采光通风；景观设计采用了法式宫廷园林景观。400 米超长中轴景观带、约 6 万平方米超大景观绿化覆盖，将园林景观整体抬高 1.5 米，既避免暴雨形成内涝，并有利于植物生长。项目还规划了约 7000 平方米的配套商业，完全能够满足小区业主的日常生活需要。

（韩杨州）

2015 年宿豫区房地产业新开工楼盘情况

表 52

序号	月份	项目名称	开工面积（平方米）
1	1月	新新家园二期 6－13＃、21－24＃、57＃、DK3＃	88267.74
2		御江山 1＃、2＃楼	37892.53

续表 52

序号	月份	项目名称	开工面积(平方米)
3	2月	兴龙家园 1—6#楼	15796.73
4		兴龙家园 7—12#楼	14952.61
5		新新家园二期 1—5#、DK2#、58—59#	43691.01
6		中亚翰林华府 1#、2#、6—7#、39#、地下车库	48562
7	3月	方逸品花苑 B2、B3、B5—B7、B9、B10、B13、B14#楼	21353
8	4月	景尚佳园 3#5#7#9#、2#商业楼、配套用房、人防工程	74126.8
9		京东(宿迁)信息科技园二期呼叫中心	105266.4
10		新新家园二期 14—20#、DK1	40461.4
11	6月	锦绣江南 C12#、C13#	58000
12		梦想家园 1—3#、5—9#、小公寓楼、商业 1	22809.16
13	7月	锦绣江南 C14—C16#	62959.48
14		众大上海城 B05、B06、B12#楼	21476.06
15		尚东壹号 2#、3#、5#、6#楼、幼儿园、会所、车库	105519.11
16	10月	新新家园二期 25—28#、35、36、38、45#	28717.43
17		都市华庭 22—26#	13590.82
18	11月	北斗商务广场	30518
19		宿迁国际购物公园住宅 3#、4#、住宅地下室	57714.62
21	12月	中亚翰林华府 5#、8#、10#、11#、13#、16#	26082.29
合　计		917757.19	

【保障性住房建设】 公共租赁住房:在玺园小区收购 20 套作为政府投资的公共租赁房房源,面积 0.11 万平方米;限价商品住房:保障性住房建设完成公共租赁住房 20 套、限价商品住房新开工 100 套、棚户区改造安置住房 3001 套建设任务,完成廉租房租金补贴发放 58 户,向上争取资金 6070 万元。 (高　旺)

·住宅小区物业管理·

【概况】 宿豫区城区住宅小区有 48 家(不包括拆迁安置小区),物业管理企业 28 家,管理面积约 280 万平方米,物业从业人员约 1000 人。从 28 家物业管理企业资质来看,除江山国际花园的上海采林宿迁分公司和江苏春雨物业属一级资质,安民物业和永飞物业属二级资质外,其它都属于三级资质(含暂三级),现全区住宅小区服务的物业公司均已备案。

【物业收费管理】 2015 年,按照《宿迁市市区物业收费管理实施细则》(宿价规〔2014〕1 号)文件要求,进行全面排查,对前期 42 家物业按照开发企业与物业公司签订的前期物业服务合同约定执行,对后期 6 家物业收费报物价部门审批。宿豫区内物业费最高是时代新城,收费标准为 0.58 元/平方米;物业费最低是 0.3 元/平方米,为珠江花园、雨露小区、黄山佳园等,

【维修资金管理】 根据市物业大会精神及《宿迁市市区物业管理办法》和《宿迁市市区房屋专项维修资金使用管理办法》等文件要求，2014年10月1日起维修资金使用管理权限从市局移交各区住建部门管理，2015年正式运行，住宅小区维修资金管理由住建局物业办暂时负责，配备两名专职管理人员。维修资金管理工作职责：负责维修事项的审核、预算控制、资金支拨使用、审批，组织工程招投标和验收，建立辖区内维修资金使用台账，通过维修资金综合管理系统在使用维修资金的相关业主账面上予以核减，接受市级住房和城乡建设局的监督检查，组织审计部门对资金管理和使用情况进行审计，并负责维修资金的续缴归集工作；负责协调配合区财政部门对辖区内维修资金使用的监管责任，做好维修资金的审批和拨付工作，接受市财政局的检查和审计部门的审计；负责协调对接乡镇(街道办、社区)对辖区内业主委员会申请使用维修资金的监督指导，要求其参与维修资金申报项目现场认定、工程招投标和验收，并对维修施工过程进行监督。房屋专项维修资金管理工作已开展，先后审批并发放房屋专项维修资金66.77万元，其中江山国际花园23.36万元、金外滩小区33.58万元、珠江花园4.43万元、小香港5.34万元。

【住宅小区物业整治提升】 按照市物业整治工作指挥部2015年度住宅小区物业整治工作方案要求，宿豫区根据全区住宅小区实际情况，对整治计划适当调整，制定了《宿豫区住宅小区整治提升计划方案》。2015年先后投资5000万元，对25个住宅小区进行集中整治，通过整治提升，改善了居民的居住环境，提升了小区品位。

(卓 森 穆 猛)

·房屋征收·

【九龙花园和星海湾北侧地块房屋征收】 2015年，针对星海湾北侧地块和九龙花园北侧地块房屋征收工作，成立由豫新街道、住建局、评估公司、雨露社区组成的现场工作领导小组，共计分成5个工作小组，将征收任务分解落实到每个责任人员和工作小组，明确推进时间节点和任务要求，创新“一户一策”征收办法，完成星海湾北侧地块和九龙花园北侧地块房屋征收总户数511户，其中合法面积应征户数471户，违章房应征户数40户，完成扫尾52户。征收合法建筑面积7.5万平方米，征收金额3.4亿元。

【天山路北侧改造项目房屋征收】 天山路北侧改造项目房屋征收为2015年市重点督办项目，列入2015年区政府为民办实事项目。该项目东至环城东路，西至江山大道，南至天山路，北至环城北路。占地面积约为99.65亩，需征收82户，征收面积约为2.5万平方米，其中有图面积为1.77万平方米，无图面积为0.73万平方米，经宿迁市恒佳房地产评估咨询有限公司预评估，该项目征收补偿款约为5925万元(含评估、实施费用)。10月26日，宿豫区人民政府发布该地块征收决定公告，正式启动房屋征收工作，按照房屋征收新的条例和办法，规范征收程序和行为，精心组织实施征收。已征收81户，交房拆除80户。

(李媛媛)

·小区配套建设·

【燃气建设与管理】 根据市政府办公室《关于市区燃气设施三年建设任务的通知》精神，2015年，宿豫区已建成次高压管网21.2千米，城市中高压管网110千米，小区庭院管网180千米。通气小区47个，燃气民用户2.85万户，其中，新增居民用户7985户，增长率38.9%；新增工业大用户17户，增长率21.4%；新增商业用户24户，增长率21.4%。为了加强全区燃气安全管理，先后开展3次应急演练，开展主题宣传4次，发放宣传材料3万份，与5家燃气企业签订安全工作目标责任状，无一起燃气事故发生。

2015 年，宿豫区住建局被市住建局评为“燃气管理先进单位”。（李　波）

·公积金管理·

【概况】 2015 年，宿迁市住房公积金管理中心宿豫管理部围绕年初制定的目标任务，抓好归集扩面工作，新增开户单位 25 个、4282 人，净增归集额 9006 万元，公积金余额 42395 万元，同比增长 27%；公积金购房等支取 7643 万元，同比增长 60%。加大公积金放贷力度，发放个人贷款 15712 万元，同比增长 30%；贷款回收 3420 万元，同比增长 44%。认真执行住房公积金的各项管理制度，没有发生因自身服务态度原因而产生的投诉。获市住房公积金管理中心颁发的“2015 年度超额完成目标任务奖”和区政管办颁发的 2015 年度“红旗窗口”。

【公积金归集】 2015 年，区住房公积金管理部对全区自收自支事业单位、国有企业单位和私营企业加大宣传，举办了“公积金走进京东”等大型政策宣传活动，通过宣传等方式，全区 10 个乡镇和 3 个街道办的下属自收自支单位全部缴交了住房公积金，共计开户 393 人，月缴额 40 多万元，全年可新归集资金近 500 万元。认真落实市长办公会议纪要〔2015 第 20 号〕关于宿豫中学公积金欠缴问题，通过协调，与宿豫中学(集团)签订了公积金缴存协议，让宿豫中学教职工的住房公积金按月足额缴纳。宿迁中医院、江苏北斗星空等单位于 10 月开户缴交，宿迁电子商务发展有限公司、“当当网宿迁站”等 300 多员工在 12 月开户缴交。全年新增开户单位 25 个，新增开户人数 4282 人，当年归集 16649 万元，净增归集额 9006 万元，公积金余额 42395 万元，同比增长 27%，全市三县二区排位第二，超额完成了年初下达的任务。

【公积金贷款】 2015 年共发放公积金贷款 542 笔 1.57 亿元。其中，组合贷款 103 笔，公积金贷款 439 笔，同比增长 30%，全年支持职工购房共计 60753.41 平方米，县区排位第二。在资金短缺、客户需求量大的情况下，宿豫区公积金贷款因存量限制实行轮候制，区公积金管理部顶住压力，加强服务，对前来贷款的客户做好耐心细致的解释工作，同时积极向市公积金管理中心争取资金 5000 万元用于放贷。做好资金风险防范工作，做到贷前、贷中、贷后跟踪管理，实现贷款逾期率为 0。截至 2015 年底，公积金缴存余额 4.2 亿元，公积金贷款余额 4.4 亿元，存贷比达 105%，是全市唯一一家存贷比超过百分之百的营业部，为宿豫区房地产业去库存作出了努力。

【公积金支取】 在日常的支取工作中，严格把关，经常和市公积金中心支取科保持联系，请示汇报，提高识别假发票、假税票的能力。对有疑点的手续，按照市公积金中心归集支取科提供的电话进行发票、契税票的核对，全年共发现十多起利用假发票套取公积金事件，对当事人进行批评告诫。2015 年共办理公积金支取 7643 万元。（赵　斌）

就业与社会保障

·综　述·

“十二五”期间，宿豫区建成省五星级公共人力资源市场1个、基层公共就业服务平台152个，“15分钟公共就业服务圈”全面布点到位，实现城乡全覆盖。省级充分转移就业乡镇覆盖率达到100%，“十二五”末城镇登记失业率控制在2.3%以下。城乡居民养老保险参保人数达到14.93万人，城镇居民医疗保险参保人数达到9.67万人，覆盖率均达到99%。期末，规模以上企业劳动合同签订率和已建工会企业集体合同签订率分别达到99%和95%。劳动人事争议仲裁院被省人社厅认定为“省级示范仲裁院”。“十二五”期间，新增专业技术人才1万人，专业技术人才知识更新培训2.1万人次，引进留学人员12人，已建成博士后工作站2个，公开招录公务员221人、招聘事业人员(含教师)441人，为宿豫经济社会发展提供有力的人才智力支撑。

2015年，在全市人力资源和社会保障主要工作目标考核中，全区有60项指标超额完成考核任务，其中创业培训人数、网络创业培训(提升培训)人数、生育保险基金征缴收入、失业保险覆盖率、城乡居民养老保险覆盖率、新培养技师和高级技师人数等6项指标完成率在全市位列第一。在全区2015年度目标管理综合考评中，宿豫区人社局以区直机关部门第一名的成绩被区委、区政府评为“目标综合考评先进单位”，是区人社局自2010年成立后连续5年获此殊荣。2015年度，人社局分别被区委、区政府及有关部门评为机关效能和政行风建设先进单位(总分在区直“18个经济社会管理类单位”中排名第一)、群众性精神文明建设先进单位、宣传思想文化工作先进集体、综合扶贫先进单位。社会保障服务大厅以总分第六的好成绩获评“机关效能和政行风建设先进岗位”。邱昌军、王彪分获全区互联网信息工作先进个人和第四届宿豫新闻奖，臧为年被市、区两级评为扶贫工作先进个人。在全市人社系统社会保障体系建设中，宿豫区人社局在社保扩面“幸福行动”、全面参保登记计划、建筑施工企业“同舟计划”、社保卡推广等四个考核项目中，均受到市人社部门表彰，在三县七区中处于第一档位。

·劳动就业·

【劳动就业】 2015年度，宿豫区新增转移农村劳动力7358人；离校未就业高校毕业生实名登记率100%，离校未就业高校毕业生服务率100%，城镇新增就业6297人，城镇登记失业率2.21%，控制在3.5%以内。区人社局以创建省级充分就业示范社区和省级充分转移就业乡镇为契机，将就业政策向农村延伸，推动实现农村劳动力充分转移就业；创新实施“一类一策”分类培训制度，对下岗失业人员等各类群体，有针对性开展分类培训，促进城乡劳动力实现高质量就业；认真落实就业扶持政策，对就业困难群体实行“一人一册”就业援助，全程跟踪帮扶，做到出现一人，认定一人，帮扶一人；认真贯彻落实创业优惠政策，运用“互联网+”思维助推电商产业发展，全年组织网络创业培训

2151人次,成功申报宿豫区首家省级创业孵化基地(高新区科技城创业孵化中心),推荐上报12个大学生创业项目,有6个获评“省优秀大学生创业项目”,其中1个项目代表宿迁市参加全省首届大学生创业大赛。

【劳动维权】 劳动人事争议仲裁工作推行“一步到庭制度”,向当事人一次性送达受理案件通知、应诉通知、举证通知和开庭通知,减少法律文书送达环节,缩短送达流程,杜绝案件延误审理情况的发生。专家调解平台全年共受理调解申请330件,调解成功325件,案件得分、案件调解数量和结案率三项指标均居全省首位。劳动监察大队集中开展维护劳动者合法权益、整治非法用工、打击违法犯罪等专项检查行动,参与劳动关系领域各项创建活动,成功获评“省级优秀青少年维权岗”(全市人社系统仅2家获此殊荣)。探索“说理式执法”新理念,实施“事前、事中、事后”全过程说理,做到讲清法理、说清事理、讲通情理。通过说理式执法,宿豫区人社局共协调处理劳资纠纷案件100余起,涉及劳动者2000余人,追回拖欠工资800余万元。高新区办事处全年受理各类投诉、举报286件,帮助农民工追回工资4100余万元,涉及农民工3800余人。化工园区办事处做好社保扩面基础工作,居民医保参保人数突破万人。

【就业公共服务“春风行动”】 2015年的“春风行动”,从1月下旬起至4月下旬止,为期三个月。区人社局工作人员举办了“春风送岗”大型企业人才招聘会、乡镇“逢集”系列招聘会、生态化工科技产业园专场招聘会、元宵节专场招聘会等各类大中小型各类招聘活动40余场,为各类城乡劳动力提供3000余个岗位。同时利用千鸟园“每天一招”模式,重点吸引返乡务工人员和各类人才集聚宿豫就业创业。

【线上线下“双引擎”就业模式】 2015年,全区共举办“线上线下”各类招聘活动200余场,提供就业岗位8000余个,帮助5000余名求职者实现精准就业。为了让广大求职者实现快速“精准就业”,区人社局先后建立了互联网智能招聘终端、“15分钟公共就业服务网”和“就业QQ交流群”等“线上”招聘平台,架起了企业用工和群众就业之间无缝“线上”对接桥梁。针对一些大龄求职人员对“线上”求职不熟悉、不喜欢等情况,充分发挥乡镇(街道)、社区(村)基层平台的就业服务功能,依托窗口宣传企业招聘信息;通过招聘宣传栏、手机短信平台等渠道发布企业岗位信息。春节期间,举办大型系列招聘活动;在区千鸟园就业服务广场举办微型“天天招聘会”,并在区五星级人力资源市场举办微型现场“周五招聘会”。为更好实现招聘“线上线下”两条腿走路,推出了新型的“混搭”招聘会,让广大群众在找到合适的就业岗位的同时,享受就业岗位、技能培训、创业培训、政策咨询和投诉建议等更多的人力资源和社会保障服务。

【“一库两网三平台”开启智慧劳动监察】 为切实破解现有的劳动监察案件调处成本高、效率低的难题,区人社局着力从源头抓起,兼顾企业健康发展和劳动者合法权益,建成了智慧劳动监察“一库两网三平台”模式,覆盖乡镇、街道,以网络化支撑网格化运行的劳动保障监察维权新体系,为新形势下更具成效地开展劳动监察执法工作奠定了坚实的基础。2015年,实现信息采集用人单位304户,采集率同期上升8%;书面审查用人单位500户,书面审查完成率100%;检查用人单位198户,补签劳动合同409份,规范单位规章制度25条。 (王　彪)

·人事管理·

【公务人员管理】 新一轮公务员5+X培训工程取得丰硕成果,培训总数达到3000人次,培训覆盖面达到98%,公务员三项基本能力竞赛均取得全市前三名的优异成绩。公务员职务职级并行制度平稳实施,首批135名公务员获得职级晋升资格并兑现相关待遇。启动优秀公务员健康休养计划，清理“吃空饷”和规范津补贴工作取得初步成效。深入推进事业单位岗位设置和聘用管理工作，重点突破教育系统难点问题——27 家公办学校全面完成设岗目标，全区事业单位岗位设置管理工作步入常态化轨道。

【人才队伍建设】 2015 年，全区共为 16 家企业、97 名符合条件人员落实了人才优惠政策。职称办重点开展对企业和高层次人才的服务工作，面向企业征集人才需求信息 80 条，申报本土拔尖人才 23 名，“江苏阿尔法药业有限公司”和“中节能（宿迁）生物智能发电有限公司”2 个引智项目成功获得省外专局审批资助。工考办广泛宣传技术工人考级政策，动员机关事业单位工勤人员参加培训考核，全年共有 116 人参加职业素质提升培训，18 人取得技术工人等级证书。

【“企业版职称”拓展蓝领成长新通道】 2015 年，区人社局紧跟全市“两资去行政化”改革步伐，突出“市场主体培育、项目下放承接、平台服务保障”，选取秀强公司、京东商城、禾友化工、中粮集团等重点企业推行人才自主评价工作，全年企业自主人才评价总人数达到 4330 人，共培养 123 名技师、1000 余名高级工，至年末，全区已有 2 万余名企业员工取得“企业版职称”，其中高级工及以上有 8000 余人，技能人才逐渐成为了宿豫区企业发展的“硬支撑”。（王　彪）

·社会保障·

【实施“两定一限时”工作机制】 2015 年。区人社局创新实施“两定一限时”（定人、定责、限时完成）工作控制，确保全年离退休人员养老金足额发放率和社会化发放率两个 100%；农保处深入推进 2015 年《江苏省征地补偿和被征地农民社会保障办法》（省政府令第 93 号）全面实施，截至 2015 年年末累计完成 8 个地块 1251 名被征地农民参保工作，在全省起到了典型示范作用。机关事业保险处研究养老保险制度并轨政策，完成全区 121 家参保单位的保险稽核工作，其中实地稽核 48 家、书面稽核 73 家，为全面实施机关事业单位养老保险制度改革做足准备。医保处针对征缴扩面难点和薄弱环节，主动寻找工作突破口，反复多次向区政府提交调研情况和意见建议，及时将区直机关和事业单位职工全部纳入生育、工伤保险参保范围。

【被征地农民社会保障】 2015 年年末，被征地农民参加城乡居民社会养老保险 328 人，参加企业职工基本养老保险 277 人，享受被征地农民基本生活保障 603 人。

【城乡居民社会养老保险便民快捷服务】 创新城乡居保参保农民经办服务参保登记不出村、个人缴费不出村、待遇领取不出村、权益查询不出村”四个不出村”模式，区人社局与 3 家合作金融机构出台加强全区城乡居民社会养老保险便民快捷服务。截至 2015 年年末，全区 15 个乡镇 135 个村实现“四个不出村”。

【企业职工基本养老保险】 年末，全区企业职工养老保险参保人数 50213 万人，比上年末增加 3096 万人。其中参保职工 26235 万人，比上年末增加 2425 万人，增幅 10.2%；参保离退休人员 12885 万人，比上年末增加 878 万人。参加企业职工基本养老保险的农民工人 7099 万人，比上年末增 1790 万人，增幅 21%，参保缴费率为 95.46%。参保养老金按时足额发放率为 100%。

2015 年，调整了企业职工退休养老金待遇，覆盖全区 12824 万名企业退休人员，调整后全区企业退休人员月人均养老金水平达到 1856.45 元，比上年增加 168.91 元，全部按时足月发放。2015 年年末，有 12824 名企业离退休人员纳入社区管理，占企业退休人员总数的 100%。全年共有 12824 名企业退休人员接受免费健康体检，周期体检率 100%。全年共办理养老保险关系 6237 人次，其中跨省转入 193 人次，跨省转出 135 人次，省内转入 3380 人次，省内转出 2529 人次。

全年企业养老金总收入 35743 万元，比上年增长4.28%,其中征缴收入29324万元,比上年增长13.98%。基金总支出31580万元,比上年增长18.41%,其中基金养老金支出(含丧葬抚恤补助费,标准未改变)29743万元,比上年增长18.36%。

【城乡居民社会养老保险】 2015年年末,全区居民社会养老保险参保人数150278人,参保率为100%;领取基础养老金人数71046人,领取率100%;续缴费率100%。全区城乡居民社会养老保险基础养老金最低标准调整为每人每月105元,比上年提高15元。全年城乡居民社会养老保险基金总收入15337.38万元,其中个人缴费4565.12万元。全年基金总支出9450.39万元。

【大病医保】 根据《市政府关于印发宿迁市大病保险暂行办法的通知》(宿政办发〔2013〕212号)文件要求,宿豫区城镇职工医疗保险自2014年1月1日起,实施全市统一的“大病保险”制度。当参保(合)人员身患重、特大疾病发生高额医疗费用时,在享受基本医疗保障待遇、医疗救助后,由商业保险机构对个人负担的合规医疗费用给予补偿。其筹集,由政府每年从医疗保险基金中划出一定比例(当年度总收入的2%以内)作为大病保险资金,个人不缴纳。其待遇,以减轻参保(合)人员发生家庭灾难性医疗支出负担为目标,具体赔付比例为:13000~50000元,政策内费用赔付50%;50001~100000元,赔付52%;100001~200000元,赔付55%;200001~300000元,赔付60%;300000元以上,赔付65%。

【城镇职工医疗保险】 2015年年末,全区城镇职工基本医疗保险参保人数67002人,比上年底增加1789人。其中参保职工50214人,参保退休人员16788人,分别比上年末增加1686人和103人。参加城镇职工基本医疗保险的农民工人数22707人。全年城镇职工基本医疗保险基金总收入140548999.61元,比上年增长27.83%,其中征缴收入131751792.56元,比上年增长29.61%。基金总支出113944481.6元,比上年增长28.98%,其中基本医疗保险待遇支出112265700.55元,比上年增长23.27%。

【失业保险】 2015年年末,全区失业保险参保人数40675人,完成全年目标的100%,参保覆盖率在96.1%,比上年末增加5人,增长0.01%。同上年人数持平。年末领取失业保险金人数868人,比上年末增加382人。2015年全年失业保险金总收入1991.81万元,比上年增长10%,其中征缴收入1790.53万元,比上年增加12%,基金总支出878.72万元,比上年减少13%。全年共为1274名失业人员发放638.99万元失业保险金,用于失业人员基本医疗保险费145.22万元。

【工伤保险】 2015年,全区参保总人数达到58611人,比上年增加5202人。其中参加工伤保险的农民工21207人,事业单位参保人数2142人。工伤保险定期待遇为528996.48元,调整幅度达24.56%。全年工伤保险基金总收入15332594.01元,比上年增长32.26%。基金总支出13643840.59元,比上年增长33.09%。全年共完成工伤认定案件356件,劳动能力鉴定案件116件,其中达到伤残等级112件。有514人享受工伤待遇,比上年增加89人。全年工伤保险基金支付工伤待遇13643840.59元。

【生育保险】 2015年年底,全区生育保险参保人数41299人,其中女职工18762人,比上年增加2290人和210人。全年享受生育保险待遇690人次。全年生育保险金总收入6718771.66元,比上年增长13.79%,其中征缴收入6635142.67元。基金总支出5020436.44元,比上年增长84.44%。机关、事业单位全部纳入生育保险参保范围,参加职工医保的灵活就业人员发生的符合规定生育的医疗费用尚未纳入基金支付范围。实现了参加生育保险的妊娠职工直接与定点医疗机构结算产前检查费用和住院费用。实现医疗费用按单元、病种付费,并由经办机构与医疗机构直接结算。（王　彪）

·民族工作·

【概况】 全区共有30个少数民族，常住少数民族人口577人，人口最多的是回族120人。有2个少数民聚居组，分别是宿豫区豫新街道顺河社区居民委员会六组、宿豫区丁嘴镇德高村民委员会丁大庄组。少数民族生产示范基地1个，为丁嘴镇德高村民委员会丁大庄组。江苏省清真食品挂牌生产基地5个，分别是江苏龙嫂绿色食品有限公司、宿迁市罐头食品有限公司、宿迁市春绿粮油有限公司、江苏益客食品有限公司、宿迁味霖食品有限公司。民贸企业3个，分别是江苏龙嫂绿色食品有限公司、江苏玖久丝绸股份有限公司、宿迁市春绿粮油有限公司。

【少数民族政策落实】 为丁嘴镇德高村丁大庄组先林獭兔养殖农民专业合作社争取少数民族发展资金20万元，帮助合作社扩大生产；为宿迁市罐头食品有限公司5000吨罐头生产线技术改造和江苏益客食品有限公司4000万只清真肉鸡生产线技术改造项目各争取社会事业扶持资金6万元。落实上级部门下发的《关于妥善解决回族等10个少数民族群众清真饮食问题的意见》，对辖区内的回族等10个少数民族基本情况进行全面统计，6月底，113人清真食品补贴全部发放到位。对3名回族、彝族、土家族等少数民族考生进行民族成份认定，为进一步学习深造提供服务。

（臧　成）

·宗教工作·

【概况】 全区有基督教、天主教、佛教、伊斯兰教四种宗教，经批准的爱国宗教团体2个，即宿迁市宿豫区基督教三自爱国运动委员会，主席曹绪锋；宿迁市宿豫区佛教协会，会长常性。宗教活动场所80处，信教人数1.2万人。其中基督教活动场所78处，信徒1万人；佛教活动场所2处（来龙古寺、龙虎山观音寺），信徒2000人；天主教信徒25人；伊斯兰教信徒70人。3月份在全市民族宗教工作会议上被评为“全市民族宗教工作先进单位”。

【教职人员任职备案】 在全区范围内开展宗教主要教职人员任职备案工作。2015年，全区共备案主要教职人员2人，宗教场所实际负责人72人。

【星级宗教活动场所认定】 3月份，宿豫区基督教中心堂和新庄镇三一堂、曹集基督教中心堂分别被宿迁市民宗局认定为首批四星级、三星级宗教活动场所。陆集镇崇一堂等7家场所、顺河镇蔡老庄教会等12家场所分别被宿豫区民宗局认定为首批二星级、一星级宗教活动场所。为进一步推动“星级宗教活动场所认定”工作深入开展，在全区宗教界组织开展“知法守法用法，规范宗教场所管理”“五星级宗教教职人员”和“五星级宗教信众”评比活动。通过召开动员会、观摩研讨会、举办培训班等举措，进一步加强宗教界自身建设,提高全区依法管理宗教事务水平。12 月 17 日,在全区宗教活动场所“知法守法用法,规范宗教场所管理”主题活动表彰大会上,宿豫区基督教中心堂等 21 家先进场所和曹绪锋等 51 名先进个人受到表彰。

【宗教慈善活动】 3 月份,来龙古寺为尼泊尔地震灾区举行祈福法会并开展募捐活动;协调省佛教协会第五届理事会常务理事、常熟市佛教协会会长、兴福寺方丈慧云大和尚为宿豫区特教学校每位在校学生送去 400 元慰问金;组织宗教界积极开展“宗教慈善周”活动,共收到善款 52352 元,主要用于帮扶生活困难的少数民族和信教群众,受益人数达 208 人。

【宗教教义和反邪教宣传】 利用基督教培灵会进行宗教教义和反邪教知识培训。开展反邪教专题学习会和来龙庙会反邪教宣传活动,播放反邪教视频、展出反邪教宣传展板 15 块、发放宣传资料 1200 份,接受现场咨询 40 人次;同时,举办 30 场培灵会,受训信众达 9000 余人次,增强广大信教群众爱国爱教、抵御渗透、反对邪教的意识,更加坚定对科学的信仰。

2015 年 5 月 3 日,利用来龙传统庙会开展反邪教宣传 （区委统战部供稿）

【区佛教协会换届】 认真抓好佛教协会班子成员的任前考察把关工作,对区佛教协会领导班子成员年龄结构和文化学历结构进行调整优化。5 月 29 日,宿豫区佛教协会第二次代表会议胜利召开。会议听取和审议了第一届理事会工作报告,审议并通过《宿迁市宿豫区佛教协会章程》(修改草案),选举产生了第二届理事会和新一届领导班子,来龙古寺监院常性法师当选区佛教协会第二届理事会会长。换届后,区佛教协会领导班子成员的平均年龄 42 岁,比上届下降 7 岁。 （臧　成）

·社会救济和社会福利·

【城乡最低生活保障】 自 2015 年 7 月 1 日起,全区城乡低保标准分别提高到每人每月 490 元和 370 元,共有城乡低保对象 8059 户 15995 人,发放低保金 4387.58 万元,其中城市低保 2031 户 3352 人,发放低保金 968.35 万元;农村低保 6028 户 12643 人,发放低保金 3419.23 万元。

【五保户供养】 自 2015 年 7 月 1 日起,全区农村集中供养五保对象和分散供养五保对象的供养标准分别提高到每人每年 6100 元和 5000 元,全年发放五保供养资金 1105.4040 万元。截至 2015 年 12 月底,全区共有五保对象 2184 名,其中集中供养 364 人、分散供养 1820 人。

【社会孤儿救助】 从 2015 年 7 月 1 日起,全区社会散居孤儿养育标准提高到每人每月 950 元,全年为 200 名社会散居孤儿发放基本生活保障金 203.891 万元。

【自然灾害救助】 2015 年 4 月,全区农作物受赤霉病影响,受灾面积达 8573.2 公顷,直接经济损失达 3339.61 万元。2015 年 7 月 14 日突降风暴,保安、来龙、关庙等乡镇损失较为严重,直接经济损失达 139.82 万元,其中倒损房屋 2000 多间,倒损树木 6800 多棵。

2015 年,全区共争取上级救灾救济资金 116 万元,其中购买采购大米 142 吨,面粉 191 吨,购买棉被2835条,大衣616件,妥善安排冬春受灾困难群众的基本生活,受益群众达12440户。

【大病救助】 大病二次医疗救助比例由65%提高到70%,封顶线为3.5万元。2015年,全区共为18620名民政对象代缴医疗保险资金223.44万元;救助城乡困难患病群众4969人次,发放医疗救助资金868.93万元。

【慈善救助】 2015年,区慈善总共发放救助资金94.53万元。其中:临时救助12人6.9万元;儿童大病救助132人39.15万元;“情暖江苏”救助44人4.5万元;慈善助孤救助44人2.2万元;金秋助学救助98人29.4万元;南京银行助学46人4.6万元;慈善超市救助111人7.78万元。

【临时困难救助】 2015年,全年共发放临时救助金356万元,惠及2213户困难家庭,其中京东特困救助51户,发放救助金98万元。

【1960年代退职职工及1950年代小乡干部生活补助】 自2015年1月1日起,1960年代精减退职老职工生活补助提高到1185元,全区全年共为126人发放生活补助费179.17万元;1950年代小乡干生活补助费在原有的基础上每人每月提高300元,最低领取生活费1775元/月,最高领取生活费1935元/月,全年共为75人发放生活补助费166.95万元。

【福利彩票发行】 2015年,全区福利彩票共有7种,即福在线、双色球、3D、七乐彩、15选5、东方6+1、刮刮乐,80个福彩销售站点共销售福利彩票6836万元,同比增长25.1%。

(丰敏　朱叶　单浩)

·基层民主和社区建设·

【政社联建】 2015年,宿豫被列入全省首批、全市唯一的全省现代社区治理创新实验区,先后制定了《宿豫区建设现代社区治理创新实验区工作规划(2015—2017)》,印发《宿豫区“政社联建”契约化管理双向履约评估办法》《关于做好2015年度政社联建工作签约事项的通知》,指导乡镇(街道)和村居签订一系列协议,并分别成立多元化评估主体,开展双向评估工。全区138个村居全部完成签约。推进社区“减负增效”工作开展,印发《宿豫区减轻城乡社区负担提升为民服务效能的实施方案》,清理、取消28项面向村级的组织机构、工作任务、活动阵地以及工作台账,规范面向社区的各类检查评比和创建达标活动。建立社区事项准入制度,严格“权随责走、费随事转”制度,实行组织机构、工作任务和评比考核进社区的申报准入制度。对申请进入社区的事项,须经区委常委会研究同意,明确时间节点、工作任务、目标要求、所需人员、经费拨付等内容后,方可进入。

【社区建设】 指导各社区扎实开展和谐社区示范创建工作,全区社区综合服务中心建设达标率为96.5%。宿豫区顺河街道文昌社区、丁嘴镇登山社区、丁嘴镇丁嘴社区、来龙镇水庄社区、来龙镇陵园社区等5个社区被表彰为“江苏省和谐社区建设示范社区”,丁嘴镇被表彰为“江苏省和谐社区建设示范乡镇(街道)”。截至2015年底,全区和谐社区建设获省级示范单位表彰的已经达到47个,其中社区39个,乡镇(街道)8个。

【社工人才】 在全市率先成立社工人才队伍协调小组,并制定出台《推进社会工作人才队伍建设意见》,将社会工作人才纳入全区人才工作体系,每年按一定比例对表现优秀、业绩显著的进行表彰奖励。鼓励从事社会工作人员通过考试取得从业资格,引导村级干部(大学生村官)参加社工人才资格考试;将具备社工从业资格作为村级干部(大学生村官)考核的一项内容,并在干部选拔任用时给予优先考虑;将具备社工从业资格人数作为对社会组织评价的一项指标，并作为政府实施购买服务的重要依据。区财政建立100万元专项资金用于社工人才培育，对取得初级、中级资格的人员分别给予1000元、3000元的奖励。下发《关于宿豫区社会工作人才队伍建设任务分解表的通知》，将社工人才队伍建设任务分解到有关部门、单位。

（杨福恒）

·双拥工作·

【优抚安置】 自2015年10月1日起，在职残疾军人抚恤金标准按国家标准执行，老复员军人、年满60周岁的烈士子女和参战及参与核试验退役人员生活补助标准每人每月分别提高100元，带病回乡退伍军人每人每月提高50元，领取定量生活补助复员军人和1954年10月31日前入伍的残疾军人的遗孀，生活补助按照现行城市低保每人每月490元的标准发放，全年全区共发放优抚对象抚恤和生活补助金2000余万元。

按照上年度人均可支配收入的45%，即每人每年8975万元，为全区483名义务兵发放家庭优待金473.5万元，为205名退役士兵发放一次性生活补助金513.988万元。2015年，全区退役士兵参训率100%。

退役士兵一次性补助金标准有较大幅度的提高，8名符合安置条件的重点对象全部安置到位。退役士兵教育培训参训率、退役士兵技能培训毕业证书、职业资格证书"双证"获取率和就业率均达到98%以上。优抚幸福工程深入实施，先后举办重点优抚对象集中康复疗养2期惠及160人，上门巡诊483人。

【抗战胜利70周年纪念活动】 走访慰问全区抗战老兵，在中央和省政府分别下拨5000元和2500元慰问金的基础上，为每人增发一套军便服和生活用品以及双拥优抚安置政策汇编、联系卡、工具包、军用雨衣等，为部分抗战老兵配发相应辅具。

【全国双拥模范城创建】 2015年为第十届全国双拥模范城创建验收年，8月19日，召开全区创建全国双拥模范城推进会，与各责任单位签订《双拥创建责任状》。11月10日至11日，由省军区政治部副主任、省双拥办副主任李光玉带领的省双拥模范城检查考核组到宿，对宿迁市创建全国双拥模范城工作进行检查指导。

（闫　庄）

·专项社会事务管理·

【婚姻登记】 2015年，全区共办理结婚登记8436对，同比减少16%，补领结婚登记1493对，同比增加23%；结婚年龄平均32.8岁，离婚登记1763对，同比增加0.2%，补领离婚登记79对；办理无婚姻登记记录证明5508份，登记合格率100%，无婚姻登记证明于2015年10月取消办理。

（刘萍萍）

【殡葬管理】 开展平坟还田专项行动，移风易俗，全区共出动人力3041人次，投入经费39万元，平坟12058座，绿化改造老坟场3座。2015年，全区共为2835名死亡人员免除基本丧葬服务费费用261.1858万元。

【流浪乞讨人员救助】 2015年，累计救助流浪人员356人次，其中实施了6名跨市救助和9名跨省救助。

【社会组织培育】 启动社会组织登记改革，全面放开准入条件，缩短登记时限，实施基层社会组织"量质扩增"计划，先后出台《关于加快推进社会组织培育发展的意见》（宿豫发〔2015〕9号）和《关于印发〈宿迁市宿豫区社会组织培育发展专项资金管理办法〉的通知》（宿豫财发〔2015〕27号），下发《关于下达2015年社会组织培育任务》，广泛培育公益、互助、文体、志愿等"草根式""接地气"的基层社会组织。全年新培育基层社会组织40家。

完成雨露、卓圩两个社区社会组织服务中心建设工作，全区入驻社会组织达23家，主要涉及养老、家政、文体、助残、助孤等服务。

建立社会组织评估机制，成立社会组织评估委员会，推动社会组织健康发展。2015年，全区共有100家社会组织通过评估，其中3A级10家，2A级27家，1A级63家。

2015年宿豫区新登记社会团体情况

表53

序号	单位名称	法定代表人	地址
1	宿迁市宿豫区下相街道商会	高为猛	下相街道创客空间
2	宿豫区丁嘴镇篮球运动协会	王　振	宿豫区丁嘴镇
3	宿豫区丁嘴镇羽毛球运动协会	梁　跃	宿豫区丁嘴镇
4	宿豫区关庙镇篮球运动协会	林秀明	宿豫区关庙镇
5	宿豫区关庙镇乒乓球运动协会	胡　标	宿豫区关庙镇
6	宿豫区侍岭镇篮球运动协会	李宜征	宿豫区侍岭镇
7	宿豫区侍岭镇乒乓球运动协会	王汉华	宿豫区侍岭镇
8	宿豫区新庄镇篮球运动协会	王　坤	宿豫区新庄镇
9	宿豫区新庄镇乒乓球运动协会	张先锋	宿豫区新庄镇
10	宿迁市宿豫区下相街电子商务行业协会	胡凤军	陆桥小区创客空间
11	宿迁市宿豫区豫新街道中通社区老龄协会	徐绍成	中通社区
12	宿迁市宿豫区豫新街道中通社区志愿者服务队协会	陈炳肖	中通社区
13	宿迁市宿豫区豫新街道庐山社区老龄协会	蔡墩迎	庐山社区
14	宿迁市宿豫区大兴镇喜糖盒产业协会	尹培军	大兴镇集东居委会
15	宿迁市宿豫区空竹协会	张兆勇	豫苑社区
16	宿迁市宿豫区陆集镇荣闸老年文体协会	罗乾国	陆集镇长胜村
17	宿迁市宿豫区豫新街道雨露社区电商协会	张先东	雨露社区
18	宿迁市宿豫区大兴镇电子行业协会	徐宏卫	宿迁宏升电子长内
19	宿迁市宿豫区豫新街道雨露社区老龄协会	李金刚	雨露社区
20	宿迁市宿豫区豫新街道老龄协会	陈　斌	豫新街道
21	宿迁市宿豫区顺河街道老龄协会	李先顺	顺河街道社会事业办公室
22	宿迁市宿豫区大兴镇老龄协会	黄光华	大兴镇政府
23	宿迁市宿豫区侍岭镇老龄协会	张先扬	侍岭政府内
24	宿迁市宿豫区曹集乡老龄协会	臧　建	曹集民政办内
25	宿迁市宿豫区下相街道老龄协会	王庆来	陆桥居委会
26	宿迁市宿豫区保安乡老龄协会	张新奎	保安民政办
27	宿迁市宿豫区关庙镇老龄协会	张　震	关庙镇政府
28	宿迁市宿豫区丁嘴镇老龄协会	张文件	丁嘴镇政府
29	宿迁市宿豫区仰化镇老龄协会	朱和平	仰化敬老院内
30	宿迁市宿豫区陆集镇老龄协会	李之玉	陆集镇镇区南部
31	宿迁市宿豫区新庄镇老龄协会	唐连生	新庄敬老院
32	宿迁生态化工科技产业园区老龄协会	张成举	化工园区社会事业办公室
33	宿迁市宿豫区下相街道志愿者协会	仲江林	下相街道办
34	宿迁市宿豫区来龙新城老龄协会	吴心全	来龙文化站

（朱勤磊）

·地名管理·

【勘界】 至2015年底,宿豫区已勘定县级以上行政区域界线6条,全长287.97千米,设界桩21颗。其中,市级界线主要有宿豫—睢宁线、宿豫—邳州线、宿豫—新沂线,共3条,长125.94千米,设界桩12颗;县级界线主要有宿豫—宿城线、宿豫—沭阳线、宿豫—泗阳线,共3条,长162.04千米,设界桩9颗。

【地名变动】 2015年,对宿豫行政区域范围内的地名及相关属性信息进行了全面的调查、补充、更新、完善;更新地名数据库、电子地图、地名资料等。新命名的有7个:即育才名苑——东至关庙镇派出所,南至关庙大街;苍凤苑安置小区——东至登山路,南至坑塘,西至南丰路,北至居民点;润景苑——东至汉江路和空地,南至天目山路,西至清水江路,北至振兴路;龙城雅苑小区——东至龙泉路,南至藏龙路,西至龙鸣路,北至白路湖大道;健谷大厦——东至建设产业集聚区c8,南至建设产业集聚区c1,西至清水江路化带,北至建设产业集聚区支路;宿豫区老年公寓——东至嘉陵江路,南至贺兰山路,西至残联/老年活动中心,北至雪峰山路;豫信大厦——东至恒力大厦,南至园区支路,西至奥利塞大厦,北至园区支路。 (朱勤磊)

·老龄工作·

【敬老院改造】 严格按照《江苏省农村五保供养服务机构等级评定参考指标》,全面推进大兴镇敬老院"三有三能六达标"升级改造建设。截至2015年底,全区12所农村敬老院全部完成"三有三能六达标"升级改造任务,其中侍岭镇敬老院、来龙镇敬老院达到省三星级敬老院建设标准,曹集乡敬老院、关庙镇敬老院、大兴镇敬老院达到省二星级标准,顺河街道敬老院、下相街道敬老院、保安乡敬老院、新庄镇敬老院、陆集镇敬老院、仰化镇敬老院、丁嘴镇敬老院达到省一星级建设标准。

链接:"三有三能六达标","三有"指老人宿舍要有卫生间、电视机、保暖降温设备;"三能"指敬老院要做到五保老人洗澡、看病、文化娱乐不出院;"六达标"指消防、安全、卫生、环境、人员配比及失能老人服务人员配比要达标。

【尊老金发放】 2015年,宿豫区共为80周岁及以上老年人发放尊老金716.88万元,惠及11158位高龄老人。

【老龄协会】 全面启动基层老龄协会组织建设,全年全区共建成老龄协会153家,其中,区级1家、乡镇(街道)级14家、村(居)级138家,形成区、乡镇(街道)、村(居)三级老龄协会网络格局。

2015年宿豫区老龄协会情况

表54

序号	协会名称	法　人	组织代码	地　址
1	宿豫区老龄协会	王志祥	140223	宿豫区珠江路1014号宿豫区民政局4楼
2	来龙新城老龄协会	吴心全	140443	宿豫区来龙镇文化站
3	豫新街道老龄协会	陈　斌	140445	宿豫区豫新街道办事处
4	顺河街道老龄协会	李先顺	140446	宿豫区顺河街道社会事业办公室
5	大兴镇老龄协会	黄光华	140447	宿豫区大兴镇镇政府
6	侍岭镇老龄协会	张先扬	140448	宿豫区侍岭镇镇政府
7	曹集乡老龄协会	臧　建	140449	宿豫区曹集乡民政办

续表 54

序号	协会名称	法　人	组织代码	地　址
8	下相街道老龄协会	王庆来	140450	宿豫区下相街道陆桥居委会
9	保安乡老龄协会	张新奎	140451	宿豫区保安乡民政办
10	关庙镇老龄协会	张　震	140452	宿豫区关庙镇镇政府
11	丁嘴镇老龄协会	张文件	140453	宿豫区丁嘴镇镇政府
12	仰化镇老龄协会	朱和平	140454	宿豫区仰化镇敬老院
13	陆集镇老龄协会	李之玉	140455	宿豫区陆集镇镇区南部
14	新庄镇老龄协会	唐连生	140456	宿豫区新庄镇敬老院
15	宿迁市生态化工科技产业园区老龄协会	张成举	140457	宿豫区生态化工产业科技园区社会事业办公室

【12349 居家养老服务平台】 2015 年 2 月 12 日，宿迁市 12349 居家养老服务中心在雨露、顺河、陆河、卓圩、中通等五个社区正式启动 12349 居家养老服务试点工作。截至 12 月底，全年宿豫区累计为五个辖区内 1460 位 65 周岁以上失能半失能、重点优抚、“五保”“低保”等困难老年群体发放居家养老服务代金券 13.14 万元。

【宿豫区老年公寓】 2015 年，宿豫区老年公寓入住老人 46 人，双人间收费标准为每人每月 1150 元，单间 1440 元，共有护理人员 5 人。全年享受市社会养老服务机构运营补贴资金 1.804 万元。（甘凤东）

·菜场建设·

【御田菜场】 位于宿豫区五台山路南侧，长江路东侧。项目总投资 5000 万元，总建筑面积 1.4 万平方米，共四层，规划建设商铺 50 间、摊位 294 个。项目于 2014 年 4 月开工建设，2015 年 8 月底完成配套施工，2015 年 12 月 24 日投入运营。

市场主要经营蔬菜、水产、粮油、家禽等日常各类食材，建成后可满足周边盛世家园、阳光名都等 11 个小区约 3 万人的日常生活需求。

【新珠江路农贸市场】 位于宿豫区庐山路北侧，长江路东侧，松花江路以西。项目总投资 1.6 亿元，总建筑面积 3.6 万平方米，其中一楼菜场约 0.7 万平方米，规划建设门面 102 套、摊位 232 个。项目于 2014 年 6 月开工建设，2015 年 6 月底完成配套施工，2015 年 8 月投入运营。

市场主要经营蔬菜、水产、粮油、家禽等日常各类食材，建成后可满足周边雨露小区、珠江花园、九龙花园等周边 15 个小区约 5 万居民的日常生活需求。

【珠江路菜场搬迁改造】 珠江路农贸市场大棚区菜场，2000 年建成投入使用。2015 年，基于安全、卫生等方面的考虑，区政府统一规划建设新珠江农贸市场（帝景豪苑南侧），引导广大经营户自愿选择到城东农贸市场继续经营。6 月 28 日搬迁工作正式启动，由住建、市场监督、公安、城管、街道、信访、万鸿置业等七家单位联合实施，7 月 17 日进场工作，由于组织严密、措施得当，7 月 22 日完成 106 个菜场摊位搬迁。经区政府办公会议研究，将原农贸市场大棚区改造为宿豫区雨露小商品（服装）市场，明确豫新街道办进行属地管理。改造工程历经 4 个月全面竣工，该项目由区财政投资 200 万元，新建商铺 1300 平方米，摊位 16 个，2015 年 10 月 28 日，雨露小商品（服装）市场已经正式开业。（张修春）

·顺河街道·

【概况】 顺河街道位于宿迁“一体两翼”的东侧，2014 年 11 月 21 日“撤镇设街”，街道办事处驻扬子江路 8 号。下辖 8 个社区(居)。行政区域面积 39.53 平方千米，总人口 10.26 万人。怀抱中国宿迁电子商务产业园、张家港共建园区和林苗圃(梨园湾)景区。境内京沪、宁宿徐、新扬高速公路纵贯南北，徐宿淮盐高速公路横穿东西，京杭大运河穿境而过，拥有较为完备的现代化综合交通体系。

2015 年完成一般公共预算收入 9800 万元，居民人均纯收入超 2.2 万元。先后荣获“全国文明村镇”“国家级生态乡镇”“江苏省创新型乡镇”“江苏省卫生镇”“江苏省书香之乡”等称号，林苗圃获得“江苏省四星级乡村旅游示范点”“江苏最美乡村”“中国美丽乡村”称号。

2015 年顺河街道经济与社会发展概况

表 55

项　目	单位	2014 年	2015 年	增长(%)	项　目	单位	2014 年	2015 年	增长(%)
总人口	人	89123	40459	−54.6	工业企业	家	936	350	−62.61
其中:非农业人口	人	53703	12271	−77.15	工业总产值	万元	165400	50000	−69.77
人口出生率	‰	19.60	15.94	−18.67	工业利税总额	万元	3120	1900	−39.1
人口死亡率	‰	4.83	6.81	40.99	三产增加值	万元	202770	55440	−72.65
人口自然增长率	‰	14.77	9.13	−38.19	镇村主干道	千米	254	124	−51.18
总面积	公顷	6880	3953	−42.54	实有就业人数	人	40258	25410	−36.88
其中:耕地面积	公顷	1854	1400	−24.49	科技人员	人	2310	1200	−48.05
地区生产总值	万元	450600	123200	−72.66	学校	所	7	3	−57.14
财政收入	万元	24290	15000	−38.25	在职教师	人	1920	300	−84.38
农业总产值	万元	13800	9200	−33.33	在校学生	人	25290	7920	−68.68
粮食总产量	吨	19520	13200	−32.38	卫生院	家	1	1	0
油料产量	吨	5	19	280	卫生室	个	10	10	0
生猪饲养量	头	—	—	—	初级保健普及率	%	90	95	5.56
家禽饲养量	万羽	22	30	26.01	农民人均纯收入	元	17260	18500	7.18
水产品产量	吨	152	95	−37.5	农民人均住房	平方米	31	31	0

2015 年顺河街道村级概况

表 56

社区(居、圃)名称	组　数(个)	户　数(户)	人　口(人)	耕　地(公顷)	村集体收入(万元)	党组织书记	村(居)委会主任
卓圩社区	12	3187	11159	95	185	孙　斌	孙　斌
文昌社区	7	1848	6014	47	80	董跃先	董跃先
蔡老庄居委会	13	862	3884	228	30	陈夫科	陈夫科
张圩居委会	11	812	3136	132	40	许业华	许业华
陆槽坊居委会	13	838	3052	183	48	胡新泽	胡新泽
椿树居委会	8	585	2422	120	46	赵振生	赵振生
周石庄社区	12	916	3985	142	40	周胜民	周胜民
林苗圃	4	230	1009	255	21	王永强	王永强
合计	80	9278	34661	1202	490	—	—

农业　顺河街道办现有农业人口 21283 人，5632 户，耕地总面积 25443 亩，水稻 15264.27 亩，小麦 15120 亩，蔬菜 5000 亩，全街道共有各类花卉、苗木基地 3000 亩，其中梨园 1000 亩。顺河街道办共有家庭农场 54 家，集中连片的果蔬采摘 10 家，以发展特色农业为主，结合农业观光、现代农业技术展示、农业科普、农村生活体验、蔬菜认领认种、果蔬采摘多种培育方式。其中，卓圩、蔡老庄、椿树蔬菜种植家庭农场 15 家、2500 余亩，主要以绿绿顺牌青椒，顺河牌芹菜为主；张圩有花卉苗木家庭农场 8 家、1500 余亩，主要种植各种花卉苗木和观光农业为主；陆槽坊特种水产养殖家庭农场 13 家、1500 余亩，主要养殖小龙虾、泥鳅、甲鱼、水蛭等品种；蔡老庄、陆槽坊稻麦种植家庭农场 7 家、2000 余亩，主要生产优质稻麦；林苗圃、周石庄、文昌有果蔬采摘家庭农场 10 家、1500 余亩，主要以梨、葡萄、樱桃、山楂、草莓采摘为主。

工业　2015 年，工业企业完成营业收入 12.16 亿元，完成工业增加值 3.04 亿元。全街道工业集中区实施 2000 万元以上项目 16 个，完成固定资产投入 6.06 亿元，其中基础设施投入 500 万元，竣工标准厂房 1 万平方米。入驻企业 48 个，2000 万元以上规模企业 7 个，累计实际销售收入 2.6 亿元，实现入库税金 4600 万元。实现工业总产值 6.8 亿元。开工 3000 万元项目 1 个，即江苏汉诺生物科技有限公司。

2015 年顺河街道骨干企业基本情况

表 57　　单位：万元

企业名称	主要产品	投资金额	销售收入	利税总额
宿迁市天彩玻璃纤维有限公司	玻纤制品、高硅氧产品	650	2106	79
宿迁市佳宜工贸有限公司	服装加工	860	3980	126
江苏恒正家纺有限公司	毛毯	1360	9830	362
宿迁市裕佳涂覆布业有限公司	帆布	480	2360	93
宿迁市恒顺防水布制造有限公司	帆布	450	2210	86

社会事业　计划生育管理水平进一步提高，多项工作居全区前列。0～14 周岁独生子女奖励金全面兑现，已办理“单独两孩”再生一孩证 76 例。通过大力发展家庭农场，成立大型农业合作社，多渠道、全方位增加居(农)民收入。张圩居委会建设彩林园 600 亩，增加集体经济收入 20 万元；蔡老庄居委会建设宣传高炮 4 个，年收入 40 万元。创新“基金＋点验式”信访舆情处置机制，信访量同比下降 5 成。开展“双百双千红袖标大巡防”活动，平安满意度 96％以上。2015 年，实现村居卫生室全覆盖，解决百姓看病难；投入 300 余万元用于村组道路等基础设施建设，解决出行难；加快推进农村饮用水通村达户工程，解决饮水难；因户施策，精准扶贫，打响脱贫攻坚战，确保小康路上一户不少、一人不落。

村庄环境整治　街道加大对林苗圃，椿树，卓圩等社区(居)的路面硬化工作，对偏远的基础条件较差的村民小组集中力量进行攻坚。大力开展城乡环境卫生综合整治，与长效管理相结合，将培育典型与全面整治提升相结合，以点带线、以线促面、整体推进，共整治村民小组 78 个，累计投入资金近 3000 万元，出动劳力 3 万多人次，清理垃圾 12000 多吨。依法取缔违章占道经营、乱设摊点约 650 处，修复破损路面 2200 平方米，签订门前“五包”协议 245 份。

【服务电子商务】 顺河街道举力以赴，做好电商产业园的征地拆迁工作，确保电商产业园项目按序时推进。同时，建设创客基地，多种优惠政策招纳创客入驻，抓好产业规划，形成产业聚集，引进电子商务、旅游开发、现代物流企业 10 余家，是居民能充分享受到互联网所带来的便利。在创业引领上，顺河街道紧紧围绕区委“支部＋电商”的发展理念，创新大学生村官扶持电商“1＋1＋4”模式，将网络创业的触角延伸到家家户户。实施“1234”网店发展计划，建设梨园湾网络创业示范中心，积极邀请银发人才、网络创业成功人士入驻授课。到 2015 年底，实现网店总数超 200 家、网络销售额 2000 万元，形成顺河特色鲜明的农村网络经济。

【梨园湾旅游】 2015 年，成功举办第五届梨花节，接待游客 50 万人次，收入近百万元。开发“酥梨原汁”“梨王头道醋”等产品，列入区级接待，打造市级品牌。完成梨园湾景区总体规划，流转土地 1600 亩，建成万株千亩梨园、百亩有机葡萄、生态长廊、梨树广场、牡丹园、海棠园、樱花园等 12 个生态观光点。以“梨文化”为主题，以“生态乡野”为环境基底，大力发展网络化生态农业、精准化规模农业、特色化高效农业等朝阳产业，建设苏北首个“四季七彩”家庭农场集聚园。

(童家麒)

·豫新街道·

【概况】 豫新街道为宿豫城区座下街道，成立于 2014 年 11 月 21 日。辖 8 个社区居委会，境域面积 29 平方千米，常住人口 8.47 万人。豫新街道地理位置优越。西临水上要道——京杭大运河，东至 S249 宿新高速，南与宿迁高新区相邻，北至运河湾现代农业产业园接壤，境内 4 座运河大桥与市区联动，交通十分便捷。

街道下设“五办两中心”，即党政办公室、经济发展办公室、社会事业办公室、城市综合管理办公室、政法和社会治理办公室、社区服务中心和便民服务中心。核实编制数 40 个。2015 年，紧紧围绕“服务中心城市发展，建设幸福和谐家园”的发展定位，经济社会保持快速健康发展态势。

2015 年，实现地区生产总值 24.37 亿元，实现公共财政预算收入 460 万元，新增 500 万元以上固定资产投资 5 亿元，城镇居民可支配收入 21940 元。年内，雨露社区被省商务厅命名为第二批江苏省农村电子商务示范村。全市首家“12349”居家养老平台在雨露社区试点，豫苑社区老年人关爱之家达到省级标准；雨露社区被评为全市体育工作先进社区。豫新街道先后被评为江苏省和谐建设示范社区街道、宿迁市统一战线先进集体、区机关效能和政(行)风建设先进单位、区"机关作风建设提升年"活动先进单位、区文明单位等荣誉称号。

工业与招商引资　始终把招商引资工作作为年度年重中之重工作来抓,全年共排查招商信息32条,组织外出招商6次,江苏易工场项目与街道签约,成功落户中国宿迁电商产业园,易工场定制经济示范中心在江苏宿迁高新区落户。总投资1.5亿元的淮海电工项目一期工程已建成投产。切实做好振兴化工帮办工作,确保项目顺利投产。

2015年豫新街道骨干企业基本情况

表58　　单位:万元

企业名称	主营类别	投资金额	销售收入	利税总额
江苏速购信息科技有限公司	网上销售	1500	2400	400
江苏小尼惠商商贸有限公司	网上销售	2000	3000	86
宿迁市诚德商贸有限公司	超市零售	1872	776	22
宿迁枫华丽致酒店有限公司	餐饮住宿	4500	1600	87
宿迁江山大酒店有限公司	餐饮住宿	5600	1900	103
瑞康药店有限公司	医药批发	1318	24000	190

网络创业　以打造网络创业特色街道为目标,大力推进电商产业发展,2015年,街道共有网店120个,江苏速购信息科技有限公司成功在江苏股权交易中心上市。积极鼓励全民创业,共组织网络培训3次,累计培训286人,"金种子"网络创业大赛成功报名86人。雨露社区被省商务厅命名为第二批江苏省农村电子商务示范村。

民生事业　扎实建好城市社区卫生服务站,解决居民"看病难""看病贵"问题。8个社区卫生服务站已全部建成并投入使用。全市首家12349居家养老服务平台在雨露社区试点,豫苑社区老年人关爱之家达到省级标准,常态化为老年人提供爱心午餐。民政发放低保资金859万元。城乡居民基本养老保险缴费达2203人,新增参保人数为321人,老年人"安康关爱"意外险征缴工作获得市老龄委表彰。卫计工作成效显著,为已婚育龄妇女免费生殖健康检查2762例,为217对育龄夫妇提供孕前优生健康检查,办理一孩服务卡182对,发放独生子女父母奖励金5.2万元。文体活动丰富多彩,共开展各类文艺活动20余场次,"豫见精彩"大型广场演出活动、夏季广场文化艺术节等活动深受居民喜爱。雨露社区被评为全市体育工作先进社区。

平安街道建设　创新"543"信访工作法,即通过五级网络排查、四级稳控包保、三级矛盾调解,2015年累计化解信访案件369件,终结89件,其中化解国家级1例、省级1例,涉访人员2240余人。加强刑满释放解除劳教人员的管理,通过电话联系、思想汇报、集中学习和集体劳动等形式全面掌握人员思想动态和行为轨迹。共接收社区矫正人员54人,解矫12人,特赦3人,完成审前评估34例,监狱探监2次。

【豫新街道四城同创】　全国文明城市创建顺利通过"国检"。共制作各类宣传牌10000余块。成立文明劝导志愿小组30个,500余名志愿者参与志愿活动。落实整改区创文交办单200余件。8个社区全被区政府表彰为"四城同创"嘉奖社区。积极开展全国环保模范城市创建工作,共发放各类宣传资料3000余份,培育民意现场调查点6个。大力推进中国人居环境奖城市创建工作,共制作倡议书3万份,宣传彩页2

万份，惠隆花园、锦泰花园等7个小区物业整治提升已完成，金外滩、豫苑别墅等6个小区整治正在进行。

【“双强三带四提升”模式】 针对社区件发展的不平衡限制，提出“双强三带四提升社区共建模式”，在做大做强雨露和顺河2个社区的同时，通过2个强社区分别帮扶共建3个中小社区，实现社区党建工作能力、社区服务水平、集体创收能力以及和谐社区建设水平四个提升。通过“六联”共建，社区间联系更加紧密，均衡协调发展有一定提高。年末，已开展帮扶共建活动20余次。

【党建文化“一社一品”】 以“书记项目”为抓手，通过有效整合社区资源，推行党建文化“社区一品牌”建设，通过落实“一社一品”项目，实现社区间差别化竞争。年内，雨露社区“五式服务法”、顺河社区“党员警示教育基地”、豫苑社区“老干部之家”、锦华社区“红色电影放映室”、庐山社区“画说党史”等党建特色项目已投入使用，常态化运作。

【执行力建设提质年】 认真贯彻落实区委“机关作风建设提升年”活动精神，按照活动方案要求，在做好学习教育、监督检查、建章立制等规定动作的同时，创新开展“执行力建设提质年”活动，通过“六查六提升”(查思想解放彻不彻底，进一步提升服务意识；查学习态度端不端正，进一步提升工作水平；查担当能力强不强，进一步提升责任意识；查工作落实深不深，进一步提升工作效能；查履职绩效高不高，进一步提升创新能力；查作风建设实不实，进一步提升队伍形象)，进一步解决党员干部中存在的“懒散”“能力不足”等问题，达到领会上级精神要“准”、工作推进速度要“快”、工作执行范围要“全”、工作完成标准要“高”。共查改问题300余个，印发《执行力建设督查通报》4期，开展执行力建设评议会9次。

(陆　岩)

·下相街道·

【概况】 下相街道于2014年11月21日正式挂牌成立，境域面积37.78平方千米，下辖10个村(居)，社会人口6.2万人。所属区域是宿迁高新技术产业开发区建成区的覆盖范围。北接宿豫主城区，京杭大运河环抱西、南，新扬高速、S325省道穿境而过，交通和区位优势十分明显。

2015年，街道党工委、办事处紧紧围绕区委、区政府的战略部署，紧扣高新区的发展主题，迅速找准定位、明确目标，着力实施平安社区创建、文明社区创建，营造“客商更欢迎、职工更温馨、群众更满意”的发展环境、人文环境、生态环境。2015年2月份，在宿迁市和谐社区建设中，喜获“宿迁示范乡镇(街道)”称号。

2015年下相街道经济与社会发展概况

表59

项　目	单位	2014年	2015年	增长(%)	项　目	单位	2014年	2015年	增长(%)
总人口	人	—	33615	—	工业企业	家	—	—	—
其中:非农业人口	人	—	—	—	工业总产值	万元	—	—	—
人口出生率	‰	—	14.6	—	工业利税总额	万元	—	—	—
人口死亡率	‰	—	7.6	—	三产增加值	万元	—	—	—
人口自然增长率	‰	—	7	—	镇村主干道	千米	—	90	—

续表 59

项　目	单位	2014 年	2015 年	增长(%)	项　目	单位	2014 年	2015 年	增长(%)
总面积	公顷	—	3778	—	实有就业人数	人	—	18234	—
其中:耕地面积	公顷	—	972	—	科技人员	人	—	116	—
地区生产总值	万元	—	624624	—	学校	所	—	2	—
财政收入	万元	—	11632	—	在职教师	人	—	96	—
农业总产值	万元	—	3575	—	在校学生	人	—	850	—
粮食总产量	吨	—	6360	—	卫生院	家	—	—	—
油料产量	吨	—	63	—	卫生室	个	—	8	—
生猪饲养量	头	—	—	—	初级保健普及率	%	—	96	—
家禽饲养量	万羽	—	—	—	农民人均纯收入	元	—	17968	—
水产品产量	吨	—	—	—	农民人均住房	平方米	—	33	—

2015 年下相街道村级概况

表 60

村(居)名称	组　数(个)	户　数(户)	人　口(人)	耕　地(公顷)	村集体收入(万元)	党组织书记	村(居)委会主任
何塘居委会	11	789	3322	20	35.00	薛成军	张　征
陆桥居委会	14	1551	5299	13	35.10	胡凤军	胡凤军
罗桥居委会	13	919	3579	27	140.00	—	薛德明
油坊居委会	9	853	2906	8	48.20	侍继敏	侍继敏
兴隆居委会	14	874	3606	126	79.00	胡宝生	胡宝生
新化居委会	13	846	3819	210	509.60	王克成	王克成
季桥村委会	16	936	4082	166	140.20	沈元军	沈元军
德太村委会	10	776	3382	267	175.00	张新宝	—
陆墩村委会	9	591	2522	130	102.00	罗乾扬	—
三合居委会	3	250	1098	5	16.00	—	—
合计	112	8385	33615	972	1280.10	—	—

社会事业　小区物业管理提升上，在统筹推进陆桥、油坊、罗桥、季桥、兴隆、何塘等村居的同时，先后完成兴隆、油坊、罗桥三个小区的垃圾平台摆放底座硬化及停车位划线工作。重点解决小区业主反映的问题上百个、陆桥二期(原顺河镇)36 户业主吃水问题和路面破损修复工作。完成 10 个小餐饮店 500 平方米综合整治任务和兴隆小区中心道路路灯亮化工作。何塘智慧社区数据服务平台建设到位，接受了区委扩大会议与会领导检阅，正在向油坊、陆桥、罗桥、季桥、兴隆五大社区推广；文化工作上，完成了 9 个村(居)农家书屋建设工作。引导各村(居)建设文化健身广场 4 个；开展了 6 场“民俗迎春”送戏进社区活动，成功举办了“庆七一·下相情”——宿豫区首届器乐大赛。完成了宣传部下达的 2015 夏季广场文化节 3 场

大型演出活动任务。六大社区的卫生室全部通过检查验收。按照“三有、三能、六达标”的目标要求,投入资金45万元,对敬老院集中改造。敬老院共入住五保老人29名,先后将60名低收入农户纳入了低保行列,11600人迈进新农保门槛。按照“属地管理、分级负责”的思路,在全面开展“六五”普法宣传和加大惩防体系建设力度的同时,创新实施了干部帮助群众上访的制度,不仅有力地促进了社会稳定的深入开展,而且拉近了党群干群之间距离。着力加强阵地建设,6个村居党群服务中心建设,全部达到市、区委序时进度要求。

【拆迁安置】 土地征收工作上,通过创造性地采取项目经理制,明确责任,完善机制,强力推进,从而确保了国邦石油环评、长川科技、中亚地产、苏华达等项目的征地、拆迁、清障工作全面完成。2015年,共征收房屋346户,完成征地、清障565亩。其中陆墩村一、二组,共拆迁176户,26天就全面完成任务,并且未发生一例不服拆迁信访现象。在安置工作上,面对房源数量不足,安置压力较大的现状,在高新区的大力支持下,全年共安置306户、房屋439套。

【下相街道环境卫生整治】 2015年,共集中开展环境卫生整治活动6次,清理各种影响小区和村庄环境的乱堆乱放的杂物162车,清理卫生死角355处,全面完成高新区和区城管委交办的环卫事项。结合全国文明城市创建工作,根据下相实际,在财力十分紧张的情况下,先后投入资金近10万元,为辖区7个居委会、3个村委会的105名保洁工,每人配备了一辆保洁车、1把扫帚和一个垃圾夹。与此同时,为有效提高环境卫生保洁质量,促进保洁人员的积极性,先后把陆桥和罗桥两个村居的环境卫生保洁工作进行市场化运作,通过招投标,有三人中标并进行试运营。

【下相网络创业】 2015年,推出“百名电商培育工程”,通过提供创业场地、创业服务、创业补贴等方式,推动网络创业健康开展。全年新开办网店120家,其中红色网店25家,预计全年实现网络销售额1650余万元。按照打造电子商务“产业集聚中心、定制经济创新示范中心、现代服务业发展中心”的目标要求,建成了“下相街道创客空间”,重点引进知名电子商务平台以及本土知名企业家代表和金融界人士等入驻孵化中心,成功引进项目30个。

【“333”社会管理创新模式】 2015年,下相街道在全面贯彻落实“三严三实”的新要求,巩固和扩大群众路线教育实践活动成果的过程中,积极探索以“三进”深入群众、“三代”服务群众、“三议”发动群众为主要内容的“333”社会治理创新模式,不仅有力地推动了基层服务型党组织建设,让群众路线在“最后一公里”落地生根,而且为党员干部在新常态下进一步转变职能、转变方式、转变作风探索出新的路径。这一做法得到了国内多家主流媒体的广泛关注,中国共产党新闻网、群众路线网、《新华日报》《群众》《江苏通讯》、中国江苏网、江苏省委新闻网、江苏先锋网、《宿迁日报》、宿迁电视台、《宿迁论坛》等主流媒体相继进行了报道。

【何塘智慧社区】 该项目以政府部门管理、企业自主管理、基层社区服务、小区物业服务、居民“我的壹家”和“城信通”五大服务平台为载体,突出以人为本服务理念,推进公共设施设备智慧化,生活服务智能化。运用信息化技术整

何塘智慧社区　　（下相街道供稿）

合各类资源，将互联网、物联网、移动通信网三网融合，为居民提供物业、就医、就学、入托、劳动用工等信息化个性服务。通过引入大数据、云计算等现代化智慧管理手段，社区智慧管理提供数据采集和样本分析，满足社区多元化发展需求。目前，该社区已具备物业管理、就医、就学、入托、劳动用工等众多信息化服务项目和服务功能，基本实现了政府与企业、社区与居民、小区与住户、企业与员工的信息推送、互动沟通，达到沟通到人、服务到家的目标。

【下相创客空间】 下相创客空间是下相街道为适应创新 2.0 时代到来，在全市率先打造的低成本、便利化、全要素、开放式新型创业和就业服务平台。该项目位于陆桥安置小区内，总面积 4100 平方米。共分三大板块，即创客咖啡、创客论坛、创客驿站，常规服务是技能培训、创意交流和办公场地，以“创新、创作、创业”为发展思路主导创业者的能力成长和业务发展。同时，按照打造“产业集聚中心、定制经济创新示范中心、现代服务业发展中心”的目标要求，重点为电子商务、物流配送等相关产业创业者提供广角度、宽领域、一站式服务。现已入驻项目 30 个，正在孵化培育社会服务组织 12 个。

【多功能文化健身体育广场升级改造】 广场位于宿豫经济开发区睦邻之家好又多超市门前，是下相街道 2015 年度全力推出的一项为民办实事工程。占地 8100 多平方米，可容纳日常健身群众近万人。该广场于 2013 年 8 月建成，2015 年初进行升级改造，共投入资金 90 余万元，其中附属投入 40 余万元。广场现配套多功能休闲健身场、健身路径 2 条、标准篮球场 2 个、乒乓球台 2 个、广场路灯 1 个及 20 余部健身器材，并配备灯光、音响、厕所等辅助设施，是宿迁高新区境内规模最大、设施最齐、功能最全，集绿化、美化、亮化、体育健身、文化娱乐、科普服务为一体的综合型、开放式多功能文化健身体育广场，可举办球类、广场舞、健身操等各种大型文体活动，并满足群众的日常健身需要。广场现有管理人员 8 名，专门负责对文化广场、广场绿地、体育场地、健身器材等各类设施进行管理和维护。

【亨闸】 过闸只闻叹气声，因此而得名。亨闸是清朝在运河上建的一座闸，因过量收取船民钱财，船民无不唉声叹气，因此被称为亨闸。据当地姓韩老人讲，闸是为了调节上游航道水的充沛量，水多河宽。原亨闸水位上下落差约有两米，闸的宽度约有 8 米。亨闸是中运河里船只必经之处，原河道向南有 1 千米路向西转，后航道被理直，原河道包括亨闸荒废；这位老人还说，以前的船都是木船，船没有现在这样大，宽度只有两三米。下游的船过闸用绞车顺着斜坡往上游拉，船体过半时船头扑通落入上游河中，船尾翘起。上游的船往下游去是把船头打起，担在闸台上（坡头）用绞车牵引往下游放。船落入下游时落差大很危险，船体容易受损，弄不好船体会断裂，货物沉入水底。1950 年的时候，闸墙所有条石都被拆除，现在成为鱼塘。但是亨闸原基础位置没有改变，仍与运河水势相连，位置在宿豫区下相街道陆桥居委会境内。 （张玉林）

·大兴镇·

【概况】 大兴镇位于宿豫区东南 17 千米处，东临丁嘴镇，西靠洋新高速、京杭运河，宿泗公路、S325 省道横穿腹部，地域开阔，水陆交通便利。原中共宿迁县第一个党支部——马庄支部即建立于此，并养育出原宿迁县第一任县委书记马仑以及革命烈士马骧、张启宇、张清高等众多革命英雄，是宿豫区的历史名镇、商贸古镇、经济强镇。境域面积 59 平方千米，集镇建成区面积 4.25 平方千米。辖 14 个行政村、3 个居委会。年末，全镇户数 12613 户，户籍人口 51179 人。

2015 年，大兴镇实现地区生产总值 19.6 亿元、同比增长 12.8%，实现财政总收入 4872.86 万元、同比增长 10%，其中公共财政预算收入 4530.29 万元、同比增长 9.9%，农民人均收入 15656 元，比上年增长 9.35%。荣获全区“目标综合考评二等奖”“特色发展先进乡镇奖”“招商引资工作完成奖”“群众性精神文明建设文明乡镇”等集体奖项。

农业 全镇自筹和利用“一事一议”奖补等渠道,投入农田基本建设资金1096万元,其中兴建防渗渠35条、29000米,建造改造桥涵闸35座,新建翻水站2座,铺设水泥道路8049米。添置联合收割机、旋耕机68台。建设农业科技示范方4个、11400亩,培育各类农技示范户240个。深入倡导秸秆还田和综合利用,秸秆还田面积5.9万亩,还田率达到85%以上。2015年,全镇超额完成区里下达的土地增减挂钩和土地占补平衡任务,复垦土地389.5亩,流转土地4326亩。粮食作物投保面积34122亩,家禽、家畜、渔业投保达到全覆盖。建立家庭农场137个。2015年,新注册农业合作社29个,其中农机合作社5个、稻麦植保专业合作社22个、苗木生产合作社1个、畜禽产销合作社1个,社员达1867人。完成农业招商引资项目2个,新增固定资产超5000万元以上农产品深加工企业1个。2015年,全镇稻麦两熟平均亩产量达到1054千克,其中水稻收成超历史,亩产达到716千克。在高效农业发展上,启动了325省道和宿泗路沿线现代农业示范区规划建设和陆塘河生态农业项目,两个项目区内种植苔菜、青刀豆、荷兰豆等出口创汇蔬菜600多亩,种植芹菜、辣椒、菠菜等大棚蔬菜1300多亩。养殖业方面,全镇出栏肉鸡890万羽,蛋鸡存栏70万羽,生猪饲养量16.4万头、出栏11.8万头,山羊饲养量2.1万只、出栏1.4万只,鹅饲养量18万羽,出栏12万羽,鸭饲养量21万羽、出栏16万羽。全镇水产品精养面积2160亩,水产品总产量达到870吨。

工业 2015年,新引进工业大项目两个。引进投资2.8亿元的兴塘河光伏发电项目。该项目占地830亩,年发电量25MW,年纳税300万元。第一期工程实现当年开工,当年见效。新引进由常州鹿珑箱包制品有限公司投资7800万元的箱包制品厂。该项目落户在大兴工业园区,项目当年开工建设。引进18个“三来一加”项目,全镇“三来一加”项目累计112个,提供就业岗位11700个。同时,旺红纺织厂、谱一工贸、恒胜装饰、冠杰洗涤厂和落户在区电子产业园的宿迁市长久汇数码科技有限公司增加投入,扩大规模,提高效益。2015年,全镇净增规模企业3个,固定资产投入4100万元,实现工业企业销售收入17.8亿元,同比增长18.3%;新增500万元以上固定资产增长率达25.2%。规模以上工业总产值增长率34%,入库税收达到1285万元,增长率为11.4%。另外,盘活工业用地123.2亩,占年任务数123.2%,此项工作在全区考核排名第一。

2015年大兴工业园区骨干企业基本情况

表61　　单位:万元

企业名称	主要产品	投资金额	销售收入	利税总额
绿源照明有限公司	节能灯	8000	6000	500
宏升电子有限公司	电子	3000	2800	300
久久车轮有限公司	车轮	3000	4000	400
农垦米业有限公司	大米	3000	11000	500
豫兴面业有限公司	面粉	1500	8000	400
兴株粮食加工厂	大米	500	3000	200
华友粮食加工厂	大米	400	2500	180
宇晨纺织有限公司	防水雨布	800	2000	300

2015 年大兴镇经济与社会发展概况

表 62

项　目	单位	2014 年	2015 年	增长(%)	项　目	单位	2014 年	2015 年	增长(%)
总人口	人	51278	51179	－0.19	工业企业	家	718	722	0.56
其中:非农业人口	人	12834	12776	－0.45	工业总产值	万元	281420	304700	8.27
人口出生率	‰	7.71	6.95	－9.98	工业利税总额	万元	4560	4685	2.74
人口死亡率	‰	0.17	0.30	76.4	三产增加值	万元	24376	25107	3.00
人口自然增长率	‰	7.54	6.65	－11.8	镇村主干道	千米	67.4	74.8	1098
总面积	公顷	5838	5838	0.00	实有就业人数	人	13760	13970	1.53
其中:耕地面积	公顷	3174	3174	0.00	科技人员	人	146	149	2.05
地区生产总值	万元	199500	217800	9.17	学校	所	3	3	0.00
财政收入	万元	4429.58	4872.86	10.01	在职教师	人	237	248	4.64
农业总产值	万元	107800	116800	8.35	在校学生	人	2786	2906	4.31
粮食总产量	吨	28124	28143	0.07	卫生院	家	1	1	0.00
油料产量	吨	296	262	－11.49	卫生室	个	17	17	0.00
生猪饲养量	头	158000	164000	3.80	初级保健普及率	%	100%	100%	0.00
家禽饲养量	万羽	923	941	1.95	农民人均纯收入	元	14317	15656	9.35%
水产品产量	吨	798	870	9.02	农民人均住房	平方米	38.4	39.7	3.39

2015 年大兴镇村级概况

表 63

村(居)名称	组　数 (个)	户　数 (户)	人　口 (人)	耕　地 (亩)	村集体收入 (万元)	农民均可支 配收入(元)	党组织 书记	村(居)委会 主任
大兴居委会	6	831	4418	755.06	82.10	16149.45	李　军	张晓军
启建居委会	7	440	2149	1662.01	20.34	15279.85	孙　勇	孙　勇
集东居委会	10	320	2074	1137.91	30.65	16354.89	高慎明	高圣疆
清高村	12	691	3299	2582.98	21.82	13517.44	蒋　凤	蒋　凤
周马村	10	688	3084	3066.68	21.14	15218.41	马　敏	马　敏
桃元村	15	739	3511	3646.64	25.73	14590.73	孙乃权	孙乃权
先进村	9	500	1812	1918.72	23.73	15241.44	张绍城	张乃志
大庄村	8	797	3349	2687.58	24.19	14940.94	李士白	王跃宇
高圩村	6	597	2436	2828.06	20.57	14658.73	化际玲	化际玲
堤南村	6	438	2122	1608.27	20.01	14153.15	倪夫明	倪夫明
逸奇村	16	824	3775	3603.95	40.88	14446.00	倪成顺	施恩华

续表 63

村居名称	组数(个)	户数(户)	人口(人)	耕地(亩)	村集体收入(万元)	农民均可支配收入(元)	党组织书记	村(居)委会主任
同心村	12	585	2328	3160.54	24.63	14189.51	王新超	王新超
新新村	12	679	2830	3545.64	42.82	14356.35	盛佑峰	刘吉广
先锋村	9	342	1662	2430.09	68.33	14639.05	张裔锋	张裔锋
陈洼村	6	277	1420	1481.70	20.85	14598.96	陈继涛	陈继涛
卢集村	16	732	3430	3966.14	47.50	14482.55	祁爱文	祁爱文
启宇村	11	623	2763	3243.31	33.17	14980.93	吴继超	赵　峰
合计	171	10103	46462	43325.28	568.46	—	—	—

镇村建设　以配套镇区2.6平方千米核心区为重点，统筹镇区和农民集中居住点建设。2015年，全镇小城镇建设总投资1.1亿元，新增商业街0.7万平方米，住宅小区6.3万平方米，建成2万平方米示范住宅小区2个，建成5万平方米示范住宅小区1个，完成650套小区楼房建设任务。建筑面积为2.3平方米的金兴家园工程年初开工，当年底基本竣工。书香苑小区顺利启动，一品花苑、水木新城两个小区配套完善。全长4.5千米的镇区自来水管网和下水道全面更新，投资额达1200万元。富民路东段8000平方米水泥路铺设完成，宿泗路大兴镇区段、振兴路、繁荣路、东方大道等配套一新，其中安装太阳能路灯60盏，栽植绿化花木2300株，配置分类式垃圾桶600个，各种宣传标语牌360个。在乡村，全长9.07千米的东片循环公路拓宽提升工程当年竣工，总投资300万元。已建成的启宇、集东、堤南、先锋4个农民居住区增加投入，配套完善，入住率达80%。特别是先锋村农民居住区通过实施“整村推进”战略，296户入住小区，入住户数占全村农户的一多半。进一步加强城乡卫生环境综合整治工作。全镇添置垃圾桶3500个，厢式垃圾箱108个，配备垃圾转运车6辆，配备保洁人员106名，新建垃圾压缩站1所，全年共转运垃圾2800余吨。垃圾清运、转运体系初步建成，城乡卫生环境管护步入常态化。

社会事业　为社会弱势群体送物资折价31.2万元、发放扶贫贷款1900万元；为20户低收入农户实施危旧房改造；送农村实用技术，举办劳动力技能培训和创业培训5批次3290余人；结合创办“三来一加”项目，提供就业岗位，帮助70户贫困户就业，695户1818人的低收入农户全部脱贫。逸奇、启建、高圩、先锋、卢集、集东等6个村居党群服务中心全部建成，并投入使用。逸奇、卢集2所幼儿园于本年8月竣工，9月初对外招生。逸奇、先锋、卢集、大兴等4个村卫生室建设通过达标验收。为115户独生子女户发放奖扶、特扶资金，为0～14周岁独生子女户、49～59周岁独生子女户购买意外险，共计15.8万元。投资220万元对镇敬老院进行全面改造提升，改造面积达2200平方米，实现生活、娱乐、健身、消防设施全面配套，达到省“乡镇示范敬老院标准”。发放优抚补助、五保供养、低保补助、尊老金、孤儿救助金、临时救助等1265万元。实施自来水“通村达户”工程，投资700万元，更新改造全镇供水管网。当年底，完成10个村4266户水管安装任务，通水3个村、1328户。进一步加强医疗、养老等保障体系建设，全镇参加新农合人数达43100人，参合率达99%；参加新型农村养老保险18723人，参保率100%。提供免费孕前检查284对，宫颈癌排查1800人，生殖健康检查2570人次。投资500多万元，建成派出所办公技术用房1250平方米，投资280万元，建成技防信息平台，架设探头80处共108个，实现镇区街道路口、繁华区域、村(居)主要路口监控全覆盖。全年办理网络问政1179个,信访办接访171批(次),接待一般民事来访81件,成功处理集访15批(次)。全镇村组安装广播调频喇叭86支,播出“大兴之声”自办节目157档。全年新安装有线电视户数786户,其中数字化电视247户。镇图书室和17个村级农家书屋增加书籍1.2万册。新添置农民健身体育器材18套。

【大兴网络创业】 镇里专门成立网络创业工作指挥部和技术培训中心,17名大学生村官和年轻公务员担任村居社区网络创业示范指导员,村村配备重点抓电商的支部副书记。全年开办网络创业技术培训培班23期,参加培训人员达到586人次,授课时长380小时。镇里投资220万元,建成占地为3500平方米的网络创业孵化基地,并出台对入驻网络创业孵化基地的电商企业和网店实行免收两年租金、免费安装宽带、费提供技术支持、免费提供仓储等“四免”扶持政策。当年底,入驻商家达到58家,创业基地总销售额实现6400万元,带动630多人就业,形成网络创业示范一条街。同时,成功引进了顺丰、圆通、百世汇通、国通、全峰等10家快递公司,并设立17个服务点。在村级,“支部+电商+扶贫”和“一村一店一品”的特色呈现雏形,重点围绕农副产品开发注册立项,主要加工和销售喜糖盒、富硒米、糙米、电子荧光棒、绢花、菌菇、禽蛋、花生、家具和服饰鞋包等17类大宗产品。2015年,全镇共注册网店329个,其中,开设京东网店2个、淘宝网店315个、阿里巴巴网店12个,从业人数3010人。全年下单量达到20430单,成交额实现1.06亿元。本年度,在参加全市网络创业“金种子”大赛活动中,大学生村官肖日考、叶梦宇分别获得“十佳选手”和“优秀选手”光荣称号。

【集东居委会荣获“全国淘宝村”称号】 集东居委会位于大兴镇区东郊,人口1451人,324户,耕地面积2648亩,人均收入1.57万元。2015年初,集东居委会紧紧围绕争创“省级电商示范村”的目标,以“一村一品一店”为抓手,利用本居三组青年高柱等5姐弟网络创业的良好基础,大力发展农村电商。当年底,以喜糖盒为主打的婚庆用品产业已经初具规模,形成了“基地生产、村民加工、网络销售、物流配送、售后服务”的“一站式”产供销经营体系,喜糖盒在淘宝网同类产品上的销售率超过90%。全居从事喜糖盒营销的网店有34家,年总销售额超过5000万元,其中年销售额超过100万元的网店有16家,年销售额超300万元的网店有7家。2015年8月,宿迁市喜糖盒电子商务行业协会正式成立,所有会员单位按照“统一标准、统一生产、统一价格、统一物流”的“四统一”模式进行运作。该产业带动本居500人从事喜糖盒生产和加工,平均月工资在2000元左右。解决了一批年龄较大、留守在家的“5060”老人的就业问题,帮助20多户低收入农户脱贫致富。2015年12月3日,市委魏国强书记在视察集东时,对集东居委会喜糖盒产业发展给予三次“点赞”。2015年12月24日,集东居委会被评为“全国淘宝村”。2016年1月14日,省委罗志军书记视察集东喜糖盒产业时给予较高评价。

【镇敬老院提档升级改造达到“二星级”标准】 大兴敬老院始建于1984年,院址设在原镇针织厂。2007年5月,搬迁到已闲置的镇第三初中。2015年6月,镇里投资260万元对其进行全面提档升级改造,其中,用于房屋改造170万元,室内装饰配套90万元。改造工程从当年8月施工,11月底竣工验收,12月中旬正式投入使用。经过改造后的镇敬老院建筑面积为3240平方米,更新床200张、棋牌桌10张、室外体育器材12套、大小冰箱4台、沙发19套、空调30台、液晶电视机19台。新铺设道路360米、排水管道160米,购置自来水压力罐1个、各类图书2400册。安装安全监控系统1套、声光控自动报警系统1套、室内淋浴系统24套、医用应急呼叫系统1套。建设布置敬老文化墙120平方米。改造后的敬老院,达到每个房间内有卫生间、有保暖降温设备、有电视机,老人不出院门就能洗澡、能看病、能康复娱乐,消防、卫生、环境、生活、服务、管理等“三有三能六达标”的标准,2015 年 12 月,被江苏省民政厅评定为“二星级乡镇敬老院”。

【镇中心小学足球运动获殊荣】 自 2011 年起,大兴中心小学把足球运动作为学校的特色项目在全校师生中普及推广。学校首先通过常年举办“一报一廊一演讲”等形式,教育和激发全校师生奋发追求“足球梦、我的梦、中国梦”。2015 年,学校聘请 4 名校外专业足球教练常年驻校,并自编教材,系统教学。全校 45 个班级,每周三节足球教学课;周一到周五,坚持上好自创的足球课间操;每天下午的课外活动,固定为全校统一的足球运动时间;每年 5 月份,为学校规定的“足球节”,并开展一系列足球活动。学校还采取“整体施教与重点培养、全面推广与比赛提高”相结合的举措,形成“人人有志愿、班班有球队、周周有活动、月月有展示、年年有大赛”的活动模式。学校成立学校、年级和班级三级足球队,每一级都有男、女两支球队。2012 年以来,学校男、女足球队先后 36 次参加区级以上比赛,屡屡获奖。其中,2015 年,女子足球队参加了“省长杯”校园足球比赛荣获季军。近年来,学校先后被评为国家青少年校园足球特色学校、全国体育工作示范学校、省体育工作先进单位、省体教结合先进单位、省行知实验学校。

【首轮《大兴镇志》编纂在全区率先启动】 2015 年 7 月 31 日下午,镇里专题组织召开《大兴镇志》编纂启动工作座谈会,市政府史志办副主任仓中华和区委党史工委(区志办)主任蔡兆银等应邀参加。镇里专门成立了大兴镇志编纂委员会,镇党委书记戚艳红亲自担任编委会主任。本次修志本着“求真、务实、客观、理性”的原则,内容涵盖了政治、地理、经济、文化、社会事业发展等多个方面。志书编写上限时间从有史料记载开始,下限时间为 2015 年 12 月 31 日。综合运用述、记、志、传、图(包括照片)、表、录等体裁,横排门类,纵述史实。材料采集和志书撰写人员主要从当地退离休老干部、老教师中选聘。整个编纂过程将经历筹备启动、编写修改、总纂组稿、定稿验收、出版发行五个阶段,全书预计 60 万字左右,计划用 3 年时间完成编纂和出版发行工作。2015 年完成纲目拟定、资料征集等工作。 (林德学)

·来龙镇·

【概况】 来龙镇位于区政府东北 23 千米处,南连保安乡,北接侍岭镇,东界沭阳县,西与曹集乡接壤。S304 省道穿境而过,来侍路、兴张路连通南北,区位明显,交通便利。全镇面积 75 平方千米,人口 4.2 万人,可耕地面积 6.3 万亩。下辖 3 个居委会、9 个行政村。来龙镇曾被称为宿迁的“东北粮仓”,是全国和江苏省重点镇。来龙镇是京东集团创始人兼 CEO 刘强东的故乡,2015 年,京东乡村合作点和农资白条率先在全国试点,来龙光明电子商务有限公司正式运营,实现销售额 3680 万元,光明村被评为江苏省“一村一品一店示范村”。

2015 年实现地区生产总值 14.7 亿元,同比增长 14.22%;财政总收入 1.52 亿元,同比增长 33.3%;公共财政预算收入 9135 万元,增长 3.5%;一、二、三产占比为 12.9%、60.7%、26.4%,500 万元以上项目投资 9.12 亿元,增长 28.3%;规模以上工业总产值 14.3 亿元,增长 12.4%;500 万元以上固定资产投资 8.9 亿元,增长 25.2%;农民人均纯收入 1.54 万元,增长 12.3%。2015 年,在全区年终目标考评中,荣获二等奖,在全市重点中心镇建设工作考核中荣获第二名,被省委组织部、省委宣传部评为 2014 年度全省基层党员冬训工作示范乡镇,被市委、市政府评为 2014 年度平安宿迁建设先进集体,被区委、区政府评为扶贫开发先进乡镇。

2015年来龙镇经济与社会发展概况

表64

项　目	单位	2014年	2015年	增长(%)	项　目	单位	2014年	2015年	增长(%)
总人口	人	39394	42449	7.75	工业企业	家	418	377	—
其中:非农业人口	人	6256	10175	62.64	工业总产值	万元	253106	284750	—
人口出生率	‰	8	8.1	1.25	工业利税总额	万元	—	—	—
人口死亡率	‰	6.1	5.8	—	三产增加值	万元	28165	38844	37.92
人口自然增长率	‰	1.9	2.3	—	镇村主干道	千米	94	97	3.19
总面积	公顷	7496	7496	—	实有就业人数	人	23416	27333	16.72
其中:耕地面积	公顷	4195	4237	1	科技人员	人	139	112	—
地区生产总值	万元	128785	147016	14.16	学校	所	3	3	—
财政收入	万元	14700	15200	3.4	在职教师	人	393	357	—
农业总产值	万元	43171	45416	5.2	在校学生	人	5778	4971	—
粮食总产量	吨	55104	55548	8	卫生院	家	3	3	—
油料产量	吨	58	65	12.07	卫生室	个	12	12	—
生猪饲养量	头	15800	15100	—	初级保健普及率	%	13149	15445	—
家禽饲养量	万羽	937	1136	21.23	农民人均纯收入	元	12000	15445	28.7
水产品产量	吨	1752	1621	—	农民人均住房	平方米	40	42	5

2015年来龙镇村级概况

表65

村(居)名称	组　数(个)	户　数(户)	人　口(人)	耕　地(公顷)	村集体收入(万元)	人均可支配收入(元)	党支部书记	村委会主任
来龙居委会	9	2097	7320	224	23.64	16800	高胜友	高胜友
龙西居委会	17	1481	4828	414	22.7	16200	张连喜	张连喜
太平居委会	14	533	2264	218	29	16570	王召军	王召军
高圩村	8	536	2117	261	21	14000	尚兆楚	尚兆楚
陵园村	21	1029	3811	462	22.3	14300	杜　刚	杜　刚
路墩村	24	1011	4238	477	26.4	13600	陈超政	王新召
左庄村	12	541	2244	317	30.4	14650	张成迎	张成迎
光明村	18	812	3366	371	43.5	15931	李　江	李　江
张大庄村	12	603	2389	273	22.2	14600	张　鑫	胡秀林
水庄村	15	501	2178	261	22	13800	申　剑	申　剑
玉皇村	19	937	3925	494	22.5	13500	李先军	李先军
王庄村	18	947	3769	465	13.2	13500	程庆亚	葛斯权
合　计	187	11028	42449	4237	—	—	—	—

农业　按照区委提出的“1＋X”农业产业体系，打造特色高效现代农业。苗鸡肉鸡养殖方面，共有肉鸡养殖场17个，其中中粮集团12个肉鸡场和1个孵化中心，年出栏商品肉鸡300万羽，2015年实现繁育苗鸡6500万羽。高效农业方面，实现新增设施农业480亩，新增花卉360亩，新增高效渔业890亩，完成渔业经济产值420万元。新型农业经营主体培育方面，实现新增家庭农场18个，新增专业大户22户，新增股份合作社4个；脱贫攻坚方面，完成扶贫小额贷款1460万元，发放完成率107.3％。土地确权登记颁证方面，扎实开展土地确权调查摸底、信息录入、台账核实等项工作，并进行农户签字核对和第二轮公示。土地整理方面，通过土地增减挂钩，完成土地复垦107亩，通过耕地占补平衡，整理耕地287亩。秸秆实现还田面积7.8万亩，还田率100％，夏、秋季完成“不着一把火，不冒一处烟，不污一条河”的禁烧工作目标。

工业与招商引资　农业招商方面，完成农业招商引资6800万元，完成招商引资项目3个，在2015年度全区农业招商引资全年考核中排名第一。通过提升招商引资工作的组织化程度，利用10万平方米标准厂房，全力以赴招引大项目、好项目，推动园区建设形成产业集聚效应。2015年度，实现2个3000万元以上项目投产，签约亿元项目2个，盘活项目1个，追加投资项目1个，利用标准化厂房即将入住3000万元以上项目3个。大力实施“511”工程，培育全市销售收入500强企业1家。园区新招引的兴水管业、万家美海绵、江苏优琪、诚鑫纺织、江苏新峰装饰工程等5个工业项目全部投产达效。同时，对重点企业提供“保姆式服务”，抓好基础设施配套建设，协助做好企业各项手续报批工作，全力推进项目早日落地生根。“三来一加”方面，共新增“三来一加”项目24个，带动就业1742人，在2015年度全区“三来一加”考核中排名第三。

2015年来龙镇骨干企业基本情况

表66　　　　单位：万元

企业名称	主要产品	投资金额	销售收入	利税总额
江苏优琪宠物用品有限公司	宠物用品	3500	1500	135
宿迁市金丰米业有限公司	大米	5000	15000	650
宿迁市康力多木业有限公司	科技木	1500	1000	105
宿迁市权威米业有限公司	大米	3000	4500	250
宿迁市迎绿面粉有限公司	面粉	2000	2500	180

项目建设　2015年共排定重点工程25项，已完工19项，正在实施6项，完成投资7.83亿元。在15项重点基础设施建设中，已完成施工的有9项，分别是：龙凤街立面改造、龙凤街路面铺贴工程、西外环路、白鹿湖大道、白鹿湖大道西延、龙鸣路、藏龙街西段、卧龙街、工业路绿化和垃圾中转站。在建项目4项，分别是：道路亮化、标识标线、标准厂房配套、来龙大道改造工程；招投标项目2项，分别是：道路绿化工程、龙盘路工程。在6项社会事业类项目建设中，已全面完成建设，分别是：标准厂房、农机汽车维修中心、陵园村幼儿园、陵园村乡里中心、来龙中心小学、来龙中心幼儿园项目。房地产开发类项目。龙城雅苑目前一期14栋约8万平方米主体已完工，二期已建至5层；都市华庭三期5栋1.5万平方米主体封顶，兴龙家园一期12栋3万平方米已完工，近期交付，状元里项目10栋4.5万平方米已全面启动建设。

社会事业　教育卫生方面，总投资6000万元，高标准新建中心小学(幼儿园)，改善了办学条件。全面完成12个村(居)卫生室改造工程,不断完善农村医疗保障体系。来龙医院和安康医院均按照要求落实基本药物制度,所有基本药物实行零差率销售。全年共办理独生子女父母光荣证127户,落实免费孕前优生健康检查225例,组织免费生殖健康筛查4070人次。文化工作方面,认真策划并举办了每年一度的来龙庵庙会;镇文广中心增加阅览室书籍,完善电脑阅览室配备;龙凤街夜间广场舞等活动自发开展。社会保障方面,新农保续缴人数达13200人,完成率110%,总参保人数达14560人。民生工作方面,更加关注特殊群体,2015年度,新增低保26户,享受低保588户,1179人,五保供养179人,累计发放低保金323.4万元,发放五保供养资金92万元,发放残疾人补助96.7万元。改造敬老院,经省验收,达到农村五保供养机构等级评定三星级标准。为10个村居22户实施草危房改造,全部为原地重建,年末22户均改造完成,并通过区级专家组验收。环境整治方面,按照每户一个垃圾桶,每组2~3个垃圾池,全镇182个村民小组全部配齐专职保洁员,投入近70万元,购置各类环卫车辆9辆。同时,加大考核力度,推动整治工作常态化、制度化。年内,共清理店外店236起,清除流动摊点96起,清理村庄垃圾7900余吨。社会稳定方面。2015年组织9次安全生产联合大检查活动,共下发整改通知单52份,及时排除了安全隐患,全年未发生一起安全事故。全年共处理治安案件256起,行政拘留40人,刑事立案135起,破案52起,重点打击了都市华庭小区王某等人扰乱秩序案、王庄村王某某破坏生产经营案等,在来龙营造了安全稳定的治安环境。信访总量大幅下降。2015年度共办理网络问政1166件,群众来电800余起,处理各类网络舆情20余起,办结率达100%,满意率92.6%。全年化解矛盾178件,接待群众来访890人次。

【电子商务】 以打造“京东商城第一镇”和“特色农业大镇”为目标,大力推进农村电商发展。年末,现有网店116家,组织网络创业培训7次。大力推进京东农村电商项目,通过京东合作点帮助群众下单4.6万余件,订单额近400万元。抢抓“互联网+”发展机遇,通过加强与京东公司联系,抓好“一村一品一店”建设,挖掘出49个特色农产品和工业产品,并通过网络进行销售。2015年来龙光明电子商务有限公司正式运营,迈入电商专业化、规模化发展道路,2015年实现销售额3680万元,带动60余名村民就业,光明村被评为江苏省“一村一品一店示范村”。加强与京东战略合作,京东率先在来龙试点实施“京东农资白条”推广工作,全镇共有300余人成功开通“京东农资白条”。同时,依托标准化厂房,大力招引电商企业和农副产品加工企业,力争将园区打造成为电商发展新平台。

【刘强东为家乡老人发放650万元春节红包】 2015年2月17日,京东集团创始人兼CEO刘强东回到他出生地——来龙镇光明村,给全村650余名60岁以上老年人发放每人1万元“春节特别红包”。刘强东对老人们说:“我从小生活在这里,没有各位乡亲父老的关心爱护,我也走不出这个村子,也就没有今天的我,这次回家过年看望大家,表达一点点心意,希望大家过个好年!”

【京东乡村合作点和农资“白条”率先在来龙试点】 2015年1月,来龙镇12个村(居)全部建成京东乡村合作点,每村有1~2名京东电商推广员,帮助村民代购下单,此模式为京东集团农村电商拓展提供了样本。“京东农资白条”是京东集团回馈农村的一项惠民工程,村民通过打“白条”,可以向京东公司申请贷款,此次试点率先在来龙镇187个小组进行,每个小组试点50亩。通过京东提供的贷款额度,村民可以在京东商城购买到质量有保障、价格有优惠、种植有指导的优质农资产品,从而降低农业生产成本、减轻农民生产压力。 (曹　鑫)

·曹集乡·

【概况】 曹集乡位于宿豫区东北部，距城区5千米。新老宿沭路和新扬高速穿境而过，地理位置十分优越。全乡辖5个行政村、3个居民委员会，总面积49平方千米，人口3.03万人。曹集历史悠久，明末清初因曹氏族人相拥而居逐渐形成集镇雏形，民国初期设立建制至今。相传春秋末期吴国大夫、军事家、谋略家伍子胥归隐后曾在此结庐而居。

2015年，曹集乡实现地区生产总值94325元，同比增长9.7%；财政总收入4867万元，同比增长13%；公共预算收入2045万元，同比增长16%；农民人均可支配收入13470元，同比增长12%。2015年被区委、区政府表彰为乡镇岗位目标综合考评三等奖，被市委、市政府表彰为政法先进乡镇，被省商务厅、省农委授予“农业电子商务示范乡镇”等荣誉。基层党建工作。以“四式联动”优化“四务公开”，即“点题式”公开、“限时式”公开、“延伸式”公开、“问责式”公开。得到区委组织部的认可，在全区推广。

2015年曹集乡经济与社会发展概况

表67

项目	单位	2014年	2015年	增长%	项目	单位	2014年	2015年	增长%
村数	个	5	5	0	财政收入	万元	4183	4867	13.3
社区数	个	3	3	0	农林牧渔业总产值	万元	—	—	—
村民小组和农业组数	个	129	129	0	服务业产值	万元	18921	20137	22.3
户数	户	7038	7027	−1.20	实有就业人数	人	15537	15629	0.70
总人口	人	30320	30179	0	其中:二产	人	5823	5947	2.61
其中:非农业人口	人	1889	1867	−0.97	三产	人	4582	4637	0.53
人口出生率	‰	24.6	21.3	−1.02	农民人均可支配收入	吨	11936	13470	12.2
人口死亡率	‰	15.6	10.8	−5.7	粮食总产量	吨	26490	27983	3.19
人口自然增长率	‰	9.0	8.7	−0.72	油料产量	吨	16	16.7	6.37
总面积	公顷	4700	4700	0	生猪饲养量	头	42000	47300	14.4
其中:耕地面面积	公顷	2748	2748	0	三禽饲养量	万羽	840	830	−2.5
地区生产总值	万元	94239	94325	9.74	水产品产量	吨	982	1082	13.92
其中:第一产业	万元	20165	22314	15.23	规模以上企业	个	11	13	17.50
第二产业	万元	55115	59004	8.43	规模以上工业产值	万元	22300	34800	41.80
第三产业	万元	18959	20347	10.18	规模以上工业利税总额	万元	873	672	−35.82

2015年曹集乡村级概况

表68

村(居、社区)名称	组数(个)	户数(户)	人口(人)	耕地(公顷)	人均可支配收入(元)	党组织书记	村(居)委会主任
快乐社区	25	1043	6245	655.33	14093	周发强	周发强
冒店居委会	11	587	2413	423	13625	朱昌斌	朱昌斌
天同庵居委会	18	974	4239	470.23	14101	刘文明	刘文明

续表 68

村(居、社区)名称	组　数 (个)	户　数 (户)	人　口 (人)	耕　地 (公顷)	人均可支配 收入(元)	党组织 书记	村(居)委会 主任
道方村	19	1082	3860	874.47	13120	张新忠	张新忠
孙庄村	15	767	3623	618.87	13659	李　辉	李　辉
小岭村	10	701	2845	321.4	13986	韩万明	韩万明
旱闸村	13	786	3168	340.87	13989	高行俭	高行俭
双河村	18	907	3753	339.6	13945	谢　振	谢　振
合　计	129	7027	30346	4043.76	—	—	—

农业　2015年按照“1＋X”农业产业定位，重点开发沿路沿带蔬果资源，11月全面完成小岭采摘园大棚二期项目，建成连体、单体大棚500多个，主要种植各种反季节蔬菜、水果等。于2015年9月，完成1万亩高标准农田建设，拆建泵站1座，疏浚沟渠土方26万立方米，铺设防渗渠道28.25千米，新建各类生产桥162座、涵洞12座，节制闸7座，铺设农田道路20余千米。

工业与招商引资　2015年吉雄机械、苏润机械、盛世达包装3个项目基本竣工，已经配齐生产设备。远大新型建材项目总投资5000万元，已于9月投产达效。盘活原曹集初中60亩闲置校舍，引进和盟电子、宏鑫印务等5个项目，总投资8000万元；新增杰克包装、金力橡塑和奥源塑业3家规模以上企业，引进固定资产投资3000万元以上项目宿迁市金楚喷涂有限公司、宿迁迅奇电子科技有限公司等。

社会事业　2015年投资70余万元对敬老院进行了室内装修、改造电路、添置家具，新建院墙、停车场。于6月完成改造升级。农村道路提档升级。争取资金180万，对5.43千米曹冒路、曹道路进行改造，拓宽为6米宽，通过加固石灰土路基、硬化路肩等方式对道路进行提档升级。同时，修建会车道7条，286平方米停车场1个。集市改革路项目建设，投入资金30万元，铺设长250米，宽9米的水泥路面，栽种绿化树50余株。

小城镇及村居建设　投资300余万元，高标准打造府前路精品示范街，全长1000米、宽15米，铺设沥青路面、大理石路牙石、路面砖2万多平方米，统一户外广告招牌1000多平方米，栽植景观树木800余棵，绿化面积2400平方米，安装路灯30盏，划设泊车位24个，镇区新貌初步显现。村庄环境整治，投资60万元，新建垃圾池150个，添置机械垃圾转运车4辆，人力垃圾车135辆，新布置垃圾桶5400个，全面实行“户分类、组收集、村转运、乡处理”的运行模式，给村民创造一个良好的生活生产环境。全年植树造林11.3万余株，完成目标任务(9.9万株)的116.6%。

【曹集便民服务中心建设】　2015年，曹集乡投资150余万元规划建设1100平方米便民服务中心。在一楼设有400多平方米的办公大厅，将民政、劳保、政法、农技等部门共18个窗口，集中办公，方便群众办事。

【曹集电子商务示范乡镇建设】　2015年，乡党委、政府抓住天同庵紧邻新扬高速出入口和宿沭一级公路优势，依托沿街商铺，精心打造全长1.1千米，拥有店铺100余间，办公用房、仓储面积达1.5万平方米，集“网销、仓储、物流、客服、培训”于一体的电商一条街。招引入驻京东、淘宝等平台电商30余家，圆通、韵达等快递公司6家，销售涉及农副产品、家居、服装等品类。建立“曹家集”地产品销售平台，带动纸箱、礼盒、罐头等10余种地产品上网销售；电商街日发货5000余单，年销售预计超亿元，带动就业400余人。2015年10月，曹集乡被授予江苏省“农业电子商务示范乡镇”称号，天同庵居委会被省商务厅评为全省“电子商务示范村”。

【村(居)支书职业化】 积极探索支部书记职业化，出台《关于实施村(居)党支部书记职业化管理的意见》，实行“五位一体”，即“任职资格、薪资待遇、教育培训、目标管理、离任保障”一体化，推行“百分制考核”，即月绩效考核和年绩效考核均采取百分制。年末，天同庵、旱闸村支部书记纳入区职业化支部书记管理序列。

(张秋翔)

·陆集镇·

【概况】 陆集镇地处宿豫区南郊，毗邻江苏省宿迁高新技术产业开发区，全镇总面积42.3平方千米，辖7个行政村、1个居委会，户籍人口28479人。2015年，全镇公共财政预算收入2185万元。地区生产总值132850万元，同比增长7.64%。其中，第一产业11285万元，第二产业82078万元，第三产业39487万元。固定资产投资37536万元，同比增长28.8%。规模以上工业总产值111713万元，同比增长20.4%。农民人均纯收入12978元，同比增长2.4%。2015年，陆集镇获得全国农村基层团建示范乡镇、宿迁市信访工作先进单位、宿迁计划生育先进乡镇等奖项。

2015年陆集镇经济与社会发展概况

表69

项　目	单位	2014年	2015年	增长(%)	项　目	单位	2014年	2015年	增长(%)
总人口	人	24148	22537	−6.67	工业企业	家	215	216	0.47
其中:非农业人口	人	3982	473	−88.12	工业总产值	万元	75498	113211	49.95
人口出生率	‰	19.60	15.94	−18.67	工业利税总额	万元	1350	1765	30.74
人口死亡率	‰	4.83	6.81	40.99	三产增加值	万元	1972	2170	10.04
人口自然增长率	‰	14.77	9.13	−38.19	镇村主干道	千米	85	96	12.94
总面积	公顷	4208	4208	0	实有就业人数	人	13498	13878	2.82
其中:耕地面积	公顷	2248	2248	0	科技人员	人	495	513	3.64
地区生产总值	万元	132258	137850	4.23	学校	所	2	2	0
财政收入	万元	3253	3151	−3.14	在职教师	人	210	192	−8.57
农业总产值	万元	25487	25285	−0.79	在校学生	人	2024	1895	−6.37
粮食总产量	吨	23421	24508	4.64	卫生院	家	1	1	0
油料产量	吨	89	97	8.99	卫生室	个	19	20	5.26
生猪饲养量	头	19645	22136	12.68	初级保健普及率	%	90	95	5.56
家禽饲养量	万羽	220	240	9.09	农民人均纯收入	元	12664	12978	2.48
水产品产量	吨	3000	3100	3.33	农民人均住房	平方米	39	40	2.56

2015年陆集镇村级概况

表70

村(社区)名称	组数(个)	户数(户)	人口(人)	耕地(公顷)	村集体收入(万元)	党组织书记	村(居)委会主任
陆集社区	14	1431	5037	225	39	陆敬刚	陆敬刚
官庄村	10	776	3259	178	27	陆敬辉	陆敬辉
乐园村	12	593	2529	225	32	张 洋	张 洋
虎山村	15	966	4125	375	24	王余娟	王余娟
利民村	16	1036	4412	335	25	闫斯平	王 甫
东风村	10	708	2774	190	22	蔡子绪	蔡子绪
长胜村	12	822	3530	280	38	吴培勇	吴培勇
义合村	9	700	2813	173	24	陈井军	陈井军
合 计	98	7032	28479	1981	231	—	—

农业　2015年全镇种植水稻25000亩，小麦27000亩，全镇粮食产量达33700吨。种植蔬菜5000亩(其中设施栽培3000亩)，林果面积2000亩，水产养殖面积1000亩。新增家庭农场11个，盖禾植保合作联社1个；大力发展"1+X"主导产业，建成高产高效优质的现代园艺观光基地900亩，建成大棚芦蒿基地700亩。夏、秋两季秸秆禁烧及秸秆综合利用工作有序推进，完成秸秆机械化还田32000余亩，秸秆机械化还田率达90%以上。

工业与招商引资　2015年，陆集镇工业企业总数共42个，其中规模以上企业10个，工业企业年实现产值、利税分别为83500万元、2965万元，同比增长分别为16.2%、1.1%。盘活宿豫木材厂和森源能源，引进宿迁瑞华建材有限公司和宿迁强力塑料制品有限公司2个项目。全年完成3000万元协议项目2个、开工项目2个、竣工项目1个。各村(居)通过盘活闲置固定资产，新引进"三来一加"项目8个，截至年底全镇共有"三来一加"项目53个，提供就业岗位1750个。

2015年陆集镇骨干企业基本情况

表71　　单位:万元

企业名称	主要产品	投资金额	销售收入	利税总额
宿迁市鼎力建材有限公司	商品混凝土	2200	2300	197
江苏艾维特钢结构有限公司	钢结构	2600	2300	190
宿迁市金剑玻璃灯具有限公司	玻璃灯罩	820	1100	105
宿迁市成丰玻璃灯具有限公司	玻璃灯罩	780	1260	117
宿迁市梓鑫木业有限公司	模板	860	1400	132
宿迁市宝俊包装有限公司	纸质包装箱	520	870	85

社会事业　2015年，实施平安校车工程，为孩子上学提供安全。为全镇适龄儿童做好11种免费疫苗接种工作，受益儿童2200余人次。完成对东风、利民、虎山、义合四个村的近5600米水泥路进行铺设，满足群众出行需求。全镇8个村(居)、98个小组实现村庄环境整治

全覆盖，并建立长效保洁机制，投入垃圾桶2000多个，新建垃圾池178个，配齐保洁员。

民生事业　完善社会保障体系建设，完成“五保”、低保户走访排查700余人次，社会救济和优抚安置300余人。对所有低收入农户结对帮扶，对低收入农户通过民丰银行发放扶贫贷款613余万元，未脱贫的642户1420人全部实现脱贫。组织农村妇女劳动力培训，累计培训143人。构建立体化、信息化的社会治安防控体系。建成高标准的镇便民服务中心，8个村(居)建成便民服务站，配齐配优办公设备，设立去向牌、公示牌、流程图，确保群众好办事、易办事。

小城镇及村居建设　2015年，陆集镇加大对镇区基础设施改造力度，完成电网改造23500米、道路改造修补8处，新增绿化50亩。完成违法建筑拆除2000余平方米，复耕土地62.5亩。农民集中居住区建设新增户数700多套。

【陆集镇网络创业】 2015年，全镇电子商务企业5家，京东电商合作点9家，个人网店数近百家，电商从业人员1200余人，网络销售额达1000万元。其中妙洁拖把、free福瑞五金年销售额都在百万元以上。为了形成集聚效应，政府出资扶持在乐园新城建设陆集镇“智谷”创业街，创业街面积1080平方米，可容纳电商20余家，现已吸纳明红绣品、陆集粉皮、利民芦蒿、艾维雅厨卫、多肉植物等8个项目入驻。

【陆集党风廉政建设】 镇党委下属党组织签订《党风廉政目标管理责任书》24份，认真组织学习中央、省、市、区各级会议精神20余次，组织观看《四风之害》《周恩来》等12部警示教育片，建立健全学习、财务管理、督查督办等工作制度等20余项，开展公务接待、公务用车、办公用房、铺张浪费等专项治理活动10余次。镇纪委全年接待群众来信来访32余起，对发现有违纪行为的7起案件进行了立案查处。开展集中督查35次，印发督查通报16期，约谈责任人员28人次，通报批评5人次。

【最美村庄——叶店二、三组】 陆集社区为创建示范村居和最美村庄，2012年以后在原叶店二、三组先后投资120万余元，建成集文化、娱乐、健身、休闲于一体的花园式广场。叶店二、三组合计总人口900人左右，先后改厕200多个，拆掉旧猪舍180多个，建公厕1个，2015年10月污水管网全面改造结束。该村组先后获得江苏省“新农村新家庭计划”示范村居、宿迁市人民政府“文明村居”、宿迁市环境卫生保护委员会“市级生态村居”等称号。

【陆集芦蒿基地】 陆集芦蒿引种于南京八卦洲，以种植青蒿和白蒿为主，水分充足、营养丰富，是千家万户餐桌上的美味菜肴。种植主要分布在陆集镇利民村，年末已有芦蒿种植400户，种植规模1200余亩。2008年，利民村成立了首个芦蒿合作社，创立“蔡大沟”商标，三证齐全，初步打响陆集芦蒿品牌。2015年初，陆集镇按照区委、区政府“1+X”发展要求，打造规模化种植示范基地，主要采用普通钢架拱棚，建成大棚芦蒿基地700亩，亩产芦蒿为1500千克，亩产值约10000元，和种植传统农作物相比每亩可增收6000元以上，同时解决了大量农村剩余劳动力就业问题。陆集镇芦蒿由大学生村官王甫牵头，以合作社为单位运营，统购统销，提高陆集芦蒿整体竞争力，解决了群众的后顾之忧。同时对芦蒿标准化包装，进行深加工，解决储运难题。（刘　野　鲍梦雅）

·仰化镇·

【概况】 仰化镇位于宿豫区东南27千米处古运河北岸，地处徐州、淮安、连云港三市中心地带，总面积56平方千米，北接大兴镇，东与泗阳县众兴镇接壤，南隔运河与宿城区郑楼镇相望，西邻省级刘老涧三线船闸。辖7个行政村，2个居委会。

2015年，实现公共财政预算收入1520万元、500万元以上固定资产投资8.2亿元、规模以上工业总产值3.23亿元，同比分别增长

8.6%、64%和25.2%。与此同时，其他各项经济和社会发展指标稳中向好，综合实力显著增强，全镇呈现大局稳定、环境优化、经济发展的良好局面。

2015年仰化镇经济与社会发展概况

表72

项　目	单　位	2014年	2015年	增长(%)	项　目	单　位	2014年	2015年	增长(%)
总人口	人	35784	32566	－8.99	工业企业	家	229	246	7.4
其中：非农业人口	人	19000	19814	4.28	工业总产值	万元	65800	68900	4.7
人口出生率	‰	7.71	6.95	－9.98	工业利税总额	万元	2660	2945	10.7
人口死亡率	‰	0.17	0.3	76.4	三产增加值	万元	29655	26700	－9.96
人口自然增长率	‰	7.54	6.65	－11.8	镇村主干道	千米	93	93	0
总面积	公顷	5236	5236	0	实有就业人数	人	10200	10594	3.86
其中：耕地面积	公顷	2467	2467	0	科技人员	人	580	591	1.9
地区生产总值	万元	92000	82811	－9.99	学校	所	3	3	0
财政收入	万元	3237	3239	0.06	在职教师	人	149	151	1.34
农业总产值	万元	23345	21011	－10	在校学生	人	3097	3118	0.68
粮食总产量	吨	34000	34655	1.93	卫生院	家	1	1	0
油料产量	吨	798	830	4.01	卫生室	个	9	9	0
生猪饲养量	头	—	—	—	初级保健普及率	%	100%	100%	0
家禽饲养量	万羽	—	—	—	农民人均纯收入	元	12420	16146	13
水产品产量	吨	—	—	—	农民人均住房	平方米	39	40	2.56

2015年仰化镇村级概况

表73

村(居)名	村民小组(个)	户数(户)	人口(人)	耕地(公顷)	党支部书记	村(居)委会主任
仰化居委会	23	2219	7705	428.67	朱彩瑞	朱彩瑞
新桥居委会	10	749	2830	189.33	孙纪生	孙纪生
刘涧村	11	801	3129	198.4	叶文虎	叶文虎
同义村	21	1270	4948	424.93	张云华	李　娟
复隆村	15	1028	4062	209.47	卜启军	卜启军
建新村	15	1067	4068	222.67	马振海	闵华东
解闸村	9	794	2780	193.13	冯新平	冯新平
涧河村	9	654	2585	187	桂　兵	桂　兵
保祥村	12	818	3154	240.6	朱冬流	朱冬流
合计	125	9400	32566	2294.2	—	—

农业　在解决农民增收上，坚持从农业提质增效上出实招，从扩宽农民增收渠道上做文章。不断加大农业基础设施投入，夯实农业发展基础工程。完成投资850万元，实施同义、复隆5000亩土地治理项目，新建生产桥26座，防渗渠28千米，斗子门123座、生产路13千米；应用农业新技术、新知识、新品种，农业生产效益显著提高。全年举办农业实用技术培训12期，培训人数累计700多人次，推广新型农机设备60余台，完成秸秆还田5.5万亩，免费为600户蚕农发放蚕药9万余元；推进农业结构调整，鼓励和发展合作经济组织，有序推进土地适度规模经营。全镇现已注册农民合作社78个，刘润阿明瓜蒌种植、同义信诺肉羊养殖等规模种养殖大户已达50余户，农业收益不断提高；“1+X”特色农业发展亮点纷呈，优质稻麦基地规模达到15000亩，浅水藕种植达到2500亩，油菜基地规模达到1000亩；鹏翔家庭农场集群建设初具规模，恒源稻麦种植合作社、昊丰粮食合作社优质小麦、水稻等4种农产品通过省级无公害农产品认定。

工业　在推动产业发展上，坚持从品牌上找出路、在规模上要效益。大力推进招商引资，不断优化招商环境，做大培强一批经济效益好、带动能力大、核心竞争力强的优势骨干支柱企业。宿迁市嘉友国际贸易有限公司连续两年实现开票销售超2000万元，入库税收超110万元；总投资6000万元、年产80万吨超细粉煤灰的江苏润邦再生资源科技有限公司完成一期项目建设，正式竣工投产；总投资1500万元的江苏绿陵百农可生物科技有限公司完成厂房、设备投资，生产的固态、液态有机肥产品通过行业有机资格认证；总投资2亿元的宿迁晶辉新能源发展有限公司一期20光瓦光伏发电项目完成协议签订，公司注册，即将开工建设；出台扶持政策，大力发展“三来一加”。2015年全镇新增“三来一加”项目12个，刘润村儿童玩具书组装、亮德纸管加工，保祥桂权铝制品加工等质态较好、规模较大、发展加快的“三来一加”项目带动大量本地劳动力，真正意义上实现了家门口就业。实施“互联网+农业”行动，发展现代农业，艾诗格家居、一米电商、小龙人画板等特色网络创业项目发展较快，1100平方米创业孵化中心投入运营。

2015年仰化镇骨干企业基本情况

表74　　单位：万元

企业名称	主要产品	投资金额	销售收入	利税总额
江苏润邦再生资源科技有限公司	矿渣微粉	3500	2400	750
宿迁市宿豫区仰化银信缫丝厂	白厂丝	2200	2200	655
宿迁市研创新材料科技有限公司	金刚石砂轮	1500	2000	580
宿迁市捷达食品有限公司	面筋	3000	2500	600
宿迁市嘉友国际贸易有限公司	服装	3200	2300	500
宿迁市宿豫区仰化米厂有限公司	大米	2500	1800	445
宿迁市顶佳扣板厂	扣板	1500	1200	350

社会事业　医卫事业发展迅速。医院综合楼总投资510万元，规划建筑面积3600平方米，床位160张，目前主体工程已完成，上半年投入使用；解闸、润河两个标准化村卫生室顺利通过验收，村级卫生室建设全面完成，基本药物制度无缝对接；教育发展保持领先。中考在全市同类学校中排名前列，禾友励志基金为全镇79位学生发放助学金8.9万元；农村饮水安全工程全面实施。铺设自来水管道48千米，对新桥、刘润、保祥、润河、仰化、同义等6个村(居)

4700户管网及供水设施重新改造，解决了2万多人的饮水安全问题；居住条件持续改善。梦想家园安居工程项目计划投资3000万元，一期三幢楼现已封顶；人口计生工作效果明显。强化优质服务，全面改善村室条件，超额完成孕前优生健康检查任务，奖励扶助政策全面兑现，社会抚养费征收增幅达30%以上；扶贫工作成效显著。争取行业帮扶资金18万元，后方单位资金35.2万元，一对一帮扶资金5万元，发放小额贷款1200万元，培训低收入农户62人次，扶贫开发2033人，全部实现脱贫；社会保障稳步提高。“全民参保登记”工作进入微机录入阶段，3月份全面完成，新农合参合率、新农保参保率均达到98%以上，社保卡制作完成1.3万张。投入资金60万元对敬老院升级改造，为老人创造更加舒适、温馨、安全的生活环境；综治维稳成效显著。“平安仰化”建设扎实开展，社会环境更加和谐。

【镇村建设】 加快完善镇区基础设施建设，先后完成同心路、人民路道路硬化、雨污分流、绿化、亮化，极大改善了镇区对外形象，提升了商气、人气。不断改善群众出行条件，完成1800米仰涧路建设，1600米农村公路提档升级，1950米运河景观路、1300米孟湾至卜圩道路等多条道路铺设，解闸、涧河、保祥等村(居)通过积极向上争取、发动群众自筹等方式新铺农村各类道路22千米，涉及40余个自然村庄。大力开展农村环境综合整治，全镇125村庄都配备了1名保洁员，新购置标准垃圾桶2200个，新建垃圾二级中转站11座，新购置人力垃圾自卸车50辆，覆盖粪坑5000户。完成生活垃圾转运4300吨，镇村建设和农村发展实现协调共进。

(陈淮北)

·丁嘴镇·

【概况】 丁嘴镇位于宿豫区东南部，距宿豫区政府20千米。南隔六塘河与仰化镇相接，西与大兴镇接壤，北隔砂礓河与关庙镇相望，东与泗阳三庄、穿城两乡镇毗邻。宿泗路、325省道穿中而过。区域总面积53平方千米，耕地总面积2381公顷，林地总面积4800亩，水域面积1327亩。辖丁嘴、继先2个居委会，莫庄、丁长庄、储嘴、登山、倪牌坊、岔河、继章、张新庄、苗冲、丁庄、德高、周夏等12个村民委员会，152个村民小组，46000人。

丁嘴是宿豫区传统的农业乡镇，被列为省无公害粮食蔬菜生产基地，金针菜是丁嘴的传统产业。2015年，公共财政预算收入实现1780万元，完成全年任务的101.7%；新增500万元以上固定资产投资6.6亿元，同比增长23.3%；规模以上工业总产值完成2.435个亿，增长率达22.97%；农民人均纯收入达13800元。

2015年丁嘴镇经济与社会发展概况

表75

项　目	单位	2014年	2015年	增长(%)	项　目	单位	2014年	2015年	增长(%)
总人口	人	36293	36395	0.2	工业企业	家	220	220	0
其中:非农业人口	人	6612	6684	1.09	工业总产值	万元	90000	98000	8.89
人口出生率	‰	—	—	—	工业利税总额	万元	1200	1530	27.5
人口死亡率	‰	—	—	—	三产增加值	万元	1950	2250	12.5
人口自然增长率	‰	—	—	—	镇村主干道	千米	80	85	6.25
总面积	公顷	5300	5300	0	实有就业人数	人	—	—	—

续表 75

项　目	单位	2014 年	2015 年	增长(%)	项　目	单位	2014 年	2015 年	增长(%)
其中:耕地面积	公顷	2390	2381	−0.38	科技人员	人	520	523	0.58
地区生产总值	万元	97960	103690	5.85	学校	所	2	2	0
财政收入	万元	2698	2879	6.71	在职教师	人	278	270	−2.88
农业总产值	万元	—	—	—	在校学生	人	2134	1720	−19.4
粮食总产量	吨	27770	27	−99.9	卫生院	家	1	1	0
油料产量	吨	115	120	4.35	卫生室	个	26	26	0
生猪饲养量	万头	—	—	—	初级保健普及率	%	90	95	—
家禽饲养量	万羽	360	320	−11.11	农民人均纯收入	元	12500	13800	10.4
水产品产量	吨	650	650	0	农民人均住房	平方米	40	40	0

2015 年丁嘴镇村级概况

表 76

村(居)名称	组　数 (个)	户　数 (户)	人　口 (人)	耕　地 (公顷)	村集体收入 (万元)	党组织 书记	村(居)委会 主任
丁嘴居委会	11	630	3033	103	42	丁　亮	丁　亮
继章村	6	375	1792	115	18	陈　凯	陈　凯
苗冲村	10	479	2238	142	16	王会义	王会义
丁长庄村	9	483	1846	203	17	张大庆	张大庆
继先居委会	9	627	2602	261	31	潘　巍	潘　巍
周夏村	11	585	2503	192	24	周以明	周以明
张新庄村	9	360	1720	100	19	赵继军	赵继军
登山村	13	513	2750	130	25	史修朋	史修朋
倪牌坊村	11	510	2539	172	30	王新林	王新林
德高村	9	550	2506	186	32	丁先林	丁先林
岔河村	11	504	2226	152	20	刘生良	刘生良
莫庄村	10	446	2035	226	36	王国华	王国华
储嘴村	12	685	2945	189	26	张益荣	张益荣
丁庄村	14	680	3233	219	18	胡继春	胡继春
合计	145	7427	33968	2390	354	—	—

农业　按照区委、区政府发展特色农业“1+X”统一规划，结合丁嘴镇种植果品蔬菜的传统，丁嘴镇农业发展目标定位为“仓基湖畔，果蔬典范”。主导产业:果蔬。同时，对全镇范围内的金针菜基地、菜篮子基地、桃缘梦基地、大学生村官特色种植基地以及建玲生态蔬菜基地等五大基地进行资源整合与功能提升。在沿S325省道及丁仰路两侧核心区原有千亩果蔬

基础上，新增蔬菜2000余亩，其中设施蔬菜钢架大棚1000亩。新建高标准单体钢架大棚400个，新建连体钢架大棚6栋，配套滴灌400亩，修建给排水防渗渠2300米，砂石路2600米，水井3个，用电设施设备2套，蔬菜产品交易市场1个，冷温库3000立方米。依托“菜篮子”基地，建成了连片400亩高效瓜果基地、连片400亩高效蔬菜基地，连片100亩新品种太空蔬菜种植基地等。

丁嘴金菜　为特色农业发展的重点项目，在沿S325省道两侧扩种建成一个连片500亩金针菜基地，全镇范围内扩植金针菜面积达1500亩。金针菜种植实现了传统种植、传统加工、传统产品、传统销售及传统品牌的五大突破，以合作社为龙头，实现了与家庭农场、党支部、贫困户、散户及菜篮子五个结合。为全省促进农民创新创业增产增收工作推进会、市、区委工作会议等提供高标准的观摩点。

工业及招商　始终把招商引资工作作为第一要务来抓，完成3000万元项目一个，竣工项目1个，500万元固定资产投资完成7.53亿元，增长26%，规模以上工业总产值3.43亿元，增长22.97%，工业企业销售收入8.35亿元，增长16%，成功举办江苏宿豫(上海)招商会，签约项目14个。全年新引进农电商2个，跨境电商1个。

【“桃缘梦”生态农庄建设】　农庄占地300余亩，集休闲、度假、生态观光、垂钓、游乐、餐饮服务为一体。完善了餐饮和休闲垂钓等一期建设，二期工程新流转土地150亩，用于种植黄桃、葡萄等。建成桃缘梦500亩农业观光生态园，其中200亩(S325省道北)已建成并投产，300亩(S325省道南)11月底完成果树种植。游客接待中心及停车场建成并投入使用，相关配套设施建设已完成前期设计工作。

招商引资　完成3000万元项目一个，竣工项目1个，未完成进共园区项目(3000万元开竣工各1个)，引资额近2亿元未完成，亿元开竣工项目未完成，500万元固定资产投资完成75360万元增长率25.99%，规模以上工业总产值24350万元，增长率22.97%，工业企业销售收入83520万元，增长率16%。成功举办江苏·宿豫(上海)招商会，成功签约项目14个。全年完成固定资产投资3000万元竣工项目1个，完成存量土地盘活项目2个，新引进农电商2个，跨境电商1个，新引进20人以上规模“三来一加”10个。

“三来一加”项目引进　完成新引进20人以上规模“三来一加”项目12个，分别是丁嘴服装厂、丁嘴电子加工厂、宿迁市百味香食品有限公司、宿豫区春阳服装厂、宿豫区纸箱加工厂、宿豫区玻璃加工厂、宿迁市智勇纺织有限公司、宿豫区佳欣电子厂、宿迁市春芽乐器有限公司、宿豫区力登电子厂、宿迁市翔宇服饰有限公司、宿豫区咪琪娜玩具厂。

社会事业　铺设乡村道路。完成40余条道路铺设，如张新庄至苗冲路，丁仰路至325省道东盛路，南阳路延伸段等；抓好农村养老保险和新型农村合作医疗参保工作。完成区下达新农保工作扩面任务100%。60岁以上参保年检率达100%。新农合参合率96.8%；抓好社会救济工作。严格按照冬春临时生活救灾粮和春荒大米的分配方案，坚持“灾粮专用、重点使用”的原则，对突发原因造成的困难户进行救济，解决了困难群众的燃眉之急。另对53户困难户发放500～2000元不等的慰问金，还为特困户申请京东救助；全力推进扶贫奔小康扫尾攻坚工作。对农村低保救助对象进行动态管理，不符合条件的坚决不予纳入。做好低收入户扶贫贷款发放帮办工作，发放扶贫贷款740万元；低收入农户中402户902人纳入低保，138户169人纳入五保，36户75人纳入重残补助；另有87户123人无劳力且未享受最低保障的人群，在落实子女赡养，养老金、尊老金领取的同时，在财政奖补资金发放、大户带动分红带动上重点倾斜，全镇所有低收入农户收入均达到4000元以上标准。

2015 年丁嘴镇骨干企业基本情况

表 77 单位:万元

企业名称	主要产品	投资金额	销售收入	利税总额
宿迁市万众米业有限公司	大米	2000	3500	160
宿迁市北玻玻璃有限公司	钢化玻璃	3000	2600	110
宿迁市新辉玻璃灯具厂	灯具	1000	2200	100
宿迁市宿豫区德佳缫丝厂	白厂丝	1000	2800	150
宿迁市瑞华米业有限公司	大米	2000	3000	150

【省“菜篮子”工程项目】 以建设宿豫区唯一的省“菜篮子”工程项目区为契机,将主导产业定位为果蔬,打造全市万亩永久性蔬菜基地。在沿 S325 省道及丁仰路两侧核心区原有千亩果蔬基础上,新增蔬菜 2000 余亩,其中设施蔬菜钢架大棚 1000 亩。新建高标准单体钢架大棚 400 个,新建连体钢架大棚 6 栋,配套滴灌 400 亩,修建给排水防渗渠 2300 米,砂石路 2600 米,水井 3 个,用电设施设备 2 套,蔬菜产品交易市场 1 个,冷温库 3000 立方米。依托“菜篮子”基地,建成了 400 亩连片高效瓜果基地、400 亩连片高效蔬菜基地,100 亩连片新品种太空蔬菜种植基地等。

【东盛街道建设】 东盛路位于镇区丁仰路至 S325 省道,全长 1.1 千米,9 米宽沥青路面,双侧各 1.5 米宽绿化,双侧各 2.5 米宽人行道,安装高规格路灯 44 盏,两侧分别建设下水道和污水管道、盲道,总投资约 620 万元。在东盛路两侧打造精品商业一条街,统一门牌粉饰,统一经营范围,统一粉刷墙壁,配套监控系统及免费无线网络。为提高东盛路整体形象,新建占地 26 亩文化体育公园,预计投资约 660 万元,已投入资金约 180 万元完成土地平整,地下管网、线路、基础等前期工作。

【丁嘴村庄环境整治】 按“户分类、村收集、镇中转、区处理”的处置模式。组建村居保洁员队伍,通过“公开、公平、公正”的方式从五保户、低保户等困难户中优先招聘 218 名保洁员,镇区配置了 48 名保洁员,配置 4 名垃圾运输员;14 个村居 152 个小组,每组配置了一名保洁员。另外,每村配置了一名卫生监督员(由村干部负责),负责督查垃圾日产日清情况。每名垃圾运输员配置一辆机动三轮车;每位保洁员配置一辆垃圾车、保洁工具和黄马甲一套,结合村组实际建设 189 个垃圾池,每两户配置了一个垃圾桶,5226 个垃圾桶已配置到位,另外购买了 9617 块石棉瓦用于露天旱厕的遮盖。

【低收入人口实现全面脱贫】 全力推进脱贫奔小康工程扫尾攻坚工作,组织开展“春风送暖”等扶贫慰问活动,累计发放物资 4.3 万元;做好低收入户扶贫贷款发放帮办工作,发放扶贫贷款 740 万元;低收入农户中 402 户 902 人纳入低保,138 户 169 人纳入五保,36 户 75 人纳入重残补助;另有 87 户 123 人无劳力且未享受最低保障的人群,在落实子女赡养,养老金、尊老金领取的同时,在财政奖补资金发放、大户带动、分红带动上重点倾斜,全镇所有低收入农户年收入均达到 4000 元以上标准。

【饮水工程】 全镇正常用水户约 7000 户,吃水人口约 30000 人。丁嘴、继先、储嘴、登山、张新庄、苗冲、德高和周夏 8 个村居约 3900 户,在 2010 年和 2014 年农村饮水安全工程实施中全部通上自来水。莫庄、丁长庄、倪牌坊、岔河、继章和丁庄 6 个村约 3100 户,在区爱卫会支持下所建的水厂和管网均能正常供水。至 2015 年 6 月,全镇自来水实现全覆盖,所有农户都能正常吃上自来水。根据区委相关会议精神和区域供水需求，对莫庄、丁长庄、倪牌坊、岔河、继章和丁长庄6个村自来水入户管网进行升级改造。

【基层党建及阵地建设】 全年投入近300万元，新建村部2个，卫生室4个，整改提升便民服务大厅3个。投入12万元对各村公示栏进行整改提升。选优配强32名后备干部，调整4名年龄较大支部书记，遴选14名村干部参加为期两年学历提升工程，引进千人计划1名，洽谈博士后创业团队2组。镇设立党史展览室，全年共组织28批次620人次党员参观学习，邀请党校党建专家授课11批次。全年查处违反“八项规定”，违背“三严三实”准则事件4起，共立案查处党员8人次，处理干部6名，调整支部书记2名。

【“文化特色镇”建设】 完成丁嘴镇文化站提档升级工程。拨款5万元，建成宣传橱窗36平方米，对文化站综合展厅、各功能室的内容和部分设备整修，提高了文化阵地功能服务水平，在全国乡镇综合文化站评估定级中定为“二级文化站”。以繁荣文艺创作和开展文化活动为重点，开展广场舞表演、广播体操表演等活动12场，组织送戏下乡活动4场，送电影到村100余场；同时，加大对省级非物质文化遗产“丁嘴跑驴”传承保护力度，利用“丁嘴跑驴”传承基地和中心学校传承点，组织省、市级代表性传承人按计划进行传承培训活动，培训学员50人。加大文化产业企业招商力度，成功引进了泰斯博自动化科技（江苏）有限公司，并帮助该公司申报“工业产品创意设计项目”，市级文化产业引导资金。

【大学生蔬菜示范园】 丁嘴镇大学生蔬菜示范园，依托省级菜篮子工程丁庄项目区，由16名大学生和镇政府共同出资260余万元创建而成。园区流转土地200多亩用于建设温室大棚。现已建成连体钢架大棚26亩，配套喷滴灌设备。大棚内采用物联网技术，可实现温室管理的高效和精准，通过遥控温室里的视频传感器，观察室内情况。生产经营上，以大学生领包地块为主体，附近村庄低收入户为主要用工对象。同时，逐步实现“基层＋党组织＋农户＝集聚发展”的创新模式。园区成立了宿迁市仓基莲唱农产品有限公司，经营金针菜、食用菌、绿色大米、太空蔬菜等自主创业品牌。园区内生产的农户产品以及各村居的特色农产品将通过京东、淘宝农电商进行网上代卖，实现产品线上线下同步销售。在大学生的引领下，丁嘴镇围绕打造“一村一品一店”的目标，村村配备了农电商推广员，主动向群众宣传网上销售农副产品的优势，帮助挖掘各村居特色农副产品，鼓励群众将自产的农产品送至宿迁市仓基莲唱农产品有限公司，由公司以保底价先行收购，然后统一包装对外发售，售出后再进行利润分成。3月12日，公司还成功注册了京东网店——仓基莲唱生鲜专营店，实现本镇农产品在网上销售。全镇14个村居已有10个村居有了自己的特色农产品。如：登山村以金针菜基地及产业链为依托，采取公司＋农户模式，大力发展金针菜生产。丁庄村依托省级菜篮子工程丁嘴项目区的优势，发展反季节蔬菜种植；丁嘴居委会发展各类菌菇种植；继章村发展瓜果种植等。

【“丁嘴金菜”获批国家地理标志】 丁嘴镇是享誉海内外的“大乌嘴”金针菜（即丁嘴金菜）发源地，栽培历史悠久，产品曾畅销日本、马来西亚、新加坡及西欧各国，1910年在南洋劝业会赢得赞誉，1938年在巴拿马国际博览会获金奖。1975年、1997年参加了广交会，1984年在长沙举办的全国黄花菜制标会上，丁嘴金菜”以“条长粗壮、色泽亮黄、花大肉厚、营养丰富”等优势作为标准品种向全国推荐。1999年，《文汇报》等13家联合举办的“长城杯”食品大赛中，丁嘴金菜力拔头筹，夺得“金龙奖”。被称为市场“软黄金”、农家的“摇钱树”，“丁嘴金菜”经省食品发酵研究所化验，每百克含蛋白质14.1克、粗纤维6.7克、脂肪0.5克，还含有人体必需的糖、核黄素、胡萝卜素、铁、磷等多种元素。具有安神、利尿、镇痛消炎、降血脂等功能。上海外贸出口的“五福”牌黄花菜,首选丁嘴镇生产的“大乌嘴”品种。丁嘴金菜制作技艺已入选宿迁市首批非物质文化遗产保护项目。2015年底,“丁嘴金菜”获农业部批准农产品国家地理标志登记保护。（黄凤桥）

·关庙镇·

【概况】 关庙镇位于宿豫区东部,是宿豫区的东大门,主产水稻、小麦,被称为“鱼米之乡”。关庙距宿新高速15千米,宿沭一级公路和来关路穿境而过,交通便利。全镇辖11个行政村,3个居委会。境域总面积82.5平方千米,年末社会人口37621人。

2015年,全镇实现地区生产总值16.32亿元,完成全年目标任务的110%;社会消费品零售总额达2.6亿元,完成全年目标任务的112%;公共财政预算收入2990万元,完成全年目标任务的119%。打造沿路瓜果香、沿河鱼满仓、袁王荡里稻花香的现代特色农业发展格局;全镇14个村居,实现京东合作点和“一村一品一店”全覆盖;率先在全区建立“一门受理、协同办理”社会救助机制。

2015年关庙镇经济与社会发展概况

表78

项　目	单位	2014年	2015年	增长(%)	项　目	单位	2014年	2015年	增长(%)
总人口	人	42132	41985	−0.35	工业企业	家	9	10	11.2
其中:非农业人口	人	42132	41985	−0.35	工业总产值	万元	41743	73685	76.52
人口出生率	‰	18.60	15.13	−3.47	工业利税总额	万元	3250	3726	14.65
人口死亡率	‰	4.83	6.81	40.99	三产增加值	万元	2282	2650	16.13
人口自然增长率	‰	14.77	9.13	−38.19	镇村主干道	千米	25.6	28.7	12.1
总面积	公顷	8250	8250	0	实有就业人数	人	193	540	17.98
其中:耕地面积	公顷	5303.5	5303.5	0	科技人员	人	23	25	8.6
地区生产总值	万元	132258	137850	4.23	学校	所	1	1	0
财政收入	万元	3253	3151	−3.14	在职教师	人	176	180	2.7
农业总产值	万元	25487	25285	−0.79	在校学生	人	1160	1350	16.3
粮食总产量	吨	79552	87507	10	卫生院	家	1	1	0
油料产量	吨	500	300	−40	卫生室	个	14	14	0
生猪饲养量	万头	305	308	1.6	初级保健普及率	%	90	96	5.63
家禽饲养量	万羽	930	943	1.4	农民人均纯收入	元	12664	12978	2.48
水产品产量	吨	6800	7480	10	农民人均住房	平方米	42	46	9.52

2015 年关庙镇村级概况

表 79

村(居)名称	村民小组(个)	户 数(户)	社会人口(人)	承包面积(公顷)	村支部(党支)书记	村委会主任
关庙居委会	12	619	2818	222.60	徐根华	徐根华
新河居委会	10	542	2345	299.92	许 威	许 威
乔口居委会	11	593	2720	203.89	伍 彬	伍 彬
二元村	13	658	3021	400.04	林振勇	林振勇
董圩村	10	473	2128	243.17	乔继达	乔继达
永平村	16	705	3574	426.09	袁振渠	袁振渠
仁和村	8	382	1783	172.15	卓 波	卓 波
泰山村	12	690	3275	372.25	徐 勇	徐 勇
董墩村	10	382	1885	238.64	李先才	李先才
长兴村	13	768	3563	370.29	王振宇	王振宇
水汉村	12	680	2955	296.8	陈法武	陈法武
卓庄村	11	604	2786	297.07	彭玉军	彭玉军
林河村	10	450	1946	167.37	赵苏保	赵苏保
陆相村	10	585	2820	242.93	程 影	程 影
合计	158	8127	37621	3953.21	—	—

农业 2015 年,关庙镇实现农业总产值 18.86 亿元,全年粮食总产量 1.42 亿斤,生猪饲养量 308 万头,年出栏 307.5 万头,家禽饲养量 943 万羽。着力打造“沿路瓜果香、沿河鱼满仓、袁王荡里稻花香”的现代特色农业发展格局。在这三大特色农业发展中,重点打造省级渔业精品园。渔业精品园位于砂礓河沿线,规划建设特种渔业展示区、高效标准养殖示范区、综合管理服务区、渔家特色体验区等六大功能区,园区已建设仓库及管理用房 400 平方米,硬化水泥路面 0.8 千米,铺设防渗渠 1.2 千米,改造供电线路 0.8 千米。在 S324 省道北侧、水汉村境内建设火龙果生产基地,先期 50 亩 8 个大棚已经建设完成,届时将采用线上线下相结合 O2O 营销模式。全年新增新型农业经营主体 34 个,完成目标任务的 180%。

工业与招商引资 捷训机械设备、海波广告科技、德甄环保水处理、华顺构建项目、楚艺装饰、万歌精密机电、沐鑫汽车配件等 7 个项目全面竣工,其中楚艺装饰、捷训机械设备、华顺构建项目、沐鑫汽车配件等 4 个项目已投产。总投资 2.8 亿元的正辉太阳能于 12 月底并网发电。电商企业欧路生物科技已入驻市电子商务产业园,并与农业电商龙头企业一亩田公司达成投资协议书。全镇新开工项目 5 个,竣工投产项目 4 个,签订合同项目 8 个,新增规上企业 2 个,竣工投产项目总投资额达 5.2 亿元。

2015 年关庙镇骨干企业基本情况

表 80　　单位:万元

企业名称	主要产品	投资金额	销售收入	利税总额
宿迁市大鹏毛纺有限公司	毛纺	2000	4653	304
宿迁市南翔丝绸有限公司	丝绸	1500	7332	517
宿迁市铝塑门窗有限公司	门窗	1000	6331	368
宿迁市明威米业有限公司	大米	1340	12133	676
宿迁市长兴米业有限公司	大米	1200	9744	357
宿迁市金乔米业有限公司	大米	1600	10447	392
宿迁市雪龙面粉有限公司	面粉	1800	5865	209
宿迁市丰源米业有限公司	大米	1200	8175	297
宿迁市华康米业有限公司	大米	1650	7473	311
宿迁市金泉鞋业有限公司	鞋类	2800	3432	295

精品街建设　投资 120 万元打造精品一条街(关庙镇红旗大街)以及网络创业一条街,栽植风景树 500 余株,新增绿地 3600 平方米,铺设大理石路面 7300 平方米,统一安装商铺门头招牌 130 家。

社会事业　牢固确立民生优先理念,围绕“医教水住行”方面的群众诉求,加大投入,切实为群众办实事办好事,让全镇群众共享改革发展成果。完成 6 大类 80 项为民办实事项目,切实让广大群众得实惠。城乡基本公共卫生服务项目全面落实,医疗服务体系逐步完善,低生育水平得到巩固。大力开展环境卫生整治。在村居,严格按照“三整治一保障”要求,在重点打造长兴村东张组、水汉村孙程组、乔口村潘庄组基础上,全面完成 172 个村民小组提档升级任务。率先在全区建立“一门受理、协同办理”社会救助机制,着力推进农村低保与扶贫开发两项制度有效衔接,实现应保尽保。8 月 20 日,民政部副部长宫蒲光、省民政厅厅长侯学元等领导先后到关庙镇调研这一做法,并给予充分肯定。年内实现全镇 495 户 1058 人口的全面脱贫,村级集体经济收入稳定在 20 万元以上。安全生产工作常抓不懈,平安关庙建设深入开展,社会保持安定和谐。

【村庄环境整治】　2015 年,严格按照“三整治一保障”要求,大力整治镇区、庄台前后、沟边、路边的生活垃圾、白色垃圾以及旱厕、乱堆乱放等,引导群众由“要我保洁”向“我要保洁”转变,逐步形成长效保洁机制,顺利通过省级检查验收。2015 年,在环境卫生整治工作中,整治自然村庄 173 个,累计投资 120 万元,添置垃圾转运车 3 辆,安放垃圾桶 4300 个,出动劳力 5300 人次、机械 320 台次,配备保洁员 120 人,转运生活垃圾 4350 吨。

【“一村一品一店”全覆盖】　全镇 14 个村居,实现京东合作点和“一村一品一店”全覆盖,完成“个十百千万”网络创业工程。三木百合旗舰店网销量全国第一,kakaword 童鞋、三木百合包装材料入驻京东宿迁馆。kakaword 童鞋旗舰店“双十一”单日销售童鞋 1 万双。在 1 月 22 日宿迁市第二届“金种子”网络创业大赛颁奖典礼上,kakaworld 童鞋获“最受欢迎的产品”荣誉称号（宿豫区获此殊荣的乡镇只有两个）。网络创业一条街已入驻网店19家，以B2B（商家对商家）、B2C（商家对客户）及线下实物体验的网络销售方式，形成儿童玩具“电商＋协会”生产销售特色。2015年，全镇网销额达8000余万元，带动当地劳动力就业1200余人。市委书记魏国强、京东CEO刘强东、区委书记张晓伟等先后到关庙镇考察电商工作，并给予充分肯定。全年共接待市内外电商观摩人员26批次。

【网创达人】 蔡同伍　关庙镇2011届大学生村官，开7年网店，在淘宝网先后经营话费充值、手机代销、服装、家纺、食品、包装材料等，先后获江苏省大学生创业大赛三等奖、宿迁市青年菁英创业大赛一等奖等荣誉称号。2012年8月，蔡同伍投资300万元购买4台生产机器，在关庙镇创办宿迁市三木包装材料网店。经过一年网络销售，他发现这个行业利润非常低，市场效益不好，经过深入调研，决定网销珍珠棉，很快天猫网三木百合办公旗舰店的珍珠棉网销量位居全国第一，占全网销量50%，2015年“双11”期间就实现销售额超300万元。年末，蔡同伍拥有天猫三木百合办公旗舰店、淘宝皇冠三木百合旗舰店等网店4个。公司的工人每人年创造价值100万元，公司可实现年销售额1500余万元。

林　敏　关庙镇返乡创业党员，金泉鞋业有限公司总经理。2004年，林敏退伍后到一家外贸公司江苏平义经贸实业有限公司打工，做过技术标兵。2010年，林敏在关庙镇工业园区租用10间闲置厂房办起鞋厂，当年就实现销售收入1200万元。为满足发展需要，林敏在关庙镇工业园区投资5000万元，兴建宿迁市金泉鞋业有限公司，生产童鞋、时装鞋等，产品主要销往新加坡、韩国、马来西亚等国家和地区。2015年，林敏以“支部＋电商”模式为引领，通过京东、天猫等平台大力发展网络销售，入驻宿迁电子商务产业园。年末，公司拥有京东店1个、天猫店2个，主要销售品牌为kakaworld和丹睿尔，“双十一”单日销量突破1万双，年销售量近20万双。

（袁振宝）

·侍岭镇·

【概况】 侍岭镇位于宿豫区东北部、是马陵山脉东延的一条山岭，因明正德年间金陵廪生侍国桢迁入，隐居此地，名为“侍家岭”，后称侍岭。全镇总面积为58.06平方千米，耕地2744公顷，总户数7063户，人口29916人。辖佟庄、朱岭、姚塘、岭西、陆宋、吴圩、盛湖7个行政村和大墩居委会、侍岭社区居委会等9个村（居）124个村民小组。

2015年，实现地区生产总值13.1亿元，完成率为112%，同比增长12.4%；固定资产投资7.28亿元，完成率为117.8%，同比增长23.3%；居民人均收入14350元，完成率为115%，同比增长13.8%；公共财政预算收入2159.37万元，完成率100.91%。

2015年侍岭镇经济与社会发展概况

表81

项　目	单位	2014年	2015年	增长(%)	项　目	单位	2014年	2015年	增长(%)
总人口	人	34916	34681	0.67	工业企业	家	20	20	0
其中：非农业人口	人	4912	4912	0	工业总产值	万元	197912	197880	－0.06
人口出生率	‰	12	12	0	工业利税总额	万元	2110	2105	－0.24
人口死亡率	‰	6	6	0	三产增加值	万元	19960	20150	0.95
人口自然增长率	‰	6	6	0	镇村主干道	千米	38	39	2.63

续表 81

项　目	单位	2014 年	2015 年	增长(%)	项　目	单位	2014 年	2015 年	增长(%)
总面积	公顷	5806	5806	0	实有就业人数	人	14873	14796	0.52
其中:耕地面积	公顷	2745	2745	0	科技人员	人	324	301	7.1
地区生产总值	万元	122350	131220	7.25	学校	所	2	2	0
财政收入	万元	2458	2159	－12.16	在职教师	人	165	141	14.55
农业总产值	万元	21600	21800	0.93	在校学生	人	1307	1453	11.17
粮食总产量	吨	38436	37492	－2.46	卫生院	家	2	2	0
油料产量	吨	—	—	—	卫生室	个	9	9	0
生猪饲养量	头	28500	30500	7.02	初级保健普及率	%	100	100	0
家禽饲养量	万羽	160	140	－14.29	农民人均纯收入	元	13340	14500	15.44
水产品产量	吨	252	270	7.14	农民人均住房	平方米	32	32	0

2015 年侍岭镇村级概况

表 82

村(居)名称	组　数(个)	户　数(户)	人　口(人)	耕　地(公顷)	村集体收入(万元)	人均可支配收入(元)	党组织书记	村(居)委会主任
佟庄村	7	524	2310	3150	24	14100	王德龙	王德龙
朱岭村	17	1027	4396	5285	18	14200	王　勇	王　勇
姚塘村	12	816	3386	4467	16	14000	姚克建	姚克建
大墩居委会	15	816	3612	3715	25	14000	夏方友	夏方友
侍岭居委会	14	1376	4851	3762	20	13900	方明琛	侍孝民
岭西村	9	599	2563	3007	24	14000	侍　春	侍　春
陆宋村	9	563	2442	2981	11	13500	吴　勇	吴　勇
吴圩村	18	1310	5162	6073	27	13600	李　振	李　振
盛湖村	24	1414	5959	8728	26	13100	仇传才	仇传才
合计	124	8614	24618	41174	—	—	—	—

农业　坚持“政策扶持、项目带动、示范引领”,高效农业多元化发展。种植业“1＋X”产业体系稳步推进,已建成 5000 亩优质稻米基地;扩建草莓园 50 余亩,总面积 200 余亩;扩建提子园 20 余亩,总面积达 100 余亩。林业共栽植各类苗木 12.8 万余株,其中,成片林 867 亩,四旁植树 7.2 万株,林网更新改造 2500 亩。同时在佟庄村建成省级绿化示范村,9 月通过省级验收。全镇水产养殖总面积 1068 亩,并为 8 家养殖户注册了家庭农场,3 家成立了养殖专业合作社,为养殖户发放养殖技术资料 300 余份,组织养殖大户参加技术培训 2 次。全年完成土地流转 3300 亩,陆宋龙虾养殖场、信昌水蛭养殖场、纪宅肉鸡养殖、槽坊提子园等农业招商项目引资额达 4300 万元。

工业　招商引资　2015 年有 3 个项目顺利投产,分别是西楚米业、金耐特汽车配件制造、顺昌钢砂厂(盘活)。完成索菲玛轴承项目主体厂房建设和亿利达、恒信纺织两个项目的扩建，其中亿利达投资2000万元新上化纤布生产线、恒信纺织投资1000万元新上两条生产线。此外签订4个合同项目，分别是中久纺织项目、众欣科技项目、水晶制造项目和潜水艇地漏项目。

2015年侍岭镇骨干企业一览

表83　　单位：万元

企业名称	主要产品	投资金额	销售收入	利税总额
江苏亿利达纺织有限公司	布	11677.8	18913.4	596.1
宿迁市恒信纺织有限公司	棉织加工	6997.3	4350.2	187.0
宿迁旭鑫服饰有限公司	服装加工	995.8	3412.9	173.8
江苏宏鑫新型建材有限公司	建筑石切块	6320.0	4511.0	235.0
宿迁市天缘家纺有限公司	蚕丝被	536.5	9827.0	1427.8
宿迁市鸿运丝绸有限公司	坯绸	5444.1	13872.0	1931.0
玖久集团	白厂丝、坯绸	19021.4	59714.6	4614.0

社会事业　全年开展创业培训4期，受训人员600余人。宣传新农保优惠政策，新农保参保人数达11067人，到龄享受新农保待遇人数5324，新增新农保办理人数112人，残疾人享受新农保补贴107人。加强公益卫生服务事业，免费为村民进行疫苗接种、健康检查。

【镇村环境整治】　按照镇区街道“六无四净”和村庄“六有八无”的整治标准，建设宜居生态侍岭。城镇建设，硬化道路12000余米，完成东大街改造工程，道路长480米、宽12米、新设路灯20盏、配置垃圾箱44个、种植广玉兰80株。环境卫生方面，全镇投入资金120余万元，对119个自然村庄进行整治、常态保洁、长效管理。精心打造东大街和嶂山干渠风光带及2个特色村庄(岭西村潘庄、蔡庄)。清理整治污水河塘150多处，遮盖露天旱厕2503处，清理乱堆乱放3600多处，清运垃圾5200多吨，新增垃圾桶3000余个，绘制文化墙780平方米，涂白树木107500多棵。镇区街道新栽植红叶石楠451株，广玉兰660多株，村庄环境卫生综合治理取得显著成效。

【“一村一品一店”建设】　全镇9个行政村均已设立电商服务点或孵化中心。2015年全镇电子商务交易额超过1500万元。其中，B2B交易额达800万元，B2C、C2C网络零售额达700万元。电子商务企业30家，从业人员403人，带动就业人数900多人。成立“宿迁市岭上情”农副产品有限公司，京东店10月初正式运营，镇电子商务服务中心顺利建成并投入使用。

【侍岭电商服务中心投入使用】　2015年12月初，侍岭镇农村电子商务服务中心正式投入使

镇农村电子商务服务中心投入使用

（侍岭镇供稿）

用。服务中心位于侍岭镇全民创业园，占地面积2500平方米，建筑面积为1600平方米，分为特色产品电商展示区、产品检测中心、电商孵化办公区、培训实践区、3D研发中心、网络代办服务区等区域，可供100余家电商入驻，总投资500万元，服务中心配备电脑、宽带、空调等办公设备，为返乡创业人员提供电商创业场地、技术支持及政策保障。

【敬老院晋升为“三星级”】 侍岭镇敬老院位于该镇大墩居委会，占地面积14.5亩，总建筑面积3650平方米，入住五保老人55人。为创建省级“三星级”敬老院，2015年，侍岭镇按照“三有、三能、六达标”的建设要求，进行了提档升级改造，先后投资152万元完善了五保老人宿舍、卫生间、活动室、娱乐室、健身室、洗浴室、餐厅、图书室等配套设施；添置床位80张、棋牌桌30张、室外体育器材6套、冰箱2台、凳子80个、沙发椅16套、空调30台、电视机29台等；新铺设排水管道1200余米、购置自来水压力罐1个、新安装监控设配1套，实现了敬老院安全管理全覆盖。

在完善硬件设施的同时，遵循“以人为本、服务第一”的工作原则，不断改进养老服务环境，让农村五保老人老有所养、老有所乐、老有所医，愉快度过幸福的晚年生活。2015年9月，被省民政厅命名为“三星级”敬老院。

【大学生村官登上市劳模领奖台】 4月28日，在宿迁市人民政府召开的2015年市劳动模范表彰大会上，侍岭镇大墩居党支部书记助理、大学生村官王曼因“三来一加”和“网络创业”成绩突出，被授予“宿迁市劳动模范”荣誉称号。

王曼是2013年江苏省选的大学生村官，她到任侍岭镇大墩居党支部书记助理后，为解决全村50岁、60岁人员家门口就业问题，积极引进“三来一加”项目，于2014年4月创办了宿豫区曼腾服装加工厂，带动60多名留守妇女就业，固定员工月工资可达2000余元，实现了她们家门口就业的梦想。2014年9月，宿迁市举办“金种子”网络创业大赛，王曼看准了时机，率先开办宿迁市家纺1号店、曼飞配饰2个网店，紧紧3个月时间，宿迁市家纺1号店销售额达18万元，并获得宿迁市首届“金种子”网络创业大赛市年度新秀、市月赛十佳、市第三周周冠军、区第二周周冠军、区第二月月冠军的好成绩。该项目已成功入驻中国宿迁电子商务产业园。2015年2月，王曼又积极响应区委区政府建设全国首个农村电商示范县区的号召，正式成为京东乡村推广员。

【退休教师出版长篇抗战小说《桃符烟霞》】 6月6日，由宿豫区侍岭镇退休教师王安成创作的长篇抗战题材小说《桃符烟霞》，在市作家协会举行首发仪式。该小说以苏北姚家庄王府桃符掌门人江书琴护卫国宝为主线，与日伪、汉奸展开了一系列斗智斗勇的殊死斗争。最终保护了国宝，维护了中华民族的尊严。全书80多万字，由中国名家出版社出版发行。

作者王安成，宿豫区侍岭镇姚塘村人，小学高级教师，1998年退休。系中国乡土诗人协会会员、江苏省老年诗词协会会员。多年来，笔耕不辍，致力于文学创作，先后在《淮阴日报》《党建》《中国教育报》《春芽》《翰林文学》等报纸杂志上发表散文、小说、诗歌、史话数十篇(首)。

(李秀民)

·新庄镇·

【概况】 新庄镇地处市区东郊，距市政府仅9千米，镇人民政府驻新庄居委会。镇域总面积55平方千米。总人口2.5万人，辖陈墩、袁庄、朱林圩、前进、朱瓦、安圩、振友7个村、1个新庄居委会。耕地总面积3557公顷(5.3万亩)，林地面积700公顷(1.05万亩)，林木覆盖率达42%，水域面积2000公顷(3万亩)。2015年，实现地区生产总值18.35亿元，增长15.6%；公共财政预算收入1780万元，增长10%；实现农民人均纯收入13095元，同比增长15.5%。是著名的水杉之乡、水产之乡、荷藕之乡、黄桃之乡。

2015年新庄镇经济与社会发展概况

表84

项　目	单位	2014年	2015年	增长(%)	项　目	单位	2014年	2015年	增长(%)
总人口	人	21041	21050	0.04	工业企业	家	449	452	0.67
其中:非农业人口	人	3660	3661	0.02	工业总产值	万元	55130	66375	20.41
人口出生率	‰	18.25	17.62	−3.45	工业利税总额	万元	1285	1536	19.53
人口死亡率	‰	4.36	4.29	−1.61	三产增加值	万元	2021	2136	5.69
人口自然增长率	‰	13.89	13.33	−4.03	镇村主干道	千米	88	96	9.09
总面积	公顷	5800	5800	0	实有就业人数	人	12075	12135	0.49
其中:耕地面积	公顷	2773	2760	−0.47	科技人员	人	550	596	8.36
地区生产总值	万元	102135	121600	19.01	学校	所	2	2	0
财政收入	万元	2399	2500	4.21	在职教师	人	73	75	2.73
农业总产值	万元	25363	27600	8.81	在校学生	人	1100	1125	2.27
粮食总产量	吨	49285	49752	0.95	卫生院	家	1	1	0
油料产量	吨	26	27	3.85	卫生室	个	9	9	0
生猪饲养量	头	10200	11000	7.8	初级保健普及率	%	92	95	3.26
家禽饲养量	万羽	250	230	8	农民人均纯收入	元	12150	12750	4.94
水产品产量	吨	2800	3200	14028	农民人均住房	平方米	37	38	2.7

2015年新庄镇村级概况

表85

村(居)名称	村民小组(个)	户　数(户)	人　口(人)	耕　地(公顷)	党支部书记	村(居)委会主任
新庄委员会	6	609	2342	318.8	王方运	王方运
陈墩村	8	772	3118	458.27	林化洲	林化洲
朱林圩村	8	718	2946	421	张先航	张先航
袁庄村	7	766	3141	504.4	张　垒	张　垒
前进村	9	651	2989	413	汪明高	汪明高
朱瓦村	5	436	1827	305.33	罗前彬	罗前彬
安圩村	7	662	2714	357.67	徐绍贵	徐绍贵
振友村	11	841	3456	597.6	茆长亮	茆长亮
合　计	61	5455	22533	3376.07	—	—

农业　2015年,新庄镇实现农业总产值15.2亿元,全年粮食总产量51080吨,畜禽养殖46户,生猪出栏202万头,家禽出栏1120万只。建成各种农业专业合作社61个,家庭农场60个,注册资金总计近1800万元。发放水稻直补、农资综合补贴、稻麦保险、种子补贴等方面惠农资金600余万元。水稻和小麦单产分别达750千克/亩和600千克/亩,全年推广机械插秧2800亩。现代农业"1+X"产业体系建设大力推进,形成浅水藕、杉荷园雪桃、油桃、葡萄、黄桃等一批特色产业。镇里依托成片林5000亩,农田林网6000亩,活木材蓄积量30万立方米等资源优势,已形成6000亩荷藕主导产业和1000亩黄桃、500亩葡萄、500亩大枣、300亩油桃的特色产业及1200亩花卉苗木。新植行道树3600余株、扩植池杉林300亩。秸

秆禁烧进入常态化，夏秋两季6万亩小麦和5.2万亩水稻实现全量还田，还田率达到了100%。2015年，土地增减挂钩涉及振友、安圩、前进3个村居5个村民小组，顺利通过市国土局验收，共拆迁94户，拆迁面积10400平方米，新增耕地150.6亩。

工业与招商引资 2015年，实现工业总产值21.26亿元，销售收入19.90亿元，利税3120万元。新增宿迁市五得旺米业有限公司、江苏宏坤篷布有限公司、江苏瑞腾道路工程有限公司、宿迁市广玖食品有限公司、江苏博然农业科技有限公司5家规模以上企业，全镇规模以上企业达14家。实现固定资产投资12亿元，工业增加值5128万元。“三来一加”项目新增10个(宿豫区宏达制衣二厂、宿豫区鑫磊制衣、宿迁市惠安电子厂、宿豫区继萍服装厂、宿豫区宿鑫包装厂、宿豫区绍祥纺织厂、宿迁市同丰食品厂、宿迁市孺子牛鞋厂、宿豫区玉莲手套厂、宿迁市卓为银棉胎厂)，累计达31个，提供就业岗位1621个，2015年新增“三来一加”就业626人。2015年招商引资成果丰硕，成功落户工业园区12个3000万元以上项目，其中亿元开工项目2个，分别为宿迁市盛伟橡塑科技有限公司，总投资1.2亿元，主要从事绿色橡塑设备研发、销售；宿迁市文武纺织有限公司，总投资1亿元，从事布匹生产制造。亿元以上竣工项目5个，总投资1.6亿元江苏宏坤篷布有限公司，生产各类型篷布；总投资1.2亿元江苏微宏新材料有限公司，生产新材料、高分子材料；总投资1.1亿元江苏博然农业科技有限公司，主要生产PP瓶；总投资1.2亿元天成锋精机(宿迁)有限公司，生产刀塔车床；总投资1.6亿元江苏吉美新材料有限公司项目，生产激光镭射膜。3000万元以上项目5个，江苏达能电力有限公司总投资8000万元，生产太阳能板、高低压配电设备；宿迁市苏洁粮贸有限公司总投资8000万元，粮食生产加工；总投资5000万元宿迁市顺恒塑料厂，生产PVC管材制造；总投资5000万元宿迁市正宇鞋帽厂，生产鞋产品；总投资5000万元宿迁市程勇工贸有限公司，生产沙发、服饰；电子商务项目1个，总投资5000万元宿迁市德泰互联网科技有限公司，从事网络科技研发、维护。新增朱林圩村、前进村和朱瓦村3个“三来一加”专业村。

2015年新庄镇骨干企业基本情况

表86 单位:万元

企业名称	主要产品	投资金额	销售收入	利税总额
江苏辰宇电气有限公司	电气设备	6000	5000	180
宿迁市恒丰粮食有限公司	大米	3000	2000	20
宿迁市五得旺米业有限公司	大米	3500	2300	21
宿迁市鑫宝布业有限公司	篷布	5000	6000	200
江苏宏坤篷布有限公司	篷布	12000	5000	190
宿迁市新富鞋业有限公司	拖鞋、鞋底	3000	2000	80
江苏瑞腾道路工程有限公司	筑路材料	2000	3000	90

集市贸易 2015年实现社会消费品零售总额1892万元，新增个体工商户128家，城镇新增年销售额1000万元以上大型超市2家(欧德福、万家惠大型超市)；新增年营业额达200万元以上餐饮网点1家(中心大酒店)；镇域农贸市场新增2500平方米，市场个数达2个，年成交额8000万元，主要经营农副产品、日用杂品，养殖、畜禽市场单独交易，各类商业网点612家，从业人员830人，富聚了商气、人气，繁荣地方经济。

小城镇及村居建设 镇区规划面积4.5平方千米，实施“东拓、南进、西控”的城镇空间发展战略，按照集镇区常住人口1.5万人，每年接待游客10万人的标准，对城镇总体规划和各分区规划进行修编。新增进镇人口1530人，集镇区新增服务办公用房2000平方米。投资450万元对御马大道、建新大道、新欣路老街道进行改造，铺设沥青“5+3”柏油路面11600平方。栽植绿化乔木360棵，安装路灯102杆，安装交通标识标牌125个。在原有14名清洁工的基础上新招8名，实现街道全天候保洁，街道面貌焕然一新。全年完成学府人家建筑面积2.8万平方米，安置住户255户；完成紫薇山庄16户建筑面积3450平方米安置小区项目建设。投入60万元对振友村、朱瓦村、前进村三个村5千米污水管网整体改造，完成7.224千米(18060平方米)的新振线农村公路拓宽提档升级工程。水利工程设施投入2430余万元，修建电灌站3座、水泥渠52千米、桥涵闸配套建筑400余座、其他配套建筑物290余座，疏浚县乡河道7条15千米。

社会事业　新型农村合作医疗参合19591人，参合率达98%以上。新农保参保15713人，覆盖率达100%，年内新参保286人，已领取养老保险金达到4562人，新农保60岁以上老人养老金发放全覆盖。对全镇9672个劳动力信息录入全省劳动力网络平台；帮助企业招工470余人，帮助农民工讨薪43.56万元。投入128万元对全镇32户1860平方米危房进行改造。投入120余万元对敬老院进行升级改造，按照省星级敬老院“三有三能六达标”的要求，五保老人房间里新配置30张桌椅、32台空调、15台电视机，配置了有线电视，并对公共浴室、食堂、卫生间马桶、面盆进行升级改造，7月份通过了省一星级标准敬老院验收。全年发放扶贫小额贷款1695万元，建档立卡低收入农户630户，人口1442人，已实现全面脱贫。全镇8个村居卫生室达到省级标准化卫生室，集体经济收入均超过20万元。配备社会管理服务中心专职负责人1名，村居社会管理服务站专职干部11名，采用“点线面”工作法，采取“集中办公、公开办事”运行方式，为辖区群众提供各类便捷服务。

【村庄环境整治】　投入320万元对全镇8个村居进行集中拉网式环境整治，配备96名村居小组保洁员，保洁环卫三轮车120辆，环卫工具300套，砌垃圾池120个，保洁员服装120套，垃圾桶1250个，垃圾中转房23座，中型垃圾转运车7辆，大型垃圾转运车1辆，吸粪车1辆，专门成立保洁队伍和垃圾清运队伍，建立垃圾“组保洁、村收集、镇转运”的垃圾收运体系，村庄基本实现全天候保洁，垃圾做到日产日清。美好乡村建成朱瓦村示范点，2015年10月被省文明办提名为“全省最美乡村”。

【宿豫机械产业园】　按照区委、区政府决策部署，由曹集、新庄和关庙三个乡镇合作共建。园区在原有的新庄镇工业集中区基础上规划3平方千米机械产业园，重点发展以机械加工、生产为主的机械产业。镇里投入2400万元，对园区土地进行规划设计、工程监理及环评，拆迁1.2万平方米的临时建筑，完成“三纵一横”上海路5100平方米、幸福路15200平方米、华兰路2300平方米道路和临时施工便道、配电房、自来水管道项目建设，投资1200万元新建了供电开闭所，园区达到“八通一平”。江苏宏坤篷布有限公司等12个亿元项目建成投产；自建的3.6万平方米标准化厂房主体结构已完工；弱电线路正在铺设管道1000米。

工业区建设　　（新庄镇供稿）

【杉荷园首届趣味乡村游】　2015年7月31日至8月2日举办2015杉荷园首届趣味乡村游，为期三天，游客达6万人。首届趣味乡村游除了为广大游客欣赏美景、休闲采摘提供周到的服务外,还精心准备了集体婚礼、主持人首游、最美杉荷园儿童画大赛、特色农产品展销、合家欢寻宝、手机摄影大赛、骑行游园等活动。

2015 年 7 月 31 日,杉荷园首届趣味乡村游集体婚礼现场 (新庄镇供稿)

【杉荷园建设】 杉荷园地处宿豫区东郊,规划总面积 8 平方千米。园内有成片水杉林,鸟类众多,数量多达十余万只。园区由南京尔目旅游设计研究机构和扬州大学设计院规划设计,规划功能布局为"一心两环四区",一心即综合服务与管理中心;两环:内环—漫游休闲游憩环,外环—自驾观光游览环;四区:荷香翠海游憩区、魅力田园体验区、缤纷花果游赏区、杉林生活休闲区。园区自 2013 年 10 月启动建设以来,共投入资金 4500 万元,先后完成了 2 千米环池杉林景观河和 5 千米长游船河道开挖、4 千米园区主干道铺设、1.2 千米长木栈道修筑工程;建设桥、涵、闸、站配套设施 183 座,铺设防渗渠 33 千米、建成核心景区拱桥六座,完成薛荣桂点将台怀古石磨小路铺设。正致力于由"农业向农区转变、农区向园区转变、园区向景区转变",园区拥有 5000 亩荷藕及莲藕深加工产业、1000 亩黄桃、500 亩葡萄、200 亩大枣、300 亩油桃的特色产业及 150 亩精品观赏藕,新植行道树 3600 余株、扩植池杉林 300 余亩。在全面完善园区基础设施建设的基础上,做好"五个一"工程,即:建设一个可停放 150 辆车的停车场、一个高标准的公厕、一条连接宿沭路的主入口道路、一个旅游产品开发中心和一个游客接待中心,做好青莲禅寺建设规划,争取早日开工建设。做大做强杉林、鹭鸟、荷花、特色农业等旅游品牌,目标是把园区打造成宿迁市新农村建设典范和江苏省四星级乡村旅游点。

美丽杉荷园 (新庄镇供稿)

【支部+电商】 以党建引领农村更好地融入"互联网+",投入 40 万元打造杉荷园电子商务中心,申请注册"杉荷园"商标,成立"新庄镇电子商务协会",建立宿迁市绿荷生态水产养殖专业合作社党支部。配备村居专职党务干部、大学生村官 12 名,组成一支强有力支部工作力量,健全指导服务体系,培育了以施俊山为代表的优秀党员电商。进一步总结提高基层党建工作中探索出来的"三百走访""述职质询""十佳老党员及月度之星评选"等好做法、好经验,走访群众 4500 户,干部接受群众质询活动开展 110 余次,为 11 名的"十佳"党员过生日送上一束鲜花、一个蛋糕、一首歌、一部电影,激发党员正能量。受到国家省市领导关注。2015 年 8 月 21 日,民政部宫蒲光副部长在市委书记魏国强、区委书记张晓伟等陪同下莅临杉荷园党支部指导工作。2015 年 10 月 10 日,宿迁市委常委、组织部长李健带领全市"支部+电商"党建富民工作会议代表到新庄杉荷园观摩。利用"支部+电商"+合作点(服务站、孵化中心)模式,与京东合作,建立京东乡村电商服务站,将更多的农民培育成电商,将杉荷园品牌,销往全国各地,实现"支部+电商"的党建致富创业模式。全镇电子商务产业实现新突破,初始创业网店总共达 146 家,直接或间接从事网络创业人员达 1100 人,形成"一村一品一店"的发展格局。

(杨　松)

·保安乡·

【概况】 保安乡位于市区东部，距宿豫区政府30千米。全乡总面积46平方千米，耕地面积3026公顷(45390亩)，集镇区面积3平方千米。辖1个社区、1个居委会和6个行政村，年末人口2.43万人。2015年，全乡实现地区生产总值8.78亿元，同比增长7.8%；完成500万元以上固定资产投资84675万元，同比增长25.4%；完成社会消费品零售总额25876万元，同比增长24.6%；完成财政总收入3530万元，一般公共预算收入1770万元；农民人均纯收入12436元，同比增长14.6%。年内，保安乡先后被区委、区政府表彰为招商引资工作二等奖(2016年2月)、平安建设先进单位(2016年2月)、乡镇共建工业集中区建设工作先进单位(2016年3月)。

2015年保安乡经济与社会发展概况

表87

项　目	单位	2014年	2015年	增长(%)	项　目	单位	2014年	2015年	增长(%)
总人口	人	22417	22641	1.0	工业企业	家	23	25	8.7
其中:非农业人口	人	3172	3256	2.6	工业总产值	万元	59000	63000	6.8
人口出生率	‰	15.26	15.83	3.7	工业利税总额	万元	7080	7660	8.2
人口死亡率	‰	5.9	6.2	5.1	三产增加值	万元	16522	17017	3.0
人口自然增长率	‰	9.36	9.9	5.8	镇村主干道	千米	55	59	7.3
总面积	公顷	4460	4460	0	实有就业人数	人	13019	13735	0.55
其中:耕地面积	公顷	3026	3026	0	科技人员	人	30	42	40.0
地区生产总值	万元	67770	73191	8.0	学校	所	1	1	0
财政收入	万元	1946	1770	−9.0	在职教师	人	70	70	0
农业总产值	万元	32000	38000	18.7	在校学生	人	1230	1169	−0.05
粮食总产量	吨	69000	70000	1.45	卫生院	家	1	1	0
油料产量	吨	6	5	−16.7	卫生室	个	2	8	300
生猪饲养量	头	35000	37000	5.7	初级保健普及率	%	35	42	20.0
家禽饲养量	万羽	570	590	3.5	农民人均纯收入	元	12434	12436	14.6
水产品产量	吨	1374	1379	0.04	农民人均住房	平方米	25.2	28.6	13.4

2015年保安乡村级概况

表88

村(居、社区)名称	组　数(个)	户　数(户)	人　口(人)	耕　地(公顷)	村集体收入(万元)	人均可支配收入(元)	党组织书记	村(居)委会主任
保安社区	9	478	2302	215	22.3	12750	张成保	张成保
永胜居委会	14	732	3469	261.7	22.0	12872	丁　峰	丁　峰
五魁村	12	435	2010	251.7	25.6	1255	邹以江	s邹以江
黄泥村	15	720	3117	416.7	21.1	12526	牛长军	牛长军
大庄村	11	420	2107	238.8	22.0	12244	张成四	张成四
坡墩村	14	622	2458	340	21.5	12252	张克扬	张克扬
东张圩村	10	630	2426	330.7	21.5	12266	郭苏美	郭苏美
韩集村	22	793	3970	433.3	21.0	12113	张　莹	张　莹
合　计	107	4830	21859	2487.9	177	—	—	—

农业　按照“优质稻米基地＋花木基地＋高效渔业”的“1＋X”产业规划，在五魁、黄泥、坡墩、大庄发展连片绿色水稻“甬优2650”，建设基地10000亩，核心区8000亩。完成一个优质稻麦商标注册——绿中宝，新引进2个农业项目：绿洲养殖、国华养牛，建成黄泥、五魁高效渔业500亩。做好土地确权登记，经过二轮公示后，全乡61%的农户已签字确认。年内建设家庭农场18个，专业合作社19个。培育“一村一品”，上报地方特色产品商标11个，部分商标正在申报。2015年新开网店38家，从业人员过千人。

工业与招商引资　全年完成工业类固定资产投资3.59亿元，同比增长25%；完成规模企业工业增加值2.69亿元；新开工1000万元项目2家，完成亿元竣工项目1个；新增私营企业26个，个体工商户182个；新发展“三来一加”项目19个；新增规模企业2个。规模以上工业总产值增长率为27.4%；工业企业销售收入增长率为25.9%。完成亿元竣工项目1个：万家美海绵，已投产；完成1000万元以上竣工项目1个：凯特新材料；盘活竣工项目3个：韦帕洁具、吉盛装饰材料、九月香家私。

2015年保安乡骨干企业基本情况

表89　　单位：万元

企业名称	主要产品	投资金额	销售收入	利税总额
宿迁市吉氏木业有限公司	装饰板材	800	3108	369
宿迁市光辉家具有限公司	家具	600	3226	377
宿迁市韦帕洁具厂	卫浴、洁具	650	3920	469
宿迁市玉谷粮食有限公司	大米	500	2886	358
宿迁市金源米业有限公司	大米	200	2440	309
宿迁市万佳美工贸有限公司	海绵制品	1000	2010	212

小城镇建设　完善集镇区配套功能，铺设水泥道路2千米，完成部分街道改水工程，铺设供水管网3千米。启动保豫山庄建设项目，已完成土地挂牌。投资180万元，建成900平方米黄泥村党群服务中心。投资60万元，新增环境整治点2个，提升点102个；新增农贸市场一个，占地面积7000多平方米；新建大型综合超市1个，占地4000多平方米。

社会事业　年末，有“五保”户135人，其中集中供养18人，分散供养117人，年内提高五保老人的供养标准，集中供养年人均提高到6100元，分散供养年人均提高到5004元。投资近40万元，对敬老院进行提升改造。年内共发放低保资金近200万元，惠及低保对象346户、748人。实施大病救助70人次，救助款40余万元。有卫生院1所，医务人员4人；医院1所，医护人员16人；有村级卫生室8个，医务人员23人。有幼儿园1所，16个班，学生841人，教职工33人；有小学1所，22个班，学生1026人，教职工53人；初中3个班，学生143人，教职工17人。农民养老保险覆盖率超过97%，农民大病医疗合作保险参保率98%。创建区级文明村(居)6个，农家书屋9个。年内，共排查各类矛盾纠纷148起，成功调解145起；接待信访32起，调处32起。受理治安案件141起，查处违法人员79人，拘留52人；立刑事案件49起，抓捕、批捕犯罪嫌疑人14人。引进农渠项目两个：韩集国家农村水价改革试范项目，大庄、黄泥中央财政新增千亿斤粮食田间配套工程；新建防渗渠道58千米，电灌站1座、农桥45座、桥涵闸400余座，铺设“一事一议”道路6千米。建成80平方米全乡便民服务中心，8个村也分别建成便民服务中心。

【村庄环境整治】 累计投入资金340多万元用于精品街创建，改造街道1500米，硬化街道路面，增设路灯90盏，更换垃圾桶100个，配备小型垃圾收集车20辆。乡建成1座压缩式垃圾中转站，8个垃圾中转房，232个垃圾池，配备108名保洁员，村级配备了1180个垃圾桶，形成了“村收集、乡转运”垃圾处理体系。全年下发督查通报25期，交办各类问题300余个，有力地促进村庄环境整治工作。

【首次实现秸秆全面禁烧】 2015年，保安乡建立一套行之有效的制度保障体系，实行保证金制度，明确责任包保和奖惩措施，调动全乡广大乡村干部的积极性；收割前期进行大量宣传，营造的良好氛围，并组织人员看好收割机械，确保每台下地收割机械均有粉碎和抛洒装置。严格按照收割必粉碎，收完快还田，确保秸秆全量还田，切断秸秆焚烧的源头。全乡从2007年禁烧工作开始以来，首次实现全面禁烧(以前几乎年年禁烧不力被通报)，秸秆还田面积超8万亩。

（苗南昌）

·晓店镇·

【概况】 晓店镇位于宿迁市最北部唯一的丘陵山区，碧波万顷的骆马湖东岸，全镇总面积196平方公里，其中水域面积110平方公里，下辖11个居委会、1个水产养殖场、21个物业小区，本土城镇化率71.2%，借力“一山一湖一温泉”的资源优势，坚持“走水路、发游财、惠民生”的发展思路，努力实现农村城市化，服务业现代化。晓店镇是2000年5月份经省委、省政府批准，由原晓店、塘湖两乡与良种场合并新成立的建制镇。全镇5.94万人，2790公顷耕地，2004年撤销宿豫县，立宿豫区，晓店镇属之。后划入湖滨新区。

2015年，全镇上下紧紧围绕“34520”目标体系，即提高公共财政收入、村居集体经济收入和农民人均纯收入等“三大收入”；抓好项目建设、招商引资、城镇管理和基层党建等四个重点；在争先创优、加快发展、城乡统筹、社会和谐和作风建设等五个方面走在全区前列；完成20件为民办实事项目，在形势复杂、困难较大、矛盾较多的情况下，凝心聚力、取得了较好的发展业绩。

2015年，晓店镇地区生产总值达到13.7亿元，公共财政预算收入、村居集体经济收入、农民人均收入“三大指标”较上一年度增幅均超过10%以上。辖区达利集团实现销售收入10亿元，纳税1.1亿元。金天集团投产后营业收入可达到40亿元，新增星宇钢结构和绿博服装等6家规模企业。瞄准“互联网+”，大力开展“一村一品一店”工程，培育网络创业个体349户，带动从业人员1000余人，全民创业实现新突破，其中骆马湖水产品销售额突破亿元大关。

年内，完成3个村级卫生建设、12个危旧小区改造，总建筑面积50万平方米的湖滨人家和三巨家园两个安置小区全面。为保障三台山景区、枫杨路拓宽和运河小学等重点项目的建设，完成了晓店、新站、新窑、陆庄、王沟等五个村居1000余户民房商铺以及1600亩土地的征收征用工作。1月初，仅用10天时间，完成了三巨桥城、桥南、袁庄等三个小组137户房屋征收工作，为万顷良田项目建设提供了有效保障。全年有46个自然村庄环境整治全面达到标准，新窑社区创建成为市示范社区，合欢路创建成市示范路，全面完成了青铜路和西大街的改造提升，镇村容貌得到显著提升。近两年先后荣获江苏省特色景观旅游名镇、江苏省文明乡镇、江苏省党员冬训示范乡镇、国家级卫生镇等荣誉称号。

深入推进“基层党建提升年”，全面做好村级“三务公开”工作，建立11个住宅小区党支部。创造性地开展了以“喜事送花篮、白事送花圈、孩子上大学送红包，镇干部每周至少走访一户农户”为主要内容的“三送一访”活动，全年共为685户遇“红白事”的居民送去了花篮花圈以及礼品礼金，分别为120名考取二本及以上的大学生送去1000元现金红包;截至目前镇干部共走访农户1800户,解决各类民生难题290余件次。

连续开展"多彩生活文明晓店""舞动生活幸福晓店"两届广场舞大赛、善行义举评选表彰、为村组干部及60岁以上老人免费体检等多项活动,繁荣丰富了广大居民精神文化生活。晓店镇被评为2015年度全市全民健身十佳乡镇。同时,启动了"微美晓店"微信公众账号、"魅力晓店"轻快APP、村居党群微信交流群等新媒体建设运行工作。2015年是抗日战争胜利70周年、中国人民解放军建军88周年,7月29日上午,晓店镇党委政府对全镇参加过革命战争的老红军、老战士进行集中走访慰问,走访慰问抗日战争、解放战争、抗美援越三类退役士兵共计24人,发放慰问金1万余元。先后有6名同志荣获江苏好人、感动宿迁等荣誉称号。

2015年晓店镇经济与社会发展概况

表90

项　目	单位	2014年	2015年	增长(%)	项　目	单位	2014年	2015年	增长(%)
总人口	人	59168	59393	0.38	工业企业	家	243	248	2.02
其中:非农业人口	人	—	—	—	工业总产值	万元	86782	103264	15.96
人口出生率	‰	—	—	—	工业利税总额	万元	8550	11853	27.87
人口死亡率	‰	—	—	—	三产增加值	万元	—	—	—
人口自然增长率	‰	—	—	—	镇村主干道	千米	125	132	5.3
总面积	公顷	14546	14546	0	实有就业人数	人	30641	30949	1
其中:耕地面积	公顷	2751	2970	7.37	科技人员	人	770	780	1.28
地区生产总值	万元	122830	136339	9.91	学校	所	5	5	0
财政收入	万元	3549	4673	24.05	在职教师	人	381	359	−6.13
农业总产值	万元	18425	19450	5.27	在校学生	人	5681	6805	16.52
粮食总产量	吨	28470	29055	2.01	卫生院	家	1	1	0
油料产量	吨	578	635	8.98	卫生室	个	13	13	0
生猪饲养量	头	—	—	—	初级保健普及率	%	95	95	0
家禽饲养量	万羽	—	—	—	农民人均纯收入	元	14510	16251	10.71
水产品产量	吨	6400	6120	−4.58	农民人均住房	平方米	40	43	6.98

2015年晓店镇村级概况

表91

村(居)名称	组数(个)	户数(户)	人口(人)	耕地(公顷)	村集体收入(万元)	人均可支配收入(元)	党组织书记	村(居)委会主任
晓店居委会	13	1910	7250	103	110	—	孙光中(代)	孙光中(代)
陆庄居委会	15	1200	5660	166	30	—	吴体全	吴体全
王沟居委会	17	1099	5021	57	47.7	—	陆啟楼	陆啟楼
新窑居委会	10	828	3791	42	30	—	王宝胜	王宝胜
峰山居委会	16	1154	5278	388	31	—	葛　凯	葛　凯

续表 91

村(居)名称	组数(个)	户数(户)	人口(人)	耕地(公顷)	村集体收入(万元)	人均可支配收入(元)	党组织书记	村(居)委会主任
周庄居委会	11	930	4226	304	36	—	张苗贵	张苗贵
新站居委会	11	730	3228	242	45	—	沈永华	沈永华
湖滨居委会	21	1250	5282	216	62	—	李成华	李成华
洋河滩居委会	7	605	2345	9	30	—	蔡则连	蔡则连
三巨村	21	1239	5810	600	32	—	赵　国	赵　国
戴场村	3	177	601	2	43.2	—	晁　勇	晁　勇

农业　农村集体土地确权登记颁证工作入户调查签字完成99%以上，秸秆禁烧工作实现由“全面禁烧”到“全量还田”的根本性转变。水稻直补和农资综合补贴发放总额234万元，共推广新机具100余台、发放农机购置补贴115万元。

实施“互联网＋生态农业”行动计划，推进绿色生态农业发展，大打“旅游牌”。全力推动沿湖村(居)“一村一品一店”特色生态产品建设，突出“生态＋有机食品”“观光＋采摘水果”等农业模式的发展。充分发挥镇农技站、文化站等部门职能作用，通过各种培训进一步提高农民生产技能和经营管理水平。对有创业头脑、有先进技术的农民提供资金、政策上的支持。

不断加强科技示范合作社建设，推进农业产业化经营，加快农业科技推广步伐。年内，全镇种植草莓近千亩、葡萄550亩，合作社日均产草莓鲜果4000千克、葡萄3000千克，日均经济收入7万元。

实施“疏、排、灌”三大工程，从排涝沟疏浚、绿化土方、乡村路肩覆土、小型农田水系调整、塘坝扩容、蓄水坝加固、农渠疏浚等7个方面全力推进冬春水利工程的开展。晓店镇冬春水利工程累计投入资金50万元，完成土方任务30余万立方米，疏浚排涝沟5200米、农渠40条，调整小型农田水系6万立方米、加固乡村路肩4万立方米、绿化3万立方米，加固蓄水坝2处，为改善农业生产条件、促进农民增收提供了强力的保障。

工业　年内，晓店镇从工业立镇到产业强镇的定位，从帮办以达利、福坊斋为龙头的传统食品饮料行业到以华辉科技为主导的新兴产业，不断创新服务、发展方式，助推新型工业又好又快发展。注重优质的帮办服务，鼓励企业“腾笼换鸟”。引导园区已破产或建而不产企业，将空置厂房以出租、转让、入股等新形势盘活土地，破解即将进园区的优质企业用地“瓶颈”。至年末，园区已盘活闲置企业用地近300亩。注重培育“微小”，扩大“规模”。对发展前途好、污染少、效益高，以银河帽业为代表的10家“微小”企业鼓励其更换先进设备，扩大规模，争取2—3年上规模。对科技含量高，资源消耗低，以砂轮机械厂为代表的4家规模企业，给予土地、政策、资金上的扶持，确保调结构促转型顺利推进，争取培育新的经济增长点。注重突出园区特色建设。对工业园区投入大量资金，从定位、理念、布局上重新规划，摒弃如出一辙的园区发展模式，更加突出园区的特色化。注重招商方式转变。谋划“1个传统＋1个新兴＋1个新型”主导产业招商体系，按照“集约”“集聚”特色，促进产业集群集聚发展，向外以食品饮料、功能材料产业定向招商，向内不断完善以达利为龙头的物流配套，延伸产业上下链。

社会事业　晓店镇以提升“住”的质量为主线，延伸开展“医、教、水、行”完善工程。提升医疗水平。努力打造1所一级甲等镇中心医院，集中医疗资源，为全镇及周边居民提供较为全面的就医保障；完善13个村(居)卫生室标准化建设，现已完成8个，其中4所已创建成为省级示范村卫生室,便于村民享受到“不出村的医疗服务”。对全镇4.6万名应续保人员进行新的医保政策宣传。9月下旬以来,晓店镇召开全镇医保参保续保工作会议,对各村居劳动平台人员进行业务培训,要求业务人员必须全面了解、充分把握医保政策的各项要求,共印发《宿迁市市区城镇居民基本医疗保险知识问答》和《医保政策变化对比》等宣传资料2万份。

改善教学条件。新建2所现代化镇级幼儿园和1栋中心小学现代化教学楼,完善中学塑胶跑道和运动场建设;疏通和改造中学、小学、幼儿园的雨污水分流管道,清理学校周边摊点,大大提升了教学点周边的环境氛围。

保障饮水安全。在普及全镇合格自来水的基础上,对仅剩的数个村民小组自来水管网实施逐步打通计划,并检测提升小型水厂水质,尽早消灭居民饮水安全死角。

改造居住环境。完成镇区危旧片区改造和三台山景区周边环境改造工程,成功创建成为“江苏省生态乡镇”和“江苏省特色景观旅游名镇”,高层次提升了该镇的生态人居环境;大力实施住宅小区改造提升工程,计划投入1000万元,共实施小区改造提升15个,年内已完成4个,即将完成5个,改造内容涉及绿化、道路、停车位、雨污水管道、技防设施、健身场地、环境清理等方面工程,成效惠及7800多户居民。

贯通出行路网。完成春季绿化工程,不断完善主次干道绿化,形成路路畅通、“一路一景”;配合市、区相关部门实施三台山大道、枫杨路等扩宽工程,改造和修复了镇区3横3纵的街道,年末,全区12横6纵主干道路网都形成在该镇范围内;改造提档乡村公路和打通村庄水泥路网,完成9条乡村公路扩宽、9座配套桥梁修建工程,采取“政府号召、群众募捐、集体出力”的方式,增修村庄水泥路达60 km,基本打通晓店、三巨、峰山、周庄、新站等村水泥路网。

【“三金富民”工程实施】 土地收“租金”、入股合作社分“股金”、打工领“薪金”,这是晓店镇“三金富民”工程带来的新变化。据不完全统计,晓店镇领取“三金”的农民已超过8000人,其中更令人欣慰的是,十二五期间依靠产业脱贫且致富人数达3000人次,占比“三金”人数37.5%。晓店镇党委始终从提升农民工资性、家庭经营性、财产性和转移性“四大收入”做文章,走出一条蕴含晓店特色的富民之路。

流转土地获租金。晓店镇在充分尊重农民意愿和刻意保护农民权益的基础上,共流转土地近2万亩,每亩地近1000元的租金,加之转移性补贴,为村民提供直接租金收益2000余万元,解放劳动力1.3万余人。入股合作社分股金。鼓励农民以劳动力、技术、资金、土地等入股合作社,打造以观光园、采摘园等休闲农业为主题的专业合作社,大力与大众点评、美团等团购网站合作,满足线上购买,线下消费的需求。与生态农业有关的合作社共有20多家,其中草莓合作社日均产草莓鲜果4000公斤,葡萄合作社3000公斤,日均经济收入7万元。人均股金2万元。“五个一批”拿薪金。各村居成立物业、绿化管养和保洁队伍30余支,提供800余个就业岗位,强村带动一批;扶持和鼓励140名能人大户做大做强,带动周边农户创业和提供岗位2000余个,能人大户带动一批;瞄准“互联网+”,大力开展“一村一品一店”和“支部+电商”工程,培育网络创业349户,直接、间接带动从业人员1000余人,仅骆马湖大闸蟹等特色水产销售额就突破8000万元,网创带动一批。对接沿湖餐饮,鼓励个体户发展,为骆马湖、三台山景区游客服务,提供就业岗位1400余个,大力发展民宿、农家乐、观光采摘园,洋河滩湖鲜餐饮一条街,建设一支懂旅游、能发展的职业农民队伍,三产带动一批。做精做细以达利为龙头的园区企业物流配套,当地物流从业人员500余人,仅把达利鸡蛋壳变为肥料的王先生就年收入几万,工业配套带动一批。

【市12345热线防范网络诈骗活动宣传走进晓店镇】 “不轻信来历不明的电话和手机短信;不向陌生人汇款、转账;无论什么情况,都不要向陌生人透露自己及关系人的身份信息、通信工具、存款、银行卡等情况。”晓店镇派出所王警官正在仔细地向市民宣传防范通信网络诈骗知识。为从源头遏制通讯网络诈骗，提高广大群众警惕性，进一步引导辖区群众提升识骗防骗能力，切实保证人民生命财产安全，12 月 8 日上午，区组织宣传部、区公安分局和晓店镇共同联合市 12345 热线开展了防范通信网络诈骗宣传活动。在晓店镇民丰银行门口，民警和工作人员热情地向过往的市民发放防范通信网络诈骗一封信和防范具体措施宣传画，并细致地向市民宣传防范网络诈骗的知识，耐心解答市民提出的各种问题。活动进行了两个多小时，共解答市民疑问百余个，发放防范网络通信诈骗宣传材料近千份，取得了市民的一致认可。

【全民健身活动】 为切实丰富群众文化生活，全面提高镇区居民体质和健康水平，2015 年，晓店镇依托活动赛事，搭建全民健身平台，先后举办了庆元旦晓店“四项公开赛”、庆七一“心中有党不忘恩”演讲比赛和首届“多彩生活、文明晓店”广场舞大赛等活动。同时注重在比赛中创新形式、拓宽活动参与面，有力推动了基层群众体育活动的开展。晓店镇已成立《江苏省公共体育服务体系示范区》建设工作领导，建立全镇 140 余人的体育网格化组织。同时，镇设有乡镇公园 4 个，公共混凝土篮球场 3 个，11 套健身器材。

【晓店镇首届“多彩生活、文明晓店”广场舞大赛】 8 月 2 日晚，晓店镇在骆马湖畔动漫王国广场举行首届“多彩生活、文明晓店”广场舞大赛。区组宣部、旅游经济发展局等相关部门负责人，镇村全体干部职工，14 支参赛队伍以及现场游客观众，共 1200 余人在台下畅享视听盛宴。19 时 18 分，广场舞大赛正式拉开帷幕，统一的着装、不同的年龄面貌、向上的精神活力让这场大赛吸引不少游客驻足。由各村(居)选送的 14 支舞队经过抽签依次登台 PK。优雅传统的《扎西德勒》、清新古典的《茉莉花》、青春欢快的《小苹果》、激情洋溢的《火火的姑娘》、充满异域风情的《印度舞串烧》……，热场节目红歌京剧《智取威虎山》和快板《宿迁文明 20 条》将现场气氛推向高潮。最终，由晓店居委会代表队以《中国歌最美》精彩表演获第一。

【晓店镇“五色”文化挖掘】 2015 年，由晓店镇文化站和镇工作人员联合创作的《培育和挖掘晓店镇文化，助推文化建设特色化》一文进入尾声阶段。文章通过红、绿、蓝、黄、橙 5 种颜色诠释了晓店镇的 5 种层面的不同文化。

“红色”，是晓店镇特有的饮食文化。红芯芋头、紫红葡萄和红皮花生是晓店镇“三宝”。独特的丘陵地形，沙化的土壤，较低的比热容，让这里作物吃起来格外味甜甘冽。原本濒临灭绝的“宿晓红”，经过几年的抢救、保护，一棵变千棵，20 亩土地上结出满满的“晓店情怀”。年内，晓店镇整合闲置土地资源和专业合作社，“三宝”种植面积已达 3000 亩。

“绿色”是晓店镇的生态文化。晓店镇依托骆马湖和晓店温泉等载体，挖掘和培育特色鲜明的本土水文化。骆马湖最早记录为“皇帝生骆明、骆明生白马”骆明、白马简称骆马，此二人为楚人之祖先，也是宿迁人治理洪水、控制水患的神奇幻想，更是对祖先的怀念。骆马湖渔猎文化、骆马湖稻米文化、水乡文化、历史治水文化、生态修复文化等大大增强了晓店镇特色文化的吸引力和影响力，此为一“水”。另一“水”为晓店温泉，系来自地下 2100 米贮存距今 1 亿多年的白垩纪青山群岩石中的优质泉水，是富含锂、氟、锶等矿物质的优质医疗矿泉水，故可称“药泉”。

蓝色，是晓店人所勾勒的宏伟“蓝”图发展文化。占地近 20 平方千米的工业园区粗具规模，在建的三巨家园、湖滨人家两个安置小区让居民的安居梦看得见、摸得着，近万亩土地成功流转，使农民从土地中解放出来。

黄色，是晓店镇的黄土地，是历史底蕴。晓店是炎黄文化最早的发祥地之一，是汉代青墩古文化遗址所在地。这里有传说中西楚霸王起兵的板倒井以及唐朝大将薛仁贵东征留下的七十二眼井。年内，考古学家在此勘测出 35 座大型汉墓群。

橙色，是晓店镇对传统文化民俗的继承与发扬。峰山芦席、柳条编框、打渔号角等纯手工的工艺品，浓缩着骆马湖浓浓的渔家风情，这些独特乡土的物品是晓店馈赠给游客的佳品和旅游必带的手信。

【晓店旅游资源开发】“一泉一岛一水岸、两园两城两街区”，晓店镇素有“宿迁后花园”一称，东有穿境而过的宿新公路，南与宿迁市主城区仅一河之隔，西临骆马湖，北与新沂市新店镇隔河相望，环抱江苏省AAA级景区三台山森林公园，三面环水、一面抱山，晓店镇正是处在这样一个山水相映、风景秀丽的大好风光里。随着新区旅游资源不断丰富，晓店镇的采摘园、水产品、餐饮、宾馆、农家乐、渔家乐等也随之火爆起来。年末，晓店全镇已有大小农家乐、渔家乐30多家，沿湖采摘园10多个，旅游从业人员过千人。昔日默默无闻的周庄、峰山、戴场等村居，如今已成为远近闻名的自驾游目的地。五一黄金周期间，到晓店镇自驾游的游客超过5万人。晓店镇乡村自驾游以文化、生态、体验等内容为依托，除向游客提供食宿等必要的服务外，土特产、水产品销售，代步工具租赁，田园采摘等服务项目日臻完善，积极推进自驾游与文化、农业、生态等深度融合发展。放大峰山葡萄、新站山芋、新窑花生、乐马大闸蟹、玉利草莓、周庄樱桃、董小妹黄桃等农业品牌效应。丰富了乡村旅游业发展的内涵，拓宽了农民收入新渠道。晓店镇先后荣获“江苏省特色景观旅游名镇”“江苏省三星级乡村旅游度假村”“江苏省农家乐集聚示范村”“宿迁市全民创业先进乡镇”“宿迁市首批电子商务示范村”等荣誉称号。

（徐向东）

·皂河镇·

【概况】皂河镇位于宿迁市西北部，距市中心20千米，京杭大运河、宿邳公路穿境而过，下辖4个居委会和13个行政村，镇域面积266平方千米(其中水域面积216平方千米)，总人口5.8万，是江苏省特色景观旅游名镇。

皂河镇拥有省四大淡水湖之一的骆马湖2/3水域，国家级大型南水北调重点工程——单机容量亚洲第一、世界第二的皂河抽水站位于辖区骆马湖沿岸。皂河三线船闸、节制闸等一大批国家、省、市级大型水利设施建筑群均矗立于镇区湖岸，沿河靠湖，水陆交通便捷。皂河镇旅游资源丰富，拥有一个国家级重点文物保护单位——乾隆行宫，两个省级非物质文化遗产——皂河龙王庙会和柳琴戏，同时还有三个市级文物保护单位——财神庙、合善堂、陈家大院。皂河糁汤、乾隆贡酥、黄狗猪头肉等特色小吃源远流长。

2015年，全镇地区生产总值达8.41亿元，规模以上固定资产投入1.99亿元，财政收入1560万元，农民人均纯收入13200元。

2015年皂河镇经济与社会发展概况

表92

项　目	单位	2014年	2015年	增长(%)	项　目	单位	2014年	2015年	增长(%)
总人口	人	51235	50759	－0.93%	工业企业	家	36	35	－2.78%
其中：非农业人口	人	17582	17203	－2.16%	工业总产值	万元	13400	14152	5.61%
人口出生率	‰	—	—	—	工业利税总额	万元	—	—	—
人口死亡率	‰	—	—		三产增加值	万元	—	—	—
人口自然增长率	‰	—	—	—	镇村主干道	千米	—	—	—
总面积	公顷	26409	26409	0.00%	实有就业人数	人	—	—	—

续表 92

项　目	单位	2014 年	2015 年	增长(%)	项　目	单位	2014 年	2015 年	增长(%)
其中:耕地面积	公顷	2152	2152	0.00%	科技人员	人	573	575	0.35%
地区生产总值	万元	77414	84151	8.70%	学校	所	5	5	0.00%
财政收入	万元	1718	1231	-28.35%	在职教师	人	209	191	-8.61%
农业总产值	万元	19350	22012	13.76%	在校学生	人	2503	2512	0.36%
粮食总产量	吨	38729	40531	4.65%	卫生院	家	—	—	—
油料产量	吨	206	115	-44.17%	卫生室	个	—	—	—
生猪饲养量	头	—	—	—	初级保健普及率	%	—	—	—
家禽饲养量	万羽	—	—	—	农民人均纯收入	元	11860	13210	11.38%
水产品产量	吨	12940	13120	1.39%	农民人均住房	平方米	23	23	0.00%

2015 年皂河镇村级概况

表 93

村(居)名称	村民小组(个)	户　数(户)	人　口(人)	耕　地(公顷)	村集体年收入(万元)	村集体工农业项目(个)	党支部书记	村委会主任
街东居委会	14	1036	4176	88	25.25	7	卢方民	卢方民
街西居委会	15	1020	4900	115	62	5	吴书龙	吴书龙
新农居委会	11	887	3379	154	22.75	3	陆召文	—
船闸居委会	3	625	2050	15.33	70	4	刘敬贵	徐宝剑
七堡村	8	512	2116	96	25.26	3	柏胜辰	柏胜辰
龙岗村	13	860	3180	123	34	2	索新华	索新华
谢庄村	6	376	1546	80	49	4	周维华	方　正
王营村	10	793	2768	163	75.2	3	王保领	王保领
八井村	6	434	2094	103	29	3	王邦勤	王邦勤
王圩村	11	548	2528	145	51.3	2	孔祥胜	黄　健
闫南村	13	585	2415	229	102.4	3	孙德彪	孙德彪
闫集村	13	423	1786	220	58.28	2	池光翠	池光翠
要武村	13	558	2469	219	20.15	3	王万如	王万如
刘庄村	11	782	3905	171	32	3	刘书宇	刘书宇
金庄村	8	474	1921	149	24.8	3	王　保	王　保
袁甸村	10	454	2015	129	106.4	4	袁彩兵	袁彩兵
三湾村	2	290	1015	0	280.65	5	陆启化	陆启化
合计	167	10657	44263	2199.33	1068.44	59	—	—

农业经济　2015 年,全镇粮食生产获得全面丰收,粮食总产量达 3.5 万吨,小麦平均单产突破 515 千克,水稻单产突破 623 千克,全镇良种覆盖率、稻麦病虫害统防统治率均达到 97%。全镇压籼扩粳 1.8 万亩,手插改机插 4500 亩,农民每亩纯收入增加了 300 元以上。全年流转土

地4000亩,其中高效农业用地新增1800亩。年家禽饲养量达1400万羽,生猪饲养量4.6万头,蔬菜面积4400亩,牲畜家禽饲养实现年产值2.4亿元,利润4200万元。水产养殖面积达到3.3万亩,其中网箱养殖面积2.4万亩,池塘养殖面积7820亩,水产品总产量6530吨,其中青、草、鲤、鲫等四大家鱼4200吨,乌鱼、鳜鱼、龙虾、螃蟹等特种水产品产量1260吨,年产值达到2.8亿元,实现利润4150万元,养殖规模和效益均得到较大提高,逐步由水产大镇向水产强镇迈进。全年绿化造林共完成植树11万株,建设绿化示范村1个、合格村2个。

工业及招商引资　全镇上下始终坚持"生态、绿色、发展"招商理念,重点加大对旅游服务业、生态农业、轻工业等产业的招商力度;紧紧依托省级特色景观旅游名镇和一批省市级重点旅游景点的独特优势,切实加大招商平台建设,充分利用驻点招商、代理招商、网络招商、以商招商等有效载体,进一步扩大招商宣传工作的深度和广度,真正形成古镇所特有的人文、信息招商网络。全面落实区党工委、管委会下达的具体招商任务,制定切实可行的招商方案和推进举措,深入开展招商引资分类竞赛活动,合理划分招商考核指标,推行"131"(一月一督查、三月一通报、一年一奖惩)招商考核办法,切实强化工作考核的杠杆、导向作用,有力推动了招商引资工作的顺利开展。近5年来,已累计完成招商引资项目16个,固定资产投入6.96亿元;其中,开工项目9个、竣工项目10个,国隆纺织、港龙建材、国盛桩业、乾隆印象园艺、行宫生态采摘园等一批特色项目纷纷入驻皂河。

社会事业　大力实施"十二五"黄墩湖滞洪区帮扶计划,总投资约19.3亿元,集聚万亩良田、安全饮水等基础设施、产业发展、民生改善三大类122个子项目全面开工;进一步拓宽农民群众增收渠道,5个省定经济薄弱村全部实现新"八有"目标;精准扶贫、精准脱贫加快推进,通过采取送资金、送技术、送项目等途径,累计投入200余万元对全镇低收入农户开展"一对一""一对多"帮扶慰问,至2015年底,4000元以下低收入农户2473户8067人全部脱贫,足额、足量完成了"十二五"既定脱贫任务;大力发展"惠民安居"事业,按照统一图纸设计、统一采购施工、统一标准验收等"三统一"要求新建184套避洪楼项目顺利实施,总建筑面积近13万平方米的龙运花园Ⅰ期工程全面竣工,838户居民喜迁新居;加快落实中心校、二小、初级中学三所学校"校安"工程,投资2080万元对三校的教学楼、综合楼以及操场进行升级改造,累计建设和加固教学楼、综合楼约1.2万平方米,相继铺设塑胶跑道1.45万平方米;进一步加大对交通事业的投入力度,投资约6500万元对一斗渠路、八井中心路、"一事一议"财政奖补路、新王路、刘庄桥、袁皂桥、谢庄桥等一批农路农桥进行建设;扎实推进"一村一品一店"工程,相继挖掘出特色水产、精品果蔬、休闲采摘等14个特色产品。高度重视群众就医环境改善和弱势群体生活保障工作,17个村居标准化卫生室全部完工并投入使用,镇敬老院升级改造工程全面完成,总投资约90万元的居家养老服务平台进展迅速,全镇376户"低保"家庭、268户"五保"农户实现了应保尽保。

【镇村建设】　村庄环境专项整治行动顺利通过省级暗访、明查,街容街貌和村庄环境有了明显改善;"六五"普法工作完美收官,"平安皂河""法治皂河"加快推进;阳光信访、法治信访成效显著,信访案件、涉法涉诉案件分类实施,2015年共接待群众来访74起,较2011年下降38.5%,涉及土地纠纷、拖欠农民工工资等多起群体性信访事件得到了有效化解;"十好文明家庭"评比活动在全镇范围内全面铺开;庙会文化旅游周和骆马湖生态四项赛等重大节庆活动成功举办;国家级文明城市创建工作取得显著进展。

【旅游业】　皂河镇集聚优势资源,提炼发展要素,相继推动一批重特大旅游及配套项目,重点聚焦陈家大院修复、龙王庙行宫内涵提升、合善堂、财神庙、下江南大观园、安澜桥休闲广场、游客服务中心、行宫停车场、乾隆行宫宾馆、国有土地整理(市投项目)、通圣街仿古改造、道路提档升级改造、通湖大道等项目,总计完成投资3.4亿元。其中,投资约3000万元实施土地整理,新增耕地1500余亩;投资约2.7亿元对乾隆行宫景区、核心区景点以及相关配套设施进行升级改造;投资约4500万元对20条农村道路进行重新铺设。

2015年游客量突破200万人次,较2014年增长11%。原每年正月初九的龙王庙会被调整为皂河文化旅游周,期间,来自苏、鲁、豫、皖等各省的善男信女、商家小贩聚集皂河,前往古镇烧香拜佛的游客络绎不绝。日均游客量达30万人次以上,日均成交额突破了2亿元。

(汤　周)

·黄墩镇·

【概况】 黄墩镇地处宿迁西北,位于邳州、睢宁、新沂、湖滨新区交界处,东距宿迁市区35公里、湖滨新区45公里,东靠骆马湖。镇域总面积52平方公里,其中可利用水域面积7平方公里,陆地面积45平方公里,全镇下辖8个行政村(居),111个村民小组,社会人口3.2万,其中农业人口2.63万人。2015年黄墩镇实现区内生产总值9.44亿元;全社会固定资产投资7.44亿元;财政总收入3500万元,其中公共财政预算收入1050万元;农民人均收入11937元。

2015年黄墩镇经济与社会发展概况

表94

项　目	单位	2014年	2015年	增长(%)	项　目	单位	2014年	2015年	增长(%)
总人口	人	31954	32166	0.67	工业企业	家	5	5	0
其中:非农业人口	人	26246	26315	0.26	工业总产值	万元	24000	21500	10.42
人口出生率	‰	7.51	7.84	4.39	工业利税总额	万元	1645	1825	10.94
人口死亡率	‰	0.17	0.3	76.4	三产增加值	万元	—	—	—
人口自然增长率	‰	7.54	6.65	−11.8	镇村主干道	千米	—	—	—
总面积	公顷	4420	4420	0	实有就业人数	人	—	—	—
其中:耕地面积	公顷	807	807	0	科技人员	人	—	—	—
地区生产总值	万元	63000	65000	3.17	学校	所	1	1	0
财政收入	万元	910	930	2.2	在职教师	人	—	—	—
农业总产值	万元	3120	3240	3.85	在校学生	人	—	—	—
粮食总产量	吨	15600	15750	0.96	卫生院	家	1	1	0
油料产量	吨	—	—	—	卫生室	个	8	8	0
生猪饲养量	头	—	—	—	初级保健普及率	%	100%	100%	0
家禽饲养量	万羽	—	—	—	农民人均纯收入	元	11096	11937	7.58
水产品产量	吨	—	—	—	农民人均住房	平方米	—	—	—

2015 年黄墩镇村级概况

表 95

村(居)名	村民小组(个)	户数	人口(人)	耕地(亩)	党支部书记	村(居)委会主任
李甸居委会	11	642	2890	3085	蒋夫奎	蒋夫奎
曹瓦社区	17	1038	4300	3780	袁四	袁四
曹甸村	10	562	2820	4100	曹甸松	曹甸松
马桥村	17	1172	4857	4216.5	朱荣彬	朱荣彬
魏场村	14	550	2558	4665	陈贤飞	陈贤飞
柳湖村	17	705	3443	4698	崔文亭	崔文亭
英庄村	15	804	4063	5400	许彬	许彬
尚营村	12	685	2560	3760	闫长学	闫长学
合计	113	6158	27491	33704.5	—	—

农业　特色水产养殖快速发展。黄墩地处黄墩湖区,地下水位高、水质好,有着独特的水资源优势,2015 年开挖 3000 亩高标准水产养殖塘口。集中养殖螃蟹、鳜鱼、南美白对虾等一批特色水产品。先后对上争取扶持资金 3150 万元,铺设了园区道路 35 千米、防渗渠 22 千米,建造电灌排涝泵站 12 座、桥涵 110 座,新架设了供电设施。对上争取 670 万元,改造了养殖塘口进排水系统,增添了增氧设备,开通了物联网网络,建设了冷藏设备,对新渔人水产科技有限公司的生产流水线进行改造提升。注册“黄墩湖现代渔业投资发展有限公司”和骆马湖“黄墩湖牌”商标,并将商标无偿提供给广大养殖农户使用。年末,园区有水产品有限公司 3 家,水产品加工企业 1 家,水产养殖农民合作组织 26 家,家庭渔场 20 家。2015 年 1 月,创成“黄墩湖省级现代渔业精品园”,基本形成了产、供、销一条龙帮办服务格局。

工业　成功地引进了宿迁市新渔人、宿迁市鼎盛建材两家企业。冠源帽业、亿丰木业、益客饲料等一批老企业生产规模不断壮大。年内,在园区上班的人员达 800 人,人均月工资在 2000 元左右。

2015 年黄墩镇骨干企业基本情况

表 96　　单位:万元

企业名称	主要产品	投资金额	销售收入	利税总额
宿迁市益客饲料有限公司	饲料	28000	14200	760
宿迁市冠源帽业有限公司	帽子	1200	210	24
宿迁市亿丰木业有限公司	木材	1540	160	19.8
宿迁市黄墩特色食品有限公司	食品	980	58	6.8
宿迁市新渔人水产科技有限公司	水产品	15000	4950	750

镇村环境整治　按照党工委、管委会提出的建设“山水新城,美丽湖滨”要求,围绕“基础设施更完善,城乡环境更优美,长效机制更健全,社会风气更文明”目标,坚持“统一指挥,全民参与、镇村同步、整体推进”的工作思路,扎实推进村庄环境整治工作。先后投入 45 万元,购置了垃圾清运车和垃圾桶,达到每个村民小组 1 辆垃圾清运车,每户 1 个垃圾桶;投入 20 万元建成 150 个垃

圾池。镇村正常保洁和垃圾清运。公开招聘111位群众为保洁员，调整和充实了城管队伍。始终把全镇重点庄台整治作为亮点打造，不惜人力、机械，经常性集中整治。为保证环境整治常态化，适时建立了长效保洁和考核奖惩制度。镇村环境更加整洁，人居环境得到彻底改善。

社会事业。投入150万元，完成镇区污水管网铺设、街道绿化亮化等工程；投入80元完成镇中心垃圾压缩中转站建设；投入780万元完成英庄小学建设和镇幼儿园、镇中心学校、医院、敬老院等公益事业的提档升级工程；投入190万元，完成英庄村乡里中心建设；投入120万元完成马桥烈士陵园建设和马桥、李甸三村（居）农村幸福院和农村居家养老服务中心、镇社区综合服务中心建设；铺设镇村水泥路20.84千米、防渗渠86.1千米，新建桥涵472座；完成4400户农村改厕工程。针对性举办劳动技能培训班18次，参培人员2000多人次；投入48.5万元，完成112户危房重建和拆迁工作；农村低保农户的提标扩面工作按政策推进。全镇农村低保农户387户、986人，标准为每人每月370元。2015年，全镇500户建档立卡农户实现全部脱贫。

【扶贫开发项目建设】 黄墩镇是省委、省政府扶贫开发重点片区。“十二五”期间，黄墩镇共向上争取项目扶持资金5000余万元，争取帮扶项目92项，至2015年年末，已完成81项，在建20项。

按照“超前规划，分期实施；集中建设，形成规模”的标准和要求，加快推进避洪楼建设，先后完成魏场、英庄小区、曹瓦“三靠近”农民集中居住区、“湖畔人家”安置小区一期等避洪楼建设工程，共计630套，建筑面积8.48万平方米。先后投入200万元，建设了园区路道，完善了通水、通电等基础配套设施，为项目的集聚和企业的发展搭建平台。

·嶂山林场·

【概况】 国有嶂山林场成立于1958年，距骆马湖东岸仅3千米，东西宽2千米，南北长4.6千米，总面积17800亩。核心景区三台山森林公园总面积7396亩，其中国有及省级生态公益林面积约6355亩，森林覆盖率达85.9%。三台山最高海拔73.4米，为宿迁地区之最。

1997年7月，经省农林厅批准成立嶂山森林公园，中央军委原副主席张震为公园题写园名；2001年，被国家旅游局定为国家AA级旅游景区。2005年，被批准为市级风景名胜区，2006年，被批准为省级风景名胜区，2011年更名为三台山森林公园，2012年，湖滨新区成立林业局与嶂山林场合署办公，三块牌子，一套班子。

嶂山林场下辖枣林、林西2个居委会，12个居民小组（枣林9个、林西3个），共1002户，社会人口4455人。三台山扩面提质项目建设，涉及房屋征收10个居民小组817户，土地流转6800余亩。2015年，枣林居委会实现经营性收入、土地和鱼塘承包收入、农机合作社收入计26.9万元；林西居委会杨树种苗销售、土方工程收入、鱼塘和土地承包收入计21万元。2015年，实现农业总产值835.12万元，地区生产总值6801.2万元，农民人均纯收入16539元。

2015年嶂山林场经济与社会发展概况

表97

项目	单位	数　量	项目	单位	数　量
村数	个	2	粮食总产量	万吨	0.44
村民小组数	个	12	油料总产量	—	0

续表 97

项目	单位	数 量	项目	单位	数 量
户数	户	1002	水产总产量	吨	16.93
总人口	人	4455	生猪出栏	万头	0.356
其中:非农业人口	人	350	三禽饲养量	万羽	6.72
人口出生率	%	0.8	工业总产值	万元	0
人口自然增长率	%	0.3	其中:规模以上工业总产值	—	0
总面积	公顷	1220	工业户	个	0
其中:耕地面积	公顷	380	从业人员数	人	0
水面	公顷	10	个体工商户数	户	0
国内生产总值	万元	6801.2	集贸市场	个	0
其中:第一产业	万元	835.12	全社会固定资产投资	万元	1968.4
第二产业	万元	596.52	用电量(工业)	万千瓦时	72.3
第三产业	万元	5369.56	中小学校	个	0
场财政收入	万元	680	在校中小学生	人	0
农民人均纯收入	元	16539	在职教师	人	0
年末存款余额	万元	6500	卫生院(室)	个	0
其中:居民存款	万元	6400	医务人员	人	0
年末贷款余额	万元	150	病床	床	0
农业总产值	万元	835.12	通电话户	户	865
其中:种植业产值	万元	633.25	有线电视用户	户	769
林业产值	万元	167.27	自来水受益人口	万人	4050
渔业产值	万元	34.6	参加农村合作医疗	人	3954

2015 年嶂山林场村级概况

表 98

居委会名称	组数(个)	户数(户)	人口(人)	耕地(公顷)	居支部书记	村(居)委主任
枣林居委会	9	701	2671	230	张 诚	张 诚
林西居委会	3	301	1434	150	赵长江	赵长江

村庄环境整治　2015 年，先后投入资金 20 余万元，组织居组干部、保洁人员和志愿者共 600 余人次，出动机械 150 台次，对辖区庄台和主次干道沿线定期开展环境卫生集中整治，清理各类卫生死角 260 多处，共清运垃圾 1200 余方，清理“牛皮癣”140 余处，新建二级垃圾房 1

座，村庄四旁植树900棵，村庄改厕、改水率达100%。

社会事业　进一步落实党和国家对农业农村的各项优惠政策，小麦统防统治2400亩；及时按规定下拨粮食补贴、良种直补资金；精心部署夏季秸秆禁烧与综合利用工作，组织机关党员干部74名，分6个片区，深入田间地头，配合两居委会，实行24小时严防死守，秸秆还田率达100%；城镇医疗保险参保率达到96%，农村新型养老保险参保率98%，育龄妇女妇检参检率达99%；积极化解基层矛盾，确保辖区社会稳定；加大对农村弱势人群的救助扶助力度，组织党员干部登门走访120人次，帮扶42户低收入群众，累计发放帮扶资金及物品达3.6万元。

【生态林业】　2015年，通过项目扶持、资金帮助等方式，大力推行杨树品种更新改造、林农复合经营，鼓励在村庄四旁广泛种植果树。完成成片造林4800亩，植树总株数20.78万株（生态公益林1.23万亩），超额完成全年绿化目标任务。

【护林防火】　定期召开森林防火工作会议，专题研究，部署森林防火工作。分别成立一支由16人组成的防火专业队和4个森林防火预备队，进一步健全森林防火组织体系。将林区划分为4大片区，12板块，4名班子成员每人负责一个区域，16名专职护林员和15名临时防火人员每1到2人镇守一个板块。对林区监控系统进行全面升级，共设置5个红外线远程监控探头，120处监控点（其中监控球机8处，可360度旋转），林区内监控全覆盖。新建面积达3800平方米的现代化森林防火指挥中心，实行24小时昼夜监视。完善《森林防火工作实施方案》和《重大火情应急处置预案》，强化森林防火专业队建设，常态化开展林区巡查活动，定期组织森林防火综合演练和单兵技术演练。储备灭火弹200箱、三号工具50把、扫帚150把等防火物资；对现有森林防火指挥车1辆、消防水车2辆和巡逻摩托车11辆等防火车辆，以及风力灭火机30台、水泵10台等器械进行定期维护，确保正常运行和使用。

【文明城市创建】　2015年12月底，结合《宿迁文明20条》内容，张贴宣传牌35块、悬挂宣传横幅6条、印发宣传单200分；定期组织开展社会主义价值观、中国梦及习近平总书记重要讲话精神学习；利用微博、微信等平台，常态化开展“梦娃”动画视频推广工作；组织开展张西树等“感动宿迁”人物学习宣传活动；结合森林防火、野生动植物保护、秸秆禁烧等工作开展志愿者服务活动等。

【国家级森林公园创建工作启动】　先后出动管护组、护林队职工4000人次，车辆240台次，完成景区内部交通、水系调整清障任务约10千米。自2013年三台山扩面提质工程建设以后，完成房屋征收任务937户，其中2014年征收871户，2015年征收66户。2015年4月初，正式启动国家级森林公园创建工作，并确定可研报告及总体规划委托单位：北京东方绿智城市规划管理有限公司和北京京师天成旅游规划设计咨询有限公司。邀请北京师范大学环境学院李晓文博士（博士生导师）负责可研报告编撰及总体规划设计指导工作。5月，到三台山森林公园进行前期现场勘探工作；7月，完成《拟建江苏宿迁三台山国家森林公园可行性研究报告》及《江苏三台山国家森林公园总体规划》文本初稿及相关图件编制，经多次修改，已基本定稿；8月25日前，完成申报宣传片的拍摄、后期制作，以及申报相册的搜集和补拍工作，正式向省林业局和国家林业局提出申请。　（许　恒）

·新任领导·

刘海红 现任宿豫区委书记、宿迁高新区党工委书记。女，1974 年 12 月生，汉族，江苏沭阳人。在职研究生学历。2000 年 7 月加入中国共产党，1993 年 8 月参加工作。

1993 年 8 月起，先后任沭阳县李恒乡、东小店乡政府计生办办事员；1995 年 9 月，南京人口管理干部学院社会学系行政管理专业学习；1997 年 7 月起，先后任宿迁市妇联办公室、权益部负责人、副主任（其间：2002 年 6 月江苏省自考法律专业毕业）；2004 年 10 月起，先后任宿迁市委办公室主任助理、副主任、市接待办副主任，市政府办副主任、党组成员，市委副秘书长、接待办主任（其间：2004 年 2 月至 2006 年 12 月，南京大学法学院法律专业研究生学习）；2011 年 5 月，泗阳县委副书记（正县级）；2011 年 6 月，泗阳县委副书记、县委党校校长、县生态科技产业园党工委书记；2012 年 3 月，泗阳县委副书记、县长；2016 年 6 月，任中共宿豫区委书记、宿迁高新区党工委书记。

陈亚光 现任中共宿豫区委副书记（挂职）。男，1964 年 2 月出生，汉族，浙江宁波人，大学工学学士，1997 年 10 月加入中国共产党，1986 年 8 月参加工作。

1981 年 9 月，入浙江大学高分子化工专业学习。1986 年 8 月，上海石化总厂化工二厂助理工程师；1992 年 8 月，张家港市梁丰集团贝尔食品有限公司助理工程师；1993 年 3 月，张家港保税区经济发展局科员、外资科科长；1998 年 5 月，张家港保税区经济发展局副局长，2001 年 4 月，兼招商中心副主任；2003 年 3 月，江苏扬子江国际冶金工业园管委会副主任，2004 年 3 月，兼党工委委员；2009 年 3 月，江苏扬子江国际冶金工业园管委会党工委委员、综合管理局（安全环保局）局长；2009 年 7 月，张家港经济开发区招商局局长、经济发展局局长；2011 年 1 月，张家港市科技局局长、党组书记兼市知识产权局局长；2012 年 10 月，张家港市发改委党组成员、副主任兼市经济协作办公室主任、市对口扶贫协作领导小组办公室副主任；2016 年 7 月任现职。

温士才 现任中共宿豫区委常委、组织部部长、党校校长。男，1977 年 10 月生，汉族，江苏沭阳人，党校研究生学历。2001 年 5 月加入中国共产党，1999 年 11 月参加工作。

1999 年 11 月，沭阳县沂涛镇团委干事；2003 年 2 月，沭阳县政府办公室秘书、副科长、科长；2007 年 4 月，宿迁市政府办公室秘书二处秘书；2009 年 2 月，宿迁市政府办公室秘书二处副处长；2010 年 5 月，宿迁市政府办公室研究处副处长；2011 年 8 月，宿迁市政府办公室研究处处长；2012 年 5 月，宿迁市政府办公室秘书一处处长；2013 年 3 月，宿迁市委办公室综合一处处长；2014 年 12 月，宿迁市委研究室副主任；2015 年 8 月，宿迁市委办公室副主任；2016 年 4 月，中共宿豫区委常委、组织部部长、党校校长。

孙国防 现任宿豫区人政府副区长、党组成员（挂职）。男，1969 年 9 月出生，汉族，江苏连云港人，大学本科学历，1999 年 9 月加入中国共产党，1993 年 7 月参加工作。

1988 年 9 月，入华西医科大学公共卫生学院卫生检验专业学习；1993 年 7 月，南京卫生检疫局工作；1999 年 12 月起，江苏出入境检验检疫局卫生监管处科员、副主任科员、科长；2005 年 7 月，江苏出入境检验检疫局食品监管处工业食品科科长；2008 年 1 月，江苏出入境检验检疫局食品监管处副处长；2012 年 1 月，江苏出入境检验检疫局食品安全监管处副处长；2015 年 12 月，任现职。

张成龙 现任宿豫区人民政府副区长。男，1973 年 10 月出生，汉族，宿迁市宿豫区人，党校研究生学历，1993 年 7 月加入中国共产党。1994 年 6 月参加工作。

1990 年 8 月，入江苏省淮阴农校牧医专业学习；1994 年 6 月，宿迁仰化镇政府文书；1996 年 8 月，仰化镇政府科技助理；1997 年 3 月，中共宿豫县委组织部综干科干事；1998 年 3 月，

中共宿豫县委组织部综干科科长；2000 年 3 月，中共宿豫县委组织部部务委员、党管科长、组织科长；2004 年 3 月，中共宿豫区委组织部部务委员、两新“工委”副书记；2005 年 4 月，宿迁经济开发区东区党工委副书记、招商局副局长；2007 年 1 月，宿豫区王官集镇党委副书记、镇长；2010 年 5 月，宿迁运河湾现代农业产业园党工委副书记、管委会常务副主任、宿迁运河湾自然农园有限责任公司总经理；2012 年 12 月，宿豫现代农业产业园区管委会主任；2014 年 1 月，曹集乡党委书记，宿豫现代农业产业园区党工委副书记；2015 年 12 日任现职。

刘志凌 现任宿豫区政府副区长，党组成员（挂职）。男，1976 年 3 月生，汉族，宿迁宿豫人，在职研究生学历。2006 年 6 月加入中国共产党，1998 年 8 月参加工作。

1994 年 9 月，入安徽财贸学院贸易经济系市场营销学专业学习，1998 年 8 月，江苏省农科院蔬菜所工作；2002 年 4 月，江苏省明天种业科技有限公司工作；2004 年 5 月，江苏省农科院原子所工作；2007 年 5 月，江苏省农业科技实业总公司办公室工作（其间，1999 年 9 月至 2002 年 6 月，东南大学经济管理学院在职研究生学习）；2010 年 12 月，江苏省农科院知识产权处主任科员；2015 年 12 月任现职。

朱静波 现任宿豫区人民政府副区长、党组成员。女，1975 年 1 月生，汉族，江苏宿迁人，党校大学学历，1998 年 6 月加入中国共产党，1994 年

8月参加工作。

1990年9月，入淮阴体育学校体育专业学习；1994年8月，宿迁市(县级)妇联工作；1997年1月，宿城区妇联工作；1997年8月起，宿城区妇联权益部副部长、部长；2003年2月起，宿城团区委副书记、书记；2007年6月，兼宿城区幸福街道党工委副书记、办事处副主任；2009年2月，宿城区洋河镇党委副书记、副镇长、区农副产品加工区管委会主任(正科级)；2010年7月，宿城区洋北镇党委副书记、镇长；2012年7月，宿城区洋北镇党委书记、宿城经济开发区党工委副书记；2013年10月，兼运河宿迁港产业园党工委委员、管委会副主任；2013年12月，宿城区洋北镇党委书记，运河宿迁港产业园党工委委员、管委会副主任；2015年5月，宿城区埠子镇党委书记；2016年4月任现职。

赵其良　现任宿豫区人民政府副区长、党组成员。男，1971年7月出生，汉族，江苏泗阳人，党校大学学历，1995年6月加入中国共产党，1992年8月参加工作。

1990年9月，入徐州财经学校财务会计专业学习；1992年8月，泗阳县农村社会养老保险事业管理处办事员；1997年7月，泗阳县魏圩乡民政助理；1998年12月起，泗阳县八集乡党委组织委员、工会主席、党委副书记；2006年3月，泗阳县王集镇党委副书记、副镇长；2006年7月，泗阳县招商局局长；2007年6月，兼泗阳经济开发区党工委委员、管委会副主任；2008年6月，泗阳经济开发区党工委副书记、县招商局局长；2010年5月，兼泗阳县经济开发区管委会副主任；2012年7月，泗阳县新袁镇党委书记；2013年10月，泗阳县卢集镇党委书记、成子湖扶贫开发区示范区党工副书记；2016年4月任现职。

·新闻人物·

卢秀强　全国劳动模范，诚实守信类“中国好人”。男，1956年6月生，宿迁市宿豫区顺河街道周石庄社区人，江苏秀强玻璃工艺股份有限公司董事长，高级技师。

卢秀强白手起家，四落四起，从个体户到江苏宿迁第一家上市的民营企业老总。他多次濒临破产，始终百折不挠，迎难而上。从创业初期失利，卖血还债，到企业走上发展正轨，他坚守质量就是企业生命！2015年4月，被国务院评为全国劳动模范；2015年7月，被评选为诚实守信类“中国好人”。

卓成燕　全国巾帼建功标兵。女，1976年6月生，中共党员，研究生学历，区妇联党组成员、区政府妇儿工委办主任。

卓成燕无论在任何岗位都能兢兢业业、勤政为民、廉洁奉公，除了干好本职工作，她还帮领导出谋划策，为同事排忧解难，把自己的满腔热血无偿地洒在妇女儿童事业上，受到领导和同志们的一致好评，多次被区委、区政府表彰为“三八红旗手”“妇女工作先进个人”“全区综合目标考核先进个人”“优秀公务员”，获市级“巾帼建功标兵”、市级“信息工作先进个人”和江苏省“双学双比”活动先进工作者。2015 年 3 月，被中华全国妇女联合会授予全国巾帼建功标兵荣誉称号。

魏云峰 国家“千人计划”创业人才。男，英国籍，1966 年 4 月生，祖籍宿迁市宿豫区顺河镇。1984 年至 1992 年，魏云峰先后在清华大学电机工程系读完本科和硕士研究生，获工学硕士学位，其后在中国科学院电工研究所担任高级医疗设备中心副主任、副研究员，专门从事医疗设备的研究开发工作。2001 年至 2009 年，魏云峰受邀到英国 genvolt 公司担任总设计师，研发各类高科技产品近 30 项。为回报家乡，2009 年 10 月，魏云峰回到祖籍地领衔创办了宿迁波尔高压电源有限公司，并担任公司总经理。该公司位于宿迁高新区内，是英国真维特公司(genvolt)在华投资的一家高科技企业，主要设计、生产、定做各种规格精密高压电源、大功率高压电源以及各种电源产品。2015 年 3 月，魏云峰入选第十一批国家“千人计划”创业人才，也成为宿迁市引进的首位宿迁籍国家“千人计划”海外高层次人才。2015 年 7 月，在湖北武汉举行的第四批国务院侨办重点华侨华人创业团队授奖仪式上，宿迁波尔高压电源有限公司魏云峰团队被国务院侨办表彰为“国家重点华侨华人创业团队”。

吴新建、吴佳妮 江苏省道德模范。父亲吴新建，1964 年 2 月生，家住宿迁市宿豫区侍岭镇纪宅村五组，务农。早年，吴新建曾做过代课教师；女儿吴佳妮，1999 年 8 月生，出生没多久便遭遗弃，被吴新建抱养，现在宿豫区宿北中学读书。

佳妮五岁患上疾病，16 年的生命里有 8 年时间与病魔相伴。父亲多年来背着养女四处求医，为此失去了工作，错过适婚年龄，没有结婚。佳妮的病刚有起色，吴新建却倒下了。2012 年春节前夕，吴新建因慢性阻塞性肺气肿住进医院。佳妮虽然病情刚愈手脚不便，但仍守护左右，寸步不离。虽然病痛和苦难一直追随这个家庭，但并没有压垮他们，却带给他们超越血缘的父女深情。

2013 年，吴新建被评为宿豫区“文明之星”，吴佳妮被评为“江苏省十大美德少年标兵”。2015 年 9 月，宿豫区吴新建、吴佳妮父女被评为江苏省道德模范。

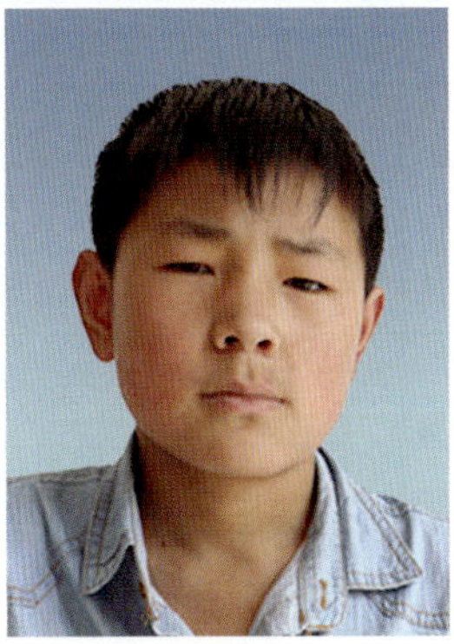

毛新新 第三届江苏省“美德少年”。男，2001 年生，家住宿豫区大兴镇逸奇村八组。共青团员，宿豫区大兴初中学生。毛新新年幼时右手致残，但他身残志更坚，用仅有的一只手创造了属于自己的生命价值。

右手不能用，他就锻炼用左手做一切事情：字写得美观大方，一只手劳动比别人更快、更好，乒乓球高抛发球常常让对手防不胜防……他学习勤奋刻苦，成绩在班级总是名列前茅。生活方面，母亲身患重疾无劳动能力，父亲常年在外务工，毛新新勇挑家庭重担，帮母亲做饭、洗碗、洗衣服，下田除草、喷药……每天都是忙完家务活，才在灯光下看书学习。虽然家庭贫困，但他仍乐于助人、拾金不昧，在路上捡到 100 元钱，他第一时间交给了班主任，一次助学活动中，他把仅有的 50 元压岁钱全部捐出。

2015 年 9 月，毛新新被省文明办、省教育厅、团省委、省妇联、省关工委、新华报业传媒集团、省广电总台等 7 家单位联合授予第三届江苏省“百名美德少年”称号。

·先进集体·

省部级表彰先进集体、荣誉称号

表 99

获奖单位	荣誉称号	授予单位	表彰时间
宿豫区教育局	全国义务教育发展基本均衡区	省政府	2015.6
宿迁市宿豫区大兴中心小学	全国学校体育工作示范学校、	教育部	2015.10
宿迁市宿豫区第一中学	全国青少年校园足球特色学校	教育部	2015.7
宿迁市宿豫区大兴初级中学	全国青少年校园足球特色学校	教育部	2015.7
宿迁市宿豫区大兴中心小学	全国青少年校园足球特色学校	教育部	2015.7
宿迁市宿豫区张家港实验小学	全国青少年校园足球特色学校	教育部	2015.7
宿迁市宿豫区陆集中心学校	全国青少年校园足球特色学校	教育部	2015.7
宿迁市宿豫区曹集中心学校	全国青少年校园足球特色学校	教育部	2015.7
宿迁市宿豫区实验小学	全国青少年校园足球特色学校	教育部	2015.7
宿豫区供销总社	2015 年供销合作社电子商务示范县	中华全国供销合作总社	2015.5
宿豫区地税局	2015 年全国工会职工书屋示范点	中华全国总工会	2015.9
宿豫区地税局	2015 年全国模范职工之家	中华全国总工会	2015.12
大兴镇启宇社区	全国和谐社区建设示范单位	民政部	2015.2
顺河街道司法所	全国先进司法所	司法部	2015.12
林苗圃居委会	全国休闲农业与乡村旅游三星级企业(园区)	农业部、国家旅游局	2015.9
陆集镇人民政府	全国农村基层团建示范乡镇	共青团中央	2016.1
大兴镇启宇社区	优秀社区	民政部	2015.2
大兴中心小学	全国体育示范学校	教育部	2015.6
宿豫烟草分公司	2014 年度全国"安康杯"竞赛优胜单位	中华全国总工会、国家安全生产监督管理总局	2015.4
三台山森林公园	国家 AAAA 级旅游景区	全国旅游景区质量等级评定委员会	2015.12

条线表彰的先进集体

表 100

获奖单位	荣誉称号	授予单位	表彰时间
区委办公室	全省党委信息工作先进单位	省委办公厅	2016.1
区委宣传部	全省"三下乡"先进集体	省委宣传部、省文明办等	2015.1
区社科联	江苏省 2014 年度工作创新奖	省社科联	2015.2

续表 100-1

获奖单位	荣誉称号	授予单位	表彰时间
区委统战部	江苏省统一战线工作先进集体	省委统战部	2015.8
区老干部局	全省老干部工作部门信息工作先进集体	省委老干部局	2015.4
区信访局	2015年度信访工作先进单位	省信访工作联席会议	2016.2
区工商业联合会	江苏省"五好"县(区)工商联	省工商联	2016.8
区人武部	民兵信息工作先进单位	省军区	2016.2
区人武部	安全管理先进单位	省军区	2016.2
区消防中队党支部	先进基层党支部	省消防总队	2015.11
区公安分局交巡警大队	2014年度交通安全宣传先进单位	中华全国妇女联合会省交警大队	2015.4
工公安分局出入境管理大队	省级"巾帼文明岗"	省妇女联合会、省城镇妇女"巾帼建功"活动领导小组	2015.3
化工园区派出所	全省公安机关抗战胜利70周年纪念活动安保工作成绩突出集体	省公安厅	2015.11
卓圩派出所	党风廉政建设成绩突出基层所队	省公安厅纪委	2015.3
区总工会	全省工会新闻宣传工作先进单位	省总宣教部江苏工人报社	2015.9
团区委	2015年度江苏省共青团工作创新创优成果奖三等奖	共青团江苏省委	2016.1
团区委	团属报刊宣传工作先进单位	共青团江苏省委	2015.8
团区委	2014年度少先队工作优秀项目	共青团江苏省委	2015.3
团区委	2014年度全省共青团工作创新创优成果奖二等奖	共青团江苏省委	2015.1
区科协	江苏省科协系统先进集体	省人社厅、省科协	2015.6
张家港宿豫工业园区	全省南北共建园区先进单位	省苏北发展协调小组	2015.9
民丰银行	江苏省AAAAA级农商行	江苏省农村信用社联合社	2015.3
民丰银行	农村合作金融机构监管2C级	中国银行业监督管理委员会	2015.6
区交通运输局	精神文明建设先进集体	省交通运输厅	2015.12
区地税局	法治税务示范基地	省地税局	2015.12
区地税局	2014年度按比例安排残疾人就业工作先进单位	省残工委	2015.3
区地震局	江苏省地震观测资料质量评比水温第二名	省地震局	2015.1
区地震局	江苏省地震观测资料质量评比水位第二名	省地震局	2015.1
宿豫区	江苏省青少年校园足球试点县(市、区)	省教育厅、省体育局	2015.5
区教育局	2014年度全省学生资助工作先进单位	省教育厅、省财政厅	2015.9
区教育局	江苏省第十五届中学生作文大赛优秀组织奖	省教育厅	2015.12
区文广新局	2014年度新闻出版(版权)依法行政先进单位	省新闻出版广电局	2015.2

续表 100－2

获奖单位	荣誉称号	授予单位	表彰时间
区广播电视台新闻中心	巾帼文明岗	省妇联、省城镇妇女“巾帼建功”活动领导小组	2015.3
宿豫区	2015年度江苏省“无小耳朵社区”创建工作先进县(市、区)	省新闻出版广电局	2015.12
宿豫区	2015年度全省“扫黄打非”工作先进地区	省扫黄打非领导小组	2015.12
城管分局	全省住房城乡建设系统工人先锋号	省建设工会工作委员会	2015.5
林苗圃居委会	江苏水美乡村	省水利厅	2015.3
林苗圃居委会	江苏最具魅力乡镇(村庄)	江苏快报	2015.10
林苗圃居委会	全国美丽宜居村庄	国家建设部	2015.7
林苗圃居委会	省级12315消费者维权示范站	省工商局	2015.11
张圩居委会	江苏省和谐社区建设示范社区	省民政厅	2015.3
文昌社区	江苏省和谐社区建设示范社区	省民政厅	2015.3
顺河街道司法所	全省司法行政系统先进集体	省人社厅、省司法厅、省公务员局	2015.1
豫新街道	江苏和谐社区建设示范街道	省民政厅	2015.3
豫新街道锦华社区	江苏省和谐社区建设示范社区	省民政厅	2015.3
豫新街道江山社区	江苏省和谐社区建设示范社区	省民政厅	2015.3
豫新街道庐山社区	江苏省和谐社区建设示范社区	省民政厅	2015.3
来龙镇	2014年度全省基层党员冬训工作示范乡镇	省委组织部、省委宣传部	2015.5
来龙镇	江苏省民主法治示范村	省依法治省领导小组	2015.6
来龙镇	江苏省“一村一品一店”示范村	省农委	2015.10
曹集乡	江苏省农业电子商务示范乡镇	省农委	2015.10
大兴农经站	农村固定观察点先进单位	省农村固定观察点办公室	2015.3
大兴宣传科	基层党员冬训工作先进示范乡镇	省委组织部、省委宣传部	2015.5
大兴初中	校园足球“省长杯”女子组优秀组织奖	省教育厅	2015.7
丁嘴镇	全省农业示范基地——“一村一品一店”示范基地	省农委	2015.10
丁嘴镇	国家农产品地理标志	农业部产品质量安全中心	2015.12
丁嘴镇	江苏省智能农业示范单位	省农委	2015.10
新庄镇朱瓦村	“江苏最美乡村”提名村	省文明办等十个部门	2015.10
区人防办	2015年度县(市区)民防工作先进单位	省民防局	2016.2
宿迁南钢金鑫轧钢有限公司生产准备作业区	江苏省工人先锋号	省总工会	2015.5
区工商联	江苏省‘五好’县(区)工商联	省工商联	2015.5
宿豫国土分局	全省国土资源信访工作先进集体	省国土资源厅	2016.1
宿豫国土分局	2015年度江苏省土地执法模范区	省国土资源厅	2016.4

续表 100－3

获奖单位	荣誉称号	授予单位	表彰时间
宿豫国土分局	江苏省国土资源节约集约利用模范区	省国土资源厅	2016.6
区人力资源和社会保障局	2014年度公共人力资源市场功能建设星级单位(省五星级)	省人社厅	2015.4
区人力资源和社会保障局	2013—2014年度江苏省“青少年维权岗”	共青团江苏省委、省人社厅	2014.12
区人力资源和社会保障局	全省城乡妇女岗位建功先进集体	省妇女联合会	2015.3
三台山森林公园	省级生态旅游示范区	省旅游局、省环厅	2014.11
三台山森林公园	省生态文明教育基地	省林业局、省教育厅	2014.6
嶂山林场防火专业队	江苏省第五届森林消防技能竞赛，集体一等奖	江苏省森林防火指挥部	2014.10

宿迁市委、市政府表彰的先进集体

表 101

获奖单位	荣誉称号	授予单位	表彰时间
区督查室	全市考核工作先进集体	市委、市政府	2016.2
区督查室	全市重大项目推进工作先进单位	市委、市政府	2016.2
区信访局	2015年社会治安综合治理和信访稳定工作先进单位	市委、市政府	2016.2
区纪委、监察局	2015年度重点敏感时期信访稳定工作先进集体	市委、市政府	2016.2
区公安分局法制大队	依法行政示范点	市委、市政府	2015.12
区妇联	十佳社会扶贫先进单位	市委、市政府	2016.1
区委组织部	2014年度宿迁市文明单位	市委、市政府	2015.4
区人民法院	2014年度宿迁市文明单位	市委、市政府	2015.4
区人民检察院	2014年度宿迁市文明单位	市委、市政府	2015.4
区监察局	2014年度宿迁市文明单位	市委、市政府	2015.4
区台办	2014年度宿迁市文明单位	市委、市政府	2015.4
区委老干部局	2014年度宿迁市文明单位	市委、市政府	2015.4
区教育局	2014年度宿迁市文明单位	市委、市政府	2015.4
区公安分局	2014年度宿迁市文明单位	市委、市政府	2015.4
区民政局	2014年度宿迁市文明单位	市委、市政府	2015.4
区司法局	2014年度宿迁市文明单位	市委、市政府	2015.4
区财政局	2014年度宿迁市文明单位	市委、市政府	2015.4
区人社局	2014年度宿迁市文明单位	市委、市政府	2015.4
区住建局	2014年度宿迁市文明单位	市委、市政府	2015.4
区交通运输局	2014年度宿迁市文明单位	市委、市政府	2015.4
区农委	2014年度宿迁市文明单位	市委、市政府	2015.4

续表 101－1

获奖单位	荣誉称号	授予单位	表彰时间
区文广新局	2014 年度宿迁市文明单位	市委、市政府	2015.4
区卫计委	2014 年度宿迁市文明单位	市委、市政府	2015.4
区市场监督管理局	2014 年度宿迁市文明单位	市委、市政府	2015.4
区审计局	2014 年度宿迁市文明单位	市委、市政府	2015.4
区物价局	2014 年度宿迁市文明单位	市委、市政府	2015.4
区信访局	2014 年度宿迁市文明单位	市委、市政府	2015.4
区国税局	2014 年度宿迁市文明单位	市委、市政府	2015.4
区地税局	2014 年度宿迁市文明单位	市委、市政府	2015.4
区国土分局	2014 年度宿迁市文明单位	市委、市政府	2015.4
区烟草专卖局	2014 年度宿迁市文明单位	市委、市政府	2015.4
区城管分局	2014 年度宿迁市文明单位	市委、市政府	2015.4
区总工会	2014 年度宿迁市文明单位	市委、市政府	2015.4
团区委	2014 年度宿迁市文明单位	市委、市政府	2015.4
区妇联	2014 年度宿迁市文明单位	市委、市政府	2015.4
区科协	2014 年度宿迁市文明单位	市委、市政府	2015.4
区广播电视台	2014 年度宿迁市文明单位	市委、市政府	2015.4
区公安消防大队	2014 年度宿迁市文明单位	市委、市政府	2015.4
骆马湖水利管理局宿迁水利枢纽管理局	2014 年度宿迁市文明单位	市委、市政府	2015.4
省浏老涧闸站管理所	2014 年度宿迁市文明单位	市委、市政府	2015.4
省洋河滩闸管理所	2014 年度宿迁市文明单位	市委、市政府	2015.4
区数字化城市管理指挥中心	2014 年度宿迁市文明单位	市委、市政府	2015.4
宿迁高新技术产业开发区管委会	2014 年度宿迁市文明单位	市委、市政府	2015.4
宿迁生态化工科技产业园管委会	2014 年度宿迁市文明单位	市委、市政府	2015.4
区城镇建设开发有限公司	2014 年度宿迁市文明单位	市委、市政府	2015.4
宿迁市砂矿	2014 年度宿迁市文明单位	市委、市政府	2015.4
宿迁枫华丽致酒店有限公司	2014 年度宿迁市文明单位	市委、市政府	2015.4
中国移动宿豫营销中心	2014 年度宿迁市文明单位	市委、市政府	2015.4
工商银行宿豫支行	2014 年度宿迁市文明单位	市委、市政府	2015.4
民丰银行宿豫支行	2014 年度宿迁市文明单位	市委、市政府	2015.4
农业银行宿豫支行	2014 年度宿迁市文明单位	市委、市政府	2015.4
张家港农商行宿豫支行	2014 年度宿迁市文明单位	市委、市政府	2015.4
江苏京东信息技术有限公司	2014 年度宿迁市文明单位	市委、市政府	2015.4
江苏秀强玻璃工艺股份有限公司	2014 年度宿迁市文明单位	市委、市政府	2015.4
江苏省农垦米业集团宿迁有限公司	2014 年度宿迁市文明单位	市委、市政府	2015.4
区公安分局交巡警大队	2014 年度宿迁市文明单位	市委、市政府	2015.4

续表 101-2

获奖单位	荣誉称号	授予单位	表彰时间
区社保服务中心	2014 年度宿迁市文明单位	市委、市政府	2015.4
区人力资源市场	2014 年度宿迁市文明单位	市委、市政府	2015.4
宿迁高新区党政办公室	2014 年度宿迁市文明单位	市委、市政府	2015.4
宿迁高新区政法和社会管理办公室	2014 年度宿迁市文明单位	市委、市政府	2015.4
区豫公安分局卓圩派出所	2014 年度宿迁市文明单位	市委、市政府	2015.4
区市场监督管理局城区分局	2014 年度宿迁市文明单位	市委、市政府	2015.4
新庄镇供电所	2014 年度宿迁市文明单位	市委、市政府	2015.4.16
大兴医院	2014 年度宿迁市文明单位	市委、市政府	2015.4
宿豫张家港实验小学	2014 年度宿迁市文明单位	市委、市政府	2015.4
区第一实验小学	2014 年度宿迁市文明单位	市委、市政府	2015.4
区实验小学	2014 年度宿迁市文明单位	市委、市政府	2015.4
区第一初级中学	2014 年度宿迁市文明单位	市委、市政府	2015.4
大兴中心小学	2014 年度宿迁市文明单位	市委、市政府	2015.4
来龙镇财政所	2014 年度宿迁市文明单位	市委、市政府	2015.4
关庙镇计生服务中心	2014 年度宿迁市文明单位	市委、市政府	2015.4
顺河国土资源所	2014 年度宿迁市文明单位	市委、市政府	2015.4
豫新街道雨露社区	2014 年度宿迁市文明社区	市委、市政府	2015.4
豫新街道豫苑社区	2014 年度宿迁市文明社区	市委、市政府	2015.4
豫新街道中通社区	2014 年度宿迁市文明社区	市委、市政府	2015.4
豫新街道江山社区	2014 年度宿迁市文明社区	市委、市政府	2015.4
豫新街道庐山社区	2014 年度宿迁市文明社区	市委、市政府	2015.4
豫新街道天一社区	2014 年度宿迁市文明社区	市委、市政府	2015.4
豫新街道锦华社区	2014 年度宿迁市文明社区	市委、市政府	2015.4
豫新街道顺河社区	2014 年度宿迁市文明社区	市委、市政府	2015.4
顺河街道文昌社区	2014 年度宿迁市文明社区	市委、市政府	2015.4
区旅游局	旅游项目建设先进单位	市委、市政府	2015.6
区卫计委	2014 年度人口和计划生育工作先进单位	市委、市政府	2015.5
宿豫区	2014 年度人口和计划生育工作先进奖	市委、市政府	2015.5
区教育局	普通高中教育质量贡献奖	市政府	2015.9
区教育局	高考对口升学质量贡献奖	市政府	2015.9
区技师学院	技能大赛省赛金牌奖	市政府	2015.9
区住建局	新型城镇化建设工作	市委、市政府	2016.2
顺河街道	2011—2014 年平安宿迁法治宿迁建设先进集体	市委、市政府	2015.2
豫新街道	宿迁市统一战线先进集体	市委	2015.9

续表 101-3

获奖单位	荣誉称号	授予单位	表彰时间
来龙镇	2014 年度平安宿迁建设先进集体	市委、市政府	2015.2
陆集镇人民政府	计划生育先进乡镇	市委、市政府	2015.5
陆集镇人民政府	宿迁市信访工作先进单位	市委、市政府	2015.2
大兴镇综治办	平安宿迁建设先进单位	市委、市政府	2015.2
新庄镇人民政府	2014 年度信访工作先进集体	市委、市政府	2015.2
宿豫国土分局	国土资源节约集约利用工作先进单位	市委、市政府	2016.2

·先进个人·

宿迁市委、市政府表彰的先进个人

表 102

姓　名	单　位(职务)	表彰称号	表彰单位	表彰时间
闫　鸣	区督查室	全市效能建设先进个人	市委、市政府	2016.2
王立新	区委统战部	宿迁市统一战线先进工作者	市委	2015.9
程红梅	区委统战部	宿迁市统一战线先进工作者	市委	2015.9
孙宗亚	区信访局	2015 年市信访工作先进个人	市委、市政府	2016.2
钱　刚	区纪委监察局	2015 年宿迁市劳动模范	市政府	2015.4
钱　刚	区纪委监察局	“群众身边好党员”	市委	2015.6
胡海平	区消防泰山路中队	三等功	市政府	2015.4
田伊文	区消防泰山路中队	嘉奖	市政府	2015.4
张春雷	区财政局	全市招商引资工作先进个人	市委、市政府	2015.2
丁义军	区卫计委	2014 年度人口和计划生育先进工作者	市委、市政府	2015.5
吴元良	区计生监察大队	2014 年度人口和计划生育先进工作者	市委、市政府	2015.5
钟宝林	宿豫现代农业产业园	宿迁市劳动模范称号	市政府	2015.5
吴本松	宿迁格林手套有限公司	宿迁市劳动模范称号	市政府	2015.5
汪世龙	京东信息技术有限公司人力部部长	宿迁市劳动模范称号	市政府	2015.5
解宿玲	江苏宇光电源科技有限公司财务副总	宿迁市劳动模范称号	市政府	2015.5
姜贵友	禾友化工有限公司生产科长	宿迁市劳动模范称号	市政府	2015.5
赵　华	江景宏新材料科技有限公司	宿迁市劳动模范称号	市政府	2015.5
叶敬玲	宿迁杰科化学有限公司	宿迁市劳动模范称号	市政府	2015.5
陈　彬	江苏益客食品有限公司	宿迁市劳动模范称号	市政府	2015.5
张德强	春绿粮油有限公司董事长	宿迁市劳动模范称号	市政府	2015.5
胡　越	中节能(宿迁)生物质能发电有限公司董事长	宿迁市劳动模范称号	市政府	2015.5

续表 102－1

姓　名	单　位(职务)	表彰称号	表彰单位	表彰时间
周咸材	宿迁市衡寰纺织涂塑有限公司总经理	宿迁市劳动模范称号	市政府	2015.5
张文泉	江苏澳鑫科技发展有限公司副总经理	宿迁市劳动模范称号	市政府	2015.5
邹以江	区依江水产养殖专业合作社	宿迁市劳动模范称号	市政府	2015.5
张学志	宿豫区来龙镇学志农机专业合作社社长	宿迁市劳动模范称号	市政府	2015.5
刘成建	宿豫区松林农机专业合作社社长	宿迁市劳动模范称号	市政府	2015.5
叶文豹	区仰化镇新桥村卫生室主任	宿迁市劳动模范称号	市政府	2015.5
王余娟	陆集镇虎山村支部书记	宿迁市劳动模范称号	市政府	2015.5
王　曼	侍岭镇大墩居委会书记助理	宿迁市劳动模范称号	市政府	2015.5
吴体恩	宿迁市亲耕田农业专业合作社技术员	宿迁市劳动模范称号	市政府	2015.5
钱　刚	区纪委副书记、监察局局长	宿迁市劳动模范称号	市政府	2015.5
王慧珠	市国土资源局宿豫分局局长	宿迁市劳动模范称号	市政府	2015.5
吴建民	区财政局副局长	宿迁市劳动模范称号	市政府	2015.5
高恩奎	宿迁技师学院教师	宿迁市劳动模范称号	市政府	2015.5
池永超	区委组织部人才科长	宿迁市劳动模范称号	市政府	2015.5
周西永	区检察院科长	宿迁市劳动模范称号	市政府	2015.5
高　翔	区第一实验小学书记、校长	宿迁市劳动模范称号	市政府	2015.5
丁大咏	区广播电视台主任	宿迁市劳动模范称号	市政府	2015.5
陆　振	豫新街道	宿迁市实施基层党建“书记项目”先进个人	市委组织部	2016.2
陈先扬	豫新街道	宿迁市“支部＋电商”党建富民工作先进个人	市委组织部	2016.2

条线表彰的先进个人

表 103

姓　名	单　位	表彰称号	表彰单位	表彰时间
王　鹏	区委办	全省党委信息工作先进个人	省委办公厅	2016.1
李明山	区保密局	全省机要系统“三等功”	省机要局	2016.2
高美红	区委统战部	江苏省优秀统战干部	省委统战部	2015.8
胡海平	区消防泰山路中队	二等功	省公安厅	2015.5
胡海平	区消防泰山路中队	优秀共产党员	省消防总队	2015.11
高　辉	区公安分局	2015 年度空军招收飞行学员政治考核工作先进个人	南京军区空军政治部、省公安厅	2015.1
施昌德	区公安分局交警大队	个人二等功	省公安厅	2015.1
丁　一	卓圩派出所	个人二等功	省公安厅	2015.12

续表 103

姓　名	单　位	表彰称号	表彰单位	表彰时间
陈作猛	大兴派出所	个人二等功	省公安厅	2015.5
陈作猛	大兴派出所	江苏好人	省文明办	2015.5
刘书戎	区妇联	敬业奉献奖	省妇联、省儿基会	2015.5
陈　博	团区委	江苏省优秀共青团干部	共青团江苏省委	2015.5
郭万君	团区委	省预防青少年违法犯罪工作先进个人	省综治委	2015.4
蔡　妍	团区委	江苏省团队系统宣传工作先进个人	共青团江苏省委	2015.7
申淑萍	化工园区	社区矫正先进个人	省司法厅	2015.1
何加利	区商务局	2015 年度全省粮食行业安全生产工作先进个人	省粮食局	2016.1
王章男	民丰银行	江苏省优秀共青团员	共青团江苏省委	2015.4
丁海军	区地税局	2014 年度省局稽查局重点税源企业稽查优秀检查先进个人	省地税局	2015.3
周生学	区地税局	2014 年度按比例安排残疾人就业工作先进个人	省残工委	2015.3
蒋　霏	区文化馆	江苏省文化科技卫生“三下乡”先进个人	省委宣传部、省文化厅等	2015.12
唐德民	区人防办	全省“六五”普法先进个人	省民防局	2015.12
唐德民	区人防办	江苏省民防宣传工作先进个人	省民防局	2015.4
邱绍虎	江苏省宿迁市方圆机械有限公司	省五一劳动奖章	江苏省总工会	2015.5
罗晖乾	区科协主席	江苏省科协系统先进集体	省科协	2015.6

· 表彰决定 ·

中共宿豫区委　宿豫区人民政府
关于 2015 年度目标管理工作的奖惩决定

2015 年，在市委、市政府的正确领导下，全区上下扎实做好稳增长、促改革、调结构、惠民生各项工作，经济社会保持了平稳较快发展的良好势头。为鼓励先进，激励后进，根据《宿豫区 2015 年度目标综合考评办法》(宿豫办发〔2015〕47 号)等文件精神和目标考评结果，经研究，决定对 2015 年度全区目标管理工作成绩突出的单位和个人予以表彰，对成绩较差的单位予以通报批评，并对少数单位实行后位重管。

一、表彰与奖励

(一) 综合先进奖

1. 乡镇(街道)(6 个)

(1) 授予关庙镇“目标综合考评一等奖”。

(2) 授予来龙镇、大兴镇“目标综合考评二等奖”。

(3) 授予曹集乡、顺河街道、新庄镇“目标综合考评三等奖”。

对获得综合先进奖的乡镇(街道)各颁发奖

匾一块，分别按有关标准予以奖励，并按22%的比例评选优秀公务员。

2. 园区、区直单位（19个）

宿迁电子商务产业园区、宿迁高新区、宿迁生态化工科技产业园、区人社局、区农委、区民政局、区国税局、区住建局、区农开局、区交通运输局、区地税局、区卫计委、区经信局、区市场监管局、区教育局、区水利局、区财政局、区国土分局、区信访局

上述获奖单位各颁发奖匾一块，分别按有关标准予以奖励，并按18%的比例评选优秀公务员。

区委办、区人大办、区政府办、区政协办、区纪委（监察局）、区委组织部、区委宣传部、区委政法委（综治办）、区公安分局、区法院、区检察院、区委区政府督查室等12家单位不参与评比表彰，奖励及优秀公务员评选比例享受综合先进单位同等待遇。

（二）目标完成奖

1. 乡镇（街道）（4个）

豫新街道、丁嘴镇、保安乡、仰化镇

上述获奖乡镇（街道），按有关标准予以奖励，并按18%的比例评选优秀公务员。

2. 园区、区直单位（37个）

张家港宿豫工业园区、宿豫现代农业产业园、区总工会、区统计局、区文广新局、区科协、区商务局、区科技局、区妇联、区城管分局、区旅游局、区环保局、区农机局、区规划分局、区物价局、区发改局、团区委、区广播电视台、区编办、区安监局、区供销总社、区委统战部、区政管办、区委老干部局、区招商服务局、区审计局、区委党校、区烟草局、区司法局、区工商联、区残联、区委党史工委、区台办、区级机关工委、区档案局、区数字化城市管理指挥中心、宿迁技师学院

上述获奖单位，分别按有关标准予以奖励，并按15%的比例评选优秀公务员。

（三）单项奖

1. 特别贡献奖（3个）

宿迁电子商务产业园区、区公安分局、区创业办（区“一村一品一店”办公室）

2. 特色发展先进乡镇奖（4个）

丁嘴镇、大兴镇、新庄镇、陆集镇

3. 重大事项及重点工程建设先进单位（11个）

区住建局、宿迁高新区、宿迁生态化工科技产业园、区水利局、区交通运输局、关庙镇、曹集乡、宿迁电子商务产业园区、区重大项目办、宿迁市中医院、区征收办

4. 城乡经济发展优质服务奖（19个）

区政府办、区城管分局、区人才办、区委区政府督查室、区环保局、区经信局、区纠风办、豫新街道、区创文办、区接待办、区妇联、区文广新局、区商务局、区科协、区特色镇村办、区综治办、区农委、区金融办、区电子政务办

5. 重点目标争先进位奖（4个）

张家港宿豫工业园区、区委办、区财政局、宿迁技师学院

6. 改革创新奖（9个）

区委党建办、区水利局、区市场监管局、区国税局、区改革办、区纪委第三工作室、区人大办、区政协办、区编办

对上述获得单项奖的单位各颁发奖匾一块，并按有关标准予以奖励。

秸秆禁烧、社会治安综合治理及信访稳定、机关作风建设提升年活动、党的建设、网络创业（“一村一品一店”）、大气污染防治及生态建设、城乡环境综合整治、乡镇共建工业集中区建设、政务大厅窗口人员岗位目标考核、国有平台公司目标考核等工作，按照原考核办法列入全区2015年度目标考核，报区政府审批后兑现。

各乡镇（街道）、园区在全区年度综合考评基础上，参照本《决定》自行制定考核奖惩办法，报区政府审批后兑现，奖金由各自财政支付。考核项目三项，分别为年度岗位目标考评、招商引资工作考核、机关效能和政行风评议。陆集镇和下相街道奖金发放由宿迁高新区考核后安排。

（四）先进个人（145名）

1. 乡镇（街道）（16名）

周玲玲（关庙镇）、沈永孝（关庙镇）、王化文

(来龙镇)、刘海(来龙镇)、王进(大兴镇)、王春(大兴镇)、袁雪(曹集乡)、张晓明(曹集乡)、章延敬(顺河街道)、高行科(顺河街道)、闵艳(新庄镇)、朱军(新庄镇)、曹虎(丁嘴镇)、彭敏(保安乡)、周成勇(仰化镇)、刘晓燕(豫新街道)

2. 区直单位(120名)

张瑞(区委办)、韩啸(区委办)、郝景延(区人大办)、王景(区人大办)、李波(区政府办)、李柏(区政府办)、闫景柏(区政协办)、鲍建农(区政协办)、殷亮(区纪委)、周永科(区纪委)、池永超(区委组织部)、蒋宁(区委组织部)、何可(区委宣传部)、赵丹丹(区委宣传部)、蒋家奎(区委政法委)、徐勇(区委政法委)、丁方强(区委区政府督查室)、汪庆同(区委区政府督查室)、高美红(区委统战部)、张元元(区级机关工委)、李娜(区人社局)、戴竞峰(区人社局)、刘莉(区台办)、王亚莉(区编办)、叶琴(区委老干部局)、陈勇(区信访局)、郑尊武(区信访局)、吴慧玲(区档案局)、韩朝晖(区委党史工委)、李强(区总工会)、周爱红(区妇联)、郭万君(团区委)、罗晖乾(区科协)、王辉(区工商联)、马军(区委党校)、曹庆颜(区教育局)、徐遵喜(区教育局)、张明敏(区文广新局)、石盈(区卫计委)、钱莉莉(区卫计委)、张海明(区广播电视台)、谷孝庭(区公安分局)、陈海玲(区公安分局)、张言伟(区法院)、周业斌(区法院)、朱建华(区检察院)、苏伟(区检察院)、嵇光前(区司法局)、苏斯洲(区民政局)、闫庄(区民政局)、张强(区残联)、卓勇(区发改局)、李耀(区物价局)、温冠军(区住建局)、徐三华(区住建局)、朱海艳(区城管分局)、林云久(区规划分局)、卜启元(区科技局)、邓全(区环保局)、张恩辉(区统计局)、王伟娣(区旅游局)、马彦(区经信局)、赵慧(区经信局)、张越(区安监局)、马昌状(区交通运输局)、仲霞(区交通运输局)、杜利强(区市场监管局)、王灵芝(区市场监管局)、周业齐(区财政局)、张春雷(区财政局)、岑军(区审计局)、姜建明(区国税局)、朱店忠(区国税局)、周生学(区地税局)、韩兵(区地税局)、李晓薇(区商务局)、姚遵喜(区供销总社)、严海军(区烟草局)、何光余(区农委)、邹玲玲(区农委)、张立峰(区水利局)、力辉(区水利局)、倪亚军(区国土分局)、王玉强(区国土分局)、吴东(区农开局)、王东升(区农开局)、张金栋(区农机局)、孙晓勇(区政管办)、蒋广辉(区招商服务局)、南黎明(区目标办)、陈谨慎(区金融办)、焦媛媛(区数字化城市管理指挥中心)、王岩(区车管中心)、徐玮(区软建办)、余建波(宿迁技师学院)、陈敏(区挂钩办)、马骥(区镇村办)、陈曙(区文明办)、张磊(区电子政务办)、李如敏(区接待办)、丁冬亮(区绩效办)、朱春相(区征收办)、李大愈(区机关作风建设提升年活动办公室)、林松(区“三严三实”专题教育工作办公室)、曹原(区“三严三实”专题教育工作办公室)、陆裕军(区三服务三促进办公室)、张莉(区推动工业企业发展办)、殷朝霞(区创业办)、朱江(区创业办)、毕传兵(区民意访评中心)、程琳(区纠风办)、朱文绢(区“一村一品一店”办公室)、纪东海(宿迁电子商务产业园区)、陆逊(宿迁电子商务产业园区)、林化振(宿迁高新技术产业开发区)、张强益(宿迁高新技术产业开发区)、杜辉(宿迁生态化工科技产业园)、朱安军(宿迁生态化工科技产业园)、李劲柏(张家港宿豫工业园)、王保君(宿豫农业产业园)

3. 重点工程建设先进个人(9名)

倪伟凯(区住建局)、倪棋静(宿迁高新区)、倪周(宿迁生态化工科技产业园)、高翠平(区水利局)、杨勇(区交通运输局)、张倩(关庙镇)、袁珍宝(曹集乡)、张环(区委区政府督查室)、郝康永(区重大项目办)

对上述先进个人,各颁发荣誉证书一本,按照有关标准予以奖励。

二、批评与处罚

(一)对乡镇(街道)年度岗位责任目标综合考评排名末位的侍岭镇予以通报批评,并列入2016年度目标综合考评后位重管,目标完成奖扣除30%发放,并按15%的比例评选优秀公务员。

(二)对区直单位年度绩效综合考评排名末位的区农工办予以通报批评,并列入2016年度绩效综合考评后位重管,目标完成奖扣除

30%发放,并按10%的比例评选优秀公务员。

(三)对招商引资考核处于后位的下相街道,按《2015年全区招商引资工作考核奖惩办法》(宿豫招商组〔2015〕3号)文件规定,对党工委书记实行2016年度岗位代理,当年不得推荐、提拔干部。

(四)对平安创建工作落后的丁嘴镇予以通报批评,并列入2016年度平安创建工作后位重管,负责平安创建工作人员目标完成奖扣除30%发放。

(五)对机关效能和政(行)风评议处于末位的区农工办予以通报批评,并列入2016年度机关效能和政(行)风评议工作后位重管。

在新的一年里,希望受表彰的单位和个人再接再厉,再创佳绩,受通报批评的单位努力拼搏,奋力赶超。各乡镇、各部门、各单位要以更加饱满的热情、更加高昂的斗志,主动担当、积极作为,确保全面完成2016年各项目标任务,为建设"强富美高"新宿豫作出新的更大贡献。

(2016年2月15日,宿豫委〔2016〕25号)

中共宿豫区委　宿豫区人民政府
关于对2015年度招商引资工作先进单位、先进个人和工业竣工投产项目奖励的决定

2015年,全区上下紧紧围绕区委、区政府确定的"1231"总量目标和"五率"领先质量目标,咬定全年招商引资工作目标任务,坚持产业招商、园区招商、专业招商,不断优化招商思路,积极创新招商方式,主动开展多形式的招商推介活动,招商引资工作取得了一定的成效。

为表彰先进,进一步凝聚招商合力,激发全区广大干部职工招商引资的积极性,不断提高招商引资工作水平,推动全区招商引资工作持续深入开展,根据《2015年全区招商引资工作实绩考核奖惩办法》(宿豫招商组〔2015〕3号),决定对2015年度在全区招商引资工作中取得突出成绩的宿迁电子商务产业园区等17家单位和李昂等31人予以表彰。同时兑现项目奖,项目奖励资金主要用于奖励招商有功人员。

希望受到表彰的先进单位和先进个人要谦虚谨慎、戒骄戒躁、再接再厉、再创辉煌。各乡镇、各部门、各单位要以先进为榜样,积极谋划,主动参与,不断创新招商思路,全力做好项目帮办服务工作,力争在新的一年里取得更好的招商成绩,为加快推进全区转型发展、绿色发展、创新发展和建设"强富美高"新宿豫作出积极贡献!

附件:1. 2015年度全区招商引资工作先进单位和先进个人名单

2. 2015年度全区招商引资工业竣工投产项目奖励明细表

附件1

2015年度全区招商引资工作先进单位和先进个人名单

一、招商引资工作先进单位(12个)

一等奖:宿迁电子商务产业园区、区委办、关庙镇

二等奖:区政府办、区人大办、区纪委、宿迁生态化工科技产业园

三等奖:区政协办、区经信局、区交通运输局、区地税局、区农开局

各颁发奖匾一块。(一等奖奖金8万元,二等奖奖金5万元,三等奖奖金3万元。)

二、招商引资工作完成奖(5个)

大兴镇、保安乡、豫新街道、区商务局、区招商服务局

各颁发奖金1万元。

三、招商引资工作先进个人(31人)

李昂(区委办)、籍新元(区人大办)、杨阳(区政府办)、胡文成(区政协办)、刘宏军(电商

产业园)、伏广宇(电商产业园)、吕朝勇(化工园区)、李敬才(高新区)、纪东海(区物价局)、马彦(区经信局)、韩华建(区商务局)、蔡绍武(区发改局)、张春雷(区财政局)、蒋广辉(区招商服务局)、高文博(区委组织部)、邓爱银(区委宣传部)、蔡坡(区纪委)、朱晓慧(区环保局)、刘书戎(区妇联)、朱德勇(区交通运输局)、孙成林(区地税局)、刘冬山(区农开局)、鲍新洲(关庙镇)、丁必江(来龙镇)、戚艳红(大兴镇)、李先锋(豫新街道)、戚磊(陆集镇)、杨宇(丁嘴镇)、靳宏灯(曹集乡)、郭浩(仰化镇)、潘红海(侍岭镇)

各颁发荣誉证书一本,奖金2000元。

附件2

2015年度宿豫区招商引资工业竣工投产项目奖励情况

表104

序号	项目名称	项目类型	引资单位	奖励金额(万元)
1	江苏喆尔森实业有限公司	竣工投产	宿迁高新区、区委办、区人大办	11
2	江苏福友化肥催化净化环保材料有限公司		化工园区、区人大办	6
3	亿利洁能科技(宿迁)有限公司		区政府办	4
4	江苏宏坤篷布有限公司		区交通运输局	3
5	宿迁正辉太阳能电力有限公司		关庙镇	3
6	江苏国邦石油化工有限公司		区纪委	3
7	宿迁沂醇生物科技有限公司		化工园区	2
8	宿迁威生金属电镀项目		化工园区	2
9	宿迁澳中玻璃有限公司		区经信局	2
10	宿迁市三鹏工艺处理有限公司		区政协办	2
11	宿迁联众包装有限公司		区财政局	2
12	宿迁淮海电工材料有限公司		豫新街道	2
13	宿迁兴塘河光伏发电有限公司		大兴镇、区市场监管局	2
14	宿迁市宝祥重工有限公司		区科技局	1.6
15	宿迁市万佳美工贸有限公司		保安乡	1.3
16	宿迁久巨环保科技有限公司		区商务局	1.3
17	宿迁市盈科新材料有限公司		区招商服务局	1.2
18	江苏优美特塑胶制品有限公司		区委办	1.2
19	江苏大良造工贸有限公司		区发改局	1
20	宿迁市天辰玻璃有限公司		区环保局	1
21	江苏优琪宠物用品有限公司		区招商服务局	0.9
22	宿迁市金楚喷涂设备有限公司		曹集乡	0.7
23	宿迁天工纸制品有限公司		区妇联	0.7
24	宿迁市华瑞模具有限公司		区商务局	0.6
25	宿迁市捷胜机电设备有限公司		关庙镇	0.6
合计		—	—	56.1

(2016年2月15日,宿豫委〔2016〕28号)

·工作报告·

收拢五指抓重点　集中力量创特色
全力打赢“十三五”开局之战

——2016年1月8日在中共宿豫区第十一次代表大会第六次会议暨区委十一届七次全体(扩大)会议上的报告

张晓伟

同志们:

这次会议是在两个五年承上启下关键时期召开的一次十分重要的会议,主要任务是深入学习贯彻中央、省、市有关会议精神,审议《中共宿豫区委关于制定宿豫区国民经济和社会发展第十三个五年规划的建议》,总结收官之年工作,部署开局之年任务,动员全区上下坚定信心、铆足干劲,主动担当、积极作为,为全面建成小康社会而奋力拼搏。

刚刚过去的一年,面对复杂的宏观经济形势和艰巨繁重的发展任务,在市委、市政府的坚强领导下,我们紧紧围绕“1231”总量目标和“五率领先”质量目标,坚持“集约集聚特色”发展,团结带领全区干群,凝神聚力谋发展,攻坚克难抓推进,圆满完成了既定的各项目标任务。

突出第一要务,着力落实“三抓三促”,实现了经济社会全面发展。经济运行稳中有进,预计地区生产总值增长9.9%,固定资产投资增长20.5%,全社会消费品零售总额增长10.3%,一般公共预算收入增长13.1%,主要经济指标继续保持较快增长;地区生产总值、一般公共预算收入、全社会消费品零售总额等指标增幅和税收占比位居全市前列。结构调整稳中向好,二、三产业占比达到89.1%,比2014年底提高了0.2个百分点;“2+1”产业销售增长14.7%,占规模以上工业的38.2%,提高了3.2个百分点;高新技术产业产值占比提高0.4个百分点。民生水平稳中有升,连续5年实现民生投入增幅高于一般公共预算支出增幅,民生占比达75.5%;年初排定的20项为民办实事项目全部完成;城乡居民人均收入增长10%左右。

主动作为担当,着力突破思维定势,增强了引领新常态的能力。立足于新常态“速度变化、结构优化、动力转换”的基本特征,我们既奋勇争先又保持发展定力,既做到适应新常态又力求引领新常态,既主动作为、发挥政府引导作用,又创新思路、发挥市场配置作用,全力破解难题,牢牢把握发展的主动权。全面深化改革,在全省率先探索建立了工业项目产权登记“并联+串联”审批制度,在全市第一家发放了“三证合一”营业执照,农业水价综合改革试点工作在全国80个试点县区中排名前列，央视《经济半小时》栏目进行了专题报道。积极防范实体经济运营风险，针对企业出现的市场缩减、互联互保等问题，我们深入开展“三服务三促进”活动，推动各级领导到一线帮助企业解决实际困难；组建了3亿元的邦丰担保机构，增强为企业融资服务能力；成立防范和化解企业信贷风险领导机构，集中力量化解企业互联互保问题，取得了较好的效果，保持了实体经济的良性运行。精准把握政策机遇，在国家提出“互联网＋”行动计划之前，我们敏锐地预测到互联网未来发展趋势，按照市委提出的要求，迅速启动电商产业园区规划建设，加大各类项目招引力度，加快推进基础设施配套，赢得了发展先机，正是提前了5个月的时间，我们在政策争取、要素保障、项目招引等方面，创造了优势，掌握了主动，电商产业园区仅用一年多时间，先后创成省级电子商务示范园区、国家级电子商务示范基地，引进电商企业108家，完成一般公共预算收入3.4亿元；京东“中国特产·宿迁馆”上线运营，已入驻企业107家，上线销售产品3360个，全年线上交易额超过5000万元。增强依法办事能力，坚持把干部树立法治思维，增强法治能力作为促进发展的重要方面，以开展“三严三实”专题教育、做好省委巡视组反馈意见整改落实、举办宿豫大讲堂等为抓手，通过问题整改、教育培训等方式，强化干部法治自觉，提高依法办事能力。

立足宿豫实际，着力放大自身优势，彰显了发展特色和亮点。认真贯彻落实市委市政府提出的“十个方面创特色”的工作要求，紧密结合宿豫实际，集聚资源要素，集中工作力量，放大自身优势，发展特色和亮点不断凸显。在工业经济方面，“511”工程硕果累累，实施千万元以上技改项目54个，累计完成投资21.6亿元，全市技术改造现场推进会在我区召开；新增销售超10亿元企业5家，广博集团首次突破20亿元；完成股份制改造4家，上市报会2家，挂牌1家；科技创新能力不断增强，新增省重点企业研发机构1个、省研究生工作站5个、省级企业技术中心2个，自主申报人选魏云峰入选国家“千人计划”，实现了宿迁零的突破，魏云峰团队还被表彰为国家重点华侨华人创业团队；我区被认定为省玻璃制品出口基地，是全市唯一省级出口基地，秀强股份、苏华达新材料、德威玻璃纤维等6家企业被认定为基地骨干企业。在城市建设方面，大力实施“城区绿化提升三年行动计划”，全力推进“两场一街一中心”建设，千鸟园广场改造提升工程顺利完成，新珠江路农贸市场投入使用，城市环境面貌明显提升、服务功能不断完善，宿豫现代农业产业园创成“江苏省四星级乡村旅游点”，六塘河风景区被评为国家水利风景区，顺利通过中国人居环境奖城市、省级文明城市验收考核。在农业农村方面，在全市率先启动“一村一品一店”建设，相关做法被央视、人民日报等多家主流媒体宣传报道，我区被京东集团确定为京东农村电商全国首个示范县区，被评为苏北地区唯一的“全国电子商务示范县区”；乡镇共建工业集中区建设扎实推进，投资强度、容积率分别超过了300万元和1.0，相关做法被省委研究室撰文推广；现代农业“1＋X”产业体系建设加快推进，“丁嘴金菜”获国家级农产品地理标志认证，农业基本现代化建设晋升到全省第二区间。

坚持问题导向，着力办好民生实事，促进了发展成果全民共享。牢固确立民生优先的理念，始终突出问题导向，围绕“医教水住行娱”方面的群众诉求，采取有针对性的措施，加大投入，切实为群众办实事办好事，让全区居民共享改革发展成果。针对农村饮水安全问题，实施了区域供水“通村达户”工程，区域供水一体化主管网实现全覆盖，城东水厂完成总投资的45％，今年6月投入运营；针对群众就医不便问题，加快推进宿迁第三医院住院大楼、珠江医院综合服务楼建设，新建标准化村卫生室25个、社区卫生服务站8个，实现了以村、社区为单位的基本药物制度城乡全覆盖；针对教育资源不均衡问题，不断优化城区教育布局，促进城乡师资队伍交流，均衡配置教育资源，创成全国“义务教育发展基本均衡区”；针对弱势群体帮扶问题，率先在全省建立了“一门受理、协同办理”社会救助机制，被确定为全国“救急难”综合试点单位。着力推进农村低保与扶贫开发两项制度有效衔接，实现应保尽保、应扶尽扶，4000元以下低收入人口如期脱贫，省定经济薄弱村全部实现新“八有”。

注重从严治党，着力优化工作举措，提升了党的建设科学化水平。把党要管党、从严治党融入经济社会发展大局，牢固树立抓党建就是抓生产力的理念，针对问题优化工作机制，创新推进举措，做到经济发展靠党建保障，发展环境从党建抓起，基层治理从党建破题。扎实推进“基层党建责任落实年”活动，深入实施“书记项目”，市区“书记项目”全面完成，有效解决了基层党建中的一批突出问题。建立村级专职党务干部制度，创新实施“支部＋电商”党建富民新模式，增强了基层党组织的带富能力，全市“支部＋电商”党建富民工作现场会在我区召开。创新“6＋1”结对帮扶机制，完成15个软弱涣散党组织整顿，建成19个村级党群服务中心，村级阵地全面达标，服务功能不断完善。全面推行“四务公开”，建立每月20日基层党组织“统一活动日”制度，组织开展现场质询活动，党群干群关系更加密切。制定出台“6＋1＋6”干部工作系列文件，进一步提高干部工作的科学化、规范化水平。深入开展“机关作风建设提升年”活动，促进了党员干部作风明显转变。认真贯彻新修订的《廉洁自律准则》《纪律处分条例》，制定出台“两个责任”检查考核办法、责任追究办法、“一案双查”办法，加强廉政巡查，实现了“两个责任”落实的常态化和制度化；坚持有案必查、有腐必反，共办理信访举报268件，新立案158件，查处科级以上干部11人，移送司法机关11人。

2015年是“十二五”规划的最后一年。回顾“十二五”期间的发展，五年来，我们面对复杂多变的宏观形势，统筹推进稳增长、促改革、调结构、惠民生、防风险等各项工作，全区呈现出经济平稳增长、民生持续改善、社会和谐稳定的良好局面，地区生产总值、一般公共预算收入分别是五年前的1.5倍、2.4倍；城镇居民人均可支配收入、农村居民人均可支配收入分别增长了75.8％、85.4％；三次产业结构由15.4∶59.1∶25.5调整为10.9∶61.5∶27.6，城镇化率比“十一五”末提高了6.2个百分点，顺利完成了“十二五”规划确定的各项目标任务，实现了“十二五”的圆满收官。应该说，在经济下行压力不断加大的情况下，这些成绩来之不易，这是全区上下共同努力的结果。在此，我代表区委区政府，向所有为宿豫经济社会发展作出贡献的广大干部群众、社会各界朋友，表示衷心的感谢和崇高的敬意！

在总结成绩的同时，我们也要清醒地认识到经济社会发展中存在的突出问题，如，经济总量不大、结构不优；园区产业质态不高、实力不强；部分企业生产经营困难，运行风险加大；乡镇发展后劲不足，民生保障压力增加；少数干部抓贯彻抓落实的意识不强、办法不多、怕苦畏难，部分单位中层梗阻、慵懒散漫等问题还不同程度地存在，等等。针对这些问题，大家必须高度重视，采取有效措施，认真加以解决。

以上问题的存在，既有内部条件的限制，也有外部环境的挑战，因此，我们必须要对形势有全面的把握和准确的判断。前不久，中央和省、市相继召开经济工作会议，对今年的发展形势作了深入分析和科学判断，从国家顶层设计看，经过一段时间的调整，虽然经济减速还没触底，下行压力较大，但我国经济发展的基本面仍然向好。中央经济工作会议将今年确定为推进结构性改革的攻坚之年，提出在适度扩大总需求的同时，重点推进供给侧结构性改革，实施宏观政策要稳、产业政策要准、微观政策要活、改革政策要实、社会政策要托底相互配合的五大政策支柱，去产能、去库存、去杠杆、降成本、补短板。在此推动下，中央将会在财税、金融、社保、市场监管等领域打出改革“组合拳”，释放更多红利，引导资源要素流向新兴产业和实体经济，加快经济发展新动能培育，整体经济发展的结构将更加合理，韧性、活力将进一步增强。从省里经济工作思路看，在前不久召开的全省经济工作会议上,省里明确提出,要采取有力措施加快建设沿东陇海线经济带,扎实推动淮海经济区规划建设,抓好苏北快速铁路网、区域供水等一批重点项目,在南北挂钩、四项转移、共建园区等方面取得新成效。种种迹象表明,省里支持苏北发展的力度越来越大,措施越来越实。同时,为策应供给侧改革要求,省里还将在支持实体经济、互联网经济、现代农业经济发展以及创新企业融资担保方式、降低生产成本等诸多方面,拿出实招、硬招,切实为经济发展注入更多的活水。从宿迁整体发展态势看,"十二五"期间,我市地区生产总值、一般公共预算收入、固定资产投资等主要经济指标年均增长均高于全省、快于周边,这表明我市已经成为全省发展速度较快的经济体之一,集聚资源、富集要素的能力不断提高,经济社会持续健康发展的态势十分明朗。从宿豫自身发展基础看,通过"十二五",尤其是近两年的不懈努力,我区的产业特色不断彰显,"2+1"产业发展态势强劲,以电子商务为引领的互联网经济异军突起,高新区、化工园区、张家港宿豫工业园区载体支撑能力日益增强,一批大项目、好项目相继落户,新的经济增长点正在形成,内生发展能力显著增强。特别是通过群众路线教育实践活动、"机关作风建设提升年"和"三严三实"专题教育的开展,全区上下干事创业的"精气神"显著提升,万众一心、共谋发展的良好氛围日益浓厚。

综合以上我们对当前和今后一个时期发展形势的判断,结合中央和省市提出的工作要求,2016年我区经济社会发展的总体要求是:高举中国特色社会主义伟大旗帜,全面贯彻党的十八大和十八届三中、四中、五中全会精神,以邓小平理论、"三个代表"重要思想、科学发展观为指导,深入贯彻习近平总书记系列重要讲话特别是视察江苏重要讲话精神,牢固树立和贯彻落实"五大理念",按照"四个全面"的战略布局,以提升发展质量和效益为中心,坚持"三抓三促"工作主线,坚持"1231"总量目标和"五率领先"质量目标,坚持"集约集聚特色"发展,认真贯彻落实好市委、市政府提出的"五大战略""八大转型升级""七项工作任务"和"六个根本性变化"新要求,紧紧围绕扩大总量、优化存量、提升质量,收拢五指抓重点,集中力量创特色,加快培育新的发展动能,持续改善民计民生,着力优化发展环境,切实增强经济社会可持续发展能力,全力打赢"十三五"开局之战。主要是抓好以下八个方面。

一、抓重点创特色,必须坚定不移地推进工业强区,全力在扩量提质、载体升级上取得新成效

工业是区域经济的脊梁,也是"稳增长、调结构、转方式"的重要牵引。要始终把工业强区作为推动宿豫发展的第一方略,以培育壮大"2+1"产业为重点,坚持企业抓"长宽高"、产业抓"点线面"、园区抓"加减乘除"的工作思路,进一步加大外引内培力度,全面优化园区载体,全力推动工业经济发展质态加速跃升。

要全力以赴抓招商。现在引来的项目就是未来发展的后劲,今天的投资力度就是明天的发展速度。今年,我们要把狠抓招商引资作为各项工作的重中之重,推动招商引资向更大规模、更宽领域、更高水平迈进。在完善产业招商、专业招商、园区招商"三位一体"招商模式的基础上,进一步突出领导招商,坚持区四套班子领导带头招商,我将主攻电商项目招引,刘区长领衔高新区的招商引资工作;其他区领导按照分管条线抓好各自领域的招商,原则上要有三分之一时间在外招商。各园区专业招商局要保证有一半人员长期驻点招商,党政负责同志原则上要拿出一半时间抓招商。各乡镇(街道)的书记、乡镇长(主任),要合理分工,明确一人主抓招商,半年考核没有达到序时进度的,书记要离岗招商。进一步突出招商重点。坚持"2+1"产业发展定位不动摇,推行全产业链招商,只要是"2+1"领域的项目,都要千方百计引进来;对非"2+1"领域项目,重点引进产业带动强、市场前景优、环保无污染的旗舰型项目,确保全年新引进投资超亿元项目不少于30个,其中"2+1"产业类项目不少于20个。坚持定点定向招商,按照"巩固长三角、紧盯珠三角、拓展京津冀"的

思路，各引资单位要进一步明确重点区域，锁定一批重点企业，切实改变过去那种“在家不研究、出门碰运气”的盲目性招商。同时，要强化全领域招商，不仅要招工业项目、电商项目，还要招城建项目、农业项目，不仅要招经济领域项目，还要招社会事业领域项目，形成多业并举、一体化发展格局。进一步突出考核兑现。强化提供招商信息考核，把各部门、各单位提供有效招商信息和招引电商，从“软要求”变为“硬任务”，列入招商考核。建立招商引资信息“月报告”制度，每月召开一次招商引资工作例会，每季度进行一次招商实绩排名，半年兑现一次，形成招商紧逼态势。强化招商考核兑现，严格执行招商引资目标责任追究制度，凡完不成招商引资年度任务的，坚决实行岗位代理、末位淘汰。

要集中要素抓培育。工业强区主体是企业，关键也在企业。要以“开票销售收入、入库税收、购进设备抵扣税”三大指标为核心，以实施企业培育“511”工程为抓手，继续按照联大靠强一批、定向扶持一批、清理盘活一批“三个一批”的要求，多措并举、综合施策，加快培大育强，提升企业发展质态。坚持分类帮扶。各园区、乡镇、街道要围绕“技术改造、兼并重组、股改上市、规模发展”四个重点，对辖区内企业进行全面梳理，按照“梯队培育”的思路，会同相关职能部门逐一上门帮助企业制定计划、编排项目、落实措施，促进企业加快发展。对有技改需求的企业，要重点指导企业加强“投向”研究，用足用好设备贴息、增值税抵扣、进口设备减免税等政策，提升企业技改积极性，力争全年实施千万元以上技改项目 42 个以上；对有扩张需求的企业，要给予特殊礼遇，全力保障资金、土地等要素供给，支持企业间实施战略合作和跨行业、跨区域兼并重组，加快培育一批核心竞争力强的大企业大集团，力争年内新增开票销售超 10 亿元企业 3 家、超亿元企业 8 家以上；对股改上市后备企业，由所在辖区和区金融办、经信局等部门，按照“一个企业、一套班子”的要求，加大服务力度，及时帮助解决推进过程中的各种问题，力争年内完成股改 3 家、挂牌上市 2 家；对成长性好的小微企业，由区经信局牵头，排出企业培育项目库，作为硬性任务，分解下达到园区、乡镇、区直部门挂钩扶持，推动小微企业快速成长，确保年内新增规模企业 30 家以上。同时，以增材制造为突破口，完善修订 3D 产业发展规划，加快 3D 打印产业技术研究院建设，积极做好 3D 粉末材料项目跟踪洽谈，争取在 3D 打印产业上取得新进展。强化政策帮扶。一方面，对中央、省、市支持企业发展的相关优惠政策，要组织进行全面梳理、定期更新，按类别编制成册，发放到每一个企业，方便企业“对标发展”；要安排专人及时帮助企业向上争取，确保政策争取利用最大化。另一方面，对于区内已经出台的各项扶持政策，要强化政策落地兑现，只要企业符合要求，都要无条件地执行到位。优化服务帮扶。深入开展“三服务三促进”活动，由各园区、各乡镇组织深入企业，排出存在的具体问题，列出清单，一一交办，集中时间、集中精力，帮助企业解决实际困难，力保企业健康运行。要强化土地保障，综合运用经济、行政、法律等手段，有计划、有步骤加大“五类企业”的清理整治力度，年内全区清理盘活低效用地不少于 3000 亩。

要不遗余力抓载体。宿迁高新区要紧紧围绕创成国家级高新区的目标，对照标准，细化任务，落实推进举措，集中力量攻坚，力争今年创建国家级高新区工作取得实质性进展、明年确保创成。要加快推进陆运河、污水处理厂、重点道路绿化提升、沿路企业环境改造等重点工程建设，完善园区基础配套，提升园区整体形象。要加快推动新材料科技城项目入驻、运营、达效，加速聚集一批高层次研发机构、测试平台、咨询中心，着力引进一批重点产业、重点领域的领军型人才和实用技术人才，全面提升园区协同创新、自主创新能力。要进一步强化“企业事就是园区事”的服务理念，提升园区帮办服务水平，推动在手项目加快建设。上半年，中玻、喆尔森二期等项目要开工建设；年内，新材料科技城入驻项目 9 个以上，创建省级以上工程技术中心不少于1家,新增市级以上高新技术企业不少于7家。宿迁生态化工科技产业园要进一步加大安全环保监管力度,规范企业内部管理,在巩固“三废”整治成果的基础上,扎实做好“废气”治理,推动园区周边大气环境质量根本好转;要继续加快推进“五大中心”建设,切实提升园区为全市工业配套服务能力,危废综合处理中心年底前要建成投入使用。张家港宿豫工业园区要充分利用好促进南北挂钩的各项政策,以园区成立10周年为契机,加大对接协调力度,力争在推动南北产业转移,促进两地合作上取得新的突破,保持园区各项工作继续走在全省南北共建园区的前列。年底前,张家港大厦要全面竣工,百威英博一期工程、澳中玻璃深加工等项目要投产达效。

二、抓重点创特色,必须坚定不移地壮大互联网经济,全力在平台建设、融合发展上增创新优势

经过一年多时间的努力,以电商产业为代表的互联网经济呈现出强劲的发展态势,成为宿豫经济的新基因、新的重要增长极。当前及今后一段时期,我们要强化“互联网+”思维,既积极招引互联网企业和配套业态落户,又有效推动互联网与工业、农业、服务业的高位嫁接融合,进一步放大先行发展的优势,真正把互联网经济打造成为宿豫经济发展的新动能。

要做强园区龙头,固化虹吸效应。始终将宿迁电子商务产业园区作为全区最大的龙头项目来推进,按照“三新”发展定位和“六个加快”的具体要求,加大电商项目招引力度,紧紧围绕招商目录,着力引进知名电商企业设立区域运营中心、结算中心、呼叫中心和研发中心等,加速发展技术服务、物流供应链、大数据等电商配套项目,促进国美物流、途牛网呼叫中心等项目尽快落地,力争全年引进知名电商及相关配套企业不少于60家,在打造“四大中心”的基础上,着力建设电商代运营产业集聚中心和第三方呼叫中心。加快入驻项目建设,超前做好京东研发大楼、京东无人机送货项目和北京乐天世纪总部迁入等前期准备工作,组织精干力量提供全方位帮办服务,确保无障碍推进;全力以赴加快京东二期呼叫中心、京东物流、质押仓库等重点项目建设,确保年底前竣工并投入运营;依托电商第一街聚力打造销售超亿元的电商总部大厦,切实抓好六大公共服务平台和宿迁生活O2O平台、宿迁馆等推介运营。加快推进国际馆建设,一季度完成与北京临空核心区跨境电商平台对接,争取在跨境电商发展上尽快实现突破。提升园区公共服务配套水平,加快推进筑梦小镇、邻里中心、电商公寓等一批基础设施项目建设,进一步优化对在园项目企业的电商代运营、金融、资讯、人才、技术、培训等方面服务,确保今年园区电商交易额突破150亿元,一般公共预算收入突破5亿元,园区整体形象和配套服务功能得到大幅提升。

要推进深度融合,助力企业转型。深入排查符合上线销售的工业企业和工业产品,组织专门力量对企业进行“一对一”指导,促进企业营销模式深度变革,引导企业依托宿迁馆等网络平台触电上网,力争到2016年底,全区规模以上工业企业电子商务应用率超45%。鼓励企业借助互联网进行生产组织方式创新,积极引导具备条件的企业运用大数据、云计算等新一代信息技术实行精准化生产,加快推进工业产品研发设计、生产过程控制、企业管理关键环节的信息化。

要提升一村一品一店,促进富民增收。要全力丰富内涵。扎实推进京东商城“宿豫一村一品一店地产品馆”建设,继续深入挖掘一批有特色的地产品,积极组织开展“三品一标”认证,进一步扩大“丁嘴金菜”、新庄“杉荷园”莲藕、顺河“梨园湾”酥梨等品牌的影响力,力争全年培育“三品一标”不少于20个;切实做好特色农产品深加工文章,在着力提高农产品附加值的同时,努力解决农产品网上销售季节性局限问题。要不断扩大外延。切实把发展“三来一加”作为“一村一品一店”建设新的增长点和突破口,拓展发展空间,一方面,借鉴大兴喜糖盒发展的成熟做法,鼓励现有企业、加工户把产品搬上网络,以网上接单、来样定做、网络直销的模式,实

现网络与实体的加快融合；另一方面，加大"三来一加"项目招引培育力度，今年要把发展"三来一加"项目列入乡镇年度目标考核，促进在全区农村形成铺天盖地之势，既解决"一村一品一店"建设"品"的问题，也解决富民、脱贫抓手问题。要着力改善发展环境。鼓励各类资本投资建设涉农电商平台，积极开展"互联网＋农业＋金融"试点，年内力争新增3家银行开设扶持农村电商业务；完善电商物流快递配送体系，推动"三通一达"等物流公司在镇村布局网点，探索成立本土镇村代寄代递服务公司，村居物流直达率年底前力争超过30％。年内，要新增上网销售地产品350种以上，农村电商交易额突破9亿元，创成省级电商示范乡镇1个以上、省级电商示范村居2个以上。

要优化扶持服务，激发网创活力。把电子商务和全民创业有机结合起来，以更鲜明的导向，推动网络创业再上新台阶。要充分发挥城乡网络创业孵化中心的作用，加速电商项目集聚，年内力争引进孵化项目200个以上。要不断完善"互联网＋创业"服务体系，加快建立全区统一的网络创业公共服务平台，及时发布政策信息，为广大网络创业者提供产品信息查询、创业项目指导等服务；鼓励支持务工回流人员、大中专毕业生、村居干部等群体投身网络创业。要依托宿迁技师学院、电商产业园区服务平台等，将有创业意愿和培训需求的城乡劳动者全部纳入培训范围，加快普及网络创业基础知识和实用技能，提高网络创业质量，争取全年组织培训3000人以上，全区新增网络创业2000人以上。

三、抓重点创特色，必须坚定不移地推进城市错位发展，全力在丰富内涵、提升品位上谋求新进展

要立足"市辖区"功能定位，牢固确立"不扩张城市规模，重在提升内涵品位"的工作思路，坚持政府引导和市场主导相结合，努力在业态调整、形态改善、生态优化和项目建设上下功夫，逐步实现城市形象的一体化、城市功能的特色化、城市发展的融合化。

要突出城市空间优化。围绕提高建成率、配套率、达标率，按照"规划引领、重点突破、科学开发、统筹推进"的要求，区委、区政府决定将"一核一带多点"作为"十三五"期间城市建设的重点，以核破题，点线并举，推动城市形象、项目建设、城市产业的齐头并进。"一核"，即提升金三角核心区域，要立足一个"快"、突出一个"实"、坚持一个"美"。所谓"快"，就是要加快推进核心区重点项目建设，今年一季度国际购物公园要全面营业，上半年禧徕乐城市生活广场要实质性启动建设，年底锦绣江南二期要全面封顶，众大上海城西南角地块力争开工建设；所谓"实"，就是要加强核心区业态布局研究，同步推进新业态招引和现有业态改造提升，上半年，要出台业态布局方案和扶持引导政策，尽快让核心区内容很实在、业态更丰富；所谓"美"，就是环境要美，要对核心区市政基础设施、公共服务设施等，进行梳理排查，按照"缺什么补什么、差什么优什么"的原则，制定推进方案，落实长效管理机制，努力为核心区繁荣提供优质环境。"一带"，即把电商产业园区洪泽湖路段作为电商产业带来打造，重点做好土地利用性质调整和项目编排，确保年底前道路两侧土地指标争取到位、项目落实到位。"多点"，即城区东外环与324省道交汇处、4号桥（位于洪泽湖路上）、5号桥（位于项王路上）、7号桥（位于高新区管委会西侧）等关键节点，按照有绿化、配套全、上档次的总体要求，以城市设计管控和统筹城市风貌、特色，着力优化城市天际线，打造城市视觉廊道，彰显宿豫城市特色。力争用两年时间完成所有节点的城市设计，年内，完成文昌阁商业广场、项王路运河桥南匝道建设，完成文化公园、5号桥、7号桥等节点周边城市设计。

要注重人气商气集聚。始终把人气商气集聚作为城市建设的重中之重，以"人的城镇化"为核心，深入推进城市绿化、美化、亮化，大力实施名校、名医、名园建设工程，努力打造更具活力的繁荣之城。优化城市的居住环境。紧紧抓住国家和省市加大支持棚户区改造的政策机遇，统筹推进城中村改造、土地收储和房地产开

发等重点工作，力争年内全面完成环城路以内城中村改造工作。实施项王东路、325省道等重点道路“绿化、美化、亮化”改造提升。充分发挥市促进中心城市房地产消费六条意见政策效应，引导开发企业在充分保证开发质量的基础上，深入实施低房价战略，通过打造“不对称优势”，吸引更多的人到宿豫安家落户。优化城市的产业功能。加快江山大道、珠江路等重点轴线业态提升，不断完善城区购物、娱乐、餐饮以及休闲等功能，更好地满足城市居民多样化、高品质需求。加速推进旅游综合服务配套设施建设，进一步优化提升运河水利遗址公园、梨园湾、杉荷园等旅游休闲景点，形成宿豫城市产业特色和集聚效应。优化城市的生活配套。把打造一批名学校、好医院作为提升配套、促进集聚的主要抓手，加快城区学校、医院布局优化，着力打造宿豫张家港实小、区第一实小和宿豫实验初中、实验小学等为代表的教育品牌，市中医院、第三医院为龙头的医疗品牌，年内黄山路小学主体工程全面封顶，珠江医院综合楼投入运营、创成二级甲等医院。因地制宜建设一批城市绿地公园，加强千鸟园广场、中运河风光带的管理，全面增强城市生活功能，让城市更舒适、更宜居。

要强化城市精细管理。牢固树立“城市管理让城市生活更美好”的理念，突出问题导向，扎实做好市政设施维护、环境综合整治、城市秩序管理等重点工作，不断提升城市精细化管理水平。要突出综合整治。坚持用法治思维和法治方式管理城市，从解决群众关注度高的马路市场、乱停乱放、背街小巷和农贸市场脏乱差等问题入手，持续推进城市环境综合整治行动，坚决防止整后“回潮”。要构建长效机制。进一步整合城管、公安、市场监管等部门管理职能，健全一体化管理网络，推进城管进街道、进社区，年内要向豫新街道、顺河街道派驻城管执法人员。要抓好社区管理，统筹做好“三社联动”，通过健全社区自治组织，完善公共服务平台，构建社区、业主委员会、物业“三位一体”的互动机制，丰富社区服务内涵，提升小区物业管理水平。要培育文明市民。深化全国文明城市创建，开展社会主义核心价值观教育，组织“身边最美人物”“宿豫好人”评选活动，强化典型示范效应，积极推广“宿迁文明20条”，持续开展文明交通、文明服务、文明餐桌等主题活动，让文明内化为市民的生活习惯。

四、抓重点创特色，必须坚定不移地拉长短板，全力在镇村发展、提升形象上实现新突破

目前，乡镇依然是全区经济社会发展的最大短板，是我们全局工作中必须要首先解决的问题。为此，区委区政府把今年确定为“乡镇发展突破年”，按照“六个根本性变化”的要求，集中人财物全力攻坚，力争通过2—3年的努力，使乡镇面貌发生根本性转变。

要聚力打造乡镇发展的动力源。就目前发展阶段而言，增强乡镇实力关键是抓乡镇工业。要加快推进乡镇共建工业集中区建设，切实理顺集中区管理体制，落实共建共享机制，加快完善基础设施配套，满足入驻企业生产需求。要积极引导三大园区搬迁企业向共建工业集中区有序转移，进一步加大项目招引和建设力度，今年新引进投资超千万元项目30个以上，确保所有已建厂房无闲置；上半年，在建的22个项目要全面竣工投产。乡镇原有工业园区，要在不扩大规模的基础上，对发展前景好、有潜力的优质企业，乡镇要拿出具体措施，给予重点扶持，促进企业做大做强，提高财税贡献能力；对停产闲置项目，要加大清理盘活力度，腾出有效发展空间，实行二次招商，培育新的经济增长点；对长期无税收企业，要加大监管力度，引导企业按章纳税，实现应收尽收，增加财政收入。

要聚力推进“1＋X”体系建设。立足“生态、高效、特色、现代”发展定位，走农业产业特色化、特色产业规模化、规模生产标准化发展之路，加快农业发展整体水平实现跃升。要持续抓规模扩张。加快现代农业产业规划和布局规划的落实，区级抓生态肉鸡、优质粮食、设施蔬菜三大主导产业，乡镇抓“1＋X”产业体系建设，着力推进农业产业结构调整。年内，各乡镇确立的主导产业种植规模要突破3000亩，集中

连片核心区要突破1000亩;特色产业要突破1000亩,丁嘴金针菜、新庄莲藕面积要力争达到5000亩以上,率先形成特色产业集群。要突出抓支撑带动。按照区级主导产业有销售收入过亿元、乡镇(街道)主导产业有过5000万元、特色产业有过1000万元农业产业化龙头企业的要求,以带动产业发展和农民增收为重点,深入实施龙头企业"转型倍增"计划,大力招引龙头企业,切实提升农业产业化经营水平。要着力抓品牌塑造。以发展基地农业、订单农业、可追溯农业为抓手,鼓励引导大型企事业单位与乡镇农产品生产基地建立形成稳定的供需合作关系;积极推广"龙头企业+基地"模式,出台引导性政策,过细做好工作,为企业与农户、村居、乡镇建立生产合作伙伴关系,牵好线、搭好桥;充分利用"互联网+农业"的倒逼力量,加快农业可追溯管理体系建设,努力在全省乃至全国打响一批具有宿豫特色的生态、有机、绿色农产品品牌,带动农业增效、农民增收。

要聚力建设精品小城镇。在维持10个乡镇小城镇现有建设规模的基础上,坚持以居民需求为导向,以提升内涵为中心,走内涵式发展之路,不搞大拆大建,把工作重心放在完善公共服务配套、加强常态化管理、提升整体形象上。全力打造重点镇。选择两个特色乡镇作为精品小城镇示范点,按照国家级重点小城镇建设标准,由我和刘区长分别牵头挂帅,每人负责1个,集中力量,重点打造,示范引领面上工作开展。同时,要积极探索实施按人口规模配备小城镇专职执法人员的新机制,健全完善小城镇"六有"管护体系,切实起到示范带动作用。管理提升一般镇。其他乡镇重点以抓好小城镇常态化管理为中心,落实好"五个一"的建设任务,即每个乡镇、街道要打造一个靓丽的镇区入口、改造提升一条老街区、改造一个宜居的住宅小区、建成一个整洁的美丽乡村、建立一套长效的管理机制,力争10个乡镇镇区面貌提升,一年见成效、两年大改变。认真编排好项目。在坚持规划先行的基础上,按照"五个一"建设任务,各乡镇、街道要提前谋划,排足排实具体项目,并落实详细的建设序时和责任人员,增强抓工作落实的针对性和有效性。春节前,指挥部办公室要对各乡镇、街道排定实施的项目梳理汇总,定期开展督查。同时,为支持精品小城镇建设,我们设立了3000万元的建设引导资金,这笔资金将采取以奖代补的方式,落实到具体的项目上,指挥部办公室要按照这一要求,切实把好资金管理使用关,充分发挥资金使用效益。

要聚力打造美丽乡村。实行"两个规划"一起做。按照"留住乡愁、留住记忆"的要求,把居住规划与产业发展规划结合起来,实行"两个规划"同步考虑、同步规划、同步实施,做到一次规划、分步推进。规划确定后,就不要随意更改,确保一张蓝图绘到底。坚持"两种模式"一起推。围绕"积极稳妥扎实有序"的要求,实行整村推进和改造提升"两种模式"同步推进,今年重点实施"7+6"建设计划,"7"即全区确定7个点作为整村推进试点村,"6"即选择6个基础条件较好的村庄作为提升改造试点村,在原有庄台上插建、翻建、扩建。2月底前,"7+6"试点村规划方案要全面完成,3月份全面启动建设,7个整村推进试点村首期启动规模不低于规划总数的30%,年底前完成计划工作任务量的60%以上;6个提升改造试点村,年底前要全面完成改造提升任务。实现"两个方式"一起转。以推动生产、生活方式转变为中心,抓住深化农村改革的有利时机,加快"7+6"试点村产业布局调整,大力发展家庭农场,着力推动土地适度规模经营,让更多的群众向二三产业转移,参与"一村一品一店"建设,发展"三来一加"项目,从根本上促进农民生产生活方式的转变。

五、抓重点创特色,必须坚定不移地增进民生福祉,全力在促改善、保基本上力求新作为

"人民对美好生活的向往就是我们的奋斗目标"。全区各级各部门要牢固树立共享发展的理念,围绕"七个更"的目标,落实"三个优先"要求,以深化"普惠型、兜底型、内生型"三大保障体系建设为抓手,多谋民生之利,多解民生之忧,以民生改善不断提升群众的获得感、成就感和安全感。

切实提升群众的获得感。做好民生工作的关键，就是要让人民群众获得看得见、摸得着、感受得到的实惠。要加快推进“医教水住行娱”为民办实事项目建设，在健全公共服务体系的同时，不断提升基本公共服务均等化水平。年内，乡镇卫生院和计生服务中心机构整合要全面完成；大兴、陆集等乡镇学校“改薄”工程要全部完工，全区70%以上学校达到省现代化学校标准；今年6月底前，区域供水工程入村率要达到100%、入户率不低于90%；文化大剧院投入运营，启动1个乡镇综合性文化服务中心建设。要按照全覆盖、保基本、多层次、可持续的要求，坚持政府救助与慈善帮困并举，建立健全“救急难”长效机制，积极发展以扶老、助残、救孤、济困为重点的社会福利和慈善事业，切实守住困难群众基本生活安全底线。要立足“减少相对贫困、缩小收入差距、促进共同富裕”的扶贫开发新定位，按照“标准再提高、重点再聚焦、内涵再丰富、底线再织牢”总思路，全面聚焦6000元以下低收入人口和年收入18万元以下薄弱村两大重点，坚持“三大带动、四个利用”，落实兜底扶贫、就业扶贫、创业扶贫、项目扶贫四大扶持策略，做到精准扶贫、精准脱贫，确保全面小康社会“一个不少、一户不落”。

切实提升群众的成就感。坚持就业优先的原则，以创业带动就业，努力推动个人与社会共同发展，成就感和自豪感同步提升。要围绕全区主导产业发展，建立用工信息网络和人才信息台账，为企业和求职者建立双向交流平台。要进一步完善职工工资正常增长、支付保障机制，全力保持“零就业”“零转移”困难家庭动态清零，新增城镇就业6000人左右，转移农村劳动力不少于5500人。要搭建好创业就业平台，不断完善创业宣传、创业融资、创业孵化、创业项目推介、创业指导服务“五大平台”，落实创业帮扶“三个一”举措，为每一位有创业意愿的群众推荐一个项目，协助落实一处经营场地，帮助办理一笔小额担保贷款，提高创业的覆盖面和成功率。

切实提升群众的安全感。要深入打造法治宿豫。全面推进依法治区，坚持用法治思维、法治方式深化改革、推动发展，引导全社会养成办事依法、遇事找法、解决问题用法的习惯。要严格规范执行“三重一大”决策制度，倒逼重大决策科学合理、切实可行。要稳步推行权力清单、责任清单制度，年内全区所有执法部门要全部制定“两张清单”，真正“把权力关进制度的笼子里”。要深入打造平安宿豫。持续推进平安宿豫建设，完善大防控体系，始终保持打击违法犯罪的高压态势。要加大安全生产监管力度，认真落实“党政同责、一岗双责”要求，健全重要领域、重点行业和重大危险源隐患排查、监控长效机制，有效遏制重大安全事故发生，切实维护人民群众的生命财产安全。要深入打造和谐宿豫。加强社会治理创新，健全社会稳定风险评估和矛盾纠纷排查化解机制，努力做到社会矛盾发现在早、处置在小。积极落实领导干部开门接访、带案下访和包案息访制度，促进社会矛盾有效化解，最大限度增加和谐因素，确保人民安居乐业、社会安定有序。

六、抓重点创特色，必须坚定不移地突出生态优先，全力在环境保护、绿色发展上开创新局面

生态是最稀缺的资源，也是最宝贵的财富，保护生态就是保护宿豫发展的生命线。全区上下要进一步强化“绿水青山就是金山银山”的意识，围绕“深呼吸、看绿化、见清水”的目标，持续推进“蓝天、绿地、碧水”三大工程，努力让生态好成为宿豫最大的特色优势。

实施蓝天工程。要大力发展绿色低碳产业和循环经济，加快淘汰落后高能耗设备，持续降低单位能源消耗和污染排放。区环保部门要会同园区，严格对照减排目标，督促重点排污单位编报年度减排计划，确保各项减排任务落在实处，对排放严重超标的污染企业，要坚决予以关停。要严格项目准入，在全力以赴抓招商引资的同时，注重项目引进的质量，凡是不符合生态发展要求、达不到排放标准和总量控制目标的项目，坚决不予立项、审批。要抓好污染治理，加快建立区大气污染联防联控和在线联网监控

体系，推进“数字治气”“智慧治气”建设，突出做好工业废气、城市扬尘、餐饮油烟、焚烧秸秆等专项整治工作，减少雾霾污染，切实提升大气质量。

实施绿地工程。要把推进绿化作为城乡生态建设的重要内容，坚持增量与提质并举，增绿与增景并行。在城区，要坚定不移地实施“绿化提升三年行动计划”，打造城市绿化精品亮点，确保年内建成江山大道、张家港大道、宿豫大道、东外环、洪泽湖东路、西湖东路“六条绿色长廊”。在镇村，要结合镇村环境综合整治，广植优良树种，加快推进成片林和农田林网、“四旁”绿化建设，栽足林网、栽实河堤、栽全“四旁”、栽满庭院，构建布局合理、林种多样、景观优美的绿色生态屏障，确保全区的林木覆盖率稳中有升。

实施碧水工程。要加快推进城东污水处理厂续建项目和城区雨污水管网改造提升，全面实现雨污分流、管网对接畅通；要按照市“生态文明三年行动计划”要求，启动乡镇污水处理设施建设，不断提高农村污水处理能力。要系统抓好工业点源、农业面源、生活污染源整治，深入开展畜禽养殖污染治理，强制推广“户集、村收、镇运”垃圾集中处理模式，重拳打击违法入河排污行为，从源头上预防水体污染。要加快河道清淤和水系沟通，真正让水动起来、清起来。年内，要争取消灭区内黑河、臭河、垃圾河；力争用两年左右的时间，打造六塘河、牡丹江河、马河“三个生态景观带”，对农村斗渠以上河道和沟塘全部疏浚整理一次。

七、抓重点创特色，必须坚定不移地全面从严治党，全力在锻造干部特质、夯实基层基础上抓出新高度

全面从严治党，既是“四个全面”战略布局的重要内容，也是新常态下党建工作的根本要求。全区各级党组织要深入推进“基层党建责任深化落实年”，强化主责主业意识，切实把全面从严治党贯穿于宿豫改革发展的全过程，以更高的要求锻造干部特质，夯实基层基础，为全面建成小康社会提供坚强组织保证。

要加快提升干部队伍素质。切实抓好区乡两级领导班子换届工作，严格落实市委从严规范干部选拔任用“1＋7＋9”和区委“6＋1＋6”系列文件精神，牢固树立为发展配干部、凭实绩用干部的鲜明导向，促进干部队伍整体素质能力进一步提升。严把干部历练培养关，统筹安排综合素质好、发展潜力大的年轻干部到招商、服务一线锻炼，有序推进中层干部的双向交流，不断优化干部队伍结构，推动干部能岗相适。严把干部选拔任用关，全面推行干部选拔任用全程纪实，建立健全干部任前考察和查核干部档案、查核个人有关事项报告、查核信访举报事项“一察三核”机制，严防干部“带病提拔”“带病上岗”。严把干部绩效考评关，全面落实区以下机关公务员职务与职级并行制度，调动干部工作的积极性；进一步强化实绩甄别研判，建立乡科级领导班子动态研判“三级评议”机制，重用敢干事、能创新的干部，加大对不胜任、不称职干部的调整力度，形成能者上、平着让、庸者下的用人机制，培养造就一支具有“忠诚、创新、担当、奉献”特质的干部队伍。

要着力加强基层基础。基层组织是党的工作和全部战斗力的基础，必须把抓基层打基础作为长远之计和固本之策，推动党的各级基层组织全面进步、全面过硬。要建强基层组织。按照不低于10％比例倒排软弱后进基层党组织，继续实施“6＋1”结对帮扶，循环整顿提升，形成长效化工作机制。创新完善组织设置，加大非公企业、社会组织等领域党建力度，实现党的组织和党的工作全覆盖。要配强基层干部。以村（社区）党组织换届为契机，注重从致富带头人、大学生村官、复员退伍军人等群体中，选优配强村（社区）党组织书记和“两委”班子成员。选派一批机关优秀党员干部挂任村（社区）“第一书记”，逐步扩大村居党组织书记职业化及分级管理范围，充实后备书记库，解决村居干部队伍年龄老化、后继乏人的问题。要加强基层保障。继续抓好“书记项目”落实，强化村级专职党务干部“一岗三责”管理，深入开展“支部＋电商”党建富民工作，常态化开展基层党组织

"统一活动日",健全完善村级民主监督机制,不断深化"四务公开"和现场质询活动,倒逼基层组织不断提升服务能力和服务水平。建立村干部报酬待遇逐年增长机制,加大从村干部中定向招录公务员和事业单位人员力度,努力把基层党组织建设成为引领发展、服务群众、促进和谐的坚强集体。

要从严推动正风肃纪。认真贯彻落实新修订的《廉洁自律准则》《纪律处分条例》,刚性执行"六大纪律",把握运用监督执纪"四种形态",切实把纪律和规矩挺在前面。全面落实"两个责任",细化责任清单,加强监督检查,严格考核管理和责任追究。深入推进"三严三实"专题教育和省委巡视组反馈意见后续整改,切实治理各种"不严不实"问题,严查"四风"的新形式新动向。继续开展"机关作风建设提升年"活动,重点围绕解决不作为、慢作为等突出问题,加大明查暗访力度,开展经常性检查抽查,促进作风建设常态化。注重源头预防和治理,组织开展好廉政教育、廉政约谈等活动,常态化开展巡查工作,把发现问题、形成震慑作为主要任务,从源头上预防腐败。加大案件查处力度,坚持有信必办、有风必纠、有腐必惩、有贪必肃,深入实施"一案双查",始终保持严惩腐败的高压态势。

八、抓重点创特色,必须坚定不移地强化工作保障,全力在推动落实、加快落实上采取新举措

工作成效如何,关键在抓落实。今年的工作,要求高、任务重,除了要靠大家真抓实干、勇于担当,还要靠更加科学、更加严格、更加有针对性的工作举措予以保障推进。

要以深化改革激发活力。在切实抓好上级各项改革举措对接落实的同时,要坚持问题导向、需求导向、民生导向,扭住关键,重点突破,以改革激活力。要积极推进向上争取方式创新,建立项目资金政策向上争取扎口协调机构,负责全区向上争取工作的日常组织、协调、调度等工作,最大化地借助外力推动发展。要建立支持乡镇发展"政策工具箱",围绕"一村一品一店"建设、"1+X"体系建设、乡镇共建工业集中区建设、特色镇村建设、土地增减挂钩和财政增收奖补等,出台综合性的"干货"文件,实施以奖代投、以奖代补,通过政策引导,推动乡镇特色发展。要围绕服务实体经济推进金融体制改革,引进培育金融机构,大力发展直接金融,积极运用PPP模式,探索实践融资新途径。要统筹推进行政审批制度改革各项任务,在简政放权、减负降本、提升效能上积极探索、先行先试,切实做到政府服务便民高效。

要以深督严查增加压力。督查是推动工作落实的最有效手段之一。今年,重点要在实时督查、跟踪督查上下功夫。要强化催办。对区委、区政府安排部署的重点工作,区督查室要进一步做细工作,对目标任务进行清单化分解,做到一个单位一张清单,每个领导一张清单,对照清单,定期督查、定期通报;对区委区政府主要领导各类批示和会办、调研中交办事项,区督查室要及时跟进,一事一查,做到事事有回音、有结果。今年,对所有的督查通报,除了按法律法规规定需要保密的,一律在媒体上公开晒进度表、晾排行榜,让全区上下公开评议工作推进情况,形成环环相扣、步步紧逼的督查工作氛围。要强化督办。坚持问题导向,对已经落实的要查成效、正在落实的要查进度、没有落实的要查原因、影响落实的要查责任,通过交办、限期整改、纪委组织部"双约谈"等方式追责问效,以强有力的督查推进机制,保证各项工作高效组织实施。要强化条线督查。进一步规范督查事项的分级办理,发挥分管领导的作用,一线督查督办,及时掌握工作的进展情况和落实效果,及时协调解决问题,着力构建"谁交办、谁督查"的科学运行体系,切实提高督查效率。

要以重奖重处逼出动力。考核兑现是检验工作成效的最后一道关口。为了减轻乡镇部门的负担,同时提高考核的有效性,今年我们将对考核方式进行调整。抓好常规考核。对于经济发展指标,分解到乡镇部门,做到正常考核,严格兑现。突出项目考核。在做好常规考核基础上,对区委、区政府安排的重点工作,按照可量化、可操作、可考核的要求,全部细化为一个一

个的具体项目，凭项目定奖惩、凭项目定进退，让各单位把主要精力放在项目推进上，把优势资源集中到项目落实上，保证区委区政府下达的每一项任务、提出的每一项要求，都能落到实处、见到效果。严格兑现奖惩。区督查室要根据考核方式的变化，进一步优化考评体系、完善考核办法。年底，我们将严格按照考核办法，真考实评、严格奖惩，该重奖的重奖、该提拔重用的提拔重用、该代理的代理、该淘汰的淘汰。

同志们，真抓才能克难，实干才能发展。“十三五”的序幕已经拉开，宏伟的目标激励人心，美好的前景催人奋进。全区各级党组织和广大党员干部，一定要坚定信心、克难奋进，勇担重任、扎实工作，以经济社会发展全面突破赢得“十三五”精彩开局，为建设“强富美高”新宿豫而努力奋斗！

聚焦聚力　务实求实
矢志不渝建设工业强区电商名城幸福家园

——2016 年 7 月 18 日在中国共产党宿迁市宿豫区第十二次代表大会上的报告

刘海红

各位代表、同志们：

现在，我代表中国共产党宿迁市宿豫区第十一届委员会向大会作工作报告，请予审议。

中国共产党宿迁市宿豫区第十二次代表大会，是在全面开启“十三五”发展新征程，冲刺全面小康目标的关键时期，召开的一次十分重要的会议。大会的主要任务是：认真贯彻落实中央和省委、市委决策部署，回顾总结区十一次党代会以来的工作，研究部署今后五年的目标任务，选举产生中共宿迁市宿豫区第十二届委员会和纪律检查委员会，动员和带领全区人民，抢抓机遇、改革创新，聚焦聚力、务实求实，为建成区域知名、百姓认可的工业强区、电商名城、幸福家园而努力奋斗！

过去五年的发展成就令人鼓舞　取得的经验弥足珍贵

区第十一次党代会以来，面对错综复杂的宏观经济环境和艰巨繁重的改革发展任务，在市委的正确领导下，全区上下紧紧围绕“五位一体”总体布局和“四个全面”战略布局，统筹推进稳增长、促改革、调结构、惠民生、防风险各项工作，全区经济社会持续平稳健康发展。2015 年，实现地区生产总值 230 亿元，财政总收入 34.3 亿元，规上工业增加值 110 亿元，较“十一五”末翻一番；一般公共预算收入 23.6 亿元，城镇居民人均可支配收入 21741 元，农村居民人均可支配收入 12917 元，分别是 2010 年的 2.4 倍、1.7 倍、1.8 倍；累计完成 500 万元以上固定资产投资 848 亿元，实现进出口总额 22.8 亿美元，实际到账外资 2.35 亿美元，分别是“十一五”期间的 1.6 倍、3.3 倍、3.8 倍；三次产业比重由 15.4∶59.1∶25.5 调整为 10.6∶59.6∶29.8，二、三产占比较“十一五”末提高 4.8 个百分点，圆满完成了区第十一次党代会确定的各项目标任务。

突出产业集聚，工业经济优化升级。围绕装备制造、食品饮料、新材料“2＋1”主导产业，抓培育、引项目，产业规模和质态加速提升，2015 年，“2＋1”产业实现产值 193 亿元，占全区规模以上工业的 40%，集聚效应进一步增强。骨干企业带动能力显著提升，深入推进“511”工程，百威啤酒、旭派电源、博迁纳米、北斗星通等一批重大项目建成投产；完成股改企业 6 家，A 股及“新三板”上市 3 家；到 2015 年底，进入全市开票销售 50 强企业达到 16 家、税收 50 强企业达到 12 家；创成国家高新技术企业36家,比2010年净增32家。平台支撑更加有力,宿豫经济开发区创成全市唯一的省级高新技术产业开发区,张家港宿豫工业园区连续三年在全省共建园区考核排名中位列县区级第一,创新建设2个乡镇共建工业集中区,累计建设厂房36万平方米,项目入驻率达到40.5%,实现乡镇工业集聚发展;我区被认定为省玻璃制品出口基地,是全市唯一省级出口基地。

突出功能配套,城市内涵不断提升。以项目建设为抓手,持续完善城市配套,丰富城市内涵,不断提升综合服务水平。"两场一街一中心"建设、"城区绿化三年行动计划"加快推进,文化公园一期、新珠江路农贸市场等一批项目相继建成,完成房地产开发面积525.3万平方米,改造整治提升老旧小区47个,新增城市绿化面积460.8万平方米,城市绿化覆盖率达43.3%,城市污水处理率达到93%;撤镇设街顺利完成,城市管理体制进一步优化;城市建成区面积、常住人口分别达到45平方公里、17.5万人,形成"九纵十三横"城市道路框架,城镇化率提高到58.9%;"五城同创"成效显著,全面完成国家卫生城市、国家节水型城市、中国人居环境奖城市和江苏省文明城市创建任务,通过国家环保模范城市技术评估。

突出统筹协调,城乡一体加速发展。紧紧抓住产业发展、镇村建设、环境提升三大重点,持续发力,推动城乡协调并进。农业结构不断优化,农业基本现代化进程考核排名进入全省第二区间;土地确权颁证基本完成,完成土地流转18.9万亩,产业化龙头企业达34家,家庭农场经营比重达到43.8%;在全市率先建立农产品质量安全可追溯体系,通过"三品"认证180个,"丁嘴金菜"创成国家地理标志产品。镇村建设快速推进,小城镇建设完成投资16.3亿元,改造老旧镇区62万平方米;大力开展农村环境综合整治和农民集中居住区基础配套改造提升,完成1407个自然村庄、42个农民集中居住区整治任务,创建省三星级康居示范村6个,顺河林苗圃被命名为省首批最美乡村。城乡交通体系进一步完善,农村公路里程超过800公里,镇村公交开通率100%。

突出优势特色,三产服务快速崛起。立足城区实际,坚持放大自身特色,实行错位发展,着力构建与工业化相匹配、与城市化相协调的现代特色服务业体系。电子商务产业突飞猛进,规划建设宿迁电子商务产业园区,仅用不到一年时间,先后创成省电子商务示范园区、省现代服务业集聚区和国家级电子商务示范基地,入驻京东、当当、途牛等互联网企业198家;在全市率先启动"一村一品一店"建设,基本实现村居全覆盖,相关做法在全省推广,被评为2016全国电子商务进农村示范县区。现代物流产业加速发展,华东农业大市场、华东农机汽车城投入运营,京东淮海经济区电子商务运营中心、电商园区快递配送中心开工建设,中心城市的物流中心地位初步显现。旅游开发加快推进,动物园建成使用,新庄杉荷园、顺河梨园湾景区建设初具规模,民防体验园、水利遗址公园创成3A级旅游景区,六塘河风景区创成国家级水利风景区。

突出民生改善,经济社会和谐共进。民生投入稳步增加,五年累计实施重点民生实事项目199个,投入资金10.97亿元,2015年民生支出占比达到75.5%,比2010年提高了17.1个百分点。社会事业加快发展,中医院创成三级甲等中医院,以村、社区为单位实现基本药物制度全覆盖;宿豫第一实验小学、文昌小学建成使用,通过国家级义务教育发展基本均衡县区评估验收,教育基本现代化建设高标准通过省级验收;区文化馆新馆达到国家一级馆标准,举办了文化艺术节、政府文学奖评选等系列活动,促进了文化传承、丰富了群众生活;区域供水"通村达户"工程稳步实施,老年公寓、老年大学、计生指导站、残疾人综合服务楼等民生项目投入使用。社会保障水平不断提高,全区企业职工五险覆盖率达到96%,新型农村社会养老保险参保率和新型农村合作医疗参合率均超过99%;累计发放各类救助资金3.7亿元,惠及困难群众4万余人,京东、广博等慈善基金发挥了良好的示范带动作用。扶贫帮困成效明显,完成年纯收入4000元以下低收入人口脱贫任务，34个省定经济薄弱村全部实现新“八有”、集体经济收入均超过15万元。“平安宿豫”“法治宿豫”建设走在全市前列，连续11年被评为“全省社会治安安全区”，被表彰为“全国法治创建活动先进单位”“全国法制宣传教育先进区”“全省综合治理先进区”“全省信访工作先进县区”。

突出从严治党，党的建设得到加强。扎实开展党的群众路线教育实践活动、“三严三实”专题教育、“两学一做”学习教育和“机关作风建设提升年”活动，广大党员干部的思想政治意识不断增强，干部作风进一步好转。干部人事制度改革深入推进，建立了干部实绩档案管理、岗位代理和末位淘汰等制度，探索实行乡镇党政正职差别化考核，进一步提升了党员干部干事创业的精气神。切实加强基层组织建设，在全市率先实现专职党务干部村居全覆盖，创新实施了“五个一”工作法，村（社区）党组织书记双重管理、“支部＋电商”等做法在全省推广。严格落实党风廉政建设责任制，不断健全和完善惩防体系，始终保持严惩腐败的高压态势，党风廉政建设和反腐败工作取得明显成效。人大和政协重要作用充分发挥，人武、统战、工会、共青团、妇联、老干部、工商联、民族、宗教、残联等工作也都取得了新的进步。

各位代表、同志们，五年取得的成绩令人鼓舞，来之不易。这些成绩的取得，是省委、市委正确领导的结果，是全区各级党组织、广大党员和人民群众团结拼搏的结果，是各民主党派、人民团体、驻宿豫武警部队鼎力相助的结果，是老干部、老同志和社会各界人士关心支持的结果，也得益于历届区委打下的良好基础。在此，我代表中共宿豫区委，向所有为宿豫发展作出贡献的广大党员干部和社会各界人士，表示衷心的感谢和崇高的敬意！

五年来的发展实践，为宿豫转型发展、绿色发展、创新发展积累了宝贵经验。回顾五年的奋斗历程，我们深深地体会到，工业经济是区域发展的重要支撑，是宿豫的强项和特色，要始终把工业强区作为努力的重点和方向，坚定不移地扩大总量、优化存量、提升质量；现代服务业与工业经济相辅相成，是城市繁荣的内涵要义，要抢抓政策机遇期，加快电子商务产业发展平台建设，着力打造“六大中心”，完善城市功能配套，增添城市活力，积蓄发展后劲；城乡统筹是统揽三农工作的核心抓手，要把握机遇，加强统筹，着力推动城乡规划、产业发展、要素配置、基础设施和公共服务一体化，实行以城带乡、城乡互动，全力拉长长板、补齐短板。回顾五年的奋斗历程，我们深深地体会到，要坚持把改革创新贯穿各个领域，向改革要红利、向创新要活力；要坚持把以民为本的理念融入发展实践，努力使发展成果更多更公平地惠及全区人民，充分调动人民群众支持发展、参与发展的积极性和创造性；要坚持把务实求实的作风保持下去，坚持项目工作法，一切工作项目化，明确序时节点，明确责任分工，努力营造外出招商招项目、向上争取争项目、在家干事干项目的浓烈氛围，使“不说一句虚话，下足十分功夫”成为宿豫干部的鲜明特质，成为宿豫事业发展的制胜法宝；要坚持把从严治党的要求落到实处，深入推进党建创新工程，全面增强各级党组织和广大党员干部的创造力、落实力，进一步提高党的建设科学化水平，切实发挥好党的领导核心作用。

在充分肯定成绩、认真总结经验的同时，我们也要清醒地看到工作中的差距和不足，具体表现在：经济总量不大，规模企业数量不多，产业层次偏低，增长动力单一的状况还没有得到根本转变；城市建设品质不高，乡镇“短板”问题突出，公共服务配套不够完善，城乡统筹发展还有待进一步加强；居民增收渠道不多，集体经济基础薄弱，脱贫攻坚依然是全面小康建设的重点和难点；党的建设、精神文明建设、民主法治建设、干部作风建设还存在一些薄弱环节，等等。对此，我们必须高度重视，把握关键，攻坚克难，全力建设实实在在、不含水分，老百姓得实惠，获得感强、满意度高的全面小康。

抢抓新一轮发展机遇　科学谋划未来五年奋斗目标

各位代表、同志们，未来五年是宿豫加快发

展、全面建成小康社会的决胜阶段，是深化改革开放、加快转变经济发展方式的重要时期。面对发展形势的新要求、新机遇、新挑战，我们必须充分认清宿豫发展的阶段特征和内在要求，强化使命担当、坚定发展信心，积极主动作为、奋力攻坚克难，推动经济社会各项事业持续健康发展。从外部环境看，我们抢抓机遇有空间。中央在加速推进经济转型的过程中，提出创新、协调、绿色、开放、共享发展理念，大力推动供给侧结构性改革，深入实施中国制造2025、“互联网＋”等政策措施，鼓励大众创业、万众创新，促进了宏观经济的基本面持续向好；江苏是国家重大发展战略的叠加区域，“一带一路”、长江经济带、长三角一体化、江苏沿海开发等国家战略，将有力支撑起“两个率先”和“强富美高”发展目标，也让我们有更多机会在更大范围和更高层次承接产业转移；宿迁被列为国家3个扶贫改革试验区之一，为我们做好“三农”和扶贫开发工作、全面建成小康带来了新机遇。从自身情况看，我们抢抓机遇有条件。历届区委、区政府和全区广大党员干部群众的不懈努力，为宿豫发展打下了坚实的基础。我们拥有优势明显的载体平台。宿迁高新区、宿迁电子商务产业园区和生态化工科技产业园，在全市都具有唯一性，而且高新区和电子商务产业园区都是宿迁开头的园区，市委市政府高度重视，具有特殊的发展优势。同时，我们还拥有全省县区排名第一的南北共建工业园区，这些优势载体平台，将为我们推动新一轮发展提供强劲动力。我们拥有量多质优的龙头企业。全市开票销售前50强、税收前50强企业，我区占比分别达到三分之一和四分之一，大项目的带动、支撑作用明显，为我们下一步加快产业集聚、推动转型升级、打造“工业强区”夯实了基础。我们拥有得天独厚的区位条件。作为中心城市的重要组成部分，宿豫处于省道249、325、324和新扬高速等多条交通要道交汇处，“进”可以共享中心城市的发展资源，“出”利于深度融入长三角经济圈和淮海经济区，开放发展具备充分的空间和条件。

前不久，市委主要领导莅临宿豫调研指导，为我区经济社会发展理思路、明方向，要求我们要对中央的新要求、新精神认真学习领会，并贯穿工作的每一个环节，在理念更新、解决问题、深化改革上得到鲜明的体现；要求我们要聚焦园区建设、产业集聚、现代农业、民计民生、创业富民“五大重点”，全力拉长补齐经济总量不大、居民收入不高、公共服务不优、脱贫攻坚难度加大“四大短板”，着力建设不含水分、百姓认可的全面小康。贯彻落实好这些工作要求，当前和今后一个时期，我们要高举中国特色社会主义伟大旗帜，全面贯彻党的十八大、十八届三中、四中、五中全会精神，学习习近平总书记系列重要讲话特别是视察江苏重要讲话精神，落实创新、协调、绿色、开放、共享五大发展理念，聚力建设工业强区、电商名城、幸福家园，统筹推进经济建设、政治建设、文化建设、社会建设、生态文明建设和党的建设，着力提高发展质量和效益，着力保障和改善民生，全力推动宿豫转型发展、绿色发展、创新发展。

结合市委提出的新目标、新任务，综合考虑宿豫今后一个阶段发展预期，未来五年我区经济社会发展的主要奋斗目标是：“十三五”期间，力争做到三个高于、一个率先。三个高于，即主要经济指标增速高于全市平均，城乡居民人均收入增速高于GDP增速，农村居民人均可支配收入增速高于城镇居民人均可支配收入增速；一个率先，即在全市率先建成2013版全面小康社会。具体目标是：

——经济综合实力显著增强。经济保持中高速增长，全区地区生产总值年均增长10％左右，一般公共预算收入同口径年均增长11％左右，固定资产投资年均增长17％左右。转型升级取得新突破，二三产增加值占GDP比重达92％；“2＋1”产业产值占规上工业比重达55％，高新技术产业产值占规上工业比重超过三分之一，全社会研发投入占GDP比重达2.5％；以互联网经济为主的新产业新业态进一步壮大，现代服务业比重进一步提高，农业现代化加快推进。

——百姓富裕程度普遍提升。居民收入结构不断优化，中等收入人口比重上升，城镇居民人均可支配收入、农村居民人均可支配收入分别达到 38300 元、22800 元，人均年收入低于 6000 元低收入户全部脱贫。创业致富蔚然成风，社会就业更加充分，城镇登记失业率控制在 3%以内，"零就业"家庭保持动态清零。基本公共服务均等化水平稳步提升，城镇三大保险覆盖率达 98%，在全市率先实现教育现代化，社会保障和养老服务体系进一步健全，社会救助实现全覆盖。

——生态人居环境更加美好。城乡统筹加快推进，城市品质不断提高，城镇形象有效提升，农村居住环境明显改善。全社会生态文明意识明显增强，全区林木覆盖率达 32%，城市绿化覆盖率达 46%，城镇污水处理率达 95%，主要生态指标位居全市领先水平。资源集约利用率持续提高，单位地区生产总值能源消耗、水和大气主要污染物排放逐步下降，创成国家级生态文明建设示范区。

——社会文明程度明显提高。中国梦和社会主义核心价值观更加深入人心。人的素质全面提升，完成全国文明城市创建任务。全社会法治意识不断增强，法治建设满意度达 97%。文化事业文化产业繁荣发展，文化产业增加值占 GDP 比重达 6%左右。社会更加和谐稳定，公众安全感进一步增强。

以全面小康为统领　聚焦聚力推进"三大建设"

实现未来五年的奋斗目标，建成实实在在、不含水分，老百姓得实惠，获得感强、满意度高的全面小康，我们必须坚持立足宿豫实际，牢牢扭住加快发展这个关键，突出差异化、特色化发展，聚焦聚力建设工业强区、电商名城、幸福家园，把优势放大，把短板补齐，在转型跨越中闯出新路，奋力开创宿豫发展新篇章。

（一）聚焦扩量提质，聚力建设工业强区。始终突出工业经济的主导地位，围绕培育一批知名骨干企业、打造一批优势产业集群、建设一批特色产业基地的要求，实行内外并举，加速扩量提质，把宿豫打造成为产业集聚度高、企业竞争力强、集聚集约特色明显的工业强区。力争到"十三五"末，全区规上工业企业达到 500 家、工业开票销售突破 600 亿，新增 10 家以上股改挂牌上市企业，高新技术企业达到 100 家，纳税超千万元企业超过 35 家，宿迁高新区创成国家高新区，张家港宿豫工业园区争创省级开发区，工业占三次产业比重、国家高新技术企业数、上市企业数和进入全市销售、税收 50 强企业数全市领先。

持之以恒抓招商。坚持把项目招引作为工业强区的第一抓手，持续保持招商引资的强劲态势，做好借力发展的大文章。不断创新招商方式，在坚持园区招商、专业招商、产业招商"三位一体"招商模式的基础上，强化领导招商，突出以商引商，注重职能招商，发挥"区领导＋园区＋骨干企业＋行业协会＋产业研究院＋关联度高的后方单位"组团招商力量，加强对招商工作的统筹，切实增强招商实效。突出招引大项目，深入研究装备制造、食品饮料和新材料"2＋1"产业发展的最新动态，瞄准世界 500 强、国内 100 强、行业 50 强，中字头、国字号企业，大力引进一批产业链长、关联度强、科技含量高、财税贡献大的旗舰项目和龙头项目。着力提高招引项目质量，充分发挥招商项目评审委员会的作用，核准项目的准入门槛，把好项目引进质量关。持续开展"三服务三促进"活动，着力打造一流的营商环境，增强企业对宿豫的认同感，实现服务企业与以企招商的"一体化"。"十三五"期间，完成工业固定资产投资不少于 500 亿元，到账外资不少于 3 亿美元，每年新引进亿元以上工业开工项目不少于 35 个、竣工项目不少于 30 个。

坚持不懈培骨干。深入实施企业培育"511"工程，集中优质生产要素和优势资源，实行一类一策、一企一策，精准施策，引导支持骨干企业做大做强，扶持帮助一批成长性强的小微企业迅速成长，加速形成以超 10 亿元为龙头、超亿元为骨干、规模企业为基础的梯次发展格局。着力推动技术改造，支持企业技术升级、产品换代，实现转型发展，技改投入年均增长20%以上。着力推动兼并重组，鼓励企业与国内知名企业、行业龙头企业合作发展，联大靠强，提高竞争力；对停产半停产、连年亏损、资不抵债等企业，招引有实力的关联企业收购并购，做优存量资产。着力推动企业科技创新，充分发挥企业在技术创新中的主体地位，发挥科技镇长团的资源优势，加强产学研合作，切实提高企业科技创新能力；以新材料科技城、海内外高层次人才创新创业园等为载体，积极发展增材制造(3D打印)等先导型产业，加快引进一批高层次人才，充分发挥已入驻的产业研究院、技术交易中心作用，不断强化对中小企业的服务功能，培育和集聚一批自主研发能力强、拥有核心技术的高新技术企业。"十三五"期间，规模以上企业研发机构覆盖率达到60%，引进和培育国家"千人计划"人才不少于10人，新增省"双创人才"15人以上。着力推动股改上市，落实扶持政策，加大要素资源倾斜力度，引导企业用好资本市场，扩大直接融资。着力推动品牌强企，引导企业树立品牌意识，加大品牌建设的投入和激励力度，打造一批知名品牌。到2020年，创省级以上名牌产品不低于8个、国家驰名商标3个以上。

千方百计强载体。按照"五有三转"要求，把放大特色与产业转型升级结合起来，把做大规模和提升质量效益结合起来，着力推进供给侧结构性改革，努力把各个工业园区建设成为产业集聚示范区、转型升级示范区、对外开放示范区。宿迁高新区坚持产业集聚与功能配套两手抓，以秀强股份、中玻集团、广博集团、北斗星通等骨干企业和重大项目为依托，建设若干个特色产业园，引导同类产业集中布局、关联企业集聚发展；深入推进创新平台、基础配套、园区环境提档升级，不断增强园区的承载力。生态化工科技产业园重点在监管整治和提升功能上下功夫，全面推进"两大中心"建设，为全区乃至全市工业发展提供配套；下决心关停并转一批小化工企业和重污染企业，扶持现有企业联大靠强，逐步推进园区产业向精细化工、化工新材料等高端领域集聚，加快实现园区转型升级；持之以恒抓好环保深化治理和安全专项整治，不断巩固"三废"整治成果，加快推进园区环境检测监控中心建设，实现园区大气环境质量根本好转。张家港宿豫工业园区以启动新一轮南北合作为契机，积极发掘两地优势，加大协调对接力度，深入推动南北产业转移，保持园区各项工作继续走在全省南北共建园区前列。

（二）聚焦产城融合，聚力建设电商名城。紧紧抓住"互联网+"的大好机遇，举全区之力，加快推进电子商务产业园区规划建设，进一步放大我区电子商务产业发展的先行优势，推动电商产业和城市融合发展、良性互动，着力把宿豫打造成为在全国具有一定影响力的电商产业集聚、城市形态现代、人气商气富集的电商名城。力争到"十三五"末，电商园区规划的6平方公里基本建成，全国互联网企业50强过半到园区投资落户；城区常住人口达到30万人，全区电商从业人员超过5万人，电商交易额占全市电子商务交易额的三分之一以上。

以做强园区龙头为核心，构筑电商名城有力支撑。按照"三新"发展定位和"六个加快"具体要求，着力打造"六大中心"，全力推动园区总量扩张、质态提升。坚持把项目招引作为重中之重，紧盯国内知名电商企业，加强对接合作，每年新引进电商企业不少于100个。积极发展跨境电商，着力培育一批跨境电商龙头示范企业。全力争取大数据研发、互联网金融等项目落户，大力发展与平台经济相配套的策划、创意、信用等服务机构，提升配套服务能力。全力做好物流服务配套，加快推进陆运河项目建设，充分利用好新扬高速出入口、运河港口等资源，以华东农业大市场、华东农机汽车城、京东物流园、电商产业园产品质押仓库等为依托，吸引知名仓储物流快递企业入驻，打造以电子商务为主导的全新流通体系，构建区域性物流中转中心。依托宿迁馆、国际馆、海豚西选等平台，促进线上购物与线下体验互动融合，进一步扩大园区对外知名度，提升园区品牌影响力。深入推进园区创建活动，以创促建，以建带管，以管提质,“十三五”期间,力争园区创成国家级示范物流园、省级跨境电商试点区。

以提升城市品质为重点,精塑电商名城良好形象。按照城市建设与电子商务“相互依存、互促并进、融合发展”的思路,着力完善功能,提升品位,优化环境,切实提升电商名城的吸引力和美誉度。促进商贸繁荣,打造活力城市。加快实施东外环市政化改造,促进电商园区与主城区更好融合,以项王东路为轴线,大力招引知名城市商业综合体入驻,精心打造宿豫核心商圈,建设文化公园二期、筑梦小镇,不断完善城区购物、娱乐、餐饮以及休闲等功能,更好地满足居民多样化、高品质的需求。完善功能配套,打造宜居城市。建设名校、名医、名居,在完善教育布局的基础上全面提升教育质量和水平,进一步放大宿迁中医院中医治疗的独特优势,不断提升其知名度和影响力;推进房地产供给侧结构性改革,招引品牌房地产企业建设品质较高的改善性住房,改造提升现有小区居住环境,满足不同需求层次人群的需要;完善图书馆、体育馆、停车场、慢行系统等城市功能配套,吸引区内外更多的人到宿豫城区安家落户。提升品质内涵,打造魅力城市。提升改造运河风光带、千鸟园广场和文昌广场,精品建设街头游园绿地,因地制宜增加城市绿量,做到300米见绿、500米建园,为市民提供更多休憩空间。完善城区道路管网,同步实施街景整治,有序实施城市出入口、主次干道和河道沿线景观塑造,逐步改善城市面貌与人居环境。加快推进海绵城市建设,在实现城区排水通畅的基础上提升城市品质品位。健全权责一致的管理体制,整合城管、公安、街道、社区等资源,实现城市管理的精细化、高效化和全覆盖。

以推进融合发展为抓手,夯实电商名城产业基础。激发“互联网+”的催化作用,以全领域、全产业、全流程渗透融合为方向,推动电商产业实现爆发式增长,进一步做响我区的电商品牌。着力推进互联网+工业,支持引导企业注册互联网运营公司,借助京东“中国特产·宿迁馆”等互联网平台促进企业进行产品、工艺、功能和营销升级,鼓励线上企业到我区创办、领办、合办实体企业,推进线上线下融合发展。“十三五”期间,每年建成省级两化融合示范试点企业4个以上。全面提升“一村一品一店”发展内涵,推出更多具有宿豫特色的定制农产品,真正把品牌做响、把网店做实。“十三五”期间,力争地产品销售额超过50亿元。促进互联网+商贸和互联网+旅游,鼓励商贸企业、专业市场等发展“门店体验、线上支付、物流配送”等新型购物方式;借助互联网平台推介、运作旅游产业,丰富旅游内涵。

(三)聚焦城乡统筹,聚力建设幸福家园。坚持以统筹城乡为抓手,以居民需求为中心,以特色发展为导向,全面推进民计民生各项工作,切实提升人民群众的获得感、满意度,着力把宿豫打造成为增收渠道多、人居环境好、公共服务全、社会文明程度高的幸福家园。

全力拓宽增收渠道。把增收致富作为民生之首,多措并举,综合施策,着力提高群众的工资性收入、经营性收入、转移性收入和财产性收入。坚持区园齐抓。下大力气抓好乡镇共建工业集中区和全民创业园建设,不断完善就业服务体系,促进社会充分就业。乡镇共建工业集中区要进一步完善基础设施配套,优化公共服务和管理运行机制,全力招引符合园区产业定位的项目,积极引导三大园区企业配套项目到共建园区落户,培育特色鲜明的主导产业,打造支撑乡镇经济发展的重要增长极;乡镇全民创业园要充分挖掘潜在资源,盘活闲置土地、厂房,为群众家门口创业就业腾出有效的发展空间。力争到“十三五”末,乡镇规上企业数量突破200家,规上工业开票销售占全区的比重超过30%,全民创业园入园项目不少于300个。坚持“双10”共进。巩固提升10万亩果蔬基地,坚持“生态、高效、特色、现代”发展定位,围绕“一镇一特、一村一品”的发展要求,加快产业结构调整,规范有序推进土地流转,重点在324、325省道沿线乡镇布局产业基地,积极培育家庭农场、专业大户、农民合作社、农业产业化龙头企业等新型经营主体,实施新型职业农民培训计划，不断完善农业生产经营体系。到2020年，全区家庭农场经营比重达到60%，无公害、有机、绿色农产品品牌超过300个，农业产业化龙头企业达50家。规划建设10万亩休闲农业和乡村旅游核心区，树立全域旅游理念，把发展旅游业作为倒逼产业升级、提升城乡形态的重要举措，加快推进梨园湾、杉荷园等乡村旅游点串点成线、联点拓面，规划建设六塘河生态景观带、国家级杉荷园湿地公园，打造绿色廊道，使之成为农民的致富之道、市民的休闲之道、游客的观光之道。"十三五"期间，创成国家级休闲农业和乡村旅游示范区。坚持创扶并举。提升创业服务水平，顺应大众创业、万众创新的新趋势，落实好鼓励创业的扶持政策，发挥好市、区全民创业孵化中心作用，着力推进"五小创业"，尤其是引导和鼓励高校毕业生、大学生村官、返乡青年、退伍军人等各类群体投身创业创新大潮。"十三五"期间，新增创业项目3万个以上。提升精准扶贫工作水平，坚定"区域发展带动扶贫开发，扶贫开发促进区域发展"的理念，按照"标准再提高、重点再聚焦、内涵再丰富、底线再织牢"要求，聚焦年收入6000元以下低收入人口和年集体经济收入18万元以下经济薄弱村两大重点，汇聚专项扶贫、行业扶贫和社会扶贫力量，实施产业扶贫、帮带扶贫、政策扶贫，抓好农村低保与扶贫开发两项制度衔接，做到精准扶贫、一户一策、一帮到底，全力推动脱贫致富。

持续优化人居环境。围绕"人的城镇化"，顺应人口集聚趋势，坚持镇村建设联动，加速改善镇容村貌，扎实推进生态文明建设，着力营造特色鲜明、整洁舒适、生态优良的人居环境。加快推进人口集聚。按照"能进城不进镇、能进镇不进集中居住区"的思路，制定、实施鼓励农民进城入镇的政策措施，积极推动农民向城区、镇区和新型农村社区梯度转移、渐进集聚，力争到"十三五"末，城镇化率达65%左右。梯次实施镇村建设。始终把小城镇作为城乡统筹的重要节点来打造。来龙、大兴两个重点镇，新庄、曹集两个特色镇，围绕增强产业集聚和辐射带动功能，加速推进功能完善和配套提质，带动周边乡镇整体协同发展；其余乡镇在抓好常态化管理的同时，严格控制规模扩张，着力完善农贸市场、文化广场、道路管网、公园绿地、公共厕所等配套设施，加快提升街区形象。在全面巩固村庄环境综合整治成果的基础上，按照"无规划不建设""无拆旧不建新"和"因地制宜、自下而上、群众参与"的原则，根据村庄布点规划，积极稳妥扎实有序推进农民集中居住。到2020年，每个乡镇建成2个以上"康居村庄"或"美丽村庄"。着力加强生态保护。强化环境综合治理，系统抓好工业点源、农业面源、生活污染源整治，深入开展畜禽养殖污染治理，巩固完善"户集、村收、镇运"生活垃圾集中处理模式，大力推进城镇污水处理设施建设，到2018年，确保城镇污水处理设施全覆盖，从源头防控污染源产生。强化生态红线管控与保护，规范空间开发活动、控制空间开发强度，"十三五"末，全区生态红线区域面积争取增加5个百分点以上，生态功能区得到有效保护。强化生态文明绩效考核和责任追究制度，按照"深呼吸、看绿化、见清水"的要求，坚持标本兼治、注重长效，统筹推进国家级生态文明建设示范区创建，有效提升环境质量。

着力完善公共服务。围绕"医教水住行"等群众关心关注的领域，统筹规划，加快完善，努力让城乡居民享受一样的公共服务。实施医院提档工程。按照"保基本、强基层、建机制"原则，以打造"十五分钟健康圈"为目标，深化医药卫生体制改革和计生服务管理制度改革，到"十三五"末，力争高新区人民医院创成二级甲等综合医院，第三医院创成二级甲等专科医院，乡镇医院全部创成一级甲等医院。实施教育升级工程。坚持教育优先发展，优化城区教育布局，着力解决城区中小学班额大、学前儿童入学难等问题，深入推进"全面改薄"，全面提升师资队伍整体素质，持续增加优质教育资源总量，力争到2018年，全区义务教育学校全部达到省定现代化办学标准，"十三五"末，累计创成省优质园40所。积极发展职业教育，力争技师学院创成国家级重点技师学院。实施文体惠民工程。加快城乡体育设施建设，打造“10分钟体育健身圈”，创成省级公共体育服务体系示范区；加强大剧院运营管理，健全完善区镇村三级重点公共文化设施，建成图书通借通还平台，办好“文化艺术节”“宿豫大舞台”等群众文化活动，搭建网格化公共文化服务体系，着力打造城市“十五分钟文化圈”和农村“十里文化圈”。实施供水通村达户和天然气镇镇通工程。“十三五”期间，实现农村饮水安全全覆盖，城乡居民全部用上同质同源自来水；乡镇实现天然气主管网通达。实施交通畅达工程。构建现代综合交通体系，积极推进268、346省道建设，提升改造老宿沭路、新大线、晓仰线等县乡道路，实现所有乡镇有等级公路通达，为城乡统筹发展提供有力支撑。实施社会保障提标扩面工程。建立健全社会保险、社会救助、社会福利、社会慈善互为补充的社会保障体系，不断扩大医疗、失业、工伤等社会保险覆盖面，城乡养老保险制度实现全覆盖，稳步提高最低生活保障标准，实现社会救助“一门受理、协同办理”，困难群众基本生活需求得到有效保障。扎实推进棚户区改造和保障房建设。加快发展社会化养老服务事业，完善农村留守儿童、妇女和空巢老人关爱服务体系，使发展成果更多地惠及广大人民。

全面提升社会文明。深入践行法治理念，广泛弘扬文明新风，使向上向善、诚信包容成为普遍的社会风尚。推进民主法治。完善党的领导方式，提升各级领导班子科学民主决策水平。坚持和完善人民代表大会和政治协商制度，加强党管武装工作，不断巩固扩大爱国统一战线，做好民族、宗教、老干部等工作，支持工会、共青团、妇联等群团组织开展工作。深化“政社联建”和城乡社区“契约化”管理，开展村规民约制定，建立健全以村党组织为领导核心，党群议事会为议事主体、村民委员会为执行主体、村务监督委员会为监督主体的“一核三体”运行机制，完善社区党组织领导下的居委会、业主委员会、物业公司“三位一体”工作新模式，不断提升基层民主管理水平。加强法治政府建设，完善政府法律顾问制度，规范行政执法，推动各级机关严格按照法定权限和法定程序履行职责、行使权力；扎实推进司法体制机制改革，切实提高司法公信力；建立科学的法治建设指标体系和考核标准，全面深化法治宣传教育，深入推进“七五”普法，着力打造“全省法治建设先导区”。深化开明开放。充分发挥广播、电视、网络、微信等平台作用，利用“四个公开”、网络问政等方式，加强党群、政民等互动交流，提高工作效能，增添社会活力，最大限度凝聚全社会推进改革发展的共识和力量。坚持包容开放，推进改革创新，打破体制机制壁垒，广泛吸收一切有利于宿豫加快发展的资本、人才，使各类发展主体都能各尽其能、各得其所。促进文明进取。加强社会主义核心价值体系建设；扎实开展全国文明城市创建，积极推行宿迁文明20条，以文明餐桌、文明交通、文明旅游等专项行动为载体，培养市民良好的生活方式和文明习惯；持续开展“身边典型人物”“宿豫好人”等选树活动，强化典型示范效应；大力培育民间志愿服务组织，制定志愿者礼遇回馈制度，“十三五”期间，注册志愿者占城镇人口比例超过15%；加快信用体系建设及信息社会化应用，定期发布诚信“红黑榜”。巩固平安和谐。深化平安创建，进一步加强三级综合管理平台规范化、制度化、实效化建设，持续推进治安巡防和视频监控网络建设向镇村延伸，严厉打击各种违法犯罪，着力构建社会治安立体防控体系。完善社会矛盾纠纷排查预警和调处化解联动机制，进一步完善党政领导定期接访和干部下访制度，畅通信访渠道，推动信访问题及时就地化解。依法规范信访秩序，推进信访工作法治化。从严执行重大事项社会稳定风险评估机制，落实安全生产“党政同责、一岗双责、失职追究”制度，提高处置突发事件和群体事件的能力，坚决防止重特大安全事故发生。

与时俱进加强党的建设　为全面小康建设提供坚强保证

事业发展，党建是核心，干部是关键，作风是保障。坚持党要管党、从严治党，以改革创新的精神,积极探索加强和改进新时期党的建设新路径,不断提高党的建设科学化水平,为全面建成小康社会提供坚强保证。

突出思想引领,锤炼政治坚定、忠诚可靠的党员队伍。各级党组织要把思想政治建设摆在全面从严治党的首要位置,引导广大党员切实加强自身修养、严格纪律约束,发挥先锋模范作用。加强信念教育。有重点、分层次地开展党委中心组学习、机关党员干部培训、基层干部理论学习等活动,充分用好宿豫红色教育资源,深入开展"两学一做"等学习教育,引导党员筑牢精神支柱,扎牢信仰之根,做到不忘初心、不改初衷。从严规范行为。结合"党员先锋队""党员示范岗""党员责任区"评创,引导广大党员对照"四讲四有"合格党员标准,自觉对标找差,既看能否做到令行禁止、政令畅通,又看是否能够在细微之处守纪律,从带头崇孝向善、带头讲诚信、带头遵守宿迁文明 20 条、带头按时缴纳物业费等做起,在小事小节上树形象。严格党内生活。进一步巩固群众路线教育实践活动成果,自觉践行"三严三实""两学一做"有关要求,贯彻执行民主集中制原则,持续坚持"党员活动日""三重一大"集体决策等制度,通过党内生活的规范化、制度化,把全面从严治党贯穿全过程,做到真管真严、敢管敢严、长管长严。

树立鲜明导向,打造担当尽责、务实求实的干部队伍。认真落实中央、省市关于从严规范干部选拔任用系列文件精神,以高的标准、实的措施、严的纪律选好、用好、管好干部,努力打造一支担当尽责、务实求实的干部队伍。围绕发展选干部。严格执行习总书记提出的"20 字"好干部标准,牢固树立"凭实绩用干部"的鲜明导向,完善政绩考核评价体系,强化结果运用,注重在一线认识干部、一线培养干部、一线考察干部、一线使用干部,真正把想干事、能干事、干实事、有实绩的好干部选出来,激励广大干部在经济发展的主战场、维护稳定的第一线、服务基层的最前沿增强信念、锤炼作风、增长才干,提高服务发展、服务群众的本领。围绕发展用干部。进一步完善干部培养使用制度,健全干部交流工作机制,扩大交流主体,优化交流方式,深化培养性、轮岗性等交流,强化干部尤其是年轻干部多岗位培养历练,全面提高引领改革发展、做好群众工作、驾驭复杂局面的能力。围绕发展管干部。突出招商引资、项目建设、信访稳定等重点工作,建立组织函询、督查问责制度,加大日常监督力度,提高干部执行力和落实力。制定出台关于调整不胜任现职领导干部相关制度文件,推动形成能者上、庸者下、劣者汰的良好氛围。建立健全容错纠错机制,激励干部在法治的框架下放手干事,面对矛盾敢于迎难而上,面对挑战敢于挺身而出,面对难题敢于担当负责。

坚持重心下沉,建强主动作为、善谋善为的基层组织。基层党组织是党的全部工作和战斗力的基础。要坚持重心下移、力量下沉,把管党治党责任落实到基层、举措覆盖到基层,推动基层组织全面过硬、全面进步。健全组织设置。以新经济组织和新社会组织为重点,加大非公企业、社会组织等领域党建力度,持续循环整顿软弱后进基层党组织,不断扩大党的组织和工作的有效覆盖。激发基层活力。以"村村都有好书记"为目标,进一步健全完善基层党组织书记培养选拔、考核管理和激励保障机制,大力选拔善于带领集体创业、带动群众致富的能人进班子、挑大梁,着力建设一支素质优良、作风过硬、群众认可的村居干部队伍。丰富工作内容。积极联系群众,自觉践行"三提三知"群众工作法,镇村两级党组织负责人在届期内要走遍辖区村(社区)、村民小组和困难家庭,促进党群干群关系和谐融洽。主动服务群众,全面加强基层服务型党组织建设,聚焦基层群众所需所盼,每年精准排出一批基层党建实事项目,让党建工作推有抓手、干在实处;严格镇村干部值班、走访、代办服务等制度,完善镇村"一站式"服务体系建设,不断提升村居、社区党群服务中心服务功能。引领带动群众,坚持抓党建促增收,推动"创业型支部"建设,放大"支部＋电商"党建富民效应,激励村干部带头上项目,壮大村级集体经济,带动更多群众增收致富。

强化正风肃纪，营造风清气正、干净干事的良好环境。持续推进党风廉政建设和反腐败工作，着力构建不敢腐、不能腐、不想腐的有效机制，切实做到管党治党不放松、正风肃纪不停步、反腐惩恶不手软。全面落实管党治党责任。认真落实党风廉政建设党委主体责任和纪委监督责任，把全面从严治党摆在更加突出的位置，做到与经济建设、改革发展稳定工作同部署、同实施、同检查。持之以恒改进作风。从严遵守中央八项规定、省委十项规定、市委十项禁令。深入推进作风和效能建设，严格执行"六个从严"，切实规范干部日常工作行为，强化责任担当，切实提高全区干部的执行能力和服务水平，让转作风、提效能、抓落实成为常态。始终保持惩治腐败高压态势。认真执行《廉洁自律准则》《纪律处分条例》和《问责条例》，坚持零容忍的态度不变、猛药去疴的决心不减，做到有腐必反、有贪必肃，以反腐倡廉的实际成效取信于民。认真践行监督执纪"四种形态"，综合运用教育提醒、组织处理、纪律处分等多种手段，促进党员干部恪守纪律规矩底线。

各位代表，同志们，宏伟目标催人奋进，转型跨越时不我待。让我们更加紧密地团结在以习近平同志为总书记的党中央周围，在市委的正确领导下，坚定信心、锐意进取，聚焦聚力、务实求实，矢志不渝建设工业强区、电商名城、幸福家园，为建成不含水分、百姓认可的全面小康而努力奋斗！

名词解释

1. 五位一体：经济建设、政治建设、文化建设、社会建设、生态文明建设。

2. 四个全面：全面建成小康社会、全面深化改革、全面依法治国、全面从严治党。

3. "511"工程：市委市政府2015年提出用3年时间促进全市开票销售前500名企业发展，支持1000户以上企业实施超千万元技术改造项目，培育新增规模以上工业企业1000户。

4. 两场一街一中心：菜市场、停车场，餐饮集中街，社区服务中心。

5. "五个一"工作法：一员挂百户、一卡连民心、一表征民意、一本记民情、一车通万家。

6. 六大中心：电子商务产业集聚中心，区域性物流快递配送中心，现代服务业发展中心，定制经济创新示范中心，电商代运营产业集聚中心和第三方呼叫中心。

7. 三服务三促进：服务企业、服务项目、服务园区，促进深化改革、促进作风转变、促进转型发展。

8. 五有三转：有产业规划、有龙头企业、有载体平台、有扶持政策、有优质服务，转变发展方式、转变开发方式、转变招商方式。

9. 两大中心：宿迁生态化工科技产业园金属表面处理中心和纺织品印染中心。

10. "三新"定位：中国电商产业新高地、大众创业新基地、创新发展新典范。

11. 六个加快：加快项目招商步伐、加快项目建设步伐、加快配套服务步伐、加快机制创新步伐、加快政策到位步伐、加快落地见效步伐。

12. 五小创业：小网店、小工厂、小农场、小物流、小服务。

13. 四个公开：公开联系电话，公开活动内容，公开服务承诺，公开工作实绩。

14. 四讲四有：讲政治、有信念，讲规矩、有纪律，讲道德、有品行，讲奉献、有作为。

15. 三提三知：提户知人、提人知事、提事知情

16. 六个从严：从严执行禁酒令，从严执行请假制度，从严执行值班制度，从严执行保持通讯畅通制度，从严执行请示报告制度，从严执行信访稳定、安全生产"一把手"负责制。

17. 四种形态：党内关系要正常化，批评和自我批评要经常开展，让咬耳扯袖、红脸出汗成为常态；党纪轻处分和组织处理要成为大多数；对严重违纪的重处分、作出重大职务调整应当是少数；严重违纪涉嫌违法立案审查的只能是极少数。

政府工作报告

——2016 年 1 月 12 日在宿豫区第十六届人民代表大会第五次会议上

区长　刘士武

各位代表：

现在，我代表区人民政府向大会报告政府工作，请予审议，并请各位政协委员和其他列席人员提出意见。

第一部分：2015 年及“十二五”时期工作回顾

2015 年，在上级党委、政府和区委的正确领导下，区政府紧紧依靠全区人民，积极适应新常态、主动把握新要求，统筹做好稳增长、促改革、调结构、惠民生、防风险各项工作，较好地完成了区十六届人大四次会议确定的目标任务，实现了经济社会持续健康稳定发展，为“十二五”画上了圆满的句号。

一年来，我们坚持稳增长、促转型，经济工作实现新突破。

经济运行平稳向好。经济总量不断扩大。预计实现地区生产总值 230 亿元，增长 9.9%；财政总收入 34.34 亿元，增长 3.8%；完成一般公共预算收入 23.55 亿元，增长 13.1%，增速位居全市第一；社会消费品零售总额 46 亿元，增长 10.3%。运行质态持续优化。预计规模以上工业实现总产值 478 亿元、销售 430 亿元、利税 35 亿元，分别增长 15.2%、13%、20%，产、销、利实现同步增长。税收收入占一般公共预算收入比重达到 87.8%，高于全市平均水平 4.2 个百分点。发展后劲稳步增强。完成 500 万元以上固定资产投资 230 亿元，增长 20.5%；亿元以上工业竣工项目 14 个、开工项目 30 个；秀强 AR 镀膜玻璃生产线竣工投产，填补国内空白；喆尔森实业、中玻电子玻璃产业园等一批重大项目开工建设。

产业转型成效显著。工业方面，“511”工程深入推进，实施千万元以上技改项目 54 个，技改投入达 22.5 亿元，新增规上企业 12 家，完成企业兼并重组 13 家，新增两化融合示范(试点)企业 6 家，培育上市后备企业 15 家，完成股份制改造企业 4 家，新亚强硅化学在“新三板”成功挂牌。玖久丝绸走出国门在中亚国家办厂，成为全市第一个主动对接“一带一路”战略的企业，山亿新能源入选省国际合作项目，秀强股份获批省企业知识产权战略推进计划重点项目，我区被认定为全省唯一的玻璃制品出口基地。“2＋1”产业实现产值 180 亿元，高新技术产业实现产值 108 亿元，分别增长 17.5%、6.7%，分别占全区规模工业总产值的 38.1% 和 22.8%。农业方面，制定了全区农业产业发展规划和空间布局规划，现代农业“1＋X”产业体系建设有力推进，初步形成丁嘴金针菜、来龙有机大米、陆集芦蒿、新庄莲藕等一批特色产业；新发展家庭农场 177 个、农业特色基地 6 个，新增设施蔬菜 8600 亩、设施渔业 1300 亩；在全市率先建立农产品质量安全可追溯体系，通过“三品”认证 45 个，“丁嘴金菜”创成国家地理标志产品，农业基本现代化建设进入全省第二区间。服务业方面，引进中国太平财产保险宿迁支公司等金融机构 4 家，其中，紫金保险宿豫支公司开业运营；江苏中苏商品交易中心获批筹建，成为全市首家大宗商品交易中心；新庄杉荷园正式开园，民防体验园、水利遗址公园创成国家 3A 级旅游景区，六塘河风景区创成国家级水利风景区。全年实现三产增加值 64 亿元，增长 11%，高于地区生产总值增速 1.1 个百分点。

电子商务异军突起。抢抓“互联网＋”发展机遇，大力发展电子商务产业，被评为苏北地区唯一的“全国电子商务示范县(区)”“江苏省农业电子商务示范县(区)”，被京东集团列为“京东农村电商全国首个示范县(区)”。宿迁电子商务产业园区获批国家级电子商务示范基地，江苏省电子商务示范园区、现代服务业集聚区、首批共建互联网产业园，入园企业达108家，电商交易额达103.6亿元，园区实现一般公共预算收入3.4亿元；电商第一街、京东呼叫中心二期、京东淮海经济区电子商务运营中心等项目加快建设。京东商城“宿迁馆”线上线下同步运营，在线销售宿迁地产品3360余种；“国际馆”加快建设。“一村一品一店”建设得到省委、省政府充分肯定，相关做法在全省推广。设立京东农村电商村级合作点298个，建成乡镇网络创业一条街15个，“一村一品一店”实现行政村全覆盖，320余种地产品上网销售，“一村一品一店”农产品体验馆进驻南京国际博览中心，创成省农业电子商务示范乡镇1个、省级电子商务示范村2个、省“一村一品一店”示范村2个。

一年来，我们坚持抓改革、重创新，区域发展增添新动能。

行政审批与农村改革有效激发市场活力。在全省率先建立工业项目产权登记“并联＋串联”审批制度，形成“多评合一”“多图合一”“三个联合”等特色做法；实行行政审批动态调整机制，主动承接、调整省、市下放审批项目，正常行使行政审批事项仅61项，全市最少；在全市县区中率先发放“一照一码”营业执照，证照联动监管机制逐步完善，全年新增私营企业1349家，增长68.6%。完成11个乡镇、街道农村土地承包经营权确权登记颁证工作；农村产权交易服务平台正式运营，开展各类农村资产资源交易140多笔，交易额达2945万元；农业水价综合改革试点工作成效在全国80个试点县区中名列前茅。

科技创新有效增添转型发展动力。全社会研发投入3.68亿元，占地区生产总值的1.6%。新增省级研究生工作站5个、省级企业技术中心2个、省级重点研发机构1个，开发省级高新技术产品5项；自主申报入选国家“千人计划”1人，填补我市空白；获批省“333”工程经费资助项目5人、省“苏北创业领军人才”1人、市“领军人才”9人；依托科技镇长团深化校地合作，签订各类合作协议6个，转化科研成果1项，转让专利1项。

工作机制创新有效提升要素保障能力。融资方面，启动电子商务产业园区10亿元创新创业债券发行工作，通过PPP模式引入社会资本1.67亿元。积极防范化解企业信贷风险，协调银行机构降息让利、增信平移、过桥续贷，组建混合所有制担保公司，建立企业资金链风险“防火墙”，帮助受影响企业稳定或恢复生产，有效控制了金融风险的蔓延，金融生态环境评价位列全市第一，获评“江苏省金融生态达标县区”。用地方面，扎实开展“节地水平和产出效益”双提升活动，加大“五类企业”和存量建设用地清理盘活力度，共清理低效企业、低效项目72个，盘活低效、闲置用地1903亩。

一年来，我们坚持建载体、强镇村，发展基础有了新提升。

园区平台全面提升。宿迁高新区，新材料科技城入驻科技创新平台5个、孵化项目6个；3D打印产业研究院、宿迁技术交易服务中心建设加快推进；南航宿迁新材料与装备制造研究院投入使用；陆运河工程正式启动，运河岸线资源优势进一步放大。宿迁生态化工科技产业园，“五大中心”建设稳步推进，其中，金属表面处理中心挂牌运行，纺织印染中心、危废物品处理中心建设取得明显进展；“三废”治理深入推进，废水稳定达标排放，固废实现规范化处置，无组织废气得到有效控制和治理，园区环境质量明显好转。张家港宿豫工业园区，张家港大厦主体封顶，钱塘变电站建成运营，园区排污、供热管网铺设和道路绿化等重点项目有效实施，名列全省县级南北共建园区综合考评第一名。2个乡镇共建工业集中区，建成标准化厂房35.8万平方米，累计引进通过评审项目59个，落户项目22个，投资强度、容积率分别超过了300万元和1.0。乡镇共建工业集中区建设的做法，被省委研究室《调查与研究》刊文推广。

城市功能逐步完善。西湖东路商业街区加快推进，宿迁国际购物公园、众大上海城等部分商业项目顺利开业，3.3平方公里核心区首位度和城市品位逐步提升。房地产企稳回升，新开工面积91.76万平方米、新竣工面积102.15万平方米。棚户区改造稳步推进,九龙花园和星海湾小区北侧地块、小李庄地块征收顺利完成。组织实施市政、园林绿化和便民服务工程,完成西湖东路等道路改造和玉泉山路等道路建设任务,城区新增绿地5.25公顷,新珠江农贸市场投入使用,雨露小商品(服装)市场改造基本完成,御田菜场主体竣工,完成41个物业小区整治提升、11个小区管道燃气安装任务,公共自行车投放点增加到37个、投放公共自行车830辆。

镇村环境有所改善。小城镇建设投入资金1.1亿元,改造老旧镇区6.2万平方米,新增配套齐全住宅小区12个,改造危房257户。村庄布点规划形成初步成果,规划建设重点村庄151个、特色村庄15个。推进交通"最后一公里"通达工程,完成农村公路提档升级改造40公里,打通"断头路"25公里。制定美丽乡村建设导则和考核办法,扎实推进1407个自然村庄环境整治,获评省级美丽乡村建设示范项目1个,创成省级村庄绿化示范村11个。秸秆禁烧与综合利用工作取得突破性进展。

一年来,我们坚持惠民生、促和谐,社会建设取得新成效。

社会事业不断进步。教育发展水平明显提升,完成城区教育规划布点,文昌小学、浦东幼儿园、伟才幼儿园建成投入使用,新建农村校舍8.3万平方米,创成省优质园2所,职业学校对口高考本科上线人数连续16年居全市之首,7所中小学被评为"国家级青少年足球特色学校",我区被确定为江苏省首批"青少年校园足球试点县(市、区)",创成"全国义务教育发展基本均衡区"。文化惠民工程深入实施,区文化馆新馆达到国家一级馆标准,全面对社会开放;区图书馆与农家书屋、社区书屋资源共享试点工作有序推进;农村文化广场建设全面启动;举办首届文化艺术节暨民俗文化艺术展演等活动,促进了文化传承、丰富了群众生活;全市首部县区通志《宿迁市宿豫志》出版发行;苏北首家地方水利专业展示馆宿迁市水利遗址公园展示馆建成开放。医疗卫生服务进一步优化,区第三医院病房楼建成投入使用,珠江医院新院区综合服务楼基本竣工;新建标准化村卫生室、社区卫生服务站33个;实施国家基本公共卫生服务45项、妇幼重大卫生服务4项,在乡镇医院试点国家基本药物制度,所有基本药物实行零差率销售。

社会保障更加有力。完成"十二五"扶贫开发任务,省定建档立卡低收入农户7.2万人全部实现脱贫;34个省定经济薄弱村全部实现新"八有"目标、集体经济年收入全部超过15万元。就业创业帮扶成效显著,创成省级创业孵化示范基地1个,入选"2015年省级大学生优秀创业项目"6个,新转移农村劳动力5500多人,帮助2300多名城乡失业人员实现再就业。社会保险扩面提标,企业职工基本养老保险、城镇职工基本医疗保险、城镇失业保险和城乡基本养老保险覆盖率均超过96%;新农合参合率达99.95%,财政承担部分由每人320元提高到每人380元。养老服务体系进一步完善,改造提升乡镇敬老院12个,建成居家养老服务中心126个,每千名老人拥有床位48张,是全国平均水平(24.4张)近2倍。全面实施临时救助制度,建立"一门受理、协同办理"机制,成立社会救助分中心8个,各乡镇、街道均设立社会救助服务窗口,救助网络日趋完善,被确定为全国"救急难"综合试点单位。农村饮水安全、保障性住房建设等惠民工程加快推进,区域供水主管网覆盖率达100%,建成棚户区改造安置房3001套、公共租赁房20套,新开工限价商品房100套。

社会治理持续深化。深入推进社会治安综合治理,狠抓法制宣传,"六五"普法工作顺利通过省级验收;加大"两抢两盗一骗"、损害企业合法权益等犯罪行为打击力度,全年"八类"案件破案率达90%以上,连续10年被命名为全省社会治安安全区。加强社区建设管理,126个社区达到和谐社区建设标准,达标率为91.3%。开展安全生产隐患排查整治,落实企业安全生产主体责任,全区未发生一起较大以上安全生产事故。推进社会信用体系示范城市建设，建成“一网两库一平台”，累计归集信用信息22.2万条，信用产品覆盖248种行政管理事项，初步建立社会信用体系基本框架。

一年来，我们坚持转作风、提效能，政府自身建设得到新加强。坚持依法行政，健全完善行政决策制度机制，成立区政府法律顾问委员会，园区、乡镇、街道和区直部门、单位普遍建立法律顾问制度。强化政府信息公开，区政府门户网站完成改版并正式运行，全年公开各类信息4900多条，通过区政府政务微博公开重大活动、回应群众关心热点问题等信息3000余条。狠抓“四风”整治，坚持精文减会，区政府发文、会议数量分别减少15%、18%；开展“吃空饷”问题专项治理，规范津补贴发放，从严从紧控制公务支出，“三公”经费支出同比减少8.79%；启动公车改革，封存公务用车188辆；强化正风肃纪，公务人员因慢作为、乱作为被通报批评72人、受到党纪政纪处分27人。主动接受监督，自觉接受人大法律监督和工作监督、政协及社会各界的民主监督，累计办理人大代表议案建议76件、政协提案150件；办理网络问政、12345热线事项1.9万件，办结率达100%。

此外，人武、双拥、统计、档案、物价、科协、人防、气象、地震、外事、台侨、工会、老龄、青少年、残疾人、妇女儿童、民族宗教、政务管理、红十字会、关心下一代等工作，都取得了新进步，为全区经济社会发展作出了积极的贡献。

各位代表，过去一年，我们以扎实的工作圆满收官“十二五”。回顾“十二五”工作，奋斗的历程充满艰辛、令人难忘；取得的成绩弥足珍贵、催人奋进。

过去的五年，是经济发展提速增效、综合实力显著增强的五年。地区生产总值、财政总收入、一般公共预算收入年均分别增长11.6%、19.7%、28.8%。人均地区生产总值达到51700元，排名全市三县两区第一，较“十一五”末实现翻番。500万元以上固定资产投资848亿元，其中工业生产性投入528亿元，年均分别增长22%、17.7%。全社会消费品零售总额216亿元，是“十一五”的近2倍。外经外贸增长较快，累计实现进出口总额23亿美元，实际到账外资2.35亿美元，分别比“十一五”增长229%、279.4%。

过去的五年，是转型发展步伐加快、经济结构持续优化的五年。创成全市唯一的省级高新区、全省领先的电子商务产业园区，创新建设2个乡镇共建工业集中区，形成多层次的园区平台；获批国家高新技术企业36家，全市最多；规模以上企业达到234家，比“十一五”末增加91家；新增外商投资企业30家、进出口实绩企业31家；省科学技术奖、省优质发明专利均率先实现全市零突破。肉鸡、蔬菜、生猪三大农业产业入围全省县域年产值10亿元以上优势特色产业，建成全省唯一的肉鸡产业基地。创成中国驰名商标3件、省著名商标14件、省名牌产品18个。三次产业比例从“十一五”末的15.4∶59.1∶25.5调整为10.9∶61.5∶27.6，二、三产占地区生产总值比重较“十一五”末提高4.5个百分点。

过去的五年，是基础建设稳步推进、城乡配套明显改善的五年。城镇化率从52.4%提高到58.6%，城区建成区面积从35.52平方公里扩展到45平方公里。城市绿化覆盖率达42.45%，人均公共绿地面积高于全市平均水平2个百分点。农业综合开发持续推进，累计新增高标准农田12.3万亩。耕地总面积达60.2万亩，其中基本农田48.17万亩，超额完成国家下达的保护任务。城乡交通体系进一步完善，城市道路形成“九纵十三横”框架，农村公路总里程超过1300公里，镇村公交开通率达100%。“五城同创”成效显著，先后创成国家卫生城市、国家节水型城市、中国人居环境奖城市和江苏省文明城市，获得全国文明城市提名，通过国家环保模范城市技术评估。

过去的五年，是各项事业协调发展、人民生活逐步提高的五年。公共投入力度不断加大，共完成一般公共预算支出161.25亿元，是“十一五”时期2.6倍，民生支出占比由58.4%提高到75.5%。城乡居民人均可支配收入年均分别增长12.4%和13.5%,分别比“十一五”末提高1.4个和6个百分点。社会救助自然增长机制进一步完善,城乡低保、五保、孤儿保障标准逐年提高,比“十一五”末分别增长150%、200%和164%。公共就业服务体系实现城乡全覆盖,城镇登记失业率控制在2.3%以下。教育发展水平不断提升,全区学前幼儿入园率、义务教育入学率、初中毕业生升学率分别达96.7%、100%和98.3%,创成“江苏省基本教育现代化县区”。医疗卫生资源更加丰富,各级各类医疗机构增至182所,其中国家三级甲等中医院1所、二级综合性医院2所,标准化卫生室实现行政村全覆盖。

过去的五年,是改革不断深化、发展活力不断增强的五年。始终坚持问题导向,瞄准关键环节、关键领域,持续推进改革创新。针对企业发展需求,引导企业开展直接融资,成功发行苏北第一支中小企业集合票据,成功培育2家上市企业、1家“新三板”挂牌企业。围绕社会治理难点,积极开展“政社联建”,探索基层社会治理模式,“契约化管理”“一家双联三议事”等做法在全省推广,被确定为全省首批、全市唯一的“全省现代社区治理创新实验区”。围绕政府职能转变,强化简政放权,以“五减”为核心的行政审批制度改革全市领先,有效提升了营商环境。

各位代表,过去五年所取得的成绩,是区委正确领导的结果,是区人大、区政协监督支持的结果,是全区人民团结拼搏、艰苦奋斗的结果,同时,也离不开历届领导班子打下的坚实基础。在此,我代表区政府向全区广大干部群众,向人大代表、政协委员和离退休老同志,向社会各界朋友,致以崇高的敬意和衷心的感谢!

回顾过去,成绩令人鼓舞,但我们也清醒地看到,全区经济社会发展中还存在一些矛盾和问题,主要是:全区经济总量偏小、结构不尽合理,实体经济运营困难,做大总量和加快转型的任务艰巨;新型城镇化发展不够充分,城市尚未形成具有区域影响力的“核心区”,镇村建设特色不明显,乡镇“短板”问题较突出;资源要素趋紧,经济社会发展重点领域还存在一些不协调、不配套的地方;政府自身建设仍需加强,公共服务水平有待进一步提高,等等。对此,我们将高度重视,采取有效措施,切实加以解决。

第二部分:“十三五”时期奋斗目标和工作重点

“十三五”时期,是我区加快发展的重要战略机遇期。从宏观形势看,世界经济呈现稳步复苏的趋势,我国经济进入新常态,增速有所下降,但经济发展长期向好的基本面没有变;经济韧性好、潜力足、回旋空间大的基本特质没有变;经济持续增长的支撑基础和条件没有变;经济结构调整优化的前进态势没有变。从所处区位看,“一带一路”、长江经济带、长三角一体化、沿海开发、苏南自主创新示范区等五大国家战略同步叠加在江苏,可供利用的空间较大,加之徐宿淮盐、合青等多条高铁开工建设,对外通道将更加顺畅,可有效衔接国家战略、对接先进地区。从自身基础看,通过“十二五”的不懈努力,一些能够适应新常态、引领新常态的发展优势初步显现:电子商务产业园区、新材料产业科技城等一批新平台,为实体经济发展提供了有力支撑;电子商务、增材制造(3D打印)等新兴业态,成为引领产业升级、抢占高端市场的突破口;改革创新持续深化,发展动力、活力日益增强。因此,我们完全可以通过抢抓机遇,因势利导,乘势而上,创造宿豫发展的又一个“黄金期”。

根据区委“十三五”规划建议,区政府制定了国民经济和社会发展第十三个五年规划纲要(草案)。按照规划纲要(草案):

“十三五”时期全区发展的指导思想是,全面贯彻党的十八大、十八大以来历次全会和习近平总书记系列重要讲话精神,紧紧围绕“五位一体”总体布局、“四个全面”战略布局,深入贯彻省委“七大战略”、市委“五大战略”,始终坚持“集约集聚特色”发展理念,始终围绕2018年实现“1231”“五率领先”阶段性目标和2020年“全面达小康”总体目标,科学施策,稳中求进,统筹推进经济、政治、文化、社会和生态文明建设,着力提高发展质量和效益,着力保障和改善民生,加快推动经济社会转型发展、绿色发展、创新发展，确保建成“强富美高”的全面小康新宿豫。

“十三五”时期全区经济社会发展主要目标是，在如期完成市委提出的“两个翻番”“两个确保”的基础上，实现主要经济指标好于周边、增速高于市均，始终保持城乡居民人均收入增速高于地区生产总值增速、农村居民人均可支配收入增速高于城镇居民人均可支配收入增速。具体目标是：

——区域综合实力显著增强。经济保持中高速增长，地区生产总值、一般公共预算收入年均增长11%左右。转型升级取得突破性进展，“2+1”产业集聚度进一步提升，以互联网经济为主的新业态进一步壮大，现代服务业比重进一步提高，实现农业基本现代化，内生发展动力和自主创新能力明显增强。

——群众生活质量普遍提升。居民收入结构不断优化，城乡收入差距进一步缩小，中等收入人口比重上升，相对贫困人口减少。社会就业更加充分。教育现代化建设全市领先，现代医疗卫生体系建设取得新进展，养老服务体系进一步健全，基本公共服务均等化水平稳步提升，公共安全水平明显提高。

——城乡人居环境持续改善。全社会生态文明意识明显增强，深呼吸、看绿化、见清水三大目标建设水平进一步提升，主要生态指标位居全市领先水平。城乡发展更加协调，城市内涵不断丰富，城镇品位稳步提升，农村环境明显改善，城乡发展走出一条特色引领、可持续发展之路。

——社会文明程度明显提高。中国梦和社会主义核心价值观更加深入人心，“开放包容、诚实守信、务实创新”的宿豫精神得到进一步弘扬。党员干部在社会文明建设中的引领作用更加彰显，改革开放全面推进，政府职能转变和体制机制创新取得明显进展，全社会法治观念、诚信意识不断增强。人民群众思想道德素质、科学文化素质、健康素质明显提高，文化更加繁荣，社会更加和谐稳定。

“十三五”时期全区经济社会发展的总体要求和工作重点是，认真学习领会中央和省市重大决策、部署，精准把握五大发展新理念、新常态新特征、“强富美高”新要求以及扩大总量、优化存量、提升质量“三重任务”新变化，按照“十个更加注重”“八个转型升级”的最新部署，紧扣“三抓三促”工作主线，坚持“集约集聚特色”发展理念，具体落实好六个方面工作：

——更加突出发展第一要务，把壮大经济总量作为首要任务，把增加有效投入作为拉动经济增长的主要抓手，进一步引导全区上下坚定发展信心、形成加快发展的共识，积极应对各种风险挑战，尤其是经济运行风险，努力保持发展增速在合理区间，实现更高质量、更有效率、更加公平、更可持续的发展。

——更加突出产业集约集聚，实行实体经济和互联网经济“双轮驱动”，大力发展先进制造业，深入实施“互联网+”行动计划，加快提升优势传统产业，积极培育战略性新兴产业，加速构建以“2+1”工业体系为主体、以互联网经济为支撑、以“1+X”现代农业为基础的现代产业体系，努力实现三次产业协调融合高端发展。

——更加突出项目支撑，以突破重特大项目为不懈追求，着力优化项目建设、企业培育、要素保障、平台打造“四项机制”，强化刚性约束，促进要素集聚，全力以赴扩大总量、优化存量、提升质量。

——更加突出生态建设，矢志不渝转方式、调结构，强化节约资源，加大环境治理和保护力度，推动生产方式、生活方式和消费方式低碳化、绿色化，着力建设资源节约型、环境友好型社会。

——更加突出共享发展，全面落实“七个更”要求，坚持民生工作“三个优先”，努力解决好群众最关心的“医教水住行”等问题，加强民主法制建设，创新社会治理模式，进一步扩大公共服务供给，丰富人民群众精神文化生活，使发展成果更多更公平地惠及全区人民。

——更加突出改革创新，以科技创新为核心推动经济社会全面创新，着力构建更具活力的体制机制，大力支持大众创业、万众创新，全面提升产业技术水平和核心竞争力,不断强化科技、教育、人才对发展的支撑作用,加快形成以改革创新为主要引领和支撑的经济体系和发展方式。

第三部分:2016 年政府工作主要任务

2016 年是“十三五”开局之年,抓好今年各项工作尤为重要。我们将认真贯彻落实中央和省市新决策、新部署,以及区委十一届七次全体(扩大)会议精神,坚持稳中求进的总基调,围绕“1231”“五率领先”和“全面达小康”的目标,突出“三抓三促”工作主线和“八个坚定不移”的要求,收拢五指聚合力量,突出重点打造特色,加快培育新的发展动能,持续改善民计民生,切实优化发展环境,全力推动经济社会又好又快发展,确保打赢“十三五”开局之战。全区经济社会发展主要预期目标是:地区生产总值增长 11%左右;一般公共预算收入增长 12.5%左右;500 万元以上固定资产投资增长 20%左右;社会消费品零售总额增长 12.5%左右;进出口总额增长 15%左右;全体居民人均可支配收入增长 10.5%左右。

围绕上述目标,我们将重点抓好六个方面的工作:

一、坚持产业强区,全力提升经济发展质效

围绕调结构、促转型,坚持总量质量并重、外引内培并举,促进三次产业互动、融合发展,全力提升经济发展的质量和效益。

一是推动工业加速转型。提升园区承载能力。以“五有三转”为要求,统筹做好宿迁高新区、宿迁生态化工科技产业园、张家港宿豫工业园区规划完善、载体建设、管理创新工作;坚持规划、配套、管理“三统一”,加快推进乡镇共建工业集中区建设,推动项目集中布局、资源集约利用、服务全面提升。年内,确保宿迁高新区创建国家级高新区工作取得突破性进展,宿迁生态化工科技产业园、张家港宿豫工业园区基本达到省级开发区标准;机械制造、绿色建材 2 个乡镇共建工业集中区实现“五通一平”。壮大主导产业规模。强化“2+1”产业规划引领,坚持内培外引,狠抓“两化融合”,引导生产向下游延伸、链条向高端迈进、产能向先进转变、销售向外部拓展,不断壮大主导产业规模。年内,力争“2+1”产业主营业务收入达 300 亿元;高新技术产业产值占规模工业总产值比重提高到 24%左右。加快企业转型升级。深入实施“511”工程,鼓励和支持企业兼并重组、技术改造、股改上市和规模发展,全面提升企业运营质量和管理水平。做好“互联网+本地企业”和“互联网+本地产业”的文章,促进企业加快实现研发、生产、销售、服务等全流程互联网化转型。年内,力争完成企业兼并重组不少于 10 家,实施千万元以上技改项目不少于 42 个,完成股改企业 3 家,培育“新三板”挂牌企业 2 家,60%以上的规模企业上网“触电”。

二是促进服务业加速升级。着力做强电子商务产业。围绕“三新”发展定位,加大电商产业园区载体建设和主体培育力度,确保年内京东物流、质押仓库、筑梦小镇、邻里中心、电商公寓等项目完成规划建设内容,“六大公共服务平台”建成使用,宿迁生活 O2O 平台、京东商城“国际馆”投入运营,京东研发大楼建设、亿元电商总部大厦打造等工作取得重大进展,新落户电商及相关配套企业 60 家以上,园区电商交易额突破 150 亿元、一般公共预算收入超过 5 亿元。努力发展旅游产业。实施“申星创 A”工程,加快新庄杉荷园省四星级乡村旅游点创建、顺河梨园湾五星级景区改造提升步伐;主动融入宿迁大旅游格局,打造运河景观游、乡村一日游、工业体验游等特色旅游,全面提升旅游产业配套水平。不断增强金融业支撑作用。牢固树立金融和经济共生共赢理念,建立新型政银企关系,创新金融服务措施,畅通实体经济“血脉”,防范化解金融风险,提升金融支撑经济发展的能力。年内,确保新引进金融及配套机构 5 家以上,年底贷款余额突破 260 亿元,其中,工业贷款余额突破 110 亿元。

三是加快农业现代化进程。壮大特色产业规模。以农业产业规划和布局规划为引导,坚持区级抓生态肉鸡、有机稻米、绿色蔬菜三大产

业，乡镇抓“1＋X”产业体系建设，村级抓“一品”基地打造，进一步优化农业结构。年内，确保每个乡镇主导产业种植规模突破3000亩，特色产业突破1000亩。培育新型经营主体。以推进土地适度规模经营为抓手，积极培育专业种养大户、家庭农场、合作组织，实施农业龙头企业“转型倍增”计划，进一步做大现代农业经营主体。年内，确保新发展家庭农场200个、专业合作社100个，培育市级以上农业产业化龙头企业40家以上。打造农产品特色品牌。大力发展基地农业、订单农业、可追溯农业，引导大型企事业单位与乡镇农产品生产基地建立供需合作关系，实行“龙头企业＋特色基地＋种养大户”订单生产模式，推行全程标准化生产，强化“三品一标”认证，鼓励农产品带牌生产、带标销售，进一步做响品牌。扩大“一村一品一店”带动效应。在大力培育特色农产品的同时，把“三来一加”作为“一村一品一店”建设的增长点，加快提升“一村一品一店”建设水平，着力提升“一品”品质，做响“一品”品牌，着力推动“一店”做优、做精、做特，引领农业转型、农民致富。年内，确保京东商城“一村一品一店·宿豫产品馆”建成投入运营，每个乡镇、街道、园区打造1个市级以上电子商务（网络创业）示范村居、1个精品载体（网络创业示范街区或网络创业孵化中心），销售额突破9亿元。

二、坚持创新驱动，全力增创核心竞争优势

推动转型发展的关键在于创新。新一年，我们将以科技创新为引领，营造大众创业、万众创新的良好氛围，激发全社会创新活力和创造潜能，为全区产业迈向中高端、增长保持中高速注入强劲动力。

一是打造多元创新平台。建强科技创新综合服务平台。依托新材料科技城、宿迁海内外高层次人才创新创业园，大力招引科技研发、技术转移、检验检测、科技孵化、产权交易等机构入驻，为企业技术创新提供多样化、定制式服务。年内，确保宿迁技术交易服务中心挂牌运营，增材制造（3D打印）产业“一院三中心”建成使用，黑龙江省科学院宿豫技术转移中心、南京工业大学技术转移中心（宿迁）分中心正式运营。支持企业建立自主研发平台。鼓励科技型企业采取自建、联建、引建等方式，建立符合自身发展需求的研发平台，逐步实现“三站三中心”科技型企业全覆盖。年内，确保新增省级以上研发机构5家。搭建“互联网＋”创新创业平台。围绕做强互联网经济，着力引进和培育互联网产业研究、技术推广、创新创业孵化、电商运营、定制经济示范、互联网融资等服务平台，为网络创业和互联网产业创新提供有力支撑。年内，确保电子商务产业研究院、互联网大众创业园、市互联网金融中心等项目建成投入使用。

二是集聚各类创新人才。招引高端技术人才。紧紧围绕“2＋1”、电子商务、精细化工等重点产业发展需求，深入实施高层次人才集聚计划，发挥企业主体作用，组织开展“宿豫企业院校行”“双百工程”对接等活动，坚持引人才与引项目相结合，努力集聚一批掌握高端技术、具有创新意识的领军型人才及创新创业团队。年内，力争引进高层次专业技术人才100人以上，创新团队不少于3个。培育本土创新人才。深入开展“四名四优”本土拔尖人才评选活动，持续选拔培育本土“教育名家、医疗名家、文化名家、电商名家”和“优秀专业技术人员、优秀技师、优秀田园精英、优秀社会工作者”，加大对“乡土”人才的扶持力度，支持他们学习深造、提高技能。催生更多新型创客。大力推进创客空间、创业街区建设，建立和完善创新创业咨询服务、金融扶持、培训提升等激励和保障措施，提升智能硬件、众研、众扶、众筹等配套服务水平，大力引导、开展创客实践活动。年内，确保新建各类创客空间15家以上，新增各类创客不少于500人。

三是健全创新制度机制。建立多元化投入机制。完善和落实“苏科贷”“创新券”等激励创新的政策措施，坚持以财政投入为引导、企业投入为主体，鼓励更多的民间资本投向科技创新，确保2016年研发投入占地区生产总值比重提高0.2个百分点左右。强化知识产权保护应

用。完善专利创造、运用激励政策,支持企业自主研发、购买专利技术,帮助企业申报知识产权,争创名品名标,加快科技成果转化,加大侵权行为查处力度,保护好创新成果。年内,力争专利申请量达1300件以上,开发新产品20项,创成省级以上名牌1个、名标2件。深化政产学研合作。加强与"科技镇长团"后方单位、知名高校和科研院所的联系,组建产业技术创新联盟,建立校地合作、校企合作长效机制。营造崇尚创新氛围。在全社会倡导鼓励创新、宽容失败、敢为人先的风尚,大力培育企业家精神和创新文化,推出一批创新创业先进典型,不断激发全社会的创新创业内生动力,努力让大众创业、万众创新之风劲吹宿豫大地。

三、坚持项目支撑,全力夯实区域发展基础

坚持把项目建设作为经济工作的第一抓手,以项目促进投资落实、带动增量优化、保障目标实现。

一是深化招商引项目,富集资源要素。坚持"三位一体"招商。产业招商坚持紧扣"2+1"等主导产业发展需求,精心策划招商活动,努力引进龙头带动型、产业支撑型、链条补缺型项目;园区招商坚持立足自身发展定位,引进符合产业发展规划的项目;专业招商坚持选派专业人员进驻重点地区、跟踪重点线索、专攻重大项目招引。年内,确保引进亿元以上项目不少于30个,其中"2+1"产业项目不少于20个。努力拓宽招商路径。在强化领导招商、以商招商的同时,试行委托招商;充分利用专业网站、政务微博、手机微信等新媒体开展招商宣传推介活动;制定激励政策,引导社会广泛参与招商。切实强化招商考核。落实园区、乡镇、街道和主要经济部门招商责任,强化招商监督,保证主要责任人三分之一以上时间在外招商;对无具体工业引资任务的部门、单位,下达电商项目招引、工业招商线索提供及规上企业培育等考核任务;坚持年终考核与过程考核相结合,抓住项目签约、开工建设、设备安装、竣工投产等关键环节,确保招商实效。

二是强化研究争项目,获取更大支持。完善工作机制。成立向上争取研究协调机构,选配精干人员,建立项目争取协商、会办制度,统筹谋划和推动全区策应扶持工作。制定争取计划。加强对上级政策的研究,结合我区实际需求和比较优势,科学制定策应扶持争取计划,以计划定项目,以项目争投资,提高项目争取精准度,切实用足用好上级扶持政策。强化项目落地。建立项目争取全程考核制度,落实策应扶持工作责任,进一步加强项目预审、项目包装和跟踪对接,提高项目争取成功率。年内,确保对上争取项目申报量、资金到位量在去年基础上提高30%左右。

三是优化机制建项目,扩大有效投入。完善土地供应机制。继续实施"五类企业"和低效用地清理盘活工作,确保全年盘活存量用地不少于3000亩。构建工业用地评价体系,实施差别化供地机制,按照急用先供、保障开工、分期到位的方式,统筹落实项目用地。探索财政金融服务保障机制。推广股权融资、PPP融资模式,广泛吸纳社会资本参与项目建设。深化财政改革,推行财政投资评审和绩效评价,提高财政资金效益。完善项目建设管理机制。实行项目推进"五个一"机制和工程质量保证金、监管终身负责等制度,强化常态督查、观摩等过程性管控措施,做到项目实施有抓手、可追责。年内,确保114个区重大项目、重点基础设施项目和区政府为民办实事项目顺利实施,确保陆运河水利综合开发、中玻电子玻璃产业园等列省、列市重大项目取得重大进展。

四、坚持打造特色,全力推动城乡协调发展

强化"集约集聚特色"发展的理念,以提高质量为立足点,以均衡配置资源为主抓手,积极稳妥推进新型城镇化和城乡一体化,逐步破除城乡二元经济结构。

一是加快打造现代城区。提升城市功能。按照呼应和融入主城区的总体定位,做好功能完善和错位发展的文章,重点抓好"一核、一带、多点"建设,即加快推进3.3平方公里核心区打

造、洪泽湖东路电商产业带综合景观提升、城区主要出入口环境优化等重点区域建设，大力实施市政、园林绿化和便民服务“三大提升”工程，进一步完善城市配套、健全城市功能。年内，确保建设林荫道路8公里、改造公共绿地5万平方米，城区排污排水工程全面竣工，区游泳馆建成投入使用。强化城市管理。持续加强城市环境综合整治，狠抓重点路段、重点场所的系统治理和城市管理薄弱地带的整改提升，着力规范交通秩序、市场经营秩序，探索建立智能化城市管理系统，进一步完善“大城管”格局，健全城市管理长效机制，全面提升市容市貌和管理水平。集聚商气人气。围绕打造餐饮、住宿、休闲、娱乐、健身、购物“六位一体”综合业态商圈目标，着力推进西湖东路商业街区建设，积极招引三产服务业品牌项目入驻。年内，确保国际购物公园项目全面营业，锦绣江南二期全面封顶，禧徕乐城市生活广场实质性启动建设。落实好扶持房地产健康发展的政策，吸引农民进城购房，加快商品房去库存，集聚人气商气，促进城市繁荣。

二是加快培育特色城镇。注重规划引领。立足乡镇(包括顺河街道)资源禀赋、功能定位、空间区位、产业布局等基础，围绕打造产业特色、挖掘人文特色、体现风貌特色，科学编制特色镇发展规划，为乡镇“差别发展、错位竞争”提供指导和遵循。丰富建设内涵。按照特色镇村建设“五个一”要求推进小城镇基础建设，重点抓“一街一路”整治提升，引导各乡镇通过改建扩建、完善配套等方式，着力打造一个示范街区和一个靓丽的镇区“出入口”，以点带面，逐步提升城镇建设质量。强化长效管理。从管理队伍、投入保障、服务体系等方面入手，建立健全卫生保洁、秩序规范、设施维护等各项制度，全面提升城镇管理水平，着力打造镇容整洁、特色鲜明、管理规范、宜居宜业的魅力乡镇。

三是加快建设美丽乡村。一方面，抓示范带动。实施特色村建设“7+6”行动计划，选择13个基础较好的村居作为试点，以打造集中居住、培育特色产业、展示乡村风貌为主要建设内容，坚持居住规划与产业规划一起做、整村推进与改造提升一起抓、生产方式与生活方式一起转，探索经验，形成示范，带动面上工作开展。另一方面，抓整体环境改善。启动实施村庄环境巩固提升工程，结合农田水利建设、“一系两网”建设和为民办实事项目的实施，对村庄环境进行连片整治，对农村居民生产生活设施进行全面改造，确保年内沟通水系不少于220公里，成片造林340公顷，完成农村公路提档升级90公里、“最后一公里”通达工程30公里，努力打造整洁有序、水清路畅的新农村。

五、坚持民生优先，全力促进发展成果共享

牢固树立共享发展的理念，围绕“七个更”的目标，办好各项民生实事，着力解决群众最关心最现实的问题、提供更多更好的服务，不断提高人民群众的幸福感和满意度。

一是切实增加群众收入。促进充分就业。实施“互联网+就业”工程，构建规范化的信息服务平台，强化技能培训，促进有劳动能力的城乡居民充分就业，确保全年新增就业6000人左右。推动全民创业。制定发展规划，量身定制扶持政策，落实创业帮扶“三个一”举措，完善创业宣传、创业融资、创业孵化、创业项目推介、创业指导服务等各类创业平台，拓展创业空间，支持鼓励能人大户、外出务工人员等各类群体创办、领办“三来一加”“互联网+”等致富项目。年内，确保建成网络创业孵化中心1.5万平方米左右，建立创业平台2个，培育创业典型100名以上。保障劳有所得。严格执行最低工资标准和工资集体协商制度，建立欠薪预警机制，努力增加一线职工的收入，确保城乡居民工资性收入只增不减。

二是切实优化公共服务。围绕“学有优教”，加快推进教育现代化建设，着重抓好城乡教育资源优化配置、城乡老旧校舍改造、教育信息化提升、师资双向交流等工作，确保年内70%以上的学校达到省现代化学校标准，改扩建校舍不少于6.8万平方米。围绕“病有良医”，加快各类医疗机构提档升级步伐，全面实

施国家基本药物制度、分级诊疗制度、疾病应急救助制度,进一步解决“看病难”“看病贵”问题。围绕“饮水安全”,加快推进区域供水和农村饮水安全工程,创新城乡供水管理体制和运营机制,确保年内区域供水工程入村率100%,入户率不低于90%。围绕“住有康居”,加快农民集中居住区配套提升、贫困户危房改造、公租房建设,提高群众居住质量。围绕“出行便捷”,加快推进城乡道路建设,在确保城市公交全覆盖、农村公交“村村通”的基础上,增设公交停靠站点,增加公交班次,最大限度满足群众出行需求。围绕“文体繁荣”,加快文化、体育等公共服务体系建设,组织文艺精品创作,抓好文化遗产保护与利用,加快园区、乡镇、街道和部门志编修工作。年内,力争完成各类志书初稿,文化大剧院投入运营,创成“江苏省公共体育服务体系示范区”。

三是切实完善社会保障。推进社保扩面提标。实施全民参保计划,推动全民参保登记与社会保险全覆盖。推进职工和居民基本养老保险制度衔接、被征地农民刚性进保、企业“五险”落实、城乡居民医保并轨工作,提高财政补助标准,进一步增强社会保险的保障功能。实施新一轮脱贫攻坚工程。全面聚焦6000元以下低收入人口和年收入18万元以下薄弱村两大重点,落实机关企事业单位“挂村包户”脱贫责任制,精准确立帮扶对子;根据一户一策、一村一策的要求,精准安排帮扶项目,确保扶贫开发“不少一户、不落一人”。年内,力争25%的新标准贫困人口脱贫,25%经济薄弱村实现更高水平“新八有”。实行兜底救助。健全临时救助暂行办法,完善社会救助“一门受理、协同办理”工作机制,逐年提高各类救助对象保障标准,大力发展社会福利和慈善事业,为各类弱势群体提供及时有效的救助。

六、坚持优化环境,全力增强区域发展保障能力

环境是承载发展的基础,是影响力、竞争力,也是生产力。扩大对外开放、实现可持续发展,必然需要以良好的环境为基础和保障。新的一年,我们将把做优软硬环境作为重点工作抓紧抓实,抓出成效。

一是立足绿色发展时代要求,进一步优化生态环境。推行清洁生产。严把工业项目准入关,严格落实用能评价、预警调控等制度,加快淘汰落后产能;开展畜禽养殖污染治理,推广肉禽“笼养”技术,努力降低养殖污染;强化禁止类农药监管,推行科学施肥,减轻种植业对土壤的污染和损害。坚持综合治污。加大生态化工园区“三废”治理,对重点企业进行环境监管;狠抓秸秆禁烧、建筑扬尘和机动车尾气防治,加强PM2.5监测,确保稳定达标排放。加快推进城东污水处理厂建设和城区污水管网改造。坚持试点先行,探索镇村污水处置新路径,有效降低城乡居民生活污水排放。强化绿色调控。大力推进城乡绿化工程,着力在建绿、补绿、透绿上下功夫。同时,推广使用节能产品,开展绿色建筑认定、节能单位评选、节能先进表彰等活动,培养群众绿色消费习惯。

二是紧扣“社会文明程度高”目标,进一步优化社会环境。加大全国文明城市创建力度。按照“责任全覆盖、创建无死角”的要求,细化分解“奋战2016”创建任务,建立健全制度机制,确保“创文”工作有力有序推进。在全面推进的基础上,突出抓好“七五”普法、社会主义核心价值观宣传教育、“宿迁文明20条”落地生根和“身边最美人物”“宿豫好人”评选等工作,不断提高市民文明素养,形成守法用法、崇文尚德、文明向上的社会风尚。推进“诚信宿豫”建设。以创建全国首批社会信用体系建设示范城市为目标,统筹整合信用信息资源,不断完善信用基础数据库,推行企业信用等级分类管理制度,推广使用个人信用报告,建立“红名单”和“黑名单”,褒扬诚信,惩戒失信,切实发扬诚实守信的好传统。深化社会治理。健全领导干部下访接访、包案化解等制度,常态化开展矛盾纠纷排查预警和调处化解工作,最大限度地消除不稳定因素。持续推进平安宿豫建设,构建立体化现代化社会治安防控体系,始终保持打击违法犯罪的高压态势。加大安全生产监管力度,有效

遏制重大安全事故发生，维护人民群众的生命财产安全。强化对市场、食品药品、特种设备全方位全过程监管，保证市场运行安全有序。加强应急管理，完善应急预案，提高应对突发事件能力，努力营造安定祥和的社会环境。扎实做好村居两委换届选举工作，完善基层群众自治机制。深入开展“政社联建”，建立社区事务准入制度，推进社区“减负增效”。

三是切实加强政府自身建设，进一步优化政务环境。持续打造法治政府。坚持“法无授权不可为”“法定职责必须为”的理念，严格依照法定权限和程序行使权力、履行职责。坚持区政府常务会学法、行政首长出庭应诉等制度，推动政府工作人员带头学法守法、依法办事，不断提升法治意识、法治能力。坚持政府领导班子“一周例会”制度和“三重一大”事项群众参与、专家论证、风险评估、集体决策等工作程序，强化沟通、协商，确保政府决策科学合理。持续打造效能政府。针对经济新常态和人民群众新期待，着力加强理论学习、基层调研、政策研究工作，提高政府系统各级干部研判形势、应对风险、化解矛盾、破解难题的能力和水平。进一步深化行政审批制度改革，放管结合，优化服务，做好清理、简化、减负的文章，建立“互联网＋政务”运行机制，全面实行“先照后证”“一照一码”“多图联审”“多评合一”等创新举措，最大限度地方便群众、让位市场。继续开展“机关作风建设提升年”活动，大力发扬说了就办、定了就干的工作作风，强化责任担当，坚持有诺必践，严厉查处不作为、慢作为等行为，切实提高行政服务效能。持续打造廉洁政府。严格落实《中国共产党廉洁自律准则》和《中国共产党纪律处分条例》，切实履行党风廉政建设“两个责任”“一岗双责”，建立健全预防和惩治腐败体系。自觉接受人大法律监督、工作监督和政协的民主监督，重视社会公众监督、新闻媒体监督，强化政府信息公开，让权力始终在阳光下运行。强化廉政监督，加大各类违纪案件查处力度，切实整治“为官乱为”“为政不廉”等问题，努力建设一个民主法治、团结务实、廉洁高效的政府。

各位代表，历史赋予重任，拼搏成就梦想。立足新起点，面对新征程，让我们在区委的坚强领导下，凝心聚力，尽责担当，务实创新，攻坚克难，为建设“强富美高”的新宿豫而努力奋斗！

·重要文件选录·

关于加快推进中国宿迁电子商务产业园区发展的意见

为促进全区经济结构调整和产业转型升级，根据国家、省、市有关加快电子商务发展政策，结合我区实际，现就加快推进中国宿迁电子商务产业园区（以下简称园区）发展提出如下意见。

一、充分认识加快推进园区发展的重要意义

电子商务作为“互联网＋”行动的重要内容，是战略性新兴产业与现代服务业的重要组成部分，随着与实体经济的深度融合，电子商务产业不仅逐步改变着人们的生活方式和消费行为，也改变了实体经济的生产经营方式，为一个地方的经济转型提供了契机和途径。

电子商务产业园区作为电子商务产业集群的表现形式、电子商务产业发展的重要载体。全区上下要抓住市委、市政府决定在宿豫建立电子商务产业园区的战略机遇，按照以企业为主体，以人的需求为导向，以电子商务产业为特色的要求，用互联网的思维、互联网的方式，加快园区建设，为我区发展电子商务产业提供公共配套服务，促进电子商务产业集聚发展、规范发展、跨越发展，加快打造新的经济增长极，强

化电子商务对区域经济的辐射带动和创新推动作用,推动宿豫区乃至全市产业转型升级。

二、坚持高目标引领园区发展

(一)园区定位。落实市委提出的建立“电子商务产业集聚中心、区域物流快递配送中心、现代服务业发展中心、定制经济创新示范中心”的目标定位,按照全市“一区多点”发展规划安排,以良好的创业环境、低廉的创业成本、全方位的创业保障为手段,吸引国内外电子商务企业和配套服务企业入驻园区,形成集网络交易、平台建设、物流配送、定制加工、线上服务、线下体验、技术研发、文化创意、产品包装、模拟培训、保税仓库、仓储抵押等为一体,多功能、多业态相融合,具有宿迁特色、全国一流、世界知名的电子商务产业园区。

(二)发展目标。2015 年全面启动园区规划建设,当年初具特色和规模。到 2015 年底,实现“三个一”目标,即入驻企业 100 家以上、电商交易额突破 100 亿元、园区从业人员超过 1 万人。今后五年,力争每年交易额实现倍增式增长。

到“十三五”末,基本完成园区规划建设任务。电子商务交易额突破 1000 亿元,电子商务产业形成的增加值占全区 GDP 比重达到 25%以上;电子商务产业产生的税收占地方税收比重达到 30%以上;规模以上企业应用电子商务比例达 80%以上。全区电子商务运行支撑体系、综合管理服务体系和市场机制基本规范完善,电子商务的技术创新能力明显提高;应用行业和领域不断扩展,综合应用水平达到国内先进水平;电子商务对全区经济增长的贡献度明显提高。

三、加快落实园区规划建设重点任务

(一)加强园区载体建设

1. 坚持高起点科学规划。结合土地利用规划,将园区规划、产业定位放到区域经济发展的大局中谋划,委托知名专业机构做好园区电子商务产业集聚中心、区域物流快递配送中心、现代服务业发展中心、定制经济创新示范中心等“四大中心”总体规划设计,同步编制园区控制性详细规划,全力把园区打造成为承接投资项目、拓展发展空间的“智慧城市”和引领宿迁发展的现代服务业基地。

2. 加快园区基础设施建设。将园区建设编入宿豫区“十三五”规划,纳入各年度区重点项目。园区道路建设突出生态型园林式,实现“五纵五横”,管网配套齐全,水电气入户。按照最新技术、最大流量的要求推进园区宽带网络光纤入户,提升网络传输和交换能力,实现园区室外无线网络免费全覆盖。园区要结合区域供电布局,实现双电源、重点项目实现双回路供电。以市场和社会化建设为主体,适时建立保税仓库和产品存货抵押仓库。

3. 完善园区功能性配套设施建设。加快推进可容纳近 5 万人居住的居民小区及配套设施建设,建成星级酒店、快捷酒店不少于 3 家。提高和完善宿豫区政务服务中心和政府招投标中心的服务功能。迅速启动园区数据服务中心和“京东商城·宿迁馆”线下载体建设,构建定制经济线下展示、体验平台。

4. 搭建电商孵化基地。积极鼓励企业参与电子商务孵化中心建设,加强对小微及初创电商企业的孵化培育。推进市区网络创业服务中心建设,培养电商实用人才。积极推动电子商务产、学、研、用战略合作,建立产业创新联盟,为高等院校、科研院所在电子商务应用领域提供创新孵化与成果转化服务,逐步增强区域电商资源溢出效益。

5. 放大京东资源优势。按照“围绕京东、服务京东、借势发展”的思路,全面建立与江苏京东信息科技有限公司合作框架,依托依靠京东集团公司,充分运用京东平台,建设“京东商城·宿迁馆”,开辟宿迁地域专栏、宿货销售专区,扩大宿货网上销售规模,提高知名度,带动相关产业发展。探索发展适宜邮政快递的各种京东产业,适时配套建设京东工业园区。

6. 发挥好园区平台功能。充分发挥园区发展公司的集合职能和纽带作用,采取打包、捆绑等方式,促进大型电商与微小电商间的沟通和衔接,保证大型电商利益不损失、微小电商创业成本低,实现园区内电商间互利共赢。及时组建电子商务协会，并根据产业发展情况，不断完善和补充新的内容。

7. 拓展园区融资渠道。以政府投入为引导、企业投入为主体、其他投入为补充，研究制定促进电子商务发展的多渠道投融资机制。支持鼓励各担保机构为园区电子商务企业提供贷款担保，推动银行和各类贷款担保机构优先向电子商务企业倾斜。鼓励银行、保险等金融机构在园区设立分支机构，为园区企业和个体工商户提供高效、便捷的金融服务。园区可根据产业发展情况设立各项产业发展基金和资金，引导相关产业迅速发展。

（二）建设电子商务产业集聚中心

1. 引进知名电商企业和电商创业人员。积极营造政策和环境比较优势，着力引进一批电商龙头大企业，尤其是引进电商第三方服务平台，形成区域电商发展新高地，逐步增强区域电子商务产业的支撑引领和辐射带动能力。采取多种方式方法，降低创业综合成本，形成电商创业“洼地”，吸纳大批电商创业人员入园发展。支持个体工商户和有一定专业技能的群体借助园区载体自主创业，不断壮大园区网商队伍。

2. 加快推进“一区多点”工作。广泛研究和积极支持电子商务在本地同城及广大农村的应用，迅速建立以电子商务产业园区为中心、城乡一体化多层面、全方位、立体式的电子商务平台和网络服务平台。结合京东发展的战略布局，全面启动全区农村电子商务建设，打造具有宿豫特色的农村电子商务发展模式。

3. 推动跨境电子商务发展。进一步强化“四海意识”，认真研究上海自贸区、杭州电子商务自贸区的政策，结合宿豫实际，适时研究出台扶持政策和办法，支持有条件的企业和个人拓展跨境电子商务业务。对利用电子商务平台开展外贸业务给予支持，加强与海关、质检协调沟通，为发展跨境电子商务提供良好环境。

（三）建设区域物流快递配送中心

1. 建设智能云仓储配送中心。以京东物流配送基地为核心，加快引进快递、大型仓配一体化企业、第三方物流企业、大型电商企业物流部门，打造快递物流分拨配送区域。应用大数据、物联网、云计算、北斗导航、移动互联网技术和条形码、自动分拣、自动化立体仓库、无线射频识别（RFID）等自动识别、标识技术以及电子数据交换（EDI）等技术，实现产品可追溯、在线调度管理、全自动物流配送以及智能配货，提高物流管理智能化水平。

2. 建设货物集中配送综合服务平台。应用物联网、智能快件箱等技术手段，提高物流信息化水平，推进物流行业公共信息平台和电子商务平台相结合，逐步建立面向所有网上商户的社会化、专业化物流配送机构。

3. 建设物流监管区。加强与上海自贸区的合作，为跨境电商提供仓储基地，提供监管、保税、国际运输等服务。打造物流金融仓储监管区域，对接上海自贸区的保税监管区域，为跨境电商平台提供从国外运输、保税仓库备货、保税仓储服务，并在订单产生时直接提供从保税仓通关、分拣包装并发货的一体化服务。

4. 盘活利用现有仓储资源。鼓励充分利用盘活现有的厂房仓库、冷库等，为生产企业减少物流和仓储成本。为生鲜农产品等提供仓储服务。

（四）建设现代服务业发展中心

1. 鼓励建立产学研合作机构。支持科研机构、大专院校到园区建立电子商务领域实验室或研究机构，着力解决电子商务交易技术、加密与电子认证、在线支付、信用管理等关键技术。结合企业需求，组织开展电子商务云计算技术等前沿技术研发和应用，促进电商行业整体突破。

2. 健全中介服务机构。积极培育和引进一批知名电子商务服务企业，健全法律、会计、咨询、人力资源管理等现代中介服务机构，引进工业设计、销售策划与代理等中介机构，为电子商务企业提供软件开发、业务培训、专业咨询、数据分析、会展推介、平台代运营等专业服务。

3. 发展文化创意产业。以宿迁文化公园为基地，大力发展网络媒体展示、网络游戏、动画漫画、数字音乐和数字发行及衍生品，加快发展数字新媒体及文化创意等在线服务产业。

（五）建设定制经济创新示范中心

1. 建立定制服务体验馆、实验室。依托“京东商城・宿迁馆”，运用互联网手段，以满足消费者个性需求为出发点，利用新技术，建立定制服务体验馆、实验室，拉近企业与消费者距离，为“定制经济”发展提供“试验田”。

2. 壮大实体经济发展。树立“互联网＋”的思维，运用互联网技术，创新实体经济发展模式，研究制定扶持政策，支持本土实体企业拓展产品生产、社会服务等领域定制业务，让实体经济搭上虚拟经济快车，以虚拟、节能、高效、无阻碍方式推动实体经济与网络经济互动发展。鼓励企业加强工业 4.0 的研究，抢抓经济发展机遇，创新发展和营销新模式。

3. 搭建定制经济示范平台。按照互联网思维，以大数据分析和“SDT”技术为手段，引领宿迁农业的“订单式生产”。工业“产品定制专营式”推广销售，推动全区“大众创业、万众创新”，实现全方位就业，迅速提高群众收入水平。

四、全面形成园区发展的整体合力

（一）加强组织领导。充分发挥园区党工委和管委会的组织协调作用，统筹电子商务发展，制定电子商务发展规划，研究部署重点工作，审议决定重大事项，协调解决重要问题。园区设立创业服务指导中心，专门从事创业培训和电子商务企业设立服务；加强创新经济研究，站在最新技术前沿，研究创新经济发展趋势，指导和服务园区发展。

（二）明确园区产业发展公司责任。已组建的园区产业发展公司主要承担各项建设发展责任，重点做好基础设施和载体建设，积极拓展各项融资方式和渠道，牵头协调推进各项产业发展的投入和运营。成立专业营销公司，以推广宿迁地产品为己任，经营好“宿迁馆”，为宿迁产品走向全国和世界发挥积极促进作用。

（三）成立电子商务协会。加强行业自律，履行社会责任，保护消费者合法权益，发挥好桥梁纽带作用，促进电子商务企业快速发展，担负起促进我区网络经济与实体经济高度融合的重要职责。开展电子商务及现代信息技术的培训和推广工作，探讨解决网上经营遇到的瓶颈和问题，不断提高会员自身素质和会员单位的技术水平。

（四）提升部门服务水平。区各相关部门要进一步发挥职能作用，转变工作作风，主动靠前服务，积极为园区建设和电子商务企业提供技术、信息、人才、金融、法律、政策等方面的咨询、培训、评估等全方位服务。除司法、刑事和安全生产检查外，其他行政执法单位事前未与园区管委会沟通协商，不得对园区和入园企业开展检查活动。建立联系工作制度，由区两办牵头，及时传递园区需联系和交办的工作事项，快节奏、超常规推动园区建设和发展。

（五）积极争取上级支持。区各相关部门要通力协作，帮助园区及企业做好园区项目申报工作，积极争取项目纳入国家、省、市“十三五”规划和重大项目计划，争取将园区纳入省现代服务业“十百千”行动计划，帮助园区申报国家和省级现代服务业集聚区、专业示范物流园区、电子商务示范基地等，为产业园争取政策扶持、土地保障提供支持。

（六）加大政策支持力度。用足用活国家和省市关于电子商务扶持政策。整合各级支持信息产业转型升级、商务发展、现代服务业等专项资金，设立区扶持电子商务发展专项资金，重点支持园区建设、入园企业和网商发展。按照“政府主导、自由进出、不以盈利为目的、应急互助、安全高效”的原则，积极引导电子商务企业参与设立“发展互助资金”，解决电商企业发展资金瓶颈制约。充分利用市区网络创业孵化中心，全力支持大学生电子商务创业，对创业启动资金提供优惠贷款，对符合条件的创业项目给予贷款贴息。

（七）加强督查考核。各部门、各单位要关心支持园区发展建设，加大支持力度，形成上下联动、共同推进园区建设的工作格局。要完善督查考核机制，以较高分值将相关部门和单位支持园区建设纳入区综合目标考核，根据各部门、单位承担任务情况设立专门考核项目，纳入区大督查范围。

（中共宿豫区委 宿豫区人民政府，2015年1月8日，宿豫发〔2015〕1号）

关于强化党风廉政建设党委主体责任、纪委监督责任落实的通知

各乡镇党委、人民政府，各街道党工委、办事处，各园区党工委、管委会，来龙新城党工委、管委会，区委各部委办，区各委办局，区各直属单位：

为推进党风廉政建设党委主体责任和纪委监督责任（以下简称“两个责任”）落实，提升党委抓党风廉政建设工作的自觉性和实效性，确保党风廉政建设责任制各项工作落到实处，现就强化“两个责任”落实通知如下：

一、抓好“五个活动”组织，强化工作推进

一是组织“研究部署”活动。每季度首月区委研究落实“两个责任”，强化党风廉政建设、反腐败工作、作风建设工作；二是组织“警示教育”活动。每月20日结合区委基层组织统一活动日活动，把党风廉政建设宣传教育、党的纪律等纳入必学内容；三是组织“督促报告”活动。每季度末月区分管领导听取下级党组织或分管部门主要负责人汇报本季度履行党风廉政建设主体责任情况和党风廉政建设工作开展情况；四是组织“双提醒约谈”活动。每两个月区分管领导提醒约谈分管条线、部门或单位主要负责人和纪检监察机构负责人；五是组织“双责履职评议”活动。每季度末月区分管领导对分管条线、部门或单位主要负责人和纪检监察机构负责人“双责”履职情况进行评议。

二、抓好“四个报告”执行，强化责任落实

一是区委、区纪委主要负责人向市委和市纪委报告上年度履行党风廉政建设主体责任情况和监督责任情况；二是乡镇（街道、园区）和区直部门党委（党组）主要负责人向区委和区纪委报告上年度履行党风廉政建设主体责任情况；三是区委常委和党员副区长向区委常委会汇报带队检查落实“两个责任”情况；四是区级领导班子成员在党政联席会议上汇报分管条线或部门业务工作的同时汇报落实党风廉政建设“一岗双责”情况，并进行“双向评议”。

三、抓好“三个办法”落实，强化制度保障

全面落实从严治党要求，在2014年出台的《关于落实党风廉政建设党委主体责任、纪委监督责任的实施意见》总框架内，出台落实“两个责任”检查考核办法、“一案双查”办法、责任追究办法等三个文件，全面构建落实“两个责任”“1＋3”制度体系，增强推动“两个责任”有效落实系统性和基础性制度。

四、抓好“两个检查”开展，强化过程监督

开展党风廉政建设驻点巡查。由区党风廉政建设巡查组开展常态化驻点巡查，将“两个责任”落实作为检查考核的重要内容。开展“两个责任”专题检查。每年5月和10月，由区委常委和党员副区长带队对各乡镇（街道、园区）、区直部门的党风廉政建设“两个责任”落实和党风廉政建设工作开展检查考核；区党风廉政建设领导小组办公室组织部门单位业务人员对重点单位落实“两个责任”情况开展双月互查互评活动。

五、抓好“一案双查”问责，强化责任倒逼

区委书记与区委常委、党员副区长签订落实“一岗双责”承诺书或责任状，明确岗位职责，提高抓落实的思想自觉和行动自觉。实行“一案双查”制度，条线部门出现严重顶风违纪问题或重大腐败案件的，不仅要追究当事人直接责任，还要追究分管领导责任。以严格问责倒逼“两个责任”落实。

区党风廉政建设领导小组办公室负责“两个责任”落实的组织统筹和活动开展。区级领

导班子成员根据分工,认真履行"一岗双责"责任,既对分管单位的业务工作负责,也对分管单位的党风廉政建设负责。各党委(党工委、党组)抓好"两个责任"落实,根据本通知制定本单位强化落实"两个责任"方案。各责任单位按照分工要求,主动抓好落实。区党风廉政建设领导小组办公室不定期对工作落实情况开展监督检查和通报。

附件:宿豫区落实"两个责任"任务分解表(略)

(中共宿豫区委 宿豫区人民政府,2015年6月15日,宿豫发〔2015〕13号)

关于促进宿豫区房地产市场健康发展实施意见

各乡镇人民政府,各街道办事处,各园区管委会,来龙新城管委会,区各委办局,区各直属单位:

为促进全区房地产业健康稳定发展,引导市民合理消费,减轻各房企负担,发挥房地产业在区域经济增长和改善人居环境中的重要作用,推动全区经济社会又好又快发展,按照《市政府关于印发宿迁市促进中心城市房地产消费六条意见的通知》(宿政发〔2015〕133号)精神,并结合宿豫区实际,制定如下实施意见。

一、放宽商品房预售许可条件

在开发建设投入资金达到工程建设总投资25%以上的前提下,对工程形象进度给予适当放宽,多层建筑的商品房开发项目达到主体一层、高层建筑的商品房开发项目达到主体三层、单次办理预售许可面积达到1万平方米以上的,可分期、分批次办理商品房预售许可证。

二、引导新建商业用房购房需求

从本文件执行之日起,一年内购买新建商业用房单套面积在200平方米(含200平方米)以上的,由区财政给房款总额0.5%的补贴。补助资金在领取房屋所有权证书时给予兑现。购买、租用商业用房经营全国知名百货、超市、餐饮等业态品牌(品牌认定由市场监督管理局确定)的经营户,在办理公共场所卫生许可证、餐饮服务许可证时,区卫计委、市场监督管理局予以优先受理、优先进行场地审查,对符合发证条件的快速办理相关证件;对达不到发证标准的及时给予整改技术指导,达标后及时发证,同时免收区权范围内所有的场地审查费、办证费。

三、实行新建商品住房购房补贴

在宿豫城区范围内购买新建商品住房的,购买单套面积90平方米(含90平方米)(以产权登记面积为准,不含储藏室、车库、车位、阁楼面积,下同)以下的给予房款总额(以开发企业开具的税务发票为准计算,不含储藏室、车库、车位、阁楼价款,下同)5%的购房补贴;单套面积90平方米—144平方米(含144平方米)的给予房款总额4%的购房补贴;单套面积144平方米—180平方米(含180平方米)的给予房款总额3%的购房补贴;单套面积180平方米以上的给予房款总额1%的购房补贴。购房补贴在办理房屋所有权证后30日内,购房人凭备案的《商品房买卖合同》、契税完税证明、房屋所有权证、购房发票等资料,到区政府指定部门领取。

四、实行首套商品住房商业贷款贴息

在宿豫城区范围内采用商业贷款购买首套新建商品住房且单套面积在144平方米(含144平方米)以下的,按人民银行同期贷款基准利率的0.7倍给予商业贷款1年的贴息。贷款贴息在办理房屋所有权证后30日内,购房人凭房屋所有权证和贷款合同等资料,到区政府指定部门领取。

五、实行二手住房购房补贴

在宿豫城区范围内个人购买二手住房的,给予房款总额(以购房发票和契税完税凭证证载的为准,不含储藏室、车库、车位、阁楼价款)

1%的购房补贴。购房补贴在办理房屋所有权证后30日内，购房人凭房屋所有权证和契税完税凭证等资料，到区政府指定部门领取。

六、提高住房公积金贷款最高限额和使用效率

夫妻双方其中只有一方缴存住房公积金的，贷款最高限额由25万元提高至30万元；夫妻双方均缴存住房公积金的，贷款最高限额由50万元提高至60万元。对已结清住房公积金购房贷款的家庭并符合贷款其他条件的，可继续申请住房公积金贷款。

七、加大住房信贷支持力度

对通过商业贷款购买首套普通新建商品自住房的家庭，贷款最低首付款比例为30%，贷款利率下限为贷款基准利率的0.7倍，具体由银行业金融机构根据风险情况自主确定；对拥有1套住房并已结清相应购房贷款的家庭，为改善居住条件再次申请贷款购买普通新建商品住房的，各商业银行执行首套贷款政策；对拥有1套住房且相应购房贷款未结清的家庭，为改善居住条件再次申请商业性个人住房贷款购买普通新建商品自住房的，最低首付款比例不低于40%，具体首付款比例和利率水平由银行业金融机构根据借款人的信用状况和还款能力等合理确定。

八、延期收取相关行政费用

对一次性开工建设5万平方米以上的项目，新墙体基金、散装水泥基金、物价认证费等费用，企业作出补缴承诺后可办理缓缴手续。工程开工后，多层2个月内封顶、高层每月达到3层的项目，则上述费用可缓缴至主体验收前，否则从项目滞后之日起缴纳所欠费用。

九、工程质量保证金收取

自开工起，多层1年内申请竣工验收，高层2年内申请竣工验收的，可以现金缴纳质量保证金总额的30%，剩余部分可用有效资产进行抵押。

本实施意见所指的房地产优惠政策区域范围是指《市政府关于印发宿迁市促进中心城市房地产消费六条意见的通知》(宿政发〔2015〕133号)中中心城市范围的宿豫区部分。

本意见所指新建商品住房中不含自建房、小产权房、各类政策性住房以及由小产权房转化为商品住房的房屋。

本实施意见与《宿迁市促进中心城市房地产消费六条意见的通知》(宿政发〔2015〕133号)相同条款(本文三至八条)，按市文件要求实施(包括起止日期)，其余条款从10月1日起执行。对符合《宿迁市市区住房保障市场化改革的实施意见(试行)》条件，并已经享受货币化安置购房政府补贴的被征收人及符合《宿迁市促进中心城市房地产消费六条意见》条件的，不重复享受本意见优惠政策。

(区政府办公室，2015年10月14日，宿豫政办发〔2015〕92号)

·文件题录·

2015年区委、区政府联合发文要目

表105

文　号	文　件　标　题	成文日期
宿豫发〔2015〕1号	区委、区政府关于加快推进中国宿迁电子商务产业园区发展的意见	2015.1.8
宿豫发〔2015〕2号	区委关于进一步加强基层党建工作的实施意见	2015.1.19
宿豫发〔2015〕3号	区委关于印发《关于进一步加强干部实绩档案管理及实绩甄别研判暂行办法》等6个文件的通知	2015.2.1

续表 105

文　号	文　件　标　题	成文日期
宿豫发〔2015〕4 号	区委、区政府关于扶持重点产业加快发展的实施意见	2015.2.27
宿豫发〔2015〕5 号	区委关于贯彻落实党的十八届四中全会精神全面推进依法治区工作的实施意见	2015.2.27
宿豫发〔2015〕6 号	区委、区政府关于印发《宿豫区“机关作风建设提升年”活动实施方案》的通知	2015.3.5
宿豫发〔2015〕7 号	区委、区政府关于开展江苏省科普示范区创建工作的实施意见	2015.3.14
宿豫发〔2015〕8 号	区委关于印发《宿豫区重点产业人才集聚三年行动计划》的通知	2015.3.27
宿豫发〔2015〕9 号	区委、区政府关于加快推进社会组织培育发展的意见	2015.4.28
宿豫发〔2015〕10 号	区委、区政府关于创建全国文明城市的实施意见	2015.5.17
宿豫发〔2015〕11 号	区委、区政府关于印发《宿豫区国家扶贫改革试验区建设实施方案》的通知	2015.5.30
宿豫发〔2015〕12 号	区委、区政府关于在区级机关开展“三服务三促进”活动的实施意见	2015.6.11
宿豫发〔2015〕13 号	区委、区政府关于强化党风廉政建设党委主体责任、纪委监督责任落实的通知	2015.6.15
宿豫发〔2015〕14 号	区委关于印发《宿豫区村(社区)党组织书记职业化及分级管理暂行办法》的通知	2015.8.4
宿豫发〔2015〕15 号	区委关于贯彻落实市委干部工作“1＋7＋9”文件的实施意见	2015.9.9
宿豫发〔2015〕16 号	区委关于印发《宿豫区乡镇(街道)党政正职差别化考核评价暂行办法》的通知	2015.9.9
宿豫发〔2015〕17 号	区委、区政府关于推动文化建设迈上新台阶的实施意见	2015.10.15
宿豫发〔2015〕18 号	区委关于加强和改进新形势下人大工作的意见	2015.11.12
宿豫发〔2015〕19 号	区委关于加强和改进党的群团工作的实施意见	2015.12.28

2015 年区委发文要目

表 106

文　号	文　件　标　题	成文日期
宿豫委〔2015〕3 号	区委关于印发《中共宿豫区委中心组 2015 年度理论学习计划》的通知	2015.1.8
宿豫委〔2015〕4 号	区委关于刘后举、仲启双同志职务任免的通知	2015.1.9
宿豫委〔2015〕5 号	区委关于许兴军、王昌翔同志职务任免的通知	2015.1.9
宿豫委〔2015〕6 号	区委关于叶盛旺、侍继禹同志退休的通知	2015.1.9
宿豫委〔2015〕7 号	区委关于王新军、陆振同志职务任免的通知	2015.1.9
宿豫委〔2015〕8 号	区委关于组建区市场监督管理局及有关人员任职的通知	2015.1.9
宿豫委〔2015〕9 号	区委关于成立区市场监督管理局党委及杜利强等同志任职的通知	2015.1.9

续表 106-1

文　号	文　件　标　题	成文日期
宿豫委〔2015〕10 号	区委关于组建区卫生和计划生育委员会及有关人员任职的通知	2015.1.9
宿豫委〔2015〕11 号	区委关于成立区卫生和计划生育委员会党委及有关人员任职的通知	2015.1.9
宿豫委〔2015〕12 号	区委关于成立区政务服务管理办公室及张秀梅同志任职的通知	2015.1.9
宿豫委〔2015〕13 号	区委关于张中华等同志职务任免的通知	2015.1.9
宿豫委〔2015〕14 号	区委关于成立中国宿迁电子商务产业园区党工委及张先军等同志任职的通知	2015.1.9
宿豫委〔2015〕15 号	区委关于成立中国宿迁电子商务产业园区管委会及胡德斌等同志任职的通知	2015.1.9
宿豫委〔2015〕16 号	区委关于费宗光等同志职务任免的通知	2015.1.9
宿豫委〔2015〕17 号	区委关于李桥同志任职的通知	2015.1.9
宿豫委〔2015〕18 号	区委关于刘士力等同志职务任免的通知	2015.1.9
宿豫委〔2015〕19 号	区委关于盛佑山同志免职的通知	2015.1.9
宿豫委〔2015〕20 号	区委关于王怀垠等同志免职的通知	2015.1.9
宿豫委〔2015〕21 号	区委关于徐光兵等同志职务任免的通知	2015.1.9
宿豫委〔2015〕22 号	区委关于张辉等同志职务任免的通知	2015.1.9
宿豫委〔2015〕23 号	区委关于钱刚等同志职务任免的通知	2015.1.9
宿豫委〔2015〕24 号	区委关于马文峰等同志职务任免的通知	2015.1.9
宿豫委〔2015〕25 号	区委关于吉鲁平等同志职务任免的通知	2015.1.9
宿豫委〔2015〕26 号	区委关于王云峰等同志正式任职的通知	2015.1.9
宿豫委〔2015〕27 号	区委关于曹天成等同志退休的通知	2015.1.9
宿豫委〔2015〕28 号	区委关于区委领导班子成员工作分工的通知	2015.1.15
宿豫委〔2015〕29 号	区委关于贯彻落实市委四届五次全体(扩大)会议精神情况的报告	2015.1.23
宿豫委〔2015〕30 号	关于袁酩惠等同志挂职的通知	2015.1.9
宿豫委〔2015〕31 号	区委关于宿豫区第十六届人民代表大会第四次会议选举结果的报告	2015.2.1
宿豫委〔2015〕32 号	区委关于举行京东电商进农村示范县(区)揭牌仪式的请示	2015.2.3
宿豫委〔2015〕33 号	区委、区政府关于 2014 年全区机关效能和政(行)风评议情况的通报	2015.2.4
宿豫委〔2015〕34 号	区委、区政府关于命名表彰 2014 年度宿豫区群众性精神文明建设先进单位和先进个人的决定	2015.2.4
宿豫委〔2015〕35 号	区委、区政府关于 2014 年度招商引资工作的奖惩决定	2015.2.4
宿豫委〔2015〕36 号	区委、区政府关于 2014 年度目标管理工作的奖惩决定	2015.2.4
宿豫委〔2015〕37 号	区委、区政府关于印发《宿豫区 2015 年度目标考核体系》的通知	2015.2.5

续表 106－2

文 号	文 件 标 题	成文日期
宿豫委〔2015〕38 号	关于陈德祥、樊振金同志退休的通知	2015.2.6
宿豫委〔2015〕39 号	区委、区政府关于 2014 年度目标管理工作的奖惩决定	2015.2.4
宿豫委〔2015〕40 号	关于推荐市管副职后备干部初步人选和中长期培养对象的报告	2015.2.25
宿豫委〔2015〕41 号	区委、区政府关于调整区招商引资工作领导小组成员的通知	2015.2.27
宿豫委〔2015〕42 号	区委、区政府关于表彰 2014 年度全区政法信访工作先进单位和先进个人的决定	2015.2.28
宿豫委〔2015〕43 号	区委、区政府关于表彰 2014 年度全区农业农村工作先进单位先进个人的决定	2015.3.6
宿豫委〔2015〕44 号	关于选派第八批科技镇长团到宿豫区任职的请示	2015.3.7
宿豫委〔2015〕45 号	区委关于调整区党政领导干部“三责联审”工作领导小组成员的通知	2015.3.7
宿豫委〔2015〕46 号	区委关于政协宿迁市宿豫区委员会 2015 年工作要点和工作计划的批复	2015.3.15
宿豫委〔2015〕47 号	区委、区政府关于成立宿豫区国家扶贫改革试验区建设工作领导小组的通知	2015.3.27
宿豫委〔2015〕48 号	关于王耀等同志退休的通知	2015.4.4
宿豫委〔2015〕49 号	区委、区政府关于江苏绿陵化工集团有限公司重组工作情况的报告	2015.4.15
宿豫委〔2015〕50 号	关于张星仲等同志职务任免的通知	2015.5.13
宿豫委〔2015〕51 号	关于赵城勇等同志职务任免的通知	2015.5.13
宿豫委〔2015〕52 号	关于张先军、赵城勇同志职务任免的通知	2015.5.13
宿豫委〔2015〕53 号	关于免去高维杰同志区总工会主席职务的通知	2015.5.13
宿豫委〔2015〕54 号	关于殷亮、项文军同志职务任免的请示	2015.5.13
宿豫委〔2015〕55 号	关于殷亮、项文军同志职务任免的请示	2015.5.13
宿豫委〔2015〕56 号	关于杨化龙同志退休的通知	2015.5.13
宿豫委〔2015〕57 号	关于冯春玲、苏亚同志退休的通知	2015.5.15
宿豫委〔2015〕58 号	关于高胜鹏同志退休的通知	2015.5.15
宿豫委〔2015〕59 号	关于邢绍威、莫安生同志退休的通知	2015.5.29
宿豫委〔2015〕60 号	关于成立宿迁高新区机关党委、新经济社会组织党委的请示	2015.6.4
宿豫委〔2015〕61 号	区委、区政府关于贯彻落实魏书记调研电商产业园区时讲话精神的报告	2015.6.18
宿豫委〔2015〕62 号	关于张剑桥同志免职的通知	2015.6.13
宿豫委〔2015〕63 号	关于张剑桥同志免职的通知	2015.6.13
宿豫委〔2015〕64 号	关于张剑桥同志免职的通知	2015.6.13
宿豫委〔2015〕65 号	关于殷亮等同志职务任免的通知	2015.6.13
宿豫委〔2015〕66 号	关于周永科等同志职务任免的请示	2015.6.13
宿豫委〔2015〕67 号	关于王建武等同志职务任免的通知	2015.6.13
宿豫委〔2015〕68 号	关于朱晓慧等同志职务任免的通知	2015.6.13
宿豫委〔2015〕69 号	关于肖玉敏等同志职务任免的通知	2015.6.13

续表 106 - 3

文　号	文　件　标　题	成文日期
宿豫委〔2015〕70 号	关于宣士忠等同志职务任免的通知	2015.6.13
宿豫委〔2015〕71 号	关于郭明利等同志职务任免的通知	2015.6.13
宿豫委〔2015〕72 号	关于丁冠真等同志退休的通知	2015.6.13
宿豫委〔2015〕73 号	关于徐旭同志任职的通知	2015.6.13
宿豫委〔2015〕74 号	关于马文振等同志职务任免的通知	2015.6.13
宿豫委〔2015〕75 号	关于乔惠如等同志职务任免的通知	2015.6.13
宿豫委〔2015〕76 号	关于叶润卿等同志职务任免的通知	2015.6.13
宿豫委〔2015〕77 号	关于宣士忠等同志职务任免的通知	2015.6.13
宿豫委〔2015〕78 号	关于徐新玲等同志职务任免的通知	2015.6.13
宿豫委〔2015〕79 号	区委关于表彰全区“群众身边好党员”、优秀党务工作者的决定	2015.6.30
宿豫委〔2015〕80 号	区委、区政府关于 2015 年上半年全区机关效能和政(行)风评议情况的通报	2015.7.24
宿豫委〔2015〕81 号	关于范步权同志退休的通知	2015.7.28
宿豫委〔2015〕82 号	关于徐孝军等同志退休的通知	2015.7.28
宿豫委〔2015〕83 号	关于姜潮、周永科同志职务任免的通知	2015.7.28
宿豫委〔2015〕84 号	关于周永科、陈军同志职务任免的通知	2015.7.28
宿豫委〔2015〕85 号	区委、区政府关于表彰双拥工作先进单位和先进个人的决定	2015.8.15
宿豫委〔2015〕86 号	关于李春华等同志职务任免的通知	2015.9.9
宿豫委〔2015〕87 号	关于陈磊等同志职务任免的通知	2015.9.9
宿豫委〔2015〕88 号	关于陈磊等同志职务任免的通知	2015.9.9
宿豫委〔2015〕89 号	关于袁凤彬、尤波同志职务任免的通知	2015.9.9
宿豫委〔2015〕90 号	关于袁凤彬、尤波同志职务任免的通知	2015.9.9
宿豫委〔2015〕91 号	关于盛怀志同志职务任免的通知	2015.9.9
宿豫委〔2015〕92 号	区委关于区委领导班子成员工作分工的通知	2015.9.9
宿豫委〔2015〕93 号	关于仲亚等同志挂职的通知	2015.9.9
宿豫委〔2015〕94 号	关于庄学中同志提前退休的通知	2015.9.9
宿豫委〔2015〕95 号	关于韩玲才等同志退休的通知	2015.9.9
宿豫委〔2015〕96 号	区委关于印发《省委第七巡视组巡视宿迁反馈意见的整改工作方案》的通知(秘密)	2015.9.18
宿豫委〔2015〕97 号	关于陈加宽同志挂职的通知	2015.9.29
宿豫委〔2015〕98 号	关于陈加宽同志挂职的通知	2015.9.29
宿豫委〔2015〕99 号	区委关于调整区人才工作领导小组成员的通知	2015.10.2
宿豫委〔2015〕100 号	关于韩向东同志任职的通知	2015.10.15
宿豫委〔2015〕101 号	关于常凤英同志退休的通知	2015.10.27
宿豫委〔2015〕102 号	关于仇志云等同志退休的通知	2015.10.27

续表 106 - 4

文　号	文　件　标　题	成文日期
宿豫委〔2015〕103 号	区委关于调整区机构编制委员会组成人员的通知	2015.10.27
宿豫委〔2015〕104 号	关于张志刚、钱刚同志职务任免的请示	2015.11.25
宿豫委〔2015〕105 号	关于张志刚等同志职务任免的请示	2015.11.25
宿豫委〔2015〕106 号	关于给予苗石开除党籍处分的批复	2015.11.25
宿豫委〔2015〕107 号	关于朱善华等同志警员职务晋升的通知	2015.12.19
宿豫委〔2015〕108 号	关于推荐吴昊等同志为考察人选的请示	2015.12.16
宿豫委〔2015〕109 号	区委、区政府、区人武部关于调整区国防动员委员会成员的通知	2015.12.22
宿豫委〔2015〕110 号	关于朱涛等同志职务任免的通知	2015.11.25
宿豫委〔2015〕111 号	关于朱涛、孙国防同志任职的通知	2015.11.25
宿豫委〔2015〕112 号	关于颜士奎、王先巍同志职务任免的通知	2015.11.25
宿豫委〔2015〕113 号	关于贾波、许立孝同志挂职的通知	2015.11.25
宿豫委〔2015〕114 号	关于孙晓霞等同志职务任免的通知	2015.11.25
宿豫委〔2015〕115 号	关于闫景柏等同志职务任免的通知	2015.11.25
宿豫委〔2015〕116 号	关于姚松明等同志职务任免的通知	2015.11.25
宿豫委〔2015〕117 号	关于张文峰等同志职务任免的通知	2015.11.25
宿豫委〔2015〕118 号	关于成立区委教育工作委员会及曹庆颜等同志任职的通知	2015.11.25
宿豫委〔2015〕119 号	关于池华祥等同志职务任免的通知	2015.11.25
宿豫委〔2015〕120 号	关于孙晓霞、张勇同志职务任免的通知	2015.11.25
宿豫委〔2015〕121 号	关于田强等同志职务任免的通知	2015.11.25
宿豫委〔2015〕122 号	关于王辉、王勇同志职务任免的通知	2015.11.25
宿豫委〔2015〕123 号	关于池华祥等同志职务任免的通知	2015.11.25
宿豫委〔2015〕124 号	关于张健康等同志任职的通知	2015.11.25
宿豫委〔2015〕125 号	关于王甫才同志退休的通知	2015.11.25
宿豫委〔2015〕126 号	关于徐辉等同志免职的通知	2015.11.25
宿豫委〔2015〕127 号	关于陶梦瑶同志挂职的通知	2015.12.22
宿豫委〔2015〕128 号	关于李岩同志挂职的通知	2015.12.22
宿豫委〔2015〕129 号	关于张志刚等同志职务任免的通知	2015.12.31
宿豫委〔2015〕130 号	关于钱刚同志免职的通知	2015.12.31
宿豫委〔2015〕131 号	关于蔡坡同志任职的通知	2015.12.31
宿豫委〔2015〕132 号	关于张成龙、吴昊同志职务任免的通知	2015.12.31
宿豫委〔2015〕133 号	关于刘志凌同志挂职的通知	2015.12.31
宿豫委〔2015〕134 号	关于王坤同志免职的通知	2015.12.31
宿豫委〔2015〕135 号	关于李劲柏、李桥同志职务任免的通知	2015.12.31
宿豫委〔2015〕136 号	关于召开中国共产党宿迁市宿豫区第十一次代表大会第六次会议的请示	2015.12.30
宿豫委〔2015〕137 号	关于吴昊等同志职务任免的通知	2015.12.31

续表 106－5

文　号	文　件　标　题	成文日期
宿豫委〔2015〕138 号	关于孙巧娟等同志职务任免的通知	2015.12.31
宿豫委〔2015〕139 号	关于王坤、邓全同志免职的通知	2015.12.31
宿豫委〔2015〕140 号	关于王恒松等同志免职的通知	2015.12.31
宿豫委〔2015〕141 号	关于皇甫启山、邓全同志任职的通知	2015.12.31
宿豫委〔2015〕142 号	区委关于巡视反馈意见整改情况的报告	2015.12.30
宿豫委〔2015〕143 号	关于朱善华等同志免职的通知	2015.12.31
宿豫委〔2015〕144 号	关于宣士忠、王保君同志免职的通知	2015.12.31
宿豫委〔2015〕145 号	关于王保君等同志免职的通知	2015.12.31
宿豫委〔2015〕146 号	关于朱勤才、闫长新同志职务任免的通知	2015.12.31

2015 年区政府发文

表 107

文　号	文　件　标　题	成文日期
宿豫政发〔2015〕1 号	关于印发促进中国宿迁电子商务产业园区发展的实施办法的通知	2015.1.9
宿豫政发〔2015〕2 号	关于调整 2014 年国民经济和社会发展计划部分指标的议案	2015.1.9
宿豫政发〔2015〕3 号	关于申请市属国有公司入股江苏宿迁电子商务发展有限公司的请示	2015.1.14
宿豫政发〔2015〕4 号	关于区政府领导班子成员工作分工的通知	2015.1.15
宿豫政发〔2015〕5 号	关于进一步规范机关事业单位津贴补贴和奖金发放工作情况的自查报告	2015.1.17
宿豫政发〔2015〕6 号	关于区属国有企业收入分配管理自查整改情况的报告	2015.1.17
宿豫政发〔2015〕7 号	关于组建区市场监督管理局及有关人员任职的通知	2015.1.10
宿豫政发〔2015〕8 号	关于组建区卫生和计划生育委员会及有关人员任职的通知	2015.1.10
宿豫政发〔2015〕9 号	关于成立区政务服务管理办公室及张秀梅同志任职的通知	2015.1.10
宿豫政发〔2015〕10 号	关于成立中国宿迁电子商务产业园区管委会及胡德斌等同志任职的通知	2015.1.10
宿豫政发〔2015〕11 号	关于张辉等同志职务任免的通知	2015.1.10
宿豫政发〔2015〕12 号	关于调整陆集镇等乡镇土地利用总体规划的请示	2015.1.10
宿豫政发〔2015〕13 号	关于做好 2013 年冬季退役士兵接收安置工作的通知	2015.1.30
宿豫政发〔2015〕14 号	关于新一轮扶贫开发经济薄弱村债务化解工作的报告	2015.2.3
宿豫政发〔2015〕15 号	关于提请朱晓慧等同志免职的报告	2015.2.6
宿豫政发〔2015〕16 号	关于提名张中华等同志职务任免的报告	2015.2.6
宿豫政发〔2015〕17 号	关于部省合作整体推进农村土地整治示范项目区涉及农民住房及工矿企业搬迁安置补偿情况的报告	2015.2.11
宿豫政发〔2015〕18 号	关于表彰 2014 年度全区推动工业转型发展先进企业(家)的决定	2015.2.26
宿豫政发〔2015〕19 号	关于表彰 2014 年度全区推动工业转型发展先进单位和先进个人的决定	2015.2.26
宿豫政发〔2015〕20 号	关于给予政法信访工作成绩突出的集体和个人记功的决定	2015.2.27

续表 107－1

文　号	文　件　标　题	成文日期
宿豫政发〔2015〕21 号	关于将宿豫区保安服务公司纳入国有资产管理的通知	2015.3.3
宿豫政发〔2015〕22 号	批转区审计局关于全区 2015 年审计项目计划安排意见的通知	2015.3.6
宿豫政发〔2015〕23 号	关于表彰 2014 年度国土资源管理工作先进单位及先进个人的决定	2015.3.16
宿豫政发〔2015〕24 号	关于做好 2015 年度耕地占补平衡和城乡建设用地增减挂钩试点工作的通知	2015.3.16
宿豫政发〔2015〕25 号	关于调整宿豫区城市管理委员会成员和部分成员单位职责的通知	2015.3.17
宿豫政发〔2015〕26 号	关于恳请市政府下发《关于同意建设中国宿迁电子商务产业园区批复》的请示	2015.3.23
宿豫政发〔2015〕27 号	关于陈磊同志组团赴英国德国举办中国宿豫投资环境说明会的请示	2015.3.23
宿豫政发〔2015〕28 号	关于下达 2015 年财政收支预算的通知	2015.3.22
宿豫政发〔2015〕29 号	关于派遣刘宏军同志赴美国加拿大参加互联网零售商大会暨展览会并开展对接交流活动的请示	2015.3.26
宿豫政发〔2015〕30 号	关于宿迁市宿豫区 2014 年度城乡建设用地增减挂钩(第三批)实施规划的请示	2015.3.27
宿豫政发〔2015〕31 号	关于邀请 1 名法国客商和 1 名阿拉伯客商来我区商务考察的请示	2015.3.27
宿豫政发〔2015〕32 号	关于申请实施农业综合开发高标准农田建设整县推进试点工作的请示	2015.3.31
宿豫政发〔2015〕33 号	关于报送 2015 年一事一议财政奖补项目建设计划的报告	2015.4.1
宿豫政发〔2015〕34 号	关于邀请孟加拉客商来我区商务考察的请示	2015.4.1
宿豫政发〔2015〕35 号	关于进一步加强网络创业的实施意见	2015.4.13
宿豫政发〔2015〕36 号	关于创建江苏省科普示范区的请示	2015.4.15
宿豫政发〔2015〕37 号	关于调整出国人员的请示	2015.4.7
宿豫政发〔2015〕38 号	关于设立宿迁市宿豫区六塘河水利风景区管理办公室的通知	2015.4.30
宿豫政发〔2015〕39 号	关于增设宿迁电子商务产业园区公交线路的请示	2015.5.4
宿豫政发〔2015〕40 号	关于报批中国宿迁电子商务产业园区城市设计及控制详细规划的请示	2015.5.8
宿豫政发〔2015〕41 号	关于创建江苏省节水型社会示范区的请示	2015.5.11
宿豫政发〔2015〕42 号	关于对创建国家卫生城市、国家节水型城市、省文明城市、省人居环境奖城市有功集体和个人予以记功和嘉奖的决定	2015.5.17
宿豫政发〔2015〕43 号	关于印发宿豫区农业产业发展规划(2015—2020 年)和宿豫区农业产业空间布局规划(2015—2020 年)的通知	2015.5.21
宿豫政发〔2015〕45 号	关于表彰年度考核优秀等次公务员的决定	2015.5.26
宿豫政发〔2015〕46 号	关于派遣唐善林同志赴美国加拿大开展投资合作推介活动的请示	2015.5.29
宿豫政发〔2015〕47 号	关于邀请市领导参加电子玻璃产业园项目签约仪式的请示	2015.6.2
宿豫政发〔2015〕48 号	关于在全市率先开展"一企一码"试点工作的请示	2015.6.3
宿豫政发〔2015〕49 号	关于派遣曹冬民同志赴美国培训的请示	2015.6.18
宿豫政发〔2015〕50 号	关于提名张先军、赵城勇同志职务任免的报告	2015.6.24
宿豫政发〔2015〕51 号	关于提名朱晓慧等同志职务任免的报告	2015.6.24

续表 107－2

文　号	文　件　标　题	成文日期
宿豫政发〔2015〕52 号	关于叶润卿等同志职务任免的通知	2015.6.24
宿豫政发〔2015〕55 号	关于申请创建省级食品安全城市的请示	2015.6.29
宿豫政发〔2015〕56 号	关于表彰 2014 年度征兵工作先进单位和先进个人的决定	2015.7.7
宿豫政发〔2015〕57 号	关于创建江苏省玻璃制品出口基地的请示	2015.7.9
宿豫政发〔2015〕58 号	关于安排省级地方债转贷资金的请示	2015.7.13
宿豫政发〔2015〕59 号	关于深入推进依法行政加快建设法治政府的意见	2015.7.10
宿豫政发〔2015〕60 号	关于增报 2015 年一事一议财政奖补项目建设计划的报告	2015.7.21
宿豫政发〔2015〕61 号	关于邀请孟加拉客商来我区商务考察的请示	2015.7.21
宿豫政发〔2015〕62 号	关于派遣韩超同志赴美国培训的请示	2015.7.20
宿豫政发〔2015〕63 号	关于派遣胡士乐同志赴德国培训的请示	2015.7.20
宿豫政发〔2015〕64 号	关于进一步加强耕地保护工作的通知	2015.7.29
宿豫政发〔2015〕65 号	关于申请安排支持宿迁电商产业园区发展专项资金的请示	2015.8.6
宿豫政发〔2015〕66 号	关于加强师资竞争性流动工作的意见	2015.7.29
宿豫政发〔2015〕67 号	关于第五届政府文学艺术奖的决定	2015.7.30
宿豫政发〔2015〕68 号	关于给予场外市场挂牌企业奖励的决定	2015.8.12
宿豫政发〔2015〕69 号	关于办理宿迁高新区油坊安置小区选址意见书的请示	2015.8.19
宿豫政发〔2015〕70 号	关于收购我区城乡建设用地增减挂钩指标的请示	2015.8.20
宿豫政发〔2015〕71 号	关于姜潮、周永科同志职务任免的通知	2015.7.29
宿豫政发〔2015〕72 号	关于宿豫区 2014 年区域供水管网工程建设资金列入财政预算的议案	2015.8.19
宿豫政发〔2015〕73 号	关于宿迁城东水厂一期工程建设资金列入财政预算的议案	2015.8.19
宿豫政发〔2015〕74 号	关于宿豫区陆运河工程建设资金列入财政预算的议案	2015.8.19
宿豫政发〔2015〕75 号	关于陈磊同志组团赴英国德国举办中国宿豫投资环境说明会时间变更的报告	2015.8.25
宿豫政发〔2015〕76 号	关于陆运河项目建设有关问题的决定	2015.8.28
宿豫政发〔2015〕77 号	关于创建全国义务教育发展基本均衡区国家督导组督导反馈问题整改情况的报告	2015.9.1
宿豫政发〔2015〕78 号	关于加快宿迁城东水厂一期工程建设的通知	2015.8.15
宿豫政发〔2015〕79 号	关于选派刘芳同志赴荷兰参加友好学校共进研修课程培训的请示	2015.9.8
宿豫政发〔2015〕80 号	关于区政府领导班子成员工作分工的通知	2015.9.9
宿豫政发〔2015〕81 号	关于派遣邵童同志赴德国开展“中华文化大乐园”文化交流活动的请示	2015.9.14
宿豫政发〔2015〕82 号	关于提名陈磊等同志职务任免的报告	2015.9.17
宿豫政发〔2015〕83 号	关于将陆运河建设项目回购资金列入财政预算的议案	2015.9.17
宿豫政发〔2015〕85 号	关于调整宿迁高新技术产业开发区财政管理体制的通知	2015.9.18
宿豫政发〔2015〕86 号	关于调整宿迁生态化工科技产业园财政管理体制的通知	2015.9.18
宿豫政发〔2015〕87 号	关于确立宿迁电子商务产业园区财政管理体制的通知	2015.9.18

续表 107-3

文　号	文　件　标　题	成文日期
宿豫政发〔2015〕88 号	关于调整张家港宿豫工业园区财政管理体制的通知	2015.9.18
宿豫政发〔2015〕89 号	关于调整江苏省宿豫现代农业产业园财政管理体制的通知	2015.9.18
宿豫政发〔2015〕90 号	关于确立宿豫区顺河街道财政管理体制的通知	2015.9.18
宿豫政发〔2015〕91 号	关于确立豫新街道财政管理体制的通知	2015.9.18
宿豫政发〔2015〕92 号	关于调整乡镇财政管理体制的通知	2015.9.18
宿豫政发〔2015〕93 号	宿豫区“十二五”人口和计划生育目标管理责任制终期评估及人口协调发展先进区评审自查报告	2015.9.24
宿豫政发〔2015〕94 号	关于派遣张杰同志赴香港进修和开展业务交流的请示	2015.9.30
宿豫政发〔2015〕95 号	关于朱涛同志工作分工的通知	2015.9.28
宿豫政发〔2015〕96 号	关于派遣程莉莉同志赴美国学习的请示	2015.10.14
宿豫政发〔2015〕97 号	关于宿迁市宿豫区 2014 年度城乡建设用地增减挂钩(第七批)实施规划的请示	2015.10.21
宿豫政发〔2015〕98 号	关于确认部分城市棚户区(危旧房)改造计划项目的请示	2015.10.22
宿豫政发〔2015〕99 号	关于派遣彭忠同志赴加拿大开展业务进修的请示	2015.11.5
宿豫政发〔2015〕100 号	关于贯彻执行 93 号令情况的自查报告	2015.11.20
宿豫政发〔2015〕101 号	关于宿迁市宿豫区 2014 年度城乡建设用地增减挂钩(第四批)实施规划的请示	2015.11.23
宿豫政发〔2015〕102 号	关于印发宿豫区创建国家社会信用体系建设示范城市工作方案的通知	2015.11.23
宿豫政发〔2015〕103 号	关于印发《2015 年推进简政放权放管结合转变政府职能工作方案》的通知	2015.12.2
宿豫政发〔2015〕104 号	关于 2015 年度推进依法行政工作情况的报告	2015.12.14
宿豫政发〔2015〕105 号	关于拨付安置补助费的请示	2015.12.29

2015 年区委办公室发文要目

表 108

文　号	文　件　标　题	成文日期
宿豫办发〔2015〕1 号	区委办 区政府办关于印发《宿豫区突发公共事件新闻宣传应急预案》的通知(秘密)	2015.1.4
宿豫办发〔2015〕2 号	区委办 区政府办关于调整区扶贫开发工作领导小组组成人员的通知	2015.1.5
宿豫办发〔2015〕3 号	区委办关于调整区委反腐败工作协调小组成员的通知	2015.1.19
宿豫办发〔2015〕4 号	区委办 区政府办关于转发《宿迁市重大事项舆情风险评估实施办法》的通知	2015.1.20
宿豫办发〔2015〕5 号	区委办 区政府办关于成立区镇村环境综合整治工作指挥部的通知	2015.1.22
宿豫办发〔2015〕6 号	区委办关于调整区社会文化管理委员会(区“扫黄打非”工作领导小组)成员的通知	2015.1.23
宿豫办发〔2015〕7 号	区委办 区政府办关于印发《宿豫区贯彻落实市委常委会 2015 年一季度工作任务分解表》的通知	2015.1.24
宿豫办发〔2015〕8 号	区委办 区政府办关于印发《宿豫区农村产权交易管理办法(试行)》的通知	2015.1.26

续表 108－1

文　号	文　件　标　题	成文日期
宿豫办发〔2015〕9 号	区委办印发《关于贯彻〈中国共产党党内法规和规范性文件备案规定〉的实施办法》的通知(秘密)	2015.1.27
宿豫办发〔2015〕10 号	区委办 区政府办关于印发《宿豫区落实党风廉政建设党委主体责任、纪委监督责任检查考核办法》的通知	2015.2.3
宿豫办发〔2015〕11 号	区委办 区政府办关于印发《宿豫区落实党风廉政建设党委主体责任、纪委监督责任责任追究办法(试行)》的通知	2015.2.3
宿豫办发〔2015〕12 号	区委办 区政府办关于调整区民政工作领导小组组成人员的通知	2015.2.5
宿豫办发〔2015〕13 号	区委办 区政府办关于印发《宿豫区 2015 年镇村环境整治结对共建工作实施方案》的通知	2015.2.6
宿豫办发〔2015〕14 号	区委办 区政府办、关于表彰 2014 年度人口和计划生育工作先进单位和先进个人的决定	2015.2.14
宿豫办发〔2015〕15 号	区委办 区政府办关于印发《宿豫区新闻宣传管理办法》的通知(秘密)	2015.2.15
宿豫办发〔2015〕16 号	区委办 区政府办关于印发《宿豫区 2015 年重大项目建设计划表》的通知	2015.2.27
宿豫办发〔2015〕17 号	区委办 区政府办关于调整区民族宗教工作领导小组组成人员的通知	2015.2.27
宿豫办发〔2015〕18 号	区委办 区政府办关于成立区“五类企业”清理盘活工程工作领导小组的通知	2015.2.27
宿豫办发〔2015〕19 号	区委办 区政府办关于印发《宿豫区 2015 年重点基础设施项目建设计划表》的通知	2015.2.27
宿豫办发〔2015〕20 号	区委办关于调整区依法治区领导小组组成人员的通知	2015.2.27
宿豫办发〔2015〕21 号	区委办 区政府办关于调整区农业和农村工作领导小组组成人员的通知	2015.2.27
宿豫办发〔2015〕22 号	关于印发《区委十一届六次全体(扩大)会议重要任务分解表》的通知	2015.2.27
宿豫办发〔2015〕23 号	区委办 区政府办关于印发《2015 年度区级党政领导大接访活动时间安排表》通知	2015.2.28
宿豫办发〔2015〕24 号	区委办 区政府办关于印发《2015 年全区信访工作要点》的通知	2015.2.28
宿豫办发〔2015〕25 号	区委办 区政府办关于区处理信访突出问题及群体性事件联席会议更名为区信访工作联席会议的通知	2015.2.28
宿豫办发〔2015〕26 号	区委办 区政府办关于调整区十五个共性问题工作小组挂帅区领导和牵头部门的通知	2015.2.28
宿豫办发〔2015〕27 号	区委办 区政府办关于全面开展农村土地承包经营权确权登记颁证工作的实施意见	2015.2.28
宿豫办发〔2015〕28 号	区委办 区政府办关于做好《宿豫年鉴(2015)》组稿工作的通知	2015.3.12
宿豫办发〔2015〕29 号	区委办 区政府办关于印发《宿豫区机关作风建设问责暂行办法》的通知	2015.3.19
宿豫办发〔2015〕30 号	区委办 区政府办关于调整区双拥工作领导小组组成人员的通知	2015.3.27
宿豫办发〔2015〕31 号	区委办 区政府办关于印发《2015 年度信访稳定工作考核奖惩办法》的通知	2015.3.27
宿豫办发〔2015〕32 号	区委办公室印发《关于深化“四风”整治、巩固和拓展党的群众路线教育实践活动成果的实施意见》的通知	201503.27
宿豫办发〔2015〕33 号	区委办 区政府办关于表彰全区基层办公室工作先进集体先进个人的决定	2015.3.31
宿豫办发〔2015〕34 号	区委办关于转发《宿豫区关心下一代工作委员会 2015 年工作要点》的通知	2015.3.31
宿豫办发〔2015〕36 号	区委办 区政府办关于成立区绩效管理工作领导小组的通知	2015.4.2

续表 108－2

文　号	文　件　标　题	成文日期
宿豫办发〔2015〕37 号	区委办 区政府办关于进一步加强 2015 年度市级目标管理的通知	2015.4.2
宿豫办发〔2015〕38 号	区委办印发《关于落实市党风廉政建设责任制检查考核反馈意见的整改意见》的通知	2015.4.13
宿豫办发〔2015〕39 号	区委办 区政府办关于下达 2015 年度国家扶贫改革试验区建设和脱贫奔小康工作任务的通知	2015.4.13
宿豫办发〔2015〕40 号	区委办 区政府办关于印发《2015 年度舆情管理工作考核奖惩办法(试行)》的通知(秘密)	2015.4.15
宿豫办发〔2015〕41 号	区委办 区政府办关于印发《市委四届五次全体(扩大)会议及 2015 年〈政府工作报告〉交办工作分解表》的通知	2015.4.17
宿豫办发〔2015〕42 号	区委办 区政府办关于印发《宿豫区贯彻落实市委常委会 2015 年工作要点任务分解表》的通知(秘密)	2015.4.17
宿豫办发〔2015〕43 号	区委办 区政府办关于印发《区委区政府 2015 年二季度工作要点》的通知	2015.4.17
宿豫办发〔2015〕44 号	区委办 区政府办关于成立区建设省现代社区治理创新实验区工作领导小组的通知	2015.4.23
宿豫办发〔2015〕45 号	区委办 区政府办关于印发《宿豫区建设现代社区治理创新实验区工作规划(2015—2017 年)》的通知	2015.4.23
宿豫办发〔2015〕46 号	区委办 区政府办关于成立区社会组织培育发展工作领导小组的通知	2015.4.24
宿豫办发〔2015〕47 号	区委办 区政府办关于印发《宿豫区 2015 年度目标综合考评办法》的通知	2015.4.24
宿豫办发〔2015〕48 号	区委办 区政府办关于印发《宿豫区减轻城乡社区负担提升为民服务效能的实施方案》的通知	2015.4.28
宿豫办发〔2015〕49 号	区委办 区政府办关于印发《区有关部门贯彻落实全面推进依法治区工作〈实施意见〉重要举措分工方案》的通知(秘密)	2015.4.28
宿豫办发〔2015〕50 号	区委办 区政府办关于印发《2015 年乡镇街道园区及区直部门重点工作(改革事项、创新项目、重点工程)计划表》的通知	2015.4.29
宿豫办发〔2015〕51 号	区委办 区政府办关于印发《宿豫区政府投资工程建设项目招标投标管理问责办法》的通知	2015.4.29
宿豫办发〔2015〕52 号	区委办 区政府办关于印发《宿豫区 2015 年机关效能和政(行)风评议实施办法》的通知	2015.5.1
宿豫办发〔2015〕53 号	区委办 区政府办关于印发《宿豫区落实安全生产“党政同责一岗双责”实施意见》的通知	2015.5.4
宿豫办发〔2015〕54 号	区委办 区政府办关于印发《宿豫区 2015 年“扫黄打非”行动方案》的通知(秘密)	2015.5.8
宿豫办发〔2015〕55 号	区委办 区政府办关于调整区防汛防旱指挥部组成人员的通知	2015.5.11
宿豫办发〔2015〕56 号	区委办 区政府办关于印发《宿豫区落实党风廉政建设党委主体责任、纪委监督责任“一案双查”办法(试行)》的通知	2015.5.12
宿豫办发〔2015〕57 号	区委办 区政府办关于成立区创建全国文明城市指挥部的通知	2015.5.14
宿豫办发〔2015〕58 号	区委办关于印发《在“三严三实”专题教育中深入开展领导干部下基层“三解三促”活动实施方案》的通知	2015.5.19
宿豫办发〔2015〕59 号	区委办 区政府办关于成立绿陵集团重组帮扶工作领导小组的通知	2015.5.22
宿豫办发〔2015〕60 号	区委办 区政府办关于促进全区现代农业差别竞争特色发展的实施意见	2015.5.28
宿豫办发〔2015〕61 号	区委办 区政府办关于调整区秸秆禁烧与综合利用工作领导小组组成人员的通知	2015.5.28

续表 108－3

文　号	文　件　标　题	成文日期
宿豫办发〔2015〕62 号	区委办印发《关于在县处级领导干部中开展“三严三实”专题教育的实施方案》的通知	2015.5.29
宿豫办发〔2015〕63 号	区委办关于成立全区领导干部“三严三实”专题教育工作办公室的通知	2015.5.29
宿豫办发〔2015〕64 号	区委办 区政府办关于成立区多规融合工作领导小组的通知	2015.6.5
宿豫办发〔2015〕65 号	区委办 区政府办关于印发《2015 年区领导及乡镇（街道）、部门挂钩帮扶“511”工程重点企业和工业再造项目计划表》的通知	2015.6.11
宿豫办发〔2015〕66 号	区委办 区政府办关于成立区互联网经济研究中心的通知	2015.6.29
宿豫办发〔2015〕67 号	区委办 区政府办关于调整区防汛防旱指挥部组成人员的通知	2015.7.3
宿豫办发〔2015〕68 号	区委办 区政府办关于成立区“十三五”规划编制工作领导小组的通知	2015.7.16
宿豫办发〔2015〕69 号	区委办 区政府办关于调整区双拥模范城创建工作领导小组成员的通知	2015.7.28
宿豫办发〔2015〕70 号	区委办关于印发《宿豫区推动基层党建“书记项目”实施的若干规定》的通知	2015.7.27
宿豫办发〔2015〕71 号	区委办 区政府办关于印发《宿豫区创建全国双拥模范城工作责任目标》的通知	2015.8.11
宿豫办发〔2015〕72 号	区委办 区政府办印发《关于实施“十项工程”深入推进全国双拥模范城创建工作的意见》的通知	2015.8.16
宿豫办发〔2015〕73 号	区委办 区政府办关于启动乡镇（街道）志园区志部门志编纂工作的通知	2015.8.17
宿豫办发〔2015〕74 号	区委办关于印发《陈逸中、魏国强同志在省委第七巡视组巡视宿豫区工作动员会上的讲话和张晓伟同志的表态发言》的通知（机密）	2015.8.20
宿豫办发〔2015〕75 号	区委办 区政府办关于做好全区扶贫开发政策和农村最低生活保障制度衔接工作的通知	2015.8.28
宿豫办发〔2015〕76 号	区委办 区政府办关于印发《贯彻落实省发展众创空间推进大众创新创业工作任务分工》的通知	2015.8.24
宿豫办发〔2015〕77 号	区委办 区政府办关于印发《宿迁市宿豫区档案馆收集档案范围实施细则》的通知	2015.9.9
宿豫办发〔2015〕78 号	区委办 区政府办关于实行党风廉政建设“两个责任”纪实档案管理制度的实施意见（试行）	2015.9.18
宿豫办发〔2015〕79 号	区委办 区政府办关于成立宿豫区国家社会信用体系建设示范城市创建指挥部的通知	2015.9.18
宿豫办发〔2015〕80 号	区委办关于印发《中共宿豫区委管理的干部职务名称表》等文件的通知	2015.9.18
宿豫办发〔2015〕81 号	区委办 区政府办关于成立区“一村一品一店”工作领导小组的通知	2015.9.29
宿豫办发〔2015〕82 号	区委办 区政府办关于调整区秸秆禁烧与综合利用工作领导小组组成人员的通知	2015.9.30
宿豫办发〔2015〕83 号	区委办 区政府办关于调整区创建国家环境保护模范城市指挥部组成人员的通知	2015.9.30
宿豫办发〔2015〕84 号	区委办 区政府办关于调整区科技镇长团工作领导小组成员的通知	2015.9.30
宿豫办发〔2015〕85 号	区委办 区政府办关于印发《宿豫区文化建设迈上新台阶 60 个项目任务分工》的通知	2015.10.15
宿豫办发〔2015〕86 号	区委办 区政府办关于成立区文化建设工作领导小组的通知	2015.10.15
宿豫办发〔2015〕87 号	区委办 区政府办关于印发《宿豫区民意访评工作管理考核办法》的通知	2015.10.27

续表 108－4

文　号	文　件　标　题	成文日期
宿豫办发〔2015〕88 号	区委办 区政府办关于成立区陆运河工程建设指挥部的通知	2015.10.30
宿豫办发〔2015〕89 号	区委办 区政府办关于印发《区委区政府 2015 年四季度工作要点》的通知	2015.11.5
宿豫办发〔2015〕90 号	区委办关于印发《省委第七巡视组〈关于对宿豫区巡视情况的反馈意见〉整改落实分工方案》的通知(秘密)	2015.11.5
宿豫办发〔2015〕91 号	区委办 区政府办关于印发《宿豫区农村公路“最后一公里”通达工程实施方案》的通知	2015.11.6
宿豫办发〔2015〕92 号	区委办 区政府办关于印发《宿豫区规范性文件和重大决策合法性审查办法》的通知	2015.11.6
宿豫办发〔2015〕93 号	区委办 区政府办关于印发《宿豫区控编减编工作实施方案》的通知	2015.11.6
宿豫办发〔2015〕94 号	区委办 区政府办关于组织开展“十二五”脱贫奔小康工程扫尾攻坚行动的通知	2015.11.10
宿豫办发〔2015〕95 号	区委办 区政府办关于做好 2016 年度重点党报党刊征订发行工作的通知	2015.11.11
宿豫办发〔2015〕96 号	区委办 区政府办关于成立宿豫区增材制造(3D 打印)产业发展工作领导小组的通知	2015.11.13
宿豫办发〔2015〕97 号	区委办关于调整区社会文化管理委员会(区“扫黄打非”工作领导小组)成员的通知	2015.11.13
宿豫办发〔2015〕98 号	区委办 区政府办关于表彰宿豫区“作风建设标兵”的决定	2015.11.13
宿豫办发〔2015〕99 号	区委办 区政府办关于印发《宿豫区区域供水通村达户工程实施方案》的通知	2015.12.7
宿豫办发〔2015〕100 号	区委办 区政府办关于印发《宿豫区推动工业转型发展工作考核办法》的通知	2015.12.8
宿豫办发〔2015〕101 号	区委办 区政府办关于进一步规范公文处理有关事项的通知	2015.12.15
宿豫办发〔2015〕102 号	区委办 区政府办关于调整区全民创业工作领导小组成员的通知	2015.12.23

2015 年区政府办发文

表 109

文　号	文　件　标　题	成文日期
宿豫政办发〔2015〕1 号	关于印发宿豫区项目资金申报管理办法的通知	2015.1.5
宿豫政办发〔2015〕2 号	关于印发宿豫区社区卫生服务站实施国家基本药物制度工作方案的通知	2015.1.8
宿豫政办发〔2015〕3 号	关于印发《宿豫区基础教育教学质量奖励基金实施意见》的通知	2015.1.28
宿豫政办发〔2015〕4 号	关于成立宿豫区 2015 年春运工作领导小组的通知	2015.2.2
宿豫政办发〔2015〕5 号	关于认真做好 2015 年春运工作的通知	2015.2.2
宿豫政办发〔2015〕6 号	关于印发宿豫区春季平坟还田专项行动实施方案的通知	2015.2.5
宿豫政办发〔2015〕7 号	关于印发宿豫区 2015 年农村改厕实施方案的通知	2015.2.10
宿豫政办发〔2015〕8 号	关于印发 2015 年区政府重点工作(改革事项、创新项目、重点工程)计划表的通知	2015.2.26
宿豫政办发〔2015〕9 号	关于印发 2015 年区政府为民办实事项目建设计划表的通知	2015.2.26
宿豫政办发〔2015〕10 号	关于印发关于开展“五类企业”清理盘活工程促进工业转型升级的实施意见的通知	2015.2.27

续表 109－1

文　号	文　件　标　题	成文日期
宿豫政办发〔2015〕11 号	关于印发宿豫区 2015 年度“五类企业”清理盘活工作考核办法的通知	2015.2.27
宿豫政办发〔2015〕12 号	关于调整区安全生产委员会组成人员的通知	2015.3.3
宿豫政办发〔2015〕13 号	关于转发区人力资源和社会保障局等部门关于开展全区机关事业单位“吃空饷”问题集中治理工作实施意见的通知	2015.3.10
宿豫政办发〔2015〕14 号	关于印发宿豫区企业失信惩戒和守信激励实施办法(试行)的通知	2015.3.10
宿豫政办发〔2015〕15 号	关于印发宿豫区失信企业“黑名单”曝光实施细则(试行)的通知	2015.3.10
宿豫政办发〔2015〕16 号	关于印发宿豫区政务服务中心工作规则的通知	2015.3.13
宿豫政办发〔2015〕17 号	关于印发宿豫区 2015 年度存量建设用地清理盘活工作实施方案的通知	2015.3.16
宿豫政办发〔2015〕18 号	关于加强 2015 年度国土资源管理工作考核的通知	2015.3.18
宿豫政办发〔2015〕19 号	关于加强国土资源管理强化土地执法监管共同责任机制的通知	2015.3.18
宿豫政办发〔2015〕20 号	关于成立宿豫区政府和社会资本合作(PPP)工作领导小组的通知	2015.3.17
宿豫政办发〔2015〕21 号	关于印发宿豫区城市管理工作考核办法的通知	2015.3.17
宿豫政办发〔2015〕22 号	关于印发宿豫区打击非法行医暨基层医疗卫生秩序综合整治突击月活动方案的通知	2015.3.19
宿豫政办发〔2015〕23 号	关于印发宿豫区 2015 年度镇村环境整治工作考核办法的通知	2015.3.24
宿豫政办发〔2015〕24 号	关于调整宿豫区招生委员会成员的通知	2015.3.24
宿豫政办发〔2015〕25 号	关于下达全区 2015 年度离休干部医药费统筹任务的通知	2015.4.1
宿豫政办发〔2015〕26 号	关于切实加强政府公共体育设施管理的意见	2015.4.2
宿豫政办发〔2015〕27 号	关于调整宿豫区全民健身工作指导委员会成员的通知	2015.4.2
宿豫政办发〔2015〕28 号	关于成立宿豫区 2014 年度土地矿产卫片执法监督检查工作领导小组的通知	2015.4.10
宿豫政办发〔2015〕29 号	关于印发宿豫区网络问政及 12345 政府热线等重点工作考核办法的通知	2015.4.13
宿豫政办发〔2015〕30 号	关于 2014 年全区网络问政及 12345 热线办理情况的通报	2015.4.14
宿豫政办发〔2015〕31 号	关于表彰 2014 年网络问政及 12345 热线工作先进单位和个人的决定	2015.4.14
宿豫政办发〔2015〕32 号	关于印发宿豫区招标投标市场黑名单制度管理暂行办法的通知	2015.4.15
宿豫政办发〔2015〕33 号	关于开展城乡居民基本养老保险扩面征缴突击月活动的通知	2015.5.5
宿豫政办发〔2015〕34 号	关于贯彻落实《江苏省机关事务管理办法》的通知	2015.5.6
宿豫政办发〔2015〕35 号	关于做好区公共信用信息归集工作的通知	2015.5.6
宿豫政办发〔2015〕36 号	关于印发区信用体系建设相关文件的通知	2015.5.6
宿豫政办发〔2015〕37 号	关于成立宿豫区创建江苏省节水型社会示范区领导小组的通知	2015.5.11
宿豫政办发〔2015〕38 号	关于印发创建江苏省节水型社会示范区实施方案的通知	2015.5.11
宿豫政办发〔2015〕39 号	关于印发宿豫区节水型社会建设工作方案和实施计划的通知	2015.5.11
宿豫政办发〔2015〕40 号	关于开展部门权力事项责任清单编制工作的通知	2015.5.15
宿豫政办发〔2015〕41 号	关于下达 2015 年保障性安居工程建设目标任务的通知	2015.5.18

续表 109－2

文　号	文　件　标　题	成文日期
宿豫政办发〔2015〕42 号	关于成立区石油天然气输送管道保护工作领导小组的通知	2015.4.20
宿豫政办发〔2015〕43 号	关于调整宿豫区农村公路提档升级工程建设领导小组的通知	2015.5.19
宿豫政办发〔2015〕44 号	关于印发宿豫区农村公路提档升级工程建设管理实施办法的通知	2015.5.19
宿豫政办发〔2015〕45 号	关于印发 2015 年度全区社会保险扩面征缴幸福行动活动方案的通知	2015.5.19
宿豫政办发〔2015〕46 号	关于成立宿豫区推进产业集聚发展工作领导小组的通知	2015.5.19
宿豫政办发〔2015〕47 号	关于印发《宿豫区行政事业单位国有资产出租出借清理工作方案》的通知	2015.5.19
宿豫政办发〔2015〕48 号	关于印发《宿豫区小型农田水利设施管护办法》的通知	2015.5.20
宿豫政办发〔2015〕49 号	关于调整区政府残疾人工作委员会组成人员的通知	2015.5.29
宿豫政办发〔2015〕50 号	关于印发宿豫区创建江苏省基层中医药工作先进单位实施方案的通知	2015.6.4
宿豫政办发〔2015〕51 号	关于印发《区十六届人大四次会议代表议案建议和区政协十三届四次会议委员提案办理责任分解表》的通知	2015.6.2
宿豫政办发〔2015〕52 号	关于调整区基本公共卫生服务项目和妇幼重大公共卫生服务项目工作领导小组成员的通知	2015.6.9
宿豫政办发〔2015〕53 号	关于不动产登记改革机构设置有关问题的请示	2015.6.15
宿豫政办发〔2015〕54 号	关于印发宿豫区 2015 年大气污染防治实施方案的通知	2015.6.16
宿豫政办发〔2015〕55 号	关于印发宿豫区 2015 年度大气污染防治工作奖惩暂行办法的通知	2015.6.16
宿豫政办发〔2015〕56 号	关于认真做好全区 2015 年人口抽样调查工作的通知	2015.6.24
宿豫政办发〔2015〕57 号	关于调整区食品安全委员会成员的通知	2015.6.24
宿豫政办发〔2015〕58 号	关于成立宿豫区创建省级公共体育服务体系示范区领导小组的通知	2015.6.29
宿豫政办发〔2015〕59 号	关于创建省级公共体育服务体系示范区的实施意见	2015.6.29
宿豫政办发〔2015〕60 号	关于调整区征兵工作领导小组成员的通知	2015.7.2
宿豫政办发〔2015〕61 号	关于开展游客满意度整改提升工作的通知	2015.7.2
宿豫政办发〔2015〕62 号	关于印发宿豫区深化乡镇医疗卫生事业改革试点方案的通知	2015.7.2
宿豫政办发〔2015〕63 号	关于印发宿豫城区载人载客三轮车百日整治行动工作方案的通知	2015.7.2
宿豫政办发〔2015〕64 号	关于建立中小学校舍安全保障长效机制的意见	2015.7.6 日
宿豫政办发〔2015〕65 号	关于成立宿豫区道路交通事故社会救助基金管理协调领导小组的通知	2015.7.6 日
宿豫政办发〔2015〕66 号	关于 2015 年上半年区政府门户网站内容保障工作的通报	2015.7.6
宿豫政办发〔2015〕67 号	关于印发宿豫区突发事件信息报告十条规定的通知	2015.7.7
宿豫政办发〔2015〕68 号	关于调整宿豫区地方病防治工作领导小组成员的通知	2015.7.8
宿豫政办发〔2015〕69 号	关于成立宿豫区外来少数民族流动人口服务管理工作协调小组的通知	2015.7.8
宿豫政办发〔2015〕70 号	关于成立区政府推进职能转变协调小组的通知	2015.7.7
宿豫政办发〔2015〕71 号	关于成立区国土资源综合执法队伍的通知	2015.7.16
宿豫政办发〔2015〕72 号	关于成立宿豫区迎国检公路综合整治工作领导小组的通知	2015.7.20
宿豫政办发〔2015〕73 号	关于印发宿豫区迎国检公路综合整治活动实施方案的通知	2015.7.20
宿豫政办发〔2015〕74 号	关于调整区水资源管理工作领导小组成员的通知	2015.7.27

续表 109-3

文　号	文　件　标　题	成文日期
宿豫政办发〔2015〕75 号	关于成立宿豫区耕地保护工作领导小组的通知	2015.7.28
宿豫政办发〔2015〕76 号	关于印发《宿豫区社会救助政策汇编》的通知	2015.8.10
宿豫政办发〔2015〕77 号	关于成立宿豫区社会保险监督委员会的通知	2015.8.20
宿豫政办发〔2015〕78 号	关于加强融资管理的通知	2015.8.24
宿豫政办发〔2015〕79 号	关于印发宿豫区社会信用体系建设部门职责分工的通知	2015.9.16
宿豫政办发〔2015〕80 号	关于转发区信用办 2015 年度信用信息和信用产品使用计划的通知	2015.9.16
宿豫政办发〔2015〕82 号	关于成立宿迁电子商务产业园债券发行工作领导小组的通知	2015.9.16
宿豫政办发〔2015〕83 号	关于调整宿豫区语言文字工作委员会成员的通知	2015.9.22
宿豫政办发〔2015〕84 号	转发市政府办公室关于进一步规范机关事业单位工作人员津贴补贴(绩效工资)发放工作通知的通知	2015.9.22
宿豫政办发〔2015〕85 号	关于调整区防范和化解企业信贷风险工作领导小组成员的通知	2015.9.23
宿豫政办发〔2015〕86 号	关于调整区金融稳定工作协调小组成员的通知	2015.9.23
宿豫政办发〔2015〕87 号	关于调整区打击和处置非法集资工作领导小组成员的通知	2015.9.23
宿豫政办发〔2015〕88 号	关于印发《2015 年推进简政放权放管结合转变政府职能工作方案》的通知	2015.9.28
宿豫政办发〔2015〕89 号	关于成立区政务服务云平台建设工作领导小组的通知	2015.10.13
宿豫政办发〔2015〕90 号	关于印发《宿豫区政务服务云平台建设工作方案》的通知	2015.10.13
宿豫政办发〔2015〕91 号	关于成立宿豫区人民政府法律顾问委员会的通知	2015.10.13
宿豫政办发〔2015〕92 号	关于促进宿豫区房地产市场健康发展实施意见	2015.10.14
宿豫政办发〔2015〕93 号	关于统筹全区 2015 年度义务兵家庭优待金和大学生入伍奖励金的通知	2015.10.29
宿豫政办发〔2015〕94 号	关于印发宿豫区残疾儿童义务教育全覆盖、零拒绝工作实施方案(试行)的通知	2015.10.29
宿豫政办发〔2015〕95 号	关于提高全区农村五保供养标准的通知	2015.10.29
宿豫政办发〔2015〕96 号	关于印发宿豫区创建省级食品安全城市实施方案的通知	2015.11.11
宿豫政办发〔2015〕97 号	关于印发区属国有企业国有资本经营预算编制方案的通知	2015.11.12
宿豫政办发〔2015〕98 号	关于印发宿豫区证照联动监管平台运行保障方案的通知	2015.11.17
宿豫政办发〔2015〕99 号	关于转发《市政府关于加快发展养老服务业完善养老服务体系的实施意见》的通知	2015.11.23
宿豫政办发〔2015〕100 号	关于成立宿豫区高标准农田上图入库工作领导小组的通知	2015.11.30
宿豫政办发〔2015〕101 号	关于进一步明确乡镇共建工业集中区基础设施投入机制的通知	2015.12.4
宿豫政办发〔2015〕102 号	关于设立宿豫区机关事务管理局的请示	2015.12.9
宿豫政办发〔2015〕103 号	关于印发宿豫区疾病应急救助制度实施方案的通知	2015.12.18
宿豫政办发〔2015〕104 号	关于印发增材制造(3D 打印)产业人才支持政策的通知	2015.12.21
宿豫政办发〔2015〕105 号	关于成立教育现代化建设工作领导小组的通知	2015.12.23
宿豫政办发〔2015〕106 号	关于印发《宿豫区行政审批后续监管问责暂行办法》的通知	2015.12.28
宿豫政办发〔2015〕107 号	关于建立双随机抽查监管工作机制的意见	2015.12.29

2015年宿豫区按当年价格计算的地区生产总值构成项目

表110　　　　　　　　　　　　　　　　　　　　　　　　　　　　　　单位:亿元

项目构成	增加值	劳动者报酬	生产税净额	补贴	固定资产折旧	营业盈余
地区生产总值	230.06	154.51	13.77	1.16	24.64	37.14
农、林、牧、渔业	25.02	24.09	-1.16	1.16	1.40	0.69
农业	16.12	15.85	-1.16	1.16	1.12	0.31
林业	0.87	0.78	—	—	0.04	0.05
畜牧业	6.38	6.11	—	—	0.11	0.16
渔业	0.99	0.77	—	—	0.10	0.12
农、林、牧、渔服务业	0.66	0.58	—	—	0.03	0.05
工业	121.20	76.86	8.12	—	14.16	22.06
采矿业	9.45	7.56	0.91	—	0.53	0.45
#开采辅助活动	—	—	—	—	—	—
制造业	110.86	68.91	7.15	—	13.52	21.28
#金属制品、机械和设备修理业	1.21	1.13	0.02	—	0.02	0.04
电力、燃气及水的生产和供应业	0.89	0.39	0.06	—	0.11	0.33
建筑业	17.22	11.37	3.58	—	0.98	1.29
房屋建筑业	12.34	8.89	2.34	—	0.45	0.66
土木工程建筑业	3.46	1.84	1.20	—	0.20	0.22
建筑安装业	1.13	0.42	0.03	—	0.31	0.37
建筑装饰和其他建筑业	0.29	0.22	0.01	—	0.02	0.04
批发和零售业	7.72	5.19	0.67	—	0.49	1.37
批发业	2.96	1.95	0.15	—	0.16	0.70
零售业	4.76	3.24	0.52	—	0.33	0.67
交通运输、仓储和邮政业	10.57	5.58	0.40	—	1.04	3.55
铁路运输业	—	—	—	—	—	—
道路运输业	4.06	2.18	0.22	—	0.85	0.81

续表 110 - 1

项目构成	增加值	劳动者报酬	生产税净额		固定资产折旧	营业盈余
				补贴		
水上运输业	1.91	1.05	0.07	—	0.05	0.74
航空运输业	—	—	—	—	—	
管道运输业	—	—	—	—	—	—
装卸搬运和运输代理业	2.32	1.15	0.04	—	0.05	1.08
仓储业	1.90	1.01	0.03	—	0.04	0.82
邮政业	0.38	0.19	0.04	—	0.05	0.10
住宿和餐饮业	5.03	3.18	0.38	—	0.26	1.21
住宿业	1.79	1.33	0.17	—	0.06	0.23
餐饮业	3.24	1.85	0.21	—	0.20	0.98
信息传输、软件和信息技术服务业	4.09	2.54	0.09	—	0.52	0.94
电信、广播电视和卫星传输服务	0.97	0.53	0.03	—	0.15	0.26
互联网和相关服务	2.75	1.78	0.04	—	0.35	0.58
软件和信息技术服务业	0.37	0.23	0.02	—	0.02	0.10
金融业	6.67	4.06	0.59	—	0.40	1.62
货币金融服务	6.01	3.88	0.50	—	0.29	1.34
资本市场服务	—	—	—	—	—	—
保险业	—	—	—	—	—	—
其他金融业	0.66	0.18	0.09	—	0.11	0.28
房地产业	8.58	4.00	0.34	—	2.31	1.93
房地产开发经营业	4.56	2.42	0.15	—	1.30	0.69
物业管理业	1.27	0.44	0.04	—	0.52	0.27
房地产中介服务业	0.46	0.19	0.05	—	0.03	0.19
自有房地产经营活动	1.63	0.53	0.07	—	0.42	0.61
其他房地产业	0.66	0.42	0.03	—	0.04	0.17
租赁和商务服务业	2.25	1.39	0.22	—	0.33	0.31
租赁业	1.05	0.58	0.16	—	0.12	0.19
商务服务业	1.20	0.81	0.06	—	0.21	0.12
科学研究和技术服务业	1.12	0.72	0.03	—	0.22	0.15
水利、环境和公共设施管理业	2.16	1.24	0.04	—	0.40	0.48
居民服务、修理和其他服务业	2.14	1.20	0.29	—	0.20	0.45
教育	6.10	4.98	0.06	—	0.51	0.55
卫生和社会工作	4.71	3.89	0.09	—	0.49	0.24
文化、体育和娱乐业	1.50	0.88	0.03	—	0.29	0.30
公共管理、社会保障和社会组织	3.98	3.34	—	—	0.64	—

续表 110-2

项目构成	增加值	劳动者报酬	生产税净额	补贴	固定资产折旧	营业盈余
第一产业	24.36	23.51	-1.16	1.16	1.37	0.64
第二产业	137.21	87.10	11.68	—	15.12	23.31
第三产业	68.49	43.90	3.25	—	8.15	13.19

2015 年宿豫区规模工业企业主要指标

表 111　　　　单位:万元

甲栏分组	企业单位数(个)	亏损企业	工业总产值(当年价格)	出口交货值	税总额	应交增值税	产品销售率(%)
总　　计	257	37	456.41	28.97	34.41	10.16	96.72
一、按登记注册类型分组							
内资企业	243	32	409.24	25.46	31.68	8.47	96.86
国有企业	1	0	23.52	0.00	1.04	0.00	95.02
有限责任公司	95	20	139.48	1.95	10.68	3.61	97.64
股份有限公司	15	2	47.08	4.44	4.24	1.10	98.95
私营企业	131	10	198.85	19.08	15.68	3.75	96.03
其他企业	1	0	0.30	0.00	0.03	0.00	97.15
港、澳、台商投资企业	7	2	29.47	1.94	1.56	1.17	94.81
外商投资企业	7	3	17.71	1.56	1.16	0.52	96.63
二、按经济组织类型分组							
独资企业	17	1	58.18	0.40	3.55	1.04	94.21
合作、合伙企业	5	0	2.78	0.00	0.21	0.06	97.43
股份有限公司	26	4	61.87	4.61	5.39	1.39	98.48
有限责任公司	209	32	333.58	23.96	25.26	7.67	96.82
三、在总计中:亏损企业	37	37	46.05	1.82	0.12	1.26	95.28
在总计中:国有控股企业	3	0	27.12	0.00	1.32	0.10	94.55
在总计中:农村工业	1	0	0.76	0.00	0.11	0.02	100.00
在总计中:轻工业	142	15	235.91	18.47	17.01	4.78	96.35
重工业	115	22	220.50	10.50	17.40	5.38	97.10
在总计中:大型企业	9	1	132.34	14.47	9.50	2.26	96.01
中型企业	27	5	126.52	9.23	9.25	3.97	97.69
小型企业	214	29	195.90	5.27	15.58	3.91	96.55
微型企业	7	2	1.66	0.00	0.08	0.01	98.45

2015 年宿豫区固定资产投资完成情况

表 112　　单位:亿元

产业分类	投资完成额	2014 年同期	同比(±%)
固定资产投资完成额	230.69	194.51	18.6%
第一产业	2.54	2.28	11.4%
第二产业	146.02	118.65	23.1%
其中:工业投资	143.82	118.39	21.5%
第三产业	82.13	73.58	11.6%
其中:房地产开发投资	31.84	29.79	6.9%

2015 年宿豫区社会消费品零售总额季度数据

表 113　　单位:万元

指标名称	1—3 月	1—6 月	1—9 月	1—12 月
社会消费品零售总额	117809	230798	345674	479441
(一)批发和零售业小计	89499	177056	265905	370634
1.批发业	23064	34652	47171	60065
2.零售业	66435	142404	218734	310569
(二)住宿和餐饮业小计	28310	53742	79769	105807
1.住宿业	5447	10832	16289	22087
2.餐饮业	22863	42910	63480	83720

2015 年宿豫区城乡居民居住情况

表 114

指标名称	单位	城镇	农村
(一)现住房建筑面积	平方米	41.80	52.40
(二)本住户居住空间样式	%	100	100
1.单栋楼房	%	33	17
2.单栋平房	%	25	81
3.四居室及以上单元房	%	0	0
4.三居室单元房	%	26	2
5.二居室单元房	%	16	0
(三)住宅有管道供水情况	%	100	100
1.管道供水入户	%	100	98
2.管道供水至公共取水点	%	0	0
3.没有管道设施	%	0	2
(四)住户厕所类型	%	100	100
1.水冲式卫生厕所	%	72	14
2.水冲式非卫生厕所	%	0	2

续表 114

指标名称	单位	城镇	农村
3.卫生旱厕	%	20	29
4.普通旱厕	%	7	54
5.无厕所	%	0	0
(五)住户厕所使用情况	%	100	100
1.本住户独用	%	100	100
2.几户合用	%	0	0
3.公用厕所	%	0	0
(六)住户洗澡设施情况	%	100	100
1.统一供热水	%	3	0
2.家庭自装热水器	%	83	73
3.其他	%	6	2
4.无洗澡设施	%	9	25
(七)主要炊用能源状况	%	100	100
1.柴草	%	1	23
2.煤炭	%	1	4
3.罐装液化石油气	%	51	64
4.管道液化石油气	%	7	0
5.管道煤气	%	0	0
6.管道天然气	%	23	0
7.电	%	16	8

2015年宿豫区城乡居民平均每百户耐用消费品拥有量

表 115

指标名称	单位	城镇	农村	指标名称	单位	城镇	农村
1.家用汽车	辆	28	8	13.洗碗机	台	1	0
2.摩托车	辆	36	58	14.排油烟机	台	79	0
3.助力车	台	110	112	15.固定电话	线	45	0
4.洗衣机	台	104	96	16.移动电话	部	275	0
5.电冰箱(柜)	台	96	90	17.其中:接入互联网	部	113	0
6.微波炉	台	71	25	18.计算机	台	84	0
7.彩色电视机	台	133	134	19.其中:接入互联网	台	75	0
8.其中:接入有线电视	台	103	110	20.摄像机	台	4	0
9.空调	台	124	70	21.照相机	台	19	0
10.热水器	台	93	79	22.中高档乐器	架	4	0
11.其中:太阳能热水器	台	91	71	23.健身器材	台	4	0
12.消毒碗柜	台	1	0	24.组合音响	套	9	0

2015年宿豫区农、林、牧、渔、业总产值情况

表116

指标名称	产值(万元)		指标名称	产值(万元)	
	现价	可比价		现价	可比价
农林牧渔业总产值	473051	464192	(三)林产品的采集	376	376
一、农业产值	268675	260230	三、牧业产值	159620	158756
(一)谷物及其他作物	99737	104876	(一)牲畜的饲养	9904	10154
(二)蔬菜、食用菌及花卉盆景园艺	157463	144197	(二)猪的饲养	44032	40500
(三)水果、坚果、饮料和香料	11475	11157	(三)家禽	95530	97380
二、林业产值	15187	15871	(四)其他畜牧业	10154	10722
(一)林木的培育和种植	3523	3448	四、渔业产值	18604	18511
(二)竹木采运	11288	12047	五、农林牧渔服务业产值	10965	10824

2015年宿豫区农作物播种面积和产量情况

表117

农作物名称	播种面积(千公顷)	每公顷产量(千克)	总产量(吨)	农作物名称	播种面积(千公顷)	每公顷产量(千克)	总产量(吨)
农作物总播种面积	62.55	—	—	绿豆	0.02	3000	60
一、粮食作物合计	49.06	—	362992.5	红小豆	0.02	3000	60
(一)夏收粮食	20.74	5855.496625	121443	秋收薯类	0.16	8850	1416
夏收谷物	20.68	5864.119923	121270	二、油料合计	0.63	2292	1446
小麦	20.67	5864.054185	121210	花生	0.11	1800	198
大麦	0.01	6000	60	油菜籽	0.52	2400	1248
夏收豆类(蚕豌豆)	0.06	2883	173	三、棉花(皮棉)	0.03	1100	33
(二)秋收粮食	28.32	8529	241550	四、药材类合计	—	—	—
秋收谷物	27.3	8697	237431	五、蔬菜(含菜用瓜)	11.48	52073	597848
稻谷	26.5	8784	232763	六、瓜果类	1.13	24229	27379
籼稻	12.4	8708	107978	其中:西瓜	0.9	2383	22145
粳稻	14.1	8850	124785	甜瓜	0.1	22660	2266
玉米	0.8	5835	4668	草莓	0.1	20420	2042
秋收豆类	0.86	3143	2703	七、其他农作物	0.22	—	—
大豆	0.82	3150	2583	附:常年种蔬菜面积	3.78	—	—

2015 年宿豫区农业机械年末拥有量情况

表 118

项　目	单位	数量	项　目	单位	数量
一、农业机械总动力	千瓦	632802	联合收割机	台	2617
#柴油机	千瓦	549430	秸秆粉碎还田机	台	2421
汽油机	千瓦	33165	谷物烘干机	台	13
电动机	千瓦	50207	保鲜储藏设备	台(套)	36
二、拖拉机数量	台	17445	四、畜牧养殖机械	台	1932
动力	千瓦	221460	动力	千瓦	7441
#大中型拖拉机数量	台	2645	五、林果业机械	台	467
动力	千瓦	120660	动力	千瓦	2320
三、种植业机械			六、渔业机械	台	8655
#耕整机	台(套)	525	动力	千瓦	8795
机引犁	台	3600	七、农用运输车	辆	3228
旋耕机	台	19260	动力	千瓦	61600
播种机	台	6010	八、农机化作业总体情况		
水稻插秧机	台	1900	(一)机耕面积	公顷	47852
排灌动力机械	台	10550	(二)机播面积	公顷	34112
农用水泵	台	4899	(三)机电灌溉面积	公顷	31933
节水灌溉类机械	套	1220	(四)机械植保面积	公顷	36959
机动喷雾(粉)机	台	4910	(五)机收面积	公顷	46567

2015 年宿豫区农村组织和从业人员情况

表 119

指　标	计量单位	代码	数量
一、农村基层组织情况	—	—	—
乡镇个数	个	1	10
其中:镇个数	个	2	8
其中:城关镇个数	个	3	0
村委会个数	个	4	88
村民小组个数	个	5	1573
二、乡村人口、从业人员资源及主要行业分布	—	—	—
乡村户数	万户	6	9.17
乡村人口数	万人	7	37.58
1.男	—	8	19.7
2.女	—	9	17.88

续表 119-1

指　标	计量单位	代码	数量
乡村劳动力资源	—	10	21.48
1.男	—	11	11.22
2.女	—	12	10.26
劳动年龄内人口数	万人	13	19.87
其中:劳动年龄内上学的学生数	万人	14	1.35
劳动年龄内丧失劳动能力的人数	万人	15	0.57
超过劳动年龄而实际参加劳动的人数	万人	16	2.18
乡村实有从业人员合计	万人	17	20.32
其中:劳动年龄内从业人员	万人	18	17.89
(一)按性别分	—	—	—
1.男从业人员	万人	19	10.62
2.女从业人员	万人	20	9.7
(二)按国民经济行业分	—	—	—
1.农林牧渔业从业人员	万人	21	5.94
其中:种植业从业人员	万人	22	5.04
①男性农林牧渔业从业人员	万人	23	3.27
②女性农林牧渔业从业人员	万人	24	2.67
2.工业从业人员	万人	25	5.02
3.建筑业从业人员	万人	26	4.15
4.交通运输、仓储和邮政业从业人员	万人	27	0.89
5.信息传输、计算机服务和软件业从业人员	万人	28	0.03
6.批发与零售业从业人员	万人	29	2.11
7.住宿和餐饮业从业人员	万人	30	1.05
8.金融、保险业从业人员	万人	31	0.05
9.房地产、社会服务业从业人员	万人	32	0.2
10.卫生、体育和社会福利业从业人员	万人	33	0.17
11.教育、文化、艺术和广播电视事业从业人员	万人	34	0.25
12.科学研究和综合技术服务事业从业人员	万人	35	0.03
13.乡经济组织管理从业人员	万人	36	0.07
14.其他从业人员	万人	37	0.36
三、农村基础设施	—	—	—
1.通宽带的村数	个	38	88
2.自来水受益村数	个	39	88
3.通有线电视村数	个	40	88
4.垃圾集中处理的村	个	41	88

续表 119-2

指　标	计量单位	代码	数量
5.建立集中居住点的村	个	42	30
四、附报	—	—	—
1.涉农街道个数	个	43	3
2.涉农居委会	个	44	42
3.乡镇镇区(不含城关镇)居委会常住户数	万户	45	3.27
4.乡镇镇区(不含城关镇)居委会常住人口数	万人	46	11.19
5.外来从业人员	人	47	15631
6.当年到境外从业的从业人员数	人	48	14

2015 年宿豫区工业企业能源分品种情况

表 120

行业门类	原煤(吨)	焦炭(吨)	天然气(气态)(万立方米)	汽油(吨)	柴油(吨)	热力(百万千焦)	电力(万千瓦时)	生物质废料用于燃料(吨)
全部工业企业	560893.75	1115	2445.02	362.68	2776.32	539968.65	259393.52	325532
(一)轻工业	198616	1115	195.32	150.68	196.1	233642.09	56156.81	0
(二)重工业	362277.75	0	2249.7	212	2580.22	306326.56	203236.71	325532
(三)采矿业	0	0	0	0	1120	0	1165	0
(四)制造业	560893.75	1115	2445.02	362.68	1476.32	539968.65	255515.52	0
(五)电力、热力、燃气及水生产和供应业	0	0	0	0	180	0	2713	325532

2015 年宿豫区工业企业用水情况

表 121

指标名称	计量单位	取水量		外供水量	
		本期	上年同期	本期	上年同期
合计	立方米	19401854.13	22208874.75	—	—
1.地表淡水	立方米	10878241	13264593	—	—
2.地下淡水	立方米	981705	1061852	—	—
3.自来水	立方米	7533636.69	7874394.75	—	—
4.雨水	立方米	4211.44	4515	—	—
5.其他水	立方米	4060	3520	—	—
补充指标					
指标名称	计量单位	本期		上年同期	
外排水量	立方米	11610113.73		12962377.59	
重复用水量	立方米	58295164.8		58040817.7	

2015年宿豫区环境保护基本情况

表 122

指　标	单位	2013年	2014年	2015年
工业废水排放总量	万吨	1363.087687	1443.75536	1370.58
工业废水排放达标量	万吨	—	—	—
工业废水排放达标率	%	—	—	—
工业废水处理量	万吨	2141.303432	1357.51975	1261.59
工业废水处理率	%	95	95	92
COD排放量	吨	4919.6	4524.21	3811.08
工业废气排放总量	亿标立方米	86.711196	86.805144	114.079
燃料燃烧废气排放量	亿标立方米	—	—	—
经消烟除尘的	亿标立方米	—	—	—
消烟除尘率	%	—	—	—
生产工艺废气排放量	亿标立方米	—	—	—
经净化处理的	亿标立方米	—	—	—
净化处理率	%	—	—	—
工业二氧化硫排放量	吨	4103.825	4050.784	3740.65
烟(粉)尘排放量	吨	1512.155	1586.106	1230.93
工业粉尘排放量	吨	—	—	—
工业粉尘回收量	吨	—	—	—
工业固体废弃物产生量	万吨	20.317426	22.365337	23.17
工业固体废弃物综合利用量	万吨	20.305752	22.355123	22.12
工业废弃物综合利用率	%	99.94	99.95	95.47
工业二氧化硫去除量	吨	47.402	43.172	40.37
工业烟(粉)尘去除量	吨	22392.517	22495.371	19300.9
工业烟尘排放达标率	%	—	—	—
工业废气排放量	万标米	—	—	—
三废综合利用产品产值	万元	—	—	—
环境污染治理本年投资总额	万元	28581.459	45686.62	57335.2
城市环境基础设施建设本年完成投资额	万元	26700	24153.084	5553.41
烟尘控制区总面积	平方千米	15.85	70	15.85

续表 122

指　标	单位	2013 年	2014 年	2015 年
高污染燃料禁烧区总面积	平方千米	0	70	70
环境噪声达标区总面积	平方千米	15.85	15.85	15.85
自然保护区个数	个	0	0	0
自然保护区面积	公顷	0	0	0

2015 年宿豫区教育事业基本情况

表 123

指　标	计量单位	合　计	高　中	初　中	小　学	中等专业学校	特殊教育	幼儿园
学校数	所	68	1	13	10	1	1	42
班数	个	1555	8	230	665	137	20	495
在校学生数	人	64509	367	10286	29153	6157	131	18415
毕业生数	人	17502	440	4174	3342	3161	29	6356
公办教职工人数	人	4493	—	1145	1825	516	54	953
＃专任教师数	人	4451	32	1121	1814	504	50	930
专任教师学历达标率	%	—	100	100	100	100	100	100
学校占地面积	万平方米	1680584	36498	693333	516203	186700	24135	223715
校舍建筑面积	万平方米	641155	25640	207379	155778	145954	12598	93806

2015 年宿豫区广电文化事业情况

表 124

指　标	单位	2015 年	指　标	单位	2015 年
广播覆盖率	%	100	四、电影放映机拥有量	部	5
电视覆盖率	%	100	五、录像放映点	个	—
有线电视入户率	%	68	＃农村	个	—
公共图书馆	个	1	六、电影院	座位/个	480/1
公共图书馆图书总藏量	千册	136	七、博物馆	个	1
一、电影发行机构	个	0	八、文化馆	个	1
二、电影发行收入	万元	0	九、县级剧场	个	0
三、电影公司放映收入	万元	110	十、乡镇文化广播电视中心	个	11

2015 年宿豫区卫生机构、床位、人员情况

表 125

卫生机构名称	机构数（个）	床位数（张）		人员数（人）										
		编制床位	实有床位	合计	卫生技术人员							其它技术人员	管理人员	工勤人员
					小计	执业医师	执业助理医师	注册护士	药剂人员	检验人员	其它			
一、医院	15	1765	1879	1930	1365	368	88	622	70	60	157	94	161	310
综合医院	13	995	995	959	589	101	73	241	33	26	115	58	113	199
中医医院	1	600	684	730	590	241	10	280	28	28	3	28	40	72
专科医院	1	170	200	241	186	26	5	101	9	6	39	8	8	39
其中：精神病医院	1	170	200	241	186	26	5	101	9	6	39	8	8	39
二、卫生院	13	0	0	118	85	19	21	18	8	5	14	12	21	0
三、妇幼保健院（所、站）	1	40	12	26	23	12	2	7	1	1	0	0	0	3
其中：妇幼保健所	1	40	12	26	23	12	2	7	1	1	0	0	0	3
四、疾病预防控制中心（防疫站）	1	0	0	31	22	14	0	7	1	0	0	3	5	1
其中：疾病预防控制中心	1	0	0	31	22	14	0	7	1	0	0	3	5	1
五、卫生监督所	1	0	0	16	15	8	2	2	0	0	3	1	0	0
六、其它卫生机构	172	0	0	369	357	65	224	59	4	3	2	—	—	12

（区统计局供稿）

说 明

一、本索引采用主题索引方法编制，按标引词第一个汉字拼音字母顺序排列(同音按声调)，音、调相同按第二个字的音序排列，以此类推。

二、类目、分目用黑体字标示，条目等内容一律用宋体字标示。

三、索引词后的阿拉伯字表示内容所在的页码，数字后的字母 a、b 表示该页码从左到右的栏位。

四、大事记、荣誉、文件辑录、图片资料等未做索引。

主题索引

D

H

J

K

L

M

R

S

T

W

X

表格索引

A

C

F

G

H

J

K

L

N

P

R

S

宿豫区供销合作总社

❶

❷

❸

❹

❺

❶市供销总社领导班子调研宿豫供销工作，在区供销总社牵头领办的江苏益农科技有限公司共商助农发展大计

❷打造益农综合信息服务平台，打通三农数据综合服务“最后一公里”。江苏益农科技有限公司在全区已建成56个村级服务站，产生组级服务代表26名；建成社区服务站12个，产生社区服务代表56名。图为曹集乡天同庵村服务站工作人员为百姓介绍销售的产品

❸区供销总社筹措资金，为侍岭镇朱岭村购置大型农用机械，为他们送去致富“金钥匙”

❹江苏益农科技有限公司在曹集乡举办“电商大集”，为农村广大消费者带去电商购物新体验

❺保证农产品质量安全。益农科技公司工作人员到田间地头对农产品溯源客户使用的农药进行检测

曹集乡

创新实施村居党务、村务、财务、服务“四务公开”，并在全区推广

党群服务中心和电商合二为一，把农村土产品销往全国各地

完成全长1000米府前路绿化、亮化、硬化、美化工程，铺设彩色地砖、统一户外广告牌，成功打造曹集精品示范街区

依托天同庵沿街商铺，成功打造全长1.1千米，拥有店铺100余间，办公、仓储面积达1.5万平方米的天同庵电商一条街，吸引入驻京东、淘宝等平台商家30余户

来龙镇

市委书记魏国强（左三）调研龙凤街

市委副书记王益（左二）到来龙调研农村电子商务

市纪委书记王建国（左二）到来龙开展“三解三促”活动

镇党委书记丁必江指导党员冬训活动

镇长张志刚（右二）、副镇长田强（左三）陪同市区妇联领导检查妇女工作

接待来访群众

在京东调研

大兴镇

2016年1月21日，省委书记罗志军（右二）到集东居委会观摩电商发展

2016年6月10日，区委书记刘海红（左三）上任伊始到大兴调研，镇党委书记王进（左二）陪同

兴塘河光伏发电

大兴镇网络创业孵化基地

上海绿源江苏工业园

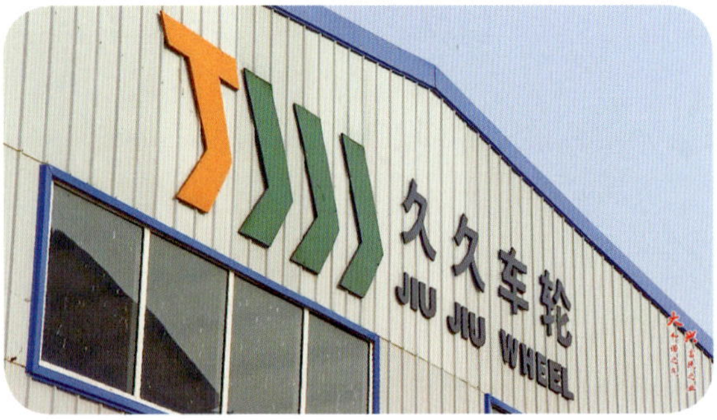

久久车轮企业

新庄镇

2016年3月3日，中组部调研组到杉荷园调研“支部+电商”党建富民工作

2015年10月10日，市委常委、组织部部长李健到杉荷园调研“支部+电商”党建富民工作

2016年7月5日，市委经济工作会议观摩新庄家庭农场集群

2016年6月10日，新任区委书记刘海红调研杉荷园工作

2016年6月30日，区委经济工作会议观摩新庄天成锋精机（宿迁）有限公司

宿豫区机械产业工业集中区

宿豫区第一实验小学

❶ 2015 年 6 月 1 日，市委书记魏国强到宿豫第一实小慰问师生

❷ 2015 年 6 月 11 日 -12 日，由《江苏教育》编辑部主办的江苏省"教海领航 · 相约宿豫"教学研讨活动在校举办

❸ 参加江苏省未成年人文明礼仪风采大赛荣获三等奖、文明礼仪风尚奖

❹ 2016 年 1 月 15 日，全市"新华书缘"杯双语阅读现场会在校召开。市教育局副局长陈向阳、市新华书店副总经理谢成林、区教育局局长曹庆颜，各县区代表 350 余人参加会议

❺ 舞蹈《花船蝶舞》参加第十一届江苏省"五星工程奖"艺术类节目展演

❻ 2016 年 5 月 13 日—15 日，校科技队参加江苏省第十届"校园之间"智力竞技活动获得总决赛特等奖。近年学校在省仿生机器人创意大赛、省海峡两岸青少年科技大赛、省第九届"校园之间"智力竞技中获得特等奖、一等奖

❼ 学校占地 105 亩，总投资 1 亿元，建筑总面积 3.4 万平方米，设计规模为小学 10 轨 60 个班级、幼儿园 6 轨 18 个班级，可容纳学生 3650 人。学校于 2012 年 4 月启动规划，2013 年 9 月建成并投入使用。办学三年间，学校获省、市、区各类表彰 100 余项。师生在各级各类活动、竞赛中获奖 500 多人次

❽ 教师周利清参加省"蓝天"杯、省"杏坛"杯等赛课活动获一等奖

宿豫区机关幼儿园

市委书记魏国强视察托幼工作一体化模式

市长王天琦参与“听童声 问幸福 话成长”主题活动

区委书记张晓伟给小朋友送节日礼物

区长刘士武一行看望小朋友

区人大常委会主任袁昌华开展六一慰问活动

办园理念：孩子幸福 家长放心 社会满意 员工幸福

办园目标：现代化设备 规模化办园 科学化管理

专业化人员 特色化教育 精细化服务

培养目标：健康 自信 友善 睿智

园长：晏书玲

幼儿户外活动

大班幼儿凳子操

宿豫区启明实验学校

校长：卓新胜

宿豫区启明实验学校位于宿迁生态化工科技产业园。学校占地面积1.34万平方米、建筑面积7700平方米，小学班现有11个班385人，专任教师35人，其中市、区级骨干教师7人。幼儿园在园幼儿285名，2016年创建成为江苏省优质幼儿园。

学校坚持“快乐童年，让人生更美好”的办学理念，秉承“养成好习惯　成就好人生”的校训精神，以办一所孩子向往、教师幸福、社会满意的学校为目标，提倡求真务实、合作创新的校风，镕铸敬业爱生、博学善教的教风，陶冶文明求真、勤思乐学的学风。学校先后创建成江苏省平安校园、江苏省健康教育促进学校、宿迁市精致管理示范学校、宿迁市绿色学校、市优秀心理咨询室；多次荣获宿豫区教育工作先进集体、区教育系统先进基层党组织、宿迁市关心下一代先进工单位等荣誉称号。

八礼四仪教育深入课堂

爱国主义主题教育队会

2016年春季运动会

区委副书记、化工园区党工委书记姜华（右三）调研学校工作，校长卓新胜（左一）陪同

2015年6月1日，全国义务教育基本均衡区创建验收组一行到校视察义务教育均衡创建工作，副区长吴昊陪同

同学们借阅图书

校舞蹈队水墨琴韵获市艺术展演特等奖

幼儿园一角

旭派电源有限公司

旭派电源有限公司，位于宿迁生态化工科技产业园南化路66号，原名江苏澳鑫科技发展有限公司，成立于2007年，2014年由宿城经济开发区西区徐淮路北侧迁入。公司总投入22亿元，总占地720亩，一期建成340亩，拥有极板生产设备1000多台套，组装生产设备2000多台套；在职员工1800余人，大中专以上管理技术人员180多人；公司资产总额6亿元，固定资产2亿元。

总经理：张文泉

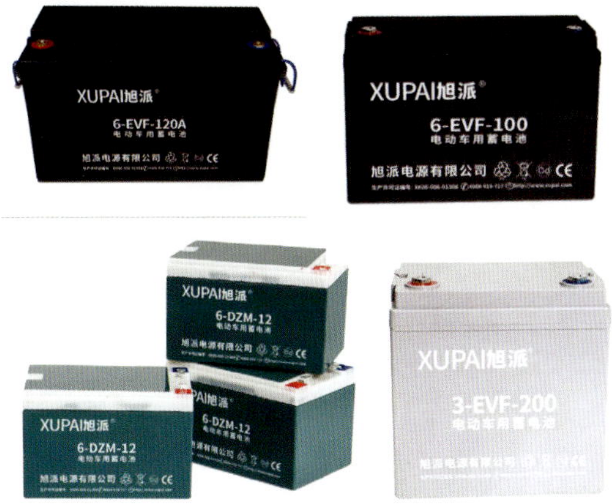

部分产品

公司主要生产和研发铅酸蓄电池，产品广泛应用于电动助力车、新能源汽车、潜艇、太阳能和风能发电站、电信基站及智能电网储能等领域。公司自主研发的储能系列电池获得了“金太阳”“沛伏”的认证标志。

企业始终贯彻“质量、诚信、服务、发展”的价值理念，以节能、环保为方向，分别通过了ISO9001质量管理体系认证和ISO14001环境管理体系、OHSAS18001职业健康安全管理体系认证。2015年，完成了清洁生产审核，当年获得宿豫区“区长质量奖”、省著名商标、省名牌产品等多项殊荣。“旭派”已成为国内知名品牌，产品销售遍布全国，部分产品远销欧美等数十个国家，并成为国内知名电动车生产厂商配套合作供应商。

恒开投资发展宿迁有限公司

2016年8月11日，区委书记刘海红视察国际购物公园

公司荣誉

2016年1月6日，老船坞渔家宴在宿迁国际购物公园开业，营业面积2000平方米

2016年2月2日，大型购物广场大润发玛特在宿迁国际购物公园开业，超市营业面积约为7800平方米

国际购物公园景观绿化

宿迁科思化学有限公司

董事长周旭明陪同外国客户参观工厂

环保部领导考察工厂环保设施

总经理葛建军陪同化工园区领导视察工厂

总经理葛建军陪同区领导视察厂区

江苏阿尔法药业有限公司

江苏阿尔法药业有限公司是一家以高科技专利产品为依托，以市场为导向，以原料药为基础，世界制药同步为目标，现代化管理为保障，集科研、生产、销售综合性原料药为一体的新兴国家高新技术企业。

公司总部坐落于宿迁生态化工科技产业园，总投资3亿元，已经通过ISO9001国际质量管理体系认证、ISO14001环境管理体系认证和OHSMS18000认证。

副市长冯岩（左一）到公司调研

总经理：石利平

公司新药研发中心在降血脂、性功能、艾滋病用药等领域，采用自主研发及与著名科研机构紧密合作的方式，形成了“生产一代、储备一代、开发一代、研制一代”的新产品格局。截至2015年底，公司制定行业标准44件，通过江苏省新产品鉴定8项，新技术鉴定6项。公司申请发明专利32件，已获授权发明专利15件。其中，两项专利分获2013年、2014年江苏省百件优秀发明专利（宿迁唯一入选），一项专利获2015年度江苏省优秀发明专利。

至2015年底，公司资产总额5.05亿元，销售收入4.32亿元，出口创汇2966万美元，税收2874万元，净利润5234万元，研发投入1675万元。2015年度，公司获批与东南大学建立企业研究生工作站，并获宿豫区区长质量奖、安全生产管理先进企业、纳税先进企业。

专利墙

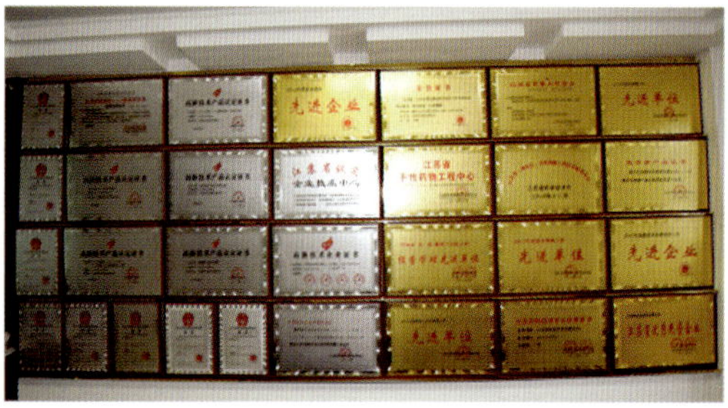

荣誉墙

公司董事长王利平（左）陪同省委书记罗志军（右）到企业调研

市委书记魏国强（中）考察广博宿迁工业园

宿迁广博控股集团有限公司

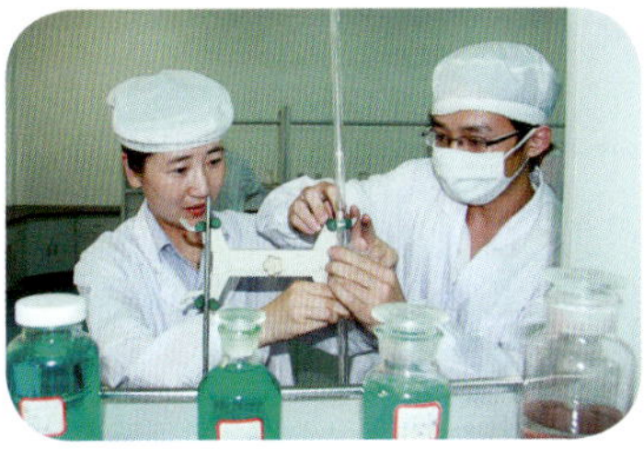

企业研发

车间一角

2015年2月5日，广博·暖基金发放仪式

宿迁联盛经贸有限公司

2016年6月27日，联盛集团宿迁联盛经贸有限公司开业

联盛集团董事长：项瞻波

省政府督察组人员在车间指导工作

副总经理王勇（右二）陪同副区长赵其良检查车间

2016年6月16日，公司举行消防实战演练

宿迁明江化工有限公司

宿迁明江化工有限公司是专业从事炼油助剂及油田助剂生产、研究、开发的高科技化工企业。公司成立于2005年8月，占地13.13亩，建设总投资2500万元，有博士研究生1人、高级工程师3人、工程师5人。2015年完成销售收入4000万元，创造税收260余万元。

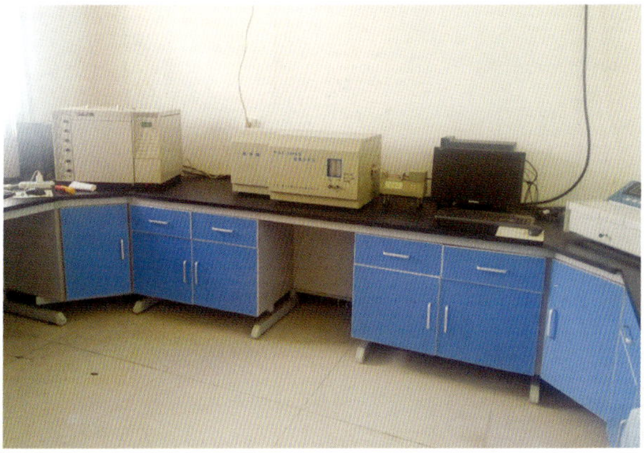

分析室

公司主要产品：系列破乳剂、系列中和缓蚀剂、脱盐剂、高温缓蚀剂、油浆阻垢剂、金属钝化剂、加氢裂化防垢剂、焦化消泡剂、高效脱硫剂、柴油十六烷值改进剂、液体硫转移剂、汽柴油抗氧剂、抗焦活化剂、降烯烃助剂、汽油抗爆剂等。

公司与南京大学、东南大学等多家科研院所有密切技术协作关系，多项产品技术水平在同行业中处于领先地位，产品在中国石油、中国石化等十多家炼油企业使用。

管理体系证书

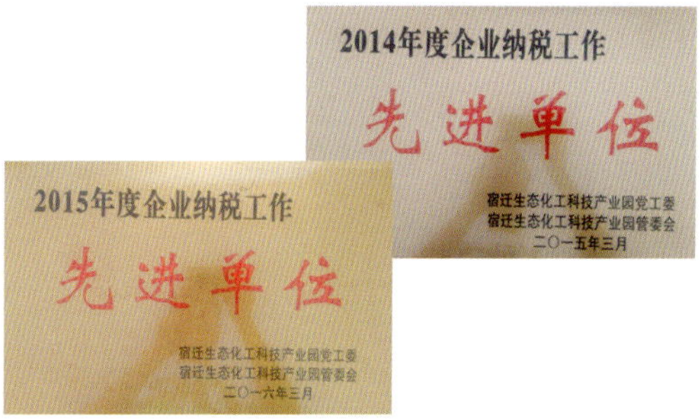

先进单位

苏钢中亚特种钢业宿迁有限公司

宿迁市福建商会会长、公司董事长：许典财

苏钢中亚特种钢业宿迁有限公司创立于2011年，注册资金3.9亿元，是省委、省政府“推进南北产业转移、支持苏北发展”的战略部署下成立的重大项目之一，公司地处宿迁市高新技术产业开发区翔盛大道66号，北临翔盛大道、南靠京杭大运河，交通发达。公司先后荣获江苏省质量管理先进企业、江苏省诚信企业、江苏省高新技术企业、宿迁市企业技术中心等荣誉称号。

苏钢中亚始终以发展绿色、低碳经济为己任，不断拓展钢铁行业“清洁、绿色、低碳”的发展内涵，公司已获得了ISO9001：2008质量管理体系、ISO14001：2004环境管理体系、GB/T28001-2011职业健康安全管理体系、计量保证确认证书、质量信用等级A级称号等认证。主要产品为HRB500、HRB500E、HRB400、HRB400E等牌号热轧带肋钢筋及HPB300热轧光圆钢筋，畅销江、浙、沪、皖、鲁、赣、鄂、闽、琼、湘等地区。

公司秉承和谐、务实、优质、创新的企业精神，贯彻质量为先、信誉为重、管理为本、服务为诚的质量方针，走科技发展之路，努力打造苏北乃至全省最具规模的精密铸件及盘螺生产企业。

抗震带肋热轧钢筋（Φ10mm）

热轧带肋钢筋（Φ10mm）

江苏景宏新材料科技有限公司

江苏景宏新材料科技有限公司 2001 年 8 月成立，占地 20 万平方米，厂房 9 万平方米，法定代表人吴培龙，注册资本 4000 万元；年产 PETG 颗粒 5000 吨、PETG 单 / 双向收缩膜 5000 吨、APET 吸塑片 4000 吨、动力锂离子电池隔膜 3000 万平方米、PVC/PET 热收缩电池标签 150 亿只的省级高新技术企业。公司生产的 PET 双层电池标签、锂离子电池隔膜材料已达到国际水平，产品远销全国三十多个省市，并出口美国、德国、比利时、日本等国家。配套供应的企业有南孚电池有限公司、四川长虹电池有限公司、金霸王（东莞）电池有限公司、科博集团等国际一流公司。公司拥有员工 350 名，其中大专学历以上 100 余人，研发人员 50 余人。已通过 ISO9001、ISO14001 认证，被评为资信等级 AAA 级、A 级纳税信用单位和重合同守信用单位。享有省级高新技术产品 5 个。2009 年与南京大学联合成立“南京大学宿迁先进材料联合实验室”“江苏省聚合物基纳米复合材料工程技术中心”，对新产品后续研发提供了技术支持和保障。公司在发展过程中十分注重技术开发，不断超越自己，加快自主创新的步伐，始终保持技术上、质量上的创新发展，确保了市场上的技术领先地位。

区委书记刘海红到公司视察党建工作

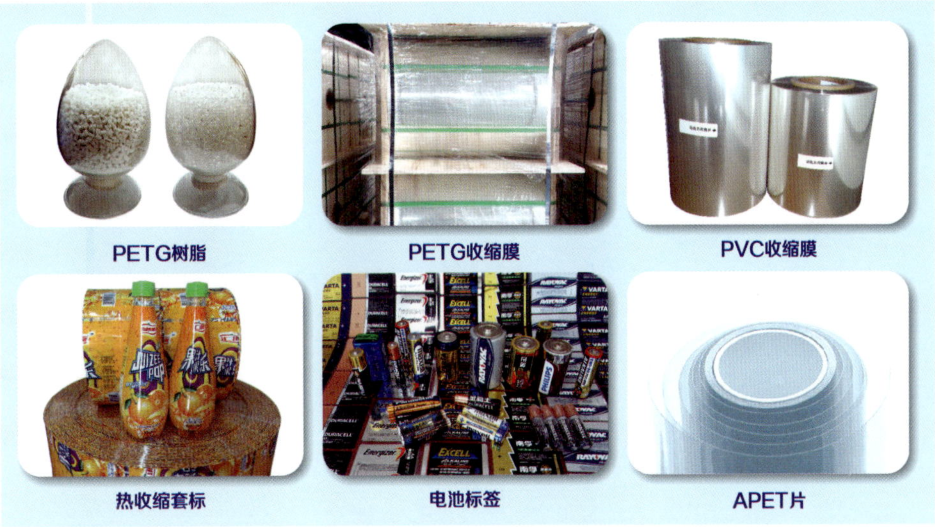

主营产品

宿迁市振兴化工有限公司

法人代表：张晓静

振兴化工创建于1988年，是一家集生产、科研、销售、服务于一体的新型股份制化工企业，总占地面积10万平方米，年综合生产能力1.6万吨。公司经过二十多年的整合、提升，已发展成为国内外制造受阻胺类光稳定剂及其中间体最大的公司之一，产品行销国外知名大公司。公司建成生产基地两个，分别为南通市振兴精细化工有限公司、宿迁市振兴化工有限公司。

振兴化工与国内科研院校建立了长期合作关系，成立市级工程技术研究中心，均配备GC、HPLC、UV、LICO150等先进检测仪器，开发并拥有多项发明专利。企业先后获得江苏省“科技型中小企业”“省级民营科技型企业”、市级“高新技术企业”等称号。通过了ISO9001质量管理、ISO14001环境管理、OHSMS18001职业健康安全管理体系认证。

规范作业

精细设备

清洁生产

化验室

公司鸟瞰图

宿迁市衡寰纺织涂塑有限公司

2014年5月10日，世界著名华人油画家金喆香宿豫油画写生基地在宿迁市衡寰纺织涂塑有限公司成立。市政协副主席李志宏（左二）、区委书记张晓伟（右一）、金喆香（右二）、公司董事长周咸材（左一）出席仪式并共同按下启动球

董事长：周咸材

宿迁市衡寰纺织涂塑有限公司成立于1994年，位于宿迁市宿豫区曹集工业园区。公司注册资本3000万元，占地25亩，员工110人，主要生产DTY涤纶长丝及矿用工业白坯布。公司拥有先进剑杆织机160余台、整经机6台、码布机4台、加弹机3台，年生产涤纶长丝7500吨，各种规格白坯布1200万米。产品销往全国20多个省、市、自治区。

公司秉承“管理出效益、科技助跨越、质量定生存、信誉赢市场、爱心暖万家”的经营理念，坚持“客户第一、诚实守信”的原则为广大客户提供优质的服务。

公司多次获得省级“巾帼文明示范岗”“重合同守信用”企业，“财税贡献先进单位”“党建工作先进单位”“爱心奉献先进单位”等荣誉称号，并成为大学生见习实习基地。

江苏煦和集团

江苏中煦高分子材料有限公司

全国三八红旗手、江苏省人大代表、集团董事长：朱晓芹

江苏中煦高分子材料有限公司于2011年3月成立，位于江苏省宿迁市生态化工科技产业园，占地180亩，总投资2.8亿元。主要从事精细化工、新型材料等高新技术产品的研究开发、生产和经营销售，拥有专门的高分子材料研究所，并组建了一支专业性强、技术过硬、经验丰富的销售队伍，年产7万吨水相悬浮法氯化聚乙烯、1万吨水相法氯化聚丙烯、2万吨复合稳定剂。公司成立营销中心兼营ACR，发泡调节剂，聚乙烯蜡，石蜡和硬脂酸等PVC生产配套原辅料及塑料挤出设备。

2015年荣获江苏省优秀民营科技企业、江苏省高新科技企业、江苏省明星企业、江苏省化工行业十佳企业、宿迁市科学技术奖、江苏省质量诚信AAA级品牌企业；获质量管理体系认证、职业健康安全管理体系认证、环境管理体系认证。

ELION
亿利资源

亿利洁能科技（宿迁）有限公司

公司外景

亿利洁能科技（宿迁）有限公司，成立于2007年1月，坐落于宿迁市生态化工科技产业园，是宿迁市北部片区规划的热源点，负责为生态化工园区企业提供集中供热，并辐射湖滨新城等片区。公司现有供热能力130吨/小时，在建二台50吨/小时+6MW发电机组，纯化处理水能力300万吨/年，供热管网总长35千米，供热蒸汽压力≤1.6MPa，温度≤245℃。园区已有60余家企业接受集中供热服务。

生产监控

2015年1月，亿利资源集团控股的亿利洁能科技有限公司（股票代码:600277），以增资方式受让并持有江苏三明新能源有限公司股权。增资后，公司更名为亿利洁能科技（宿迁）有限公司，亿利洁能科技有限公司持新公司股份60%，江苏禾友化工有限公司持新公司股份40%。

在供热过程中，供热锅炉采用“微煤雾化”煤炭清洁利用技术。该项技术的关键在于引进航空涡流技术，使加工配置后的微煤实现多次高效雾化，并使微煤和空气合理混合燃烧，可将燃烧效率提高到98%，热效率提高到90%以上。同时，微煤生产密闭运行，基本杜绝了生产过程中的扬尘污染。

车间一角

公司采用高效的燃煤清洁技术助推产业升级，为医药、化工、纺织、印染、造纸、酿酒、食品加工等“两高”（高污染、高能耗）行业寻求低碳发展之路，破解经济发展与环境保护之间的矛盾，为建设资源节约型和环境友好型社会做贡献。

宿迁思睿屹新材料有限公司

公司会议

生产车间

消防演练

现场培训

员工培训

生产厂区

生活区域

公司外景

宿迁新亚科技有限公司

公司外景

宿迁新亚科技有限公司坐落在宿迁生态化工科技产业园，于2010年8月由澄星集团与和友集团联手成立。公司占地面积近200亩，注册资本6170万元，固定资产2.5亿元。有职工130余人，其中各类专业技术人员60余人。

公司主要生产装置有2万吨/年甲酰胺、2万吨/年氮甲基甲酰胺、4万吨/年混甲胺、1.5万吨/年N，N-二乙基甲酰胺、1.5万吨/年N-乙基甲酰胺、5万吨/年甲酸甲酯等生产设备。通过了ISO9001质量管理体系认证、ISO14001环境管理体系认证和GB/T28001职业健康安全管理体系认证。产品出口东南亚、欧美等地，成为国内胺类精细化工产品生产基地，其中N-甲基甲酰胺、甲酰胺产品是全球最大的生产企业。

公司于2014年荣获宿豫区“区长质量奖”，连续三年被宿迁市生态化工科技产业园管理委员会评为安全生产工作先进单位，被江苏省评为“二级安全生产标准单位”“安全文化建设示范企业”。

厂区鸟瞰

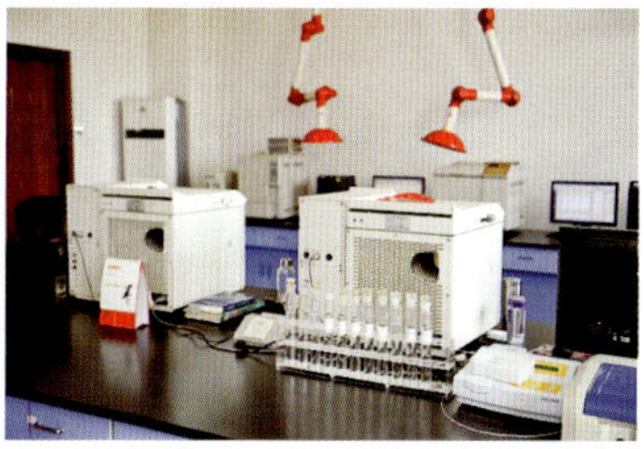
化验室

集中控制室

宿迁瑞星化学有限公司

厂区实景

宿迁瑞星化学有限公司，成立于2008年，位于化工园区经四路，交通便利。是一家专业致力于抗氧剂、医药中间体和原料药等相关产品开发、生产、销售的医药化工企业。公司拥有设施完善的药物合成实验室以及国家“GMP”认证的精烘包生产车间。公司与中科院上海有机研究所、上海医药工业研究院、华东理工大学等科研机构进行密切合作，致力于新产品的开发研究和原有技术的创新改造，提高企业的技术含量，确保企业的快速稳定发展。

公司宗旨：科技创新为先导，人本管理为基础，持续改进为主题，和谐发展为根本。公司致力于为客户提供一流品质的产品、一流的售后保障服务，竭力配合客户实现其目标价值。

江苏万宁新材料有限公司

江苏万宁新材料有限公司成立于2015年6月16日。公司注册资金6500万元，占地面积100亩，建筑面积2.43万平方米。

厂区生产车间外景

公司是以锰酸锂、镍酸锂、镍钴锰酸锂等锂离子电池正极材料的研发、生产、销售为一体的新材料科技型企业。拥有年产锰酸锂10000吨、镍酸锂5000吨新型动力锂离子电池正极材料生产线一条，项目投资2亿万元，其中固定资产投资1.8亿元，辅助设施投资2000万元，总建筑面积6万平方米，投入生产设备百台(套)。

公司自主研发的高温动力型锰酸锂ML02、ML03等产品性能优异，得到了比亚迪、万马、风帆等国内知名锂电池制造企业的高度认可。

公司产品

公司厂区大门

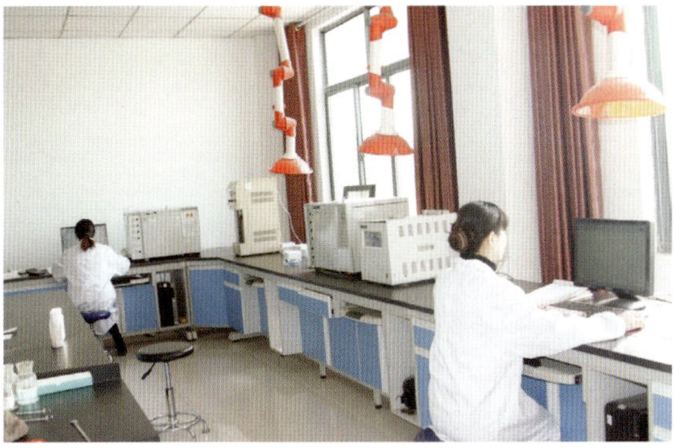

签约现场双方代表合影

江苏健谷化工有限公司

公司董事长、总经理：董良胜

江苏健谷化工有限公司是国家农药生产定点企业、国家级高新技术企业，新厂区坐落在宿迁生态化工科技产业园，有员工360人，其中工程技术人员36人。公司是以研发、生产、销售为一体的专业植保产品供应商。公司拥有除草剂、杀虫剂、杀菌剂三大系列30多个品种，拥有2甲4氯、噻嗪酮、吡蚜酮原药规模化生产装置，其中年产1万吨2甲4氯系列产品生产线是亚洲最大的生产装置。产品畅销20多个省市，并出口澳大利亚、北美、东南亚等国家。公司以品质、健康、安全、环保为指导，以持续改进和稳定质量为保证，先后通过ISO9001质量管理体系认证、ISO14001环境管理体系认证、GB/T28001职业健康安全管理体系认证。

厂区外景

中国银行宿豫支行

2013 年 7 月 17 日，中国银行宿豫支行新址开业。支行现有员工 19 名，是一所具有全面金融能力的银行。宿豫支行围绕区委、区政府建设新型工业、现代农业、服务业、科技创新、民生事业“五大强区”战略部署，大力支持宿豫发展，与宿豫地方经济发展同频共振 。

服务社会、造福民生，中国银行宿豫支行全体员工积极传承和发展这一责任文化，争做尽责的企业公民。支行通过举办金融知识讲座，送服务进社区，业务知识宣传等多渠道普及金融知识，增强公众的理财、反假币、防诈骗意识，共同维护地区金融市场稳定。同时通过各种措施和活动，推动社会和谐进步：支持宿豫区重点工程、民生工程建设；为帮助脱离贫困，分行对挂钩村镇给予帮扶。中国银行宿豫支行以实际行动履行自身社会责任。

宿豫区城镇建设开发有限公司

公司开发的商住小区——盛世家园效果图

盛世家园游泳馆鸟瞰图

盛世家园游泳馆效果图

公司成立于 2010 年 4 月，同年 7 月取得房地产暂定贰级开发资质，企业注册资金 11600 万元。按照现代企业管理模式，公司设办公室、财务室、工程部、销售部等机构。秉着“以人为本，诚信务实，品质第一，业主至上”的经营理念，以“建造小康家园，实现人居理想”为经营目标，坚持“与时俱进，开拓创新，科学管理，信誉第一”的宗旨，致力于房地产建设与开发。

公司本着“质量是核心、设计是灵魂、施工是关键、材料是保证”的开发宗旨，从建材设计、功能规划到施工监理、质量管理，处处体现“质量第一、以人为本”的核心，为城市构造美在外表、贵在内涵，全新演绎现代都市生活的时尚住宅小区。

中国电信宿迁分公司宿豫区局

2015年11月18日，宿迁全光网城市建成仪式

市委书记魏国强、市长王天琦在营业厅了解电信业务

省公司党组副书记、纪检组长陈刚到宿迁分公司六支部调研指导“两学一做”学习教育

“党员精扫突击队”出征

组织员工到市儿童福利院看望和慰问孩子

江苏道勤信用投资担保有限公司

江苏道勤信用投资担保有限公司成立于2011年7月，位于宿迁市宿豫区珠江路，为宿迁市宿豫区唯一一家全资国有担保公司，注册资本1亿元。公司秉承“稳健、高效、诚信、共赢”的企业精神，主营业务为融资性担保业务、贷款担保、票据承兑担保、贸易融资担保、项目融资担保、信用证担保、与担保业务有关的融资咨询、财务顾问等中介服务、以自由资金进行投资及其他业务。公司成立后，先后与工商银行、江苏银行、中国银行、农业发展银行、张家港农商行、东吴村镇银行、苏州银行建立了广泛的业务合作关系，累计为中小企业提供贷款担保额12.7亿元。

2015年度，公司妥善应对行业经营业绩下滑、整体经济下行的严峻形式，稳健经营，全年担保业务超过5.5亿元，业务收入899万元，实现营业利润508.68万元，公司总资产达19914.84万元。公司被宿豫区人民政府表彰为“2015年度融资担保工作先进单位”。

中信建设证券恒山路营业部

中信建设证券成立于2005年11月2日，是经中国证监会批准设立的全国性大型综合证券公司。中信建设证券先后多次获得由上海证券交易所颁发的“优秀投资银行”奖，被中国证券业协会评选为“最佳基金代销券商”，被中国外汇交易中心暨全国银行间同业拆借中心评选为“优秀交易商”。

中信建设证券股份有限公司宿迁恒山路营业部成立于2012年2月16日，位处江苏省宿迁市宿豫区洪泽湖东路锦华名园B4-5-6座，营业部员工秉承“服务创造价值，诚信赢得客户”的理念，竭诚为客户提供优质专业的服务。

中信建设证券宿迁恒山路营业部多次被评为宿豫区“金融工作先进单位”。2015年，在营业部金融团队人员的努力配合下，有两家新三板公司成功挂牌上市。

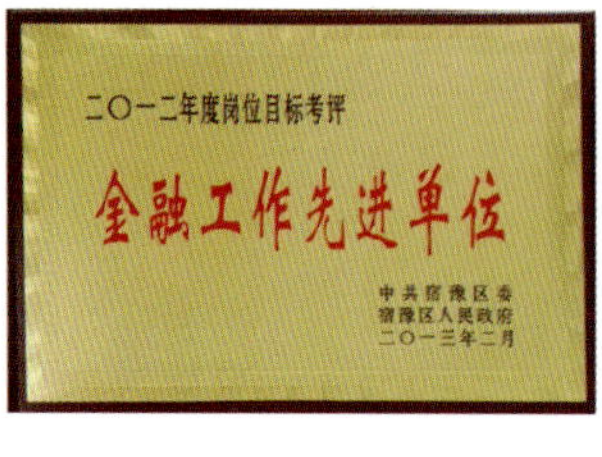

江苏春绿粮油有限公司

公司生产设备一角

春绿集团全貌

宿迁市五得旺米业有限公司

宿迁市五得旺米业有限公司成立于 2012 年 6 月，坐落于宿豫区新庄镇，占地面积 1.4 公顷，总投资 5000 多万元，年销售额 1 亿元。

公司主营“吾得旺”牌长粒香米、“福加喜”牌香软米、“吾尝乐”牌稻花香米和“诚远”牌苏北大米，产品畅销浙江、广州、深圳、福建、海南等地。公司秉承“民以食为天，食以安为先，业以诚为本”的经营宗旨；坚持科、产、加、销、贸、储一体化的发展思路和产业化运作、标准化控制、组织化保障及品牌化经营的运行模式，率先发展成为市农业产业化龙头企业，市、区重合同守信用企业。公司生产的“吾得旺”牌长粒香米已成为浙江省名牌农产品。

江苏省农垦米业集团宿迁有限公司

总经理：施允辉

公司成立于2012年11月，是江苏省农垦米业集团有限公司下属的控股公司，主导产品“苏垦”牌大米获得中国名牌产品称号。

宿迁公司坐落在大兴镇堤南工业园区，占地33350平方米，有日产200吨大米生产线及200吨烘干设备各一套，原粮仓库1.1万平方米，年生产能力4万吨左右。

公司坚持绿色经营理念。优良种植基地优势和先进加工工艺，赋予了“苏垦”牌大米“生态、新鲜、美味、健康”的内涵。产品以其颗粒饱满、晶莹剔透、松软可口的品质，深受消费者喜爱。产品远销北京、浙江、广州、上海、福建等省市。

宿迁富建房地产开发有限公司

公司开发的名河雅居小区沿街商铺

江苏三元轮胎有限公司

江苏三元轮胎有限公司位于江苏省宿迁高新技术产业开发区嘉陵江路99号,由唐山市三元塑胶有限公司董事长田贺国投资兴建。公司成立于2006年8月,注册资金1.2亿元,企业总资产5.5亿元,员工2391人。2013年,经国家工信部批准,公司获得废旧轮胎综合利用行业准入资质,是江苏省省级产业园(宿迁市百亿级橡塑工业园)骨干龙头企业,企业规模在同行业领先。是中国轮胎翻修与循环利用协会副会长单位。

公司拥有耐力可、三元、霹雳马、凯胜佳、富尔捷五大品牌,1000多个品种。拥有注册商标29个,其中境外注册商标2个。企业的废旧轮胎资源化利用规模和技术水平处国内同行业领先地位,产品远销美国、德国、法国、意大利、俄罗斯等数十个国家地区。2015年,公司完成销售额47506万元,实现利税2100万元,企业资信等级为AAA级。2015年,分别荣获市长质量奖提名奖、区长质量奖。

全市技改推进会上,市长王天琦、副市长冯岩一行到公司视察指导

公司先进的外胎生产线

宿迁楚霸体育器械有限公司

副市长赵丽丽(中)到公司视察

国际友人到公司考察

区委书记张晓伟(右二)、区长刘士武(左三)到公司调研

宿迁嘉禾塑料金属制品有限公司

（中外合资）宿迁嘉禾塑料金属制品有限公司成立于2006年3月，坐落于宿迁市高新技术产业开发区，占地100亩，总投资1.8亿元。嘉禾公司具有20余年的模具设计与制造、塑料制品、PVA胶棉制品、植毛制刷系列制品、金属制管成型及表面处理等金属制品的制造经验，产品形成五大系列：清洁用品、塑料制品、金属制品、植毛制刷系列产品、模具制造并承接对外加工。公司拥有产品专利50余项，并通过ISO9001：2000国际质量管理体系认证和CE认证。公司与国内外家用知名品牌企业建立起长期的战略伙伴关系，拥有自主品牌——“家合”品牌。

制刷车间

注塑车间

公司领导到嘉兴总公司参观学习

公司总经理何卫东部署工作

党支部定期召开党员会议

江苏颖盛化工有限公司

江苏颖盛化工有限公司位于宿迁市生态化工科技产业园扬子路8号，占地面积50亩。公司成立于2006年3月，固定资产8600万元，行业类别为精细化工。公司有员工66人，其中管理人员15人、各类专业技术人员29人。

公司生产的4-邻羟基苯氰-6-（2-甲基）丙烯醇嘧啶系列产品，广泛应用于塑料、橡胶等各种高分子材料的加工，作为胶黏剂，抗老剂农药、医药中间体使用，同时还具有抑制细菌的作用。产品2-氯-3-N-（2,4-二氟苯基）烟酰胺是农药比氟草胺的中间体，属于类胡萝卜素生物合成抑制剂，是广谱的选择性麦田除草剂。

公司通过安全生产标准化三级达标验收，与南京大学、南京农业大学、南京化工大学有广泛的技术和研发合作，获市级技术研发中心称号。

安全宣传文化长廊

湖滨新区消防大队到公司进行消防演习

二氧化硫处理及亚硫酸钠制备系统

公司产品

宿迁市宏升电子有限公司

公司外景

宿迁市宏升电子有限公司创办于2003年，前身是宏升电子器件厂，2014年9月变更为宏升电子有限公司。公司主要业务是蜂鸣器、喇叭生产制造，及其自动化生产设备研发制造，2007年通过ISO9001国际质量管理体系认证。公司通过代理为台资厂商精英、华硕、富士康、技嘉等，以及大陆的美的、九阳等家电厂家提供蜂鸣器配套服务。为提高产品竞争力，公司于2012年组建了蜂鸣器、喇叭等自动化生产设备的研发团队，已研发制造了蜂鸣器全自动绕线焊接机、蜂鸣器组装装配机、双组份环氧树脂灌封机、塑壳粘接机、自动膜片点焊机、激光刻字流水线等。2015年6月，公司新组建蜂鸣器喇叭用塑壳、塑磁的注塑车间，从事注塑模具的开发制造。

江苏省金枫蓄电池制造有限公司

江苏省金枫蓄电池制造有限公司成立于2010年10月，是一家专业生产牵引铅酸蓄电池的专业厂家，公司位于宿迁市生态化工科技产业园内，注册资本金600万元，占地面积41293平方米，产能96万千瓦安时，总投资15000万元，其中环保投入1600万元。现有职工250名，其中技术人员20名。

2011年7月，公司一期48万千瓦安时顺利通过环保三同时验收；2013年7月，二期48万千瓦安时通过环保三同时验收；同时通过清洁生产二级审核。公司已通过GB/T28001-2001职业健康安全体系、GB/T24001-2004/ISO14001：2004环境管理体系、GB/T19001-2008 idt ISO9001：2008质量管理体系三项认证。公司执行“高质量、中价位”发展思路，服务客户。

公司外景

部分认证证书

生产车间和生产线

宿迁市万和泰化工有限公司

2016年4月27日，区委书记张晓伟到公司视察

2016年7月27日，化工园区和区安监局领导到公司视察指导安全生产工作

宿迁市万和泰化工有限公司成立于2006年9月，注册资本1200万元，位于宿迁生态化工科技产业园，占地面积58.12亩。是一家专业从事精细化学品生产与销售的公司。公司在册员工78人，管理人员有15人。主要产品有N-（N-环已基酰胺-N，，N，-二甲基醚）-N-甲基氨基甲酸乙酯、2-甲氧基-5-氟尿嘧啶、氟胞嘧啶、胡椒醛等。定制加工服务是公司重要业务之一，和颖泰生物（股票代码：833819）等知名企业建立了长期的定制合作关系。公司为危险化学品安全生产标准化二级企业，建有市级认定企业技术中心，公司多次获得区级、市级安全先进单位称号。

宿迁胜达房地产开发有限公司

胜达房地产公司开发的江山一品位于宿豫区法院北侧，江山大道东侧，占地面积67.82亩，总建筑面积约18万平方米，涵盖办公、高层、小高层、叠拼排屋及配套商业。便捷清晰的交通构架，适中的组团单元，活跃的公共空间，灵活的开发策略，宽泛的功能，打造全新理念的高档社区。

小区外景

小区外景

庭院透视图

宿迁京杭建设有限公司

验收现场，朱学才重申："建筑为百姓，质量为子孙，安全为效益，诚信为市场，信用迎天下"的发展理念

董事长朱学才带领公司项目经理一起，陪同市经济开发区质监站和设计院等领导对江苏昌弘轨道装备有限公司厂房工程进行验收

宿迁市恒星建筑工程有限公司

总经理：陆敬贵

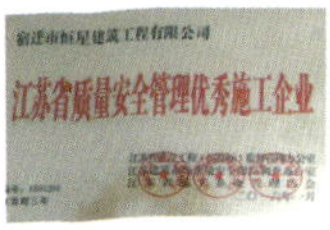

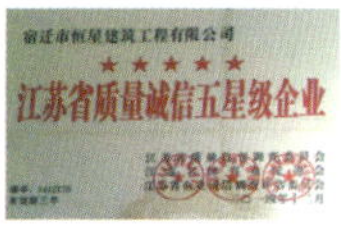

宿迁市恒星建筑工程有限公司始建于20世纪70年代（前身是宿迁县井头建筑站），现固定资产8000万元，注册资本5600万元。公司系国家二级房屋建筑工程施工总承包、二级市政公用工程施工总承包和二级建筑装修装饰工程专业承包资质及园林绿化资质企业。

公司有高级工程师40人、工程师120人、助理工程师和技术经济人员95人，内设工程项目部22个，在当地率先通过ISO9001国际质量体系认证，获企业资信AAA级。

公司承建了江苏省宿迁市彩塑集团、汇文中学、金港花园、九龙花园、鑫龙花园、苏州吴中开发区宏庄花园、苏州工业园区莲葑社区商住楼、沭阳梦溪小区、宿豫乐园新城小区等主要工程，先后被省建设厅评为"安全生产先进单位"、省质量诚信五星级企业、省质量安全管理优秀施工企业，多次被市、区两级政府评为"先进单位""纳税大户"，并获"突出贡献奖"。

宿迁万鸿置业有限公司

区长刘士武（左）视察小区

2016年3月2日，区长刘士武、区住建局局长温冠军到公司开发的帝景豪苑小区视察，公司董事长宗光华介绍了项目规划

帝景豪苑小区内景点

电视台到小区拍摄宣传片

宿迁市凤凰置业有限公司

御景山庄三期紫金园高层效果图

紫金园御田菜场

紫金园鸟瞰图

公司开发的御景山庄紫金园御田菜场花园洋房效果图